サプライ・チェイン最適化
ハンドブック

Handbook of
Supply Chain Optimization

久保幹雄［著］

朝倉書店

まえがき

　本書は，サプライ・チェイン最適化に関する理論と応用について書かれたテキスト兼ハンドブックである．本書のテーマである，サプライ・チェイン最適化は，ロジスティクスに対する工学的なアプローチの必要性から，実務界において大きな注目を浴びている．その基礎となるのは，長年の歴史をもつ最適化理論や確率論など工学の様々な分野である．本書では，それらの基礎分野についても，必要に応じて補完した．特に，最適化については，実務に役に立つ理論を例を交えて詳述した．実際にモデリング言語を用いて具体的にモデルを記述している点が，他の最適化の専門書との違いであり，本書の特色の1つである．

　サプライ・チェイン最適化自身は新しい学問分野であるが，その基礎となる諸モデルは，古い歴史をもつ．たとえば，在庫モデルや施設配置モデルに関する研究は，20世紀の初頭に始まったものであり，1950年あたりからは急速な発展を遂げている．その長い研究の歴史の中で，数千の論文が発表され，壮大な理論体系を形成している．本書では，古典モデルのみならず，最近の情報技術の発展を考慮した新しいモデルについても論じる．古典モデルは，新しいモデルを構築するための基礎として重要であり，研究の流れをみること（歴史観）は，今後，新しい分野を切り開いていく若手研究者にとって重要であると判断したためである．

　本書は，大きく基礎編と応用編の2つの部から構成される．

　最初の7章は基礎編にあたり，サプライ・チェイン，数理計画の基礎，線形計画，整数計画，区分的線形関数による非線形モデルの定式化，ネットワーク理論について解説する．

　第1章では，様々な視点からサプライ・チェインを説明するとともに，意思決定の階層や情報技術などのサプライ・チェインを理解するための鍵になる概念を紹介する．

　第2章では，数理計画のサプライ・チェイン最適化における役割と，基礎について述べる．また，簡単なモデリング言語の使用法について解説する．

　第3章では，線形計画の基礎を紹介する．内容としては，幾何学的動機づけ，応用のために重要となる双対の概念，ならびに数理計画モデリング言語を用いたモデル化とソルバーによる求解法を中心に解説する．

　第4章では，変数が適当な範囲の整数値しかとれないと仮定したモデル（整数計画）を紹介する．整数計画は，線形計画と比べて解くことが困難な問題であるため，数理計

画ソルバーで求解する際には，良い（上手な）定式化を行うことが肝要である．従来の数理計画のテキストでは，整数計画の解き方に重点が置かれ，定式化の仕方や選び方については，あまり触れられていなかったが，ここでは，整数計画における定式化のテクニックと定石を，様々な例題を通して紹介する．

第5章では，非線形関数を線形関数の集まりとして近似する様々な方法を紹介する．

第6章では，グラフとネットワークの基礎と定式化について学ぶ．

それ以降の章は応用編にあたり，サプライ・チェインにおける様々な問題を取り上げ，基礎となる理論と解析，ならびに実際問題を解決するためのテクニックについて述べる．

第7章では，サプライ・チェインの全体モデルを紹介する．また，幾つかの個別モデルを抽象化した汎モデルを示すことによって，以下の章の道しるべを与える．

第8章から第12章までは，在庫とそれに関連するモデルを取り扱う．

第8章では，古典的な経済発注量モデルと最近の成果を紹介する．特に，単一地点における在庫モデルをサプライ・チェイン全体に拡張する際に便利な概念である「2のべき乗方策」と「エシェロン在庫」について述べる．

第9章では，時間（期）に依存して需要量が変化するときの，期ごとの発注量と在庫量を決めるためのモデル（ロットサイズ決定モデル）について述べる．

第10章では，確率的在庫モデルを考え，解析的な結果を導く．

第11章では，モダンなロジスティクス理論を理解するための鍵となる概念の1つである鞭効果について，その原因と対処法を，解析的モデルを交えて紹介する．

第12章では，サプライ・チェイン全体を考えたときに，どの地点で安全在庫を保持すれば良いかを決定するための最適化モデル（安全在庫配置モデル）とその適用例を示す．

第13章では，空間内において最適な点を選択するための古典的なモデルである施設配置モデルを考える．

第14章では，ロジスティクス・ネットワーク全体を設計するための種々のモデルについて考える．ここで考えるモデルは，第13章の施設配置モデルを基礎とし，実務上発生する様々な要因を考慮したものである．

第15章では，時間がくるとその価値がなくなってしまう企業体の資産に対して，価格を変動させることによって収益を最大化することを目指す理論体系である収益管理についてサーベイする．

第16章では，サプライ・チェインにおける収益管理の適用である動的価格づけについて考える．これは，陳腐化資産以外の通常の在庫管理に対しても，収益管理のアイディアを取り入れ，価格を変化させることによって需要をコントロールし，サプライ・チェイン全体の最適化を目指すものである．

第17章では，主に工場内の資源を生産に関する諸活動に割り振るためのモデル（スケジューリングモデル）について考える．

第18章から第19章では，ロジスティクス・システム内を移動する資源（これはトラック，船，飛行機などの輸送手段である）に対するスケジューリングモデルについて

考える．

第 18 章では，配送計画問題に対する種々の実用的な近似解法を紹介する．

第 19 章では，(時間枠つき) 配送計画問題ならびに運搬スケジューリング問題を一般化した問題を効率的に解くための枠組みと，航空機産業における応用について述べる．

本書は，日本オペレーションズ・リサーチ学会の 40 周年記念事業として出版された『ロジスティクス工学』(朝倉書店) をもとにして大幅に加筆したものである．そのため，もとの本から以下の特徴を引き継いでいる．

- 単なる海外文献やソフトウェアの紹介にとどまらず，筆者と我が国のロジスティクス・リーダー企業との共同研究から生まれた成果を随所に盛り込む．
- 単に机上の理論を紹介するだけではなく，理論の実践方法を紹介する．
- 学術的な (理論的な) 興味深さよりも，実用性を重視してトピックスを選ぶ．そのため理論家にとっては重要な結果も (意図的に) 省いて記述している部分もある．
- 最先端の理論だけでなく，その礎となる古典的な結果についても触れるようにする．これは，研究を現時点だけで捉えるのではなく，歴史の流れの中の中継点として捉えることによって，今後の研究の流れや方向性を読者自身に考えてもらうためである．
- 本書のライフサイクルをなるべく延ばすために，一時的な流行ものの用語をなるべく用いないようにする．
- スライド，プログラム，サプライ・チェイン最適化を理解するための基礎理論の解説を以下のサポートページから提供する．

scmhandbook.com

本書は，姉妹本『実務家のためのサプライ・チェイン最適化入門』(朝倉書店) の理論面でのサポートをすることも目的としている．『実務家のためのサプライ・チェイン最適化入門』では，サプライ・チェイン最適化の「モデル」を紹介しているが，本書では，そのモデルを解くための「アルゴリズム」に重点が置かれている．本書を読んで，やや敷居が高いと感じた読者は，まず『実務家のためのサプライ・チェイン最適化入門』で勉強することを勧める．なお，この本をもとにして作成された，自習用のビデオや練習問題をあわせたキットも提供されている．詳細は，上のサポートページを参照されたい．

2007 年 9 月

久保幹雄

目 次

1. サプライ・チェインとは 1
   1.1 絵による説明 2
   1.2 オブジェクトによる説明 4
   1.3 活動による説明 8
   1.4 意思決定の階層 10
      1.4.1 階層と集約・非集約 10
      1.4.2 意思決定レベルと階層 14
   1.5 意思決定と情報技術 17
      1.5.1 処理的情報技術の構成要素 18
      1.5.2 解析的情報技術の構成要素 20

2. 数理計画入門 24
   2.1 数理計画とは 24
   2.2 鶴亀蛸算 27

3. 線形計画 31
   3.1 線形計画と図式解法 32
   3.2 AMPL によるモデル化 37
   3.3 双対問題 44
      3.3.1 式を足し合わせることによる導出 44
      3.3.2 Lagrange 緩和による導出 46
      3.3.3 双対定理と相補性条件 47
   3.4 航空機の座席の配分 51
   3.5 絶対値の定式化 55
   3.6 主問題と双対問題(一般論) 59
   3.7 Dantzig–Wolfe の分解法 61
   3.8 確率計画 64
      3.8.1 期待値で代替 65

		3.8.2 リコースモデル 66
		3.8.3 待機決定モデル 67
		3.8.4 確率制約モデル 69
	3.9	ロバスト最適化 69

4. 整数計画 72
   4.1 ナップサック問題 73
   4.2 強制制約 79
   4.3 強い定式化と弱い定式化 86
   4.4 離接制約 88
   4.5 多面体論の基礎 90
   4.6 スケジューリング問題 97
   4.7 巡回セールスマン問題 101
   4.8 混合整数丸め不等式 108
   4.9 余裕変数つきの整数ナップサックに対する妥当不等式 109
   4.10 余裕変数つきの 0-1 ナップサックに対する妥当不等式 111
   4.11 フロー被覆不等式 113
   4.12 Lagrange 緩和 114

5. 区分的線形関数 120
   5.1 凸関数の最小化 121
      5.1.1 凸関数に対する凸結合定式化 122
      5.1.2 凸関数に対する多重選択定式化 123
   5.2 凹関数の最小化 124
      5.2.1 非集約型凸結合定式化 124
      5.2.2 集約型凸結合定式化 125
      5.2.3 累積定式化 126
      5.2.4 多重選択定式化 127
   5.3 定式化間の関係 128
   5.4 任意の非線形関数の最小化 130

6. グラフとネットワーク 134
   6.1 グラフ・ネットワークの基礎 134
   6.2 最小木問題 137
   6.3 最短路問題 139
   6.4 最大流問題 144
   6.5 最小費用流問題 148

6.6	多品種流問題	150
6.7	最小木問題の定式化	154
6.7.1	閉路除去定式化	155
6.7.2	カットセット定式化	155
6.7.3	単品種流定式化	157
6.7.4	多品種流定式化	157

7. サプライ・チェインとモデル … 160
- 7.1 モデルとは … 160
- 7.2 モデルの評価尺度 … 162
- 7.3 モデリングのための十戒 … 163
- 7.4 サプライ・チェイン統合モデル … 166
  - 7.4.1 基礎となる諸モデル … 168
  - 7.4.2 活動基準サプライ・チェイン抽象モデル … 172
- 7.5 汎輸送モデル … 174
  - 7.5.1 分類基準 … 175
  - 7.5.2 直接方式 … 179
  - 7.5.3 リレー方式 … 181
  - 7.5.4 混載方式 … 182
  - 7.5.5 積み替え方式 … 183
- 7.6 汎スケジューリングモデル … 184
  - 7.6.1 タスク割当モデル … 185
  - 7.6.2 スケジューリングモデル … 185
  - 7.6.3 ロットサイズ決定モデル … 185
  - 7.6.4 ロットスケジューリングモデル … 185
- 7.7 汎在庫モデル … 185
  - 7.7.1 動機による分類 … 186
  - 7.7.2 安全在庫の分類 … 188

8. 経済発注量モデル … 191
- 8.1 Harris のモデル … 192
- 8.2 バックオーダーを考慮したモデル … 196
- 8.3 容量を考慮した複数品目モデル … 199
- 8.4 生産を考慮したモデル … 201
- 8.5 数量割引を考慮したモデル … 202
- 8.6 2 のべき乗方策 … 206
- 8.7 直列多段階モデル … 208

8.8　1倉庫・多小売店モデル ·· 214

9. 動的ロットサイズ決定モデル ·· 219
9.1　単一段階・単一品目モデル ·· 220
　9.1.1　基本となる定式化 ·· 220
　9.1.2　動的計画法 ·· 222
　9.1.3　妥当不等式 ·· 223
　9.1.4　強い定式化のためのモデルの分類 ······························ 226
　9.1.5　WW 型の費用関数 ·· 227
　9.1.6　最短路定式化 ·· 229
　9.1.7　施設配置定式化 ·· 231
　9.1.8　フル容量生産 ·· 231
9.2　単一段階・多品目モデル ·· 232
　9.2.1　大バケットに対する定式化 ···································· 233
　9.2.2　妥当不等式 ·· 234
　9.2.3　小バケットに対する定式化 ···································· 236
9.3　多段階モデル ·· 240
　9.3.1　単純な定式化 ·· 240
　9.3.2　エシェロン在庫を用いた定式化 ································ 243
9.4　近 似 解 法 ·· 245
　9.4.1　古典的ヒューリスティクス ···································· 245
　9.4.2　緩和固定法 ·· 246
　9.4.3　容量スケーリング法 ·· 248
　9.4.4　混合整数ソルバーを用いた大近傍局所探索法 ···················· 250
9.5　ローリング・ホライズン方式 ······································ 250

10. 確率的在庫モデル ·· 252
10.1　サービスレベルと安全在庫係数 ···································· 253
10.2　新聞売り子モデル ·· 255
10.3　1 段階モデル（需要が非定常なとき） ······························ 257
10.4　多段階モデル（需要が非定常なとき） ······························ 261
10.5　基在庫方策（多段階モデル） ······································ 263
　10.5.1　実在庫モデル ·· 264
　10.5.2　エシェロン在庫モデル ·· 265
10.6　定期発注方策（1 段階モデル） ···································· 269
10.7　定期発注方策（多段階モデル） ···································· 272
10.8　定期発注方策（一般ネットワークモデル） ·························· 274

10.9　基在庫方策の最適性 ································· 278

11. 鞭効果 ··· 282
　11.1　なぜ鞭効果が起きるのか？ ························· 283
　　11.1.1　需要予測 ································· 283
　　11.1.2　リード時間 ································ 283
　　11.1.3　バッチ発注 ································ 284
　　11.1.4　同期発注とスケジュール発注 ···················· 284
　　11.1.5　価格の変動 ································ 284
　　11.1.6　供給不足と供給配分 ·························· 285
　11.2　解析的モデル ···································· 285
　　11.2.1　基本モデル ································ 286
　　11.2.2　多段階モデル——情報の中央集権型と分散型 ········· 289
　　11.2.3　1倉庫・多小売店モデル——同期発注とスケジュール発注 ··· 291
　11.3　対処法と実践例 ································· 292
　　11.3.1　需要の不確実性 ······························ 292
　　11.3.2　リード時間 ································ 293
　　11.3.3　バッチ発注 ································ 293
　　11.3.4　同期発注とスケジュール発注 ···················· 293
　　11.3.5　価格の変動 ································ 293
　　11.3.6　供給不足と供給配分 ·························· 294

12. 安全在庫配置モデル ································ 295
　12.1　直列多段階モデル ································ 295
　12.2　木ネットワークモデル ···························· 297
　12.3　閉路を含まないネットワークに対する混合整数計画アプローチ ········ 301
　12.4　遅延差別化とリスク共同管理 ························ 303

13. 施設配置モデル ··································· 308
　13.1　代表的な問題 ···································· 309
　13.2　モデルの分類 ···································· 310
　13.3　Weber問題に対する解法 ···························· 314
　13.4　定式化 ··· 315
　13.5　厳密解法 ······································· 316
　　13.5.1　Lagrange緩和 ······························· 316
　　13.5.2　双対上昇法 ································· 318
　　13.5.3　Bendersの分解法 ····························· 320

14. ロジスティクス・ネットワーク設計モデル ... 323
14.1 実ロジスティクス・オブジェクトを用いたモデル ... 323
14.1.1 集合 ... 325
14.1.2 入力データ ... 328
14.1.3 変数 ... 334
14.1.4 定式化 ... 335
14.2 モデルの拡張 ... 339
14.2.1 上下限制約の柔軟化 ... 339
14.2.2 倉庫の規模の選択 ... 340
14.2.3 顧客の単一ソース条件 ... 341
14.2.4 製品束の考慮 ... 342
14.3 グローバル・ロジスティクス・ネットワーク設計モデル ... 343
14.3.1 集合 ... 343
14.3.2 入力データ ... 344
14.3.3 変数 ... 346
14.3.4 定式化 ... 346
14.3.5 価格の考慮 ... 347
14.3.6 不確実性への対処 ... 348
14.4 抽象ロジスティクス・オブジェクトを用いた基本モデル ... 350
14.4.1 集合 ... 350
14.4.2 入力データ ... 351
14.4.3 変数 ... 352
14.4.4 定式化 ... 353
14.5 多期間モデル ... 354
14.5.1 集合 ... 354
14.5.2 入力データ ... 354
14.5.3 変数 ... 354
14.5.4 定式化 ... 355
14.6 輸送機器の移動を考慮したモデル ... 355
14.6.1 集合 ... 356
14.6.2 入力データ ... 356
14.6.3 変数 ... 356
14.6.4 定式化 ... 356

15. 収益管理 ... 357
15.1 1行程に対する在庫割り当てモデル ... 359
15.2 ネットワーク型在庫割り当てに対する動的計画モデル ... 361

15.3　ネットワーク型在庫割り当てに対する数理計画モデル ･････････････ 364
   15.4　ネットワーク型在庫割り当てに対するコントロール方策 ････････････ 367
      15.4.1　入札価格コントロール方策 ････････････････････････････ 367
      15.4.2　等価確定コントロール方策 ････････････････････････････ 368
      15.4.3　入れ子上限コントロール方策 ･･････････････････････････ 368
   15.5　最適価格決定モデル ･･････････････････････････････････････ 369

16. サプライ・チェイン動的価格づけモデル ････････････････････････ 370
   16.1　輸送の例題 ･･ 371
   16.2　需要価格関数 ･･ 372
      16.2.1　線形関数の場合 ･･････････････････････････････････ 372
      16.2.2　指数関数の場合 ･･････････････････････････････････ 373
      16.2.3　価格が特定の離散値をとる場合 ･･････････････････････ 374
      16.2.4　効用関数によって需要が定まる場合 ･･････････････････ 374
   16.3　価格を考慮した経済発注量モデル ･･････････････････････････ 375
   16.4　価格を考慮した確率的在庫モデル ･･････････････････････････ 376
   16.5　価格を考慮した動的ロットサイズ決定モデル ･･････････････････ 378
   16.6　価格を考慮したロジスティクス・ネットワーク設計モデル ･････････ 380

17. スケジューリングモデル ･･････････････････････････････････････ 383
   17.1　用語と記号 ･･ 383
   17.2　モデルの分類 ･･ 386
      17.2.1　意思決定レベルによる分類 ･･････････････････････････ 386
      17.2.2　構成要素による分類 ･･････････････････････････････ 387
   17.3　代表的な問題 ･･ 396
   17.4　スケジュールの図式表現 ････････････････････････････････ 398
      17.4.1　Gantt 図式 ･･･････････････････････････････････ 398
      17.4.2　点上活動図式と枝上活動図式 ･･････････････････････ 398
      17.4.3　離接グラフ表現 ･･････････････････････････････････ 400
   17.5　定　式　化 ･･ 402
      17.5.1　1機械スケジューリング問題の定式化 ････････････････ 402
      17.5.2　資源制約つきスケジューリング問題の定式化 ･････････ 405
      17.5.3　分割可能緩和定式化 ･････････････････････････････ 410
   17.6　近 似 解 法 ･･ 412
      17.6.1　スケジュール生成スキーム ････････････････････････ 412
      17.6.2　優先ルール ････････････････････････････････････ 415
      17.6.3　近　　傍 ･･････････････････････････････････････ 416

xii 目次

- 17.7 厳密解法 ……………………………………………………… 420
  - 17.7.1 リリース時刻つき納期外れ最小化1機械スケジューリング問題 ……… 420
  - 17.7.2 ジョブショップスケジューリング問題 ……………………… 421
  - 17.7.3 変数固定テスト ……………………………………………… 422
  - 17.7.4 並列機械スケジューリング問題 ……………………………… 425

18. 配送計画モデル ……………………………………………… 428
- 18.1 用語と記号 ……………………………………………………… 429
- 18.2 モデルの分類 …………………………………………………… 431
  - 18.2.1 意思決定レベルによる分類 …………………………………… 432
  - 18.2.2 構成要素による分類 …………………………………………… 433
- 18.3 定式化 …………………………………………………………… 438
  - 18.3.1 集合分割定式化 ………………………………………………… 438
  - 18.3.2 品種流定式化 …………………………………………………… 442
  - 18.3.3 運搬車移動定式化 ……………………………………………… 448
  - 18.3.4 Miller–Tucker–Zemlin タイプの定式化 ……………………… 451
- 18.4 構築法 …………………………………………………………… 453
  - 18.4.1 セービング法 …………………………………………………… 453
  - 18.4.2 挿入法 …………………………………………………………… 455
  - 18.4.3 セービング法と挿入法の使い分け …………………………… 456
- 18.5 ルート先・クラスター後法 …………………………………… 457
  - 18.5.1 最適分割法 ……………………………………………………… 457
  - 18.5.2 空間充填曲線法 ………………………………………………… 458
- 18.6 クラスター先・ルート後法 …………………………………… 459
  - 18.6.1 領域分割法 ……………………………………………………… 460
  - 18.6.2 一般化割当法 …………………………………………………… 461
  - 18.6.3 施設配置ヒューリスティクス ………………………………… 462
- 18.7 Cross-opt ………………………………………………………… 464

19. 運搬スケジューリングモデル ……………………………… 466
- 19.1 簡単な場合 ……………………………………………………… 466
- 19.2 基本モデル ……………………………………………………… 469
  - 19.2.1 集合 ……………………………………………………………… 469
  - 19.2.2 入力データ ……………………………………………………… 470
  - 19.2.3 変数 ……………………………………………………………… 471
  - 19.2.4 定式化 …………………………………………………………… 471
- 19.3 解法 ……………………………………………………………… 472

19.4	資源制約つき最短路問題に対する動的計画 ………………………… 474
19.5	拡張モデル ……………………………………………………………… 476
19.5.1	タスク遂行条件の一般化 …………………………………………… 476
19.5.2	資源拡張関数 ………………………………………………………… 477
19.6	輸送手段の種類 ………………………………………………………… 477
19.7	航空機産業における応用 ……………………………………………… 478

文　献 ……………………………………………………………………… 481

索　引 ……………………………………………………………………… 489

1 サプライ・チェインとは

　サプライ・チェインがこの本の主題であるが，どうも筆者にはその定義がよく分からない．どうやら，ロジスティクスなるものの進化形であることは確かなのだが，その違いは曖昧である．ましてや，筆者にはロジスティクスの定義も最近よく分からなくなってきた．どうやら物流（物的流通）が進化したものらしいが，物流自身の定義もよく分からないし，ロジスティクスと物流との違いも曖昧である．物流に対比される概念として商流（商的流通）というのもあるらしいが，こちらは漢字変換システムも認識できないほどマイナーな用語だ．こういった，言葉の置き換えによる定義は，分かったような気になるだけで，あまり役に立たないのだ．

　ロジスティクスの定義で有名な Council of Logistics Management は 2004 年から Council of Supply Chain Management Professionals と名前を変えた．それに伴い，ロジスティクスの定義も変更されたようだ．この協会は，以前にもサプライ・チェイン・マネジメントがブームになった頃に，ロジスティクスの定義に「サプライ・チェイン・マネジメントの一部であり」を追加した経歴をもつ．こうコロコロ定義が変わるようだと（少なくとも筆者のような工学系の人間には）訳が分からない．ましてや，最新のサプライ・チェイン・マネジメントの定義の中には，「サプライ・チェイン・マネジメント」が含まれている．これは，自分で自分を持ち上げるようなもので，定義としては無意味である[*1]．

　そうはいっても，主題に対するある程度の共通認識がないと困るので，以下では定義にかわる色々な試みを行っていく．

　1.1 節では，最も安直な説明方式として，図（絵）による説明を試みる．ロジスティクスやサプライ・チェインの絵を示すことは，定義のかわりにはならないが，雰囲気を伝えるには最上の方法であると思われる．また，絵から類推したロジスティクスとサプライ・チェインの違いについても（これも雰囲気だけであるが）考察する．

　1.2 節では，もう少し真面目な説明として，対象をオブジェクトに分解することによる方法を用いる．オブジェクトとは，ロジスティクス・システムやサプライ・チェイン・システムを構成する部品のことであり，たとえて言うと，動物を説明するために，「あれも動物，これも動物」と言いながら猫や犬を指し示すことに他ならない．

[*1] 興味のある人は http://www.cscmp.org/ を参照されたい．意訳すると「サプライ・チェイン・マネジメントとは，つまりはサプライ・チェイン・マネジメントのことである．」という禅問答のような新定義が載っている．

1.3 節では，活動に注目した定義を試みる．つまり，調達や製造や販売などの諸活動の集合体としてロジスティクスやサプライ・チェインを捉えるのである．再び動物を例にすると，餌を食べたり，歩いたり，鳴いたりするものが動物であると定義する訳である．

1.4 節では，サプライ・チェインに階層の考え方を導入することによって，システム全体の見通しを良くするとともに，意思決定のレベルと階層の関係について考える．

1.5 節では，情報技術（information technology: IT）とサプライ・チェイン・システムの関係について整理を行うとともに，意思決定支援システムの紹介を行う．

1.1 絵による説明

通常，ロジスティクスを概念的に説明するときには，図 1.1 や図 1.2 のような絵を描いて説明する．これらの概念図は，ほとんどの教科書，論文，ビジネス・ソフトウェアのパンフレットで用いられているので，研究者ならびに実務家の共通認識と考えて良いだろう．

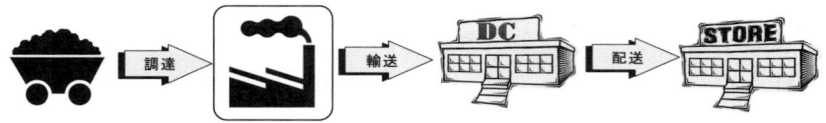

図 1.1 ロジスティクスの概念図（その 1）

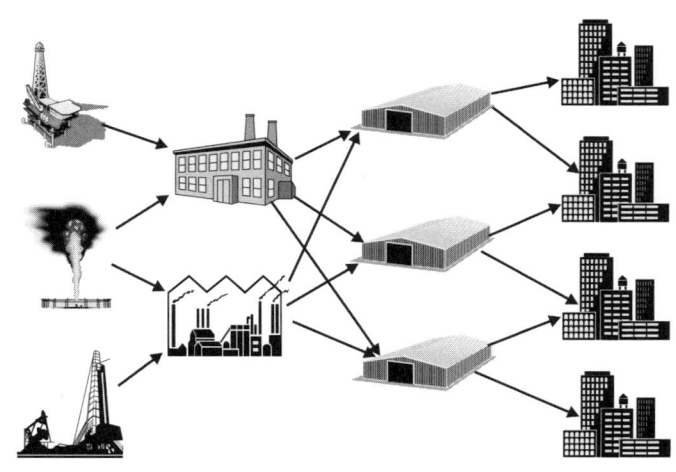

図 1.2 ロジスティクスの概念図（その 2）

これらの絵は，数学的には**グラフ**（graph）とよばれる．（図 1.1 のグラフは，特にチェインとよばれる．）グラフとネットワークについては，第 6 章で詳述するので，ここでは簡単に説明しておこう．グラフとは，**点**（vertex, node, point；頂点，ノードともよばれる）と**枝**（edge, arc, link；辺，アーク，リンクともよばれる）から構成される抽象概念であり，現実の問題を分かりやすく表すのに非常に便利な道具である．たとえば，道路の地図，地下鉄の路線図，水道管網，友人関係（そしてもちろんロジスティクス）など，ありとあらゆるものがグラフとして表現できる．ロジスティクスを表す「絵」では，グラフの枝に「もの」が移動する方向がつけられていることが多い．枝を矢線で描画して向きをつけたグラフを，特に**有向グラフ**（directed graph）とよぶ．**ネットワーク**（network）とは，有向グラフに「もの」が移動を開始する点（始点；供給地点）と移動を終了する点（終点；需要地点）を追加し，さらに枝上に重み（ロジスティクスでは，より具体的に距離，移動費用，容量などを表す）を付加した概念である．ロジスティクス・システムを表すネットワークを，**ロジスティクス・ネットワーク**（logistics network）とよぶ．ロジスティクス・ネットワークでは，複数の異なる「もの」が移動するので，複数の始点と複数の終点を考える必要がある．

さて，ロジスティクスに関しては，ネットワーク上の「もの」の流れのイメージで，ある程度の共通認識が得られた．今後は，サプライ・チェイン・マネジメントを絵によって説明しよう．

サプライ・チェイン・マネジメントという用語は，サプライ・チェインの管理（マネジメント）と分解できる．また，サプライ・チェインという用語は，さらに供給（サプライ）と鎖（チェイン）に分解される．チェインは，グラフ理論の世界では，図 1.1 のような直列の（枝分かれのない）有向グラフに他ならない．「供給のための枝分かれのない有向グラフ」ということだと，上で考えたロジスティクス・ネットワークの特殊形に他ならない．しかし，これでは新しい用語を導入する意味がない．ここでは，サプライ・チェインの概念図として，図 1.3 のように，情報の流れが鎖状に伝わっていくものを採用しよう．（これも，教科書，論文，ビジネス・ソフトウェアのパンフレットで頻繁に用いられるので，共通認識と言って良いであろう．）

この図は，図 1.1 のロジスティクスの概念図とほぼ同じものである．違いは，グラフ

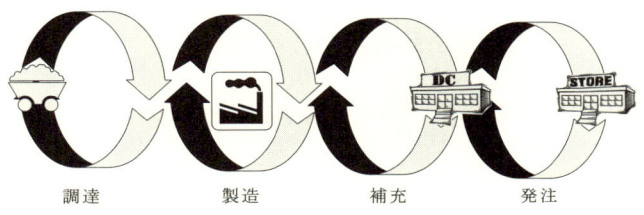

図 **1.3** サプライ・チェインの概念図

の枝で描かれていたものをサイクルで表したことである．このサイクルは，「もの」の流れと「情報」の流れの循環を表しており，各サイクルは異なる企業（もしくは部門）によって運営されている．たとえば，最初のサイクルは，調達部門によって行われる調達活動を表し，次のサイクルは，製造部門によって行われる製造活動を表し，その次のサイクルは，倉庫の管理部門によって行われる補充活動を表し，最後のサイクルは，顧客（小売店）によって行われる発注活動を表す．

サプライ・チェインでは，このように異なる部門による意思決定を明確化することによって，サイクルをどのように繋ぐかを正面から捉える点が，ロジスティクスと異なると考える．ロジスティクスでは，原料の調達から販売までを，あたかも1人の意思決定者がコントロールするかのように描かれていた．しかし，実際には複数の意思決定者が内在し，それぞれが調整を行うことなしに，全体を最適化することは難しい．サプライ・チェイン・マネジメントでは，異なる企業（部門）間の契約や提携を考慮することによって全体最適化に近づけることを目標とする．

また，サイクルの繋ぎ目では，バッファ（緩衝）が必要になる．これは，サプライ・チェインでは，在庫として表現される．ロジスティクスが「もの」の流れ（フロー）のみに着目していたのに対して，サプライ・チェインでは在庫に焦点をあてる．つまり，サプライ・チェイン・マネジメントとは，近年急速に発展した情報技術を駆使することによって，不確実性に正面から向き合い，システム全体の在庫を削減することであると捉えることができる．

「サプライ・チェイン・マネジメント ＝ ロジスティクス ＋ 情報技術」という説明もよく見かけるが，情報技術は道具であって，それを有効活用してサービスの向上ならびに費用の削減を図るための理論体系が，サプライ・チェイン・マネジメントなのである．

1.2 オブジェクトによる説明

次に，実際のシステムを設計するエンジニアの立場で，ロジスティクス・システムやサプライ・チェイン・システムに対する共通の認識を導くことを試みる．具体的には，対象とするシステムをオブジェクトの集合体として捉えるものとする．これは，プログラム作成のための最近主流の考え方であるオブジェクト指向の立場でシステムを捉えようというものであり，実際のシステムを計算機上で実現しようとしているプログラマやシステム・エンジニアの立場から見た定義である．

もちろん，盲目の人たちに象を触らせて説明しようとする寓話のようになる危険性もある．ある人は象を木の幹のように感じ（足を触ったのだ），ある人は蛇のように感じ（尻尾を触ったのだ），ある人は団扇のように感じる（耳を触ったのだ）ように，ロジスティクス・システムが人によってまったく異なった対象と認識されてしまうかもしれない．しかし，幾つもの具体的な対象をあげながらロジスティクス・システムを色々な角度から見ることは，ぼんやりとでも研究対象が認識でき，研究者によって微妙に異なる

図 1.4 群盲撫象

言葉による定義を羅列するよりも，(少なくとも工学系の人間の立場からは)健全であると考えられる．

ここではロジスティクス・システムを，その構成要素（ロジスティクス・オブジェクト）の集合体であると定義する．この定義を完結させるためには，ロジスティクス・オブジェクトの定義が必要である．ロジスティクス・オブジェクトをロジスティクス・システムを構成するための部品と定義したのでは，自己参照であり，自分で自分の襟をもって持ち上げる努力と同じで意味をなさない．ここでは，演繹による方法をあきらめ，ロジスティクス・オブジェクトに対する共通概念を帰納的に導くことにしよう．

帰納的な定義を行うための 1 つの方法は，個々の実体験に基づいた「もの」との関連づけを行うことである．子供に「猫」がどんなものかを教えるには，散歩の途中で猫に会うたびに，「ほら，あれが猫だよ」と声をかけてやる方法が最善である．それと同様に，ロジスティクス・オブジェクトに対する共通の認識を得るためには，ロジスティクス・オブジェクトに出会うたびに，「ほら，あれがロジスティクス・オブジェクトだよ」と声をかけてあげれば良いのである．ロジスティクス・オブジェクトとは，工場や倉庫などの施設，顧客や供給地点（ベンダー）などの関連施設，トラックや船などの輸送機器，工場における生産ラインや機械や作業員，中継地点となる港や空港など，ロジスティクス・システムに関連するすべての具体的な「もの」である．これらの「もの」は，現実に存在する対象であるので，**実ロジスティクス・オブジェクト**（real logistics object）とよぶことにする．

ネットワーク上を移動する異なる「もの」は，ネットワーク理論では**品種**（commodity）とよばれ，複数の品種を考慮したネットワークは，**多品種ネットワーク**（multi-commodity network）とよばれる．ロジスティクス・システムをネットワークで表現したとき，ロジスティクス・オブジェクトは，多品種ネットワークを構成する点，枝，および品種で

あると考えられる．品種は，ロジスティクス・ネットワークでは，**製品**（完成品，部品，半製品，原料などを一般化したもの）を指す．点，枝，および品種（製品）などのロジスティクス・オブジェクトは，実オブジェクトを抽象化した対象を指すものであるので，**抽象ロジスティクス・オブジェクト**（abstract logistics object）とよぶことにする．ちなみに，本書では具体性を出すために，品種のかわりに**製品**（product）もしくは**品目**（item）という用語を完成品，部品，半製品，原料などを表す抽象ロジスティクス・オブジェクトとして用いる．

実ロジスティクス・オブジェクトと抽象ロジスティクス・オブジェクトの関係を整理するためには，**オブジェクト指向**（object oriented）の概念が有効である．オブジェクト指向によるモデルの設計は，対象とするオブジェクトのデータ（プロパティ）と操作（メソッド）から構成される「オブジェクト」を基礎として行われる．

例として工場を表すオブジェクト（工場オブジェクト）と顧客を表すオブジェクト（顧客オブジェクト）を考えよう（図 1.5）．工場オブジェクトは，住所，緯度・経度，開設している時間帯，従業員の人数，保有する生産ラインなどのプロパティと，地図上への描画，完成品在庫の照会，スケジューリングの実施などのメソッドから構成される．一方，顧客オブジェクトは，住所，緯度・経度，配達可能な時間帯，需要量などのプロパティと，地図上への描画，注文の受理などのメソッドから構成される．ここで，工場と顧客を表す2つのオブジェクトが，共通のデータと操作をもつことに気づくだろう．オブジェクト指向では，異なるオブジェクトに含まれる共通の特性を抽出した雛形を**クラス**（class）とよぶ．工場オブジェクトと顧客オブジェクトの例では，住所ならびに緯度・経度のデータと，地図上への描画の関数をもつクラスを設計すると便利そうである．そのようなクラスは，地点に関するデータと操作をもつため，工場や顧客の他にも，倉

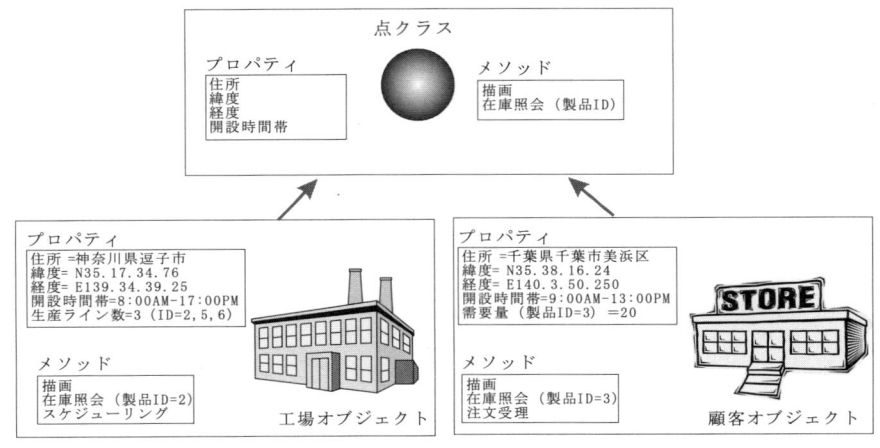

図 **1.5** 工場オブジェクト，顧客オブジェクトと点クラス

庫，空港，港，原料供給者などを表すオブジェクトを設計するときに使うことができる．実は，このようなクラスが「点」を表す抽象オブジェクトを生成するのである．

また，点クラスの特性をそのまま引き継いで，さらに付加的なデータや操作を加えることによって，工場クラスや顧客クラスが設計できる．これは**継承**（inheritance）とよばれ，オブジェクト指向における基本的な道具である．

同様に，トラック，船，航空機，リアカーなどの実ロジスティクス・オブジェクトを生成するクラスは，輸送手段を表すクラスの特性を継承することによって設計でき，さらに輸送手段，人的資源，機械を表すクラスは，資源を表すクラスを継承することによって設計される．このように継承によって生成された最上層の抽象ロジスティクス・オブジェクトを有機的に結合したものがロジスティクス・システムなのである．図 1.6 にロジスティクス・オブジェクト間の継承関係の例を示す．

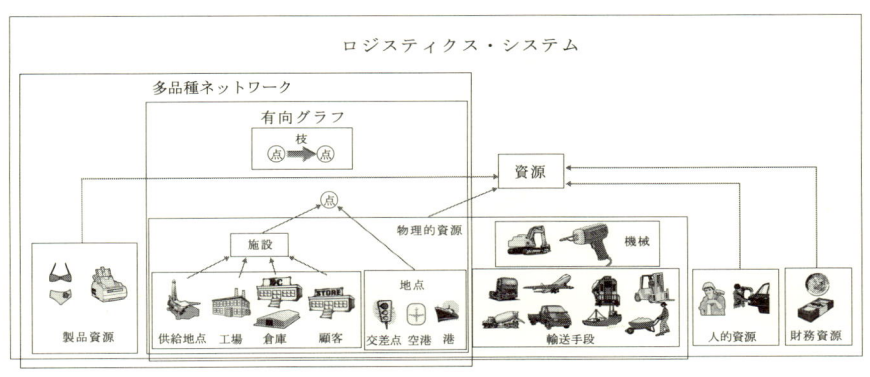

図 1.6 　ロジスティクス・オブジェクト間の継承関係

実際のロジスティクス・システムは多様であり，その様相は企業体ごとに大きく異なる．上で定義したロジスティクス・オブジェクトは部品であり，各企業体のロジスティクス・システムは，これらの部品を組み合わせることによって実現される．

さて，ここで各企業体においてロジスティクス・システム（に対するモデル）を構築するときに，実ロジスティクス・オブジェクトを使うべきか，抽象ロジスティクス・オブジェクトを使うべきかという問題が出てくる．「対象とする実際問題にあったものを使いなさい」というのが万能薬の回答であるが，あまり役に立たない．実際に役に立つのは，使い分けの指針となる利点と弱点を整理することである．

抽象ロジスティクス・オブジェクトを用いたモデルは汎用性に富み，種々の実際問題を 1 つのモデルで解決することが可能になるが，一方，目に見えない抽象的な対象を用いてモデル化するので，実務家にとって理解が困難になるという欠点をもつ．また，広い範囲の問題を単一のモデルでカバーするには，モデルを解くための最適化アルゴリズ

ムの効率を多少犠牲にする必要がある．ほとんどのロジスティクス・システム内のモデルは $\mathcal{NP}$-困難とよばれる難しい問題のクラスに属する．通常，$\mathcal{NP}$-困難な問題を解決するためには，問題に依存した種々の工夫が必要不可欠であり，汎用性を追求すると実務では使い物にならない精度の解を算出する（もしくは使い物にならないほどの計算時間がかかる）可能性があるのである．

実ロジスティクス・オブジェクトを用いたモデルは，モデルの各要素が現実の「もの」に直接対応しているので実務家にとって理解しやすく，システムの導入も容易になるが，一方，特定の現実問題に対応してモデル化するので，汎用性に欠けるといった弱点をもつ．また，対象とする問題に特化した工夫を導入することによって，$\mathcal{NP}$-困難性の壁を乗り越えることが容易になる．

具体的な適用例として，第14章では実ロジスティクス・オブジェクトと抽象ロジスティクス・オブジェクトを用いた2つのロジスティクス・ネットワーク設計のための数理モデルを導く．

さて，ロジスティクス・システムについては，ロジスティクス・オブジェクトの集合体として捉えることに成功したので，今度は，サプライ・チェイン・システムについて考えてみよう．

サプライ・チェインとは，ロジスティクスに情報技術を加えたものであるので，サプライ・チェイン・システムでは，情報やデータもオブジェクトと考える．他にも，提携や契約やビジネス・モデルなども，サプライ・チェインでは重要な役目を果たすので，これらも構成部品（オブジェクト）である．これらを総括して**サプライ・チェイン・オブジェクト**（supply chain object）とよぶことにする．1.5節で述べる需要予測システム，生産計画システム，配送計画システム，ロジスティクス・ネットワーク設計システムなどのすべての情報システムも，サプライ・チェイン・オブジェクトである．

1.3 活動による説明

象を説明するための別の方法として，象の**活動**（activity）に着目する方法も有効である．ここで，活動とは象が歩いたり，鼻で林檎を口に運んだり，牙でライオンを追っ払ったりすることである．これは，ロジスティクス・システムにおいては，部品を調達したり，部品から製品を製造したり，できあがった製品を顧客まで運んだりすることに相当する．活動は，応用によって様々な別名でよばれる．たとえば，第19章の運搬スケジューリングモデルでは，荷物を移動させたり，乗客を運んだりする活動を**タスク**（task）とよんでおり，第17章の(生産)スケジューリングモデルでは，製品を加工したり，プログラムを計算機上で処理させたりする活動を**ジョブ**（job）とよんでいる．

象が歩いたり，物を食べたり，敵を追っ払ったりする諸活動を行うためには，その身体の一部を利用する必要がある．ロジスティクス・システムも同様であり，部品調達，製造，輸・配送などの諸活動を行うためには，企業体の**資源**（resource）を利用する必

要がある．一般に，企業体における資源は，大きく以下のように分類できる．

物理的資源： 工場，倉庫（流通センター，ロジスティクス・センターなどを含む），製品在庫，輸送機器・手段，機械などの企業体の資産を指す．

人的資源： 文字通り企業体内の人に関連した資源を指す．機械の作業員や運転手など，物理的資源の活動に直接必要な人的資源と，研究者や管理者のように物理的資源の活動とは切り離して考えることができる人的資源に分けることができる．

財務資源： 現金，債権，証券，借り入れ可能限度額などを指す．

情報技術資源： 在庫管理システム，生産管理システム，配送計画システムなどの情報技術関連の資源を指す．

マーケティング資源： マーケットシェア，ブランドイメージなどを指す．

組織資源： 教育システム，社風，ベンダーとの関係などを指す．

法的資源： 登録商標，契約，特許などを指す．

ロジスティクス・システムにおける資源としては，定量的に扱うことのできる物理的資源，人的資源，財務資源を主に考える．サプライ・チェイン・システムにおいては，情報技術資源，マーケティング資源，組織資源，法的資源も含めたすべての資源を考える．資源は，ロジスティクス・システムを構成するための重要な部品であり，幾つかの実ロジスティクス・オブジェクトを抽象化した対象を指す概念であるので，点，枝，製品と同様に抽象ロジスティクス・オブジェクトと考えられる．

ロジスティクス・システムの1つの見方として，資源，活動という2つの抽象ロジスティクス・オブジェクトの組の集合体と考えることができる．これは，企業体を資源の集合体とみなす考え方（resource based view of the firm；たとえば Shapiro[141] 参照）を拡張したものである．ロジスティクス・システムの諸活動は，「製品資源」を「資源」を用いて行われるものであり，より具体的には，

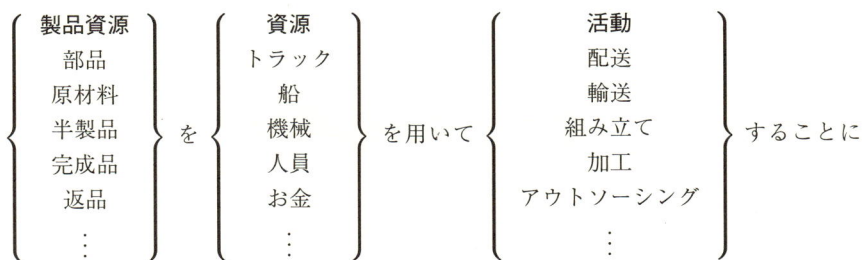

よって，ロジスティクス・システムが構成されると考えるのである．

サプライ・チェイン・システムも，（製品）資源を時間ならびに位置的に変化させる活動の集合体と考えることができる．ただし，サプライ・チェイン・システムにおいては，情報，マーケットシェア，契約なども資源として捉える．サプライ・チェインを活動を中心として抽象化した統合モデルについては，7.4 節で詳述する．

1.4 意思決定の階層

複雑なシステムに対処するためには，システムを整理して分析することが肝要である．ここでは，複雑なシステムを整理して捉えるための，極めて自然なものの考え方である**階層**（hierarchy）および**集約**（aggregation）・**非集約**（disaggregation）の概念を導入するとともに，意思決定のためのモデルと階層の関係について考える．

1.4.1 項では，階層と集約・非集約の基本的な考え方とサプライ・チェイン・システム内における階層の構成法について述べる．

1.4.2 項では，階層と意思決定モデルの関係について述べる．

1.4.1 階層と集約・非集約

簡単な例として「木」と「森」の 2 つの階層から構成されるシステムを考えてみよう．漢字の由来からも分かるように，木をたくさん集めたものが森である．このとき，木の 1 本 1 本の属性は無視して森全体として見るという視点の変化が生じる．これを**集約**（aggregation）とよぶ．つまり，一段上の階層である森は 1 本 1 本の木を集約して得られた概念であると言うことができる．逆に，森を 1 本 1 本の要素に分解したものが木である．このとき，森という全体から木の 1 本 1 本の属性を復活させるという視点の変化が生じる．これを**非集約**（disaggregation）とよぶ．つまり，一段下の階層である木は，森の非集約によって生成される（図 1.7）．

木に住んでいるカブトムシやクワガタを捕まえるときには，森全体を眺めるよりも，虫の居そうな木を見た方が良いし，森で迷子になったときには，1 本の木をジッと眺めているよりは，森全体の構造を考えた方が良い．「木を見て森を見ない」という言葉があ

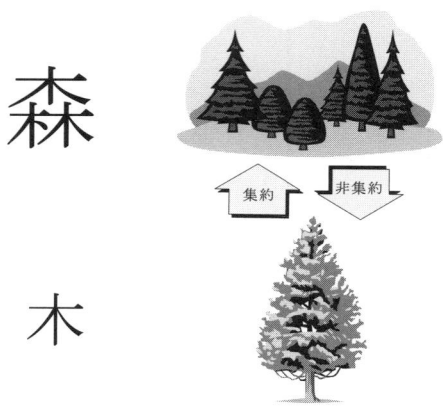

図 **1.7** 集約と非集約の概念図

るように，一般には，細々したことに気をとられて大局的なものの考え方ができない場合が多い．長期的な展望に立った話（たとえば新しい工場の立地の検討）をしているときに，業務レベルの微細な条件（たとえばトラックの速度が日によって異なること）にこだわったりすることは，その典型例である．一般に企業の中で物流の現場に長く携わってきた人は，サプライ・チェイン・システムを業務レベルのモデルの集合体として捉える傾向があり，これは「木を見て森を見ない」症候群に陥っていると言える．

複雑なシステム全体に対して合理的なモデルを作成するためには，細部を取り払うことが必須である．たとえば，ニュートン（Newton）以来の物理モデルでは，ほとんどの場合に物を体積のない質点として扱い，摩擦もまったくないものと仮定している．実際の物は体積をもち，形も千差万別であり，当然摩擦も生じるが，このようなモデルの簡略化なしでは，その後の運動理論の発展はなかったであろう．しかも，これらの理論は体積や摩擦をもった物の運動を記述する上で極めて有効であり，体積や摩擦を考慮した場合の物の運動方程式も，簡略化したモデルを基礎として構築されたものなのだ．

同じことがサプライ・チェイン・システムに対しても言える．システム全体を考慮したモデルは，取り扱いが容易になるように細部を単純化し，基本的な要素だけから構成されるものと考える．たとえば，日本国内のある特定の業界だけで通用する慣習などは除外して考える．サプライ・チェイン・システム全体を考える理論体系は，普遍的なものである必要があり，慣習の見直しによって変化するものであってはならないからである．

一方，モデルを極端に簡略化することには多少の危惧がある．極端に単純化された理論は，実際には使い物にならず，数学のお遊びに終わってしまう場合が多い．特にサプライ・チェインのような実務のために存在する学問体系においては，実務からの極端な乖離は避けなければならない．

サプライ・チェイン・システム全体に対する戦略的なモデル化アプローチでは，多少の単純化を行っても良いが，日々の業務を行うに際しては詳細な考慮が必須である．たとえば，時間帯によってはトラックが通過できない道上にある顧客には，その時間帯には荷物の搬入はできないし，突発的な需要の発生に対しては，臨時便の増発が必要になったりする．このような条件は，システム全体を記述するためのモデルには取り込まれていない（というより取り込むべきではない）が，日々の業務に対しては必須である．

それでは，システム全体のモデルと日々の業務モデルをまったく別に構成すれば良いかというと，問題はそれほど単純ではない．システム全体として決定された事柄（たとえば配送センターの位置や広さ）は，日々の業務を行う際の重要な外部条件となる．一方，システム全体は日々の業務の積み重ねで構成されるので，システム全体における費用の推定には，日々の業務における費用の蓄積が不可欠である．このように，システム全体と日々の業務とは完全に分離して考えることができない．すなわち，階層間には情報のやりとりが必須なのである．

このように，サプライ・チェイン・システム内の各オブジェクト間には互いに密接な関係があり，データの集約・非集約および情報のやりとりを介して，階層を形成する．以

下では，具体的なサプライ・チェイン・オブジェクトに対する階層について考えていく．

サプライ・チェイン・システムにおける階層の考え方を説明するための例として，顧客需要について考えてみる．顧客需要は，すべてのサプライ・チェイン活動の引き金になる重要なデータである．

データウェアハウスを導入している企業では，顧客需要に関する表 1.1 のようなデータが入手できるだろう．

表 1.1 顧客需要データ

期間	顧客名	製品名	数量（需要量）
1998 年 1 月 4 日	○×問屋	林檎ワイン	1000 本
1998 年 1 月 4 日	○×問屋	梨ワイン	2000 本
1998 年 1 月 5 日	△酒屋	梨ワイン	20 本
⋮	⋮	⋮	⋮

このデータは，期間データ，顧客データ，製品データの 3 つの切り口（次元）をもっている．さらに，各軸はマスターデータと関係づけられている．たとえば，顧客のマスターデータは，表 1.2 のようなものである．

表 1.2 顧客マスターデータ

顧客名	住所	郵便番号	市区名	都道府県名	分類
○×問屋	越中島 2-2-2	135-0044	江東区	東京都	問屋
□酒店	越中島 1-1-1	135-0043	江東区	東京都	小売
△酒屋	越中島 3-3-3	135-0044	江東区	東京都	小売
⋮	⋮	⋮	⋮	⋮	⋮

さて，顧客に対して，どの配送センターから荷を出荷するべきかを考えるとき，マスターデータ内にある顧客ごとに配送センターを決定する方法は，いささか非現実的である．同じ江東区内にある小売店に対しては，同一の配送センターで処理をすべきであるし，仮に異なる配送センターから出たトラックで配送することによって多少の費用削減が可能であっても，それによって引き起こされた複雑なオペレーションは，費用削減効果を打ち消してしまうだろう．つまり，「どの配送センターから荷を出荷するべきか？」などの長期的な展望に立った意思決定を行う際には，個々の顧客に対する情報よりも，「江東区」という地域の小売店の合計需要量の情報の方が有益なのだ．「江東区」や「中央区」などの地域区分でデータを集約し，地域区分ごとに製品別の需要量の合計を計算したものを表 1.3 に示す．

別の可能性として，顧客の分類（クラス）ごとに集約する方法も考えられる．つまり，問屋，小売，コンビニなどの顧客クラス別に製品別の需要量を計算する方法である．実際には，地域区分×顧客クラス別にデータを集約する方法が望ましい（表 1.4）．顧客

表 1.3 地域区分（市区レベル）で集約された顧客需要データ

市区名 \ 製品名	林檎ワイン	梨ワイン	合計
江東区	1000 本	2000 本	3000 本
中央区	500 本	1000 本	1500 本
⋮	⋮	⋮	⋮
合計	12000 本	13000 本	25000 本

表 1.4 地域区分（市区レベル）×顧客クラス（顧客群）別で集約された顧客需要データ

製品名 市区名 \ 顧客クラス名	林檎ワイン 問屋	林檎ワイン 小売	梨ワイン 問屋	梨ワイン 小売	合計
江東区	600 本	400 本	1200 本	800 本	3000 本
中央区	300 本	200 本	700 本	300 本	1500 本
⋮	⋮	⋮	⋮	⋮	⋮
合計	10000 本	2000 本	10000 本	3000 本	25000 本

クラス別に異なるチャネル（流通経路）を用いる可能性があるからである．以下では，地域区分×顧客クラスを表す集合を**顧客群**（customer group）とよぶ．

また，データの集約は，将来の需要の予測を行う際に，誤差を減らしてくれるという効果もある．個々の顧客の製品別の需要量を予測することは，最新の統計技法を用いても至難の業であるが，地域区分×顧客クラスごとの製品の合計需要の予測は，ある程度の許容誤差内で可能であると考えられる．さらに，地域区分は市区レベルのものをさらに集約し，都道府県レベルにした方が都合が良い場合もある．また，グローバル・サプライ・チェインの最適化などを行う場合には，国レベルや国家群（national group；NAFTA, EC, AFTA などを指す）への集約が役に立つ場合もある．顧客データの地域区分・顧客クラスによる集約は，図 1.8 に示される顧客データの階層を形成する．階層の下から上への矢印はデータの集約を表し，その反対方向の矢印は非集約を表す．

顧客データと同様に，期間データおよび製品データに対してもデータ集約による階層が形成される．期間データは，日レベル，週レベル，月レベル，4 半期レベル，年レベルなどの階層から構成される．製品データは，**品目**（item）レベル，**製品族**（product family；類似の段取りを要求する品目の集合）レベル，**製品群**（product group；類似の単位費用，製造費用，在庫費用をもつ製品族の集合．生産管理の用語では製品タイプとよばれる）レベル，**製品束**（product bundle；同じ配送センターからサービスを受けるべき製品群の集合）レベルから構成される．

また，顧客，期間，製品の各々の階層のレベルは互いに関連しあっている．たとえば，日レベルの意思決定を行う際には，品目レベルおよび顧客レベルの階層を考慮する必要があり，年レベルの意思決定を行う際には，製品群（束）および顧客群レベルの階層で考えるべきである．

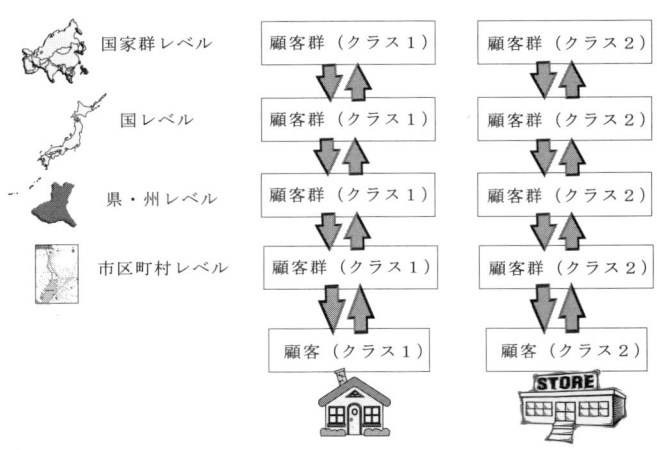

図 1.8 顧客データの階層

1.4.2 意思決定レベルと階層

階層のレベルごとに，意思決定を支援するためのモデルが存在する．ここでは，古くから経営における意思決定のレベルを長期，中期，短期の3つの階層に分けて考えているのにならい，サプライ・チェイン・システムに関するモデルも，意思決定レベルの違いによって，**ストラテジック** (strategic)，**タクティカル** (tactical)，**オペレーショナル** (operational) の3つに分けて考える．長期の（ストラテジックな）意思決定を支援するためのモデルは，サプライ・チェイン・システム全体を考慮したものである．一方，短期の（オペレーショナルな）意思決定を支援するためのモデルは，サプライ・チェイン・システムの一部に特化したものである．

1) ストラテジック（戦略的）モデル

長期（1年から数年，もしくは数十年）の意思決定を支援するモデルであり，主な意思決定項目としては，工場の位置の決定，工場における生産ラインの配置ならびに生産能力の決定，部品ならびに原料の調達先決定，配送センター（倉庫）の位置の決定，運搬車の購入計画，運転手の雇用計画，各デポにおける運搬車の台数の決定，アウトソーシングの是非の決定，倉庫内のレイアウトの決定などがあげられる．

このレベルにおける代表的なモデルとして，**ロジスティクス・ネットワーク設計モデル** (logistics network design model) があげられる．このモデルは，**施設配置問題** (facility location problem) とよばれるオペレーションズ・リサーチにおける古典的モデルと密接な関係があるが，現実問題においては，主に配送センターなどの中継・保管地点の見直しや，製品ごとの流通経路の再編成に用いられる．施設配置モデルについては第13章で，ロジスティクス・ネットワーク設計モデルについては第14章で詳述する．ストラテジックレベルの意思決定では，顧客データは顧客群に集約したものを，製

品データは製品群もしくは製品束に集約したものを用いることが推奨される．これは，長期的な展望に立った意思決定では，個々の顧客および品目のデータよりも，それらのデータを集約したものの方が予測しやすいことや，解くべき問題のサイズを不用意に大きくしないためである．最近の意思決定支援システムの動向としては，計算機の高性能化と最適化技術の進歩により，より大規模かつ包括的なモデルを目指すものが増えてきている．

一方では，ストラテジックレベルの実際問題を解決する際に心がけなければならないのは，モデルを複雑にしすぎないということである．日々のオペレーショナル（運用，業務）レベルのデータの詳細さをもとに，サプライ・チェイン・システム全体の最適化を行うことはナンセンスである．ストラテジックレベルにおいては，意思決定者が全体を理解できる程度の複雑さをもったモデルを設計することが肝要であり，モデル内の明確なトレードオフ関係をあぶり出すために，枝葉の部分は取り払う勇気が重要になる．

2) タクティカル（戦術的）モデル

中期（1週間から数ヶ月，もしくは数年）の意思決定を支援するモデルであり，主な意思決定項目としては，月次の生産・輸送計画，運搬車の固定ルートの決定，地点間の輸送頻度ならびに**輸送モード**の決定（図 1.9），混載戦略の決定，倉庫内の在庫保管場所の決定などがあげられる．タクティカルレベルの意思決定は，上位のストラテジックレベルと下位のオペレーショナルレベルの意思決定を繋ぐために用いられる場合が多い．そのため，その守備範囲は，時には長期レベル，時には短期レベルに及ぶこともあり，その切り分けは明確ではない．最近の意思決定支援システムの動向としては，異なる意思決定レベル間にまたがるモデルを用い，広範囲の問題を一挙に解決することを試みるものが増えてきている．

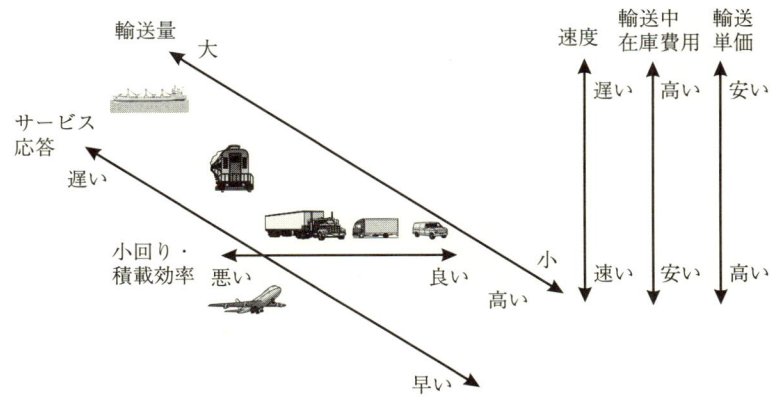

図 1.9 輸送モードとトレードオフ関係

3) オペレーショナル（作戦的）モデル

短期（リアルタイムから日ベース，もしくは週ベース）の意思決定を支援するモデルであり，生産スケジューリング，日々の輸・配送計画（ディスパッチング），運搬車のスケジューリング，倉庫内でのピッキング順の決定などを行う．また，1.5.1項で述べる処理的情報技術における自動処理は，すべてオペレーショナルレベル内に位置づけられる．オペレーショナルレベルの意思決定では，顧客データは個々の顧客別のものを，製品データは個々の品目別のもの（もしくは製品族レベルに集約したもの）を用いる．そのため解くべき問題におけるデータの細かさは増大するが，扱う問題の守備範囲を限定することによって，求解可能にする．最近の意思決定支援システムの動向としては，情報通信機器の発達と廉価化により，現場におけるリアルタイムの情報を吸い上げ，それを用いて瞬時に意思決定を行うことを目指すものも出てきている．

上位レベルの意思決定は，下位レベルの意思決定を用いてもしこうなったら分析（what if analysis）を行うことによって可能であり，逆に，下位レベルの意思決定は，上位レベルの情報を用いて決められた制約の範囲内で最適化されなければならない．たとえば，ストラテジックモデルおよびタクティカルモデルは，オペレーショナルモデルを用いた「もしこうなったら分析」によってある程度の規模の問題なら解決可能であり，逆にオペレーショナルモデルの問題を解くためには，あらかじめ上位（ストラテジック，タクティカル）の問題を解くことによって，上位の意思決定変数（たとえば施設の位置や運搬車の配置）を固定しておく必要がある．すなわち，これらの3つの意思決定レベルは，互いに密接に関連しあっており，上位から下位，下位から上位の情報の行き来によってサプライ・チェイン・システム全体の適正化が図られるのである（図1.10）．

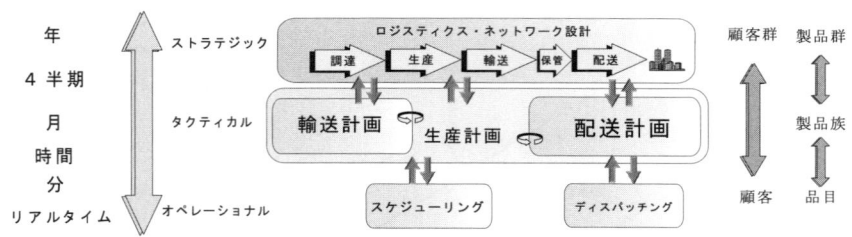

図 1.10　意思決定レベルとデータの集約・非集約

最近流行している「全体最適」が良くて「部分最適」がいけないという単純な論法から言えば，短期の（オペレーショナルな）意思決定を支援するための最適化システムは必要ない（もしくは，してはいけない）ということになるが，これはまったくの誤りである．もちろん，我が国のサプライ・チェインは現場に偏りがちで，「木を見て森を見ない」ことがほとんどであり，全体最適の標語もあながち誤りではないが，重要なことは，

「あるときには木や葉脈の視点で見て,あるときには森や山脈の視点で見る」という視点の柔軟な移動である.もちろん,木を見て得た情報は,森を見る際に役に立つであろうし,その逆も成り立つ.

具体的に言うと,配送計画や工場内のジョブのスケジューリングを最適化することによって得た情報は,サプライ・チェイン全体を最適化する際の重要なデータを与える.たとえば,配送計画はある地域に対する配送費用を与え,スケジューリングはある工場における工場の稼働率を与える.逆に,サプライ・チェイン全体を(長期的な視野で)最適化した結果は,配送計画やスケジューリングに対する根幹のデータ(顧客をどの配送センターに割り振るか,どの工場でどの製品を作るか)を与えるのである.

実際に異なる意思決定レベルのモデルを統合するためには,下位レベルの細かな制約を,どのようにタクティカルレベルやストラテジックレベルなどの上位モデルに「近似的に」組み込むかが重要になるが,これにはモデルに対する洞察とセンスが必要となる.

1.5 意思決定と情報技術

サプライ・チェインにおける**情報技術**(information technology: IT)の利用法を考える上で重要なことは,日々の運用を管理するための情報と意思決定のための情報の違いを認識することである.

日々の運用を管理するための情報システムは,**処理的情報技術**(transactional IT)とよばれる.処理的情報技術の代表的なものとしては,POS (point of sales) 記録システム,会計元帳システム,給与システム,より広くは**企業体資源計画**(enterprise resource planning: ERP)システムがあげられる.また,生産に関する(工場内の)処理的情報技術として,**資材必要量計画**(material requirement planning: MRP)システムがあり,工場や倉庫から最終需要地点への輸・配送に対する処理的情報技術として**物流必要量計画**(distribution requirement planning: DRP)がある.

一方,意思決定のための情報システムは,**解析的情報技術**(analytical IT)とよばれる.解析的情報技術の代表的なものとしては,需要予測システム,生産計画システム,配送計画システム,ロジスティクス・ネットワーク設計システムなどがあげられる.

処理的情報技術におけるデータは,**処理的データ**(transactional data)とよばれ,日々の運用から自動的に吸い上げられるデータから構成される.たとえば,顧客需要データは,店頭で顧客が商品を購入したと同時にレジで商品タグを読みとることによって作成されたPOSデータから自動的に作成される.これらの処理的データを蓄積したものが,**処理的データベース**(transactional database)となる.処理的データベースは,財務会計システムと連動して,企業体の財務諸表を自動的に計算することなどに用いられる.処理的データは,企業体を人間にたとえると,身体全体をめぐる神経内を走るパルスのような役割を果たす.

一方,解析的情報技術におけるデータは,**解析的データ**(analytical data)とよばれ

る．解析的データを蓄積したものは，**解析的データベース**（analytical database）とよばれ，サプライ・チェインにおける種々の意思決定を行うために用いられる．解析的データベースは，処理的情報技術で収集されたデータを集約して生成されるほか，種々の外部データを用いて生成される．ここで外部データとは，企業体外から入手されるデータであり，地域ごとの（年齢別）人口分布やトラックの料率表などを指す．企業体を人間にたとえると，解析的データは，人間の脳に蓄積された情報網（ニューロンの結合）のような役割を果たし，解析的データベースは，意思決定を行うための記憶に相当する（図 1.11）．

処理的情報技術と解析的情報技術の境界は，しばしば曖昧である．これは特に，オペレーショナルレベルの意思決定において顕著である．これは，あなたがとっさの事態に対処して行動を起こすとき，どこまでが反射的な行動か，どこからが脳で考えて行動しているかを明確に区別することが難しいのと同様である．境界を引くための目安としては，以下のものが考えられる．

1) 費用削減に直接は結びつかないものを処理的情報技術，モデルを通して最適化などを用いることによって費用削減を達成可能なものを解析的情報技術とする．
2) 現場で決められていたルールを自動化するものが処理的情報技術である．したがって，人工知能的なアプローチを用いたものは処理的情報技術の範疇に含まれる．
3) 現場のルールをパラメータとして表現して，パラメータのチューニングを意思決定者に任せるのが処理的情報技術であり，パラメータの適正値を自動的に計算するのが解析的情報技術である．たとえば，在庫計画における発注点や補充レベルをパラメータとして与えると，商品の自動発注を行う仕組みは処理的情報技術であり，サプライ・チェイン全体の在庫費用を最小にするように発注点や補充レベルを決定する仕組みは解析的情報技術である．

1.5.1 項では，処理的情報技術の構成要素について述べる．
1.5.2 項では，解析的情報技術の構成要素について述べる．

1.5.1 処理的情報技術の構成要素

処理的情報技術は，すべてオペレーショナルレベルの処理を担当する．処理的情報技術としては，工場内を担当する資材必要量計画，物流を担当する物流必要量計画，およびそれらを統合した企業体資源計画が代表的である．これらの処理的情報技術の構成要素は，どれも「計画」という用語が付加されているが，担当する処理はすべて自動化されたものであり，計画的な要素は含まれていない．むしろ，これらのシステムを販売する際の商業的な判断で「計画」の用語をつけ，計画部が弱いことを隠していたと推測される．学術用語としては誤解を招きやすいので，不適当であると思われるが，実務家および研究者の間に浸透しているので，ここでもこれらの用語を採用するものとする．

1.5 意思決定と情報技術

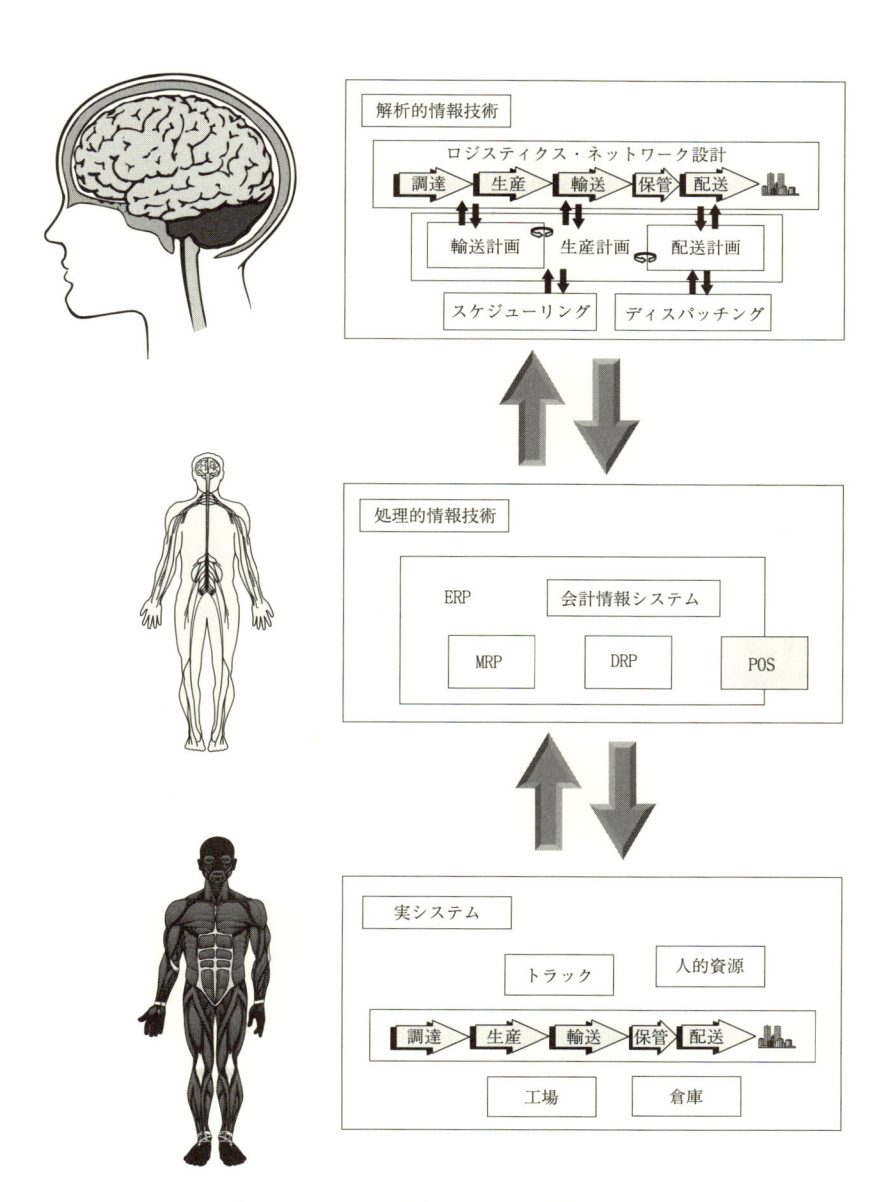

図 1.11 実システム，処理的情報技術，および解析的情報技術の関係

a. 企業体資源計画（ERP）システム

企業体資源計画システムとは，企業体の処理的データをリアルタイムに管理するためのシステムであり，企業体内の情報システムの標準化に貢献する．名前には「計画」の文字が入っているが，多くの場合，日々の業務データの流れだけを扱うため，自動的に計画を立案する機能や意思決定の補助をするための最適化もしくはシミュレーション機能は入っていない．

企業体資源計画システムは，人間の目や耳や神経網にたとえられる．そこで集められた外部情報は，脳（解析的データベース）に伝達され，筋肉（企業体の資源）に活動を指示する情報を与える．企業体資源計画システムが単独で出す指示は，人間でいうと反射行動のようなものである．そこでは，脳で考えて指示を出すのではなく，膝をトンカチで叩かれると反射的に膝が伸びるような操作だけが行われる．

b. 資材必要量計画（MRP）システム

資材必要量計画システムとは，各工場における生産管理に用いられ，**部品展開表**（bill of materials: BOM）と製品と部品・原料間の親子関係と生産に必要な量関係を表すデータをもとにして，与えられた最終製品に対する必要量から，部品および原料の必要量を計算する仕組みを指す．通常，生産工程における容量制約を考慮した最適化は含まれておらず，各単位期間における最終製品の必要量を与える**基準生産計画**（master production planning）との情報のやりとりの中で適正化を模索する．

c. 物流必要量計画（DRP）システム

物流必要量計画システムとは，最終需要地点における需要の予測値もしくは確定値をもとに，工場や倉庫の製品在庫を最終需要地点へ移動させるための輸送手段（トラック，船，鉄道，飛行機）への割り振りを指示する．輸送における資材必要量計画の役割を果たすものであるが，輸送機器の容量制約，固定費用など重要な項目を考慮していないという弱点をもつため，資材必要量計画ほど普及はしなかった．

1.5.2 解析的情報技術の構成要素

解析的情報技術は，ストラテジック，タクティカル，オペレーショナルのすべての意思決定の階層にまたがって存在する．ストラテジックレベルにおける解析的情報技術としては，ロジスティクス・ネットワーク設計システムが代表的であり，オペレーショナルレベルでは生産スケジューリングや輸・配送計画システムが代表的である．タクティカルレベルにおける解析的情報技術は，上位のストラテジックレベルのシステムと下位のオペレーショナルレベルのシステムを繋ぐ役目を果たし，代表的なものとしては生産計画システムがあげられる．

以下では，代表的な解析的情報技術を組み込んだシステムについて，簡単に紹介する．

a. ロジスティクス・ネットワーク設計システム

ロジスティクス・ネットワーク設計システムの目的は，単位期間（通常は年）ベースのデータをもとに，ロジスティクス・ネットワークの形状を決めることであり，意思決定

レベルとしてはストラテジックレベルに含まれる．モデルを求解することによって得られるのは，倉庫，工場，生産ラインの設置の是非，地点間別の各製品群の単位期間内の総輸送量，生産ライン別の各製品群の単位期間内の総生産量，輸送モードの選択である．

また，ロジスティクス・ネットワーク設計システムは，タクティカルレベルの意思決定にも用いることができる．タクティカルレベルの意思決定においては，単位期間を月（もしくは日や週）として多期間のロジスティクス・ネットワーク設計を考え，月別の需要量データの情報をもとに，各月における生産量，輸送量を決定する．これは，生産計画および輸送計画システムをロジスティクス・ネットワーク全体に拡張したものと考えられる．

ロジスティクス・ネットワーク設計システムに関する最適化モデルについては，第14章で詳述する．

b. 生産計画システム

生産計画システムとは，複数の期間における工場内での主要な段取り替え，在庫，および期ごとの生産量に関する意思決定を行う．この際，与えられた資源（機械，人，原材料）に対する制約を考慮して最適化を行う．解くべき問題は複雑かつ大規模な問題になるので，同じ段取り替えを要する品目を製品族に集約して最適化を行う．生産計画最適化システムが担当するのは，タクティカルレベルの意思決定であり，オペレーショナルレベルの資材必要量計画と連動して，適正な生産計画を模索する．

生産計画システムの核になる動的ロットサイズ決定モデルについては，第9章で詳述する．

c. 輸送計画システム

輸送計画システムとは，主に工場から配送センターなどの拠点への輸送手段（トラック，船，鉄道，飛行機）による輸送を計画するためのシステムである．輸送計画システムにおける意思決定項目としては，輸送モードの選択，輸送頻度の決定，ならびに輸送手段のスケジューリングがあげられる．

輸送モードの選択と輸送頻度の決定は，タクティカルレベルの意思決定項目である．輸送モードは，費用と輸送頻度のトレードオフを考慮して決定される．輸送頻度は，顧客サービスに関連し，顧客サービスは企業体の政策として決定される場合が多い．そのため，輸送計画は上位の顧客サービスレベルの決定やロジスティクス・ネットワークの形状決定と関連してくる．

一方，輸送手段のスケジューリングを求める問題は，以下で述べる配送計画と類似の問題になる．しかし，工場から拠点への輸送では，輸送量が比較的大きく，かつ輸送距離が長いため，巡回順より空輸送の最小化に焦点が置かれる場合が多い．輸送スケジューリングにおける意思決定の範囲は，タクティカルレベルもしくはオペレーショナルレベルである．タクティカルレベルにおける輸送スケジューリングでは，数ヶ月おきに見直しを行う定期便の計画を行い，オペレーショナルレベルにおける輸送スケジューリングでは，日々の輸送ルートを決定する．

輸送計画システムの核になる運搬スケジューリングモデルについては，第19章で詳述する．

d. 配送計画システム

配送計画システムとは，主に配送センターなどの拠点（デポ）から小売店（顧客）への輸送手段（主にトラック）による配送を計画するためのシステムである．主な意思決定項目は，各顧客の輸送手段への割り当てと，各輸送手段の顧客の巡回順である．配送計画システムにおける意思決定の範囲は，タクティカルレベルもしくはオペレーショナルレベルである．タクティカルレベルにおける配送計画では，数ヶ月おきに見直しを行う固定ルートの計画を行い，オペレーショナルレベルにおける配送計画では，日々の配送ルートを決定する．

配送計画システムに関する最適化モデルについては，第18章で詳述する．

e. 在庫計画システム

在庫計画は，サプライ・チェインにおける最適化の中で，最も厄介でかつ重要なものである．これは主に，在庫計画がストラテジック，タクティカル，オペレーショナルのすべての意思決定の階層にまたがって存在すること起因する．

季節的な需要の変動や製品のライフサイクルに対応するための在庫計画は，上記のロジスティクス・ネットワーク設計システムの多期間版で対応できる．タクティカルレベルにおける安全在庫の適正配置は，顧客サービスとのトレードオフ関係によって決められる．安全在庫配置のためのモデルについては，第12章で詳述する．

オペレーショナルレベルにおける在庫のためのモデルでは，確率的在庫モデルが代表的である．これについては，第10章で詳述する．また，サプライ・チェイン全体で起きる需要の不確実性の増大効果（鞭効果）と，その対処法については，第11章で述べる．

f. 生産スケジューリングシステム

生産スケジューリングシステムは，工場内での製品の加工順や段取り替えなどの意思決定を行う．一般にスケジューリングとは，製品を加工するための作業（ジョブ，活動）の開始時刻を決定するモデルの総称であるが，生産スケジューリングでは工場内の資源（機械，人，原材料）の作業への割り振りや，工場内で発生する在庫量の適正化も同時に決める．生産スケジューリングシステムが担当するのは，主に工場内のオペレーショナルレベルの意思決定である．生産する製品によってシステム構成が大きく変わるので，通常は，部品組み立て型，装置産業型，ジョブショップ型などに分けてシステムを開発する．単一の工場の中でも複数の型のシステムが混在することも珍しくない．

生産スケジューリングシステムの中心になるスケジューリングの理論については，第17章で詳述する．

g. 予測システム

ロジスティクス・システムにおけるデータは大きく以下の3つに分類できる．

1) 過去の履歴を表す情報
2) 現時点での情報

3) 将来の情報

過去および現時点での情報をもとに，将来の情報を推定するのが**予測システム**の目的である．ロジスティクス・システムにおいては，主に近未来における顧客の需要を推定するために用いられる．

2 数理計画入門

　最近，数理計画ソフトウェアを用いてサプライ・チェインの実際問題を解こう（最適化しよう）という実務家が増えてきている．これは，サプライ・チェイン最適化に関するニーズの高まりのみならず，数理計画ソフトウェアのユーザー・インターフェイスが改善され，実務家にとっての敷居が低くなってきたためだろう．

　しかし，数理計画のソフトウェアは，数理計画法に対する知識やモデリングのコツを知らないと有効に利用することが難しい場合がある．一方，ほとんどの数理計画法のテキストでは，手計算で問題を解くための方法（アルゴリズム）や，その基礎となる理論について紹介しているにとどまっており，実務家にとって有益な情報を提供しているとは言えないのが現状である．ここでは，そのような我が国の現状を改善するために，数理計画法の基礎のうち，実務家にとって有益であると思われるモデリングのテクニックを紹介しようと思う．

　本章は，そのためのイントロダクションであり，数理計画の概要と本書で用いるソフトウェアを紹介した後，簡単な例題（小学生でも知っている鶴亀算）を通して，数理計画の入門を行う．

　本章の構成は以下の通り．

　2.1 節では，数理計画の基礎と現状について概観する．

　2.2 節では，鶴亀算とよばれる中学入試問題とその拡張（鶴亀蛸算）を例として，数理計画の基礎と本書で用いるモデリング言語を紹介する．

2.1　数理計画とは

　最初に数理計画とは何かについて説明しておこう．数理計画とは，実際の問題を数式として書き下すことを経由して最適解，もしくはそれに近い解を得るための方法論である．通常，数式は 1 つの目的関数と幾つかの制約式から構成される．つまり，数理計画のモデルは，

　　　　　　目的関数（通常は最小化か最大化のいずれかが選ばれる）
　　　　条件　制約式 1, 制約式 2, ⋯

という形をしている．目的関数とは，対象とする問題の総費用や総利益などを表す数式であり，総費用のように小さい方が嬉しい場合には最小化，総利益のように大きい方が

嬉しい場合には最大化を目的とする．問題の本質は最小化でも最大化でも同じである．
（最大化は目的関数にマイナスの符号をつければ最小化になる．）

　CやFORTRANなどのプログラミング言語と同様に，数理計画のためのモデリング言語も通常は英文のキーワードを用いて記述される．たとえば，最小化を目的とした数理計画モデルは，以下のように記述される．

$$\begin{array}{ll} \text{minimize} & \text{目的関数} \\ \text{subject to} & \text{制約式 } 1, \text{ 制約式 } 2, \cdots \end{array}$$

minimize はしばしば min. と省略して書かれ，subject to はしばしば sub. to もしくは s.t. と省略して書かれることもある．

　数理計画モデルの種類には色々なものがあるが，最も基本的でかつ簡単なものとして，線形計画モデルがある．線形計画モデルとは，目的関数およびすべての制約式が線形式（グラフにすると直線を表す式）である数理計画モデルを指す．たとえば，

$$\begin{array}{llrcr} \text{minimize} & 3x & +4y & & \\ \text{subject to} & 5x & +6y & \geq & 10 \\ & 7x & +5y & \geq & 5 \\ & & x,y & \geq & 0 \end{array}$$

は線形計画モデルの一例である．

　線形計画モデルの特徴はその解きやすさにある．通常の数理計画法のテキストには，長々と線形計画モデルの解き方が記述されているが，極論を言えば，ほとんどの実務家にとっては，線形計画モデルの解き方はまったく気にする必要はない．数理計画のためのソフトウェアパッケージのほとんどは線形計画に対応しており，モデルをきちんと記述するだけで，ほとんどの実際問題の最適解（最も良い答えであることが保証された解）を極めて短時間で求めることができる．つまり，実務家にとって解きたい問題が線形計画モデルで表現できたならば，残った仕事は，上司にかけあって数理計画パッケージの購入費を捻出するだけである．予算不足で購入費がなくても心配することはない．無料で使える数理計画パッケージもインターネット経由でダウンロードできるのだ．定式化（モデル化）のテクニックやソルバーのパラメータの設定法によって多少の計算時間の違いは出てくるが，そんなことはあまり気にする必要はない．

ほとんどの線形計画問題は簡単に解けます！　お気楽にお使いください．

　通常，数理計画のためのソフトウェアパッケージ（数理計画ソフトウェア）は，数理計画モデルを解くためのソルバーとモデリング言語を組み込んだパッケージとして販売されている．現在，筆者の知る限りで 200 を超える数理計画パッケージがあり，値段に応じて使いやすさや拡張性が大幅に異なっている．ある製品は，データベースからデー

タを抽出するための言語オプションを含んでいたり，ある製品は Excel などの外部ソフトウェアから呼び出しが可能であったりする．INFORMS（アメリカのオペレーションズ・リサーチ学会と経営科学学会が合併してできた学会）の発行する雑誌 OR/MS Today に定期的に数理計画ソフトウェアのサーベイが掲載されるので，そこに掲載された最新の情報をもとに，予算と必要な機能に応じて適当なものを選択すれば良いであろう．

数理計画ソフトウェアは，有償のものばかりではない．無償のソフトウェアも数多く提供されており，その中でも筆者のお薦めは GLPK（GNU linear programming kit）である．GLPK は，www.gnu.org/software/glpk/glpk.html から無償で入手できる．GLPK の入手方法とインストール方法の詳細は，サポートページ scmhandbook.com で提供する．GLPK に含まれるモデリング言語は，GNU MathProg language とよばれ，古くから多くのユーザーをもつ AMPL（a modeling language for mathematical programming）とほぼ同じ[*1]言語体系をもつ．

筆者のお薦めは，学生版の AMPL のユーザーインターフェイスを用いてモデルの妥当性を検証し，大規模問題の求解の際には無償の GLPK を用いる方法である．

AMPL は，Fourer–Gay–Kernighan によって開発された数理計画のためのモデリング言語であり，300 変数，300 制約の制限つきのソルバーを同封した学生版なら，AMPL のサイト www.ampl.com から無償でダウンロードできる．AMPL のインストール方法や簡単な言語仕様は，サポートページ scmhandbook.com から入手できる．また，言語仕様の詳細や例題については，Fourer–Gay–Kernighan[63] を参照されたい．

残念なことに，我々が実務で出会う問題が，すべて線形計画モデルとして定式化できる訳ではない．実務で発生する複雑な条件をモデル内に的確に表現するためには，線形の式だけでは不十分なのである．それを補うために，数理計画法の研究者たちは，求めたい変数が特定の整数であるという制限をつけたモデルを編み出した．このようなモデルは，整数計画モデルとよばれ，工夫次第で様々な実際問題を表現することが可能になる．また，一部の変数が整数に限定されている場合を，混合整数計画モデルとよぶ．

整数計画や混合整数計画モデルにおいては，小さな規模の問題では瞬時にして解けていた問題が，規模の増加にしたがい急に解けなくなる現象が起きる．これは，整数計画や混合整数計画問題が，本質的に難しい（専門的には $\mathcal{NP}$-困難とよばれる）問題のクラスに含まれることに帰因する．一般には，問題の規模の増加に伴い，計算時間が急激に増加することが(おそらく)避けられないことが示されており，このような現象は一般に「組合せ爆発」とよばれる．

これは，実務家にとっては悪いニュースだろう．小規模なモデルに対するテストでは高速に稼働していたシステムが，本番の大規模なモデルでは莫大な時間を要して，結局使い物にならないシステムになってしまう可能性があるからである．

[*1] AMPL には，GNU MathProg language にない様々な拡張仕様が含まれている．本書では，GNU MathProg language でも使用可能なように，AMPL の仕様の一部だけを使用してモデルを作成するように努める．

2.2 鶴亀蛸算

数理計画パッケージに含まれるソルバーには，組合せ爆発を回避するための種々の工夫が組み込まれている．簡単な整数計画モデルの例題なら，どの市販のソルバーでも高速に解くことができるが，大規模な問題になると，ソルバーの製作者の力量によって性能が異なってくる．

組合せ爆発を避けるための1つの手段として，定評のあるソルバーを内在する数理計画パッケージを(予算を考慮しながら)購入することがあげられるが，もっと重要なことは，ソルバーの中身（求解のためのアルゴリズム）を理解し，解きやすいようにモデルを構築する（定式化する）ことである．しかし，実際にはソルバーの中身は実務家にとっては複雑怪奇なブラックボックスであり，できることなら中身をすべて勉強して専門家になることは時間と労力の観点から避けたいというのが実状であろう．本書では，ソルバーの中身に関する知識をあまり使用しなくても良いモデルが組めるようなコツを様々な例題を通して伝授したいと考えている．

2.2 鶴亀蛸算

中学入試の算数の試験の常連問題に「鶴亀算」というのがある．ここでは，この簡単な例を用いて，実際問題を数式に書き直すこと（定式化）の仕方を説明する．

鶴亀算の問題は，このような昔話に基づいている．

> 昔々，ある村では，鶴と亀が何匹（鶴を匹と数えるのはどうかと思うが，ここではすべての生物を「匹」と数えることにする）かで仲良く暮らしていたそうだ．ある日，国勢調査員の旅人がその村を訪ねた．旅人の目的は，この村に住んでいる鶴と亀の人数（匹数）を調べることであった．旅人は村の入り口で出会った鶴の女の子に尋ねた．
> 「お嬢ちゃん，ちょっとおたずねしますが，この村に住んでいる亀さんと鶴さんの数を教えてもらえませんか？　教えてくれたら，この飴をあげちゃうぞ．」
> すると鶴の女の子は，鶴にありがちなひねくれた答え方をした．
> 「この村に住んでいる鶴と亀の頭の数を足すと 12 よ．それから足の数を足すと 30 になるの．」
> これを聞いて旅人は考えこんでしまった．ふむふむ．鶴の足の数は 2 本で，亀の足の数は 4 本だ．もちろん，頭は 1 つずつついているはずだから，エーと……
> 旅人にこの村に住む鶴と亀の数を教えてあげてくれませんか？

小学生は，数理計画はおろか方程式を習っていないというのが建前であるから，小学生にこの問題を解く方法を教えるときには当然 x, y を使ってはいけない．もちろん，x, y のかわりに □，△（もしくは○）を使うのも反則である．

図 2.1 鶴亀算

賢い小学生は次のように考えて，方程式を使わずに問題を解決する．
　いま，仮にこの村に住んでいるのが全員鶴だとしよう．すると，頭の数の合計が 12 だから，足の数の合計は 24 本になるはずだ．しかし，鶴の女の子の証言によると，足の数の合計は全部で 30 本だから 6 本の足が不足していることになる．鶴を亀に 1 匹コンバートすることによって，足の数を 2 本増やすことができる．したがって 6 本の足の数の不足を補うには $6 \div 2$ で 3 匹の鶴を亀にコンバートすれば良いことが分かる．よって答えは，亀が 3 匹，鶴が残りの 9 匹となる．
　この程度の問題なら方程式を使わなくともなんとか解けるが，問題が複雑になると変数を使うことのメリットが実感できる．以下では，読者の皆様が中学を卒業していると仮定して，変数 x, y を導入して解説する．
　仮に，鶴が x 匹，亀が y 匹いたとしよう．すると頭の数は $x+y$，足の数は $2x+4y$ と表すことができる．すると，頭の数の合計が 12，足の数の合計が 30 になることは，式を使って書くと

$$x + y = 12 \tag{2.1}$$
$$2x + 4y = 30 \tag{2.2}$$

となる．
　これを解くのは比較的簡単である．式 (2.1) を 2 倍して

$$2x + 2y = 24$$

とした後で，式 (2.2) から引くことによって

$$2y = 6$$

を得る．両辺を 2 で割ることによって $y = 3$ を得る．これを式 (2.1) に代入すると $x = 9$ となり，鶴が 9 匹，亀が 3 匹が答えになる．
　さて，ここまでは中学生のレベルだが，今度はちょっとレベルを上げて，次のような

2.2 鶴亀蛸算

拡張された鶴亀算を考えよう．このレベルになると，数理計画の知識がありがたみが理解できるだろう．

> 再び国勢調査のために村を訪れた旅人は，村に蛸が何匹か移住してきたことを知らされた．以前と同様に，調査をサボろうとした旅人は，村の入り口で鶴の女の子に訪ねたところ，以前と同様にひねくれた回答をもらった．
> 「この村に住んでいる鶴と亀と蛸の頭の数を足すと 32 よ．それから足の数を足すと 80 になるの．でも，これだけじゃ変数が 3 つで，等式が 2 本だから情報不足ね．この条件を満たす組のうち，亀と蛸の数の和を一番小さくする組が正しい答えよ．」
> さて，旅人にこの村に住む鶴と亀の蛸の数を教えてあげてくれませんか？

さて，この問題を数理計画問題として書いてみよう．前と同じように，鶴が x 匹，亀が y 匹，蛸が z 匹いたとしよう．すると 頭の数は $x+y+z$，足の数は $2x+4y+8z$ と表すことができるので，x,y,z の組は，以下の「制約式」を満たすことが分かる．

$$x + y + z = 32$$
$$2x + 4y + 8z = 80$$

鶴の女の子が言っていた通り，変数が 3 つで，式が 2 本なので，このままでは答えは複数出てくる可能性がある．そこで，亀と蛸の数の和 $y+z$ を最小にするという条件を追加する．これが「目的関数」になる．目的関数を追加した問題を，線形計画問題として記述すると，以下のように書ける．

$$\begin{aligned}
&\text{minimize} &&y + z \\
&\text{subject to} &&x + y + z = 32 \\
& &&2x + 4y + 8z = 80 \\
& &&x, y, z \geq 0
\end{aligned}$$

これを適当な数理計画ソルバーを用いて解くと，$x=29.3333, y=0, z=2.66667$ という答えが得られる．よって，鶴は $29\frac{1}{3}$ 匹，蛸が $2\frac{2}{3}$ 匹いることになる．さて，明らかにこの答えは変である．鶴や蛸は，食用として店頭に並ぶときには分割可能であるが，住民としては分割できない．これを解決するためには，変数 x,y,z に「整数条件」とよばれる制約を追加する必要がある．

$$\begin{aligned}
&\text{minimize} &&y + z \\
&\text{subject to} &&x + y + z = 32 \\
& &&2x + 4y + 8z = 80 \\
& &&x, y, z \text{ は非負の整数}
\end{aligned}$$

このように，整数条件が付加された線形計画問題を，**整数計画**（integer programming）とよぶ．整数計画は，線形計画より難しい問題であるが，このように小規模の問題なら，あっという間に答えが見つかる．適当な数理計画ソルバーを用いて解くと，$x=28, y=2, z=2$ を得ることができる．よって，鶴は 28 匹，亀が 2 匹，蛸が 2 匹いることになる．

上の整数計画問題を，モデリング言語 AMPL で記述すると，以下のように書ける．

```
var x >=0, integer;        # x は変数で，非負の整数であることの宣言
var y >=0, integer;
var z >=0, integer;
minimize cost: y+z;        # cost という名前をつけた目的関数
subject to con1: x+y+z=32;    # con1 という名前をつけた制約
subject to con2: 2*x+4*y+8*z=80;# con2 という名前をつけた制約
```

この例を用いて，AMPL の文法の基本を簡単に解説しておこう（より詳細な解説を次章以降で行うので，ここでは雰囲気だけを味わって欲しい）．

1 行目から 3 行目に現れる `var` は AMPL の予約語で，後ろに記述された x (y, z) が "variable"（変数）であることを宣言している．同時に，x (y, z) の範囲が 0 以上で，かつ整数（integer）であることを宣言している．これでプログラムの 1 つの文が終了するので，区切り記号 ";"（セミコロン）を書く．また，右側に書いてある "#" は，それ以降がコメント文であることを示す．

4 行目の `minimize` も予約語であり，目的関数を最小化することを意味する．目的関数には名前をつけておく必要があるので，`cost` という名前をつけて，":"（コロン）で区切った後，$y+z$ と設定する．

5,6 行目の `subject to` は制約を表す予約語であり，目的関数と同様に名前（`con1`, `con2`）をつけて，":" で区切った後，制約式を記述する．

実際に，どのように AMPL を用いて求解するかについては，次章以降で詳述する．

問題 2.1 鶴，亀，蛸が仲良く暮らすある村に，ある日キメラ[*1] が何匹か現れた．キメラの頭の数と足の数，ならびに頭の数と足の数の合計を適当に（自分なりに想像して）設定して，問題を作成し，その上で AMPL モデルを作って解いてみよ．

[*1] キメラとは，ギリシャ神話に登場するライオンの頭にヤギの胴体，ヘビの尻尾をもつ生物であるが，これだと鶴亀算の世界では亀と変わらないので，他の合体生物を想像すること．

3 線形計画

　線形計画 (linear programming) はノーベル賞に輝く 3 人の経済学者 Leontief, Kantrovich, Koopmans の仕事をもとに，1947 年に Dantzig によって生み出された．当時のよび名は線形構造下の計画 (programming in linear structure) と長ったらしいものであったが，1948 年に線形計画と改名され，その後この名前が定着した．Dantzig の開発した**単体法** (simplex method) は長い間，線形計画問題に対するほとんど唯一のアルゴリズムであったが，理論的には非常に長い時間を要する可能性があることが指摘されていた．線形計画問題が理論的な意味で効率的に解けるか（言い換えれば多項式時間のアルゴリズムが存在するか）否かの問いは，1979 年に旧ソビエトの Khachian によって肯定的に解決された．しかし，Khachian の解決はあくまで理論的なものであり，実際的には単体法の王者は揺るがなかった．しかし，1984 年に Karmarkar が提案し，その後大きく発展した**内点法** (interior point algorithm) は，理論的に効率的であることが証明されているばかりではなく，実際的にも単体法と同等かそれ以上の性能を有することが分かった．現在の市販の線形計画ソルバーは，単体法と内点法の両者を装備し，問題例によってユーザーが使い分けることができるように設計されている．

　ここでは，線形計画の基礎について，幾何学的動機づけと双対（そうつい）問題 (dual problem)，ならびに数理計画モデリング言語を用いたモデル化とソルバーによる求解法を中心に解説する．

　3.1 節では，例題を通して線形計画に関する基本的な諸定義を紹介するとともに，図を用いた解法について述べる．また，線形計画を幾何学的な観点から取り扱うための用語（多面集合，端点）について解説する．

　3.2 節では，前節の例題をモデリング言語 AMPL を用いてモデル化し，求解する方法について述べる．

　3.3 節では，双対問題を 2 通りの直感的な方法で導出するとともに，相補性条件とよばれる，主問題の解と双対問題の間の綺麗な関係を紹介する．また，数理計画ソルバーで主問題を求解すると，双対問題の最適解も同時に得られていることを示す．

　3.4 節では，双対問題を実務で用いた例として，航空機の予約における収益管理を考える．

　3.5 節では，需要予測を例として，絶対値を含む線形式を，通常の線形計画に変換する方法について考える．

3.6 節では，双対問題を一般形で導出するとともに，相補性条件とよばれる，線形計画の最適性の条件を導出する．

3.7 節では，構造をもった線形計画問題を対象とした特殊な線形計画のテクニックである Dantzig–Wolfe の分解法を紹介する．

3.8 節と 3.9 節では，問題の入力パラメータに不確実性を含んだモデルに対する対処法について考える．3.8 節では，パラメータの確率分布が既知という仮定の下で最適化を行う確率計画について考える．3.9 節では，パラメータの変化する領域だけが与えられているとき，変化したパラメータに対して常に実行可能になるような最適化を行うロバスト最適化について考える．

3.1 線形計画と図式解法

> あなたは丼チェーン店の店長だ．店の主力商品は，豚肉と鶏肉と牛肉を絶妙にブレンドしたトンコケ丼，コケトン丼，ミックス丼の 3 種類である．トンコケ丼を 1 杯作るには，200 グラムの豚肉と 100 グラムの鶏肉が必要であり，コケトン丼を 1 杯作るには，100 グラムの豚肉と 200 グラムの鶏肉が必要となる．また，ミックス丼は，豚肉，鶏肉，牛肉を 100 グラムずつミックスして作られる．使用する肉は，自社農場で特別に飼育された豚，鶏，牛のものを使うので，1 日あたりそれぞれ 6 キログラム，6 キログラム，3 キログラムしか使うことができない．販売価格は，トンコケ丼 1 杯 1500 円，コケトン丼 1 杯 1800 円，ミックス丼 1 杯 3000 円である．お店の人気は上々であるので売れ残りの心配をする必要はなく，仕入れの価格も自社農場なので無視できるものとする．さて，お店の利益を最大にするためには，あなたは丼を何杯ずつ作るように指示を出せば良いのだろうか？

丼チェーン店の店長を悩ませている問題を，数学的に記述してみよう．まず，求めたい未知数を適当な記号で表す．ここでは，トンコケ丼の数を x_1 杯，コケトン丼の数を x_2 杯，ミックス丼の数を x_3 と書くことにしよう．これらの x_1, x_2, x_3 は，色々変えて良い値を求めるために導入された**数**であるので，**変数**（variable）とよばれる．

数字を簡略化するために，お金 100 円を 1 単位とすると，利益の合計を表す式は $15x_1 + 18x_2 + 30x_3$（百円）と記述できる．店長の**目的**は，この**関数を最大**にすることであった．このように，最大化したい（ときには最小化したい）関数を，**目的関数**（objective function）とよぶ．

同じように，肉 100 グラムを 1 単位とすると，豚肉の使用量は $2x_1 + x_2 + x_3$（百グラム），鶏肉の使用量は $x_1 + 2x_2 + x_3$（百グラム），牛肉の使用量は x_3（百グラム）と記述できる．豚肉，鶏肉，牛肉の使用可能量の上限は，それぞれ $60, 60, 30$（百グラム）であったので，変数 x_1, x_2, x_3 は

3.1 線形計画と図式解法

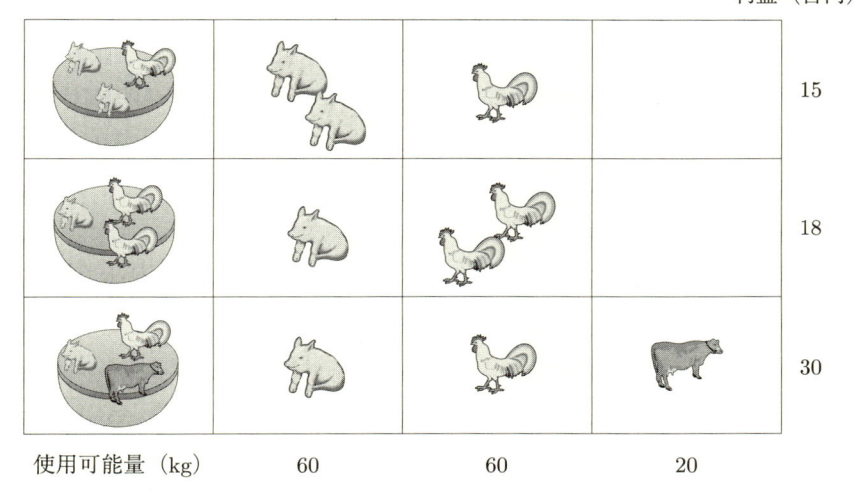

				利益（百円）
丼(豚2鶏1)	豚2	鶏1		15
丼(豚1鶏2)	豚1	鶏2		18
丼(豚1鶏1牛1)	豚1	鶏1	牛1	30
使用可能量（kg）	60	60	20	

図 **3.1** 丼チェーン店の問題

$$2x_1 + x_2 + x_3 \leq 60$$
$$x_1 + 2x_2 + x_3 \leq 60$$
$$x_3 \leq 30$$

の 3 つの不等式を満たす必要がある．また，丼の数は負にはなれない（これは，トンコケ丼を分解しても 200 グラムの豚肉と 100 グラムの鶏肉はできないことを意味する）ので，

$$x_1 \geq 0, \quad x_2 \geq 0, \quad x_3 \geq 0$$

という式も満たす必要がある．これらは，変数 x_1, x_2, x_3 の範囲を**制約**するための**式**であるので，一般に**制約式**もしくは単に**制約**（constraint）とよばれる．特に，変数が 0 以上であることを表す式 $(x_1, x_2, x_3 \geq 0)$ は，**非負制約**（non-negative constraint）とよばれることもある．本来ならば，丼の数は整数でなければならないが，ここでは簡単のため半端な数の丼も許すことにしよう．すなわち，トンコケ丼を半分売れば 750 円儲かるものと仮定する．

さて，目的関数と制約をまとめて書くと，丼チェーンの店長の問題は，

$$
\begin{array}{rrrrrr}
\text{maximize} & 15x_1 & +18x_2 & +30x_3 & & \\
\text{subject to} & 2x_1 & +x_2 & +x_3 & \leq & 60 \\
 & x_1 & +2x_2 & +x_3 & \leq & 60 \\
 & & & x_3 & \leq & 30 \\
 & & & x_1, x_2, x_3 & \geq & 0
\end{array}
$$

となる．目的関数も制約式も，変数 x_1, x_2, x_3 を定数倍したものを足したり引いたりしたものから構成されている．このような関数を**線形** (linear) とよぶ．何本かの線形な制約式の下で，線形の目的関数を最大化（もしくは最小化）する問題が，本章の主題である**線形計画問題** (linear programming problem) である．以下では，主に目的関数を最大化する問題（最大化問題）を取り扱うものとする．

変数の組 x_1, x_2, x_3 を**解** (solution) とよび，すべての制約式を満たす解を**実行可能解** (feasible solution) とよぶ．実行可能解の中で目的関数を最大化するものを**最適解** (optimal solution) とよぶ．一般には最適解は複数ある可能性があるが，通常は最適解のうちの 1 つを求めることが線形計画問題の目的となる．最適解における目的関数の値を，**最適目的関数値** (optimal objective function value) または単に**最適値** (optimal value) とよぶ．

図を用いて線形計画問題を直感的に理解しておこう．変数 x_1, x_2, x_3 の組は 3 次元空間内の点に対応し，変数のとりうる範囲は制約式によって規定された領域になる．例として，豚肉の使用可能量を表す制約式

$$2x_1 + x_2 + x_3 \leq 60$$

を考えてみよう．この制約式を等号で満たすような x_1, x_2, x_3 の組の集合

$$\{(x_1, x_2, x_3) \mid 2x_1 + x_2 + x_3 = 60\}$$

は，3 次元空間では**平面** (plane) になっている（4 次元以上を考える場合には，**超平面** (hyperplane) とよばれる）．鶏肉の制約式を満たす変数の集合は，この平面の片側の空間全体である．このような空間を**半空間** (halfspace) とよぶ．すべての制約式を満たす領域は，制約式によって決まる半空間の共通部分である．これを**実行可能領域** (feasible region) とよぶ．丼チェーン店の例題の実行可能領域を図 3.2 に示す．

一般に，有限個の半空間の共通部分から成る集合を**多面集合** (polyhedron) とよぶ．正確には，多面集合とは，正数 m, n，実数 a_{ij} ($i = 1, 2, \cdots, m$, $j = 1, 2, \cdots, n$), b_i ($i = 1, 2, \cdots, m$) を与えたとき，

$$\left\{ (x_1, x_2, \cdots, x_n) \;\middle|\; \sum_{j=1}^{n} a_{ij} x_j \leq b_i,\ \forall i = 1, 2, \cdots, m \right\}$$

と表現される実数ベクトル $(x_1, x_2, \cdots, x_n)$ の集合のことである．$x_j (j = 1, 2, \cdots, n)$ の絶対値が有限の値 M 以下であるとき，多面集合は**多面体** (polytope) とよばれる．易しく言うと，多面体とは無限に遠くまでいけない多面集合のことである．

実行可能領域の中で目的関数が最大の点を求めることが，線形計画問題の目的であった．目的関数を等式に直すために，目的関数値を表す変数 z を導入する．いま，

$$z = 15x_1 + 18x_2 + 30x_3$$

3.1 線形計画と図式解法

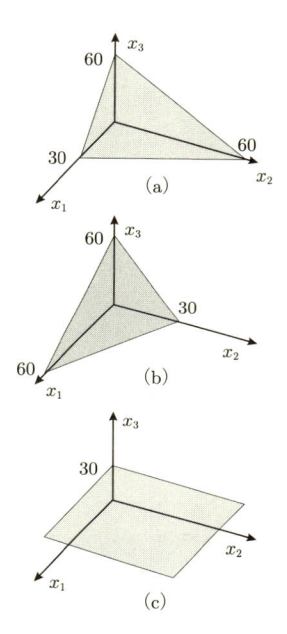

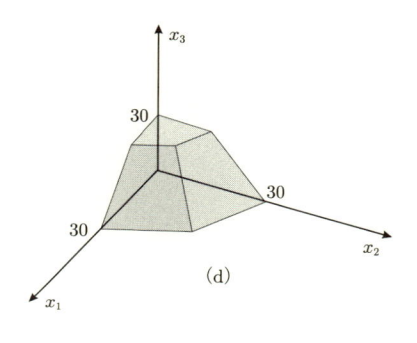

図 3.2 (a) 平面 $2x_1 + x_2 + x_3 = 60$.
(b) 平面 $x_1 + 2x_2 + x_3 = 60$.
(c) 平面 $x_3 = 30$.
(d) 丼チェーン店の例題の実行可能領域.

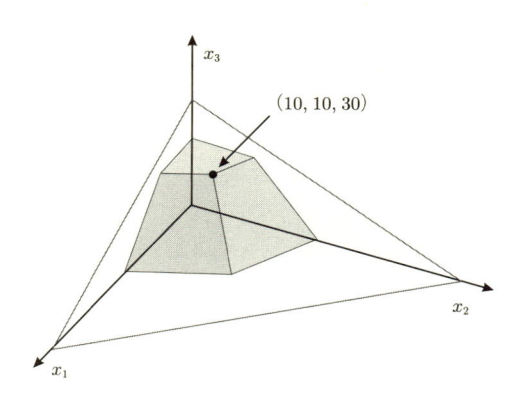

図 3.3 $z = 30$ のときの目的関数を表す平面 $z = 5x_1 + 6x_2 + 10x_3$ と実行可能領域. 共通部分 $(10, 10, 30)$ で接している.

は制約とみなすことができ，z を固定したとき，この制約は 3 次元空間内では平面を表す．z はなるべく大きい方が嬉しいので，実行可能領域との共通部分がなくならないように，z を徐々に大きくしていくことによって，最適解を得ることができる（図 3.3）．

図から直感的に分かるように，実行可能領域の隅だけ探せば，最適解が求まりそうだ．実行可能領域の隅は，多面集合の**端点**（extreme point）とよばれ，正確には以下のように定義される．

定義 3.1（端点） 多面集合 P を与えたとき，ベクトル x が，x と異なる P 内の 2 つのベクトル $y, z \in P$ とスカラー $\lambda \in [0,1]$ によって $x = \lambda y + (1-\lambda)z$ と書き表せないとき，x は P の端点とよばれる（図 3.4）．

線形計画問題の実行可能領域を表す多面集合が，端点をもたない場合もある（図 3.5）．多面集合が(無限に伸びる)直線を含まないことが，端点をもつための必要十分条件である．したがって，多面体（有界な多面集合）なら必ず端点をもつ．

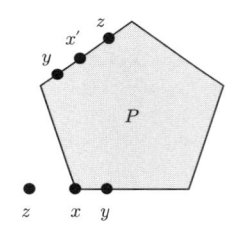

図 **3.4** 端点の定義の参考図

図 **3.5** 端点をもたない多面集合

線形計画問題の最適解には，端点でないものも存在する．たとえば，図 3.6 のように，直線上のどの点も最適解である場合がある．

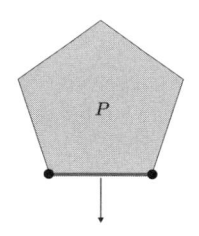

図 **3.6** 端点でない最適解をもつ例
矢印は最大化問題を想定したときの目的関数の増加する方向（法線ベクトル）を表す．

しかし，この例でも直線上の両端は端点であるので，端点の中に最適解のうちの 1 つが存在することは保証される．

定理 3.1 線形計画問題に最適解が存在し，線形計画問題の制約から成る多面集合が少なくとも 1 つの端点をもつならば，多面集合の端点の中に最適解が存在する．

早速，丼チェーン店の例題の制約を表す多面体のすべての端点を調べてみよう．すべての端点に対応する解とそのときの目的関数値を表 3.1 に示す．

表 3.1 すべての端点の座標と目的関数値

x_1	x_2	x_3	目的関数値（百円）
0	0	0	0
30	0	0	450
0	30	0	540
20	20	0	660
0	0	30	900
15	0	30	1125
0	15	30	1170
10	10	30	1230

よって，最適解は目的関数値が 1230 と最も大きい端点 $(10, 10, 30)$ で達成される．この端点は，$x_1 = 10, x_2 = 10, x_3 = 30$ を意味し，丼チェーンの店長は，トンコケ丼を 10 杯，コケトン丼を 10 杯，ミックス丼を 30 杯作るように指示をすることによって，1 日あたり 123000 円の利益をあげることができることが分かった．

3.2 AMPL によるモデル化

実際には，すべての端点を数え上げて，その目的関数値を計算することは非効率的であり，より効率的に最適解を算出する方法が幾つも提案されている．ここでは，解法については触れずに，AMPL を用いてモデル化し，求解する方法について解説しよう．AMPL モデルは，上で述べた定式化をほとんどそのままプログラムに変換できる．

```
var x1 >=0;
var x2 >=0;
var x3 >=0;
maximize Profit:     15*x1 +18*x2 +30*x3;
subject to pork:      2*x1 +   x2 +   x3 <=60;
subject to chicken:     x1 + 2*x2 +   x3 <=60;
subject to beef:                      x3 <=30;
```

上のモデルは，この 1 問だけを解くなら十分であるが，一般の丼チェーン店で使うには不十分である．他の丼チェーン店では，もっと多くの品揃えをしているかもしれないし，原材料も 3 種類より多いかもしれないからだ．実は，モデルを記述する部分（モデ

ルファイル）とデータを記述する部分（データファイル）を別々のファイルとして記述できることが，モダンなモデリング言語の必須条件である．（もちろん AMPL はこの条件を満たしている．）これは，異なるデータを同じモデルで求解したいときに，同じモデルファイルを用いて求解するためである．もちろん，データをモデルファイルの中に記述することも可能であるが，宿題として例題を 1 問解くときなど以外では，モデルの再利用の観点で避けた方が良い．

まず，モデルに内在する集合として，丼の集合を表す Bowl と，原材料の肉の種類を表す Meat を準備する．集合を定義するための AMPL のコマンドは，set である．

```
set Bowl;
set Meat;
```

例題のデータは，以下のようにデータファイルに分離して記述する．記述の仕方は，set で宣言した丼の集合や肉の集合の後に，代入演算子 := を書いて，その後に実際の集合の要素名を並べて書けば良い．

```
set Bowl := TonKoke KokeTon Mix;
set Meat := Pork Chicken Beef;
```

集合を記述したら，今度は数値データ（パラメータ）を宣言する．丼チェーンの問題においては，肉の使用可能量上限を表すパラメータ UpperBound，丼各 1 杯の利益を表すパラメータ Profit，丼 1 杯を作るのに必要な肉の量を表すパラメータ Use を準備する．パラメータ UpperBound は肉の集合 Meat に対して，パラメータ Profit は丼の集合 Bowl に対して定義される．集合の要素を添え字にもつことを宣言するには，

```
param  パラメータの名前 { 集合 }
```

と，宣言時には中括弧 { } で囲んで集合を宣言し，実際に集合の要素を参照するときには，大括弧 [ ] を用いる．

パラメータ Use は，肉と丼の 2 つの添え字をもつ．2 つの集合の要素を添え字にもつことを宣言するには，

```
param  パラメータの名前 { 集合 1, 集合 2 }
```

とする．3 つ以上の集合の要素を添え字とする場合も同じである．

```
param UpperBound{Meat};
param Profit{Bowl};
param Use{Meat,Bowl};
```

3.2 AMPL によるモデル化

パラメータに対するデータファイルは，以下のように記述する．書式はモデルファイルと同じであるが，その後に代入演算子:=を書き，その後ろにデータを入れる．たとえば，Profitは，丼の集合の要素を添え字にもつパラメータであるので，(丼の種類, 利益を表す数値データ)の組で入力する．丼ごとの肉の使用量を表すパラメータUseも同様であり，肉と丼の2つ組を添え字にもつので，(肉の種類, 丼の種類, 使用量を表す数値データ)の組で入力する．

```
param UpperBound := Pork     60 Chicken 60 Beef 30;
param Profit     := TonKoke 15 KokeTon 18 Mix 30;
param Use:=
  Pork    TonKoke 2      Pork    KokeTon 1      Pork    Mix    1
  Chicken TonKoke 1      Chicken KokeTon 2      Chicken Mix    1
  Beef    TonKoke 0      Beef    KokeTon 0      Beef    Mix    1
;
```

ここで，丼ごとの肉の必要量を表すパラメータUseは，肉と丼の2つの添え字をもっているので，行列として以下のように簡潔に入力することも可能である．

```
param Use:  TonKone Koketon  Mix:=
  Pork    2   1   1
  Chicken 1   2   1
  Beef    0   0   1
;
```

この場合のデータ入力の書式は，

```
param  パラメータの名前 :   集合2（列）の要素名        :=
       集合1（行）の要素名   パラメータ（行列）   ...
```

と入力する．手作業で入力する場合には，こちらの書式の方が簡単であるが，実務では他の（データベースなどの）システムからプログラムによってデータファイルを生成する場合が多いので，簡単な方の書式だけを記憶しておいても十分である．

続いて変数を宣言する．変数を宣言するためのコマンドはvarである．変数として丼の数を表す変数xを用いる．パラメータと同様に，丼の集合の要素を添え字にもつことを表すには，中括弧{ }で囲んで集合を宣言する．変数に対しては，データファイルは何も書く必要はない．なお，宣言と同時に変数の上下限，ならびに整数変数の指定をすることができる．この例では，変数xは非負の実数であるので，>=0を宣言の後に追加しておく．

```
var x{Bowl}>=0;
```

丼の数が実数でなく，非負の整数であることを宣言するには，予約語 `integer` を用いて，以下のように記述する．

```
var x{Bowl}>=0, integer;
```

最後に，目的関数と制約式を記述する．目的関数や制約式などの式の中でパラメータや変数の添え字（集合の要素）を使いたいときには

　　パラメータ名 [添え字]

と大括弧を用いる．宣言時には集合なので中括弧 {集合} を用いたが，要素を参照する際には，大括弧 [集合の要素] と記述することに注意されたい．

目的関数は利益の総和を最大化することである．総利益を保存しておくために目的関数を表し式の名前を `TotalProfit` とし，これを最大化するので `maximize TotalProfit` と宣言する．実際の式はセパレータ演算子 : で区切った後ろに記述する．

利益の合計は，

```
15*x1 +18*x2 +30*x3;
```

と書かれていた．これを集合を用いて書き直そう．まず，数式風に表すと，

$$\sum_{i \in \text{Bowl}} \text{Profit}[i] \cdot x[i]$$

となる．この式は，AMPL では集合の要素に対して合計をとる繰り返し演算子 `sum` を用いて，以下のように書くことができる．

```
maximize TotalProfit: sum{i in Bowl} Profit[i]*x[i]
```

`maximize` は目的関数を最大化することを表す AMPL の予約語である．この場合には，式に利益の合計を意味する `TotalProfit` と名前をつけてある．実際の式は，その後ろにコロン（:）を書いてから記述する．`sum` の後ろには集合を表す中括弧 { } があり，その中に `i in Bowl` と記述することによって，`Bowl` の要素を i に対して繰り返しを行うことで合計をとることを表す．ここで，i は集合の要素を表す任意の記号であり，`in` は集合の要素を表す ∈ に相当する予約語である．つまり，i は丼の種類であるトンコケ丼 `TonKoke`，コケトン丼 `KokeTon`，ミックス丼 `Mix` と変化し，利益と丼数の積の合計をとることができるのである．

3.2 AMPL によるモデル化

実際に，式を展開するための AMPL のコマンド expand で目的関数式 TotalProfit を展開してみると，以下のようになっていることが確認できる．

```
expand TotalProfit;
maximize TotalProfit:
        15*x['TonKoke'] + 18*x['KokeTon'] + 30*x['Mix'];
```

制約式は，

```
subject to pork:       2*x1 +    x2 +    x3 <=60;
subject to chicken:     x1 + 2*x2 +    x3 <=60;
subject to beef:                        x3 <=30;
```

と肉の種類ごとに 3 本の式で書かれていた．これも集合を用いて簡潔に記述しよう．

まず，数式風に表しておくと，制約式は以下のように書ける．

$$\text{subject to} \sum_{j \in \text{Bowl}} \text{Use}[i,j] \cdot x[j] \leq \text{UpperBound}[i] \quad \forall i \in \text{Meat}$$

AMPL では，subject to は制約を表す予約語であるが，式につけた名前の後ろに集合を表す中括弧 { } をつけることによって繰り返し演算子としても使うことができる．式の名前を Constraint とし，後ろに {i in Meat} をつけることによって，肉の集合 Meat の要素 i ごとの制約を宣言する．これで，定式化における $\forall i \in \text{Meat}$ の部分が表現されたことになる．さらに，制約を表す不等式を，上述の sum 演算子を用いて記述することによって，制約式は以下のように 1 行で書くことができる．

```
subject to Constraint{i in Meat}:
        sum{j in Bowl} Use[i,j] *x[j] <=UpperBound[i];
```

これも，式を展開するための AMPL のコマンド expand を用いて確認しておこう．

```
expand Constraint;
subject to Constraint['Pork']:
        2*x['TonKoke'] + x['KokeTon'] + x['Mix'] <= 60;

subject to Constraint['Chicken']:
        x['TonKoke'] + 2*x['KokeTon'] + x['Mix'] <= 60;

subject to Constraint['Beef']:
        x['Mix'] <= 30;
```

上で述べたモデルをまとめて記述すると，以下のようになる．

```
set Bowl;
set Meat;
param UpperBound{Meat};
param Profit{Bowl};
param Use{Meat,Bowl};
var x{Bowl}>=0;
maximize TotalProfit: sum{i in Bowl} Profit[i]*x[i];
subject to Constraint{i in Meat}:
        sum{j in Bowl} Use[i,j] *x[j] <=UpperBound[i];
```

上のモデルは汎用のものであり，データファイルを変えることによって，丼チェーンの問題のみならず，材料を混合して商品を製造している様々な製造現場で用いることができる．丼チェーンの例におけるデータファイルは，以下のようになる．

```
set Bowl := TonKoke KokeTon Mix;
set Meat := Pork Chicken Beef;
param UpperBound := Pork    60 Chicken 60 Beef 30;
param Profit     := TonKoke 15 KokeTon 18 Mix 30;
param Use:=
  Pork     TonKoke 2     Pork    KokeTon 1     Pork    Mix     1
  Chicken  TonKoke 1     Chicken KokeTon 2     Chicken Mix     1
  Beef     TonKoke 0     Beef    KokeTon 0     Beef    Mix     1
;
```

上のモデルを適当なテキストエディタで記述し，モデルのファイル名を lp2.mod として保存する．同様に，データファイルのファイル名を lp2.dat として保存する．これを AMPL で読み込んで求解するには，AMPL を起動した後に，以下のように打ち込む．

```
model lp2.mod;
data lp2.dat;
solve;
optimal solution found.
3 iterations, objective 1230
display x;
x [*] :=
KokeTon  10
    Mix  30
TonKoke  10
```

;

　AMPL の主要なコマンドを，簡単に紹介しておく．`model` は，モデルファイルを読み込むコマンドであり，`data` はデータファイルを読み込むコマンドである．`solve` でソルバーを用いて求解を行う．すると，ソルバーからのメッセージが自動的に表示される．この例では 3 回の反復（iterations）で目的関数値 1230 の解が見つかったことが表示されている．実際に，得られた解を表示したいときには，`display` コマンドを用いる．ここでは，変数 x の中身を知りたいので，`display x` と書くと，格納されている変数 x の中身が表示される．これから，コケトン丼は 10 杯，ミックス丼は 30 杯，トンコケ丼は 10 杯作れば良いことが分かる．

　学生版の（無償の）AMPL では変数と制約が 300 までの小規模問題なら解くことが可能である．変数や制約の数に制限がない無償の数理計画ソルバー GLPK を用いる場合には，上と同様にモデルファイルとデータファイルを保存した後，以下のように GLPK のソルバーである `glpsol` を起動すれば良い．`glpsol` の引数として，-m の後ろにモデルファイル名，-d の後ろにデータファイル名，-o の後ろに結果を出力したいファイル名を記述する．ここでは，結果を `lp2.out` というファイルに保存するように指定する．すると，求解の途中経過も含めた以下のようなメッセージが表示される．

```
glpsol -m lp2.mod -d lp2.dat -o lp2.out
...（中略）...
Model has been successfully generated
lpx_simplex: original LP has 4 rows, 3 columns, 10 non-zeros
lpx_simplex: presolved LP has 2 rows, 3 columns, 6 non-zeros
lpx_adv_basis: size of triangular part = 2
*     0:   objval =   0.000000000e+000   infeas =   0.000000000e+000 (0)
*     3:   objval =   1.230000000e+003   infeas =   0.000000000e+000 (0)
OPTIMAL SOLUTION FOUND
Time used:   0.0 secs
Memory used: 0.2M (175416 bytes)
lpx_print_sol: writing LP problem solution to 'lp2.out'...
```

　結果は `lp2.out` に保管されているので，それを適当なエディタで見てみると，以下のようになっていることが確認できる．

```
Problem:     lp2
Rows:        4
Columns:     3
Non-zeros:   10
Status:      OPTIMAL
```

```
Objective:  TotalProfit = 1230 (MAXimum)
... (中略) ...
 No. Column name  St  Activity     Lower bound   Upper bound   Marginal
---- ------------ --- ------------ ------------- ------------- ---------
   1 x[TonKoke]   B        10            0
   2 x[KokeTon]   B        10            0
   3 x[Mix]       B        30            0
```

Activity の列にあるのが最適解である．これは，AMPL で解いたときと同じ結果を示している．

3.3 双対問題

あなたは 32 ページで紹介した丼チェーン店の店長だ．今日，丼チェーンの本社から，自社農場で飼育している豚，鶏，牛の肉の価値を算出するよう指令が届いた．さて，トンコケ丼，コケトン丼，ミックス丼の販売価格から考えたとき，豚肉，鶏肉，牛肉の百グラムあたりの価値は何円と考えれば良いのだろうか？

この問題をスマートに解決するためには，**双対（そうつい）問題**（dual problem）の概念が有用である．ここで双対問題とは，もとの問題と表裏一体を成す線形計画問題のことである．ここでは，2 通りの方法で双対問題を導出することにしよう．

3.3.1 式を足し合わせることによる導出

最初の導出法は，式を足し合わせることによって，もとの問題の最適値と等しいか，より大きいことが保証されている値（これを**上界**（upper bound）とよぶ）を計算する方法に基づく．まず，丼チェーン店の線形計画問題の 3 本の制約式（豚肉，鶏肉，牛肉の使用可能量の上限制約）を足し合わせてみると，

$$\begin{array}{rrrrr} 2x_1 & +x_2 & +x_3 & \leq & 60 \\ x_1 & +2x_2 & +x_3 & \leq & 60 \\ +) & & x_3 & \leq & 30 \\ \hline 3x_1 & +3x_2 & +3x_3 & \leq & 150 \end{array}$$

を得る．目的関数 $15x_1 + 18x_2 + 30x_3$ 以上の値をもつ関数を作るには，$3x_1 + 3x_2 + 3x_3 \leq 150$ を 10 倍すれば良い．すると，変数 $x_1, x_2, x_3 \geq 0$ であるので，

$$15x_1 + 18x_2 + 30x_3 \leq 30x_1 + 30x_2 + 30x_3 \leq 1500$$

となり，上界 1500 が得られた．

3.3 双対問題

最適値は 1230 であったので,まだ 1500 − 1230 のギャップがある.今度は,3 本の制約式をそれぞれ 6 倍, 6 倍, 20 倍して足し合わせてみる.

$$
\begin{array}{r}
12x_1 + 6x_2 + 6x_3 \leq 360 \\
6x_1 + 12x_2 + 6x_3 \leq 360 \\
+)\quad 20x_3 \leq 600 \\
\hline
18x_1 + 18x_2 + 32x_3 \leq 1320
\end{array}
$$

得られた式と $x_1, x_2, x_3 \geq 0$ から,

$$15x_1 + 18x_2 + 30x_3 \leq 18x_1 + 18x_2 + 32x_3 \leq 1320$$

となり,上界 1320 が得られた.

最も良い上界を出すために,3 本の制約式をそれぞれ y_1 倍, y_2 倍, y_3 倍して足し合わせてみよう. $y_1, y_2, y_3 \geq 0$ なら,不等式の向きは変わらないので,

$$
\begin{array}{r}
2y_1 x_1 + y_1 x_2 + y_1 x_3 \leq 60y_1 \\
y_2 x_1 + 2y_2 x_2 + y_2 x_3 \leq 60y_2 \\
+)\quad y_3 x_3 \leq 30y_3 \\
\hline
(2y_1+y_2)x_1 + (y_1+2y_2)x_2 + (y_1+y_2+y_3)x_3 \leq 60y_1+60y_2+30y_3
\end{array}
$$

となる.得られた式の左辺 $(2y_1+y_2)x_1+(y_1+2y_2)x_2+(y_1+y_2+y_3)x_3$ が,目的関数 $15x_1+18x_2+30x_3$ 以上になるためには,y_1, y_2, y_3 が

$$15 \leq 2y_1 + y_2$$
$$18 \leq y_1 + 2y_2$$
$$30 \leq y_1 + y_2 + y_3$$

を満たせば良い.これらの式を満たす y_1, y_2, y_3 に対しては,

$$15x_1+18x_2+30x_3 \leq (2y_1+y_2)x_1+(y_1+2y_2)x_2+(y_1+y_2+y_3)x_3 \leq 60y_1+60y_2+30y_3$$

となり,上界 $60y_1+60y_2+30y_3$ を得る.

最も良い(ということは小さい)上界を与える y_1, y_2, y_3 を求める問題は,以下の線形計画問題として書くことができる.

$$
\begin{array}{rl}
\text{minimize} & 60y_1 + 60y_2 + 30y_3 \\
\text{subject to} & 2y_1 + y_2 \geq 15 \\
& y_1 + 2y_2 \geq 18 \\
& y_1 + y_2 + y_3 \geq 30 \\
& y_1, y_2, y_3 \geq 0
\end{array}
$$

これが**双対問題**(dual problem)である.変数 y_1, y_2, y_3 を**双対変数**(dual variable)

とよぶ．双対問題に対して，もとの問題を**主問題**（primal problem）とよぶ．

丼チェーンの店長の問題では，双対変数 y_1, y_2, y_3 は，それぞれ豚肉，鶏肉，牛肉百グラムあたりの価値（単位は百円）と解釈できる．その場合，双対問題の目的関数は，仕入れ価格 $60y_1 + 60y_2 + 30y_3$ を最小にすることを表し，最初の制約式は，豚肉 2 単位と鶏肉 1 単位の価格の合計 $2y_1 + y_2$ がトンコケ丼の価格（1500 円）を下回らないことを表している．同様に，2 番目の式は，コケトン丼の原料の価格の合計 $y_1 + 2y_2$ がコケトン丼の価格（1800 円）を下回らないことを表しており，3 番目の式は，ミックス丼の原料の価格の合計 $y_1 + y_2 + y_3$ がミックス丼の価格（3000 円）を下回らないことを表している．

3.3.2 Lagrange 緩和による導出

2 番目の導出法として，Lagrange 緩和を経由する方法について述べる．

もとの線形計画問題の制約から，実行可能解 x_1, x_2, x_3 に対しては，$60 - 2x_1 - x_2 - x_3 \geq 0$ が成立する．したがって，$60 - 2x_1 - x_2 - x_3$ に y_1 (≥ 0) を乗じて，目的関数に加えても，目的関数値は小さくなることはない．同様に，2 番目の制約式から得られる $60 - x_1 - 2x_2 - x_3$ (≥ 0) に y_2 (≥ 0) を乗じたものと，3 番目の制約式から得られる $30 - x_3$ (≥ 0) に y_3 (≥ 0) を乗じたものを目的関数に加えても目的関数値は小さくならないので，線形計画問題

$$
\begin{aligned}
\text{maximize} \quad & 15x_1 + 18x_2 + 30x_3 \\
& + (60 - 2x_1 - x_2 - x_3)y_1 \\
& + (60 - x_1 - 2x_2 - x_3)y_2 \\
& + (30 - x_3)y_3 \\
\text{subject to} \quad & 2x_1 + x_2 + x_3 \leq 60 \\
& x_1 + 2x_2 + x_3 \leq 60 \\
& x_3 \leq 30 \\
& x_1, x_2, x_3 \geq 0
\end{aligned}
$$

は，もとの問題の上界（最適値以上であることが保証されている値）を与える．

目的関数を x_1, x_2, x_3 ごとに整理すると，

$$
\begin{aligned}
\text{maximize} \quad & (15 - 2y_1 - y_2)x_1 + (18 - y_1 - 2y_2)x_2 + (30 - y_1 - y_2 - y_3)x_3 \\
& + 60y_1 + 60y_2 + 30y_3 \\
\text{subject to} \quad & 2x_1 + x_2 + x_3 \leq 60 \\
& x_1 + 2x_2 + x_3 \leq 60 \\
& x_3 \leq 30 \\
& x_1, x_2, x_3 \geq 0
\end{aligned}
$$

となる．さらに，この問題から非負条件 $x_1, x_2, x_3 \geq 0$ 以外の制約を除いた以下の問題

を考える.

$$\text{maximize} \quad (15-2y_1-y_2)x_1 \ +(18-y_1-2y_2)x_2 \ +(30-y_1-y_2-y_3)x_3$$
$$+60y_1+60y_2+30y_3$$
$$\text{subject to} \quad x_1,x_2,x_3 \geq 0$$

制約式を除くということは,実行可能領域を大きくすることに相当するので,この問題の最適値は,もとの問題(緩和する前のオリジナルの問題)の最適値と等しいか,より大きくなることが保証される.よって,この問題は,任意の $y_1,y_2,y_3\,(\geq 0)$ に対してもとの問題の上界を与えることが分かる.実は,この問題は **Lagrange 緩和問題**(Lagrangean relaxation problem)とよばれ,線形計画問題だけでなく,より一般的な最適化問題に対して上界を得るためのフレームワークを与える.ちなみに,上の問題における変数 x の係数を**被約(ひやく)費用**(reduced cost)とよぶ.最大化問題の場合には,変数 x の係数は利益を意味するが,慣例にしたがい「費用」とよぶことにする.変数 x_1 はトンコケ丼の販売数を意味し,その係数 15 は丼 1 杯あたりの利益を表していたが,被約費用 $15-2y_1-y_2$ はトンコケ丼を作るための材料(鶏肉 2 単位と豚肉 1 単位)の費用を減じた利益を意味する.

変数 x でなく,y を変数とみて色々と動かすことを考えよう.目的は,もちろんなるべく良い(すなわち小さい)上界を得ることである.変数 x_1 に関する制約式が $x_1 \geq 0$ だけであることに注意すると,x_1 の目的関数の係数 $15-2y_1-y_2$ が 0 より大きい値であると,目的関数値が ∞ になってしまうことに気づく.したがって,$15-2y_1-y_2$ は 0 以下でなければ,意味のある(有限の値をもつ)上界を得ることはできない.同様に,x_2 の目的関数の係数 $18-y_1-2y_2$ も 0 以下でなければならず,x_3 の目的関数の係数 $30-y_1-y_2-y_3$ も 0 以下でなければならない.この 3 つの条件と変数 y_1,y_2,y_3 が非負であるという条件の下で,目的関数の x に依存しない部分

$$60y_1+60y_2+30y_3$$

を最小にする問題は,

$$\begin{array}{rl}
\text{minimize} & 60y_1+60y_2+30y_3 \\
\text{subject to} & 2y_1+y_2 \geq 15 \\
& y_1+2y_2 \geq 18 \\
& y_1+y_2+y_3 \geq 30 \\
& y_1,y_2,y_3 \geq 0
\end{array}$$

という線形計画問題になる.これは双対問題に他ならない.

3.3.3 双対定理と相補性条件

主問題と双対問題の間に以下の関係があることは,双対問題の導出法から明らかである.

定理 3.2（弱双対性：weak duality） 主問題の実行可能解の目的関数値は，双対問題の実行可能解の目的関数値以下である．

この定理から，主問題の最適値が ∞ なら双対問題には実行可能解が存在しないこと，および双対問題の最適値が $-\infty$ なら主問題には実行可能解が存在しないことが言える．実は，主問題と双対問題の間には，より強い関係が成立する．

定理 3.3（強双対性：strong duality） 主問題が最適解をもつなら，その双対問題も最適解をもち，そのとき両者の目的関数値は一致する．

Lagrange 緩和問題を導出したときの途中の式（オリジナルの目的関数に加えた項）を見ると，主問題と双対問題の目的関数値が一致したときには，

$$(60 - 2x_1 - x_2 - x_3)y_1 + (60 - x_1 - 2x_2 - x_3)y_2 + (30 - x_3)y_3 = 0$$

および

$$(15 - 2y_1 - y_2)x_1 + (18 - y_1 - 2y_2)x_2 + (30 - y_1 - y_2 - y_3)x_3 = 0$$

が成立しなければならないことが分かる．いま，x が主問題の実行可能解であることと，y が双対問題の実行可能解であることから，

$$60 - 2x_1 - x_2 - x_3 \geq 0$$
$$60 - x_1 - 2x_2 - x_3 \geq 0$$
$$30 - x_3 \geq 0$$
$$x_1, x_2, x_3 \geq 0$$
$$15 - 2y_1 - y_2 \leq 0$$
$$18 - y_1 - 2y_2 \leq 0$$
$$30 - y_1 - y_2 - y_3 \leq 0$$
$$y_1, y_2, y_3 \geq 0$$

が言える．よって，式

$$(60 - 2x_1 - x_2 - x_3)y_1 + (60 - x_1 - 2x_2 - x_3)y_2 + (30 - x_3)y_3 = 0$$

の各項は 0 以上であり，さらにその合計が 0 になるためには，各項が 0 である必要があることが分かる．同様に，式

$$(15 - 2y_1 - y_2)x_1 + (18 - y_1 - 2y_2)x_2 + (30 - y_1 - y_2 - y_3)x_3 = 0$$

の各項は 0 以下であり，さらにその合計が 0 になるためには，各項が 0 である必要がある．

よって，主問題の最適解 x および双対問題の最適解 y は，

$$(60 - 2x_1 - x_2 - x_3)y_1 = 0$$
$$(60 - x_1 - 2x_2 - x_3)y_2 = 0$$
$$(30 - x_3)y_3 = 0$$

および

$$(15 - 2y_1 - y_2)x_1 = 0$$
$$(18 - y_1 - 2y_2)x_2 = 0$$
$$(30 - y_1 - y_2 - y_3)x_3 = 0$$

を満たさなければならない．最初の 3 本の等式は，主問題の各式の余裕変数と対応する双対変数の積が 0 になることを表している．これは，丼チェーン店の問題では，余った肉の価値は 0 円でなければならないと解釈できる．また，残りの 3 本の等式は，双対問題の各式の余裕変数と対応する主問題の変数の積が 0 になることを表している．これは，丼チェーン店の問題では，原料の価格の和が丼の価格より大きい場合には，その丼を作らないことを意味している．これらの条件は，x, y が最適解であることの必要十分条件を与えるものであり，一般に**相補性条件** (complementary slackness condition) とよばれる．

ここで示したように，主問題の最適解と双対問題の最適解は密接な関係があるので，主問題を解くだけで双対問題の最適解を得ることができる．

主問題に対して GLPK で求解したときの結果 `lp2.out` をよく見てみると，行 (Row)，すなわち制約に対する出力があり，各行 (制約) に対して "Marginal" の列に数字が記述されている．

```
Problem:    lp2
Rows:       4
Columns:    3
Non-zeros:  10
Status:     OPTIMAL
Objective:  TotalProfit = 1230 (MAXimum)

   No.   Row name   St   Activity   ...   Marginal
------ ------------ -- -------------       -------------
    1  TotalProfit  B           1230
    2  Constraint[Pork]
                    NU            60                   4
```

```
    3 Constraint[Chicken]
                    NU              60              7
    4 Constraint[Beef]
                    NU              30              19
...（以下略）
```

"Marginal" は経済用語で限界値のことであり，この項は marginal cost（限界費用），すなわち肉の価値を表している．すなわち，豚肉（Pork）の価値は 4, 鶏肉（Chicken）の価値は 7, 牛肉（Beef）の価値は 19 であるので，双対問題の最適解は $y_1 = 4, y_2 = 7, y_3 = 19$ であることが分かる．これは，肉の 1 単位は百グラム，お金の 1 単位は百円であったことを思い起こすと，豚肉は百グラム 400 円，鶏肉は百グラム 700 円，牛肉は百グラム 1900 円とするのが最適な価格づけであることを示している．

AMPL でも同様に，主問題の最適解を得たついでに，双対問題の最適解を得ることができる．ただし，AMPL では問題を自動的に変形して，ソルバーにとって解きやすい形にしてあげる機能がついているため，問題によっては不具合が生じる．たとえば，ここで扱った例題では，牛肉に対する制約の左辺には 1 つの変数 x_3 だけであった．

$$x_3 \leq 30$$

AMPL では，これを 1 本の制約として扱うかわりに，x_3 に対する上限（範囲）制約とし，制約から外してしまう．線形計画問題を解く際には，単体法とよばれる解法が使われることが多いが，単体法では変数に対する上下限は通常の制約とは別途に扱うので，その方が効率よく解けるからだ．そのため，デフォルトの状態で AMPL で求解すると，牛肉に対する最適双対変数が 0 になってしまう．これを避けるためには，AMPL による問題の自動変形（これを前処理とよぶ）をしないように設定しておく必要がある．前処理（presolve）をしないように設定するには，AMPL の option コマンドを用いて，presolve を 0（オフ）に設定すれば良い．ちなみに，presolve のデフォルト値は 10 であり，色々な前処理を行うように設定されている．

前処理をしないように設定した後に，solve コマンドで求解すると，最適解が得られる．その後で，制約式につけた名前 Constraint の双対変数を display コマンドで表示する．そのためには，display Constraint.dual; と打ち込めば良い．

```
option presolve 0;
solve;

MINOS 5.5: optimal solution found.
3 iterations, objective 1230

display Constraint.dual;
```

```
Constraint.dual [*] :=
   Beef    19
Chicken    7
   Pork     4
;
```

結果は GLPK のときと同じであり，牛肉（Beef）の価値は 19，鶏肉（Chicken）の価値は 7，豚肉（Pork）の価値は 4 であることが分かる．

3.4 航空機の座席の配分

双対問題を実務で用いた例として，航空機の予約における収益管理を考えよう（収益管理の詳細については，第 15 章を参照）．

> あなたは，ハワイ専門の航空機のチケット販売の責任者だ．航空機のチケットは，同じ座席に対するものでも，購入時期やキャンセル時の払戻金などの諸条件によって，幾つかの運賃クラスに分けて販売されている．ここでは簡単のため，2 種類の運賃クラスを考え，高い方の運賃クラスを Y，安い方の運賃クラスを Q とする．あなたの役目は，高い運賃を支払う意思がある顧客に，なるべく多くのチケットを販売することによって，会社の利益を最大にすることだ．
> あなたの会社は，成田–ホノルル間の便のチケットだけでなく，離島のハワイ島とマウイ島への便のチケットも販売している．顧客の目的地は，ホノルル，ハワイ島，マウイ島の 3 通りとし，ハワイ島もしくはマウイ島に行くためには，ホノルルで乗り換える必要がある（図 3.7）．それぞれの便の残り座席数は，表 3.2 のようになっており，発地，着地，運賃クラスごとの需要量の推定値とチケット代は，表 3.3 のようになっているものとする．さて，どの顧客にどのチケットを販売すれば良いだろうか？また，データにはなかったホノルルからハワイ島（もしくはマウイ島）への便のチケットの価格は幾らくらいに設定したら良いだろうか？

表 3.2 行程（便）Leg のデータと最適双対変数

便の名称	略称	残席数	最適双対変数（座席の価値）
成田–ホノルル	NaHo	100	7000
ホノルル–ハワイ	HoHa	40	15000
ホノルル–マウイ	HoMa	30	9000

収益管理の用語では，航空機の便を**行程**（leg）とよぶ．まず，行程の集合を表す集合を導入し，Leg と記すものとする．この例では，成田–ホノルル（NaHo），ホノルル–ハ

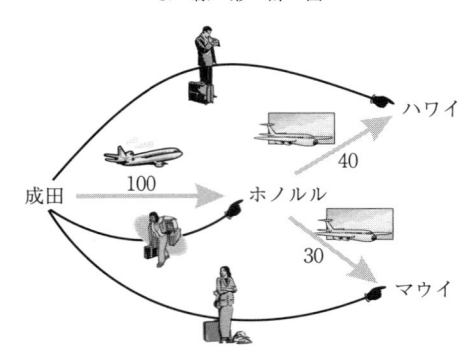

図 3.7 航空機の便と需要

表 3.3 旅程（発地・着地，運賃クラス）ODF のデータと最適解

発地−着地（運賃クラス）	略称	需要量の推定値	収益	最適解（座席割当量）
成田−ホノルル（クラス Q）	NaHoQ	80	70000	20
成田−ハワイ（クラス Q）	NaHaQ	70	85000	20
成田−マウイ（クラス Q）	NaMaQ	50	79000	10
成田−ホノルル（クラス Y）	NaHoY	10	115000	10
成田−ハワイ（クラス Y）	NaHaY	20	140000	20
成田−マウイ（クラス Y）	NaMaY	20	130000	20

ワイ（HoHa），ホノルル−マウイ（HoMa）の3種類の行程があるので，モデルファイルで宣言した後，データファイルに略称を用いて，以下のようにデータを入力しておく．

```
set Leg := NaHo HoHa HoMa;
```

一方，顧客の需要は，1つ以上の行程から構成される発地から着地までのパスとして与えられる．これを**旅程**（itinerary）とよぶ．この例のように，顧客がどのような経路をとるかを気にかけない場合には，旅程は，**発地**（origin），**着地**（destination），**運賃クラス**（fare class）の3つ組として表すことができる．この頭文字をとって，旅程の集合を ODF と表記する．この例では，成田−ホノルル，成田−ハワイ，成田−マウイの3種類のパスごとに，Y と Q の2種類の運賃クラスを考えて顧客需要を定義する．したがって，モデルファイルで宣言した後，略称を用いて，以下のようにデータを入力する．

```
set ODF := NaHoQ NaHaQ NaMaQ NaHoY NaHaY NaMaY;
```

行程（便）の添え字を ℓ，旅程（需要）の添え字を i とする．行程 ℓ の残り座席数を行程の容量とよび，現時点における行程 ℓ の容量を N_ℓ（AMPL モデルでは Capacity）と記す．旅程 i の需要を D_i（AMPL モデルでは Demand），運賃（収益）を R_i（AMPL

3.4 航空機の座席の配分

モデルでは Revenue），旅程 i が行程 ℓ を含むとき 1，それ以外のとき 0 を表すパラメータを $A_{\ell i}$ （AMPL モデルでは `A[Leg,ODF]`）とする．旅程 i を受け入れる総数を表す変数 x_i を用いると，旅程に残席を割り振る線形計画問題は，以下のように書くことができる．

$$\begin{aligned} \text{maximize} \quad & \sum_i R_i x_i \\ \text{subject to} \quad & \sum_i A_{\ell i} x_i \leq N_\ell \quad \forall \ell \\ & 0 \leq x_i \leq D_i \quad \forall i \end{aligned}$$

目的関数は，収益の最大化である．最初の制約式は，行程（便）の座席数の容量を表し，2 番目の制約は需要量の上限を表す．

この定式化を AMPL に直すと以下のようになる．

```
set ODF;  #set of itineraries (origin-destination-fare class)
set Leg;
param Demand{ ODF };
param Revenue{ ODF };
param A{Leg,ODF};  #=1 if leg is in ODF, =0 otherwise
param Capacity{Leg};
var x{i in ODF} >=0, <=Demand[i];
maximize TotalRevenue: sum{i in ODF} Revenue[i]*x[i];
subject to CapacityConstraint{l in Leg}:
   sum{i in ODF}  A[l,i]*x[i]  <=Capacity[l];
```

また，例題のデータファイルは，以下のようになる．

```
set ODF := NaHoQ NaHaQ NaMaQ NaHoY NaHaY NaMaY;
set Leg := NaHo HoHa HoMa;
param: Demand Revenue :=
NaHoQ 80 70000
NaHaQ 70 85000
NaMaQ 50 79000
NaHoY 10 115000
NaHaY 20 140000
NaMaY 20 130000
;
param Capacity :=
NaHo 100
HoHa 40
HoMa 30
```

```
;
param A: NaHoQ NaHaQ NaMaQ NaHoY NaHaY NaMaY  :=
  NaHo     1     1     1     1     1     1
  HoHa     0     1     0     0     1     0
  HoMa     0     0     1     0     0     1
;
```

上のモデルとデータを用いて解いてみると，結果は以下のようになり，最適に座席を配分すれば 1044 万円の収益があがることが分かる．

```
solve;
MINOS 5.5: optimal solution found.
6 iterations, objective 10440000

display x;
x [*] :=
NaHaQ  20
NaHaY  20
NaHoQ  20
NaHoY  10
NaMaQ  10
NaMaY  20
;
```

座席をどの顧客に配分するかは，変数 x を見れば分かる．結果は，表 3.3 に示すように，高い方の運賃クラス（Y）に対してはすべて座席を割り振り，安い方の運賃クラス（Q）に対しては，成田–ホノルル間は 20 席まで，成田–ハワイ間は 20 席まで，成田–マウイ間は 10 席まで予約を受け付けることが最適となる．

また，座席の価値は制約 CapacityConstraint に対する双対変数を見れば分かるので，それを display コマンドを用いて表示してみる．制約につけた名前は CapacityConstraint であったので，その双対変数は display CapacityConstraint.dual で表示される．

```
display CapacityConstraint.dual;
CapacityConstraint.dual [*] :=
HoHa  15000
HoMa   9000
NaHo  70000
;
```

表 3.2 にまとめてあるように，座席の価値は，成田–ホノルル間が最も高く 70000 円であり，次いでホノルル–ハワイ間の 15000 円，ホノルル–マウイ間の 9000 円となる．この結果から，実際には販売していないホノルル–ハワイ間，ホノルル–マウイ間のチケットの販売価格は，それぞれ 15000 円，9000 円より高く設定すれば利益が向上することが分かる．

3.5 絶対値の定式化

ここでは，絶対値を含む線形式を，通常の線形計画に変換する方法について，需要予測の例題を通して学ぶ．

> あなたはあるスーパーの餃子の仕入れ責任者だ．過去の需要量は表 3.4 のようになっており，今までの経験から，新製品の餃子の売り上げは，固定客による売り上げと，口コミによる増加分の和になると考えられる．固定客の数と口コミによる増加の割合を推定することによって，売り上げを予測せよ．

表 3.4 過去の需要量

日	1	2	3	4	5	6	7	8	9	10
需要量	120	80	70	90	110	100	110	140	100	120

固定客による売り上げを b とし，口コミによる増加分が，日ごとに a ずつ増加するものと仮定すると，t 日目の需要量は，

$$y = b + a \cdot t$$

と表される．t 日目の需要量 D_t との誤差を最小にするようにパラメータ a, b を決めれば良いが，誤差をどのように評価するかによって，多少結果が違ってくる．

たとえば，統計でよく使われる**回帰分析**（regression analysis）では，誤差の 2 乗和を評価尺度とする．ここでは線形計画によって定式化したいので，誤差の絶対値の和をとることにしよう．

$$\text{minimize} \quad \sum_t |D_t - (b + a \cdot t)|$$

ちなみに，この予測手法は，誤差の大きいデータに引きずられにくいという性質（頑強性）をもつため，**ロバスト回帰**（robust regression）とよばれる．

t 日目における誤差 $D_t - (b + a \cdot t)$ を表す変数を ϵ_t とすると，最適な（誤差の絶対値の和を最小にする）パラメータ a, b を求める問題は，以下のように書くことができる．

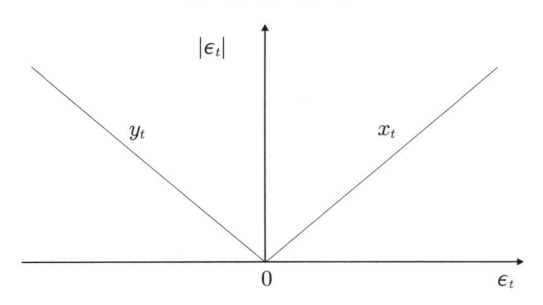

図 3.8 絶対値の線形計画による表現

$$\text{minimize} \quad \sum_t |\epsilon_t|$$
$$\text{subject to} \quad b + t \cdot a + \epsilon_t = D_t \quad \forall t = 1, \cdots, 10$$

目的関数に絶対値が入っているので，このままでは線形計画とは言えない．絶対値とは，ϵ_t が正のときには ϵ_t そのものであるが，ϵ_t が負のときには $-\epsilon_t$ と定義される．正の場合と負の場合を分けて考えるために，非負の実数 x_t, y_t を用いて $\epsilon_t = x_t - y_t$ と置換する．この置換によって，ϵ_t が正のときには $x_t = \epsilon_t$, $y_t = 0$，ϵ_t が負のときには $y_t = -\epsilon_t$, $x_t = 0$ となる．したがって，上の問題は以下のように線形計画として定式化できる．

$$\text{minimize} \quad \sum_t (x_t + y_t)$$
$$\text{subject to} \quad b + t \cdot a + x_t - y_t = D_t \quad \forall t = 1, \cdots, 10$$
$$x_t \geq 0 \quad \forall t = 1, \cdots, 10$$
$$y_t \geq 0 \quad \forall t = 1, \cdots, 10$$

これを AMPL でモデル化してみよう．問題に内在する集合であるが，この場合は日の集合だけを定義すれば良いであろう．集合名は分かりやすく Period とすると，

```
set Period;
```

とモデルファイルで宣言し，データファイルで

```
set Period := 1 2 3 4 5 6 7 8 9 10;
```

と書けば良い．ここで，日は連続する数字として定義されるので，もっと簡単に記述することも可能である．日の最大値を表すパラメータを T とすると，日の集合 Period は，1 から T までの連続した整数であるので，AMPL では 1..T と書くことができる．したがって，モデルファイルで，

3.5 絶対値の定式化

```
param T;
set  Period :=1..T;   # :={1..T} と書いても良い
```

と宣言し，データファイルには，単に

```
param T := 10;
```

と書けば良い．

パラメータとしては，需要量を表す Demand を入力する．これは，日の集合の要素を添え字としてもつパラメータとして定義する．固定客による売り上げを表す変数は，グラフの y 切片なので，yaxis とし，傾きを表す変数は，傾向（トレンド）を表すので trend とする．線形計画による定式化における x_t は，等式 $b+t\cdot a = D_t$ からの上方誤差（超過量）を表すので，モデル内では超過を意味する surplus と記すことにする．同様に，y_t は下方誤差（不足量）を表すので，不足を意味する slack を用いる．これらの記号を用いると，需要予測のための AMPL モデルは，以下のようになる．

```
param T;                         #number of periods
set Period :=1..T;               # :={1..T} と書いても良い
param Demand{Period};
var yaxis;
var trend;
var slack{Period} >=0;
var surplus{Period} >=0;
minimize dev: sum{ t in Period } (slack[t] + surplus[t]);
subject to con1 {t in Period}:
yaxis + t*trend + slack[t] - surplus[t] =Demand[t];
```

例題のデータファイルは，以下のようになる．

```
param T:=10;
param Demand :=
 1 120   2 80   3 70   4 90   5 110
 6 100   7 110  8 140  9 100  10 120
;
```

このデータを AMPL で求解してみると，誤差の絶対値の合計の最小値は 125 であり，最適解は y 切片（yaxis）が 70，傾き（trend）が 5 であることが分かる．予測結果と実際の需要量を，図 3.9 に示す．

図 3.9 需要と予測値

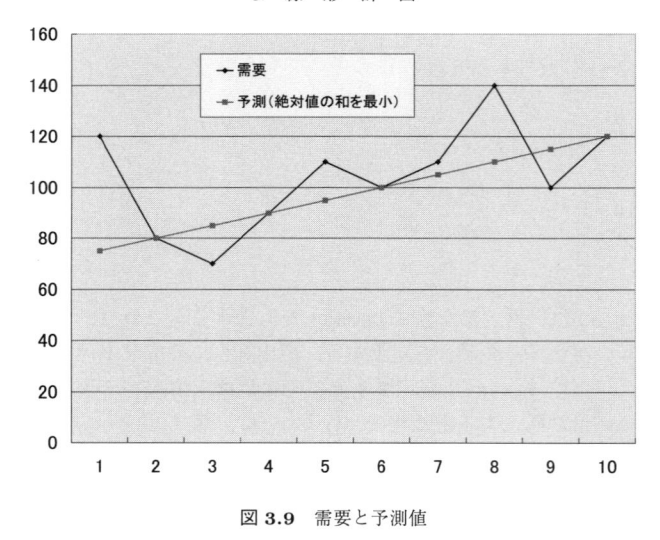

問題 3.1 最大誤差を最小にする定式化を線形計画問題として作成して，解いてみよ．結果を誤差の絶対値の和を評価尺度とした場合と比べてみよ．

問題 3.2 Excel のアドインの回帰分析を用いて，誤差の 2 乗和を最小にする予測を行い，結果を誤差の絶対値の和を評価尺度とした場合と比べてみよ．(ロバスト回帰とよばれる所以を確認せよ．)

問題 3.3 初日と 8 日目は休日にあたるためキャンペーンを行っていたので，売り上げが多少伸びたと考えられる．キャンペーンによる効果もあわせて予測する定式化をせよ．また，結果をキャンペーンを考慮しない場合と比べてみよ．

問題 3.4 固定客たちは，毎日餃子を食べると飽きてしまうが，3 日もするとまた食べたくなると仮定する．この場合には，ある日の需要はトレンドやキャンペーンの影響だけでなく，3 日前の需要と密接な関係をもつ．このように，需要に 3 日間おきのサイクルがあると仮定した場合の定式化を示し，予測を行え．

問題 3.5 以下の絶対値つきの問題を，線形計画問題に変形せよ．

$$\begin{aligned}
\text{minimize} \quad & 15x_1 + 100|x_2 + x_3 - 20| \\
\text{subject to} \quad & 2x_1 + x_2 + x_3 \leq 60 \\
& x_1 + 2x_2 + x_3 \leq 60 \\
& |x_3| \leq 30 \\
& x_1, x_2 \geq 0
\end{aligned}$$

3.6 主問題と双対問題（一般論）

先に進む前に，双対問題を一般形で導出しておこう．ここでは，双対問題を公式として覚えるのではなく，3.3.2 項でやったように Lagrange 緩和問題を経由して導出する．この方法は多少面倒ではあるが，絶対に失敗しない（間違わない）方法である．

以下の一般形の線形計画問題を主問題とする．

$$\text{主問題}\begin{vmatrix} \text{maximize} & \sum_{j \in N_1 \cup N_2 \cup N_3} c_j x_j & \\ \text{subject to} & \sum_{j \in N_1 \cup N_2 \cup N_3} a_{ij} x_j \leq b_i & \forall i \in M_1 \\ & \sum_{j \in N_1 \cup N_2 \cup N_3} a_{ij} x_j \geq b_i & \forall i \in M_2 \\ & \sum_{j \in N_1 \cup N_2 \cup N_3} a_{ij} x_j = b_i & \forall i \in M_3 \\ & x_j \geq 0 & \forall j \in N_1 \\ & x_j \leq 0 & \forall j \in N_2 \\ & x_j \in \mathrm{R} & \forall j \in N_3 \end{vmatrix}$$

ここで，R は実数全体の集合を表す．

Lagrange 緩和問題を用いて上界を導出するために，制約式から生成される 0 以上の値をもつ項を目的関数に加えていく．実行可能解 x を与えたとき，$b_i - \sum_{j \in N_1 \cup N_2 \cup N_3} a_{ij} x_j$ は，$i \in M_1$ に対しては 0 以上，$i \in M_2$ に対しては 0 以下，$i \in M_3$ に対しては 0 である．$i \in M_1$ に対して 0 以上の値をとる y_i (≥ 0)，$i \in M_2$ に対して 0 以下の値をとる y_i (≤ 0)，$i \in M_3$ に対して 任意の（正でも負でも 0 でも良い）実数 y_i を準備すると，任意の実行可能解 x に対して，

$$\sum_{i \in M_1 \cup M_2 \cup M_3} \left(b_i - \sum_{j \in N_1 \cup N_2 \cup N_3} a_{ij} x_j \right) y_i$$

は，0 以上の値をとる．したがって，これを目的関数に加えても目的関数値は小さくならないので，線形計画問題

$$\begin{aligned} \text{maximize} \quad & \sum_{j \in N_1 \cup N_2 \cup N_3} c_j x_j + \sum_{i \in M_1 \cup M_2 \cup M_3} \left(b_i - \sum_{j \in N_1 \cup N_2 \cup N_3} a_{ij} x_j \right) y_i \\ \text{subject to} \quad & \sum_{j \in N_1 \cup N_2 \cup N_3} a_{ij} x_j \leq b_i \quad \forall i \in M_1 \\ & \sum_{j \in N_1 \cup N_2 \cup N_3} a_{ij} x_j \geq b_i \quad \forall i \in M_2 \end{aligned}$$

$$\sum_{j \in N_1 \cup N_2 \cup N_3} a_{ij} x_j = b_i \quad \forall i \in M_3$$
$$x_j \geq 0 \quad \forall j \in N_1$$
$$x_j \leq 0 \quad \forall j \in N_2$$
$$x_j \in \mathrm{R} \quad \forall j \in N_3$$

の最適値は主問題の上界を与えることが言える．さらに $x_j \geq 0$, $x_j \leq 0$, $x_j \in \mathrm{R}$ 以外の制約式を除いて，x_j ごとに整理すると，

$$\text{maximize} \quad \sum_{j \in N_1 \cup N_2 \cup N_3} \left(c_j - \sum_{i \in M_1 \cup M_2 \cup M_3} a_{ij} y_i \right) x_j + \sum_{i \in M_1 \cup M_2 \cup M_3} b_i y_i$$
$$\text{subject to} \quad x_j \geq 0 \quad \forall j \in N_1$$
$$x_j \leq 0 \quad \forall j \in N_2$$
$$x_j \in \mathrm{R} \quad \forall j \in N_3$$

となる．実行可能領域を大きくしたのだから，上の問題の最適値は，任意の y に対して主問題の上界を与える．一般に，この問題は **Lagrange 緩和問題**（Lagrangean relaxation problem）とよばれる．

Lagrange 緩和問題が意味のある（すなわち ∞ 以外の）上界を与えるためには，x_j の係数 $(c_j - \sum_{i \in M_1 \cup M_2 \cup M_3} a_{ij} y_i)$（これを被約費用とよぶ）は，以下の 3 つの条件を満たす必要がある．

1) $j \in N_1$ に対しては，$x_j \geq 0$ であるので 0 以下 $\Rightarrow c_j \leq \sum_{i \in M_1 \cup M_2 \cup M_3} a_{ij} y_i$
2) $j \in N_2$ に対しては，$x_j \leq 0$ であるので 0 以上 $\Rightarrow c_j \geq \sum_{i \in M_1 \cup M_2 \cup M_3} a_{ij} y_i$
3) $j \in N_3$ に対しては，x_j に制限がないのでちょうど 0 $\Rightarrow c_j = \sum_{i \in M_1 \cup M_2 \cup M_3} a_{ij} y_i$

これらの条件を満たす y に対して，なるべく良い上界を得るには，Lagrange 緩和問題の目的関数値で x に依存しない部分 $\sum_{i \in M_1 \cup M_2 \cup M_3} b_i y_i$ を最小にすれば良い．これを線形計画問題として書き下すことによって，双対問題を得る．

双対問題
$$\begin{aligned}
&\text{minimize} \quad \sum_{i \in M_1 \cup M_2 \cup M_3} b_i y_i \\
&\text{subject to} \quad y_i \geq 0 \quad \forall i \in M_1 \\
&\qquad\qquad\quad y_i \leq 0 \quad \forall i \in M_2 \\
&\qquad\qquad\quad y_i \in \mathrm{R} \quad \forall i \in M_3 \\
&\qquad\qquad\quad \sum_{i \in M_1 \cup M_2 \cup M_3} a_{ij} y_i \geq c_j \quad \forall j \in N_1 \\
&\qquad\qquad\quad \sum_{i \in M_1 \cup M_2 \cup M_3} a_{ij} y_i \leq c_j \quad \forall j \in N_2 \\
&\qquad\qquad\quad \sum_{i \in M_1 \cup M_2 \cup M_3} a_{ij} y_i = c_j \quad \forall j \in N_3
\end{aligned}$$

さらに，導出の途中の式から，主問題の目的関数値 $\sum_{j \in N_1 \cup N_2 \cup N_3} c_j x_j$ と双対問題の目的関数値 $\sum_{i \in M_1 \cup M_2 \cup M_3} b_i y_i$ が一致したときには，

$$\sum_{i \in M_1 \cup M_2 \cup M_3} \left(b_i - \sum_{j \in N_1 \cup N_2 \cup N_3} a_{ij} x_j \right) y_i = 0$$

および

$$\sum_{j \in N_1 \cup N_2 \cup N_3} \left(c_j - \sum_{i \in M_1 \cup M_2 \cup M_3} a_{ij} y_i \right) x_j = 0$$

が成立しなければならない．x, y が実行可能であるとき，上側の式の各項は 0 以上であり，下側の式の各項は 0 以下である．したがって，その和が 0 になるためには各項が 0 である必要がある．よって，

$$\left(b_i - \sum_{j \in N_1 \cup N_2 \cup N_3} a_{ij} x_j \right) y_i = 0 \quad \forall i \in M_1 \cup M_2 \cup M_3$$

および

$$\left(c_j - \sum_{i \in M_1 \cup M_2 \cup M_3} a_{ij} y_i \right) x_j = 0 \quad \forall j \in N_1 \cup N_2 \cup N_3$$

が成立しなければならない．これが**相補性条件**（complementary slackness condition）である．

3.7 Dantzig–Wolfe の分解法

Dantzig–Wolfe の分解法（Dantzig–Wolfe decomposition method）は，以下のような構造をもった線形計画問題を対象とした，特殊な線形計画法である（図 3.10）．

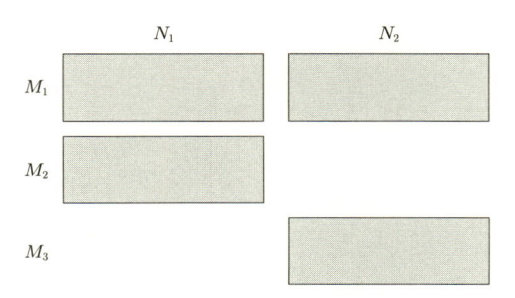

図 **3.10** Dantzig–Wolfe の分解法の構造

$$\begin{aligned}
\text{minimize} \quad & \sum_{j \in N_1 \cup N_2} c_j x_j \\
\text{subject to} \quad & \sum_{j \in N_1 \cup N_2} a_{ij} x_j = b_i \quad \forall i \in M_1 \\
& \sum_{j \in N_1} a_{ij} x_j = b_i \quad \forall i \in M_2 \\
& \sum_{j \in N_2} a_{ij} x_j = b_i \quad \forall i \in M_3 \\
& x_j \geq 0 \quad \forall j \in N_1 \cup N_2
\end{aligned}$$

最初の制約は，変数の添え字集合 N_1 と N_2 の両者にまたがるものであり，2番目と3番目の制約は，それぞれ変数の添え字集合 N_1, N_2 だけを含んでいる．簡単のため，2番目と3番目の制約から成る多面体は有界であると仮定する（多面体に関する用語については，4.5節を参照）．

2番目の制約

$$\sum_{j \in N_1} a_{ij} x_j = b_i \quad \forall i \in M_2$$

に着目し，この多面体を端点の凸結合として表すことを考える．端点を表すベクトルを $\boldsymbol{X}_1^k$ ($k \in K_1$) と書く．同様に，3番目の制約

$$\sum_{j \in N_2} a_{ij} x_j = b_i \quad \forall i \in M_3$$

の端点を表すベクトルを $\boldsymbol{X}_2^k$ ($k \in K_2$) と書く．ここで，K_1, K_2 は端点ベクトルをすべて列挙したときの添え字集合である．$|K_1|$ や $|K_2|$ は，通常非常に大きな数となる可能性がある．

2番目の制約を満たす任意の解 x は，端点ベクトルの凸結合として，

$$x_j = \sum_{k \in K_1} X_1^{jk} \theta_1^k \quad \forall j \in N_1$$

$$\sum_{k \in K_1} \theta_1^k = 1$$

$$\theta_1^k \geq 0 \quad \forall k \in K_1$$

と表すことができる．3番目の制約についても同様に，端点の凸結合として，

$$x_j = \sum_{k \in K_2} X_2^{jk} \theta_2^k \quad \forall j \in N_2$$

$$\sum_{k \in K_2} \theta_2^k = 1$$

$$\theta_2^k \geq 0 \quad \forall k \in K_2$$

と表すことができる.

これを原問題に代入して, θ_1, θ_2 を変数とした問題に書き直す.

$$\begin{aligned}
\text{minimize} \quad & \sum_{k \in K_1} \sum_{j \in N_1} c_j X_1^{jk} \theta_1^k + \sum_{k \in K_2} \sum_{j \in N_2} c_j X_2^{jk} \theta_2^k \\
\text{subject to} \quad & \sum_{k \in K_1} \sum_{j \in N_1} a_{ij} X_1^{jk} \theta_1^k + \sum_{k \in K_2} \sum_{j \in N_2} a_{ij} X_2^{jk} \theta_2^k = b_i \quad \forall i \in M_1 \\
& \sum_{k \in K_1} \theta_1^k = 1 \\
& \sum_{k \in K_2} \theta_2^k = 1 \\
& \theta_1^k \geq 0 \quad\quad\quad\quad\quad\quad\quad\quad\quad\quad\quad\quad\quad \forall k \in K_1 \\
& \theta_2^k \geq 0 \quad\quad\quad\quad\quad\quad\quad\quad\quad\quad\quad\quad\quad \forall k \in K_2
\end{aligned}$$

この問題は, 原問題に比べて少ない制約をもつが, その代償として非常に多くの変数をもつ. これらの変数をすべて陽的に表すのは現実的ではないので, 一部の変数だけを取り出した問題を考える. これを**制限つき主問題** (restricted master problem) とよぶ. 制限つき主問題を解くことによって, 基底解を得る. このとき, 同時に最適な双対変数を得ることができる. 最初の式に対する双対変数ベクトルを y, 2番目の式に対する双対変数 (スカラー) を r_1, 3番目の式に対する双対変数 (スカラー) を r_2 とする.

このとき, 変数 θ_1^k に対する被約費用は,

$$\sum_{j \in N_1} c_j X_1^{jk} - \sum_{i \in M_1} y_i \sum_{j \in N_1} a_{ij} X_1^{jk} - r_1 - r_2$$

となる. 変数 θ_2^k に対する被約費用も同様に表すことができる. 以下では, 変数 θ_1^k に対する操作のみを記述する.

現在, 基底に入っていないすべての変数に対して, 被約費用が非負であれば, 現在の基底解が最適解であることが言える. すべての変数 (その数は膨大である) に対して被約費用を調べるかわりに, 以下の線形計画問題を解くことによって, すべての変数の被約費用が非負であるか, もしくは被約費用が負になる端点を見つけることができる.

$$\begin{aligned}
\text{minimize} \quad & \sum_{j \in N_1} \left(c_j - \sum_{i \in M_1} y_i a_{ij} \right) x_j \\
\text{subject to} \quad & \sum_{j \in N_1} a_{ij} x_j = b_i \quad \forall i \in M_2 \\
& x_j \geq 0 \quad\quad\quad\quad\quad \forall j \in N_1
\end{aligned}$$

この問題の最適値が r_1 以上であれば, すべての端点ベクトル $\boldsymbol{X}_1^k$ に対して,

$$\sum_{j \in N_1} \left(c_j - \sum_{i \in M_1} y_i a_{ij} \right) X_1^{jk} \geq r_1$$

が成立するので，現在の基底解が最適になる．もし，r_1 未満であれば，被約費用が負になる端点が求まったことになるので，最適解 x をもとに，第 $i\ (\in M_1)$ 行が $\sum_{j \in N_1} a_{ij} x_j$，$|M_1|+1$ 行が 1，$|M_1|+2$ 行が 0 の列を追加して，再び制限つき主問題を解く．この操作を繰り返すことによって，原問題の最適解を得る方法が **Dantzig–Wolfe の分解法** (Dantzig–Wolfe decomposition method) である．Dantzig–Wolfe の分解法は，列を追加していくので，**列生成法**（column generation method）ともよばれる．

Dantzig–Wolfe の分解法は，問題の構造を利用することによって，強力な道具となる．実際に，第 19 章では運搬スケジューリングモデルに対して，Dantzig–Wolfe の分解法を適用することによって実用的なアルゴリズムを導出する．

3.8 確率計画

3.1 節で説明した丼チェーン店の問題では，作った丼はすべて売れるという，いささか非現実的な仮定をおいていた．実際には，丼の売れ行きは，天候，近所のライバル店の宣伝，狂牛病や鳥インフルエンザのニュースなど，様々な要因によって変化する．ここでは，丼の需要に対する不確実性を考慮した最適化について解説する．

あなたは，32 ページで登場した丼チェーン店の店長だ．店の主力商品は，豚肉と鶏肉と牛肉を絶妙にブレンドしたトンコケ丼，コケトン丼，ミックス丼であり，丼の配合比や販売価格は，以前と同じである．今回は，需要が不確定であるとし，原料である豚肉，鶏肉，牛肉の仕入れまで考えて販売計画を立てるものとする．仕入れの価格は，それぞれ百グラムあたり，豚肉 300 円，鶏肉 500 円，牛肉 1000 円であり，丼の売れ行きは，不調，普通，好調の 3 つの場合を考え，それぞれが 0.3, 0.4, 0.3 の確率で起こるものと仮定する．不調，普通，好調の各々の場合における売れ行きのが，表 3.5 のように推定されているとしたとき，あなたは肉をどれくらい仕入れ，さらに丼を何杯ずつ作るように指示を出せば良いのだろうか？

表 **3.5** シナリオごとの丼の売れ行きと発生確率

シナリオ	確率	トンコケ	コケトン	ミックス
不調	0.3	5	5	20
普通	0.4	10	10	30
好調	0.3	15	15	40

3.8 確率計画

この問題のように,将来事象に対する不確実性を含んだ最適化問題を**確率計画**（stochastic programming）とよぶ．確率計画における将来事象は**シナリオ**（scnario）とよばれ，不調，普通，好調の各々のシナリオに対して発生確率と，そのシナリオが起きたときの需要量を表すパラメータが与えられる．

確率計画に対するアプローチには様々なものがあるが，ここでは以下の 4 通りのモデル化を考える．
1) 期待値で代替（3.8.1 項）
2) リコース（recourse；償還請求権，修正行動）モデル（3.8.2 項）
3) 待機決定（wait and see）モデル（3.8.3 項）
4) 確率制約（chance constrained）モデル（3.8.4 項）

3.8.1 期待値で代替

確率を含んだ最適化問題に対する最も簡単なアプローチは，確率変数をその期待値で代替する方法である．

丼チェーン店の例では，確率変数は丼の需要量であり，(分布が対称なので)その期待値は「普通」のシナリオの場合と同じであり，トンコケ丼 10 杯，コケトン丼 10 杯，ミックス丼 30 杯である．需要量が期待値を超えないという条件の下で，利益（売り上げから仕入れ値を減じた値）を最大化する問題は，通常の線形計画になる．AMPL でモデル化して求解すると，豚肉，鶏肉，牛肉をそれぞれ $60, 60, 30$（百グラム）仕入れ，トンコケ丼 10 杯，コケトン丼 10 杯，ミックス丼 30 杯と需要量の期待値の分だけ製造しておくことが最適であることが分かる．

材料費は，$3 \times 60 + 5 \times 60 + 10 \times 30 = 780$（百円）と計算できるが，丼の売れ行き（需要量）は不確実なので，シナリオごとに利益は変わってくる．需要が普通の場合には製造した丼は完売するが，不調の場合には製造量の方が需要量より大きいので在庫（売れ残り）が生じ，好調の場合には製造量より需要量が大きいので品切れが発生する．ここでは，売れ残りの商品の処分代（在庫費用）はかからず，かつ品切れの費用もかからないものと仮定する．表 3.6 に，シナリオ（不調，普通，好調）ごとの売り上げを示す．この表から期待値で代替した場合の売り上げの期待値は，$0.3 \times 765 + 0.4 \times 1230 + 0.3 \times 1230 = 1090.5$（百円）と計算できるので，期待利益は $1090.5 - 780 = 310.5$（百円）となる．

表 3.6 期待値で代替した場合の丼の販売量と売り上げ

シナリオ	確率	トンコケ	コケトン	ミックス	売り上げ
不調	0.3	5	5	20	765
普通	0.4	10	10	30	1230
好調	0.3	10	10	30	1230

3.8.2 リコースモデル

丼チェーン店の例では，肉の仕入れ量の決定と丼の製造量の 2 つの意思決定が行われるが，これらの意思決定は同時に行われるものではない．通常は，肉の仕入れ量の決定は販売の前日に行われ，丼はお客の注文を受けてから製造されるので，丼の製造量の決定は，需要量が判明した後に行われると考えて良いだろう．時間の流れの中で，確率的な事象の発生と意思決定のタイミングを図示すると，図 3.11 のようになる．

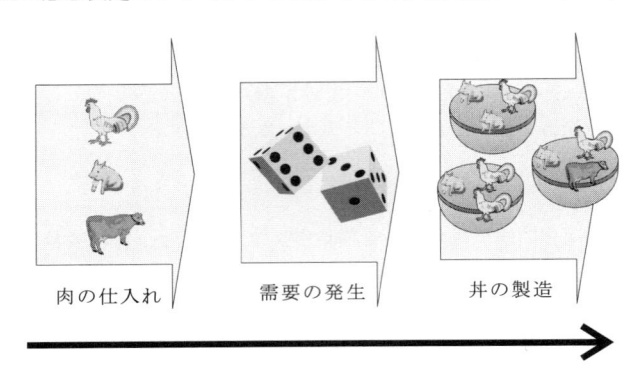

図 3.11 リコースモデルにおける意思決定と確率事象のタイミング

このように，確率計画においては，時間の流れの中でいつ意思決定を行うかが重要になる．確率的な事象が発生する前に行う意思決定を表す変数を**即時決定**（here and now）変数とよび，一方，需要の実現値が判明した後で行う意思決定を表す変数を**待機決定**（wait and see）変数とよぶ．例題においては，肉の仕入れ量は即時決定変数であり，丼の製造量は待機決定変数である．

ここで，丼の製造量は，判明した需要量によって自由に変えることができるので，修正行動もしくは**リコース**（recourse；償還請求権；意訳すると確率事象発生後の修正行動）とよばれる．このような，即時決定変数と待機決定変数の両者を含んだ確率計画は，**リコースモデル**（stochastic programming with recourse）とよばれる．

リコースモデルは線形計画として定式化できる．定式化に必要な記号を導入しよう．

集合

I： 肉の集合．$I = \{$ 豚肉，鶏肉，牛肉 $\}$．添え字は i で表す．
J： 丼の集合．$J = \{$ トンコケ丼，コケトン丼，ミックス丼 $\}$．添え字は j で表す．
S： シナリオの集合．$S = \{$ 不調，普通，好調 $\}$．添え字は s で表す．

パラメータ

P_i： 肉 i の価格．
R_j： 丼 j の販売価格．
a_{ij}： 丼 j を製造するために必要な肉 i の量．

D_{js}: シナリオ s のときの丼 j の需要量.
p_s: シナリオ s の発生確率.

変数

x_{js}: シナリオ s のときの丼 j の製造量.
y_i: 肉 i の仕入れ量.

上の記号を用いると,リコースモデルは,以下のように書くことができる.

$$\begin{aligned}
\text{maximize} \quad & \sum_{j\in J, s\in S} p_s R_j x_{js} - \sum_{i\in I} P_i y_i \\
\text{subject to} \quad & \sum_{j\in J} a_{ij} x_{js} \leq y_i & \forall i \in I, s \in S \\
& 0 \leq x_{js} \leq D_{js} & \forall j \in J, s \in S \\
& y_i \geq 0 & \forall i \in I
\end{aligned}$$

これに,例題の数値を入れて最適化すると,最適目的関数値は 318(百円)となる.最適解は,$y = (35, 35, 30)$ となるので,豚肉,鶏肉,牛肉をそれぞれ $35, 35, 30$(百グラム)と,期待値で代替した場合より少なめに仕入れ,表 3.7 のように,高付加価値なミックス丼を中心に販売すれば良いことが分かる.ただしここでは,変数に整数条件をつけていないので,半端な数の丼にも商品価値があり,2/3 杯の丼を 2/3 の価格で販売可能であると仮定する.

表 3.7 リコースモデルにおける丼の販売量と売り上げ

シナリオ	確率	丼の販売量 トンコケ	コケトン	ミックス	売り上げ
不調	0.3	5	5	20	765
普通	0.4	$1\frac{2}{3}$	$1\frac{2}{3}$	30	955
好調	0.3	$1\frac{2}{3}$	$1\frac{2}{3}$	30	955

期待値で代替した場合との利益の差は,$318 - 310.5 = 7.5$(百円)となり,これはリコース(修正行動)を考慮することによって生成された価値(**リコースの価値**:value of stochastic solution)であると考えられる.

3.8.3 待機決定モデル

リコースモデルでは,即時決定(here and now)であった肉の仕入れ量の決定を待機決定(wait and see)にすることを考える.これは,丼チェーン店の店長が,完全予約制を採用したことに他ならない.

この様子を示したものが図 3.12 である.丼を食べたい顧客は,事前に食べたい丼を予約する.店長は予約を締め切った後に肉の仕入れ量を決定し,翌日製造した丼を顧客に振る舞う.これによって,需要の不確実性は完全に消え,すべての変数が待機決定されたことになる.これを,**待機決定モデル**(wait and see model, adaptive model)と

図 3.12 待機決定モデルにおける意思決定と確率事象のタイミング

よぶ．

待機決定モデルでは，肉の仕入れ量を表す変数 y にも，シナリオを表す添え字 s をつける．定式化は，以下のようになる．

$$\begin{aligned}
\text{maximize} \quad & \sum_{j \in J, s \in S} p_s R_j x_{js} - \sum_{i \in I, s \in S} p_s P_i y_{is} \\
\text{subject to} \quad & \sum_{j \in J} a_{ij} x_{js} \leq y_{is} & \forall i \in I, s \in S \\
& 0 \leq x_{js} \leq D_{js} & \forall j \in J, s \in S \\
& y_{is} \geq 0 & \forall i \in I, s \in S
\end{aligned}$$

このモデルは，シナリオごとに分解できるので，添え字 s ごとに解くことができる．これに，例題の数値を入れて最適化すると，最適目的関数値は 450（百円）となる．最適解を表 3.8 に示す．

表 3.8 待機決定モデルにおける肉の仕入れ量，丼の販売量

シナリオ	確率	肉の仕入れ量			丼の販売量		
		豚肉	鶏肉	牛肉	トンコケ	コケトン	ミックス
不調	0.3	35	35	20	5	5	20
普通	0.4	60	60	30	10	10	30
好調	0.3	85	85	40	15	15	40

待機決定モデルでは，シナリオ（予約状況）に応じて，肉の仕入れ量と丼の製造量を決定することができるので，利益が増大する．実際に，リコースモデルとの利益の差は，$450 - 318 = 132$（百円）となる．この差は，**完全情報の期待価値**（expected value of perfect information）とよばれ，需要を事前に知ることができることの価値を表す．

3.8.4 確率制約モデル

3.8.1 項の期待値で代替する場合において,品切れを起こす確率に対する制約を設けることを考える.これは,品切れによって顧客の信用を失うことに対するリスクを,制約によって表現したことに相当する.このようなモデルを**確率制約モデル**(chance constrained model)とよぶ.

期待値で代替した場合には,トンコケ丼 10 杯,コケトン丼 10 杯,ミックス丼 30 杯を製造していた.この量だと,需要が好調のシナリオになった場合には,品切れを起こしてしまう.いま,店長が品切れを起こさないように,より正確には,品切れの確率を好調のシナリオが発生する確率 (0.3) 未満にすることを決断したとしよう.そのためには,好調の場合の需要量分だけの丼を製造しておく必要がある.

この制約の下では,豚肉,鶏肉,牛肉をそれぞれ 85, 85, 40 (百グラム) 仕入れ,トンコケ丼 15 杯,コケトン丼 15 杯,ミックス丼 40 杯を製造しておくことが最適であることが分かる.

材料費は,$3 \times 60 + 5 \times 60 + 10 \times 30 = 1080$ (百円) と計算できる.丼の売れ行き (需要量) は不確実なので,シナリオごとに利益は変わってくる.表 3.9 に,シナリオ (不調,普通,好調) ごとの売り上げを示す.この表から期待値で代替した場合の売り上げの期待値は,$0.3 \times 765 + 0.4 \times 1230 + 0.3 \times 1695 = 1230$ (百円) であるので,期待利益は $1230 - 1080 = 150$ (百円) となることが分かる.

表 3.9 確率制約モデルの場合の丼の販売量と売り上げ

シナリオ	確率	丼の販売量			売り上げ
		トンコケ	コケトン	ミックス	
不調	0.3	5	5	20	765
普通	0.4	10	10	30	1230
好調	0.3	15	15	40	1695

3.9 ロバスト最適化

確率計画では,パラメータ (問題に含まれる数値データ) の不確実性を特定の確率分布が既知として扱った.実際には,パラメータの確率分布を推定することは難しく,単にパラメータの動きうる範囲だけが与えられている場合が多い.ここでは,データがある範囲内で変化しても,実行可能解になることを保証した**ロバスト計画**(robust programming) について考える.

以下の線形計画問題を考える.

$$\begin{aligned} \text{maximize} \quad & \sum_{j \in N} c_j x_j \\ \text{subject to} \quad & \sum_{j \in N} a_{ij} x_j \leq b_i \quad \forall i \in M \end{aligned}$$

ここで，変数 x_j は(負の値もとれる)実数変数であることに注意されたい．

いま，制約の係数 a_{ij} は不確実性をもつ確率変数 $\tilde{a}_{ij}$ であり，区間 $[a_{ij}-\hat{a}_{ij}, a_{ij}+\hat{a}_{ij}]$ 内で変化するものとする．ロバスト計画の目的は，係数が変化しても実行可能性を保証するような解の中で，目的関数を最大にする解を求めることである．係数 $\tilde{a}_{ij}$ が独立に変化するものと仮定すると，ロバスト計画の意味での最適解は，以下の線形計画問題によって得ることができる．

$$\begin{aligned}
\text{maximize} \quad & \sum_{j \in N} c_j x_j \\
\text{subject to} \quad & \sum_{j \in N} a_{ij} x_j + \sum_{j \in N} \hat{a}_{ij} u_j \leq b_i \quad \forall i \in M \\
& -u_j \leq x_j \leq u_j \quad \forall j \in N \\
& u_j \geq 0 \quad \forall j \in N
\end{aligned}$$

ここで，u_j は非負の実数変数であり，最適解 x^* においては $u_j = |x_j^*|$ が成立する．

ロバスト計画の意味で実行可能であることを示しておこう．$u_j = |x_j^*|$ であるので，

$$\sum_{j \in N} a_{ij} x_j^* + \sum_{j \in N} \hat{a}_{ij} |x_j^*| \leq b_i$$

が成立し，各行 i ごとに

$$\sum_{j \in N} \tilde{a}_{ij} x_j^* \leq \sum_{j \in N} a_{ij} x_j^* + \sum_{j \in N} \hat{a}_{ij} |x_j^*| \leq b_i$$

であるので，a_{ij} が区間 $[a_{ij}-\hat{a}_{ij}, a_{ij}+\hat{a}_{ij}]$ 内で変化しても実行可能である．

上のロバスト計画のフレームワークは，パラメータの変化が最悪の場合を想定したものであるが，現実的には最悪のシナリオを考慮して計画を立てるのではなく，ばらつきをパラメータによって制御できるものが望ましい．ここでは，制約 i に対して，高々 Γ_i 個の変数が変化するという制限をつけたロバスト計画を考え，上と同様に線形計画に帰着されることを示す[19]．以下では簡単のため，制御パラメータ Γ_i は正数であると仮定する．

上の仮定の下でのロバスト計画は，以下のように書ける．

$$\begin{aligned}
\text{maximize} \quad & \sum_{j \in N} c_j x_j \\
\text{subject to} \quad & \sum_{j \in N} a_{ij} x_j + \max_{S \subseteq N, |S_i| \leq \Gamma_i} \left\{ \sum_{j \in S} \hat{a}_{ij} |x_j| \right\} \leq b_i \quad \forall i \in M
\end{aligned}$$

上の定式化において，制約 i における

$$\max_{S \in N, |S_i| \leq \Gamma_i} \left\{ \sum_{j \in S} \hat{a}_{ij} |x_j| \right\}$$

3.9 ロバスト最適化

の部分を（$|x_j|$ を定数とみなして）線形計画として記述すると，

$$\begin{aligned}
\text{maximize} \quad & \sum_{j \in N} \hat{a}_{ij}|x_j|z_{ij} \\
\text{subject to} \quad & \sum_{j \in N} z_{ij} \leq \Gamma_i \\
& 0 \leq z_{ij} \leq 1 \quad \forall j \in N
\end{aligned}$$

となる．線形計画問題の実行可能領域は有界であり，実行可能解（$z=0$）をもつので，強双対定理より，双対問題と同じ最適目的関数値をもつことが言える．最初の式 $\sum_{j \in N} z_{ij} \leq \Gamma_i$ に対する双対変数を θ_i，2 番目の式 $z_{ij} \leq 1$ に対する双対変数を y_{ij} とすると，上の問題の双対問題は

$$\begin{aligned}
\text{minimize} \quad & \Gamma_i \theta_i + \sum_{j \in N} y_{ij} \\
\text{subject to} \quad & \theta_i + y_{ij} \geq \hat{a}_{ij}|x_j| \quad \forall j \in N \\
& y_{ij} \geq 0 \quad \forall j \in N \\
& \theta_i \geq 0
\end{aligned}$$

となる．

ロバスト計画の定式化における $\max_{S \subseteq N, |S_i| \leq \Gamma_i} \{\sum_{j \in S} \hat{a}_{ij}|x_j|\}$ の部分を上で導いた双対問題に置き換え，さらに $|x_j|$ の絶対値を補助変数 u_j を用いて外すことによって，ロバスト計画と同値な以下の線形計画問題を得る．

$$\begin{aligned}
\text{maximize} \quad & \sum_{j \in N} c_j x_j \\
\text{subject to} \quad & \sum_{j \in N} a_{ij} x_j + \Gamma_i \theta_i + \sum_{j \in N} y_{ij} \leq b_i \quad \forall i \in M \\
& \theta_i + y_{ij} \geq \hat{a}_{ij} u_j \quad \forall i \in M, j \in N \\
& -u_j \leq x_j \leq u_j \quad \forall j \in N \\
& y_{ij} \geq 0 \quad \forall i \in M, j \in N \\
& \theta_i \geq 0 \quad \forall i \in M \\
& u_j \geq 0 \quad \forall j \in N
\end{aligned}$$

4 整数計画

前章では，変数が任意の実数で良いと仮定した線形モデル（線形計画）について考えたが，ここでは，変数が適当な範囲の整数値しかとれないと仮定したモデル（整数計画）を紹介しよう．

実は，サプライ・チェインにおける最適化問題のほとんどは，線形計画ではなく，整数計画もしくは両者を含んだ混合整数計画として定式化される．整数値に限定された変数は，2.2 節で紹介した鶴亀算のように，分割できないもの（鶴や亀だけでなく，トラックや人間も）を扱うためだけでなく，サプライ・チェインで発生する様々な論理条件を表すために用いられる．論理条件とは，「もし……なら……」とか，「……か……のいずれかが成立する」などのような条件を表すが，これを数式で表すには，多少のテクニックが必要になる．

整数計画は，線形計画と比べて解くことが困難な問題である．これは理論に裏づけされた事実であり，線形計画は多項式時間で解けるという証明がされている易しい問題であるのに対して，整数計画は $\mathcal{NP}$-困難とよばれる効率的な解法が絶望視されている問題のクラスに属する．線形計画に対しては，「ほとんどの実際問題は短時間で解くことができるので，お気軽にお使いください」と紹介したが，整数計画に対しては，「大規模な実際問題は短時間で解くことができるという保証はありませんので，細心の注意をもってお使いください」と書かざるをえないのが，現状である．

整数計画もしくは混合整数計画問題を市販の数理計画ソルバーで求解する際には，ソルバーが解きやすい（良い）定式化を行うことが肝要である．従来の数理計画のテキストでは整数計画の解き方に重点が置かれ，定式化の仕方や選び方については，あまり触れられていなかった．ここでは，整数計画における定式化のテクニックと定石を，様々な例題を通して紹介することによって，実務家が「良い」定式化を行うための指針を与える．

4.1 節では，整数計画の例としてナップサック問題を紹介し，整数計画モデルの基礎とその解法（分枝限定法）について学ぶ．

4.2 節では，施設配置問題を通して，整数変数を用いて，「もし……なら……」のタイプの論理条件を記述する方法を紹介する．

4.3 節では，混合整数計画問題における定式化の強弱について考察する．ここでは，良い定式化と悪い定式化が，その強さ（線形計画緩和問題による下界の良さ）によって

定まることを学ぶ．

4.4 節では，いずれか一方が成立するといった論理条件（離接制約）を整数計画で記述する方法を紹介する．

4.5 節では，安定集合問題を通して，定式化の強弱についてより深く学ぶ．この節は，多面体論とよばれる理論への入り口を与える．

4.6 節では，1 機械スケジューリング問題を考え，入力サイズの指数オーダーの制約をもつ定式化を導く．また，分離問題とよばれる問題を解くことによって，指数オーダーの数の制約式を陽的に扱わずに処理する方法（切除平面法）について学ぶ．

4.7 節では，巡回セールスマン問題に対して，指数オーダーの数の制約式をもつ定式化と多項式オーダーの数の制約式をもつ定式化を示す．

4.8 節では，混合整数丸めとよばれる妥当不等式の導出テクニックについて述べる．

4.9 節ならびに 4.10 節では，混合整数丸めの適用例として，余裕変数つきの整数ならびに 0-1 ナップサックに対する妥当不等式を考える．

4.11 節では，固定費用つきのフロー問題の基本構造を考え，フロー被覆不等式を導く．

4.12 節では，付加条件つきの整数計画問題を解くための Lagrange 緩和について考える．例として，巡回セールスマン問題を取り上げ，最小 1-木とよばれる構造を抽出することによる下界導出法について述べる．

4.1 ナップサック問題

> あなたは，ぬいぐるみ専門の泥棒だ．ある晩，あなたは高級ぬいぐるみ店にこっそり忍び込んで，盗むものを選んでいる．狙いはもちろん，マニアの間で高額で取引されているクマさん人形だ．クマさん人形は現在 4 体販売されていて，それらの値段と重さは，図 4.1 のようになっている．あなたは，転売価格の合計が最大になるようにクマさん人形を選んで逃げようと思っているが，あなたが逃走用に愛用しているナップサックはとても古く，7 キログラムより重い荷物を入れると，底が抜けてしまう．さて，どのクマさん人形を持って逃げれば良いだろうか？

この問題は，0-1 ナップサック問題とよばれる組合せ最適化問題であり，きちんと書くと以下のようになる．

> **0-1 ナップサック問題** (0-1 knapsack problem)
> n 個のアイテムからなる有限集合 N，各々のアイテム $i \in N$ の重量 s_i と価値 v_i，およびナップサックの重量上限 b が与えられたとき，アイテムの重量の合計が b を超えないという条件の下で，価値の合計を最大にするように N からアイテムを選択せよ．

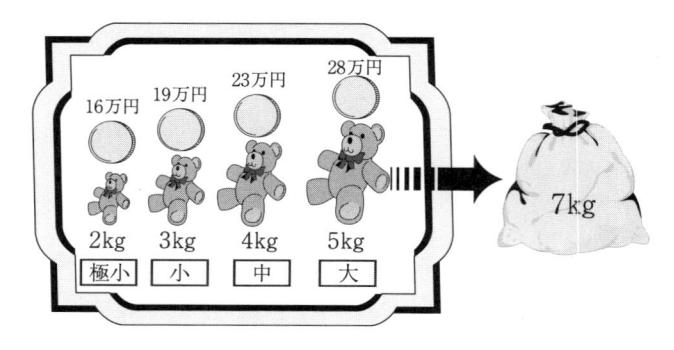

図 4.1　クマさん人形のラインアップと愛用のナップサック

ナップサック問題は，アイテム $i\ (\in N)$ をナップサックに詰めるとき 1，それ以外のとき 0 になる 0-1 変数 x_i を使うと，以下のように定式化できる．

$$\begin{aligned}
\text{maximize} \quad & \sum_{i \in N} v_i x_i \\
\text{subject to} \quad & \sum_{i \in N} s_i x_i \leq b \\
& x_i \in \{0, 1\} \quad \forall i \in N
\end{aligned}$$

このように，ある制約を満たす整数の組で，ある関数を最大化（もしくは最小化）するものを見つける問題を，**整数計画問題**（integer programming problem）とよぶ．

多くの市販の汎用の(混合)整数計画ソルバーは，線形計画問題に対する単体法や内点法と，最も標準的に用いられる厳密解法である**分枝限定法**（branch and bound method）から構成されている．

分枝限定法の原理は単純であり，要はすべての解を書き並べる列挙法に多少の工夫を入れて探索を省略したものである．すべての可能な解を系統的に書き並べるためには，列挙木を用いる．ナップサック問題に対する列挙木は，以下のように作ることができる．まず，極小クマさんをナップサックに入れる場合と，入れない場合の 2 通りを考える．次に，極小クマさんをナップサックに入れた場合に対して，小クマさんをナップサックに入れた場合と入れない場合に分ける．さらに……，と順次 2 つに分けていくことによって，n 個のアイテムの中からどのアイテムをナップサックに入れるかを表す木ができる．この木の先端までいけば，持って逃げられる価値の合計と重量の合計が定まる．したがって，ナップサックの重量の上限を超えないものの中で価値の合計が最大のものを選択することによって最適解が求まる（図 4.2）．

しかし，木の先端の数は 2^n 個あり，これらのすべてを探索するのは計算の無駄であることが多い．ここで紹介する**分枝限定法**（branch and bound method）の極意は，木の中の探しても無駄な部分の探索を，下界と上界の概念を用いて（最適性を失うことな

4.1 ナップサック問題

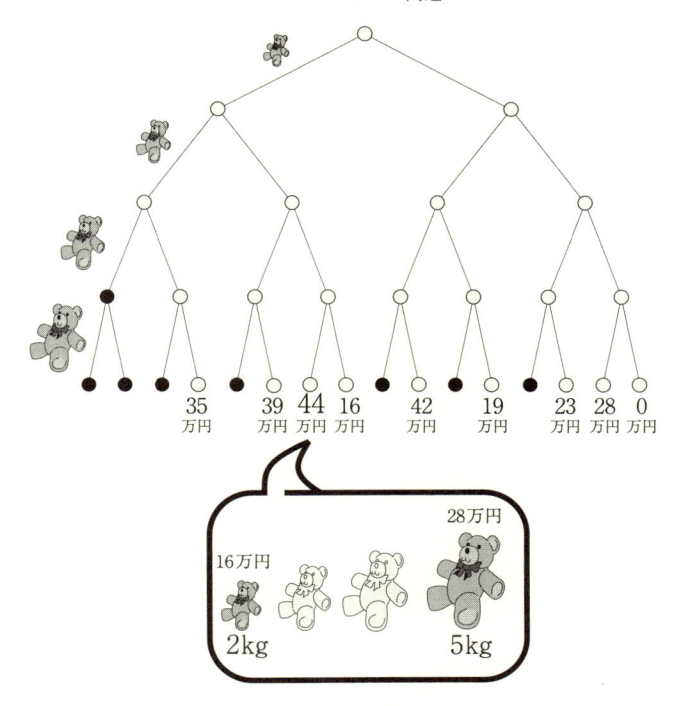

図 4.2 ナップサック問題に対する列挙木
黒丸はナップサックが破けてしまう（つまり実行不可能である）ことを表す.

しに）省略することである.

　下界（かかい, lower bound）とは，最適値より小さいか，（運が良ければ）等しいことが保証されている値のことであり，通常は，何らかの方法で見つけた実行可能解（制約を満たす解）の目的関数値を用いる．ナップサック問題の下界は，単位重量あたりの価値 v_i/s_i の大きいものから順に b を超えない限り詰めていく，いわゆる**貪欲アルゴリズム**（greedy algorithm）を用いることによって得られる.

　一方，**上界**（じょうかい, upper bound）とは，常に最適値より大きいか，（運が良ければ）等しい値を指し，ナップサック問題の場合にはクマさんをぶった切ることを許すことによって得られる．もう少し上品に言うと，変数 x_i の整数条件を実数条件に緩めた以下の問題を解くことによって上界を得ることができる.

$$\begin{aligned} \text{maximize} \quad & \sum_{i \in N} v_i x_i \\ \text{subject to} \quad & \sum_{i \in N} s_i x_i \leq b \end{aligned}$$

$$0 \leq x_i \leq 1 \quad \forall i \in N$$

この問題は，第 3 章で述べた線形計画問題である．このように，制約条件を緩めた問題を一般に**緩和問題**（relaxation problem）とよぶ．整数条件を実数条件に緩めることによって得られる緩和問題を，特に**線形計画緩和問題**（linear programming relaxation problem）とよぶ．

ナップサック問題の線形計画緩和問題は，単体法を使うまでもなく貪欲アルゴリズムで簡単に解くことができる．すなわち，単位重量あたりの価値 v_i/s_i の大きいものから順に b を超えない限り詰めていくだけである．緩和問題の場合には半端（実数値）も許すので，最後にナップサックに入れられるクマさんはちょん切られる可能性がある．

列挙法では，各クマさんを持って行くか行かないかで 2 つに分けることによって枝分かれをさせていった．ここで，上界はさらに枝分かれをさせていったときに得られる解の値に等しいかそれよりも大きい．よって，上界が今までに得られている下界に等しいかそれよりも小さくなったら，もう枝分かれをして調べる必要がなくなる．これが分枝限定法における「限定」操作であり，適切な木の探索順と上界を用いることによって大規模なナップサック問題でも比較的短時間で解くことが可能になる（図 4.3）．

この問題を AMPL でモデル化して解いてみよう．集合はクマさんの集合だけであり，それを Bear とする．変数はクマさんを持って行くか否かを表す 0-1 変数であり，AMPL では，変数宣言の後ろに binary と宣言する．パラメータは，クマさんごとに定められた価値 Value と重量 Weight であり，ナップサックの重量上限を MaxWeight とする．これらの記号を用いると，ナップサック問題に対する AMPL モデルは，以下のように書ける．

```
set Bear;
var x{Bear} binary;
param Value{Bear};
param Weight{Bear};
param MaxWeight;
maximize Profit: sum{i in Bear} Value[i]*x[i];
subject to Capacity: sum{i in Bear} Weight[i]*x[i]<=MaxWeight;
```

例題に対するデータファイルは，以下の通り．

```
set Bear := VerySmall Small Medium Large;
param: Value Weight :=
VerySmall 16 2
Small     19 3
Medium    23 4
Large     28 5;
```

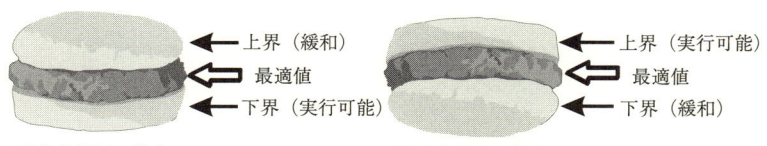

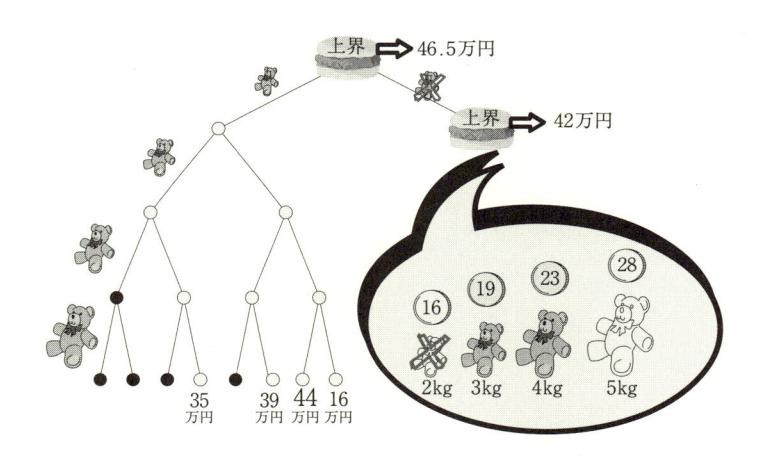

4.1 ナップサック問題　　　　　　　　　　　　　　　77

図 4.3　ハンバーガーを用いた上界・下界の説明（上）と分枝限定法による最適解の探索（下）
上界（19+23＝42万円）が探索途中に得られた下界（44万円）より小さいので，木の右半分は調べる必要がない！

```
param MaxWeight := 7;
```

　ここでは，パラメータを記述するコマンド param で，2 つのパラメータ（価値と重量）を同時に入力している．これは，両者ともクマさん人形を添え字とするパラメータであるので，入力を簡単にするためであり，以下の書式にしたがって記述される．

```
 param:         パラメータの名前１　パラメータの名前２ :=
　集合の要素名　パラメータ１の数値　パラメータ２の数値
...
```

　3 つ以上のパラメータを同時に入力する場合も同じである．
　上のモデルファイルとデータファイルを AMPL に読み込んでから，求解コマンド（solve）を実行すると，以下のような出力が得られる．

```
solve;
```

```
MINOS 5.5: ignoring integrality of 4 variables
MINOS 5.5: optimal solution found.
3 iterations, objective 46.5
```

これは，デフォルト（規定）のソルバーである MINOS が起動したことを示している．MINOS は非線形計画問題用のソルバーであるため，整数条件を無視して求解しているというメッセージが読みとれる．そのため，クマさんを半分に切った解（上界）である 46.5 という目的関数値を得ている．確認のため解を表示するコマンド（display）を用いて，変数 x の中身を表示してみると，以下のように中クマさんが半分にされていることが分かる．

```
display x;
x [*] :=
    Large   0
   Medium   0.5
    Small   1
VerySmall   1
;
```

AMPL において整数条件を考慮して求解するためには，ソルバーを整数計画用のものに変更する必要がある．ソルバーを変更するためのコマンドは option solver である．配布された AMPL キットには CPLEX と lp_solve の 2 つの整数計画ソルバーが添付されているので，以下のようにソルバーを変更してから，求解コマンド（solve）を実行すれば良い．例として lp_solve に変更した場合の結果を示す．

```
option solver lpsolve; #もしくは option solver cplex とする．
solve;
LP_SOLVE 4.0.1.0: optimal, objective 44
17 simplex iterations
9 branch & bound nodes: depth 4
```

これは，整数計画ソルバー lp_solve 内の分枝限定法によって，深さ 4，分枝操作 9 回で最適値 44 が得られたことを表している．確認のため，最適解を表示してみると，以下のように整数解が得られていることが分かる．

```
display x;
x [*] :=
    Large   1
   Medium   0
```

```
    Small   0
VerySmall   1
;
```

GLPK によって求解するときには，デフォルトで整数計画ソルバーが起動するので，特に気にする必要はない．

問題 4.1 クマさん人形が 1 体ずつではなく，何体でも盗めると仮定した場合のナップサック問題を整数ナップサック問題とよぶ．ナップサックの重量制限が 113 kg と仮定したときの整数ナップサック問題を解け．

4.2 強 制 制 約

混合整数計画モデルに対する定式化の例として，**施設配置問題**（facility location problem）とよばれるロジスティクスにおける基本的な問題を考えてみよう．（施設配置問題についての，より専門的な内容については，第 13 章を参照されたい．）施設配置問題は，以下のようなシナリオに基づく．

> あなたは，巨大ハンバーガーチェーンのオーナーだ．あなたは店舗展開をしている 5 つのマーケットに対して，ハンバーガーの原料である挽肉を供給するための倉庫を新たにリースしようと考えている．綿密な調査の結果，倉庫の建設候補地点と年間リース費用（開設費用），マーケットへの輸送費用，ならびに各マーケットにおける挽肉の年間需要量は，表 4.1 のようになっていることが分かった．さて，どの倉庫を開設し，どのような輸送経路を選択すれば，年間の総費用が最小になるであろうか？

表 4.1 施設配置問題のデータ

マーケット	年間需要量（トン）	輸送費用（円） 倉庫 A	倉庫 B	倉庫 C
N	180	1000	600	300
K	80	800	500	400
O	200	600	400	500
S	160	500	300	500
T	220	400	600	900

＊開設費用は倉庫 A，B，C ともに 100000．

さて，早速上の問題を数理計画モデルとして定式化してみよう．

倉庫の候補地点の集合を I，マーケットの集合を J で表す．倉庫 $i \in I$ からマーケッ

ト $j \in J$ へ 1 単位の需要を輸送するときにかかる輸送費用を c_{ij}, 倉庫 $i \in I$ を開設するときにかかる固定費用を f_i とする．マーケット $j \in J$ の需要量を D_j とする．

以下に定義される実数変数 x_{ij} および 0-1 整数変数 y_j を用いる．

$$x_{ij} = 倉庫\ i\ からマーケット\ j\ へ輸送する量$$

$$y_i = \begin{cases} 1 & 倉庫\ i\ をリースするとき \\ 0 & それ以外のとき \end{cases}$$

上の記号および変数を用いると，施設配置問題は以下の混合整数計画問題として定式化できる．

$$\begin{aligned}
\text{minimize} \quad & \sum_{i \in I} f_i y_i + \sum_{i \in I} \sum_{j \in J} c_{ij} x_{ij} \\
\text{subject to} \quad & \sum_{i \in I} x_{ij} = D_j & \forall j \in J & \quad (4.1) \\
& \sum_{j \in J} x_{ij} \leq M y_i & \forall i \in I & \quad (4.2) \\
& x_{ij} \geq 0 & \forall i \in I, j \in J \\
& y_i \in \{0, 1\} & \forall i \in I
\end{aligned}$$

ここで，式 (4.1) は，各マーケットの需要がすべて満たされなければならないことを表す．式 (4.2) は，倉庫をリースしたら，その倉庫から輸送できる．言い換えれば，倉庫をリースしないと，その倉庫から輸送できないことを表している．また，この式の中で用いられている定数 M は非常に大きな数を表す "Big M" とよばれる定数である．この式は，倉庫から出荷される輸送量を，倉庫が開設されないときには強制的に 0 にすることを表しており，そのため，このタイプの制約は，**強制制約**（forcing constraint）とよばれることもある．

これを AMPL で記述してみよう．

まず，問題に内在する集合を宣言しておく．施設配置問題では，倉庫とマーケットが基本的な集合になる．上の定式化では，倉庫の候補地点の集合を I，マーケットの集合を J と記述していたが，AMPL のようなプログラミング言語の中では，もう少し分かりやすい名前をつけておいた方が良い．ここでは，倉庫の候補地点の集合を `Warehouse`，マーケットの集合を `Market` と書くことにする．

```
set Warehouse;
set Market;
```

ここで，`set` は集合を宣言するためのキーワードであり，集合を定義するときに用いられる．集合の中身は，データファイルで記述する．

4.2 強制制約

```
set Warehouse := A B C;
set Market := N K O S T;
```

次に，倉庫とマーケット間の輸送経路を表す集合を定義しておこう．ここでは，すべての倉庫とすべてのマーケット間で輸送が可能であるとし，その集合全体を Edge（枝集合を表す）と定義する．

```
set Edge := Warehouse cross Market;
```

ここで，cross は集合の直積を与える演算子である．集合を扱う演算子は，良いモデリングのための基本であるので，徐々に慣れて欲しい．確認のため，AMPL でモデルファイルとデータファイルを読み込んだ後に，集合 Edge を display コマンドで表示してみる．

```
display Edge;
set Edge :=
(A,N)   (A,O)   (A,T)   (B,K)   (B,S)   (C,N)   (C,O)   (C,T)
(A,K)   (A,S)   (B,N)   (B,O)   (B,T)   (C,K)   (C,S);
```

枝集合を上のように倉庫とマーケットの集合から自動的に生成するのではなく，必要なものだけ定義しておく方法も考えられる．

```
    set Edge within (Warehouse cross Market);
```

ここで，within は部分集合であることを表し，枝の要素が，倉庫とマーケットの直積の部分集合でなければならないことを規定する．もちろん，単に

```
    set Edge;
```

と定義しても良いが，倉庫とマーケットの直積の部分集合でない枝を入力したときには，求解する前にエラーを報告して終了する方が，デバッグの観点から望ましい．この場合には，枝集合を別途データファイルで定義しておく必要があるが，ある倉庫からあるマーケットへは輸送がありえないことを表すときに便利であるだけでなく，計算の効率から見ても，無駄な枝は生成しない方がソルバーに負担をかけないので望ましい．たとえば，倉庫 A からマーケット N への輸送ができない場合には，データファイルで枝集合を定義するときに，A N を除外するだけで良い．

また，輸送費用 TransCost を定義した後で，輸送費用が 600 以上の輸送を行いたくないときには，

```
set Edge :=
setof { i in Warehouse, j in Market: TransCost[i,j]<=600 } (i,j);
```

と枝集合を定義すれば良い．ここで，`setof` は集合の切り出し演算子であり，

`setof { 集合の要素を指定 : 集合に関する条件 } 切り出した集合の要素`

と記述する．このコマンドを使いこなせれば，複雑な実際問題でも楽々モデリングができるようになる．

上手なモデル化のための格言
集合を扱う演算子（特に切り出し演算子 `setof`）を巧く使ってモデルを記述しよう！

集合を記述したら，今度は数値データ（パラメータ）を宣言する．施設配置問題に内在するパラメータは，供給量，需要量，輸送費用，固定費用がある．それぞれ，上で定義した集合を要素に対して定義される．集合の要素を添え字にもつことを宣言するには，

`param パラメータの名前 { 集合 }`

と記述する．宣言時には中括弧 { } で囲んで集合を宣言する．

```
param Supply {Warehouse} >= 0, default 9999999;
param Demand {Market} >= 0;
param TransCost {Edge} >= 0;
param FixedCost {Warehouse};
```

パラメータの宣言時には，そのパラメータの入力の制限や，データを入れないときに勝手に代入される値（デフォルト値）を宣言することができる．たとえば，上の例の1行目では，供給量を表すパラメータ `Supply` の宣言時には，供給量は 0 以上の値で，デフォルト値は大きな数 9999999 としている．これによって，(今回の例題のように) 供給量の制限がない問題を扱いたい場合には，供給量データを入れないだけで処理できるようになる．また，負の値をデータファイルから入力すると，0 以上の値であることが宣言されているので，求解する前にエラーを報告して終了する．これは，デバッグの観点だけでなく，求解に長時間かかる問題を解く際には特に有効である．

上手なモデル化のための格言
パラメータの宣言時には，パラメータのデフォルト値の設定や，入力値の制限などを記述しておくと良い．

パラメータに対するデータは，以下のように入力する．

```
param Demand := N 180 K 80 O 200 S 160 T 220;
param TransCost :=
      A  N 1000   A K 800   A O 600  A S  500  A T  400
      B  N  600   B K 500   B O 400  B S  300  B T  600
      C  N  300   C K 400   C O 500  C S  500  C T  900 ;
param FixedCost := A 100000 B 100000 C 100000;
```

書式はモデルファイルと同じであるが，その後に := を書き，データを入れる．たとえば，Demand は，マーケットの集合の要素を添え字にもつパラメータであるので，(マーケット名, データ) の組で入力する．輸送費用を表すパラメータ TransCost も同様であり，枝 (倉庫とマーケットの 2 つ組) を添え字にもつので，(倉庫名, マーケット名, データ) の組で入力する．

なお，輸送費用は行列形式で，以下のように入力することもできるが，実務的には他のシステムからデータをプログラムによって生成する場合が多いので，単純な書式だけを記憶しておいても十分である．

```
param TransCost:
         N      K      O      S      T :=
      A 1000   800    600    500    400
      B  600   500    400    300    600
      C  300   400    500    500    900 ;
```

続いて変数を宣言する．変数を宣言するためのコマンドは var である．変数は，輸送量を表す x と倉庫をリースするか否かを表す 0-1 変数 y を用いる．

```
var x {Edge}     >= 0;
var y {Warehouse} binary;
```

ここで x は非負の実数なので，パラメータのときと同様に，宣言時に >=0 と制限をつけておく．変数 y は 0-1 変数 (binary 変数とよぶ) なので，binary と制限をつけておく．

最後に，目的関数と制約式を記述する．式の中でパラメータや変数の添え字 (集合の要素) を使いたいときにはパラメータ名 [添え字] と大括弧を用いる．(宣言時には集合なので中括弧 {集合} を用いたが，使用するときには集合の要素なので，大括弧 [集合の要素] を用いることに注意されたい．)

目的関数は

$$\text{minimize} \quad \sum_{i \in I} f_i y_i + \sum_{i \in I} \sum_{j \in J} c_{ij} x_{ij}$$

であったので，それを AMPL に翻訳すると，

```
minimize total_cost:
sum{i in Warehouse} FixedCost[i]* y[i]+
   sum {(i,j) in  Edge} TransCost[i,j] * x[i,j];
```

となる．minimize は予約語で最小化することを表し，total_cost は目的関数を表す式につけた名前である．また，$\sum_{i \in I}$ は，集合 I (Warehouse) の要素 i に対して合計をとる操作であり，AMPL では sum{i in Warehous} と記述される．同様に，$\sum_{i \in I} \sum_{j \in J}$ は，すべての倉庫とマーケットの組に対して合計をとる操作なので，集合のところで定義しておいた枝集合 Edge を用いて，sum {(i,j) in Edge} と記述される．すべての倉庫とマーケット間の輸送を考える場合には，枝集合を用いずに，

```
sum {i in Warehouse, j in Market} TransCost[i,j] * x[i,j];
```

と書いても良い．

需要満足条件

$$\sum_{i \in I} x_{ij} = D_j \quad \forall j \in J$$

は，

```
subject to DemandConst {j in Market}:
   sum {i in Warehouse} x[i,j] = Demand[j];
```

と AMPL に翻訳される．subject to は予約語で制約を表し，DemandConst は式につけた名前である．この制約は，マーケットごとに需要量を満たすことを表す必要があるので，{j in Market} と宣言することによって，各マーケット j に対して制約を設ける．等式の左辺はマーケット j に入っている輸送量の和であるので，sum {i in Warehouse} x[i,j] とし，右辺は需要量であるので Demand[j] とする．

倉庫の容量制約式

$$\sum_{j \in J} x_{ij} \leq M y_i \quad \forall i \in I$$

は，

4.2 強制制約

```
subject to SupplyUpperBound {i in Warehouse}:
  sum {j in Market} x[i,j] <= Supply[i]*y[i];
```

と書くことができる．今度は，倉庫ごとの制約であるので SupplyUpperBound {i in Warehouse} と名前をつけ，左辺 sum {j in Market} x[i,j] が倉庫 i から出る輸送量の和であり，右辺 Supply[i]*y[i] は倉庫をリースしたときには y[i] が 1 になるので，供給量の上限 Supply[i] だけ出荷できることを表す．

上のプログラムを記述して，例題を解いてみよう．最適費用は 508000 万円で，倉庫 B だけを開設し，すべての需要地点に B から輸送を行うことが最適であることが分かる．また，各倉庫がすでに開設済みで簡単には閉鎖できないと仮定した場合には，固定費用 f_i をすべて 0 と設定して解けば良い．最適解は，表 4.2 のようになり，総費用は 302000 万円となる．

表 4.2 最適輸送量

マーケット	最適輸送量		
	倉庫 A	倉庫 B	倉庫 C
N	0	0	180
K	0	0	80
O	0	200	0
S	0	160	0
T	220	0	0

強制制約 (4.1) は，大きな数 M を必要としていたが，実際には，このような非常に大きな数を表すパラメータは "Big M" とよばれ，実務家が陥りやすい最大の落とし穴である．非常に大きな数（"Big M"）を用いると，論理的な定式化が楽に行えるので，これを乱発してしまいがちであるが，後で述べるように，"Big M" を用いた定式化は，ソルバーに負担をかけ，大規模問題における求解を極端に困難にする場合があるのである．

> **上手なモデル化のための格言**
> 非常に大きな数を表す "Big M" はなるべく使わないようにしよう！

実際には，式 (4.1) の左辺は，総需要量以下であるので，M は $\sum_{j \in J} D_j$ と設定する．実は，強制制約は，以下のように "Big M" なしで定式化できる．

$$x_{ij} \leq D_j y_i \quad \forall i \in I, j \in J$$

この式の左辺の最大値は需要量 D_j である．したがって，施設 i が開設されたときには，0 以上 D_j 以下になり，それ以外のときには，強制的に 0 になることを規定すれば良い．実は，上の制約をすべての $j \in J$ に対して足し合わせると，もとの定式化の式

(4.1) になるので，式 (4.1) を分解したもの（逆に式 (4.1) は上の式を集約したもの）と解釈できる．

4.3 強い定式化と弱い定式化

前節では，施設配置問題に対して，2 通りの異なる定式化ができることを示した．ここで，以下の疑問が自然に出てくるだろう．

> それでは，一体どちらの定式化を使えば良いの？

もちろん，問題例（問題に数値を入れたもの）に依存して答えは異なるが，一般的には「強い」定式化がお薦めである．ここで，定式化間の強弱は曖昧なものではなく，線形計画緩和問題の包含関係をもとにして，以下のように厳密な定義ができる．

定義 4.1 同じ問題に対して，2 つの定式化 A と B があったとしよう．各々の定式化の整数条件を緩和することによって，線形計画緩和問題が得られる．A, B の各々の線形計画緩和問題の実行可能領域を P_A, P_B とする．領域 P_B が領域 P_A を含んでいるとき，すなわち $P_A \subset P_B$ のときには，定式化 A は定式化 B より**強い**定式化（strong formulation）である（同時に，定式化 B は定式化 A より**弱い**定式化（weak formulation）である）とよぶ．

直感的には，$P_A \subset P_B$ ならば，P_A の方が P_B より狭いので，強い限界値（最小化問題の場合には下界，最大化問題の場合には上界）を与えるので，A の方が強い定式化であると解釈できる．

たとえば，前節の施設配置問題に対する

$$x_{ij} \leq D_j y_i \quad \forall i \in I, j \in J$$

のタイプの制約を用いた定式化は，

$$\sum_{j \in J} x_{ij} \leq \left(\sum_{j \in J} D_j\right) y_i \quad \forall i \in I$$

のタイプの制約を用いたときより強い．前者の制約を用いたときの実行可能領域を P_A，後者の制約を用いたときの実行可能領域を P_B とすると，前節で示したように，後者の制約は前者の制約を足し合わせたものであるので，$P_A \subseteq P_B$ であることが分かる．真に強いこと（すなわち $P_A \subset P_B$ であること）を示すには，P_B には含まれるが，P_A には含まれない線形計画緩和問題の解を見つければ良い．

4.3 強い定式化と弱い定式化

前節の例題を弱い方の定式でモデル化し，整数条件を外した線形計画緩和問題として解いてみると，目的関数値は 402000 となり，整数条件を加えたときの最適値 508000 よりだいぶ小さいので，弱い下界を与えることが分かる．また，解の一部を見てみると $x_{AT} = 220, y_A = 0.26$ であり，強い方の制約

$$x_{AT} \leq 220 y_A$$

を破っているので，$P_A \subset P_B$ であることが言える．また，強い方の定式化を行い，線形計画緩和問題を解いてみると，整数条件を加えた場合と同じ解を得ることができる．よって，この施設配置問題に対しては，強い定式化が望ましいと判断できる．

> それでは，いつでも強い定式化を使えばいいの？

これに対しては，理論的な答えはなく，問題個別のアートとなるが，以下に選択の際の指針を与えておこう．通常，強い定式化は弱い定式化と比べて多くの制約（もしくは変数）が必要な場合が多い．たとえば，施設配置問題においては，倉庫の数を $m\,(=|I|)$，マーケットの数を $n\,(=|J|)$ としたとき，強い定式化では $O(nm)$ 本の制約を必要としたが，弱い定式化では $O(n)$ 本である．線形計画緩和問題を解くための時間は，制約と変数の数に依存するので，強い定式化ほど時間がかかることになる．どの定式化を用いるかは，線形計画緩和問題を解く際の計算時間と分枝限定法の列挙木の増大による計算時間の増加のトレードオフを考慮して決めなければならない．指針としては，問題の規模が大きくなると，列挙木が急激に増大するので，（制約や変数の数が多少増えても）強い定式化の方が望ましいと考えられている．

また，しばしば強い定式化は指数オーダーの本数の制約が必要になる場合もある．たとえば，4.7 節で紹介する巡回セールスマン問題に対する部分巡回路除去制約は，指数オーダーの本数を必要とする．小規模な問題に対してさえ，すべての部分巡回路除去制約を事前に準備しておくことは，実用的でないので，必要に応じて制約を追加する方法（切除平面法）を用いる必要があるが，その実装は現状ではそれほど簡単ではない．このような場合には，実装の困難さと計算時間のトレードオフも考慮して，用いる定式化を選択する必要が出てくる．

問題 4.2 0-1 変数 y が 3 つの 0-1 変数 x_1, x_2, x_3 の積になっていることを表す式

$$y = x_1 \cdot x_2 \cdot x_3$$

を混合整数計画として定式化せよ．ただし，4 本の制約式を用いること．（ヒント：y は x_1, x_2, x_3 のいずれかが 0 だと 0 に強制され，また，すべてが 1 のときには，1 に強制される．）

問題 4.3 y は x_1, x_2, x_3 のいずれかが 0 だと 0 に強制されることは，

$$y \leq (x_1 + x_2 + x_3)/3$$

と書くこともできる．この式を用いた定式化と，上で導いた定式化の強さを比較せよ．

4.4 離接制約

　整数変数は，2.2 節のように，割り切れない対象を扱う場合だけでなく，論理条件を表す場合にも用いられる（というより，むしろその方が多い）．ここでは，論理条件の中でも，前節の強制制約と並んで最も基本的なものの 1 つである離接条件を表す制約について考える．**離接制約**（disjunctive constraint）とは，「A または B」のように，2 つの条件のいずれか 1 つしか成立しないことを表す制約である．

　例として，2 つのジョブ（作業）を 1 人の作業員が行うケースを考えよう．同時に 2 つのジョブを行うことはできないので，1 つのジョブを別のジョブの前か，後に行うことになる．これは，離接制約として表現できる．

　ジョブ A の開始時刻を x_A，ジョブ B の開始時刻を x_B とする．いま，ジョブ A, B の作業時間をそれぞれ 5 時間，3 時間とすると，ジョブを同時に行わない条件は，

$$x_A + 5 \leq x_B \quad \text{または} \quad x_B + 3 \leq x_A$$

と書くことができる．このように，「または（or）」を含む制約が離接制約である．

　0-1 変数 y を導入すると，離接制約を混合整数計画問題として記述することができる．

$$x_A + 5 \leq x_B + M(1 - y)$$

$$x_B + 3 \leq x_A + My$$

ここで M は，y が 0 でも 1 でも常に実行可能解を除くことのないような大きな数を入力する．M は "Big M" とよばれ，定式化をするときには，便利な定数であるが，前節で示したように定式化が弱くなるので注意して用いる必要がある．むやみやたらに "Big M" を用いて定式化をしたところで，問題の規模がちょっと大きくなると，全然解けなくなるからである．

　定数 M は小さいほど強い定式化になり，線形計画緩和問題が良い下界を与えるので，M の最小値を考えることは意義がある．いま，最初の制約は，0-1 変数 y が 0 の場合に緩い制約になり，変形すると $x_A + 5 - x_B \leq M$ となる．これは，M の下限値を与えるので，左辺が最大になる場合を考えると，$x_A = 3, x_B = 0$ で，8 となる．したがって，M は 8 以上の定数にする必要がある．

　最小の $M = 8$ を用いて定式化して，線形計画緩和問題を解いてみよう．目的関数は，ジョブ A の開始時刻 $\times 2$ とジョブ B の開始時刻 $\times 3$ の和とする．AMPL で記述すると，以下のようになる．

```
var xa>=0;
var xb>=0;
var y >=0,<=1;
minimize total_cost: 2*xa+3*xb;
subject to con1: xa+5 <= xb+8*(1-y);
subject to con2: xb+3 <= xa+8*y;
```

この問題の最適目的関数は 0, 最適解は $x_A=0$, $x_B=0$, $y=0.375$ であり, 緩和問題としてはあまり役に立たないことが分かる. 離接制約を定式化する際には, "Big M" を用いる方法は (たとえ最小の M を用いたとしても) あまり良い方法ではないのである.

上の制約は, 1 つの 0-1 変数 y を追加することによって, いずれかの式が成立することを表していたが, これは, 2 つの 0-1 変数 y_1 と y_2 を導入して記述した方が見通しが良くなる.

$$x_A + 5 \leq x_B + M(1-y_1)$$
$$x_B + 3 \leq x_A + M(1-y_2)$$
$$y_1 + y_2 = 1$$

最後の制約は, y_1 か y_2 のいずれかが 1 になることを表している. 0-1 変数の和が 1 になるということは, 論理和をとっていることと同じであるので, 「または (or)」の制約を表現したことになるのである.

同じ考え方を適用すると, m 本の制約 $\sum_j a_{ij} x_j \leq b_i$ $(i=1,\cdots,m)$ のいずれかが成立することを表すには, m 個の 0-1 変数 y_i $(i=1,\cdots,m)$ を導入して,

$$\sum_j a_{ij} x_j \leq b_i + M(1-y_i) \ (i=1,\cdots,m)$$

$$\sum_{i=1}^{m} y_i = 1$$

と表せば良い. 少なくとも 1 つの制約が成立することを表すときには,

$$\sum_{i=1}^{m} y_i \geq 1$$

高々 1 つの制約が成立することを表すときには,

$$\sum_{i=1}^{m} y_i \leq 1$$

と記述すれば良い.

"Big M" を用いない定式化は, 多少頭を使う必要があるが, 可能である. 離接制約の実行可能領域を図示すると, 図 4.4 のようになる. この図から, 2 つのジョブだけを考

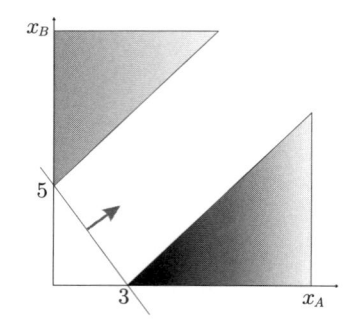

図 **4.4** 離接制約を表す実行可能領域と追加された制約式

えた場合には,
$$5x_A + 3x_B \geq 15$$
を追加することによって,強い定式化が得られることが分かる.この式を追加して線形計画緩和問題を解くと,最適目的関数は 6,最適解は $x_A = 3, x_B = 0, y = 0$ が得られる.3 つ以上のジョブに対する "Big M" を用いない定式化については,4.6 節で述べる.

4.5 多面体論の基礎

さて,実際問題に対する「良い」整数計画の定式化をするためには,定式化の強弱について知る必要があり,さらに,定式化の強弱について語るためには,多面体論とよばれる数学の一分野についての知識が必要になる.ここでは,安定集合問題とよばれる組合せ最適化問題を例として,多面体論の基礎について学ぶことにしよう.

安定集合(stable set)とは,与えられた無向グラフ $G = (V, E)$ に対して,点の部分集合 $S \ (\subseteq V)$ で,S に含まれる任意の 2 点間に枝がないものを指す.**安定集合問題**(stable set problem)とは,グラフの最大位数(集合の要素数)が最大の安定集合を求める問題である.

この問題を数理計画アプローチで解くためには,まず,各点が安定集合に含まれるか否かを表す 0-1 変数を導入する必要がある.例として,3 つの点から構成される簡単な例題を考えよう.変数は x_1, x_2, x_3 であり,(x_1, x_2, x_3) の組は 3 次元空間内の点となる.変数 x を用いて,安定集合問題を整数計画として定式化すると,以下のようになる.

$$
\begin{aligned}
\text{maximize} \quad & x_1 + x_2 + x_3 \\
\text{subject to} \quad & x_1 + x_2 \leq 1 \\
& x_1 + x_3 \leq 1 \\
& x_2 + x_3 \leq 1
\end{aligned}
\tag{4.3}
$$

4.5 多面体論の基礎

$$x_1, x_2, x_3 \in \{0, 1\} \tag{4.4}$$

上の定式化における制約は，各枝の両端点を同時に安定集合に入れることができないことを表す．この例での実行可能な解は $(0,0,0)$，$(1,0,0)$，$(0,1,0)$，$(0,0,1)$ の 4 点となる．

この 4 点の中で目的関数を最大にする点を見つける組合せ的な問題を，4 点をくるんだ空間内における線形計画問題に帰着させることを考える．端点を「くるんだ」最小の空間を多面体とよび，この場合には 4 点を端点とする 4 面体になる（図 4.5(b)）．これを多面体とよぶ．

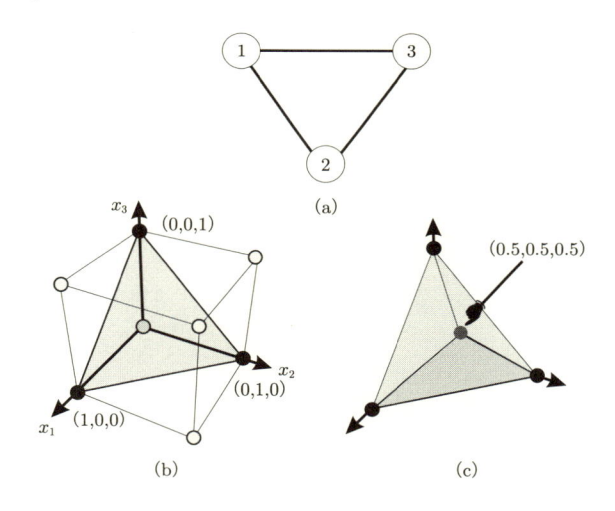

図 4.5　最大安定集合問題（a）の多面体表現（b）と不等式系 $x_1+x_2 \leq 1$，$x_1+x_3 \leq 1$，$x_2+x_3 \leq 1$，$x_1, x_2, x_3 \geq 0$ から構成される多面体（c）

端点を「くるんだ」多面体を正確に定義するために必要な幾つかの用語と概念を導入しよう．

定義 4.2（凸結合，凸包，多面体） n 次元ユークリッド空間内の k 個のベクトル $x^1, x^2, \cdots, x^k$ および $\sum_{i=1}^{k} \lambda_i = 1, \lambda_i \geq 0, \forall i = 1, \cdots, k$ を満たす $\lambda \in \mathrm{R}^k$ に対して，ベクトル

$$x = \sum_{i=1}^{k} \lambda_i x^i$$

を**凸結合**（convex combination）とよぶ．また，$S = \{x^1, x^2, \cdots, x^k\}$ の凸結合で表すことができるベクトルの集合を**凸包**（convex hull）とよび，$\mathrm{conv}(S)$ と記す（図 4.6）．この凸包を S によって生成された**多面体**（polytope）とよぶ．

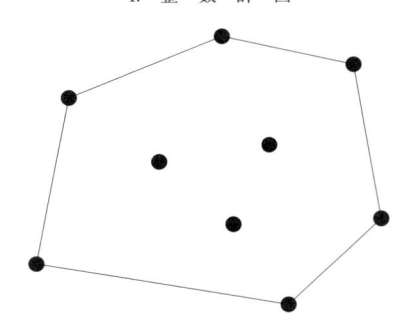

図 **4.6**　2 次元の凸包の例

　安定集合問題の実行可能解の集合から生成される多面体を**安定集合多面体**（stable set polytope）とよぶ．もし，安定集合多面体が線形不等式で記述できているとしたら，その線形不等式下で，目的関数 $x_1+x_2+x_3$ を最大化する端点を求めることによって，最適解を得ることができる．この例題の場合は自明であり，最適解は $(1,0,0)$，$(0,1,0)$，$(0,0,1)$ のいずれかであり，最適値は 1 となる．

　線形不等式系から生成される空間を多面集合とよぶ．正確な定義は，以下のようになる．

定義 4.3　**多面集合**（polyhedron）P とは，半空間の共通部分として表される部分空間を指す．すなわち，$P = \{x \in \mathrm{R}^n | Ax \leq b\}$ である．また，有界な（無限に伸びる線を含まない）多面集合は，多面体になる．

　一般には，多面体を表現するための線形不等式系を求めることは，もとの問題を解くことより難しい（だって，すべての解を列挙しなければならないのだから）．以下では，現実的なアプローチとして，多面体を含む線形不等式系からはじめて，徐々に安定集合多面体に近づけていく方法を考えよう．

　まず，安定集合問題の整数計画としての定式化における変数の 0-1 制約を，以下の 0 以上 1 以下の制約に緩和した問題を考える．

$$0 \leq x_1 \leq 1$$
$$0 \leq x_2 \leq 1$$
$$0 \leq x_3 \leq 1$$

　この線形計画問題を解くと，最適解 $(0.5, 0.5, 0.5)$ となり，目的関数値は 1.5 となる（図 4.5(c)）．一般には線形計画を解くだけでは最大安定集合問題の最適解は得られない．上の不等式系に，x が整数であるという条件を付加して解けば，最適解が得られる

4.5 多面体論の基礎

が，ここでは半端な解 $(0.5, 0.5, 0.5)$ を除くような式をさらに追加することを考えよう．

最適解を除かないようにしながら，線形計画問題の解 $(0.5, 0.5, 0.5)$ を除去するためには，安定集合多面体を含むような式を生成する必要がある．最適解を除かない不等式を，**妥当不等式**（valid inequality）とよぶ．たとえば，$x_1+x_2 \leq 1$ や $x_1+x_2+x_3 \leq 10$ は妥当不等式である．妥当不等式の中で，線形計画問題の解を除くものを**切除平面**（cut）とよぶ．たとえば，$x_1+x_2+x_3 \leq 1$ は切除平面である．この例では，式 $x_1+x_2+x_3 \leq 1$ は安定集合多面体の 2 次元の面で接している．このような式を，特に**側面**(facet) とよぶ．側面は最も強い妥当不等式であると言える．

側面を導く方法を考える前に，用語の多少厳密な定義を示しておこう．

定義 4.4（線形結合） n 次元ユークリッド空間内の k 個のベクトル $x^1, x^2, \cdots, x^k$ および $\lambda \in \mathrm{R}^k$ に対して，ベクトル

$$x = \sum_{i=1}^{k} \lambda_i x^i$$

を**線形結合**（linear combination）とよぶ．

定義 4.5（アフィン結合） n 次元ユークリッド空間内の k 個のベクトル $x^1, x^2, \cdots, x^k$ および $\sum_{i=1}^{k} \lambda_i = 1, \forall i = 1, \cdots, k$ を満たす $\lambda \in \mathrm{R}^k$ に対して，ベクトル

$$x = \sum_{i=1}^{k} \lambda_i x^i$$

を**アフィン結合**（affine combination）とよぶ．

定義 4.6（独立） $x^1, x^2, \cdots, x^k$ は，各々の点が他の点の線形（アフィン）結合で書けないとき，**線形（アフィン）独立**（linearly (affinely) independent）とよばれる．

以下の命題は定義から明らかである．

命題 4.1

$$\text{線形独立} \Rightarrow \text{アフィン独立}$$

定義 4.7（次元） 多面集合 $P \subseteq \mathrm{R}^n$ は，P に含まれるアフィン独立な点の最大値が $k+1$ のとき，**次元**（dimension）が k であるとよび，$\dim(P) = k$ と書く．また，$\dim(P) = n$ のとき，多面集合は**全次元的**（full dimensional）とよばれる．

定義 4.8 不等式 $cx \leq c_0$ は，多面集合 P のすべての点を満たすとき（すなわち

$P \subseteq \{x \in \mathrm{R}^n | cx \leq c_0\}$ を満たすとき), P に対する**妥当不等式**(valid inequality)であるとよばれる.

定義 4.9 多面集合 P に対する妥当不等式 $cx \leq c_0$ を与えたとき,部分空間 $F = \{x \in P | cx = c_0\}$ を P の**面**(face)とよぶ.このとき,妥当不等式 $cx \leq c_0$ は面 F を定義するとよばれる.また,空でなく,かつ P 自身と一致しない面 F を**真面**(proper face)とよぶ.

定義 4.10 多面集合 P に対する面 F の次元が,多面集合 P の次元よりちょうど 1 だけ小さいとき,**側面**(facet)であると言われる.また,側面を定義する妥当不等式は,**側面定義不等式**(facet defining inequality)または単に**側面**とよばれる.

例題の安定集合多面体の次元は,4 つのアフィン独立な点 $(0,0,0)$, $(1,0,0)$, $(0,1,0)$, $(0,0,1)$ が多面体に含まれるので,3 である.妥当不等式 $x_1 + x_2 + x_3 \leq 1$ は,$x_1+x_2+x_3=1$ と安定集合多面体から生成される面が 3 つのアフィン独立な点 $(1,0,0)$, $(0,1,0)$, $(0,0,1)$ を含むので,面の次元は 2 となり,$x_1+x_2+x_3 \leq 1$ は側面定義不等式(側面)であることが言える.

一般に,側面をすべて事前に得ることは $\mathcal{NP}$-困難な問題の場合には難しいが,ここでは,$x_1+x_2+x_3 \leq 1$ のような式を導出するためのテクニックについて触れておこう.

まず,以下の自明な式を基本とする.

$$x_1 + x_2 \leq 1$$
$$x_1 + x_3 \leq 1$$
$$x_2 + x_3 \leq 1$$

これらの式を巧く組み合わせることによって,左辺にある変数の係数がすべて偶数,右辺定数の合計が奇数となるものを作る.この場合には,単にすべての式を足し合わせれば良い.

$$2x_1 + 2x_2 + 2x_3 \leq 3$$

両辺を 2 で割ると,

$$x_1 + x_2 + x_3 \leq 1.5$$

となる.これは妥当不等式である.ここで,x_1, x_2, x_3 はすべて整数値をとるので,左辺は整数となることに注意すると,右辺の 1.5 は 1 に変えても,やはり妥当不等式であることが言える.よって,最強の妥当不等式(側面)

$$x_1 + x_2 + x_3 \leq 1$$

を得ることができる.

上の導出法は，一般には，**Chvátal–Gomory の丸め法**（Chvátal–Gomory rounding method）とよばれる．この方法を，一般の集合 $S = \{x \in Z_+^n \mid \sum_j a_{ij} x_j \leq b_i, \forall i = 1, \cdots, m\}$ を用いて解説する．まず，S の制約を適当な正の定数倍して，足し合わせる．この操作によって得た制約も，やはり多面体 conv(S) に対する妥当不等式である．さらに，左辺の係数の小数部分を除去する．この操作を**丸め**（rounding）とよぶ．最後に，丸めた後の左辺の合計は整数であるので，右辺を丸める．この手順を正確に記述すると，以下のようになる．

1) 適当な $u_i \geq 0$ $(i = 1, \cdots, m)$ に対して $\sum_j \sum_i (u_i a_{ij}) x_j \leq \sum_i u_i b_i$ を生成する．これは多面体 conv(S) に対する妥当不等式である．
2) 左辺の係数を丸めて $\sum_j \sum_i \lfloor (u_i a_{ij}) \rfloor x_j \leq \sum_i u_i b_i$ を得る．$x_j \geq 0$ であるので，これも妥当不等式である．
3) 最後に右辺定数も丸めて $\sum_j \sum_i \lfloor (u_i a_{ij}) \rfloor x_j \leq \lfloor \sum_i u_i b_i \rfloor$ を得る．左辺は整数値であるので，これも妥当不等式である．

上の手順によって得た妥当不等式を，もとの制約に加えて，再び Chvátal–Gomory の丸め法を適用することができる．これを有限回繰り返すことによって，多面体 conv(S) のすべての妥当不等式が生成できることが証明されている．

上で導いた側面定義不等式 $x_1 + x_2 + x_3 \leq 1$ は，**奇閉路制約**（odd circuit constraint）とよばれる制約の特殊形である．奇閉路制約は，奇数個の点から構成される閉路（奇閉路）C に対して，C に含まれる点集合を $V(C)$ と書くと，

$$\sum_{i \in V(C)} x_i \leq \frac{|V(C)| - 1}{2}$$

と定義される．たとえば，図 4.7 のような 5 点から成るグラフにおいては，上と同様に Chvátal–Gomory の丸め法を適用することによって，奇閉路制約 $x_1 + x_2 + x_3 + x_4 + x_5 \leq 2$ を得ることができる．

既存の妥当不等式をベースにして，より一般的な妥当不等式を導く際には，**持ち上げ**（lifting）とよばれるテクニックが便利である．例として，奇閉路制約をベースにして，

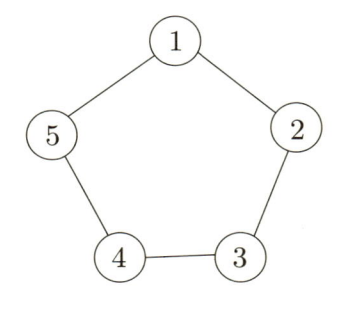

図 4.7　奇閉路 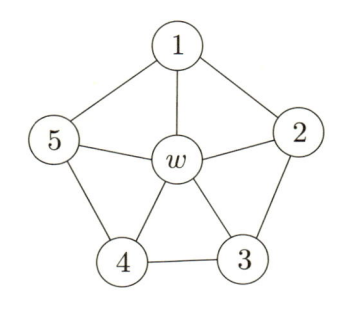　　　　　　　　図 4.8　奇車輪

車輪制約 (wheel constraint) とよばれる制約を導いてみよう．

奇閉路に含まれる各点と隣接する 1 つの点から構成されるグラフを**奇車輪** (odd wheel) とよぶ．例として，6 つの点から成る奇車輪を考えてみよう（図 4.8）．まわりの 5 つの点は奇閉路であるので，奇閉路制約は妥当不等式になる．

$$x_1 + x_2 + x_3 + x_4 + x_5 \leq 2$$

これに中央にある点 w を安定集合に入れるか否かを表す 0-1 変数 x_w を追加することを考える．いま，x_w の係数を一般的に α と書くと，

$$x_1 + x_2 + x_3 + x_4 + x_5 + \alpha x_w \leq 2$$

という不等式が得られる．この式が妥当不等式になるように，係数 α を定めれば良い．そのために，x_w が 0 の場合と 1 の場合に分けて考える．$x_w = 0$ の場合は，もとの奇閉路制約になるので，妥当不等式である．$x_w = 1$ の場合には，他の点は安定集合に入ることができないので，x_1, x_2, x_3, x_4, x_5 はすべて 0 になる．したがって，上の不等式は

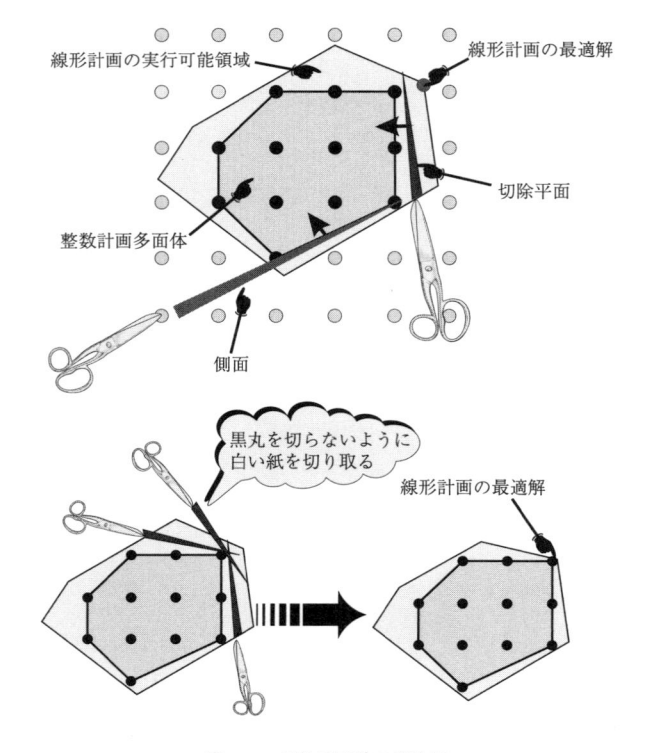

図 4.9 切除平面法の概念図

$$\alpha \leq 2$$

となり，この式が成り立つ範囲で α を最大にすれば，最も強い式が得られるので，$\alpha = 2$ とすれば良いことが分かる．よって，

$$x_1 + x_2 + x_3 + x_4 + x_5 + 2x_w \leq 2$$

という妥当不等式を得た．これを一般化したものが以下の車輪制約である．奇車輪 W に対して，中央の点を w とする．このとき，

$$\sum_{i \in V(W \setminus \{w\})} x_i + \frac{|V(W)| - 2}{2} x_w \leq \frac{|V(W)| - 2}{2}$$

は妥当不等式になる．

切除平面（できれば側面である方が望ましい）を順次追加しながら線形計画問題を解いていく算法は，**切除平面法** (cutting plane method) とよばれる（図 4.9）．

組合せ多面体論は，組合せ最適化問題に付随する多面体を解析し，側面を導出したり解の多面体上での隣接関係を調べたりする理論である．この理論を利用した解法は，**分枝切除平面法**（branch and cut method）とよばれ，簡単に言うと，分枝限定法の列挙の途中で切除平面を加えながら線形計画問題を解くことによって探索を効率化する方法である．この方法は，構造をもった組合せ最適化問題に対して大きな成功をおさめている．

4.6 スケジューリング問題

ここでは，重みつき完了時刻和を目的関数とした 1 機械スケジューリング問題に対する定式化について考える．

重みつき完了時刻和最小化 1 機械スケジューリング問題

単一の機械で n 個のジョブを処理する問題を考える．この機械は一度に 1 つのジョブしか処理できず，ジョブの処理を開始したら途中では中断できないものと仮定する．ジョブの集合を $\mathcal{J}$，その添え字を $1, 2, \cdots, n$ と書く．各ジョブ $j \in \mathcal{J}$ に対する作業時間 $p_j \in \mathrm{R}_+$ と重要度を表す重み $w_j \in \mathrm{R}_+$ が与えられたとき，各ジョブ j の作業完了時刻 C_j の重みつきの和を最小にするようなジョブを機械にかける順番（スケジュール）を求める．

以下では，制約の数は指数オーダーであるが，4.2 節のような "Big M" を用いない，さらに言うと整数変数を用いない純粋な線形計画による定式化を導くとともに，指数オーダーの制約式の分離問題が多項式時間で解けることを示す．

まず，定式化を導くための道具として，この問題の最適解の特徴づけを，以下の定理の中で行っておこう．

定理 4.1 (Smith[145])　ジョブの番号が w_j/p_j の非増加順に $1, 2, \cdots, n$ と並べ替えてある，すなわち任意の 2 つのジョブ j, k $(j < k)$ に対して

$$\frac{w_j}{p_j} \geq \frac{w_k}{p_k}$$

が成立しているとする．このとき，ジョブを $1, 2, \cdots, n$ の順に機械にかけるスケジュールの中に重みつき完了時刻和を目的関数とした 1 機械スケジューリング問題の最適スケジュールが存在する．

証明:　いま，w_j/p_j の非増加順に並んでいないスケジュールが最適であると仮定する．このスケジュールは，j, k の順に連続して処理される 2 つのジョブ j, k $(j < k)$ で

$$\frac{w_j}{p_j} < \frac{w_k}{p_k} \tag{4.5}$$

を満たすものを必ず含む．以下では，この 2 つのジョブを入れ替えると目的関数値が減少することを示す．ジョブ j の直前までのジョブの処理時間の合計を C と書くと，ジョブ j の完了時刻 C_j とジョブ k の完了時刻 C_k はそれぞれ以下のように書ける．

$$C_j = C + p_j$$

$$C_k = C + p_j + p_k$$

交換前の目的関数値を Z とし，交換後の目的関数値を Z^{new} と書く．交換後のジョブ j の完了時刻 C_j^{new} とジョブ k の完了時刻 C_k^{new} は

$$C_j^{\text{new}} = C + p_k + p_j$$

$$C_k^{\text{new}} = C + p_k$$

となるので，

$$\begin{aligned}
Z^{\text{new}} - Z &= w_j C_j^{\text{new}} + w_k C_k^{\text{new}} - (w_j C_j + w_k C_k) \\
&= w_j (C + p_k + p_j) + w_k (C + p_k) - w_j (C + p_j) - w_k (C + p_j + p_k) \\
&= w_j p_k - w_k p_j \\
&= p_j p_k \left(\frac{w_j}{p_j} - \frac{w_k}{p_k} \right)
\end{aligned}$$

式 (4.5) と p_j, p_k が正であることから上の最後の式は 0 未満になる．よって $Z^{\text{new}} < Z$ となり，ジョブ j, k を入れ替えると目的関数値が減少することが分かる．このことは，

w_j/p_j の非増加順に並んでいないスケジュールが最適であるという仮定に矛盾するので，w_j/p_j の非増加順に並んでいるスケジュールの中に最適解があることが言える． ∎

上の定理で用いた証明の方法は交換原理とよばれ，スケジューリング問題が適当な指標の並べ替えによって解けることを示す際の常套手段である．なお，ジョブを w_j/p_j の非増加順に並べる解法は，**WSPT ルール**（weighted shortest processing time rule）とよばれる優先ルール（17.6.2 項参照）と考えることもできる．

すべての $j \in \mathcal{J}$ に対して $w_j = p_j$ と設定した1機械スケジューリング問題を考える．上の定理 4.1 から，w_j/p_j の非増加順に並べたものが，重みつき完了時刻和を最小にするスケジュールであるので，任意の順序で並べたものが最適スケジュールになる．仮に，$1, 2, \ldots, n$ の順でジョブを並べたものが $w_j = p_j \ (j = 1, \cdots, n)$ とおいた問題の最適スケジュールだとし，そのときの各ジョブ j の完了時刻を C_j^* と書く．すると，任意のジョブの部分集合 $S \subseteq \mathcal{J}$ に対して

$$\sum_{j \in S} p_j C_j \geq \sum_{j \in S} p_j C_j^*$$
$$= \sum_{j \in S} p_j \left(\sum_{i=1}^{j} p_i \right)$$
$$= \frac{1}{2} \sum_{j \in S} p_j^2 + \frac{1}{2} \left(\sum_{j \in S} p_j \right)^2$$

が成立する．このことから任意の実行可能なスケジュールの完了時刻の n 組 $(C_1, C_2, \cdots, C_n)$ は以下の不等式を満たさなければならないこと，言い換えれば，以下の不等式が1機械スケジューリング問題の妥当不等式になっていることが言える．

$$\sum_{j \in S} p_j C_j \geq \frac{1}{2} \sum_{j \in S} p_j^2 + \frac{1}{2} \left(\sum_{j \in S} p_j \right)^2 \quad \forall S \subseteq \mathcal{J} \tag{4.6}$$

2ジョブの例題に対して，上で導いた妥当不等式を書き下すと以下のようになり，実行可能解の凸包と一致することが確認できる．

$$C_1 \geq p_1$$
$$C_2 \geq p_2$$
$$p_1 C_1 + p_2 C_2 \geq p_1^2 + p_2^2 + p_1 p_2$$

実は，任意のジョブ数に対して，上で導いた妥当不等式から構成される多面体が，1機械スケジューリング問題の多面体と一致することが示される[135]．

式 (4.6) はジョブ数の指数オーダーの数であるので，ジョブ数がある程度大きいとき

には，すべてを事前に列挙しておくことは実用的でない．指数オーダー数をもつ妥当不等式を扱うには，式 (4.6) の一部分から構成される線形計画問題を解き，得られた線形計画問題の解を破っている式を必要に応じてつけ加える，いわゆる切除平面法に基づく解法が常套手段である．さらに，効率的な切除平面法のためには，緩和問題の解を与えたとき，その解を破っている制約を求める，いわゆる分離問題に対する効率的な解法が必要である．より正確に言うと，分離問題は以下のように定義される．

式 (4.6) に対する分離問題

n 個のジョブの完了時刻を表すベクトル $(C_1, C_2, \cdots, C_n)$ を与えたとき，式 (4.6) がすべて満たされていることを判定するか，もしくは破っている妥当不等式を 1 つ返す．

この分離問題は，以下のアルゴリズムで解くことができる．

式 (4.6) に対する分離問題を解くためのアルゴリズム

1) ジョブを C_j の非減少順に $1, 2, \cdots, n$ と並べ替える．
2) ジョブの部分集合 S_k を $\{1, 2, \cdots, k\}$ と定義する．
3) 部分集合 $S = S_k$ $(k = 1, 2, \cdots, n)$ で

$$f(S) = \frac{1}{2} \sum_{j \in S} p_j^2 + \frac{1}{2} \left(\sum_{j \in S} p_j \right)^2 - \sum_{j \in S} p_j C_j$$

を最大にする k を求め，それを k^* とする．

4) もし $f(S_{k^*}) \leq 0$ なら，すべての S に対して式 (4.6) は満たされる．もし $f(S_{k^*}) > 0$ なら，$S = S_{k^*}$ としたときの式 (4.6) が，破られた妥当不等式になる．

上のアルゴリズムで最も計算時間がかかるのは，ジョブを完了時刻の非減少順に並べ替える部分であるので，その計算量は $O(n \log n)$ である．

上のアルゴリズムの妥当性を，以下に定理として示す．

定理 4.2 式 (4.6) に対する分離問題を解くためのアルゴリズムは正しく働く．

証明: すべてのジョブの部分集合の中で，関数

$$f(S) = \frac{1}{2} \sum_{j \in S} p_j^2 + \frac{1}{2} \left(\sum_{j \in S} p_j \right)^2 - \sum_{j \in S} p_j C_j$$

を最大にするジョブの部分集合を S と書く．S 内のジョブ k に対して

$$f(S) = f(S \setminus \{k\}) + p_k \sum_{j \in S} p_j - p_k C_k$$

が成立する．S は $f(S)$ を最大にするように選んだので，$f(S \setminus \{j\}) \leq f(S)$ である．よって

$$C_k \leq \sum_{j \in S} p_j$$

を得る．S に含まれていないジョブ k に対して

$$f(S \cup \{k\}) = f(S) + p_k \left(p_k + \sum_{j \in S} p_j - C_k \right)$$

が成立する．$f(S \cup \{j\}) \leq f(S)$ および $p_k > 0$ から，

$$C_k - p_k \geq \sum_{j \in S} p_j$$

を得る．

上の議論をまとめると，$k \in S$ なら $C_k \leq \sum_{j \in S} p_j$ であり，$k \notin S$ なら（$p_k > 0$ であるので）$C_k > \sum_{j \in S} p_j$ である．すなわち，$C_k \leq \sum_{j \in S} p_j$ が $k \in S$ であるための必要十分条件になっていることが分かる．このことから，$k \in S$ ならば $C_j \leq C_k$ を満たすすべてのジョブ j は S に含まれていることが言える．よって，完了時刻の非減少順に並べ，$\{1, 2, \cdots, j\}$ の形の部分集合 S だけに限定して $f(S)$ の最大値を求めるアルゴリズムの正当性が得られた． ■

実は，分離問題が多項式時間で解けると，指数オーダーの制約をもつ線形計画問題も多項式時間で解けることが知られている．これは，「分離＝最適化」定理とよばれ，証明には楕円体法とよばれる線形計画問題に対するはじめての多項式時間解法を用いる．実際に求解する際には，定理 4.1 で示したように重みつき完了時刻和を目的関数とした1機械スケジューリング問題に対しては簡単な多項式時間の厳密解法があったので，わざわざ楕円体法のような計算時間を要する解法を使うまでもない．

上で導いた妥当不等式と分離のためのアルゴリズムは，1機械スケジューリング問題と同様の多面体構造を有する種々の（$\mathcal{NP}$-困難な）問題に対する分枝カット法の導出に真価を発揮する．

4.7 巡回セールスマン問題

巡回セールスマン問題とは，以下のようなシナリオに基づく古典的な組合せ最適化問題である．

あなたは休暇を利用してヨーロッパめぐりをしようと考えている．現在スイスのチューリッヒ (Zurich) に宿を構えているあなたの目的は，スペインのマドリッド (Madrid) で闘牛を見ること，イギリスのロンドン (London) でビックベンを見物すること，イタリアのローマ (Rome) でコロシアムを見ること，ドイツのベルリン (Berlin) で本場のビールを飲むことである．

あなたはレンタルヘリコプターを借りて回ることにしたが，移動距離に比例した高額なレンタル料を支払わなければならない．したがって，あなたはチューリッヒを出発した後，なるべく短い距離で他の4つの都市（マドリッド，ロンドン，ローマ，ベルリン）を経由し，再びチューリッヒに帰って来ようと考えた．都市の間の移動距離を測ってみたところ図 4.10 のようになっていることが分かった．さて，どのような順序で旅行すれば，移動距離が最小になるだろうか？

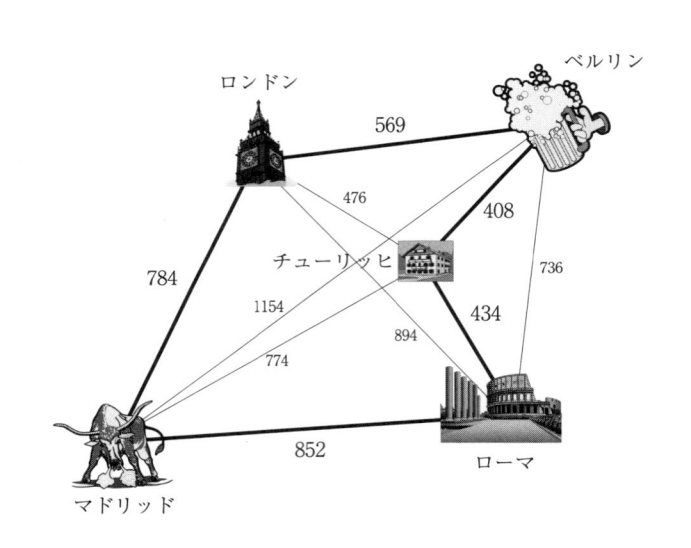

図 4.10 ヨーロッパ旅行のグラフ表現（枝上の数値は距離で単位はマイル）と最適巡回路（太線）

この問題は，一般に巡回セールスマン問題とよばれ，グラフの概念を用いると以下のように定義できる．

巡回セールスマン問題（traveling salesman problem）
n 個の点（都市）から構成される無向グラフ $G = (V, E)$，枝上の距離（重み，費用，移動時間）関数 $c : E \to \mathbf{R}$ が与えられたとき，すべての点をちょうど1回ずつ経由する巡回路で，枝上の距離の合計（巡回路の長さ）を最小にするものを求めよ．

4.7 巡回セールスマン問題

上の問題は，無向グラフ上で定義されていたので，**対称巡回セールスマン問題**とよばれる．有向グラフ上で定義される問題を，**非対称巡回セールスマン問題**とよぶ．巡回セールスマン問題を定式化するためには，何通りかの方法がある．まずは，対称巡回セールスマン問題に対する定式化を示す．

枝 $e \in E$ が巡回路に含まれるとき 1，それ以外のとき 0 を表す 0-1 変数 x_e を導入する．点の部分集合 S に対して，両端点が S に含まれる枝の集合を $E(S)$ と書く．点の部分集合 S に対して，$\delta(S)$ を端点の 1 つが S に含まれ，もう 1 つの端点が S に含まれない枝の集合とする．巡回路であるためには，各点に接続する枝の本数が 2 本でなければならない．また，すべての点を通過する閉路以外は，禁止しなければならないので，最小木問題に対する 6.7.1 項の閉路除去制約と同様の制約を用いることができる．巡回路になるためには，点集合 V の位数 2 以上の真部分集合 $S \subset V, |S| \geq 2$ に対して，S に両端点が含まれる枝の本数は，点の数 $|S|$ から 1 を減じた値以下である必要がある．

上の議論から，以下の定式化を得る．

$$\begin{aligned}
\text{minimize} \quad & \sum_{e \in E} c_e x_e \\
\text{subject to} \quad & \sum_{e \in \delta(\{i\})} x_e = 2 & \forall i \in V & \quad (4.7) \\
& \sum_{e \in E(S)} x_e \leq |S| - 1 & \forall S \subset V, |S| \geq 2 & \quad (4.8) \\
& x_e \in \{0, 1\} & \forall e \in E & \quad (4.9)
\end{aligned}$$

点に接続する枝の本数を次数とよぶので，(4.7) は**次数制約**（degree constraint）とよばれる．式 (4.8) は，部分巡回路（すべての点を通らず点の部分集合を巡回する閉路）を除くので，**部分巡回路除去制約**（subtour elimination constraint）とよばれる．

部分巡回路除去制約 (4.8) の両辺を 2 倍したものから，点の部分集合 S に含まれるすべての点 $i \in S$ に対する次数制約

$$\sum_{e \in \delta(\{i\})} x_e = 2$$

を減じることによって，以下の制約を得る．

$$\sum_{e \in \delta(S)} x_e \geq 2 \quad \forall S \subset V, |S| \geq 2$$

この制約は，**カットセット制約**（cutset constraint）とよばれ，巡回セールスマン問題の場合には部分巡回路除去制約と同じ強さをもつ．

上の制約では，指数オーダーの制約が必要であった．切除平面法を構成するためには，分離問題に対する効率的なアルゴリズムが必要であるが，与えられた線形計画緩和問題の解 $\bar{x}_e$ に対して，$\bar{x}_e$ を容量にもつネットワークに対する最小カットを求めることに

よって，破られたカットセット制約を求めることができる．

今度は，多項式オーダーの本数の制約をもつ定式化を考えていこう．

非対称巡回セールスマン問題を考える．グラフは有向グラフ $G=(V,A)$ であり，点集合 V，有向枝集合 A，枝上の距離関数 $c:A\to \mathbf{R}$ を与えたとき，最短距離の巡回路を求めることが目的である．

点 i の次に点 j を訪問するとき 1，それ以外のとき 0 になる 0-1 変数 x_{ij} と点 i の訪問順序を表す実数変数 u_i を導入する．出発点 1 における u_1 を 0 と解釈しておく（実際には u_1 は定式化の中に含める必要はない）．点 i の次に点 j を訪問するときに，$u_j = u_i + 1$ になるように制約を付加する．すなわち，点 1 以外の点に対しては，$1,\cdots,n-1$ のいずれかの整数の値をとる．これらの変数を用いると，非対称巡回セールスマン問題は，以下のように定式化できる．

$$
\begin{aligned}
&\text{minimize} & & \sum_{(i,j)\in A} c_{ij} x_{ij} & & \\
&\text{subject to} & & \sum_{(i,j)\in A} x_{ij} = 1 & & \forall i \in V & & (4.10)\\
& & & \sum_{(j,i)\in A} x_{ji} = 1 & & \forall i \in V & & (4.11)\\
& & & u_i + 1 - (n-1)(1-x_{ij}) \le u_j & & \forall i,j \in V\setminus\{1\},\ i\ne j & & (4.12)\\
& & & x_{ij} \in \{0,1\} & & \forall (i,j) \in A & & (4.13)\\
& & & 1 \le u_i \le n-1 & & \forall i \in V\setminus\{1\} & & (4.14)
\end{aligned}
$$

制約 (4.12) は，Miller–Tucker–Zemlin[126)] によって提案されたものであるので，**Miller–Tucker–Zemlin（MTZ）制約**（Miller–Tucker–Zemlin constraint）とよばれることもあるが，ここでは，u_i は点 i のポテンシャルと解釈できることから，**ポテンシャル制約**とよぶことにする．ポテンシャル制約を用いた定式化は，部分巡回路除去制約を用いた定式化を非対称に拡張したものと比べると，はるかに弱い．これは，$x_{ij}=1$ になったときのみ，$u_j = u_i + 1$ を強制するための制約において，$(1-x_{ij})$ の項の係数が，非常に大きな数を表す "Big M"（4.2 節参照）と同じ働きをする $n-1$ であるためである．

以下では，持ち上げ操作によって，ポテンシャル制約を用いた定式化を強化する．

まず，ポテンシャル制約 (4.12) をもとにして，持ち上げ操作を適用することを考える．x_{ji} の項を左辺に追加し，その係数を α とおく．

$$u_i + 1 - (n-1)(1-x_{ij}) + \alpha x_{ji} \le u_j$$

係数 α を実行可能解を除かない範囲で，なるべく大きくすることを考える．$x_{ji}=0$ のときには，もとのポテンシャル制約そのものであるので，妥当不等式になる．$x_{ji}=1$ の

ときには，実行可能解なら必ず $x_{ij}=0, u_j+1=u_i$ が成立するので，このとき α の範囲は，
$$\alpha \leq u_j - u_i - 1 + (n-1) = n-3$$
と計算できる．なるべく強い制約にするためには，α を大きくすれば良いので，妥当不等式
$$u_i + 1 - (n-1)(1-x_{ij}) + (n-3)x_{ji} \leq u_j$$
を得る．

次に，制約 (4.14) における下界制約 $1 \leq u_i$ をもとにして，持ち上げ操作を適用する．最初に，$(1-x_{1i})$ の項を左辺に追加することを考え，その係数を β とする．
$$1 + \beta(1-x_{1i}) \leq u_i$$
$x_{1i}=1$ のときには，もとの式に帰着されるので妥当不等式になる．$x_{1i}=0$ のときには，実行可能解においては，点 i は 2 番目以降に訪問されるので，$u_i \geq 2$ となる．よって，$\beta=1$ と設定すれば良いことが分かり，
$$1 + (1-x_{1i}) \leq u_i$$
を得る．さらに，x_{i1} の項を左辺に追加することを考え，その係数を γ とする．
$$1 + (1-x_{1i}) + \gamma x_{i1} \leq u_i$$
$x_{i1}=0$ のときには，もとの式に帰着されるので妥当不等式になる．$x_{i1}=1$ のときには，実行可能解においては点 i は最後に訪問されるので，$x_{1j}=0, u_i=n-1$ となる．よって，$\gamma=n-3$ と設定すれば良いことが分かり，
$$1 + (1-x_{1i}) + (n-3)x_{i1} \leq u_i$$
を得る．

制約 (4.14) における上界制約 $u_i \leq n-1$ に対しても，上と同様に持ち上げを行うことによって，
$$u_i \leq (n-1) - (1-x_{i1}) - (n-3)x_{1i}$$
を得る．

巡回セールスマン問題に対するポテンシャル制約を用いた定式化の AMPL によるモデル化を以下に示す．

```
param n >=0;
set V := 1..n ;                    #点集合
set V0 := 2..n;                    #出発地点 1 以外の点集合
set A :=V cross V;                 #枝集合=点集合の直積（2つ組）
```

```
param D { A } >= 0, default 9999999;    #枝の距離
var x { A } binary ;                    #枝を使うとき1,それ以外のとき0の0-1変数
var u { V0 } >=1,<=n-1;                 #点のポテンシャル
minimize total_cost:
    sum {(i,j) in A} D[i,j] * x[i,j];
subject to Degree1 {i in V}:
    sum {(i,j) in A } x[i,j] =1 ; #出次数制約
subject to Degree2 {i in V}:
    sum {(j,i) in A } x[j,i] =1 ; #入次数制約
subject to MTZ{ (i,j) in A: i != j and j!=1 and i!=1}:
   u[i]+1 -(n-1)*(1-x[i,j]) + (n-3)*x[j,i]<=u[j]; #持ち上げMTZ制約
subject to LiftedLB{ i in V0}:
    1+(1-x[1,i]) +(n-3)*x[i,1] <= u[i];         #持ち上げ下界制約
subject to LiftedUB{ i in V0}:
  u[i] <=(n-1)-(1-x[i,1])-(n-3)*x[1,i];         #持ち上げ上界制約
```

図 4.10 の例題のデータを以下に示す.なお,地名はすべて番号で表し,出発点であるチューリッヒを1,ロンドンを2,マドリッドを3,ローマを4,ベルリンを5として表している.

```
param n :=5;
param D := 1 2 476   1 3 774 1 4 434    1 5 408
           2 1 476   2 3 784 2 4 894    2 5 569
           3 1 774   3 2 784 3 4 852    3 5 1154
           4 1 434   4 2 894 4 3 852    4 5 736
           5 1 408   5 2 569 5 3 1154 5 4 736;
```

これをAMPLで読み込んで整数計画ソルバーで求解すると,最適値3047と巡回路を表す以下の解が得られる.

```
display x;
x [*,*]
:    1    2    3    4    5    :=
1    0    0    0    0    1
2    0    0    1    0    0
3    0    0    0    1    0
4    1    0    0    0    0
5    0    1    0    0    0
;
```

この解から,最適巡回路は,1-5-2-3-4 とその逆順,すなわち

チューリッヒ ⇒ ローマ ⇒ マドリッド ⇒ ロンドン ⇒ ベルリン ⇒ チューリッヒ

または

チューリッヒ ⇒ ベルリン ⇒ ロンドン ⇒ マドリッド ⇒ ローマ ⇒ チューリッヒ

の 2 通りであることが分かる.

ポテンシャル制約は,様々な付加条件が追加された問題に対しても,容易に拡張できるので便利である.例として,時間枠つき巡回セールスマン問題を考える.この問題は,特定の点 1 を時刻 0 に出発すると仮定した非対称巡回セールスマン問題において,点間の移動距離 c_{ij} を移動時間とみなし,さらに点 i に対する出発時刻が最早時刻 e_i と最遅時刻 ℓ_i の間でなければならないという制約を課した問題である.ただし,時刻 e_i より早く点 i に到着した場合には,点 i 上で時刻 e_i まで待つことができるものとする.

点 i を出発する時刻を表す変数 t_i を導入する.t_i は以下の制約を満たす必要がある.

$$e_i \leq t_i \leq \ell_i \quad \forall i \in V \setminus \{1\}$$

$$t_1 = 0$$

点 i の次に点 j を訪問する,言い換えれば $x_{ij} = 1$ のときには,点 j を出発する時刻 t_j は,点 i を出発する時刻に移動時間 c_{ij} を加えた値以上であることから,以下のポテンシャル制約に類似した式を得る.

$$t_i + c_{ij} - M(1 - x_{ij}) \leq t_j \quad \forall (i,j) \in A$$

ここで,M は大きな数を表す定数である.このような "Big M" を含んだ定式化はあまり実用的ではないので,時間枠を用いて強化することを考える.

M の値はなるべく小さい方が強い制約になる.$x_{ij} = 0$ のときには,上の制約は,

$$M \geq t_i + c_{ij} - t_j$$

と書き直すことができる.すべての実行可能解に対して,上の式が成立するように M を設定する必要がある.$t_i \leq \ell_i$ であり,$t_j \geq e_j$ であるので,M の値は $\ell_i + c_{ij} - e_j$ 以上にすれば良い.もちろん,$M > 0$ でないと式として意味を成さないので,以下の強化された式を得る.

$$t_i + c_{ij} - (\ell_i + c_{ij} - e_j)(1 - x_{ij}) \leq t_j \quad \forall (i,j) \in A,\ \ell_i + c_{ij} > e_j$$

問題 4.4 上の制約を,ポテンシャル制約と同じように,持ち上げ操作を用いて強化せよ.

4.8 混合整数丸め不等式

ここでは，**混合整数丸め**（mixed integer rounding）とよばれる一連の基本的な妥当不等式を導出する．

以下の集合を考える．

$$X^{MI} = \left\{(s,y) \in \mathrm{R}_+^1 \times \mathrm{Z}^1 \mid s+y \geq b\right\}$$

実数変数 s を 0 と設定したときには，X^{MI} の制約は $y \geq b$ となる．このとき，y が整数変数であることから，y は，実数 b を切り上げた値 $\lceil b \rceil$ 以上になることが言える．すなわち，以下の不等式が，X^{MI} において $s=0$ とおいた集合に対する妥当不等式になる．

$$y \geq \lceil b \rceil$$

これは，Chvátal–Gomory の丸め法の基本原理に他ならない．

さて，非負の実数変数 s を追加したときに，上の妥当不等式はどのように拡張すべきであろうか？ 拡張された妥当不等式が，○ を未知のパラメータとしたとき，以下のような型になると仮定しよう．

$$\bigcirc s + y \geq \lceil b \rceil$$

この式において，○ を 0 から実行可能性を満たしたまま，なるべく大きくなるように設定する．図 4.11 から分かるように，$y = \lfloor b \rfloor$ のときに，$s = b - \lfloor b \rfloor$ とした点は，X^{MI} に対する実行可能解であるので，実行可能性を破らない最大の ○ は $1/(b - \lfloor b \rfloor)$ であることが分かる．上の議論から，拡張された妥当不等式

$$\frac{1}{b - \lfloor b \rfloor} s + y \geq \lceil b \rceil$$

を得る．この制約は，**混合整数丸め不等式**（mixed integer rounding inequality）とよばれる．混合整数丸め不等式は，線形緩和をした多面体の端点 $(0,b)$ を切除しており，かつ多面体

$$\left\{(s,y) \;\middle|\; s+y \geq b,\; \frac{1}{b - \lfloor b \rfloor} s + y \geq \lceil b \rceil,\; s \geq 0\right\}$$

は，X^{MI} の凸包になる．

次に，上で考えた集合 X^{MI} と向きが反対の不等式から成る以下の集合に対する混合整数丸め不等式を考えよう．

$$X^{MI}_{\leq} = \left\{(s,y) \in \mathrm{R}_+^1 \times \mathrm{Z}^1 \mid y \leq b+s\right\}$$

集合 X^{MI} のときと同様に，$s=0$ のときには，Chvátal–Gomory の丸め法の適用により，以下の式を得る．

4.9 余裕変数つきの整数ナップサックに対する妥当不等式

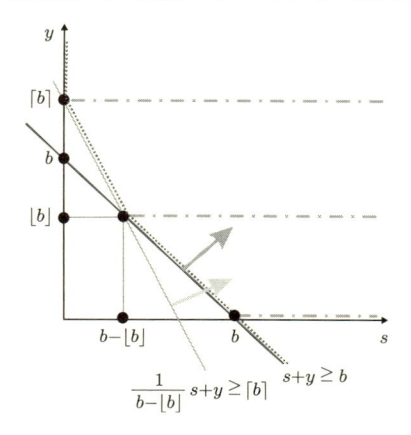

図 4.11 混合整数丸め不等式の導出の参考図
実線が不等式を規定する直線,点線が凸包,一点鎖線が実行可能解の集合 X^{MI} を表している.

$$y \leq \lfloor b \rfloor$$

非負の実数変数 s を加味した場合には,$y \leq \lfloor b \rfloor + \bigcirc s$ の型になり,未知数 $\bigcirc$ を実行可能性を破らない範囲で最大にするには,$y = \lceil b \rceil$ のとき $s = \lceil b \rceil - b$ になることから,

$$\bigcirc = \frac{1}{\lceil b \rceil - b}$$

と決めれば良い.よって,以下の混合整数丸め不等式を得る.

$$y \leq \lfloor b \rfloor + \frac{1}{\lceil b \rceil - b} s \tag{4.15}$$

ちなみに,$y \leq b + s$ において,y のかわりに $-y$ を,b のかわりに $-b$ を代入すると,$s + y \geq b$ となる.すなわち,上で得た式 (4.15) は,X^{MI} に対する混合整数丸め不等式の y を $-y$ に,b を $-b$ に置き換えたものに他ならない.

同様に,この混合整数丸め不等式は,線形緩和をした多面体の端点 $(0, b)$ を切除しており,かつ多面体

$$\left\{ (s, y) \;\middle|\; y \leq b + s,\, y \leq \lfloor b \rfloor + \frac{1}{\lceil b \rceil - b} s,\, s \geq 0 \right\}$$

は,$X^{MI}_{\leq}$ の凸包になる.

4.9 余裕変数つきの整数ナップサックに対する妥当不等式

前節で考えた $y \leq b + s$ の型の制約をもつ集合 $X^{MI}_{\leq}$ の拡張として,以下の余裕変数 s を付加したナップサック型の制約をもつ集合を考える.

$$X^{IK} = \left\{ (s,y) \in \mathrm{R}_+^1 \times \mathrm{Z}_+^n \;\middle|\; \sum_{j=1}^n a_j y_j \leq b+s \right\}$$

この集合に対して，前節の混合整数丸め不等式を適用するには，左辺を整数に変形する必要がある．いま，変数 y_j は非負の整数なので，係数 a_j を $\lfloor a_j \rfloor$ に切り捨てるか，$\lceil a_j \rceil$ に切り上げることによって，左辺を整数にすることができる．係数を切り捨てるか，それとも切り上げるかは，右辺定数の丸め幅 $b - \lfloor b \rfloor$ との比較によって定める．具体的には，右辺の丸め幅 $b - \lfloor b \rfloor$ より大きい丸め幅 $a_j - \lfloor a_j \rfloor$ をもつものは切り上げ，それ以外のものは切り捨てとする．

添え字集合 $\{1, \cdots, n\}$ を J と記し，切り上げを行う添え字集合を J^+，切り捨てを行う添え字集合を J^- とする．すなわち，

$$J^+ = \{ j \in J \mid a_j - \lfloor a_j \rfloor > b - \lfloor b \rfloor \}$$

$$J^- = \{ j \in J \mid a_j - \lfloor a_j \rfloor \leq b - \lfloor b \rfloor \}$$

と添え字集合 J を分割する．

切り捨てによって制約は弱くなるので，式の妥当性は変化しないが，切り上げた分は右辺に加えることによって，式の妥当性を維持する必要がある．よって，以下の（左辺が整数の）妥当不等式を得る．

$$\sum_{j \in J^-} \lfloor a_j \rfloor y_j + \sum_{j \in J^+} \lceil a_j \rceil y_j \leq b + s + \sum_{j \in J^+} (\lceil a_j \rceil - a_j) y_j$$

上式は，左辺が整数であり，かつ

$$s' = s + \sum_{j \in J^+} (\lceil a_j \rceil - a_j) y_j$$

とおくと，右辺が $b + s'$ となるので，混合整数丸め不等式 (4.15) が適用できる．よって，以下の制約は，X^{IK} に対する妥当不等式になる．

$$\sum_{j \in J^-} \lfloor a_j \rfloor y_j + \sum_{j \in J^+} \lceil a_j \rceil y_j \leq \lfloor b \rfloor + \frac{s + \sum_{j \in J^+} (\lceil a_j \rceil - a_j) y_j}{\lceil b \rceil - b}$$

これを変形することによって，以下の式を得る．

$$\sum_{j \in J} \left\{ \lfloor a_j \rfloor + \frac{[(a_j - \lfloor a_j \rfloor) - (b - \lfloor b \rfloor)]^+}{\lceil b \rceil - b} \right\} y_j \leq \lfloor b \rfloor + \frac{s}{\lceil b \rceil - b} \quad (4.16)$$

これを，余裕変数つきのナップサックに対する混合整数丸め不等式とよぶ．

4.10 余裕変数つきの 0-1 ナップサックに対する妥当不等式

ここでは，余裕変数つきの 0-1 ナップサックに対する妥当不等式を考える．

$$X^{01K} = \left\{(s, y) \in \mathrm{R}_+^1 \times \{0,1\}^n \ \middle| \ \sum_{j=1}^n a_j y_j \leq b + s \right\}$$

余裕変数 s がない 0-1 ナップサックに対しては，被覆不等式とよばれる妥当不等式が知られている．ここでは，それを余裕変数を含む場合に拡張する．

まず，被覆の概念を導入する．添え字集合 $J = \{1, \cdots, n\}$ の部分集合 $C\ (\subseteq J)$ で，

$$\sum_{j \in C} a_j > b$$

かつ $\lambda = \sum_{j \in C} a_j - b$ としたとき $\max_{j \in C} a_j > \lambda$ を満たすものを**被覆** (cover) とよぶ．被覆 C に対して，$b = \sum_{j \in C} a_j - \lambda$ であるので，以下の関係が成立する．

$$\sum_{j \in C} a_j y_j \leq \sum_{j=1}^n a_j y_j \leq b + s = \sum_{j \in C} a_j - \lambda + s$$

$\max_{j \in C} a_j$ を満たす添え字を k とする．上式を，a_k で割って，変数 $\bar{y}_j = 1 - y_j$ を導入して変形することによって，以下の式を得る．

$$-\sum_{j \in C} \frac{a_j}{a_k} \bar{y}_j \leq -\frac{\lambda}{a_k} + \frac{s}{a_k}$$

この不等式において，$\frac{a_j}{a_k}$ を a_j，$\bar{y}_j$ を y_j，$-\frac{\lambda}{a_k}$ を b，$\frac{s}{a_k}$ を s と置き換えると，整数ナップサック多面体の制約となっていることが分かる．よって，整数ナップサックに対する混合整数丸め不等式 (4.16) を適用することによって，以下の妥当不等式を得る．

$$-\sum_{j \in C} \min\left\{1, \frac{a_j}{\lambda}\right\} \bar{y}_j \leq -1 + \frac{s}{\lambda}$$

これを変形することによって，以下の妥当不等式を得る．

$$s + \sum_{j \in C} \min\{a_j, \lambda\}(1 - y_j) \geq \lambda \tag{4.17}$$

この制約は，一般に**連続被覆不等式**（continuous cover inequality）とよばれる．

被覆 C に含まれていない添え字 $j\ (\in J \setminus C)$ に対して，$\bigcirc_j y_j$ の項を連続被覆不等式の右辺に加えることによって制約を強化することができる．このテクニックを一般に持ち上げ操作とよぶ．適切な持ち上げのための係数 $\bigcirc_j$ を計算するために，以下の**持ち上げ関数**（lifting function）を導入する．

$$\phi_C(u) = \min\left[s + \sum_{j \in C} \min\{a_j, \lambda\}(1-y_j) - \lambda \,\middle|\, \sum_{j \in C} a_j y_j \le b + s - u\right]$$

ある $j\ (\in J\setminus C)$ に対して，$y_j = 1$ とした場合には，もとの制約 $\sum_{j\in C} a_j y_j \le b+s$ の右辺から a_j を減じた制約の下で，$s + \sum_{j\in C}\min\{a_j,\lambda\}(1-y_j) - \lambda$ を最小にした値 $\phi_C(a_j)$ まで y_j の係数を大きくすることができる．すなわち，$\bigcirc_j = \phi_C(a_j)$ とすれば良い．一般には，持ち上げ関数は，持ち上げを行う添え字の順番に依存するので，陽的に記述することはできない．しかし，連続被覆不等式の場合には，幸いにも，持ち上げ関数 $\phi_C(u)$ は以下に示すように陽的に書くことができる．

被覆 C の中で，λ より大きい a_j をもつ添え字集合を $\tilde{C} = \{j \in C | a_j > \lambda\}$ とし，その数を r と記す．また，$\tilde{C} = \{a_1, \cdots, a_r\}$ の要素を $a_1 \ge \cdots \ge a_r$ となるように並べ替えてあるものとし，さらに，記号 $A_j = \sum_{i=1}^{j} a_i$ を導入する．このとき，持ち上げ関数 $\phi_C(u)$ は，

$$\phi_C(u) = \begin{cases} \lambda(j-1) & A_{j-1} \le u \le A_j - \lambda \text{ のとき} \\ \lambda(j-1) + u - (A_j - \lambda) & A_j - \lambda \le u \le A_j \text{ のとき} \\ \lambda(r-1) + u - (A_r - \lambda) & A_r - \lambda \le u \text{ のとき} \end{cases}$$

と陽的に書くことができる（図 4.12）．

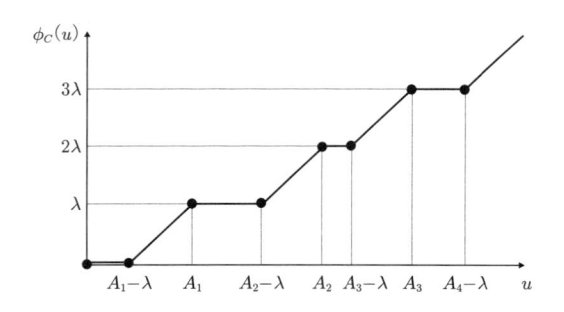

図 4.12 持ち上げ関数の例

さらに，この関数は，任意の非負の実数の組 u, v に対して，$\phi_C(u) + \phi_C(v) \le \phi_C(u+v)$ であることが言えるので，**優加法的**（superadditive）である．よって，持ち上げ操作によって強化された妥当不等式は，以下のように明示的に記述できる．

$$s + \sum_{j \in C} \min\{a_j, \lambda\}(1-y_j) \ge \lambda + \sum_{j \in N\setminus C} \phi_C(a_j) y_j \tag{4.18}$$

また，この妥当不等式は，余裕変数つきの 0-1 ナップサック多面体（X^{01K} の凸包）の側面（最強の妥当不等式）になる．

4.11 フロー被覆不等式

実数と整数変数の両者が含まれた多面体で，実務でしばしば現れる制約として，以下の構造があげられる．

$$P = \left\{ (x,y) \in \mathrm{R}_+^n \times \{0,1\}^n \ \middle| \ \sum_{j=1}^n x_j \leq b,\, x_j \leq m_j y_j,\, \forall j = 1, \cdots, n \right\}$$

この構造は，変数 x_j が枝 j 上を流れるフローを表す実数変数，y_j が枝を用いるとき 1，それ以外のとき 0 の 0-1 変数である固定費用つきのフロー問題の一部として現れる（図 4.13）．ここで，m_j は枝の容量であり，b は点への入量であると解釈できる．

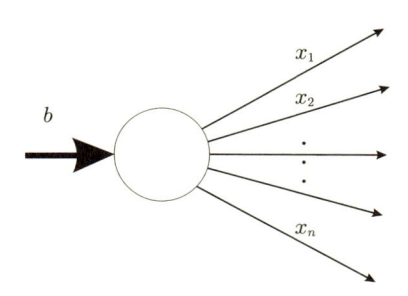

図 4.13 1 点の固定費用つきのフロー問題

変数の添え字集合 $J = \{1, \cdots, n\}$ の部分集合 C ($\subseteq N$) で，$\sum_{j \in C} m_j > b$ を満たすものを**被覆**（cover）とよぶ．N の被覆 C に対して，$\sum_{j \in C} m_j - b$ を被覆 C の**超過**（excess）とよび，それを λ と記す．

$m_j > \lambda$ である j に対して，$y_j = 0$ である場合を考える．このとき，不等式 $\sum_{j=1}^n x_j \leq b$ の右辺は $m_j - \lambda$ だけ小さくすることができる．この議論から，以下の不等式が多面体 P に対する妥当不等式になっていることが言える．

$$\sum_{j \in C} x_j \leq b - \sum_{j \in C} (m_j - \lambda)^+ (1 - y_j)$$

これを**フロー被覆不等式**（flow cover inequality）とよぶ．フロー被覆不等式は，施設配置問題，ネットワーク設計問題，ロットサイズ決定問題，安全在庫配置問題などのサプライ・チェインにおける様々な重要な問題の部分構造として現れ，下界を強化するために有効である．

4.12 Lagrange緩和

実際問題を最適化アプローチで解こうとする際,良い構造をもった(解きやすい)問題に,付加条件がついているために,困ってしまうことが多々ある.こういった場合に便利なのが,ここで紹介する **Lagrange緩和** (Lagrangean relaxation) とよばれるテクニックである.

整数計画問題に対する Lagrange 緩和も,3.3 節や 3.6 節で線形計画問題の双対問題を導出する際に用いたものと同じ原理に基づく.線形計画の場合には,強双対定理(定理 3.3)から,Lagrange 緩和によって導かれた双対問題の最適値と,もとの線形計画問題の最適値は一致するが,整数計画の場合には必ずしも一致するとは限らない.名前に「緩和 (relaxation)」がつくことから分かるように,このテクニックは最小化問題の下界(最大化問題の場合には上界)を与える.しかし,多くの場合,下界の情報を用いて上界(ならびに実行可能解)を得ることができる.このアプローチは整数計画に対する Lagrange ヒューリスティクスとよばれ,実際問題に対する有効な近似的なアプローチである.

以下の構造をもった一般的な整数計画問題を考える.

$$\begin{aligned}
\text{minimize} \quad & \sum_{j \in N} c_j x_j \\
\text{subject to} \quad & \sum_{j \in N} a_{ij} x_j = b_i \quad \forall i \in M_1 \\
& \sum_{j \in N} a_{ij} x_j = b_i \quad \forall i \in M_2 \\
& x_j \in Z_+ \quad \forall j \in N
\end{aligned}$$

ここで,Z_+ は非負の整数全体の集合を表す.

制約の添え字集合 M_1 が規定する制約式が,解きやすい構造をもっていると仮定しよう.また,その解きやすい構造に付加された制約の添え字集合を M_2 とする.M_2 の各制約に対して実数 $y_i\ (\in R)$ を乗じて加えると,

$$\sum_{i \in M_1} \left(\sum_{j \in N} a_{ij} x_j - b_i \right) y_i$$

を得る.ちなみに,式に乗じた y を **Lagrange乗数** (Lagrangean multiplier) とよぶ.任意の実行可能解 x に対して,上式は 0 になるので,これを目的関数に加えても同値な問題となる.

4.12 Lagrange 緩和

$$\begin{aligned}
\text{minimize} \quad & \sum_{j \in N} c_j x_j + \sum_{i \in M_1} \left(\sum_{j \in N} a_{ij} x_j - b_i \right) y_i \\
\text{subject to} \quad & \sum_{j \in N} a_{ij} x_j = b_i \quad \forall i \in M_1 \\
& \sum_{j \in N} a_{ij} x_j = b_i \quad \forall i \in M_2 \\
& x_j \in Z_+ \quad \forall j \in N
\end{aligned}$$

目的関数は, x について整理すると, 次のようになる.

$$\sum_{j \in N} \left(c_j + \sum_{i \in M_1} a_{ij} y_i \right) x_j - \sum_{i \in M_1} b_i y_i$$

さらに, 付加条件 M_2 の各制約を取り除いて, 制約領域を緩和することによって, 以下の Lagrange 緩和問題を得る.

$$\begin{aligned}
\text{minimize} \quad & \sum_{j \in N} \left(c_j + \sum_{i \in M_1} a_{ij} y_i \right) x_j - \sum_{i \in M_1} b_i y_i \\
\text{subject to} \quad & \sum_{j \in N} a_{ij} x_j = b_i \quad \forall i \in M_1 \\
& x_j \in Z_+ \quad \forall j \in N
\end{aligned}$$

これで, 解きやすい構造をもった M_1 だけが残った問題になったので, Lagrange 乗数 y を固定すれば容易に解くことができる. 上の問題の最適値は, 式を緩和したので, もとの問題の下界になっている. これを, Lagrange 乗数ベクトル y の関数として, $L(y)$ と書くことにしよう.

$L(y)$ は, x を固定すると y に関する線形の式になり, その最小値をとった関数であるので, 区分的線形な凹関数になる. 我々の欲しいのは最良の (最大の) 下界であるので, 以下の問題を解けば良い.

$$\begin{aligned}
\text{maximize} \quad & L(y) \\
\text{subject to} \quad & y \in R
\end{aligned}$$

これを **Lagrange 双対問題** (Lagrangean dual problem) とよぶ. $L(y)$ が線形関数の繋ぎ目の部分で微分不能であるため, 単なる勾配ではなく, 劣勾配とよばれる勾配を一般化した概念を用いる.

$L(y)$ の劣勾配の計算は簡単であり, x を与えたとき,

$$s_i = \sum_{j \in N} a_{ij} x_j - b_i \quad \forall i \in M_2$$

から構成されるベクトル s が**劣勾配** (subgradient) になっている. y はこの方向に最

急降下法を適用することによって，最適解に近づく点列を生成することができる．この解法は**劣勾配法**（subgradient method）とよばれ，以下のように擬似コードで記述される．

Lagrange 双対問題に対する劣勾配法
1 収束判定基準 $\epsilon\,(>0)$ を入力．
2 $t := 0$
3 $y_i := 0, \forall i \in M_2$
4 **repeat**
5 　Lagrange 緩和問題を解くことによって x を求める．
6 　x に対する劣勾配 s を計算する．
7 　ステップサイズ $\theta_t\,(>0)$ を適当に定める．
8 　$y_i := y_i + \theta_t s_i, \forall i \in M_2$
9 　$t := t+1$
10 **until** $\sqrt{\sum_{i \in M_1}(s_i)^2} \leq \epsilon$

ステップサイズ $\theta_t\,(t=0,1,\cdots)$ の選び方は種々提案されている．
たとえば，以下の 2 条件を満たす点列なら，最適値に収束することが知られている．

$$\sum_{t=0}^{\infty} \theta_t = \infty$$

$$\lim_{t \to \infty} \theta_t = 0$$

第 1 式は，最適解に到達するだけの大きさを保つことを意味し，第 2 式は，収束することを保証する．たとえば，$\theta_t = 1/t$ が上式を満たす例である．

より実用的な方法として，最適値の上界 UB を用いて，

$$\theta_t = \alpha \frac{UB - L(y)}{\sum_{i \in M_2}(s_i)^2}$$

とする方法が提案されている．ここで α はパラメータであり，$0 < \alpha < 2$ が推奨されており，反復回数の増加に伴い，徐々に小さくしていく方法が有効である．

上では，すべて等式制約の問題を例として説明したが，不等式制約の問題に対しても同様である．しかし，不等式制約の場合には，Lagrange 乗数に非負制約が付加されるので，劣勾配法の探索の際に，負にならないような調整が必要になる．

Lagrange 緩和を適用する際に最も重要なことは，問題の構造を見抜くことである．Lagrange 緩和が線形計画緩和よりも良い下界を得るためには，付加制約 M_2 を取り除

いた Lagrange 緩和問題が，整数性をもたないことが必要である．ここで，問題が整数性をもつとは，線形計画緩和の解が常に整数になることを指し，たとえば最短路問題や最小費用流問題は，整数性をもつ代表例である．したがって，整数性をもたず，かつ解きやすい構造を残すことがコツであるが，そのためには問題の構造に対する深い洞察が必要になる．また，筆者の経験では，不等式を緩和するより等式を緩和した方が，劣勾配法の収束性が良いようである．以上のことを総合して，実際に直面した整数計画問題に応じた Lagrange 緩和を設計することは，ある程度の職人芸を必要とする．

Lagrange 緩和の適用例として，4.7 節の巡回セールスマン問題を考えよう．
n 点から成る無向グラフ $G=(V,E)$ 上の対称巡回セールスマン問題の定式化は，以下のようになっていたことを思い起こそう（4.7 節）．

$$\begin{aligned}
\text{minimize} \quad & \sum_{e \in E} c_e x_e \\
\text{subject to} \quad & \sum_{e \in \delta(\{i\})} x_e = 2 && \forall i \in V \\
& \sum_{e \in E(S)} x_e \leq |S|-1 && \forall S \subset V,\ |S| \geq 2 \\
& x_e \in \{0,1\} && \forall e \in E
\end{aligned} \quad (4.19)$$

ここで，x_e は，枝 $e \in E$ が巡回路に含まれるとき 1，それ以外のとき 0 を表す 0-1 変数，$E(S)$ は，点の部分集合 S に対して，両端点が S に含まれる枝の集合，$\delta(S)$ は，点の部分集合 S に対して，端点の 1 つが S に含まれ，もう 1 つの端点が S に含まれない枝の集合である．

特定の点 $1\ (\in V)$ の次数制約式 (4.19) を，他の点の次数制約式と分けて考える．巡回路は n 本の枝から構成され，点 1 から 2 本の枝が出る必要がある．よって，巡回路にあるためには，点 1 を除いた点集合からは，$n-2$ 本の枝を選択する必要がある．これを表す冗長な制約

$$\sum_{e \in E(V \setminus \{1\})} x_e = n-2$$

を追加すると，以下のような巡回セールスマン問題の新たな定式化を得る．

$$\begin{aligned}
\text{minimize} \quad & \sum_{e \in E} c_e x_e \\
\text{subject to} \quad & \sum_{e \in \delta(\{i\})} x_e = 2 && \forall i \in V \setminus \{1\} \\
& \sum_{e \in \delta(\{1\})} x_e = 2 \\
& \sum_{e \in E(S)} x_e \leq |S|-1 && \forall S \subset V,\ |S| \geq 2
\end{aligned} \quad (4.20)$$

$$\sum_{e \in E(V \setminus \{1\})} x_e = n - 2$$

$$x_e \in \{0, 1\} \qquad \forall e \in E$$

点 1 以外の点に対する次数制約式 (4.20) に対して Lagrange 乗数 y_i を乗じ，目的関数に加えた後，緩和することによって，以下の Lagrange 緩和問題を得る．

$$\begin{aligned}
\text{minimize} \quad & \sum_{e \in E} c_e x_e + \sum_{i \in V \setminus \{1\}} \left(\sum_{e \in \delta(\{i\})} x_e - 2 \right) y_i \\
\text{subject to} \quad & \sum_{e \in \delta(\{1\})} x_e = 2 \\
& \sum_{e \in E(S)} x_e \leq |S| - 1 \qquad \forall S \subset V, \ |S| \geq 2 \\
& \sum_{e \in E(V \setminus \{1\})} x_e = n - 2 \\
& x_e \in \{0, 1\} \qquad \forall e \in E
\end{aligned}$$

上の問題の目的関数は，

$$\sum_{(i,j) \in E} (c_{ij} + y_i + y_j) x_{ij} - \sum_{i \in V \setminus \{1\}} y_i$$

と書き直すことができる．すなわち，枝の費用に両端点の Lagrange 乗数 y_i を加えたものを新たな費用として最適化し，最後に Lagrange 乗数の和を減じれば良い．この緩和問題の最適解は，点 1 を除いたグラフ上での最小木に，点 1 に接続する最も短い枝と 2 番目に短い枝を追加することによって得ることができる．最小木は，6.2 節で示すように貪欲アルゴリズムである Kruskal 法によって簡単に解くことができ，点 1 に接続する短い 2 本の枝を選択することも容易にできる．このようにして得られたグラフを **最小 1-木**（minimum spanning 1-tree）とよぶ．

最小 1-木が運良く巡回路になっていたら，それが巡回セールスマン問題の最適解である．巡回路になっていない場合には，Lagrange 乗数 y_i を劣勾配法によって改善していき，下界の改良を行う．

4.7 節のヨーロッパ旅行の例題に適用してみよう．図 4.14 (a) に示すように，真ん中の点（チューリッヒ）を点 1 としたときには，最小 1-木は巡回路になるので，最適解を得ることができる．また，図 4.14 (b) に示すように，左下の点（マドリッド）を点 1 としたときには，最小 1-木は巡回路にならない．この場合には，チューリッヒの劣勾配は（点 i に対する劣勾配は $\sum_{e \in \delta(\{i\})} x_e - 2$ だから）1 になり，右上（ベルリン）と右下（ローマ）の劣勾配が -1 になるので，チューリッヒの Lagrange 乗数は小さくなり，ベルリンとローマの Lagrange 乗数は大きくなる．したがって，次の劣勾配法の反復に

4.12 Lagrange 緩和

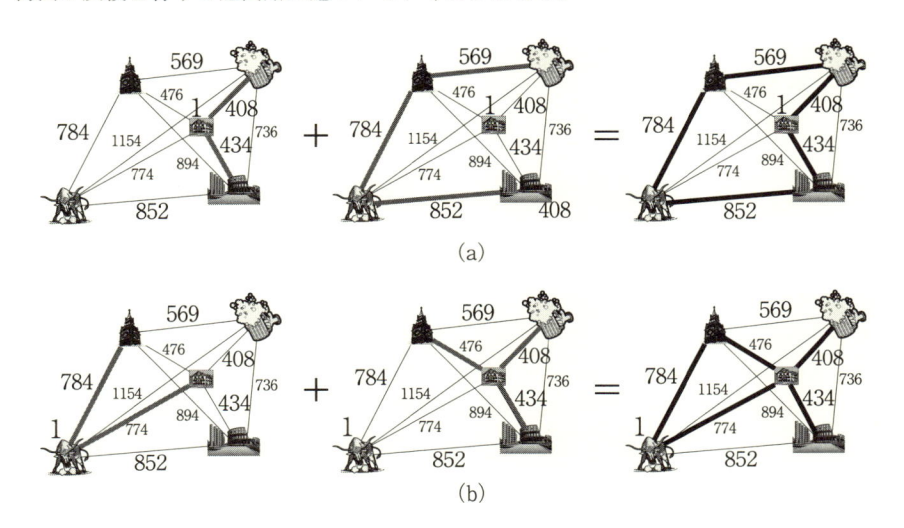

おいては，(枝 $e=(i,j)$ に対する係数は $c_e+y_i+y_j$ だから) チューリッヒに接続する枝は選ばれにくくなり，ベルリンとローマに接続する枝は選ばれやすくなる．したがって，何回か反復を行うと巡回路に近づいていくことになる．

(a)

(b)

図 **4.14** 最小 1-木を用いた巡回セールスマン問題の Lagrange 緩和
(a) チューリッヒを点 1 としたとき．(b) マドリッドを点 1 としたとき．

5 区分的線形関数

　昔，線形計画法の生みの親である Dantzig がはじめて線形計画法の解法である単体法について発表したとき，「でもね君，世の中はすべて非線形なのだよ．線形だけのモデルがどれだけ役に立つのかね．」というコメントがあったと言われている．確かに，多くの実際問題は線形関数だけでは表現することが難しく，正確には非線形関数を用いる方が妥当である場合がほとんどである．実際に，サプライ・チェインにおける多くの活動には，規模の経済性があり，まとめて行った方が安く（楽に）できる．逆に，あまりに大量の物資を同時に運ぶことは，輸送資源の容量があるので，非常に高くつくこともある．これらは，線形の制約として記述することもできるが，正確には非線形な費用としてモデル化することが妥当である場合が多い．

　非線形な関数を含む問題に遭遇したとき，数理計画ソフトウェアを用いて問題解決を図ろうとする実務家には，2 つの選択肢が考えられる．

　1 つめの選択肢は，非線形計画を解くことができるソルバーを購入することである．非線形計画問題に対する汎用ソルバーには，凸関数を最小化（もしくは凹関数を最大化）することを主目的としたものと，任意の非線形関数の最小化（もしくは最大化）を近似的に行うものがある．ここで，凸関数とは以下のように定義される．

定義 5.1 関数 $f: \mathbb{R}^n \to \mathbb{R}$ は，すべての $x, y \in \mathbb{R}^n$ と $\lambda \in [0, 1]$ に対して

$$f(\lambda x + (1-\lambda)y) \leq \lambda f(x) + (1-\lambda)f(y)$$

が成立するとき，**凸**（convex）関数とよばれる．

　凸関数の最小化は，（微分して 0 とおいたものが最小になるので）一般には易しい問題である．したがって，解こうとする問題が凸関数の最小化になる場合には，非線形関数に対応した数理計画ソルバーで求解できるが，そうでない場合には一般には最適解が求まるとは限らない．

　もう 1 つの選択肢は，手持ちの混合整数計画ソルバーで解けるように問題を変形することである．実は，ちょっとした工夫をすることによって，多くの非線形関数を含んだ数理計画問題は，線形計画もしくは混合整数計画問題に帰着することができるのである．

　多くの数理計画の教科書でも，非線形関数を線形関数の集まりで近似する方法を紹介

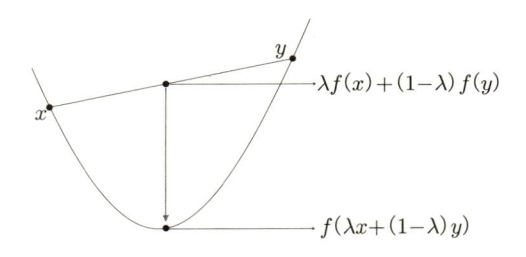

図 5.1 凸関数の例と定義の説明図

しており，実際問題への適用も数多く存在するが，しばしば不格好で効率の悪い定式化を見かける．特に，非常に大きな数（"Big M"）を安易に使った定式化は，混合整数計画ソルバーに多大な負担をかけるので，避けるべきである．

以下では，"Big M" を用いない幾つかの「良い」定式化を示す．ここで，「良い」定式化とは，解きやすい（ソルバーに負担をかけない）定式化のことであり，そのためには，非線形関数の構造を利用する必要がある．以下では，非線形関数を凸関数，凹関数，任意の非線形関数の 3 つに分類し，各々に対する幾つかの定式化を紹介する．

5.1 節では，凸関数を含んだ最小化問題を線形計画に帰着させる方法について述べる．

次に，凸関数を逆さまにした関数（凹関数）を含んだ最小化問題を考える．この問題に対しては，線形計画では解くことができず，0-1 変数を含んだ混合線形計画に帰着させる必要がある．5.2 節では，幾つかの定式化を紹介し，5.3 節では，それらの関係について考察する．

5.4 節では，凸な部分と凹な部分が混在した問題に対する効率的な定式化を考える．

5.1 凸関数の最小化

まず，凸関数を最小化する問題を線形計画問題に(近似的に)帰着する方法を考えよう．凸関数を線形関数の繋げたものとして近似する．このように一部を見れば線形関数であるが，繋ぎ目では折れ曲がった関数を **区分的線形関数**（piecewise linear function）とよぶ．

ここでは，1 変数の凸関数 $f(x)$ を区分的線形関数で近似する方法を考える．ちなみに，多変数の場合でも，直線の集まりで近似するかわりに超平面の集まりで近似することよって，同様の定式化が可能である．変数 x の範囲を $L \leq x \leq U$ とし，範囲 $[L, U]$ を n 個の区分 $[a_i, a_{i+1}], i = 0, \cdots, n-1$ に分割する．ここで，a_i は，

$$L = a_0 < a_2 < \cdots < a_{n-1} < a_n = U$$

を満たす点列である．各点 a_i における関数 f の値を b_i とする．

$$b_i = f(a_i) \quad i = 0, \cdots, n$$

各区分 $[a_i, a_{i+1}]$ に対して，点 (a_i, b_i) と点 (a_{i+1}, b_{i+1}) を通る線分を引くことによって区分的線形関数を構成する（図 5.2）．

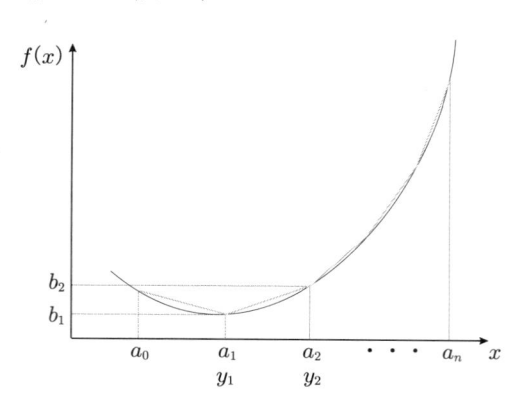

図 5.2 凸関数の区分的線形関数による近似（凸結合定式化）

以下では，区分的線形関数を線形計画によって定式化するための，2 通りの方法を紹介する．

5.1.1 凸関数に対する凸結合定式化

i 番目の区分 $[a_i, a_{i+1}]$ 内の任意の点 x は，両端点 a_i, a_{i+1} の凸結合として，以下のように表すことができる．

$$x = a_i y + a_{i+1}(1-y) \quad 0 \leq y \leq 1$$

上の変数 y を y_i，$1-y$ を y_{i+1} とすると，区分 $[a_i, a_{i+1}]$ 内の任意の点 x は，

$$x = a_i y_i + a_{i+1} y_{i+1}$$

$$y_i + y_{i+1} = 1$$

$$y_i, y_{i+1} \geq 0$$

と書き直すことができる．また，$a_i \leq x \leq a_{i+1}$ における関数 $f(x)$ の線形関数による近似は，

$$f(x) \approx b_i y_i + b_{i+1} y_{i+1}$$

となる．

上の議論を，すべての区分に対して一般化しよう．i 番目の点 a_i に対する重みを，上と同様に y_i とする．いま，$f(x)$ は凸関数であるので，隣り合う 2 つの添え字 $i, i+1$ に対してだけ y_i が正となるので，

$$f(x) \approx \sum_{i=0}^{n} b_i y_i$$

$$x = \sum_{i=0}^{n} a_i y_i$$

$$\sum_{i=0}^{n} y_i = 1$$

$$y_i \geq 0 \quad \forall i = 0, \cdots, n$$

が区分的線形近似を与えることが分かる(図 5.2).凸結合によって線分を表現していることから,この定式化は**凸結合定式化**(convex combination formulation)とよばれる.

5.1.2 凸関数に対する多重選択定式化

関数 f が凸な区分的線形関数のとき,区分の数だけの線形関数を用意し,それらの最大値をとるような関数として表すことができる.

区分 i に対応する直線の傾きは,$(b_{i+1}-b_i)/(a_{i+1}-a_i)$ であり,かつ点 (a_i, b_i) を通過する.いま,傾きを c_i,この直線が $x=0$ のときの関数値(y 切片)を d_i とすると,直線の方程式は $y = c_i x + d_i$ と書くことができる.各区分に対する直線のうちで最大のものをとることによって,凸関数の区分的線形近似関数を得る(図 5.3).

$$f(x) \approx \max_i \{c_i x + d_i\}$$

これを線形計画問題に直すには,$c_i x + d_i$ の最大値を表す実数変数 f を導入して,

$$f \geq c_i x + d_i \quad \forall i = 0, \cdots, n-1$$

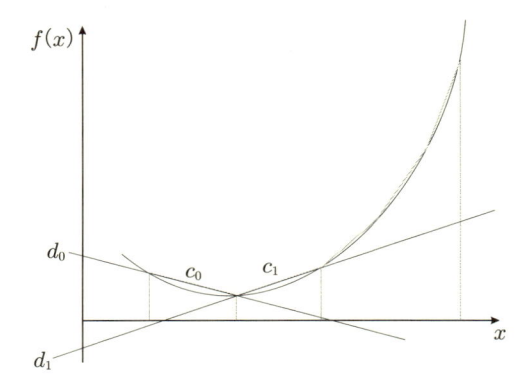

図 **5.3** 凸関数の区分的線形関数による近似(多重選択定式化)

とすれば良い.

　直線のうちから 1 つを選択することによって区分的線形関数を表現していることから, この定式化は**多重選択定式化**（multiple choice formulation）とよばれる.

問題 5.1（交通流の最適配分問題）　輸送問題において, 道を走行する車の台数 x によって走行時間が以下のように変化するものと仮定する.

$$\frac{x}{1 - x/C}$$

ここで, C は道の容量を表す定数である. これは, 道路を通過する車の数が容量に近づくと急激に増加する凸関数である. 6.5 節の輸送問題と同じデータで, 容量をすべて 1500 とした場合に, 輸送を行う車の総走行時間を最小にする輸送経路を求めよ. まず, 非線形計画としてモデル化し, AMPL に付随する非線形計画ソルバー MINOS で求解せよ. また, 区分的線形関数による近似を用いて求解し, 結果を比較せよ.

5.2　凹関数の最小化

　前節では, 凸関数の最小化問題における区分的線形近似が, 線形計画問題として（整数変数を使うことなしに）定式化できることを示した. ここでは, 最小化すべき関数が凹関数である場合を考える. 凹関数の最小化問題は, 凸関数の場合と比べてはるかに難しい. ここでは, 混合整数計画として定式化する方法について考える. 整数変数が内在するため, モデル化の仕方に気を遣わないとソルバーに負担がかかり, 問題のサイズが大きくなると求解が困難になるので, 注意を要する.

　凹関数とは, 凸関数を逆さまにした関数であり, 以下のように定義される.

定義 5.2　関数 $f: \mathrm{R}^n \to \mathrm{R}$ は, すべての $x, y \in \mathrm{R}^n$ と $\lambda \in [0, 1]$ に対して

$$f(\lambda x + (1 - \lambda) y) \geq \lambda f(x) + (1 - \lambda) f(y)$$

が成立するとき, **凹**（concave）**関数**とよばれる.

　ここでは, 1 変数の凹関数 $f(x)$ を区分的線形関数で近似する場合を例として用いる. 凸関数のときと同様に, 変数 x の範囲を n 個の区分に分割するものとする.

　以下では, 凹関数を混合整数計画として定式化するための 4 通りの方法を示すとともに, それぞれの関係と使い分けの仕方について考える.

5.2.1　非集約型凸結合定式化

　まず, 5.1.1 項で述べた凸結合定式化を凹関数に拡張したものを考える.

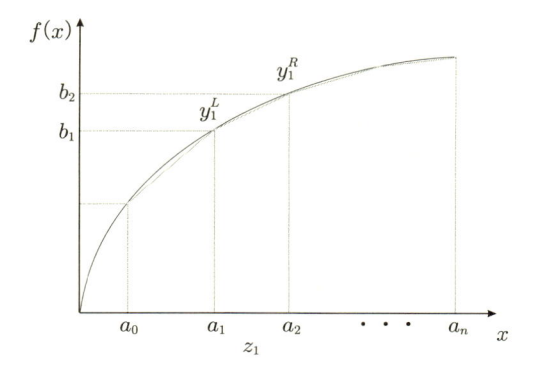

図 5.4 凹関数の区分的線形関数による近似（非集約型凸結合定式化）

i 番目の区分に対して，2 つの非負の実数変数 y_i^L, y_i^R と 1 つの 0-1 変数 z_i を用いる．$y_i^L + y_i^R = 1$ を満たすとき，$a_i y_i^L + a_{i+1} y_i^R$ は 2 点 a_i, a_{i+1} の線分上の任意の点（凸結合）を表す．したがって，区分 i が選ばれたときに $z_i = 1$ になるようにし，そのときに限って $y_i^L + y_i^R = 1$ の制約を課すようにすれば，区分的線形関数で近似できることになる（図 5.4）．

いずれかの区分が選ばれることは，

$$\sum_{i=0}^{n-1} z_i = 1$$

で表現され，区分 i が選ばれたときに a_i, a_{i+1} の凸結合になることは，

$$x = \sum_{i=0}^{n-1} \left(a_i y_i^L + a_{i+1} y_i^R \right)$$

$$y_i^L + y_i^R = z_i \quad i = 0, \cdots, n-1$$

で表現できる．関数 $f(x)$ は，b_i, b_{i+1} の凸結合であるので，

$$f(x) \approx \sum_{i=0}^{n-1} \left(b_i y_i^L + b_{i+1} y_i^R \right)$$

と書くことができる．

5.2.2 集約型凸結合定式化

次に，上で紹介した非集約型凸結合定式化を簡略化した定式化を紹介しよう．

この定式化は，非集約型凸結合定式化の変数を減らした（集約した）ものであるので，集約型凸結合定式化とよばれる．集約型凸結合定式化は，Dantzig による古典[41]で紹介

介された定式化のうちの 1 つであり，数多くの教科書で標準的な区分的線形関数の定式化として紹介されてきたものである．そのため，この定式化は，多くの実務で使われてきたと推測される．しかし，この定式化は，他の 3 つの定式化と比べて弱いため，あまり推奨できない．

凸関数の場合と同様に，i 番目の点 a_i に対する重みを y_i とする．いま，$f(x)$ は凹関数のときには，隣り合う 2 つの添え字 $i,i+1$ に対してだけ y_i が正となるという保証はないので，区分 i に対して，その区分内に x があるとき 1，それ以外のとき 0 を表す 0-1 変数 z_i を導入する．

いずれかの区分が選ばれることは，

$$\sum_{i=0}^{n-1} z_i = 1$$

で表現され，凸結合になることは，

$$\sum_{i=0}^{n} y_i = 1$$

と表すことができる．さらに，z_i が 1 のときだけ，その両端点の y_i, y_{i+1} が正になれることは，

$$y_i \leq z_{i-1} + z_i \quad \forall i = 1, \cdots, n-1$$

$$y_0 \leq z_0$$

$$y_n \leq z_{n-1}$$

と表現できる．上の条件の下で，関数 $f(x)$ は，

$$x = \sum_{i=0}^{n} y_i$$

としたとき

$$f(x) \approx \sum_{i=0}^{n-1} b_i y_i$$

と近似することができる．

5.2.3 累積定式化

ここで紹介する定式化は，Dantzig による古典[40]で紹介された定式化のうちの 1 つである．Dantzig によれば，この定式化を最初に提案したのは，1957 年の Manne-Markowitz[120] の論文である．この定式化は，長い間忘れられていたものであるが，最近になって Dantzig が紹介したもう 1 つの定式化（前項で述べた集約型凸結合定式化）より強い定式化であることが示された．

n 個の実数変数 y_i $(i=0,\cdots,n-1)$ を用いて，x を

$$x = a_0 + y_0 + y_1 + \cdots + y_{n-1}$$

と表すものとする．ここで，y_i は区分 i における x の一部分を表し，

$$0 \leq y_i \leq a_{i+1} - a_i \quad \forall i = 0, \cdots, n-1$$

を満たすものとする．オリジナルの変数 x が，区分内の値を表す変数 y の累積値で表現されていることから，この定式化は**累積定式化**（incremental formulation）とよばれる．

下の区間がいっぱいになっていないと次の区間がはじめられないことを規定するために，区分内の変数 y_i が上限いっぱいのとき 1，それ以外のとき 0 になる 0-1 変数 z_i $(i=0,\cdots,n-2)$ を導入する．すると，この制約は，

$$y_i \geq (a_{i+1} - a_i)z_i \quad \forall i = 0, \cdots, n-2$$

$$y_{i+1} \leq (a_{i+2} - a_{i+1})z_i \quad \forall i = 0, \cdots, n-2$$

と書くことができる．2 番目の式は，y_{i+1} が正の値をとるためには，$z_i=1$ が必要であることを表し，1 番目の式は，そのとき y_i は上限いっぱいの値 $a_{i+1}-a_i$ をとることを表す．このとき，y_i が正なので，i 以下の添え字をもつすべての z が 1 になることに注意されたい．

区分 i に対応する直線の傾きを，$c_i = (b_{i+1}-b_i)/(a_{i+1}-a_i)$ とする．すると，区分 i における $f(x)$ の増加量は $c_i y_i$ で近似されるので，数 $f(x)$ は以下のように区分的線形関数として近似できる．

$$f(x) \approx \sum_{i=0}^{n-1} c_i y_i$$

5.2.4 多重選択定式化

最後の定式化は，凸関数に対する多重選択定式化の自然な拡張である．凸関数の場合には，傾きが c_i，y 切片が d_i の直線 $f(x) = c_i x + d_i$ の集まりを与え，それらの一番上側（最大値）をとることによって区分的線形関数を表現した．ちなみに，$c_i = (b_{i+1}-b_i)/(a_{i+1}-a_i)$ で，d_i は傾き c_i でかつ点 (a_i, b_i) を通過する直線の y 切片である．

凹関数の場合には，区分に対応した直線が正しく選択されることを 0-1 変数を導入することによって規定する必要がある．区分 i が選択されたとき 1，それ以外のとき 0 になる 0-1 変数 z_i を導入する．区分 $[a_i, a_{i+1}]$ 内の x を表す実数変数 y_i が，$z_i=1$ のときのみ正になれるので，

$$a_i z_i \leq y_i \leq a_{i+1} z_i \quad \forall i = 0, 1, \cdots, n-1$$

であり，1 つの区分が選択されるためには，

$$\sum_{i=0}^{n-1} z_i = 1$$

が必要である．上の条件の下で，関数 $f(x)$ は，

$$x = \sum_{i=0}^{n-1} y_i$$

としたとき

$$f(x) \approx \sum_{i=0}^{n-1} (d_i z_i + c_i y_i)$$

と近似することができる．

5.3 定式化間の関係

前節では，凹関数を区分的線形関数で近似するための 4 通りの定式化（非集約型凸結合，集約型凸結合，累積，多重選択）を紹介した．任意の（凹と凸が混在した）非線形関数は，上で示した方法を用いて混合整数計画に定式化できる．

ここでは，定式化間の関係と強弱について考える．まず，集約型凸結合定式化を除いた 3 つの定式化が，定式化の強さの観点から見ると同値であることを示す．

まず，非集約型凸結合定式化から多重選択定式化への帰着を行う．非集約型凸結合定式化における実行可能解のベクトルを (y, z) とする．このとき，$a_i y_i^L + a_{i+1} y_i^R$ を y_i とすると，非集約型凸結合定式化の式 $y_i^L + y_i^R = z_i$ ならびに $a_i < a_{i+1}$ より，

$$y_i = a_i y_i^L + a_{i+1} y_i^R \geq a_i y_i^L + a_i y_i^R = a_i(y_i^L + y_i^R) = a_i z_i$$

を得る．同様に，

$$y_i = a_i y_i^L + a_{i+1} y_i^R \leq a_{i+1} y_i^L + a_{i+1} y_i^R = a_{i+1}(y_i^L + y_i^R) = a_{i+1} z_i$$

であるので，多重選択定式化の式

$$a_i z_i \leq y_i \leq a_{i+1} z_i$$

を満たしていることが言える．

逆に，多重選択定式化から非集約型凸結合定式化への帰着は，以下のようにできる．多重選択定式化の実行可能解のベクトルを (y, z) とする．多重選択定式化の式から，$a_i z_i \leq y_i \leq a_{i+1} z_i$ であるので，以下の式を満たす $0 \leq \lambda \leq 1$ が存在する．

$$y_i = \lambda a_i z_i + (1 - \lambda) a_{i+1} z_i$$

ここで，$y_i^L = \lambda z_i$，$y_i^R = (1 - \lambda) z_i$ とすると，

5.3 定式化間の関係

$$y_i = a_i y_i^L + a_{i+1} y_i^R$$

となる．さらに，$z_i=1$ なら $y_i^L+y_i^R=1$, $z_i=0$ なら $y_i^L+y_i^R=0$ になることから，非集約型凸結合定式化の式

$$y_i^L + y_i^R = z_i$$

を得る．

最後に，累積定式化から多重選択定式化への帰着とその逆を考えよう．累積定式化の実行可能解のベクトルを (y,z) とし，そこから (y',z') 空間で記述された多重選択定式化を導く．

$$y'_i = y_i + a_i z_{i-1} - a_{i+1} z_i$$

ならびに

$$z'_i = z_{i-1} - z_i$$

とする．ここで，境界の z'_0, z'_{n-1} だけは特別に，$z'_0 = 1 - z_0$, $z'_{n-1} = z_{n-1}$ とする．累積定式化においては，$z_i \geq z_{i-1}$ であるので，$z'_i \geq 0$ であり，さらに

$$\sum_{i=0}^{n-1} z'_i = (1 - z_0) + (z_0 - z_1) + \cdots + (z_{n-2} - z_{n-1}) + z_{n-1} = 1$$

を満たす．

累積定式化の式 $y_i \geq (a_{i+1} - a_i) z_i$ の両辺に $a_i z_{i-1} - a_{i+1} z_i$ を加えることによって，

$$y'_i = y_i + a_i z_{i-1} - a_{i+1} z_i \geq a_i (z_{i-1} - z_i) = a_i z'_i$$

を得る．同様に，$y_i \leq (a_{i+1} - a_i) z_{i-1}$ の両辺に $a_i z_{i-1} - a_{i+1} z_i$ を加えることによって，

$$y'_i = y_i + a_i z_{i-1} - a_{i+1} z_i \leq a_{i+1}(z_{i-1} - z_i) = a_{i+1} z'_i$$

を得る．これをあわせると，多重選択定式化の式

$$a_i z'_i \leq y'_i \leq a_{i+1} z'_i$$

となる．上の逆は自明であり，変形操作を逆に行えば良い．

次に，これらの同値な3つの定式化において，整数条件を外した線形計画緩和問題を解いた答えが，必ず $0,1$ になることを示す．これは，区分的線形近似のための式の他に制約が存在しないときに，制約行列が完全単模性をもつことに他ならない．ここでは，非集約型凸結合定式化に対して，制約を最短路ネットワークに変換することによって，制約行列の完全単模性を示す．

非集約型凸結合定式化の制約は，

$$\sum_{i=0}^{n-1} z_i = 1$$

$$y_i^L + y_i^R = z_i \quad i = 0, \cdots, n-1$$

であることを思い起こされたい．図 5.5 のようなネットワークを考える．ここで，始点 s から点 $i \in \{0, 1, \cdots, n-1\}$ へ向かう枝は変数 z_i を表し，点 i から 2 つの点 i_L, i_R へ向かう枝はそれぞれ y_i^L, y_i^R を表している．これは，制約行列が最短路問題の定式化と同じ構造をもっていることを表す．よって，行列の要素が $0, -1, 1$ で，各列が高々 1 個の 1，ならびに高々 1 個の -1 を含んでいるので，制約行列は**完全単模**（totally unimodular）である．よって，整数条件を緩和して得られた線形計画緩和問題の解は，必ず整数になる．

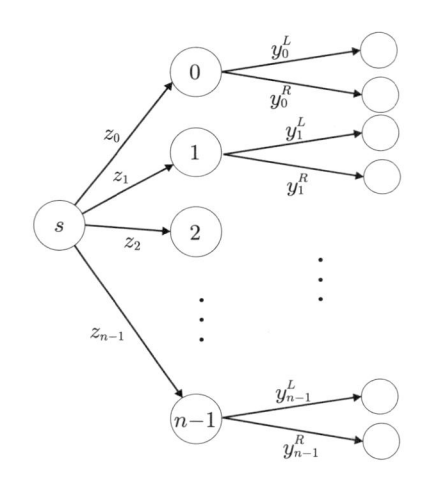

図 5.5 非集約型凸結合定式化のネットワークへの帰着

なお，集約型凸結合定式化は完全単模性をもたない．よって，多くの教科書で紹介されてきた集約型凸結合定式化は，小規模問題以外では使うべきではないと結論できる．他の 3 つの定式化は，制約の数と変数の数に多少の差異があるため，多少の計算時間の差異はあるが，その差は，適用する問題の構造，ならびに使用する混合整数計画ソルバーに依存する．予備的な実験では，累積定式化はその複雑性のため，他の 2 つの定式化と比べて，やや劣るようである．計算速度だけでなく，分かりやすさと拡張のしやすさの観点から，非集約型凸結合定式化ならびに多重選択定式化が，実務的には推奨される．

5.4 任意の非線形関数の最小化

前節の凹関数を区分的線形関数に近似する定式化は，非凸な（凸でない）任意の関数に対して適用することができる．しかし，関数の一部に凸な部分があるときには，問題

の求解に大きな影響を与える 0-1 変数の数を減らすことができる．ここでは，5.2.1 項の非集約型凸結合定式化を拡張することによって，凹の部分と凸の部分がある関数に対する効率的な（無駄のない）定式化を導く．

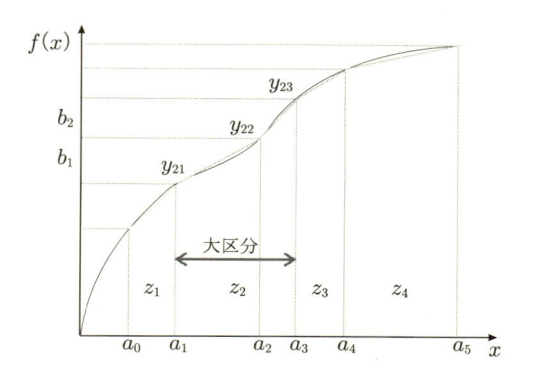

図 5.6 一般の非線形関数の区分的線形関数による近似（非集約型凸結合定式化）

前節までと同様に，範囲 $[L, U]$ を n 個の区分に分割する（図 5.6）．各区分の分割点 a_i における $f(a_i)$ の値を b_i とする．(a_{i-1}, b_{i-1}) と (a_{i+1}, b_{i+1}) を通過する直線が，点 a_i を通過するときの関数値が b_i 以下のとき，a_i において局所的に凸であるとよぶ．a_i において局所的に凸なとき，凹関数の混合整数定式化で用いた 0-1 変数 z_{i-1} と z_i は 1 つの 0-1 変数に集約することができる．言い換えれば，区分 $[a_{i-1}, a_i]$ と区分 $[a_i, a_{i+1}]$ を 1 つにまとめることができる．

区分の分割点による点列 $a_i, a_{i+1}, \cdots, a_j$ において，最初と最後の点以外の点 $a_{i+1}, a_{i+2}, \cdots, a_{j-1}$ がすべて局所的に凸であるとき，$[a_i, a_j]$ を大区分とよぶことにする．大区分の数を m とし，その添え字は $0, 1, \cdots, m-1$ と記すものとする．大区分は幾つかの区分から構成される．このオリジナルの区分を小区分とよぶ．i 番目の大区分に含まれる小区分の区切りの添え字を $0, 1, \cdots, n_i$，j 番目の区切りの x 座標を a_{ij} と記すものとする．

大区分 i に対して 0-1 変数 z_i を導入する．これは，大区分が選ばれたとき 1，それ以外のとき 0 を表す．実数変数 y_{ij} は，大区分 i の j 番目の区切りに対して定義される．

いずれかの大区分が選ばれることは，

$$\sum_{i=0}^{m-1} z_i = 1$$

で表現され，大区分 i が選ばれたときに，x が $a_{i0}, a_{i1}, \cdots, a_{i,n_i}$ いずれかの連続する 2 点の凸結合になることは，

$$x = \sum_{i=0}^{m-1} \sum_{j=0}^{n_i} a_{ij} y_{ij}$$

$$\sum_{j=0}^{n_i} y_{ij} = z_i \quad i = 0, \cdots, m-1$$

で表現できる．関数 $f(x)$ は，

$$\sum_{i=0}^{m-1} \sum_{j=0}^{n_i} f(a_{ij}) y_{ij}$$

と近似することができる．

さて，数理計画ソルバーの高性能化と計算機の高速化が十分に進んだ今となっては，Dantzig に問われた「でもね君，世の中はすべて非線形なのだよ．線形だけのモデルがどれだけ役に立つのかね．」という質問には，「ほとんどの非線形関数は十分な精度で区分的線形関数に帰着され，それが混合整数計画ソルバーで解けるので，結構役に立つと思いますよ！」と答えることができるのである．

問題 5.2 第 12 章の安全在庫配置モデルに対して，区分的線形関数による近似によって解くためのモデルを作成せよ．ただし，安全在庫量は，安全在庫係数 z，需要の標準偏差 σ，リード時間 L を用いて，

$$z\sigma\sqrt{L}$$

と記述されるものとする．

この問題に対する解答は，12.3 節で述べられている．

問題 5.3 10.3 節の確率的需要モデルに対する解析的な結果から，安全在庫量は，リード時間 L と需要の不安定性を表すパラメータ α を用いて，

$$z\sqrt{L}\sqrt{1 + \alpha(L-1) + \frac{\alpha^2(L-1)\sqrt{2L-1}}{6}}$$

と書くことができるものとする．この場合の安全在庫配置モデルを区分的線形関数による近似で解け．ただし，サプライ・チェーンの上流における地点 i の α は，親子関係の係数を ϕ_{ij}（j が i の親品目）としたとき，

$$\alpha_i = \sum_{(i,j) \in A} \phi_{ii} \alpha_j$$

と推定するものとする．

問題 5.4 第 8 章の経済発注量モデルを，区分的線形関数による近似で解くためのモデルを作成せよ．

問題 5.5 本章で扱った区分的線形関数は，すべて 1 つの変数に対する非線形関数の和とした分離可能な非線形関数であった．2 変数以上の組合せの項をもつ非線形関数に対しても，同様のテクニックで区分的線形関数による近似が可能である．例として，$f(x_1, x_2) = x_1 \cdot x_2$ を考え，非集約型凸結合定式化を導く方法を考えよ．(ヒント：2 点の凸結合ではなく，3 点の凸結合によって定まる平面を考えよ．)

6 グラフとネットワーク

ここでは，サプライ・チェインならびにロジスティクス・ネットワークの基礎となるグラフとネットワークの理論について概観する．

本章の構成は，以下のようになっている．

6.1 節では，グラフとネットワークの基礎的な用語を紹介する．また，ネットワーク上で定義される簡単なアルゴリズムの例として，トポロジカル・ソート（グラフの位相情報に基づく並べ替え）を示す．

6.2 節では，最小木問題に対するアルゴリズムを紹介する．

6.3 節では，最短路問題について述べる．まず，アルゴリズムの動機づけを与えるために，古典的な Ford 法を紹介する．また，高速なアルゴリズムである Dijkstra 法を導く．

6.4 節では，最大流問題について述べる．ここでは，補助ネットワークの概念とそれを利用したアルゴリズムである Ford–Fulkerson 法を紹介するとともに，最大流問題の双対問題である最小カット問題を考え，最大フロー・最小カット定理を示す．

6.5 節では，最小費用流問題について述べる．ここでは，最小費用流問題の主・双対性と相補性条件を用いた最適解の特徴づけを与えるとともに，最大流問題と同様に補助ネットワークを利用したアルゴリズム（閉路消去法）を紹介する．

6.7 節では，最小木問題に対する様々な定式化を紹介すると同時に，定式化の間の関係について考察する．

6.1 グラフ・ネットワークの基礎

グラフ（graph）とは，点（vertex, node, point）と 2 つの点を繋ぐ枝（edge, arc, link）から構成された抽象概念であり，現実の問題を分かりやすく表すのに非常に便利な道具である．たとえば，道路の地図，地下鉄の路線図，水道管網，友人関係など，ありとあらゆるものがグラフとして表現できる．

我々の対象とするサプライ・チェインにおいては，工場，倉庫，小売店などの地点が点であり，ある地点からある地点に「もの」が輸送されることを表す移動経路が枝である．地点の集合を点集合とよび，V と記す．輸送経路の集合を枝集合とよび，E と記す．グラフは，点集合 V と枝集合 E から構成されるので，$G=(V,E)$ と記される．点

集合の要素を $i, j \ (\in V)$ などの記号で表す．枝集合の要素を $e \ (\in E)$ と表す．2 点間に複数の枝がない場合には，両端点 i, j を決めれば一意に枝が定まるので，枝を両端にある点の組として ij もしくは (i, j) と表すことができる．

枝の両方の端にある点は，互いに**隣接**（adjacent）しているとよばれる．また，枝は両端の点に**接続**（incident）しているとよばれる．

「もの」が移動する経路は，グラフ理論では**パス**（path）とよばれる．より正確に言うと，パスとは，点とそれに接続する枝が交互に並んだものである．2 つの点 i, j に接続する枝 ij が一意に定まるときには，パスは点の列として $1 \to 2 \to 3$ などと簡略化して書いても良い．パスの最初の点を**始点**（source），最後の点を**終点**（sink）とよぶ．たとえば，パス $1 \to 2 \to 3 \to 4$ の始点は 1 であり，終点は 4 である．始点と終点が一致するパスを**閉路**（circuit）とよぶ．たとえば，パス $1 \to 2 \to 3 \to 1$ は閉路である．

枝に「向き」をつけたグラフを**有向グラフ**（directed graph）とよび，有向グラフの枝を**有向枝**（directed edge, arc, link）とよぶ．文脈から明らかなときには，有向枝を単に枝とよぶ．一方，通常の（枝に向きをつけない）グラフであることを強調したいときには，グラフを**無向グラフ**（undirected graph）とよぶ．道路網のグラフ表現は，一見すると無向グラフで十分なような気がするが，一方通行や向きによって移動時間が異なることをきちんと表すためには有向グラフが必要となる．

種々のネットワーク問題に対するアルゴリズムは，有向グラフを想定して設計される．これは，無向グラフ上の問題を解きたいときには，無向グラフ $G = (V, E)$ の枝 $ij \in E$ に対して 2 本の有向枝 ij, ji を引くことによって有向グラフに変形し，有向グラフに対するアルゴリズムを適用すれば良いからである．しかし，無向グラフの特徴を生かして，上の変形を経ずに効率的なアルゴリズムが設計できる場合もあることを付記しておく．

点に接続する枝の本数を**次数**（degree）とよぶ．有向グラフ $G = (V, E)$ において，点 i に入っている枝 $ji \ (\in E)$ の本数を**入次数**（indegree）とよぶ．また，出ていく枝 $ij \ (\in E)$ の本数を**出次数**（outdegree）とよぶ．

グラフ理論ではグラフがバラバラでないことを，グラフが**連結である**（connected）とよび，そのようなグラフを**連結グラフ**（connected graph）とよぶ．より正確に言うと，グラフの各点から別の任意の点へのパスが必ず存在するときに，グラフは連結であるとよばれる．

木（tree）とは，閉路を含まない連結グラフを指す．ここで，閉路とは始点と終点が一致するパスであり，連結グラフとは，すべての点の間にパスが存在するグラフである．与えられた無向グラフのすべての点を繋ぐ木を，特に**全域木**（spanning tree）とよぶ．

有向グラフが閉路を含まない場合には，点を左から右に（右から左に向かう枝がないように）1 列に並べることができる．これを**トポロジカル・ソート**（topological sort；位相の情報を用いた並べ替えの意）とよぶ．

トポロジカル・ソートは，閉路を含まない有向グラフに対する基本的な操作であり，枝集合を 1 回見てまわるのと同じ程度の計算時間，すなわち $O(|E|)$ 時間で可能である．

トポロジカル・ソートを求めるためのアルゴリズムの基本方針は極めて直感的である．まず，入次数が 0 の点を求める．このような点は（閉路が存在しないという仮定の下では）少なくとも 1 個存在する．この点は明らかに一番左に置くことができる．次に，この点とこの点から出ているすべての枝をグラフから取り除く．すると，再び入次数が 0 の点が少なくとも 1 個は見つかるので，この点を左から 2 番目に置く．この操作をすべての点が並べられるまで続けることによって，トポロジカル・ソートが得られる．

上のアイディアをもとに $O(|E|)$ の計算時間を達成するためには，各点の入次数を効率的に更新することと，入次数が 0 である点の保持の仕方が鍵になる．点 i の入次数を $indegree(i)$ と書く．入次数は以下の方法によって $O(|E|)$ 時間で初期設定することができる．

$indegree$ の初期設定
1 $indegree(i) := 0, \forall i \in V$
2 **for all** $i \in V$ **do**
3   **for all** $j : ij \in E$ **do**
4      $indegree(j) := indegree(j) + 1$

入次数が 0 である点のリストを $LIST$ とする．$LIST$ は，$indegree$ を初期設定した後に，以下のように初期設定される．

$LIST$ の初期設定
1 $LIST := \emptyset$
2 **for all** $i \in V$ **do**
3   **if** $indegree(i) = 0$ **then**
4      $LIST := LIST \cup \{i\}$

上のように初期設定された $indegree$ と $LIST$ を用いると，トポロジカル・ソートを得るためのアルゴリズムは以下のように書ける．$indegree(i)$ が更新されて 0 になった瞬間に，点 i を $LIST$ に追加することがアルゴリズムの高速化の鍵である．

```
トポロジカル・ソート
  1  indegree の初期設定
  2  LIST の初期設定
  3  while  LIST ≠ ∅ do
  4    LIST から適当に点 i を選択し，i を左詰めで並べる．
  5    for all  j : ij ∈ E do
  6      indegree(j) := indegree(j) − 1
  7      if  indegree(j) = 0 then
  8        LIST := LIST ∪ {j}
```

図 6.1 に上のアルゴリズムを適用したときのスナップショットを示す．

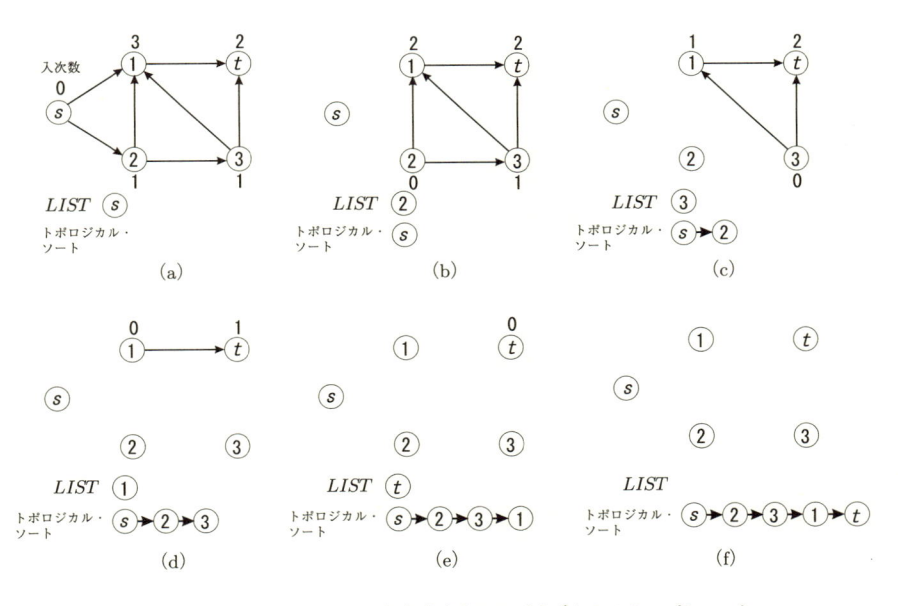

図 6.1 トポロジカル・ソートを求めるアルゴリズムのスナップショット

ネットワーク (network) とは，有向グラフの(有向)枝の上に費用や距離などの数値を与え，さらに始点と終点を加味したものである．

6.2 最小木問題

無向グラフ上で定義される最適化問題の代表として，以下の最小木問題を考える．

> **最小木問題** (minimum spanning tree problem)
> 無向グラフ $G=(V,E)$, 枝上の費用関数 $c: E \to \mathbf{R}$ が与えられたとき，枝の費用の合計を最小にする全域木を求めよ．

枝の費用の合計を最小にする全域木を**最小木** (minimum spanning tree) とよぶ．(本来ならば，最小費用全域木問題と訳すべきであるが，簡単のため最小木問題とよぶことが多いので，ここでも慣例にならうものとする．)

最小木問題は，人間の自然な摂理（貪欲性と改善性）にしたがうことによって，簡単に解くことができる．

はじめに，貪欲性に基づくものを紹介しよう．まず，枝上で定義される費用を小さい順に並べ替える．次に，木を空集合に初期設定して，費用の小さい順に，枝を加えていく．この際，枝を加えることによって閉路ができてしまう場合には，木に加えない．(正確にはアルゴリズムの途中では連結とは限らないので，木ではなく，**森** (forest) とよぶ．) すべての点が木に含まれたら終了する．このときの全域木が，最小木になっている．

図 6.2 に Kruskal 法の適用例を示す．枝の費用は小さい順に $1, 1, 2, 3, 3, 4, 5$ であるので，その順に加えていく．枝の費用が 2 の枝は，加えると閉路ができるので加えない（図 6.2 (d)）．最後に，枝の費用が 3 の枝を加えたところで全域木ができたので，終了する（図 6.2 (f)）．総費用は 8 であり，これが最小となる．

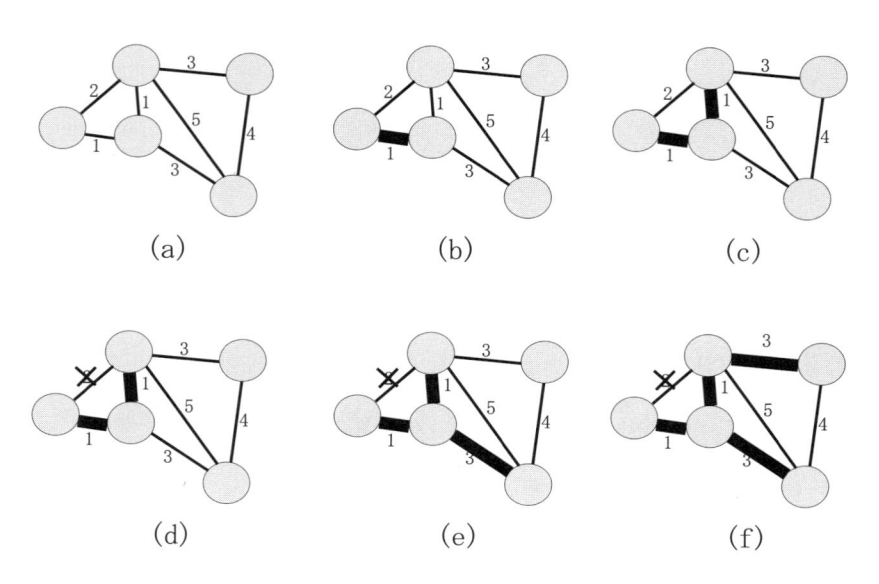

図 6.2 Kruskal 法のスナップショット

この方法は，**貪欲アルゴリズム**（greedy algorithm），もしくは発案者の名前をとって **Kruskal 法**（Kruskal method）とよばれ，最小木問題の最適解を与える．

次に，人間のもう 1 つの自然な摂理である改善性に基づくものを紹介しよう．まず，適当な全域木からはじめる．次に，木に含まれていない枝を追加したときにできる閉路から，最も費用の大きい枝を除くことを試みる（これを改善操作とよぶ）．もし，改善操作によって費用が減少するなら，その操作を実行する．すべての木に含まれていない枝に対して，改善操作が費用の減少をもたらさなかったら終了する．このときの全域木が，最小木になっている．

図 6.3 に改善法の適用例を示す．最初の全域木（図 6.3 (a)）の費用は，14 ($=2+5+3+4$) であるが，改善が進むにつれ 12 ($=2+3+3+4$)，9 ($=2+3+3+1$) と減少していき，最小費用 8 ($=1+3+3+1$) の全域木（図 6.3 (d)）を得る．

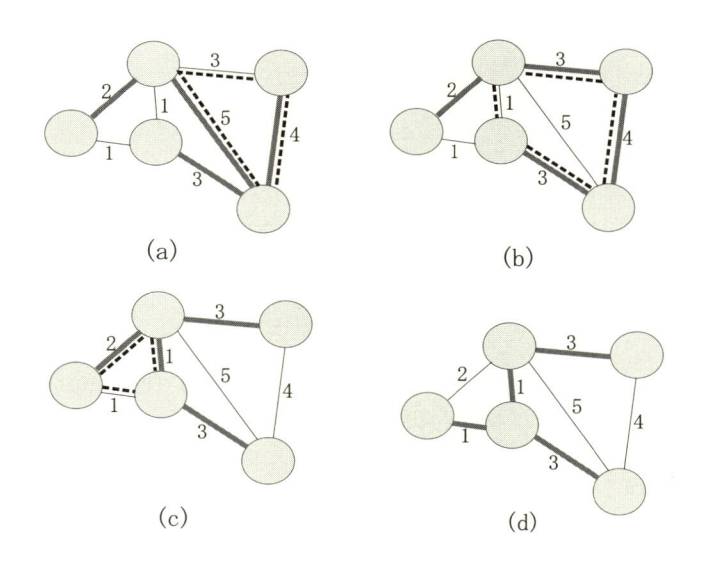

図 6.3 改善法のスナップショット
太線は木を表し，点線は改善で用いる閉路を表す．

この方法は，局所探索法に他ならない．一般には，局所探索法は最適解に辿り着くとは限らないが，最小木問題の場合には，必ず最適解を得ることが保証される．

6.3 最短路問題

ここで考える最短路問題は多くの応用をもち，もちろんサプライ・チェイン最適化においても極めて役に立つ基本的なネットワーク問題である．

最短路問題 (shortest path problem)
n 個の点から構成される点集合 V, m 本の枝から構成される枝集合 E, V および E から成る有向グラフ $G=(V,E)$, 枝上に定義される非負の費用関数 $c: E \to \mathrm{R}_+$, 始点 $s \in V$ および終点 $t \in V$ が与えられたとき,始点 s から終点 t までのパスで,パスに含まれる枝の費用の合計が最小のものを求めよ.

最短路問題の目的である「パスに含まれる枝の費用の合計が最小のもの」を**最短路** (shortest path) とよぶ.図 6.4 に最短路問題の例を示す.一目で分かるように,始点 s から終点 t までの最短路は,$s \to 2 \to 1 \to t$ で,枝の費用の合計(最適値)は $9\ (=5+3+1)$ である.

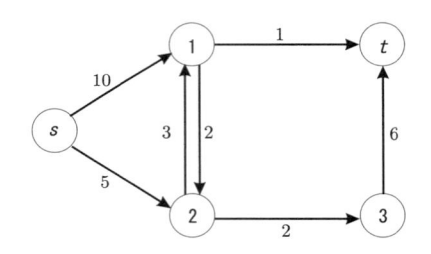

図 6.4 最短路問題の例題
枝上の数字は費用を表す.

最短路問題に対する最初のアルゴリズムとして,**Ford 法** (Ford method) を示す.これは,Ford[61]によってはじめて提案されたものであり,多くのアルゴリズムの基礎となるものである.

点集合上の**ポテンシャル** (potential)

$$y: V \to \mathrm{R}$$

とよばれる関数を定義する.これは,最短路問題を線形計画として定式化したときの,点に対する双対変数を表し,点 i のポテンシャル y_i は,始点からの点 i に至るパスに含まれる枝の費用の合計の上界を与える.

自明な上界になるように,ポテンシャルを以下のように初期設定しておく.

$$y_s := 0$$

$$y_i := \infty \quad \forall i \in V \setminus \{s\}$$

となる.ここで "$\setminus$" の記号は集合の差演算を表す.すなわち,上式は「始点 s 以外のすべての点 i に対してポテンシャル y_i を無限大(∞)と設定する」と読む.

6.3 最短路問題

ある枝 $ij\ (\in E)$ に対して

$$y_j > y_v + c_{ij}$$

を満たすとき,ポテンシャルは**実行不能**(infeasible)とよばれ,逆にすべての枝 $ij\ (\in E)$ に対して

$$y_j \leq y_i + c_{ij}$$

を満たすとき,ポテンシャルは**実行可能**(feasible)とよばれる.

Ford 法(Ford method)とは,すべての点のポテンシャルが実行可能になるように,変更していく解法である.

Ford 法
1 ポテンシャル y を $y_s := 0,\ y_i := \infty, \forall i \in V \setminus \{s\}$ に初期設定
2 **while** ポテンシャル y が実行不能 **do**
3 $\quad y_j > y_i + c_{ij}$ を満たす枝 ij を見つけて $y_j := y_i + c_{ij}$

Ford 法の途中で,ポテンシャル y_i の更新は,s から i へのパスの費用を実現するパスが存在するときに行われたので,y_i はパスの費用の上界を与える(y_i の初期値の ∞ はもちろん上界である).また,以下に示すように,アルゴリズムの終了時点においては,ポテンシャルはパスの費用の下界になる.

命題 6.1 ポテンシャル y が実行可能でかつ $y_s = 0$ を満たすとき,y_i は始点 s から点 i に至るパスの費用の下界を与える.

証明: 始点 s から点 i に至るパスを $s(=v_1) \to v_2 \to \cdots \to v_{k-1} \to v_k(=i)$ とする.ポテンシャル y が実行可能であることから

$$\begin{aligned} y_{v_2} &\leq y_{v_1} + c_{v_1 v_2} \\ y_{v_3} &\leq y_{v_2} + c_{v_2 v_3} \\ &\vdots \\ y_{v_k} &\leq y_{v_{k-1}} + c_{v_{k-1} v_k} \end{aligned}$$

が成立する.これらの式を全部足し合わせると,

$$y_{v_k} \leq y_{v_1} + c_{v_1 v_2} + c_{v_2 v_3} + \cdots + c_{v_{k-1} v_k}$$

を得るが,$y_{v_1}(=y_s)=0$ であることから,

$$y_i \leq \sum_{j=1}^{k-1} c_{v_j v_{j+1}}$$

となることが分かる．したがって，y_i は s から i へのパスの費用の下界を与える．■

したがって，y_i は上界であり，かつ下界でもある．これは最適値に他ならない．すなわち，Ford 法が実行可能なポテンシャルを発見して終了したとき，y_i は始点 s から点 i への最適パスの費用を与えるのである．

図 6.5 に，例題を Ford 法で解いたときの様子を示す．Ford 法では，枝 ij を選択する部分に自由度がある．アルゴリズムが終了するまでの繰り返し回数は，選択の仕方に依存するので，図 6.5 に示しているのは，Ford 法のスナップショットの一例であることに注意されたい．

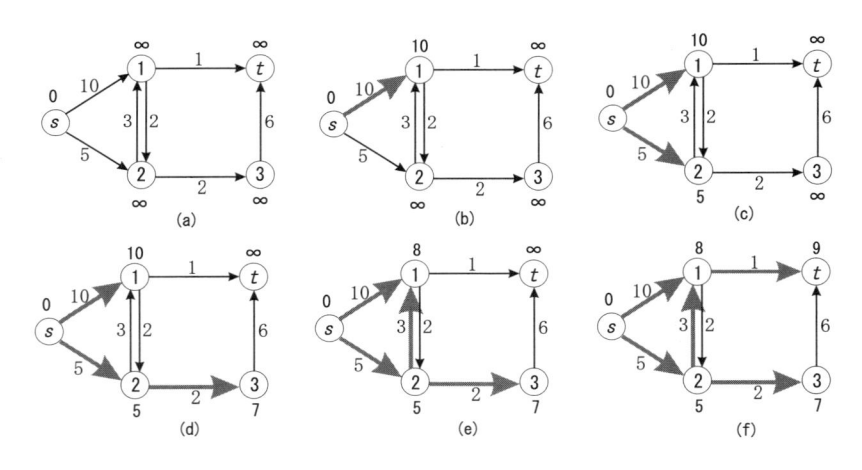

図 **6.5** Ford 法のスナップショット

より実用的なアルゴリズムとして，**Dijkstra 法**（Dijkstra method）[45]を紹介する．Dijkstra 法は，最短路問題に対する最も有名なアルゴリズムであり，ほとんどのテキストでは最初に取り上げられるアルゴリズムである．

Dijkstra 法は，ポテンシャル y_i が最小の点 i を選択し，その点から出る枝の先の点のポテンシャルを変更する操作を繰り返す．この操作を，点 i の **走査**（scan）とよぶ．枝の費用は非負であり，点 i のポテンシャルは，それ以降の計算で変化することがないので，二度と走査する必要がない．これが，Dijkstra 法の高速化の秘訣である．

Dijkstra 法の一般形を以下に示す．このアルゴリズムにおいて，S はポテンシャルが変わる可能性がある点の集合を表している．

Dijkstra 法
1 　ポテンシャル y の初期設定
2 　$S := V$
3 　**while** $S \neq \emptyset$ **do**
4 　　y_i が最小の点 $i \in S$ を選択
5 　　$S := S \setminus \{i\}$
6 　　**for all** $j : ij \in E$ **and** $j \in S$ **do**
7 　　　**if** $y_i + c_{ij} < y_j$ **then**
8 　　　　$y_j := y_i + c_{ij}$

図 6.6 に，Dijkstra 法で例題を解いたときの様子を示す．

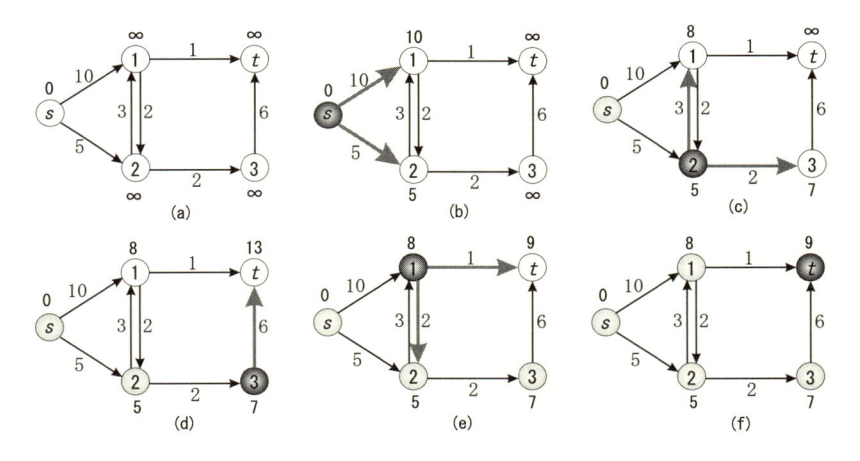

図 6.6 Dijkstra 法のスナップショット
白い点は走査されていないことを表し，濃い色で塗られた点は走査中，薄い色の点は走査済みであることを表す．(a) 初期設定後のネットワーク．(b)–(f) それぞれ点 $s, 2, 3, 1, t$ の走査．

Dijkstra 法が $O(n^2)$ 時間で終了することを示しておこう．アルゴリズム内では，各枝 ij はちょうど 1 回だけ $y_i + c_{ij} < y_j$ であるか否かのチェックを受けている．したがって，この部分にかかる計算時間は，枝の数を m としたとき $O(m)$ 時間である．アルゴリズム内の繰り返しで最も時間がかかるのは，y_i が最小の点 $i \in S$ を選択する部分である．単純に y_i を配列で保持しているものとしよう．第 k イテレーションでは，$n-k$ 個の候補から最も小さいものを選択するので，$n-k$ 回の比較演算を行う．これを $k = 1, 2, \cdots, n-1$ と繰り返すので，全体では $(n-1)+(n-2)+\cdots+2+1$ 回の比較演

算を行うことになり，$O(n^2)$ 時間で終了することが分かる．

ポテンシャル y_i ($i \in S$) を保持するデータ構造を工夫することによって，y_i が最小の点を選択する手間を改良できる．現在，理論的に最も計算時間が短いアルゴリズムは，y_i ($i \in S$) を Fibonacci ヒープとよばれるデータ構造で保持する方法であり，全体として $O(m+n\log n)$ 時間で終了する．また，実験的に高速なアルゴリズムは，y_i ($i \in S$) を 2 重バケットとよばれるデータ構造で実装したものであり，大規模問題な実際問題を数秒で解くことができる．

6.4 最大流問題

次に考えるネットワーク上の最適化問題は，最大流問題である．最大流問題は，最短路問題と並んでネットワーク理論で最も基本的な問題の 1 つであり，水や車などをネットワーク上に流すという直接的な応用の他にも，スケジューリングから分子生物学に至るまで多種多様な応用をもつ．

最短路問題の目的は，ある尺度を最適にする「パス（路）」を求めることであったが，最大流問題や次節で取り上げる最小費用流問題の目的は，ある尺度を最適にする「フロー（流）」を求めることである．

最大流問題を，グラフ・ネットワークの用語を使って定義しておこう．

> **最大流問題** (maximum flow problem)
> n 個の点から構成される点集合 V および m 本の枝から構成される枝集合 E，V と E から成る有向グラフ $G=(V,E)$，枝上に定義される非負の容量関数 $u: E \to \mathbb{R}_+$，始点 $s \in V$ および終点 $t \in V$ が与えられたとき，始点 s から終点 t までの「フロー」で，その量が最大になるものを求めよ．

図 6.7 に最大流問題の例題を示す．問題の目的は，(大雑把に言えば)枝の容量を超えないように，始点 s から終点 t までなるべくたくさんの量を運ぶことである．後で示すように，この例題では，最大で 12 単位の量を運ぶことができる．

上の問題の定義を完結させるためには，「フロー」を厳密に定義する必要がある．フロー (flow) とは枝上に定義された実数値関数 $x: E \to \mathbb{R}$ で，以下の性質を満たすものを指す．

フロー整合条件

$$\sum_{j: ji \in E} x_{ji} - \sum_{j: ij \in E} x_{ij} = 0 \quad \forall i \in V \setminus \{s, t\}$$

容量制約と非負制約

$$0 \leq x_e \leq u_e \quad \forall e \in E$$

6.4 最大流問題

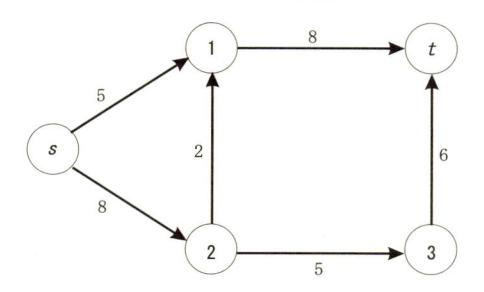

図 6.7 最大流問題の例題
枝上の数字は枝の容量を表す.

フロー x_{ij} は,点 i から点 j に運ばれる「もの」の量を表し,フロー整合条件は,点に入ってきた「もの」が必ずその点から出ていかなければならないことを表している.「もの」が発生するのは始点だけであり,消費するのは終点だけであるので,フロー整合条件の下では,始点から出た「もの」の量と終点に入ってくる「もの」の量は一致することになる.この量をフロー量とよぶ.また,容量制約と非負制約は,地点間を「もの」が流れる量の限界と流れる量の非負条件を表している.

各点 $i \in V$ に対して関数 $f_x(i)$ を

$$f_x(i) = \sum_{j:ji \in E} x_{ji} - \sum_{j:ij \in E} x_{ij}$$

と定義する.これはフローを表すベクトル x によって定まる量であり,点 i に入ってきた量 $\sum_{j:ji \in E} x_{ji}$ から出ていく量 $\sum_{j:ij \in E} x_{ij}$ を減じた値であるので,フロー x の点 i における**超過**(excess)とよばれる.終点 t における超過 $f_x(t)$ は x のフロー量に他ならない.

最大の値をもつフロー x を求めることが最大流問題の目的である.最大流問題を線形計画問題として定式化すると以下のようになる.

最大流問題
$$\begin{array}{ll} \text{maximize} & f_x(t) \\ \text{subject to} & f_x(i) = 0 \quad \forall i \in V \setminus \{s, t\} \\ & 0 \leq x_e \leq u_e \quad \forall e \in E \end{array}$$

まず,容量とフローが与えられたとき,フローがあとどれだけ増やせるか(減らせるか)を表現するための**補助ネットワーク**(auxiliary network, residual network;残余ネットワーク)の概念を導入しよう.

容量 u_{ij} をもつ枝 ij 上に x_{ij} のフローが流れているとき,点 i から点 j へはあと $u_{ij} - x_{ij}$ のフローが流せ,逆に点 j から点 i へは x_{ij} だけフローが減らせる.ここで,u_{ij} は枝 ij の容量である.このことを分かりやすく表現するための道具が補助ネットワーク $G_x = (V_x, E_x)$ である.

原問題の有向グラフ $G=(V,E)$，容量関数 u，フロー x を与えたとき，補助ネットワーク $G_x=(V_x,E_x)$ を以下のように定義する．点集合 V_x は V と同じである．枝集合 E_x の要素 ij は，以下のように生成される．$ij\in E$ でかつ $x_{ij}<u_{ij}$ のとき枝 $ij\in E_x$ とする．これは i から j へフローが増やせることを表す．枝 ij 上の**残余容量**（residual capacity）r_{ij} を増加可能量 $u_{ij}-x_{ij}$ と設定する．また，$ij\in E$ でかつ $x_{ij}>0$ のとき枝 $ji\in E_x$ とする．これは，i から j へ現在流れているフローを減らせることを表し，仮想的に j から i へフローが増やせるものと解釈するための枝である．枝 ji 上の残余容量 r_{ji} は減少可能量 x_{ij} と設定される．

補助ネットワークにおける始点 s から終点 t までのパスを**増加可能パス**（augmenting path）とよぶ．補助ネットワークの生成法から分かるように，増加可能パスに含まれる枝の中の最小の残余容量 Δ だけフローを増加させることができる．このとき，補助ネットワークの枝 ij は，i から j へフローが増加できる場合と，j から i へ現在流れているフローを減少できる場合の 2 通りが考えられる．前者を**前向きの枝**（forward edge），後者を**後向きの枝**（backward edge）とよぶことによって区別する．原ネットワーク上では，前向きの枝に対してはフロー量は Δ だけ増加し，後向きの枝に対してはフロー量は Δ だけ減少することになる．この操作を「増加可能パス上にフローを Δ だけ増加させる」とよぶ．

適当なフローからはじめて，上の手順を繰り返す方法が Ford–Fulkerson 法である．

Ford–Fulkerson 法
1　$x_e:=0, \forall e\in E$ と初期設定
2　**while**　補助ネットワーク上に増加可能パスが存在する **do**
3　　「適当な」増加可能パス P を選択
4　　$\Delta :=$ パス P 内の枝の残余容量の最小値
5　　パス P 上にフローを Δ だけ増加させる

図 6.8 に，Ford–Fulkerson 法を例題に適用したスナップショットを示す．

始点 s を含み，終点 t を含まない点の部分集合 S を考える．S から出て S 以外の点に向かう枝の集合を**カット**（cut）とよび，

$$\delta(S)=\{ij \mid ij\in E, i\in S, j\notin S\}$$

と書くことにする．カットに含まれる枝の容量の合計をカット容量とよぶ．始点 s から終点 t までは，（どんなにがんばっても）カット容量より多くのフローを流すことはできないので，カット容量はフロー量の上界を与えることが分かる．すべての可能なカットに対して，カット容量を最小にするものを求める問題は，**最小カット問題**（minimum cut problem）とよばれる．

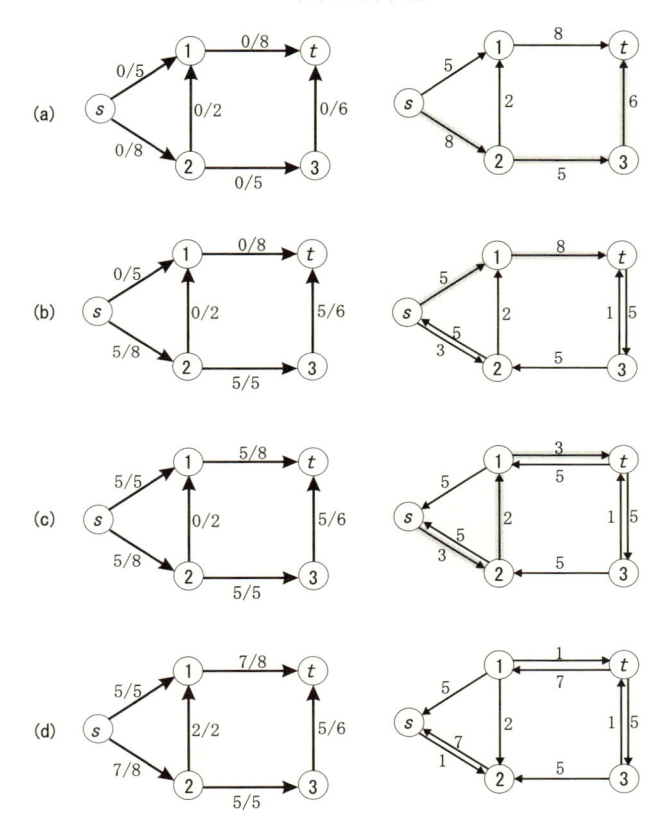

図 6.8 Ford–Fulkerson 法のスナップショット
左側がもとの問題のネットワーク（枝上に示しているのはフロー量/容量）．右側が補助ネットワーク（枝上に示しているのは残余容量）．

最大流問題と最小カット問題には，以下の関係がある．

定理 6.1 (最大フロー・最小カット定理) 最大フローが存在するとき，最大フロー量と最小カット容量は一致する．

Ford–Fulkerson 法が，この定理の実質的な証明になっている．Ford–Fulkerson 法の終了時において補助ネットワーク上で始点から到達できる点の集合を S とし，カット $\delta(S)$ を考える（図 6.9）．このとき補助ネットワーク上で S から $V \setminus S$ への枝がないことから，$\delta(S)$ 内のすべての枝 ij に対して $x_{ij} = u_{ij}$ が成立している，言い換えれば流れているフロー量とカット容量が一致していることが言える．これは，3.3 節で述べた

線形計画の双対性に他ならない．

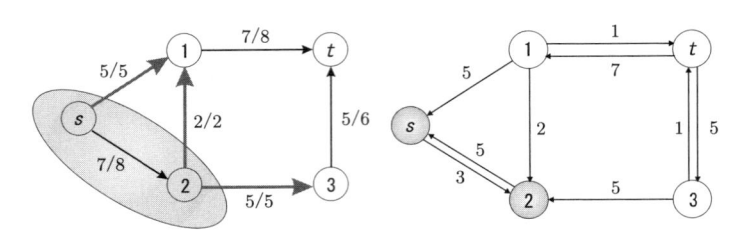

図 6.9 最大フロー・最小カット定理の参考図

6.5 最小費用流問題

ここで考えるネットワーク上の最適化問題は最小費用流問題とよばれ，サプライ・チェインの本質とも言える「最小費用のフロー」を求める問題である．最小費用流問題の目的は，前節の最大流問題と同様に，ある基準を最適化する「フロー」を求めることであるが，前々節の最短路問題と同様に，目的は費用の最小化である．つまり，最小費用流問題は，最大流問題と最短路問題の2つの特徴をあわせもった問題と考えられる．

最短路問題のように始点と終点を決めるのではなく，ここではもう少し一般的に各点ごとに流出量を定義することにしよう．流出量は非負とは限らず，負の流出量は流入量を表す．流出量の総和は，ネットワーク内に「もの」が貯まらない（もしくは不足しない）ためには，0になる必要がある．

最小費用流問題　（minimum cost flow problem）
n 個の点から構成される点集合 V および m 本の枝から構成される枝集合 E，V および E から成る有向グラフ $G = (V, E)$，枝上に定義される費用関数 $c : E \to \mathbb{R}$，枝上に定義される非負の容量関数 $u : E \to \mathbb{R}_+ \cup \{\infty\}$，点上に定義される流出量関数 $b : V \to \mathbb{R}$ が与えられたとき，「実行可能フロー」で，費用の合計が最小になるものを求めよ．ただし，$\sum_{i \in V} b_i = 0$ を満たすものとする．

図 6.10 に最小費用流問題の例題を示す．この例題では，10 単位の量を始点 s から終点 t まで運ぶときの最小費用の輸送経路を求めることが目的である．枝には，費用と容量の2つが定義される．

上の問題の定義を完結させるためには，「実行可能フロー」を厳密に定義する必要がある．（最小費用流問題に対する）**実行可能フロー**（feasible flow）とは枝上に定義された実数値関数 $x : E \to \mathbb{R}$ で，以下の性質を満たすものを指す．

6.5 最小費用流問題

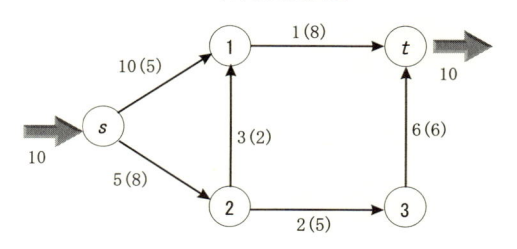

図 6.10 最小費用流問題の例題
枝上の数字は地点間の輸送費用，括弧内の数字は移動可能量の上限を表す．

フロー整合条件

$$\sum_{j:ji\in E} x_{ji} - \sum_{j:ij\in E} x_{ij} = b_i \quad \forall i \in V$$

容量制約と非負制約

$$0 \leq x_e \leq u_e \quad \forall e \in E$$

フロー整合条件は，

$$\sum_{j:ji\in E} x_{ji} = b_i + \sum_{j:ij\in E} x_{ij} \quad \forall i \in V$$

と変形でき，この式の左辺は点 i への流入量の合計，右辺は流出量の合計を表す．

最大流問題を解くために重要な役割を果たした補助ネットワークを最小費用流問題にも適用してみよう．

最大流問題に対する**補助ネットワーク**（auxiliary network, residual network；残余ネットワーク）は，容量 u とフロー x が与えられたとき，フローがあとどれだけ増やせるか（減らせるか）を表現するための道具であった．最小費用流問題に対する補助ネットワーク $G_x = (V_x, E_x)$ もまったく同じであるが，枝上に費用 c' を定義するところが異なる．

容量 u_{ij} をもつ枝 ij 上に x_{ij} のフローが流れているとき，点 i から点 j へはあと $u_{ij}-x_{ij}$ のフローが流せ，逆に点 j から点 i へは x_{ij} だけフローが減らせる．$u_{ij}-x_{ij} > 0$ のとき枝 ij を引き，$x_{ij} > 0$ のとき枝 ji を引くことによって補助ネットワークは生成される．前者を**前向きの枝**（forward edge），後者を**後向きの枝**（backward edge）とよび，前向きの枝 ij の残余容量 r_{ij} を増加可能量 $u_{ij}-x_{ij}$ に，後向きの枝 ji 上の残余容量 r_{ji} を減少可能量 x_{ij} に設定したことを思い起こされたい．前向きの枝 ij はフローが増加できることを表していたので，ij にそってフローを 1 単位流したとき，費用は c_{ij} だけ増加する．したがって，(当然のことであるが)補助ネットワークにおける枝 ij の費用 c'_{ij} は原問題の枝の費用 c_{ij} と定義する．一方，後向きの枝 ji は，フロー

が減少できることを表していたので，ji にそってフローを 1 単位流したとき，費用は c_{ij} だけ減少する．したがって，補助ネットワークにおける枝 ji の費用 c'_{ji} は $-c_{ij}$ と定義する．

実行可能なフロー x を与えたとき，補助ネットワーク上に負閉路が存在するなら，その閉路にフローを流すことによって総費用が改善できる．適当な実行可能なフローからはじめて，上の手順を繰り返す方法が**閉路消去法**（cycle canceling method）である．

閉路消去法
1　$x_e\,(e \in E)$ を実行可能なフローに初期設定
2　**while**　補助ネットワーク上に閉路が存在する **do**
3　　「適当な」負閉路 C を選択
4　　$\Delta :=$ 負閉路 C 内の枝の残余容量の最小値
5　　閉路 C 上にフローを Δ だけ増加させる

図 6.11 に，例題に閉路消去法を適用したときの様子を示す．実行可能な初期のフローを得るために，始点 s から終点 t へ枝 st を引き，その費用 c_{st} を十分に大きな値 M とし，その容量 u_{st} を 10 と設定しておく．M は非常に大きな数であるので，もちろんこのフローは最適ではない．閉路消去法では，このフローを負閉路を見つけることによって改善していく．

6.6　多品種流問題

前節の最小費用流問題の拡張として，複数の異なる「もの」のフローを扱う**多品種流問題**を考えよう．ネットワーク上を流す必要がある異なる「もの」を**品種**（commodity）とよぶ．品種は，始点と終点をもち，決められた量を始点から終点まで運ぶ必要があるものとする．さて，これらの品種に対して，別々に容量制約が与えられている場合には，品種ごとに前節の最小費用流問題を解けば済む．ここでは，自然な拡張として，品種の流量の和が枝の容量以下である，という条件を課すものとする．

多品種流問題　（multi-commodity flow problem）
n 個の点から構成される点集合 V および m 本の枝から構成される枝集合 E，品種集合 K，V および E から成る有向グラフ $G = (V, E)$，品種ごとに枝上に定義される費用関数 $c : E \times K \to \mathrm{R}$，枝上に定義される非負の容量関数 $u : E \to \mathrm{R}_+ \cup \{\infty\}$，品種 $k\,(\in K)$ の始点 s_k，終点 t_k，品種の需要量関数 $b : K \to \mathrm{R}$ が与えられたとき，「実行可能フロー」で，費用の合計が最小になるものを求めよ．

6.6 多品種流問題

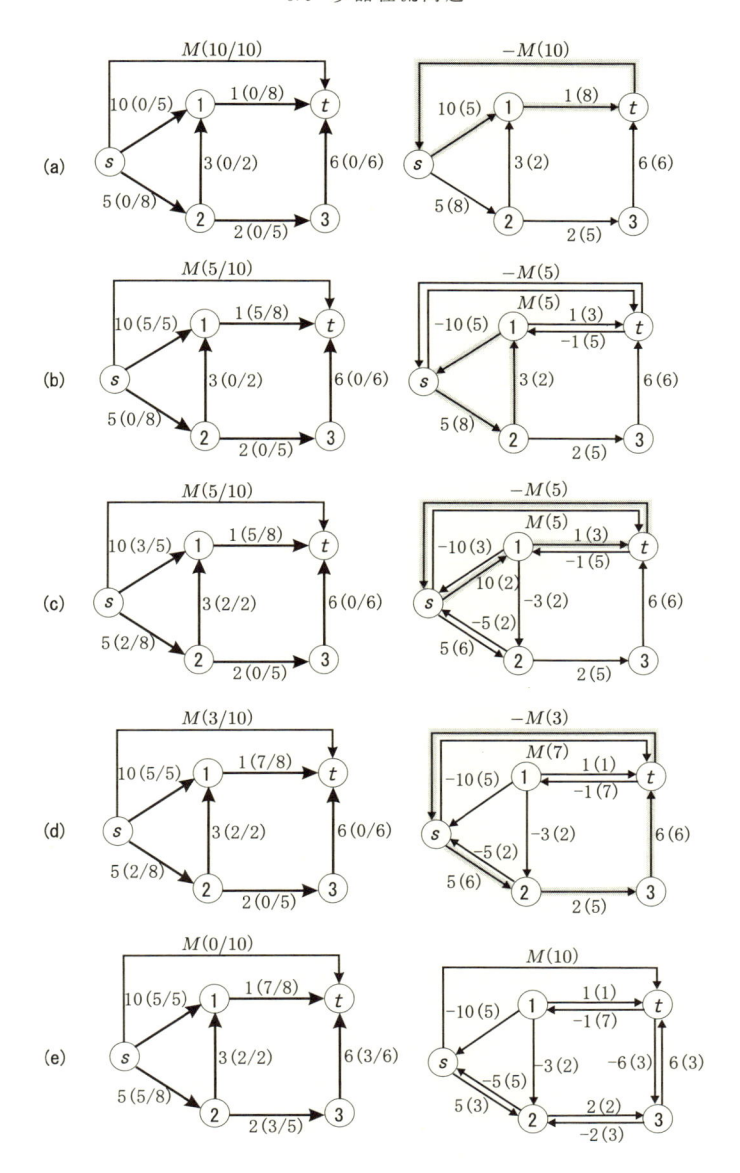

図 6.11 閉路消去法のスナップショット
左側がもとの問題のネットワーク（枝 e 上に示しているのは，費用 c_e と (フロー量/容量) のペア）．右側が補助ネットワーク（枝 e 上に示しているのは，補助ネットワークにおける費用 c'_e と (残余容量) のペア）．

多品種流問題における実行可能フローとは，前節と同様にフロー整合条件，容量制約，ならびに非負制約を満たすフローである．正確に言うと，多品種の実行可能フローとは，実数値関数 $x: E \times K \to \mathrm{R}$ で，以下の性質を満たすものを指す．

フロー整合条件

$$\sum_{j:ji\in E} x_{ji}^k - \sum_{j:ij\in E} x_{ij}^k = \begin{cases} -b_k & i = s_k \\ 0 & i \in V \setminus \{s_k, t_k\} \\ b_k & i = t_k \end{cases} \quad \forall k \in K$$

容量制約

$$\sum_{k \in K} x_e^k \leq u_e \quad \forall e \in E$$

非負制約

$$x_e^k \geq 0 \quad \forall e \in E, k \in K$$

上の定義では，品種は分割して運んでも良いものと仮定した．このことを強調するために，上の問題は**小数多品種流問題**（fractional multi-commodity flow problem）とよばれることもある．小数多品種流問題は，線形計画問題の特殊形であるので，多項式時間で解くことができる．一方，分割を許さない多品種フロー問題は，**整数多品種流問題**（integer multi-commodity flow problem）とよばれ，品種数が 2 で容量がすべて 1 の場合でも $\mathcal{NP}$-困難になることが知られている．

多品種流問題は，無向グラフ $G = (V, E)$ でも自然に定義できる．無向グラフの場合には，枝 $e = ij$ 上の容量制約は以下のように変更される．

$$\sum_{k \in K} \left(x_{ij}^k + x_{ji}^k \right) \leq u_e \quad \forall e \in E$$

これは，i から j に流れるフローと j から i に流れるフローの和が，枝 ij の容量を超えないことを表す．

無向グラフ上で定義された多品種流問題に対して，3.7 節の Dantzig–Wolfe の分解法（列生成法）を適用してみよう．

問題の構造を眺めてみると，容量制約が主問題になり，フロー整合条件が分解される子問題になることが分かる（図 6.12）．フロー整合条件から構成される問題は，品種ごとの最短路問題に他ならないので，容易に解くことができる．その多面体の端点は，品種の始点から終点までのパスに相当する．つまり，多品種流問題は，パス上にどれだけのフローを流すかを表す変数を用いて定式化をし直すことができる．

品種 $k\ (\in K)$ の始点 s_k から終点 t_k に至るパスの集合を P_k とする．また，パス p に含まれる枝の集合を $E(p)$ とする．品種 k に対するパス p 上を流れるフロー量を表す変数を X_p^k とすると，多品種流問題は以下のように書くことができる．

6.6 多品種流問題

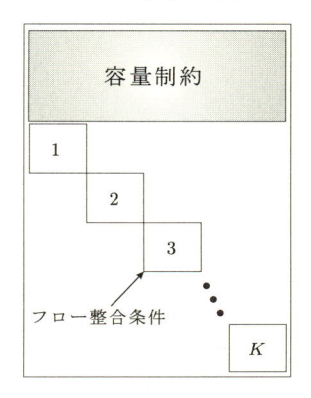

図 6.12 多品種流問題の構造

$$\text{minimize} \quad \sum_{p \in P_k, k \in K} \sum_{e \in E(p)} c_e^k X_p^k$$

$$\text{subject to} \quad \sum_{p \in P_k} X_p^k = b_k \qquad \forall k \in K \tag{6.1}$$

$$\sum_{p \in P_k, k \in K : e \in E(p)} X_p^k \leq u_e \qquad \forall e \in E \tag{6.2}$$

$$X_p^k \geq 0 \qquad \forall p \in P_k,\ k \in K$$

もちろん，パスの数は非常に大きいので，そのうちの一部を用いた問題（これを制限つき主問題とよぶ）を考える．制限つき主問題を解いたときの式 (6.1) と式 (6.2) に対する最適双対変数を，それぞれ λ_k, π_e とする．それぞれの品種 k ($\in K$) に対して，枝の費用を $c_e^k + \pi_e$ として始点から終点までの最短路を求め，その費用が λ_k 未満なら新しい列（パス）が求まったので，それをパス集合 P_k に追加する．すべての品種 k に対して，最短路問題の最適値が λ_k 以上なら，現在の基底解が最適であるので終了する．

簡単な例題を用いて，上の解法を説明しよう．図 6.13 のような 2 品種の無向グラフ上の多品種流問題を考える．点 0 から点 4 までは 5 単位の需要を流す必要があり，さらに点 1 から点 3 には 2 単位の需要を流す必要があるものとする．枝上に 1 単位のフローを流したときの費用は，品種によらないものとし，その値は図中に記す通りである．無向グラフ上の問題なので，枝上のフローはいずれの向きに流れても枝の容量を必要とすることに注意されたい．

まず，点 0 から点 4 へ流す品種（品種 1）に対するパスとして，$0 \to 1 \to 4$ を，点 1 から点 3 へ流す品種（品種 2）に対するパスとして，$1 \to 2 \to 3$ を考える．この 2 つのパスだけを考えた制限つき主問題は，簡単に解くことができ，最適値 67 を得る．最適双対変数の値が，新たな列（パス）の情報を与えてくれる．式 (6.2) に対する最適双

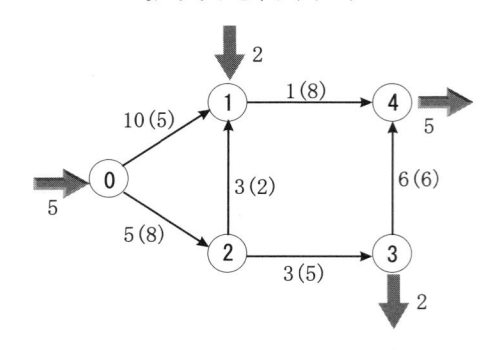

図 6.13 多品種流問題の例題
枝上の数字は地点間の輸送費用,括弧内の数字は容量を表す.

対変数 π_e はすべて 0,式 (6.1) に対する最適双対変数は $\lambda_1 = 11$, $\lambda_2 = 6$ となる.これは,始点から終点までのパス長(パスに含まれる枝の費用の合計)に他ならない.

各品種に対して,枝の費用を $c_e^k + \pi_e$ として始点から終点までの最短路を求めると,新たなパスとして $0 \to 2 \to 1 \to 4$ を得る.このパスの費用は 9 ($=3+3+1$) で,現在の双対変数 λ_1 ($=11$) 未満なので,このパスを追加して再び制限つき主問題を解く.最適値は変わらず 67 であるが,最適双対変数は変化する.枝 12 に対する式 (6.2) の最適双対変数 $\pi_{12} = 2$ となる.これは,枝 12 の容量制約は 2 つの品種で競合しているので,この枝を使うときには,さらに費用を 2 単位分負担してもらうことを意味する.品種 2 に対する式 (6.1) の最適双対変数は $\lambda_2 = 8$ に変化する.これは,枝 12 の双対変数が増加したため,パス $1 \to 2 \to 3$ の費用が増加したことを表す.

再び,各品種に対して,枝の費用を $c_e^k + \pi_e$ として始点から終点までの最短路を求めると,新たなパスとして $1 \to 4 \to 3$ を得る.このパスの費用は 7 ($=1+6$) で,現在の双対変数 λ_2 ($=8$) 未満なので,このパスを追加して再び制限つき主問題を解く.最適値は 65 に減少する.新たな双対変数に対して最短路問題を解いても,$\lambda_1 = 11$, $\lambda_2 = 7$ 未満の費用をもつパスは見つからないので,現在の解が最適となる.

最適解は,品種 1 に対してはパス $0 \to 1 \to 4$ に 3 単位のフロー,パス $0 \to 2 \to 1 \to 4$ に 2 単位のフローを流し,品種 2 に対してはパス $1 \to 4 \to 3$ に 2 単位のフローを流すものであり,最適値は 65 である.

6.7 最小木問題の定式化

6.2 節は,基本的なグラフ上の最適化問題として最小木問題を考え,簡単に最適解を求めることができることを示した.最小木問題に対する「良い」定式化を導いておくことは,良い付加条件がついた最小木問題や,木の構造をもった $\mathcal{NP}$-困難問題に対して,

数理計画ベースの解法を適用する際に役に立つ．ここでは，最小木問題に対する様々な定式化を示し，定式化の強弱について考察する．

6.7.1 閉路除去定式化

最初の定式化は，点の部分集合に対して閉路を含まないことを表現したものであり，**閉路除去定式化**（circuit elimination formulation）とよばれる．

定式化に必要な記号を導入しておく．点集合 V の要素の数（位数）を n とする．枝集合 E の要素の数（位数）を m とする．点の部分集合 S に対して，両端点が S に含まれる枝の集合を $E(S)$ と書く．また，枝 $e \in E$ が全域木に含まれるとき 1，それ以外のとき 0 を表す 0-1 変数 x_e を導入する．

木は，閉路を含まないグラフであったので，点集合の任意の部分集合 $S \subset V$ に対して，S に両端点が含まれる枝の本数は，点の数 $|S|$ から 1 を減じた値以下である必要がある．また，全域木であるためには，枝数の合計はちょうど $n-1$ 本でなければならない．

上の議論から，以下の定式化を得る．

$$\begin{aligned}
&\text{minimize} && \sum_{e \in E} c_e x_e \\
&\text{subject to} && \sum_{e \in E} x_e = n - 1 && (6.3) \\
& && \sum_{e \in E(S)} x_e \leq |S| - 1 && \forall S \subset V && (6.4) \\
& && x_e \in \{0, 1\} && \forall e \in E && (6.5)
\end{aligned}$$

全域木の特性ベクトル $x \in \{0,1\}^m$ とは，全域木 T が枝 e を含むとき $x_e = 1$，それ以外のとき $x_e = 0$ と定義されるベクトルである．すべての全域木の特性ベクトルの凸包を，最小木多面体とよび，P_{mst} と記す．

閉路除去定式化の整数制約 (6.5) を非負制約 $x_e \geq 0$ $(\forall e \in E)$ に緩和した問題の実行可能解の集合を表す多面体を P_{sub} と書く．

$$P_{\mathrm{sub}} = \left\{ x \in \mathbf{R}^m \;\middle|\; \sum_{e \in E} x_e = n - 1,\; \sum_{e \in E(S)} x_e \leq |S| - 1 \;\forall S \subset V,\; x_e \geq 0 \;\forall e \in E \right\}$$

これは，最小木多面体と一致することが示される．言い換えれば，最小木問題に対する最も強い定式化である．

6.7.2 カットセット定式化

点の部分集合 S に対して，$\delta(S)$ を端点の 1 つが S に含まれ，もう 1 つの端点が S に含まれない枝の集合とする．枝集合は，S 内に両端点をもつ枝の集合 $E(S)$，$V \setminus S$

内に両端点をもつ枝の集合 $E(V \setminus S)$ と $\delta(S)$ の和集合である．すなわち，

$$E = E(S) \cup E(V \setminus S) \cup \delta(S)$$

が成立する．全域木の特性ベクトル x に対しては，$\sum_{e \in E} x_e = n-1$ であり，さらに S と $V \setminus S$ に対する部分閉路除去を表す制約 $\sum_{e \in E(S)} x_e \leq |S|-1$ ならびに $\sum_{e \in E(V \setminus S)} x_e \leq |V \setminus S|-1$ であるので，制約 $\sum_{e \in \delta(S)} x_e \geq 1$ が妥当不等式であることが分かる．これをカットセット制約とよぶ．カットセット制約を用いた最小木問題の定式化は，以下のように書ける．

$$\begin{align}
\text{minimize} \quad & \sum_{e \in E} c_e x_e \\
\text{subject to} \quad & \sum_{e \in E} x_e = n-1 \tag{6.6} \\
& \sum_{e \in \delta(S)} x_e \geq 1 \quad \forall S \subset V \tag{6.7} \\
& x_e \in \{0,1\} \quad \forall e \in E \tag{6.8}
\end{align}$$

カットセット定式化の整数制約 (6.8) を非負制約 $x_e \geq 0$ $(\forall e \in E)$ に緩和した問題の実行可能解の集合を表す多面体を P_{cut} と書く．

$$P_{\text{cut}} = \left\{ x \in \mathbb{R}^m \;\middle|\; \sum_{e \in E} x_e = n-1, \sum_{e \in \delta(S)} x_e \geq 1 \; \forall S \subset V, x_e \geq 0 \; \forall e \in E \right\}$$

$x \in P_{\text{sub}}$ を満たすベクトル x をもってきたとき，任意の $S \subset V$ に対して，$\sum_{e \in E(S)} x_e \leq |S|-1$ かつ $\sum_{e \in E(V \setminus S)} x_e \leq |V \setminus S|-1$ が成立し，さらに，集合間の関係式

$$E = E(S) \cup E(V \setminus S) \cup \delta(S)$$

と $\sum_{e \in E} x_e = n-1$ から，カットセット制約 $\sum_{e \in \delta(S)} x_e \geq 1$ が導かれる．よって，

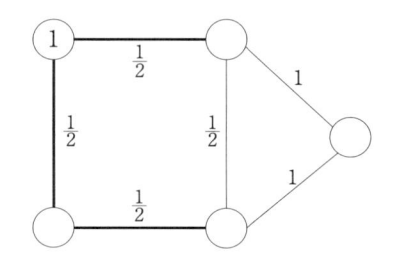

図 **6.14** カットセット定式化の線形計画緩和問題の最適解が小数解になる例（目的関数値は 3/2）
太線の枝の費用は 1，細線の枝の費用は 0 とする．

$P_{\text{sub}} \subseteq P_{\text{cut}}$ であるので，閉路除去制約はカットセット制約と同等以上に強い定式化であることが分かる．また，図 6.14 に示すように，$P_{\text{sub}} \subseteq P_{\text{cut}}$ であり，かつ $x \in P_{\text{sub}}$ で $x \notin P_{\text{sub}}$ のものが存在する．すなわち，閉路除去制約は，カットセット制約より「真に」強い定式化である．

6.7.3 単品種流定式化

前項までの定式化では，入力サイズの指数オーダーの制約式を必要とした．ここでは，多項式オーダーの制約式から構成される定式化を考える．前項のカットセット制約は，グラフの任意のカットが 1 以上の容量をもつことを規定していたが，最大フロー・最小カット定理から，フローを用いた定式化を自然に導くことができる．

いま，グラフ $G = (V, E)$ 内の特定の点 $1 \, (\in V)$ から，他のすべての点に 1 単位のフローを流すことを考える．枝 $e = (i, j)$ を i から j へ流れるフロー量を f_{ij} とする．点 1 から出る（供給する）フロー量は $n-1$ 単位であり，それを他の各点で 1 単位ずつ消費するものとする．点 i から点 j もしくは点 j から点 i へ，いずれかの方向にフローが流れているときに，枝 $e = (i, j)$ が最小木に含まれるものとすると，以下の**単品種流定式化**（single commodity flow formulation）を得ることができる．

$$\text{minimize} \quad \sum_{e \in E} c_e x_e$$
$$\text{subject to} \quad \sum_{e \in E} x_e = n - 1 \tag{6.9}$$
$$\sum_{j : (1,j) \in \delta(\{1\})} f_{1j} = n - 1 \tag{6.10}$$
$$\sum_{(j,i) \in \delta(\{i\})} f_{ji} - \sum_{(i,j) \in \delta(\{i\})} f_{ij} = 1 \quad \forall i \in V \setminus \{1\} \tag{6.11}$$
$$f_{ij} \leq (n-1) x_e \qquad \forall e = (i, j) \in E$$
$$f_{ji} \leq (n-1) x_e \qquad \forall e = (i, j) \in E$$
$$x_e \in \{0, 1\} \qquad \forall e \in E$$
$$f_{ij} \geq 0, \, f_{ji} \geq 0 \qquad \forall e = (i, j) \in E$$

残念なことに，この定式化の線形計画緩和問題の多面体 P_{flo} は非常に弱い．図 6.15 に示すように，小数解が存在し，得られる下界は 1 となり，カットセット制約のときの下界 3/2 より小さい．

6.7.4 多品種流定式化

カットセット制約と同等の強さをもつ定式化を得るためには，特定の点 $1 \, (\in V)$ から，他の点 $k \, (\in V \setminus \{1\})$ に流すフローを区別する必要がある．フローの出先は**発地**（origin），

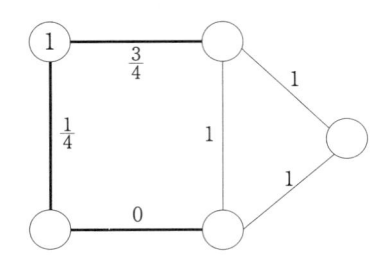

図 6.15 単品種流定式化の線形計画緩和問題の最適解
が小数解になる例（目的関数値は 1）
太線の枝の費用は 1, 細線の枝の費用は 0 とする.

行き先は**着地**（destination）とよばれる．この場合は，発地はすべて特定の点 1 であり，着地は他のすべての点である．一般に，異なる発地と着地をもつフローは区別して扱う必要があり，これを**品種**（commodity）とよぶ．ここで考える定式化は，複数の品種をもつ問題を用いるので，**多品種流定式化**（multi-commodity flow formulation）とよばれる．点 1 から点 k へ流れるフローが，枝 (i,j) 上を i から j の向きで通過する量を表す実数変数を f_{ij}^k としたとき，多品種流定式化は，以下のようになる．

$$\text{minimize} \quad \sum_{e \in E} c_e x_e$$

$$\text{subject to} \quad \sum_{e \in E} x_e = n - 1$$

$$\sum_{(j,i) \in \delta(\{i\})} f_{ji}^k - \sum_{(i,j) \in \delta(\{i\})} f_{ij}^k = \begin{cases} -1 & i = 1, \forall k \in V \setminus \{1\} \\ 0 & \forall i \in V \setminus \{1, k\}, k \in V \setminus \{1\} \\ 1 & i = k, \forall k \in V \setminus \{1\} \end{cases}$$

$$f_{ij}^k + f_{ji}^{k'} \leq x_e \quad \forall k, k' \in V \setminus \{1\}, e = (i,j) \in E \quad (6.12)$$

$$x_e \in \{0, 1\} \quad \forall e \in E$$

$$f_{ij}^k \geq 0, f_{ji}^k \geq 0 \quad \forall k \in V \setminus \{1\}, e = (i,j) \in E$$

式 (6.12) は，以下のようにして得られたものである．まず，点 i から点 j へ 1 つ以上の品種が流れているときに 1，それ以外のとき 0 になる変数 w_{ij} を導入する．このとき，

$$f_{ij}^k \leq w_{ij} \quad \forall k \in V \setminus \{1\}, (i,j) = e \in E$$

$$f_{ij}^k \leq w_{ji} \quad \forall k \in V \setminus \{1\}, (i,j) = e \in E$$

が成立する．さらに，変数 x_e が 1 になるのは，$w_{ij}=1$ または $w_{ji}=1$ の場合であるので，

$$w_{ij} + w_{ji} = x_w \quad \forall (i,j) = e \in E$$

が成立する．これらの関係式から変数 w_{ij} を消去することによって，式 (6.12) を得る．

この定式化の線形計画緩和問題の多面体 P_{mcflo} は，閉路除去定式化の線形計画緩和問題の多面体 P_{sub} と等しいことを示すことができる．

7 サプライ・チェインとモデル

本章では，サプライ・チェインにおけるモデルについて考える．

7.1 節では，一般のモデルについて考察し，大雑把なモデルの分類基準を示す．

7.2 節では，モデルの評価尺度について議論する．

7.3 節では，モデルを作成する際の注意点について考える．

7.4 節では，サプライ・チェインの様々なモデルを抽象化した統合モデルを紹介する．

7.5 節では，輸送モデルを一般化した抽象モデルについて論じる．

7.6 節では，スケジューリングモデルやロットサイズ決定モデルなどを一般化した抽象モデルについて論じる．

7.7 節では，在庫モデルや動的価格づけモデル（収益管理）を一般化した抽象モデルについて論じる．

7.1 モデルとは

一般にモデルというと，鉄道模型やファッションモデルを想像するかもしれないが，ここで扱うモデル（model；模型）は，現実を抽象化・簡略化し，それを数学的に記述したものと定義される．ロジスティクスやサプライ・チェインの定義と同様に，この定義を聞いて「モデルとは何か？」を理解できる人は少ないだろう．（少なくとも筆者には何のことだか分からない．）他にも，モデルの定義については様々な提案があるが，どれも言葉の置き換えにすぎないので，ここではこれ以上紹介しないが，重要なことは，「現実」があって，それを表す「何か」がモデルということであり，この際に，現実における細かなことは端折って，単純化ならびに抽象化を行うことがモデル化の本質であり目的である（図 7.1）．

数学的モデルは，主に科学者や工学者によって使われる．科学者は，現実を理解するためにモデルを用い，工学者は何か（最適化やシミュレーション）をするためにモデルを使う．もちろん本書では，ロジスティクスやサプライ・チェインを工学的立場で考えるので，後者の使い方を想定する．そのため，モデルとよぶための条件として，実際に役に立つこと，ならびにある程度の普遍性をもつことを付加しておく．

モデルの分類基準には様々なものが考えられるが，モデルに内在するデータの性質によって，以下の項目で分類するのが一般的である．

7.1 モデルとは　　　　　　　　　　　　　　　　　　　　　　　*161*

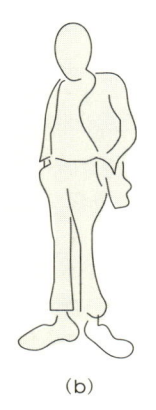

　　　　　　　　(a)　　　　　　　　　(b)

　　　図 **7.1**　モデル化の概念図
　　　(a) 現実.　(b) モデル.

不確実性の有無
　確定的:　データの確定値があらかじめ分かっており，因果関係が一意に定まる．
　確率的:　データが不確実性をもち，確率的な情報として与えられており，因果関係が確定的なものでない．

時間的要因の有無
　静的:　時間的要因をモデルに組み込まず，時間を止めて考える．
　動的:　時間的要因を組み込み，時間によるデータの変化を考慮して考える．

　各分類ごとの代表的なサプライ・チェイン最適化モデルとそれに対するアプローチを，表 7.1 に示す．

　他の分類基準として，モデルの視点によって，ミクロ（微視的）なものか，マクロ

表 **7.1**　一般的なモデルの分類ごとの，代表的なサプライ・チェイン最適化モデルとアプローチ

不確実性	時間的要因	
	静的	動的
確定的	経済発注量モデル ネットワーク設計モデル 解析的手法 数理計画 （メタ）ヒューリスティクス	ロットサイズ決定モデル スケジューリングモデル ローリング・ホライズン方式 （メタ）ヒューリスティクス
確率的	確率的在庫モデル 単期間収益管理モデル 解析的手法 動的計画 シミュレーション（無限小摂動解析）	動的・確率的在庫モデル 多期間収益管理モデル 動的計画 マルコフ決定過程 強化学習（ニューロ動的計画）

(巨視的) なものかに分類することもある．視点による分類については，長期（ストラテジック），中期（タクティカル），短期（オペレーショナル）と，より細かくする見方もある（1.4.2 項参照）．また，データの不確実性についての分類では，データが確定的か確率的かの 2 つに分類したが，その他にも，データについて確率的な情報さえ与えられていない場合も考えられる．そういう意味では，モデルの分類は明確なものでなく，見方によってはどちらの分類でも良い場合がある．たとえば，動的ロットサイズ決定モデルという多期間の生産計画モデル（第 9 章）では，時間別にデータが異なるので，名前の通り「動的」モデルであるという見方もできるし，時間を止めて多期間の静的なデータで解いているので，「静的」モデルであるという見方もできる．さらに，ミクロ，マクロのモデル分類も相対的なものであり，他のモデルと比べて大雑把ならマクロ，精密ならミクロとよばれることもある．

7.2　モデルの評価尺度

モデルを評価するための尺度については，以下のものが考えられる．なお，この尺度はアルゴリズムを評価するための尺度[165]をもとにしている．

汎用性： 広い範囲の問題に対して適用可能なこと．特定の問題を解決するために，特別にこしらえたモデルより，広い範囲の問題を扱えるモデルの方が望ましい．しかし，一般にはカスタマイズの作業によって主な収益を得ているソフトウェア産業においては，汎用性がおざなりになっているケースが多いように感じられる．また，汎用性にばかり注意していると，第二の評価尺度である単純性が失われる場合が多いので，バランス感覚をもってモデルを設計する必要がある．

単純性： モデルの理解が容易で記述が簡単なこと．実務家はしばしば自分が理解できないモデルを使用することを嫌う．したがって，同じ問題を解決するために設計されたモデルなら，誰にでも理解がしやすく，かつ説明しやすいモデルが，より優れていると評価されるべきである．サプライ・チェインに内在する色々なタイプのモデルを眺めてみると，現在の段階でよく使われているのは，記述が容易なモデルが多いように感じられる．

拡張の容易さ： 他の異なる種類の問題に対しても容易に拡張できること．実際問題では，付加条件の追加やモデルの変更が頻繁に起こるケースが多い．したがって，ある特定の問題にだけ適用できるのでなく，多少の変更により類似の他の問題にも適用できるモデルが実用上重要である．これを考える際には，モデルだけでなく，それを解くための方法論（もっと細かく言うとアルゴリズム）まで考える必要がある．

新規性： 斬新なアイディアが含まれていること．これは論文が受理されるためには，最も重要な尺度の 1 つであり，最近では実務においても特許のノルマを達成するために重要な尺度となっている．ほとんどの場合が，従来の研究に対する調査不足のため，それほど新規である訳ではないが，人類の新しい一歩を踏み出したという満

足感は研究者にとって重要であり，尊重されるべきである．
重要性： 重要な問題のクラスを対象にしていること．重要な応用のたくさんある問題を抽象化したモデルは，応用の少ない（もしくは存在しない）問題を解くためのモデルと比べて，重要である．特に，論文を書くためだけに作成されたモデルが氾濫することは，実務家がモデルを選択する作業を混乱させるだけであり，この分野の発展のためには，むしろマイナスである．

7.3 モデリングのための十戒

ここでは，自分がモデルを作成する際に注意をしている戒めをまとめておく．

1) モデルを単純化せよ．ただし程々に．

実務家（特に重要な意思決定を行う人）にとって，中身が理解できないほど複雑化されたモデルを使うことには抵抗がある．ブラックボックスから出てきた結果を目をつぶって信用せよ，というのはあまりに乱暴である．そのため，ストラテジックもしくはタクティカルレベルの意思決定のためのモデルは，ある程度単純化されたものが望ましいと考えられる．

しかし，一方では実務上の重要な制約をすべて取っ払ったモデルではものの役には立たない．昔の笑い話に，牛のミルクの出を良くするための報告書が「球体の牛を考えよ．」からはじまっていたという話があるが，過度に単純化・抽象化されたモデルが専門家の間ではよく見受けられる．これを，笑い話に因んで「丸い牛シンドローム」とよぶことにする．ある程度実際問題を単純化・抽象化したモデルは，問題に対する洞察を得るためには役に立つが，モデルを解析的に解くためのテクニックを披露するためだけに現実離れした単純化モデルを大量に作成することは，実務家を遠ざける一因になっているので戒めるべきである．

2) 小さなモデルからはじめよ．ただし小さな問題例に対するテストだけで，大規模問題例の解決を請け負ってはいけない．

いきなり大規模なデータを入れたモデルを作成することは避けなければならない．モデリングの最初のフェイズでは，モデルの妥当性の検証を行う必要がある．大規模データを用いて妥当性の検証を行うことは，求解時間が膨大になるだけでなく，得られた結果が正しいかどうかの判定も難しくなる．最初は，結果も直感的に理解でき，(Excelなどの表計算ソフトウェアを補助とした)簡単な手計算で検証できる程度の，単純かつ小規模なモデルからはじめるべきである．その後も，問題の規模を急に大きくするのではなく，徐々にデータ量を増やしていき，もうこれで大丈夫とお墨つきが出た後で，本当のデータを入れた大規模問題例に挑戦すべきである．

しかし，小規模な問題例に対するテストでうまくいったとしても，同じ手法が大規模問題例に対して，そのまま適用できると考えるのは大変危険である．特に，数理計画ソルバーは，問題の規模がある一定の線を超えると，急激に計算時間がかかるようになる

ことが多いので，注意を要する．

3) データがとれないようなモデルを作成するなかれ．

しばしば，収集することが不可能であると思われるようなデータを含んだモデルを論文誌で見かけるが，そのようなモデルでは適用の際に大きな困難にぶつかり，多くの場合，絵に描いた餅で終わってしまう．これを「画餅シンドローム」とよぶ．ただし，現在は収集されていないが，何らかの努力によってデータが収集可能か，十分な近似となるデータを集められる場合は，例外である．たとえば，在庫モデルにおける在庫費用，品切れ費用などは，一部の実務家からは収集不能なデータであると評されているが，品目の価値やその会社の資金調達力などから，十分な近似が得られるので，在庫モデルは有効なモデルであると結論づけられる．なお，実際問題の最適化などの工学的な用途で用いるのでなく，現実を理解するための科学的用途のモデルでは，必ずしもデータがとれる必要はない．経済やマーケティングの分野でしばしば用いられる収集不能なデータを含んだモデルは，工学的な（現実問題の解決のための）用途として用いられるのでなければ問題はないが，最適化を目的とした場合には，画餅シンドロームに陥っていることになる．

4) 手持ちのデータにあうようなモデルを作成するなかれ．

データ収集の手間を省くために，手持ちのデータだけを用いてモデルを設計してしまうことがよくある．「こんなデータが手元にあるけど何かできませんか？」という注文に安易に答えてしまうのではなく，必要なデータ項目を示して，「このようなデータが必要になるので，一緒に集めましょう！」と答えるべきである．特に，ストラテジックレベルの意思決定においては，社内で得られるデータ以外の外部データも重要になる．また，手持ちの生データをもとにしたモデルを作成するのではなく，生データに適当な集約や補完などの処理を行った上で，モデルに入力するべきである．たとえば，日々の需要データをもとに，倉庫の建設の可否を判断することなどはナンセンスである．

5) 複雑なモデルは分割して解決せよ．ただし程々に．

しばしば，サプライ・チェイン全体を考慮したオペレーショナルモデルを作ってみたい要求に駆られて，巨大なモデルを作成するという試みを見かけるが，往々にして失敗に終わるようである．サプライ・チェインのような複雑で大規模な問題をモデル化するためには，それを細かく分解して，個別に対処するしか手がないのが現実なのである．特に，異なる意思決定レベルに属する問題は，別々のモデルとして表現して意思決定を行うべきであり，これは，後で述べる「異なる意思決定レベルを同一のモデルに押し込むなかれ」でも戒めている通りである．

しかし一方で，多くの費用はモデルの接続部で発生している．たとえば，工場の出口から倉庫への輸送スケジュールと工場内の生産スケジュールを別々にモデル化していると，その接続部である工場の出口に大量の在庫が溜まってしまう．だからといって両者を同時に最適化することは現実的ではない．これは，工場内の生産を需要とリンクさせ，決められた基在庫レベルを維持するように生産最適化を行い，さらに工場と倉庫の間の

輸送スケジュールは，輸送固定費用とサイクル在庫費用のトレードオフを考えた最適化モデルを用いることによって，部分モデルの組合せとして解くべきである．

6) 標準モデルへの帰着を考えよ．

実際問題を解決する際に最初に考える(べき)ことは標準モデルへの帰着である．標準モデルを解くための手法が確立されている場合には尚更である．帰着のためには，ダミーの発想が役に立つ．ダミーとは，実際問題には現れない，モデル化のための仮想のモデル構成要素である．たとえば，供給量が需要量とあわない輸送モデルにおいては，供給量不足（もしくは超過）を吸収するためのダミーの供給地点（需要地点）を作成して，実際の需要地点（供給地点）との間に費用 0 のダミーの枝を引けば，教科書に載っている輸送モデルに帰着される．帰着のためのダミーの利用は，コロンブスの卵であり，モデルの再利用やダミーを常に意識していないと，思いつかないことが多い（実際に，上の帰着例は，プロの最適化コンサルタントから聞かれて教えてあげたものである）．

逆に，なんでも手持ちのモデルに無理やり押し込めるのはよくない．帰着の際にモデルがどれだけ大きくなり，それによって解くためのアルゴリズムの計算量がどれだけ増大するかを念頭に置いて，「効率（センス）の良い」帰着を行うべきである．また，ある程度のカスタマイズは（特にオペレーショナルレベルの問題では）避けて通れない．このような場合には，標準モデルへの帰着をあきらめ，新たなモデルとして設計し直した方が早い場合がある．

7) モデルを抽象化して表現せよ．ただし程々に．

モデルを再利用するためには，モデル間の類似性を見抜く力が重要になる．モデルをある程度抽象化して記述しておくことは，再利用の際に類似性を見つけやすくするためのコツである．たとえば，サプライ・チェインにおける小売店，倉庫，配送センター，工場などは，すべてネットワークにおける点に抽象化できる．この抽象化によって，工場から倉庫へ輸送するモデルと，倉庫から小売店に輸送するモデルは，同一のモデルとして扱うことが可能になる．また，「もの」が移動する経路が確定されている在庫モデルにおいては，「もの」（製品）と点は同一視して扱うことができるので，さらに抽象化して「品目」とよぶ．この抽象化によって，多品目・多在庫地点の在庫モデルは統一的に扱うことが可能になる．しかし，極度に抽象化されたモデルは，ものの役には立たない．これは，極度な単純化に対する戒めで述べた「丸い牛シンドローム」と同じ理由による．

8) 異なる意思決定レベルを同一のモデルに押し込むなかれ．言い換えれば，森から脱出する際に木ばかり見るなかれ．

ストラテジックレベルの意思決定項目をサプライ・チェイン全体を通して最適化するモデルを作成する必要があるときに，日々の残業規則などを持ち出してモデルを複雑化することなどが，この戒めを破っている代表例である．これを「木を見て森を見ないシンドローム」とよぶ．往々にして，現場で長年経験を積んできた人ほど，この症候群に陥りやすい．常に，一兵卒ではなく，戦略を立てる参謀の視点で，モデルを作成すべきである．

9) 解くための手法のことを考えてモデルを作成せよ.

しばしば,作業のフロー(自動処理)をもとにして,サプライ・チェインのモデルを作成しようという試みがなされるが,ほとんどの場合,解くための手法(アルゴリズム)がないために失敗に終わっているようである.また,解くための手法が,現場と同じ単純なルールにならざるをえないほど,複雑かつ大規模なモデルを作成したとしても,ルールベースで運用されている現場と同じレベルの結果しか出すことができないなら,無意味である.アルゴリズム的な側面だけでなく,モデルに最適化すべきトレードオフ関係が内在されていないモデルは,最適化する意味がよく分からず,使えないモデルになってしまう.これは,企業体資源計画システムに代表される処理的情報技術から派生したモデルで多く見られる現象である.

10) 手持ちの手法からモデルを作成するなかれ.

これは特定の手法の研究者にありがちなことであるが,自分が研究している手法を試したいが故に,手法をベースとしてモデルを作成してしまいがちである.これを「我田引水シンドローム」とよぶ.上で述べた「手法のことを考えてモデルを作成せよ」と矛盾するように見えるが,重要なことはバランスである.無理やりに,自分の研究に持ち込むことは戒めるべきである.

特に,特殊のアルゴリズムで巧く解ける範囲の応用を想定し,あたかも実際問題があるかのような記述をすることは,本当の問題を解きたい実務家から見ると興ざめである.実際の問題にあった手法を探し,たとえそれが自分の研究の興味と違っても,その手法を採用する勇気が実際問題を解く際には重要になる.

上で示した幾つかの戒めは互いに相反するものであることに注意されたい.要はモデリングのコツはバランス感覚であり,それがアート(職人芸)と言われる所以である.良くできたモデルは役に立ち,かつ美しいものである.そういったものを生み出すことは,工学者ならびに研究者冥利に尽きることであろう.

7.4 サプライ・チェイン統合モデル

サプライ・チェインを対象とした最適化モデルには,様々なものがある.同じ現実問題例を対象としていても,その抽象化のレベルによって,様々なモデルが作成できる.エンドユーザーが使用することを想定した場合には,実ロジスティクス・オブジェクト(トラックや機械などを指す造語;1.2 節参照)を用いたモデルが有効であり,一方,システムを作成するロジスティクス・エンジニアや研究者が使用することを想定した場合には,抽象ロジスティクス・オブジェクト(資源やネットワークなどを指す造語;1.2 節参照)を用いたモデルが有効である.また,同じ抽象モデルでも,グラフ・ネットワークなど高度に抽象化されたものから,時間枠つき配送計画や資源制約つきスケジューリングなど具体的な応用を対象としたものまで様々な階層に分けることができ,それぞれ利点・弱点がある.

7.4 サプライ・チェイン統合モデル

```
                    活動基準サプライ・チェイン抽象モデル
           ┌───────────┬──────────┴──────────┬────────────┐
       汎輸送モデル    汎在庫モデル    汎スケジューリングモデル   抽象ロジスティクス・
                                                              ネットワーク設計モデル
    ┌──────────┐  ┌──────────┐    ┌──────────┐       ┌──────────┐
    │配送計画      │  │経済発注量    │    │動的ロットサイズ決定│       │施設配置      │
    │満載型配送計画 │  │新聞売り子    │    │スケジューリング  │       │多段階施設配置 │
    │分割配送      │  │確率的在庫    │    │運搬スケジューリング│       │実ロジスティクス・│
    │運搬スケジューリング│ │安全在庫配置  │    │多期間生産計画   │       │ネットワーク設計│
    │ネットワーク設計 │  │収益管理      │    └──────────┘       │グローバル・ロジスティクス・│
    │サービス・ネットワーク設計│ │動的ロットサイズ決定│                      │ネットワーク設計│
    └──────────┘  └──────────┘                            └──────────┘

                         ╭─────────────────────╮
                        (          現実モデル          )
                         ╰─────────────────────╯
```

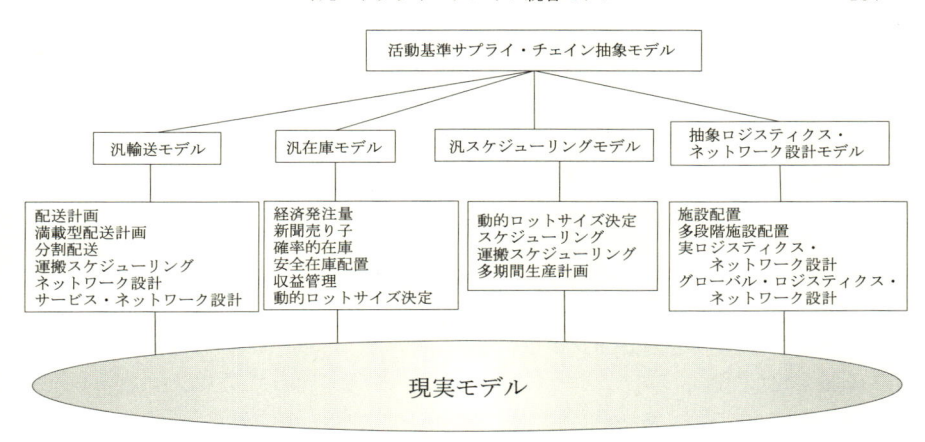

図 **7.2** 抽象度によるサプライ・チェイン最適化モデルの階層

サプライ・チェイン最適化における抽象度の階層の最上層にあるのが，ここで考える統合モデルである．一方，抽象度の階層の最下層にあるのが，実際の現場で用いられるシステムに内在するモデルであり，それらは現実モデルに直結している．最下層の現実モデルの上位にあるのが，様々な典型的なサプライ・チェイン最適化モデルであり，個々のモデルに対して多くの研究がなされている．この階層のモデルの例として，ロジスティクス・ネットワーク設計モデル，安全在庫配置モデル，スケジューリングモデル，配送計画モデルなどがあげられる．それらの個別の最適化モデルを抽象化し，一般化した枠組みとして，汎輸送モデル，汎在庫モデル，汎スケジューリングモデルなどがある（図 7.2）．これらについては，後で詳述する．

サプライ・チェインの理論や実務については，様々な場所で分野を超えた交流が成されているが，分野ごとに使用されている用語の意味や定義が異なるため，議論が噛み合わず，有益な交流ができているとは言い難い．たとえば，ある分野ではサプライ・チェイン最適化とは「在庫」を適正化するための手法として捉えられており，別の分野ではサプライ・チェイン最適化とは工場内のスケジューリングを指していたりする．異分野間の交流は，サプライ・チェインのような複合的な学問体系にとっては必要不可欠なものであるが，これらの現象を目のあたりにし，研究者たちが同じ土俵で議論するためのモデルの必要性を痛切に感じた．これが，モデル間の関係を明確化するための抽象モデルを考えるに至った動機である．このモデルは，抽象ロジスティクス・オブジェクトを用いたロジスティクス・ネットワーク設計問題に対するモデル[164]と，（一般化された）資源制約つきスケジューリングに対するモデル[165]を基礎として設計される．

まず，7.4.1 項で，基礎となる様々な従来モデルについて概観する．
続いて，7.4.2 項で，本節の中心である活動基準サプライ・チェイン抽象モデルを紹

介する．

7.4.1 基礎となる諸モデル

ここでは，実際問題を抽象化してモデル化を試みた従来モデルを概観する．

a. Dantzig–Wolfe による線形計画モデル

最初のモデルは，Dantzigの本[40]で紹介されたものであり，Dantzigのアイディアをもとに Wolfe によって提案された．経済学における入力・出力分析やネットワークフローの拡張として，すべての線形計画モデルを記述するために導入されたものである．

このモデルの基本構成要素は，活動と品目である．活動は，ある品目を消費し，ある品目を生産することを表す基本要素である．品目とは，対象とするモデルにおける「もの」を抽象化した概念であり，我々の定義における資源に対応する．記述の統一性のため，以下では「資源」とよぶことにする．Dantzig–Wolfe による線形計画モデルを模式的に記述すると，図 7.3 のようになる．また，活動の例を図 7.4 に示す．

このモデルの目的は，活動を何単位行うかを決定することである．これを活動水準とよぶ．活動によって消費・生成される資源（品目）は，活動を行った数に比例して消費・生産されるものとする．これが，このモデルの特徴でもある線形性の仮定である．活動を列，資源を行とした行列 A を考える．r 行 a 列の要素 A_{ra} は，活動 a を 1 単位行ったときに消費される資源 r の量を表す．（A_{ra} が負の場合には，資源が生産されることを表す.）

消費・生産された資源を足し合わせたものが，資源の合計量になると仮定する．これは，加法性の仮定とよばれる．資源は，システムの外部から流入したり流出したりするものと考え，システム内ので消費・生成された量の合計が，決められた流入量（流出量）

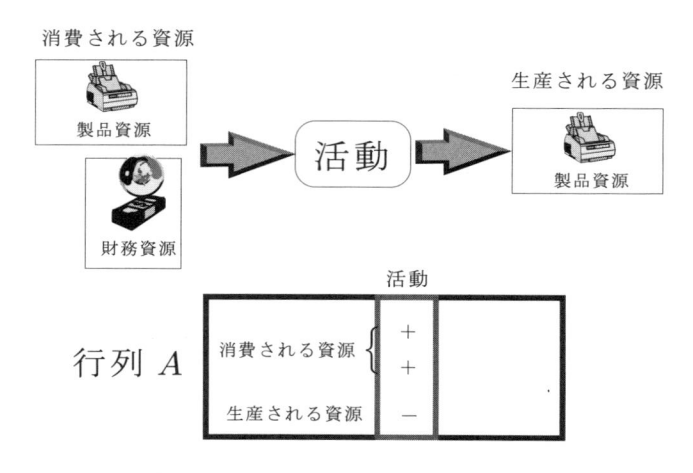

図 7.3 Dantzig–Wolfe による線形計画モデル

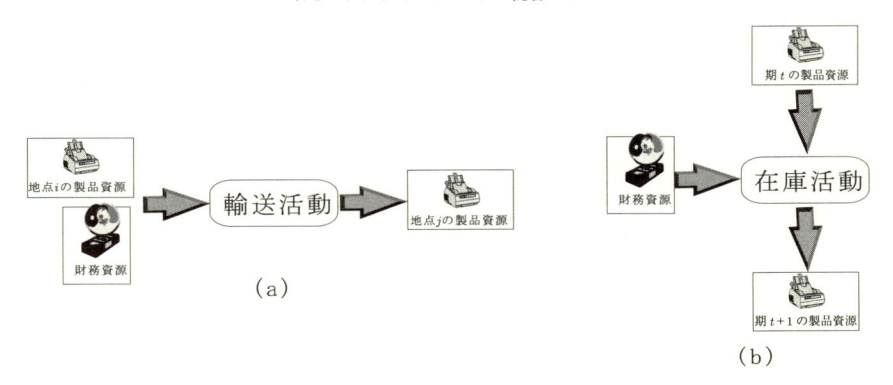

図 7.4 Dantzig–Wolfe による線形計画モデルにおける活動の例
(a) 地点 i から地点 j への輸送を表す活動. (b) 期 t から次の期への在庫を表す活動.

になるようにする.資源 r の流入量を b_r とする.b_r が負の場合には,流出量と考える.これは,6.5 節の最小費用流における流出量関数と反対の符号をもつが,ここではオリジナルの Dantzig–Wolfe の記述にしたがうものとする.

活動 a を行う量(活動水準)を表す変数を x_a とする.負の活動は考えないので,$x_a \geq 0$ の制約を課す.これを非負性の仮定とよぶ.また,資源の中の 1 つが,「貴重な」資源であると仮定し,その資源の使用量を最小化するものとする.この「貴重な」資源の流入量(使用量)は変数であり,流入量とシステム内で消費された量の関係を表した線形式を目的関数をよぶ.通常は,費用を目的関数とするが,労働時間であっても,在庫量であっても良い.

以上の議論から,Dantzig–Wolfe による活動を中心としたシステムは,以下のような線形計画問題として記述できる.

$$\sum_a A_{ra} x_a = b_r \quad \forall r$$

$$x_a \geq 0 \quad \forall a$$

b. 資源制約つきスケジューリングモデル

このモデルは,様々な古典的なスケジューリング問題を一般的に記述するために導入されたものである.

スケジューリングでは,活動を行う順序やタイミングが主な意思決定項目であり,そこには,活動を何単位行うべきかという活動水準の概念は存在しない.資源制約つきスケジューリングモデルを模式的に記述すると,図 7.5 のようになる.

資源制約つきスケジューリングモデルについては,17.3 節で詳述する.

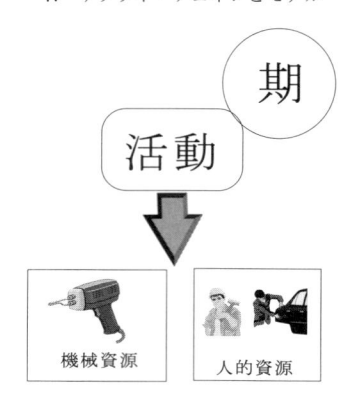

図 7.5　資源制約つきスケジューリングモデル

c. ロットサイズ決定モデル

　スケジューリングにおいては，基本的には活動水準は意思決定変数に入っていない．つまり，活動をまとめて行うことによる規模の経済が明示的にはモデルに組み込まれていない．実務においては，活動水準（どの程度の量を製造するか）は，スケジューリングの上位システムである月次生産計画で決定する．この生産計画で決定される活動水準と，スケジューリングモデルで考慮される活動のタイミングは，切っても切れない関係にある．望むらくは，同時に決定したい意思決定項目であるが，問題が複雑かつ大規模になるので，従来は分けて行っていた．これを同時に考慮する古典的モデルがロットサイズ決定モデルである．

　ロットサイズ決定モデルに関連する商用システムとして，**資材必要量計画**（material requirement planning: MRP）システムがある．これは，必要とされる品目（製品資源）の部品を，いつ，どのくらい発注すれば良いかを決定するための処理的情報技術である．処理的情報技術であるため資材必要量計画に含まれているのは手順であり，モデルは明示的にはないが，そこからモデルを抽出することができる．資材必要量計画に内在するモデルを抽象的に描いたものが，図 7.6 (a) である．ある品目がどの品目から生成されるかを表す**部品展開表**（bill of materials: BOM）とよばれるデータを用いて，なるべく後ろ詰めで（納期に近くなるように）部品調達のスケジュールを決定する．

　資材必要量計画の発展形として，**APS**（advanced planning and scheduling）システムとよばれるものがある．これは，複数の商用ソフトウェアに対する名称であるので，モデルとして論じることはできないが，資材必要量計画に資源制約を加味した，資源制約つきスケジューリングと考えられる．

　初期のロットサイズ決定モデルは，多期間の生産計画に段取り替えの固定費用を入れたものであった．また，資材所要量計画に資源制約を付加したものにすぎないといった，(誤った)解釈もある．しかし，最近では生産順序やタイミングも考慮した詳細なモデル

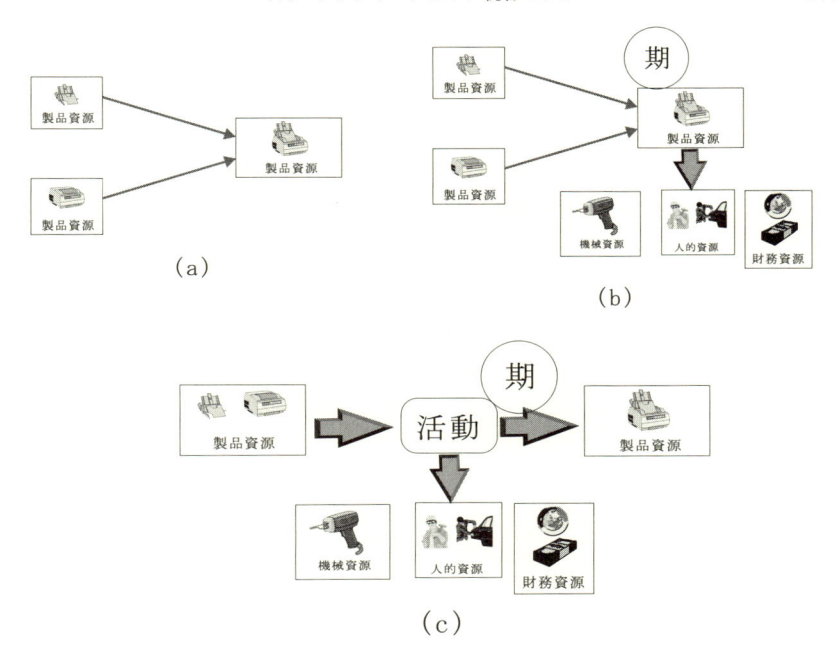

図 7.6 (a) 資材所要量計画. (b) ロットサイズ決定モデル. (c) 活動を中心としたロットサイズ決定モデル（状態タスクネットワーク表現）.

も提案されてきている．現実に解くことを考えなければ，期を細かくしていけば，ほとんどのスケジューリングモデルがロットサイズ決定モデルとして表現でき，さらに活動水準も同時に決定することができる．

ほとんどのロットサイズ決定モデルは，図 7.6 (b) のように，活動を明示的に取り扱わず，品目（製品資源）をいつ何単位生産するかを決定することによって，活動水準を副次的に定める．活動を明示的に扱ったロットサイズ決定モデルとして，(石油，石油化学，食品などの)装置産業への応用を意識した**状態タスク・ネットワーク表現**（state task network representation）とよばれる図式がある（図 7.6 (c)）．ここで，状態とは品目（製品資源）のことであり，タスクは活動を表す．業界によって用語が統一されていないので分かりにくいが，本質的にはロットサイズ決定モデルと同じモデルである．

d. ロジスティクス・ネットワーク設計モデル

ロジスティクス・ネットワーク設計モデルは，ネットワークフローから派生したモデルであり，ストラテジック・レベルの意思決定で用いられる．ストラテジック・レベルの意思決定においては，活動を行うタイミングは重要でなく，集約された期内での活動水準の合計量が，主な意思決定項目になる．これが，枝上のフローに他ならない．

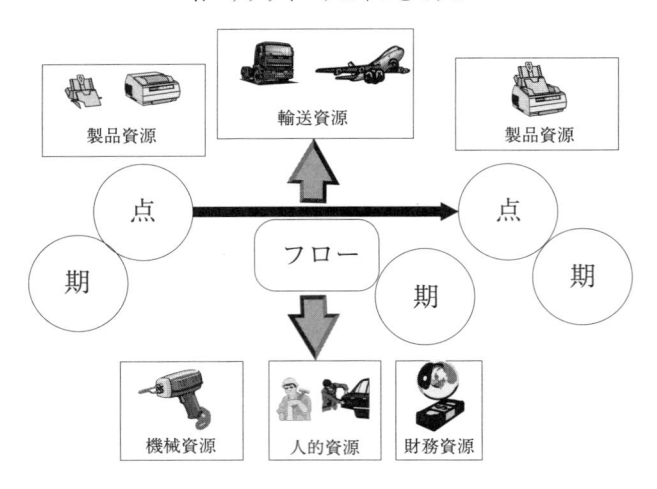

図 7.7 ロジスティクス・ネットワーク設計モデル

ロジスティクス・ネットワーク設計モデルを概念図にすると，図 7.7 のようになる．ロジスティクス・ネットワーク設計モデルについては，第 14 章で詳述する．

7.4.2 活動基準サプライ・チェイン抽象モデル

ここで提案する抽象モデルでは，サプライ・チェインを空間（点），時間（期），資源，活動の 4 つの基本要素とそれらの関係から構成されるものと捉える．これらの構成要素の中心に**活動**（activity）を据え，活動を基準として，資源を時・空間内に移動させることがサプライ・チェインの本質であり，目的であると考える（図 7.8）．以下では，このモデルを活動基準サプライ・チェイン抽象モデルとよぶ．

$\mathcal{N}$： 点の集合．

原料供給地点，工場，倉庫の配置可能地点，顧客(群)，作業工程，在庫の一時保管場所など，サプライ・チェインに関わるすべての地点を総称して点とよぶ．点集合間には集約・非集約関係が定義できる．たとえば，顧客を集約したものが顧客群となる．

$\mathcal{P}$： 期の集合．

期とは連続時間を離散化したものである．最も単純な期集合は，有限な正数 T，時刻の列 $0 = t_1 < t_2 < \cdots < t_T$ を与えたとき，区間 $(t_i, t_{i+1}]$ $(i = 1, \cdots, T-1)$ の順序つき集合として生成される．$t_{i+1} - t_i$ がすべて同じであるとき，$t_{i+1} - t_i \, (= \delta)$ を期集合の幅とよぶ．サプライ・チェインをモデル化する際には，意思決定レベルの違いにより様々な幅をもつ期集合が定義される．ここでは，それらを集めたものを $\mathcal{P}$ と定義する．期（集合）に対しても，点と同様に集約・非集約関係が定義できる．たとえば，日を集約したものが週であり，週を集約したものが月（も

7.4 サプライ・チェイン統合モデル

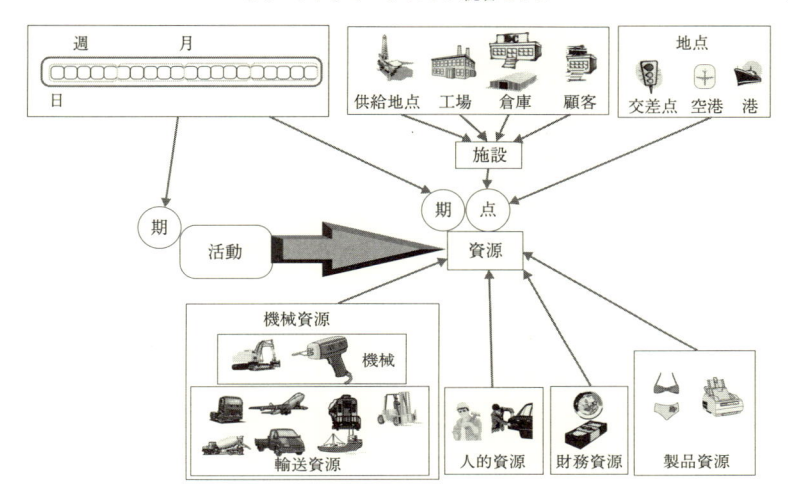

図 7.8 活動基準サプライ・チェイン抽象モデル

しくは4半期や年）となる．

$\mathcal{R}$： 資源の集合．

サプライ・チェインを構成する企業体は，品目（部品，原材料，中間製品，完成品），生産ライン，機械，輸送機器（トラック，船，鉄道，飛行機），金（財務資源），人（人的資源）などの資源から構成される．資源集合に対しても，点と同様に集約・非集約関係が定義できる．

品目を資源の一種として捉えるのではなく，個別の分類として扱う方法もしばしば有効である．ネットワークフローモデルとして考えた場合には，品目は，外部から供給され，系内を姿形を変えながら移動した後，外部へ出ていく「もの」である．品目は，ネットワークフローモデルの用語では，品種（commodity）とよばれ，資源とは区別されている（6.6 節参照）．しかし，移動する資源である運搬車や航空機，同時にそれらを運転もしくは操縦する人的資源も，外部から供給され，系内を移動し，外部へ出ていく「もの」であり，この性質から見ると，フローモデルにおける品目と何らかわりがない．さらに，姿形が系内で変化するという性質も，品目独特のものではなく，分離・合体機能がある輸送手段（トレーラーや貨物列車やスペースシャトル）も，やはり変化する資源と考えられる．これらの考察から，ここでは品目も資源の一種と考えるものとする．しかし，実際のシステムを作成する際には，品目は資源から派生させて，独自の属性を付加することが望ましい．

$\mathcal{A}$： 活動の集合．

サプライ・チェインとは，資源を時・空間内で消費・生成させることであると捉

え，資源を消費・生成する基本となる単位を活動とよぶ．活動集合に対しても，点と同様に集約・非集約関係が定義できる．

$\mathcal{PRN}$: 資源 r が期 t に点 i 上に存在することが可能な 3 つ組 (t,r,i) の集合．

$\mathcal{AP}$: 活動 a が期 t に行うことが可能な 2 つ組 (a,t) の集合．

$\mathcal{PRN}(a,t)$: 活動 a が期 t に行われたとき，期 s における点 i 上の資源 r が消費（生成）される可能性がある 3 つ組 (s,r,i) の集合．

A_{ari}^{st}: 期 s に活動 a を行ったとき，期 t に資源 r が点 i 上で消費される量．負の値のときには，生成される量を表す．

U_{tri} (L_{tri}): 期 t における点 i 上での資源 r の上限（下限）．

x_{at} ($\in \mathbf{Z}_+$ or $\{0,1\}$): 期 t に活動 a が行われる数を表す非負の整数変数（もしくは 0-1 変数）．これを**活動水準**（activity level）とよぶ．

各 $(t,r,i) \in \mathcal{PRN}$ に対して，以下の資源量の上下限制約を付加する．

$$L_{tri} \leq \sum_{(a,s):(t,r,i)\in\mathcal{PRN}(a,s)} A_{ari}^{st} x_{as} \leq U_{tri}$$

この制約は，資源量の上下限や原材料の供給量上限，需要を満たすための条件，フロー整合条件など，様々な制約を一般化したものである．

7.5 汎輸送モデル

ここでは，物資の輸送に関連するモデルの分類について考える．

ロジスティクスやサプライ・チェインにおいては，物資の移動は基本であり，そのためには，輸送のためのネットワークの設計が重要な意思決定項目になる．ここで考えるモデルは，物資がネットワークの途中で在庫されることなく運ばれる際のネットワークを設計するモデルであり，これを総称して**汎輸送モデル**（generic transportation model）とよぶ．

汎輸送モデルを導入した動機づけを，簡潔に述べておく．我が国では，輸送や配送の名称が極めてあやふやに用いられている．そのため，現実問題と既存システムのマッチングがうまく行えず，システム導入が頓挫するケースが頻繁に発生している．輸送や配送の現実の問題は千差万別であるが，そのほとんどは幾つかの典型的なモデルに帰着可能であると考えられる．しかし，実務家にとって，自分の直面している問題が，どの典型モデルに帰着されるかを判断することは，用語の曖昧さのため極めて困難なのが現状である．たとえば，積み替えを必要とする長距離輸送の問題を解く必要があるのに，近距離輸送のための配送システムを導入することが典型である．ここでは，「輸送」に関するモデルを分類する基準を示し，幾つかの典型的なモデルを導くことによって，実務家が自分の直面する問題が，どのタイプの輸送モデルに帰着されるのかを判断できるようにすることを目標とする．

運ぶ必要のある物資を総称して**荷**（品目，品種：load, item, commodity）とよぶ．荷には発地点と着地点が指定されており，荷量は分かっているものとする．荷を運ぶために必要な資源を総称して，**運搬車**（輸送手段：vehicle）とよぶ．運搬車には容量が指定されており，荷量の合計がそれを超えない範囲で，輸送可能であると考える．

汎輸送モデルをネットワークの用語で記述すると，荷と運搬車の2種類の資源のフローを扱うモデルの総称であると記述できる．これらのフローが，ネットワークの途中で消滅することなく，発地から着地まで流れていくことが，他のモデルとの違いであり，そのため在庫を考える必要がないのが特徴である．

以下では，荷と運搬車の性質によって，汎輸送モデルの分類を行う．

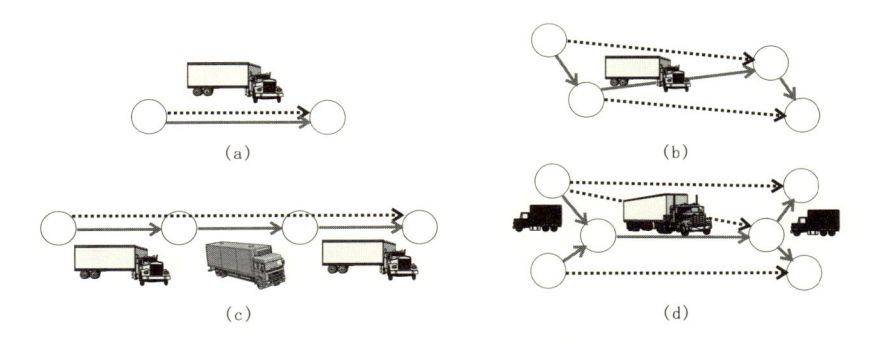

図 **7.9** (a) 直接方式．(b) 混載方式．(c) リレー方式．(d) 積み替え方式．（需要の発地と着地の対応は点線で，実際の荷の経路は実線で表している．）

7.5.1 分類基準

荷に関する分類基準としては，以下のものが考えられる．

1) 積み替えの可否

 a) 積み替え可能

  荷を途中で別の運搬車に積み替えても良い場合（図 7.9 (c),(d)）．小口貨物を扱うときには，通常この方法が採用される．当然，積み替えには時間と費用と積み替えを行う場所が必要であるが，これを行う利点は，荷を集めることによって，より大きな容量をもつ運搬車で運び，規模の経済性による費用の低減を図ることである．

 b) 積み替え不能

  荷を発地から着地まで，積み替えを行うことなく運ぶ必要がある場合（図 7.9 (a),(b)）．大口貨物を扱うときには，通常この方法が採用される．1つの発地・着地間の荷量が大きい場合の他にも，途中で積み替えることが難しい荷の場合にも，この方法が採用される．たとえば，冷凍食品を運ぶ場合に，途中で積み替えることによって，温度が上昇し，腐りやすくなってしまう場合が例である．

2) 混載の可否

荷を他の荷と同じ運搬車に積載することを混載とよぶ．この条件は，上の積み替えと混同されやすいが，以下の理由で区別すべきである．配送計画モデルでは，1つのデポで積載した荷を複数の顧客へ運ぶので，混載可能であるが，荷は直接顧客へ運ばれるので積み替えは行っていない（図 7.9 (b)）．逆に，コンテナを長距離トレーラーで運び，その日のうちに出発したデポに戻るために，別のトレーラーに積み替えてリレー方式で輸送する場合には，混載はしていないが，積み替えはしていることになる（図 7.9 (c)）．

 a) 混載可能

異なる荷を同じ運搬車に同時に積載しても良い場合（図 7.9 (b),(d)）．

 b) 混載不能

異なる荷を同じ運搬車に同時に積載することが禁止されている場合（図 7.9 (a),(c)）．

 c) 混合型

特定の荷が別の荷と混載することが禁止されている場合．たとえば，臭いのつきやすい商品が，他の荷と混載することを禁止することが例である．

3) 分割の可否

 a) 分割可能

荷を複数の運搬車で分割して運んで良い場合．荷を分割することによって，運搬車の積載効率の向上が期待できるが，分割による荷の受け取りの煩雑さや，後で1つの荷に集約する手間が増加する．1つの荷の荷量が，最大の運搬車の容量を超過している場合には，分割可能として扱わざるを得ないが，実務的には，適当な大きさに分割し，各々を分割不能として扱う場合が多い．

 b) 分割不能

荷を単一の運搬車で運ばなければならない場合．そもそも，荷が分割できない商品の場合や，荷を受け取る顧客が複数回に分けての荷の受け取りを拒否している場合が，これに相当する．

運搬車に関する分類基準としては，以下のものがある．

1) 経路

 a) 直送型

運搬車の発地から着地まで他の点を経由することなく移動する．これは，外部の輸送サービスを提供する事業者に輸送を依頼する場合（俗に言う傭車）を想定している．

 b) 巡回型

発地を出発した運搬車が，複数の点を経由した後，再び発地へ戻ってくる場合．主に，自社内で保有するトラックで，比較的短距離の移動を想定している．

 c) パス型

発地を出発した運搬車が，複数の点を経由した後，発地とは異なる着地へ行く場合．自社内で保有するトラックで，比較的長距離の移動を想定している．

 d) 任意の枝の部分集合（オークション型）

これも直送型と同じく，外部の輸送サービスを提供する事業者に輸送を依頼する場合を想定しているが，輸送レーン（ネットワークの枝）の部分集合に対して費用が定められている．たとえば，東京から名古屋への輸送レーンと名古屋から東京への輸送レーンをセットにして，同程度の荷量を保証したときに，割引運賃で契約することがあげられる．

2) 料金体系

a) 自社便

運搬車を自社もしくは関連会社で保持している場合であり，決められた稼働時間内ならば，ある程度自由に使うことができる．使わなくても，固定的に雇い入れている従業員の分の給料はかかるので，自社便を利用したときの費用は，一定の固定費用として表現される（図 7.10 (a)）．また，ドライバーの労働条件を考慮し，デポ（待機地点）に定期的に戻す必要がある．

b) 車立て傭車

輸送サービスの提供者に輸送を 1 日（もしくは数日単位で）外部の業者に委託する場合であり，自社便と同様に，決められた稼働時間内ならば，ある程度自由に使うことができる．他の荷と混載して運ぶのではなく，1 台の運搬車を貸し切って**満載輸送**（full-truckload: FTL）を行う．運搬車の種類と距離によって決められた料率表が与えられている場合が多い．運ぶ荷の量によって運搬車の容量を選択できるので，輸送費用は，区分的に一定で段階的に上昇する関数（階段関数）として表現できる

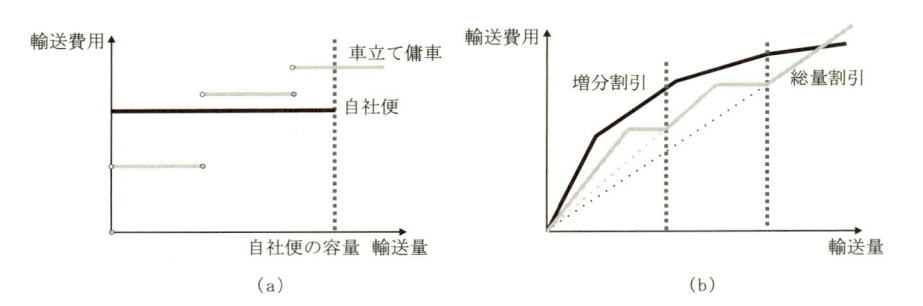

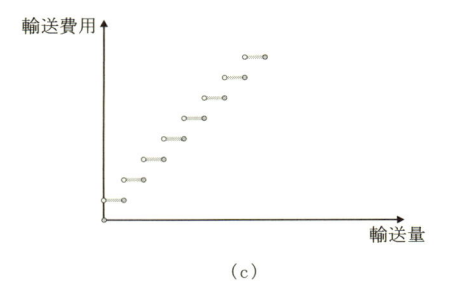

図 **7.10** 輸送の料金体系による分類
(a) 自社便と車立て傭車．
(b) 積み合わせ便（増分割引と総量割引）．
(c) 宅配便・郵便小包．

(図 7.10 (a))．自社便と違って，着地で別の会社の荷を運びに行く可能性があるので，必ずしも発地点に戻してあげる必要がない場合もある．

c）積み合わせ便

輸送サービス提供者に，荷と混載して運ぶことを許して外注する場合であり，**積み合わせ輸送**（less-than-truckload: LTL）を行う．荷の重量や大きさ，運ぶ距離によって決められた料率表が与えられている場合が多い．荷量に応じて，運賃の割引が適用される．この際，ある荷量を超えると，超えた分だけに割引が適用される**増分割引**（incremental discount）と，すべての量に対して割引が適用される**総量割引**（all-units discount）がある（図 7.10 (b)）．

d）長期契約

輸送サービスの提供者と長期的な輸送契約を結ぶ場合であり，通常はオークションなどの競争入札によってサービス提供者を決める．積み合わせ便と同様に，数量割引が適用される場合もある．

e）宅配便・郵便小包

小口貨物を路線便業者に外注する場合であり，荷の重量や大きさと発地・着地によって料率表が定められている．輸送費用は，区分的に一定の階段関数となる（図 7.10 (c)）．

積み替えの可否と混載の可否の 2 つの切り口で分類すると，表 7.2 に示すように，直接方式，混載方式，リレー方式，積み替え方式の 4 つに分けることができる．

直接方式は，荷が積み替え不能でかつ混載不能の場合であり，実務においては，満載輸送とよばれる輸送方式である．満載輸送では，実際に荷を満載して輸送する保証はなく，自社便もしくは 1 台の運搬車を丸ごと借り受ける傭車による大口貨物の輸送を行う．第 19 章で取り上げる運搬スケジューリングモデルは，直送方式の代表例であり，詳細な分類では，荷は積み替え不能，混載不能，分割不能であり，運搬車はパス型で時間枠をもつ範疇に含まれる．

表 7.2 積み替えと混載の可否による分類と輸送方式

	混載不能	混載可能
積み替え不能	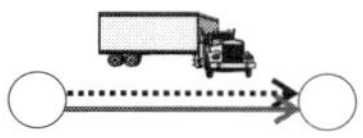 直接方式	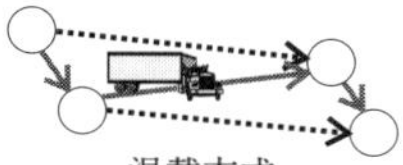 混載方式
積み替え可能	 リレー方式	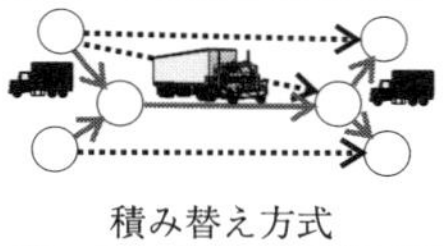 積み替え方式

需要の発地と着地の対応は点線で，実際の荷の経路は実線で表している．

7.5 汎輸送モデル

表 7.3 積み替え，混載，分割の可否と直送・巡回による分類と導かれた問題と帰着関係

		混載不能		混載可能	
		分割不能	分割可能	分割不能	分割可能
積み替え不能	直送	荷と運搬車の割当問題	分割を考慮した荷と運搬車の割当問題	集積機配置	施設配置
	巡回	FTL型配送計画	分割FTL型配送計画	配送計画	分割配送
積み替え可能	直送	リレー方式		パス限定型ネットワーク設計	ネットワーク設計
	巡回			パス限定型サービス・ネットワーク設計	サービス・ネットワーク設計

混載方式は，荷が積み替え不能で混載可能であるときに用いられる．配送計画モデルは，積み替え不能，運搬車は巡回路型の範疇に含まれる．

リレー方式は，荷が積み替え可能で混載不能である場合である．長距離のトレーラー輸送において，もとのデポに戻るために幾つかのトレーラーに積み替えてコンテナを運ぶ場合が，これに相当するが，実際では稀である．

積み替え方式は，荷が積み替え可能でかつ混載可能なときの輸送方式であり，ハブやターミナルとよばれる積み替え地点において，行き先別に荷を積み替える作業（ソーティング）が行われる．これは，実務においては，積み合わせ輸送とよばれ，宅配便や郵便小包に代表される小口貨物の輸送で現れる輸送方式である．

以下では，表 7.2 と表 7.3 にしたがい，分類ごとの個別問題について考えていく．

7.5.2 直接方式

荷が積み替え不能で混載不能な場合には，必然的に，荷は発地から着地までの直送で運ばれる．これを直接方式とよぶ．この際，運搬車も直送であると仮定した場合には，問題は極端に単純化される．

いま，発地と着地が決まっており，その間を輸送すべき荷の集合 K と移動可能な運搬車の集合 M が与えられているものとする．荷 $k \in K$ の荷量を f_k とし，運搬車 $m \in M$ の容量と輸送の固定費用をそれぞれ W_m, C_m とする．荷はいずれかの運搬車に割り当てなければならないが，混載不能を仮定しているので，割り当てられた運搬車は，その荷に占有されることになる．

荷が分割不能なときには，荷を運搬車に割り振ることが目的となる．荷 k を運搬車 m に割り振るとき 1，それ以外のとき 0 を表す 0-1 変数 x_{km} を用いると，以下のよう

に定式化できる.

$$\begin{align*}
\text{minimize} \quad & \sum_{m \in M} C_m \sum_{k \in K} x_{km} \\
\text{subject to} \quad & \sum_{m \in M: f_k \leq W_m} x_{km} = 1 \quad \forall k \in K \\
& \sum_{k \in K: f_k \leq W_m} x_{km} \leq 1 \quad \forall m \in M \\
& x_{km} \in \{0, 1\} \quad \forall k \in K, m \in M
\end{align*}$$

最初の制約は,各荷が(荷量以上の積載容量をもつ)いずれかの運搬車に割り振られることを表す.次の制約は,各運搬車には,高々1つの荷が割り振られることを表す.

この問題は,以下の変換によって,割当問題とよばれる古典的な最適化問題に帰着できる.荷の集合と運搬車の集合から成る2部グラフを考え,$f_k \leq W_m$ を満たす枝 (k, m) の間には,費用 C_m の枝を張る.運搬車の台数が荷の数以上でないと実行不能であるので,$|M| \geq |K|$ の仮定を満たすものとする.残った(割り当てられなかった)運搬車を吸収するためのダミーの荷を $|M|-|K|$ 個準備しておき,これらのダミーの荷と運搬車の間に費用 0 の枝を張る(図 7.11).これは,割当問題に他ならない.割当問題の制約行列が完全単模性をもつので,整数条件を緩和して解いても,整数解を得ることができる.

荷が分割可能な場合の直接モデルは,荷 $k \in K$ を運搬車 $m \in M$ で運ぶ量を表す実数変数 x_{km} と,荷 k を運搬車 m に割り振るとき 1,それ以外のとき 0 を表す 0-1 変数 y_{km} を用いて,以下のように定式化できる.

$$\begin{align*}
\text{minimize} \quad & \sum_{m \in M} C_m \sum_{k \in K} y_{km} \\
\text{subject to} \quad & \sum_{m \in M} x_{km} = f_k \quad \forall k \in K \\
& \sum_{k \in K} y_{km} \leq 1 \quad \forall m \in M \\
& x_{km} \leq W_m y_{km} \quad \forall k \in K, m \in M \\
& y_{km} \in \{0, 1\} \quad \forall k \in K, m \in M \\
& x_{km} \geq 0 \quad \forall k \in K, m \in M
\end{align*}$$

最初の制約式は,すべての荷を運ぶ必要があることを表す.2番目の制約は,運搬車には1つの荷しか積むことができない(混載不能である)ことを表す.3番目の制約は,運搬車の積載容量の上限を表す.

この問題は,荷を顧客,運搬車を施設(倉庫)としたとき,固定費用つきの輸送問題に,施設(運搬車を表す)が1つの顧客にしか輸送できないという条件が付加された問題と考えられる.

また,荷を適当に分割することによって,(近似的にではあるが)分割不能な直送問題

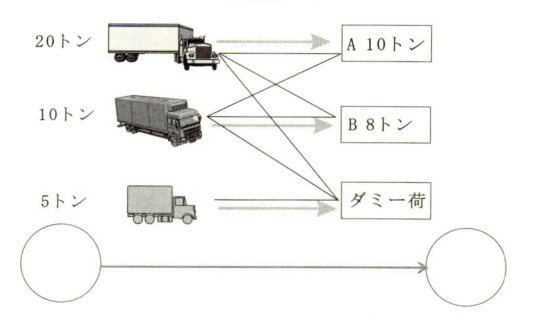

図 **7.11**　分割不能な直送問題の割当問題への帰着

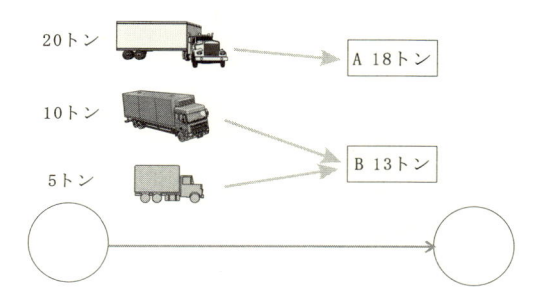

図 **7.12**　分割可能な直送問題の固定費用つきの輸送問題への帰着

（割当問題）に帰着できる．たとえば，図 7.12 の例題においては，荷 B の 13 トンを（たとえば）10 トンと 3 トンに分ければ良い．

運搬車の巡回を考慮する場合には，荷を発地から着地まで輸送するだけでなく，空で移動する距離を最小にする，満載型配送計画問題になる．この問題については，第 19 章で取り上げる．

7.5.3　リレー方式

荷が積み替え可能で混載不能である場合をリレー方式とよぶ．この方式は実務では稀であるので，直接方式への帰着法のみを簡単に論じるものとする．

運搬車が直送型の移動を行うと仮定した場合には，リレー方式によって運ばれる荷を，複数の直送に分解することによって，前項で論じた直接方式に帰着できる．この際，荷のリレーが可能になるためには，積み替えを行う地点に到着する運搬車の到着時刻が，同じ地点を出発する運搬車の発時刻より前である必要があるが，そのための時刻調整は容易である．

運搬車が巡回型の移動を行う場合も同様に，リレー方式によって運ばれる荷を，複数の直送に分解することによって，満載型配送計画問題に帰着される．荷の積み替え（リ

レー）が可能になるためには，直送される荷の間に先行制約が必要になる．

7.5.4 混載方式

運搬車が直送で，混載可能な場合（混載方式）は，以下に示すように施設配置問題もしくはその変形である集積機配置問題に帰着できる．

荷が分割可能な場合には，荷 $k \in K$ を運搬車 $m \in M$ で運ぶ量を表す実数変数 x_{km} と，運搬車 $m \in M$ を使うとき 1，それ以外のとき 0 を表す 0-1 変数 y_m を用いて，以下のように定式化できる．

$$\begin{aligned}
\text{minimize} \quad & \sum_{m \in M} C_m y_m \\
\text{subject to} \quad & \sum_{m \in M} x_{km} = f_k && \forall k \in K \\
& \sum_{k \in K} x_{km} \leq W_m y_m && \forall m \in M \\
& y_m \in \{0, 1\} && \forall m \in M \\
& x_{km} \geq 0 && \forall k \in K, m \in M
\end{aligned}$$

最初の制約は，すべての荷が運ばれることを表す．2番目の制約は，運搬車を使用するときのみ，その運搬車に荷が割り当て可能なことを表すと同時に，運搬車の容量を超えないことを表す．この問題は，荷を顧客，運搬車を施設（倉庫）と考えると，施設配置問題に帰着される（図 7.13）．

荷の分割が許されない場合には，顧客（荷）に対して単一ソース条件が付加された施設問題，もしくは**容量制約つき集積機配置問題**（capacitated concentrator location problem）とよばれる問題に帰着される（図 7.14）．単一ソース条件については 14.2.3 項を，容量制約つき集積機配置問題については 18.6.3 項を参照されたい．

荷 k を運搬車 m に割り振るとき 1，それ以外のとき 0 を表す 0-1 変数 x_{km} と，運

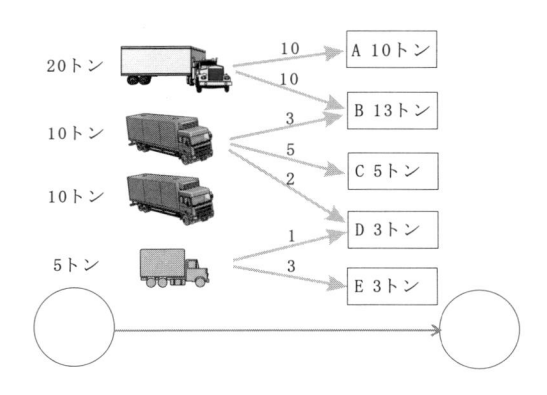

図 **7.13** 運搬車が直送型で荷が分割可能な混載方式の施設配置問題への帰着

7.5 汎輸送モデル

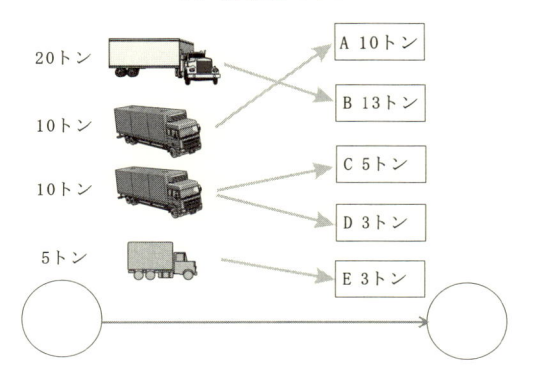

図 7.14 運搬車が直送型で荷が分割不能な混載方式の集積機配置問題への帰着

搬車 $m \in M$ を使うとき 1，それ以外のとき 0 を表す 0-1 変数 y_m を用いて，以下のように定式化できる．

$$\begin{aligned}
\text{minimize} \quad & \sum_{m \in M} C_m \sum_{k \in K} y_m \\
\text{subject to} \quad & \sum_{m \in M} x_{km} = 1 & \forall k \in K \\
& \sum_{k \in K} f_k x_{km} \leq W_m y_m & \forall m \in M \\
& y_m \in \{0, 1\} & \forall m \in M \\
& x_{mk} \in \{0, 1\} & \forall k \in K, m \in M
\end{aligned}$$

最初の制約は，荷がいずれかの運搬車に割り振られることを表す．(この場合には x_{km} が 0-1 変数なので，分割は起こらない．) 2 番目の制約は，荷を割り振られた運搬車は使用しなければいけないことを表すと同時に，運搬車の容量を超えないことを表す．

運搬車の経路が巡回型の場合には，配送計画モデルに帰着される．荷が分割不能な場合は，通常の配送計画モデルになる．これについては，第 18 章で詳述する．荷が分割可能な場合は，特に分割配送モデルとよばれる．

7.5.5 積み替え方式

運搬車が直送の場合には，運搬車の移動経路ではなく，荷の移動経路の決定が中心になる．このモデルは，**ネットワーク設計モデル**（network design model）とよばれ，通常は荷の移動に伴う線形費用と，運搬車を枝上で使うときにかかる固定費用の和を最小化する問題になる．

運搬車の巡回を考慮した場合には，サービス・ネットワーク設計モデルになる．このモデルにおいては，荷の移動経路と同時に運搬車の移動経路も考慮する必要がある．

7.6 汎スケジューリングモデル

ここでは，活動の順序づけや資源への割り当てに関するモデルの分類について述べる．

7.4節で考察したように，サプライ・チェインの本質は，活動を行う量（活動水準）とタイミングを決定し，資源を時・空間内に移動させることであった．ここで，資源の移動に関する部分は制約として扱い，活動の水準とタイミングを決定するためのモデルの一般形を総称して汎スケジューリングモデル（generic scheduling model）とよぶものとする．

ここでは，実際問題を分類するための大まかな基準によって，汎スケジューリングモデルを分類することを試みる．

分類の基準としては，以下のものを考える．

1) 活動水準を変数とするか否か

　a）活動水準固定

　通常，活動はまとめて行うと規模の経済が働き，安くかつ早く行うことができると仮定するのが自然である．活動を行う量（活動水準）を固定するとは，一度に製造する量（ロットサイズ）をあらかじめ決めておき，活動を行うタイミングだけに注目するモデルを，活動水準固定とよぶ．通常のスケジューリングモデルは，この範疇に含まれる．

　b）活動水準可変

　ロットサイズを同時に決定するモデルを活動水準可変とよぶ．製造を行うための段取りなどを表現したモデルになるので，ロットサイズ決定モデルが，この範疇に含まれる．

2) 順序の考慮の有無

　a）順序づけなし

　活動を行う順序によって費用や時間が変化しないと仮定した場合には，活動が行われる期を表す箱（バケット）に活動を割り振るモデルに帰着される．たとえば，時間割作成や人員スケジューリングなどが，この範疇に含まれる．順序依存の段取りを考慮しないロットサイズ決定モデルも，この分類に含まれる．

　b）順序づけあり

　活動を行う順序に依存して，費用や時間が変化することを考慮したモデルを，順序づけありとよぶ．多くのスケジューリングモデルはこの範疇に含まれる．また，ロットサイズ決定モデルでも順序依存の段取りを考慮する場合もあり，特にロットスケジューリングモデルとよばれる．

表7.4に，上の分類基準に基づいた汎スケジューリングモデルの分類を示す．以下では，この表にしたがい，分類ごとの個別問題について考える．

表 7.4 活動水準と順序づけに基づく汎スケジューリングモデルの分類

	活動水準固定	活動水準可変
順序づけなし	スロット割当	ロットサイズ決定
順序づけあり	スケジューリング	ロットスケジューリング

7.6.1 タスク割当モデル

活動水準固定で順序づけなしの場合は，タスク（活動水準を決められた仕事の意）を，期ごとに分けられた箱（バケット）に割り振る問題になる．これを**タスク割当モデル**（task assignment model）とよぶことにする．

たとえば，大学の時間割は，各時限というバケットに，講義というタスクを割り振るので，タスク割当モデルの一種と考えられる．この場合の資源は，教員と生徒と部屋であり，それぞれが重複しないような制約の下で割り当てを決める必要がある．実際には，連続して講義を行うと疲れる教員もいたりするので順序にも多少依存するが，その依存度は少ないので，この範疇に含まれると考える．

7.6.2 スケジューリングモデル

活動水準固定で順序づけを考慮した場合は，（狭義の）スケジューリングもしくは順序づけ（sequencing）とよばれるモデルになる．スケジューリングについては，第17章で詳述する．

7.6.3 ロットサイズ決定モデル

活動水準可変のモデルで順序づけなしの場合は，ロットサイズ決定モデルになる．このモデルについては，第9章で詳述する．

7.6.4 ロットスケジューリングモデル

活動水準可変のモデルで順序づけを考慮した場合は，ロットサイズ決定モデルに活動の順序依存の費用や時間を考慮したモデルになる．このようなモデルを**ロットスケジューリングモデル**（lot scheduling model）とよぶことにする．このモデルについては，9.2.3項の小バケットを用いたロットサイズ決定モデルで一部取り扱う．

7.7 汎在庫モデル

サプライ・チェーン内を流れる物資が，時間が経過しても移動せずに滞留しているときに在庫は発生する．一般に在庫は，サプライ・チェーン内では，潤滑油の働きをすると言われるが，実際には，在庫をもつ動機は様々である．たとえば，調達の責任者は，まとめ買いをすると単価が下がるために在庫を増やし，販売責任者は，顧客が欲しいときに商品がないと困るので，十分な在庫をもつことを倉庫の責任者に要求する．一方，生産責任者は，ピークの需要に生産が間に合わないと困るので，空いた時間で生産をす

ることによって在庫を積み増しする．このように，現場の在庫は，色々な意思決定者の色々な動機によって積み上げられていき，その合計として目に見える在庫となる．現場に積まれている商品の在庫を一緒くたに捉えていては，最適化は不可能である．在庫を最適化するには，在庫を要因別に分類し，在庫とトレードオフ関係にある要因を発見し，個別にモデルによって最適化を行う必要がある．ここでは，これらの個別の在庫モデルを統合したものを**汎在庫モデル**（generic inventory model）とよぶものとする．以下では，汎在庫モデルを 2 通りの方法で分類し，分類ごとに適用可能なモデルを示す．

7.7.1 項では，在庫を動機別ならびに意思決定レベル別に分類するとともに，トレードオフを最適化するためのモデルについてまとめる．

7.7.2 項では，在庫の中でも最も重要な安全在庫を分類するための基準について考える．

7.7.1 動機による分類

a. 輸送中在庫

輸送中在庫（transit inventory）もしくは**パイプライン在庫**（pipeline inventory）は，サプライ・チェイン内を品目が移動しているときに必然的に発生する在庫である（図 7.15）．これを削減するためには，輸送時間が短い輸送モードで運ぶ必要があるが，輸送時間の短縮のためには，高速な輸送手段を用いるので，それなりの費用がかかる．すなわち，輸送中在庫費用は，輸送のスピードのための費用とトレードオフ関係がある．このトレードオフ関係は，ストラテジックレベルの意思決定であるロジスティクス・ネットワーク設計モデルで輸送モードの選択として考慮される．

b. サイクル在庫

サイクル在庫（cycle inventory）とは，輸送や生産が定期的に行われているときに発生する在庫を指す（図 7.15）．たとえば，1 週間に一度だけある港から別の港に輸送を行う船を考えたとき，両方の港では，最大で 1 週間分の需要量だけの在庫をもつことになる．これがサイクル在庫である．サイクル在庫を減らすためには，輸送を頻繁に行えば良いが，輸送には固定費用がかかるので，そのための費用が増大する．すなわち，サイクル在庫費用は，輸送の固定費用の和とトレードオフ関係にあると言える．

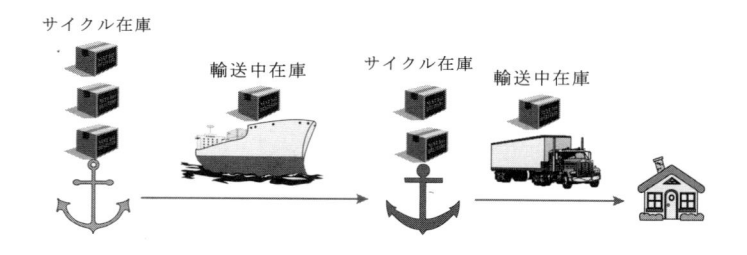

図 **7.15** 輸送中在庫とサイクル在庫

7.7 汎在庫モデル

同様に，生産ラインにおいても同じ品目だけをずっと生産し続けるのでなく，定期的に別の品目に切り替える必要がある．生産の切り替えの際には，段取り費用とよばれる固定費用がかかり，生産におけるサイクル在庫は，この段取り費用の和とトレードオフ関係にあると言える．このトレードオフ関係は，ストラテジックレベルでは，ロジスティクス・ネットワーク設計モデルにおける輸送モードの選択として考慮され，オペレーショナルレベルでは，経済発注量モデルや確率的在庫モデルで考慮される．

c. ロットサイズ在庫

需要のスピードが一定でない場合には，輸送や生産の頻度もまちまちになる．このような場合には，輸送や生産をまとめて行う際に発生する在庫の意味で，**ロットサイズ在庫**（lot size inventory）とよばれる．ロットサイズ在庫も，サイクル在庫と同様に，輸送や生産の際の固定費用とトレードオフ関係があり，このトレードオフ関係は，ロットサイズ決定モデルで適正化される．

d. 作り置き在庫

作り置き在庫（seasonal inventory；季節在庫）は，季節変動をもつ需要に対して，限られた資源で対応するために発生する在庫の総称である．たとえば，夏場に需要が集中する清涼飲料水の缶は，春先から製造を開始して，倉庫に保管をしておくのが常であるが，これは作り置き在庫の典型例である．ジュースの原料の果物のように，供給側が季節変動するために発生する在庫も，作り置き在庫とよぶ．作り置き在庫は，ピーク時に対応できる生産資源があれば 0 にできるので，生産資源を確保するための固定費用や残業代などの資源超過費用とトレードオフ関係にあると考えられる．このトレードオフ関係は，ストラテジックレベルでは（多期間の）ロジスティクス・ネットワーク設計モデルで，タクティカルレベルではロットサイズ決定モデルで最適化する．

e. 安 全 在 庫

安全在庫（safety inventory, safety stock）は，需要の不確実性に対処するために保持する在庫の総称である．将来における顧客需要の予測は「必ず」と言って良いほど外れる．そのため，品切れをなくし，かつ顧客のニーズに迅速に対応するためには，ある程度の在庫を抱えておく必要がある．顧客サービスを定量化することは，一般には難しいが，いつでも，すぐに，確実に商品が手に入ることと定義しておくと，安全在庫は，このような顧客サービスとトレードオフ関係にあると考えられる．このトレードオフ関係は，ストラテジックレベルではロジスティクス・ネットワーク設計モデルに，タクティカルレベルでは安全在庫配置モデルに，オペレーショナルレベルでは確率的在庫モデルに組み込まれ最適化される．

f. 投 機 在 庫

投機在庫（speculative inventory）とは，将来の品目の価値の増大を期待してもたれる在庫の総称である．例としては，ビンテージワインやバブル前の東京の土地などがあげられる．このタイプの在庫に対しては，将来における品目の価値の予測が重要であり，最適化の対象とはなりえない．そのため，本書ではこの要因に基づく在庫は，無視して

考える.

7.7.2 安全在庫の分類

次に,安全在庫についてモデル選択のための分類を考える.分類基準としては,以下の2通りを考える.

1) 需要を固定とするか否か

　a)需要固定

　需要が,確定値もしくは確率変数(または確率過程)として与えられており,自由にコントロールできない場合を,需要固定とよぶ.通常の在庫モデルでは,この仮定の下で在庫のコントロールを行う.

　b)需要可変

　需要が価格などのパラメータによって変化する場合を需要可変とよぶ.収益管理や動的価格づけモデルでは,この仮定の下で,需要をコントロールすることによって在庫の適正化を行う.

2) リード時間を固定とするか否か

　a)リード時間固定

　リード時間が,確定値もしくは確率変数として与えられており,自由にコントロールできない場合を,リード時間固定とよぶ.通常の確率的在庫モデルや経済発注量モデルでは,この仮定の下でモデルを組み立てる.

　b)リード時間可変

　サプライ・チェイン全体で,リード時間を調整することが可能である場合を,リード時間可変とよぶ.安全在庫配置モデルでは,この仮定の下で,在庫の適正配置を決定する.

表 7.5 に,上の分類基準に基づいた安全在庫モデルの分類を示す.以下では,この表にしたがい,分類ごとの個別問題について考える.

表 7.5　安全在庫モデルの分類

	需要固定	需要可変
リード時間固定	在庫方策最適化	収益管理 動的価格づけ
リード時間可変	安全在庫配置	価格を考慮した 安全在庫配置

a. 在庫方策最適化モデル

需要が固定でリード時間も固定の場合には,古典的な在庫方策に基づくモデルや経済発注量モデルに帰着される.需要とリード時間の両者が確定的で,かつ定常(時間によって変化しない)と仮定すると,経済発注量モデルになり,この場合にはリード時

間は 0 と仮定できる（第 8 章参照）．需要やリード時間が時間によって変化する場合は，多期間の生産計画，もしくは動的ロットサイズ決定モデルに帰着される．多期間の生産計画は，多期間のロジスティクス・ネットワーク設計モデルの特殊形と考えられる．このモデルについては，14.5 節で考える．動的ロットサイズ決定モデルについては，第 9 章で詳述する．需要が確率分布や確率過程にしたがい，リード時間が確定的なときには，古典的な確率的在庫モデルに帰着される．このモデルについては，第 10 章で詳述する．第 11 章では，鞭効果（サプライ・チェインの上流に行くにしたがい，発注量のばらつきが増幅する現象）を解析的に記述するモデルを紹介するが，このモデルも需要が確率過程にしたがい，リード時間が確定的である場合に分類される．

　リード時間が確率分布にしたがうモデルに関する研究は少ない．最近のビジネスでは，注文した商品を届ける期日を明示的にする傾向があり，実際問題においては，リード時間は確定値として扱う方が現実的である．また，リード時間が適当な確率分布にしたがうと仮定すると，後に注文した商品が，先に注文した商品より前に届くという逆転現象が発生する危険性がある．このような現象を除外したモデルも幾つか提案されているが，やはり現実問題を巧く記述しているとは言えない．

b. 安全在庫配置モデル

　需要が固定でリード時間が可変の場合には，安全在庫配置モデルに帰着される．リード時間を変数として扱うので，サプライ・チェイン全体でリード時間の調整を行い，その結果，どの地点に安全在庫をまとめて置いておくか（配置するか）が決められるからだ．安全在庫配置モデルについては，第 12 章で考える．

c. 収益管理モデル

　需要に影響を与える要因としては，商品の価格，品揃え，棚に置いてある商品の量，宣伝効果など様々なものが考えられる．「需要が可変」とは，これらの要因となるパラメータをコントロール可能な変数として捉え，需要量をコントロールすることによって，在庫を適正化することを指す．通常は，需要に与える影響が最も大きく，かつある程度定量的に表すことのできる「価格」を意思決定変数とすることによって，需要をコントロールできると仮定する．

　このようなモデルは，（リード時間が固定のとき）収益管理モデルもしくは動的価格づけモデルとよばれる．収益管理モデルは，ある特定の時間がくるとその価値が 0 に（もしくは極めて小さく）なってしまう商品（これを陳腐化資産とよぶ）を対象としたモデルであり，動的価格づけモデルは，より一般的な商品を対象としたモデルである．収益管理モデルについては第 15 章，動的価格づけモデルについては第 16 章で考える．

d. 価格の変更を考慮した安全在庫配置モデル

　需要が可変（価格によってコントロール可能）でリード時間が可変の場合には，安全在庫配置モデルに価格を導入したモデルになるが，このようなモデルに関する研究は極めて少ない．リード時間の決定（安全在庫の配置）はタクティカルレベルの意思決定であるので，同じ意思決定レベルで価格の決定を行う実際問題があるならば，このような

モデルを研究する意義が出てくる．そういった問題を発掘することや，効率的な解法を設計することは，今後の課題と考えられる．

8

経済発注量モデル

ロジスティクスに対する研究で最も古いものの 1 つに，在庫理論における**経済発注量モデル**（economic lot sizing model）がある．しばしばロジスティクス関連の教科書では Wilson[160] のモデルという名前で紹介されているが，古典的な経済発注量モデルは，Harris[92] によって提案されたのが最初なので，正確には **Harris のモデル**もしくは **Harris–Wilson のモデル**とよぶべきであろう．ちなみに，Harris の論文は 1913 年に，Wilson の論文は 1934 年に刊行されたものである．しばしば，Harris のモデルと経済発注量モデルは同義語として用いられているが，以下では，発注量を決定するためのモデルの総称として経済発注量モデルのよび名を使い，Harris によって提案された古典的なモデルを指すときには Harris のモデルとよぶことにする．

Harris のモデルはいたって単純であり，その解き方も高校生程度の数学的知識で容易に理解できるので，大学の授業で学生に教えるにはうってつけであるが，残念ながら我が国では実務的には役に立たないという烙印を押されている．しかしこれはいささか軽率な結論である．そのままでは使えないのは大昔の Harris のモデルであり，多くの研究者たちによって洗練されてきた拡張モデルは，複雑な現実問題を解く際の有効なツールになりうるのである．現在では，経済発注量モデルは息を吹き返し，非常に活発に研究がなされている分野の 1 つになっている．

本章では，モダンな経済発注量モデルを概観するとともに，基本的かつ重要な成果について，具体例を交えながら解説する．以下の構成は次のようになっている．

8.1 節では，すべての経済発注量モデルの始祖である Harris のモデルについて述べる．この節では，最適発注量が簡単な公式（Harris の公式）によって得られることを示す．

8.2 節では，バックオーダー（品切れ）を考慮した場合の Harris のモデルの拡張について考える．このモデルは，後の章で需要が確率的に与えられた場合を考える際の基礎となる．

8.3 節では，複数品目を考慮した容量制約つきモデルを考える．ここでは，Lagrange 緩和を用いて付加制約を取り扱う方法について学ぶ．

8.4 節では，生産の速度を考慮したモデルについて考える．このモデルは，工場内における生産のロットサイズを決定するモデルに対する基礎となる．

8.5 節では，発注の数量に応じた割引がある場合のモデルについて考える．

8.6 節では，Harris のモデルに実務的な制約を付加した **2 のべき乗方策**（power-of-two

policy) について述べる．ここでは，ある実務的な制約を加えた方策（2のべき乗方策）に限定した場合の費用が，最適方策による費用と比べて，最悪の場合でも約6%増しの保証をもつことを示す．2のべき乗方策は，以下の節においても重要な役割を果たす．

8.7節では，在庫地点が直列に並んでいる場合について考察する．ここでは，ネットワーク型の在庫システムを考える際の基礎となる，**エシェロン在庫**（echelon inventory）と**入れ子方策**（nested policy）について述べる．

8.8節では，1つの倉庫が複数の小売店に在庫の補充を行う際のモデルについて考える．ここでは，8.7節で導入した入れ子方策が必ずしも良い方策ではないことを示すと同時に，2のべき乗方策を用いた方策が最適方策の6%以下の保証をもつことを示す．

8.1 Harrisのモデル

まず，経済発注量モデルの古典であるHarrisのモデルを紹介する．このモデルは以下の仮定に基づく．

1) 品目は一定のスピードで消費されており，その使用量（これを需要量とよぶ）は1日あたり $d\ (\in \mathrm{R}_+)$ 単位である．ここで R_+ は，非負の実数全体の集合を表す記号である．
2) 品目の品切れは許さない．
3) 品目は発注を行うと同時に調達される．言い換えれば発注リード時間（注文してから品目が到着するまでの時間）は0である．
4) 発注の際には，発注量によらない固定的な費用（これを発注費用とよぶ）$K\ (\in \mathrm{R}_+)$ 円が課せられる．
5) 在庫保管費用は保管されている在庫量に比例してかかり，品目1個あたりの保管費用は1日で $h\ (\in \mathrm{R}_+)$ 円とする．
6) 考慮する期間は無限期間とする．
7) 初期在庫は0とする．

上の仮定の下で，1日あたりの総費用を最小化する発注方策を求めることが，ここで考える問題の目的である．

容易に分かるように，最適な発注方策は以下の2つの性質を満たす．

- **定常**（stationary）：方策が時間に依存しない．
- **在庫ゼロ発注性**（zero inventory ordering property）：在庫量が0になったときのみ発注する．

上の性質の下では，在庫レベルの時間的な経過を表すグラフは図8.1のようなノコギリの歯型になり，最適な発注方策を求める問題は1回あたりの発注量 Q を求める問題に帰着される．

発注を行う間隔を**サイクル時間**（cycle time）または**発注間隔**（reorder interval）とよび T と書く．発注量 Q とサイクル時間 T の間には

8.1 Harris のモデル

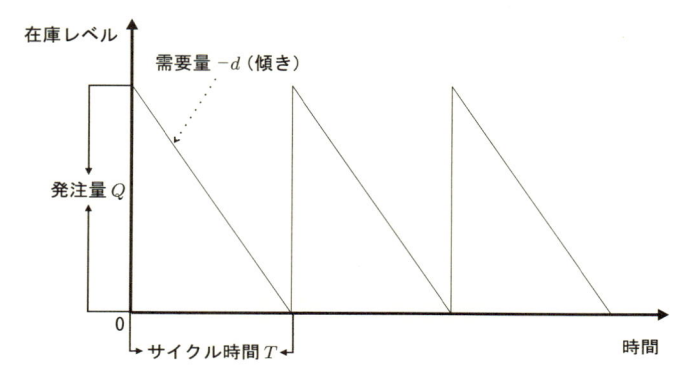

図 8.1 在庫レベルの時間的変化

$$d = \frac{Q}{T} \tag{8.1}$$

の関係がある．需要量（需要の速度）d が一定であるという仮定の下では，発注量 Q を求めることとサイクル時間 T を求めることは同じであると考えて差し支えないが，モダンな経済発注量モデルでは，サイクル時間 T を変数と考える．これは，実務的にはサイクル時間は基準となる単位（日，週，月など）の整数倍でなければならないことに起因する．（たとえば，サイクル時間が $\sqrt{7}$ 日である場合の現場の混乱を考えてみよ．）8.6 節で，より現実的なサイクル時間の決定方法である**2 のべき乗方策**（power-of-two policy）を紹介するが，それはサイクル時間を変数にすると，より自然に導出できる．

まず，発注を 1 回行う間（1 周期あたり）の総費用を考えよう．総費用は発注費用と在庫保管費用の和である．サイクル時間 T 内では発注は 1 回だけであり，在庫保管費用は図 8.1 の在庫レベルの面積に比例する．よって，1 周期あたりの総費用は

$$K + \frac{hTQ}{2}$$

となる．単位時間（1 日）あたりの費用は，これを T で除することにより

$$\frac{K}{T} + \frac{hQ}{2}$$

となる．式 (8.1) を用いて Q を消去し，サイクル時間 T だけの式に変形することによって

$$\frac{K}{T} + \frac{hdT}{2} \tag{8.2}$$

を得る．これを T の関数として $f(T)$ と書く．一階偏微分 $\partial f(T)/\partial T$ は，

$$\frac{\partial f(T)}{\partial T} = -\frac{K}{T^2} + \frac{hd}{2}$$

であり，二階偏微分 $\partial^2 f(T)/\partial T^2$ は，

$$\frac{\partial^2 f(T)}{\partial T^2} = \frac{2K}{T^3}$$

である．我々の興味があるのはサイクル時間 T が正の範囲であることに注意すると，二階偏微分は常に正になるので，$f(T)$ は真凸関数である．よって，$f(T)$ を最小にするサイクル時間 T^* は（一階偏微分を 0 とおいた方程式 $\partial f(T)/\partial T = 0$ を解くことによって），

$$T^* = \sqrt{\frac{2K}{hd}} \tag{8.3}$$

であることが分かる．1 日あたりの総費用の最適値は，式 (8.3) を式 (8.2) に代入することによって

$$\sqrt{2Khd} \tag{8.4}$$

となる．また，最適発注量 Q^* は，式 (8.1) に式 (8.3) を代入することによって

$$Q^* = \sqrt{\frac{2Kd}{h}}$$

となる．この式は，**Harris の公式**（Harris' formula），もしくは **EOQ 公式**（economic ordering quantity formula）とよばれる．

問題 8.1 某研究室ではビールを冷蔵庫で適切に管理することが義務づけられている．ビールは新鮮さが第一だ！の先生のモットーにより，1 日あたりのビールの劣化は 1 本あたり 10 円と見積もられ，発注は近所のコンビニに配達を頼むので 1 回あたり 300 円かかるものとする．また，研究室には大酒飲みが多いため，ビールは 1 日に 10 本のペースで消費されるものとする．最適な（研究室費を無駄にしない）発注方策を考えよ．

答えは簡単であり，

$$\sqrt{\frac{2 \cdot 300 \cdot 10}{10}} = \sqrt{600} \approx 24.49$$

より，24 本か 25 本のいずれでも良いことが分かる．費用はいずれの場合も同じで 1 日あたり 245 円，発注は $T^* = \sqrt{6} \approx 2.45$ 日に一度行えば良い．

上の例を見て，実際とは違う点や，このままでは使えない点に気づいただろう．以下に，そのうちの幾つかをあげるとともに，解決のための指針について簡単に触れる．

1) 発注してからビールが届くまで時間（これをリード時間とよぶ）がかかることがあるが，その場合にはどうすれば良いのか？
   解決法： リード時間が確定値で，かつ需要量が一定の場合には簡単であり，在庫が

切れる時刻のちょうどリード時間前に発注をすれば良い．需要量が確率的に変動する場合には，リード時間は重要なパラメータとなる．これについては，確率的在庫モデルの章（第10章）で考える．さらに，リード時間を意思決定変数としてサプライ・チェイン全体を考えて調整可能であると仮定した場合には，安全在庫配置モデルになる．このモデルについては，第12章で考える．

2) うちの研究室では，ビールを切らしたときには隣の研究室から借りてきて，後で返しているが，それを考慮するにはどうすれば良いのか？

解決法：バックオーダー（品切れ）を考慮したモデルになる．これについては，8.2節で考える．

3) 発注間隔（サイクル時間）が 2.45 日というのは困る．ある日の昼12時に発注した次は，2日後の深夜0時に注文するのか？それとも，期待値が 2.45 になるように設定された2か3が出るルーレットを回して決めたら良いのか？（これをゲームの理論では混合戦略とよぶ．）

解決法：サイクル時間を変数とし，それに制約を加えたモデルが必要になる．特に，サイクル時間を基準になる時間間隔（たとえば日，週，月など）の $\cdots 1/4$ 倍，$1/2$ 倍，1 倍，2 倍，4 倍，8 倍，$\cdots$ に制限した方法（2のべき乗方策）が理論的にも実務的にも重要である．これについては，8.6節で考える．

4) 日によってビールの消費量は異なるのではないか？たとえば，土曜日や日曜日には学校が閉まっているので，ビールを飲まないことが多いのではないか？

解決法：日々の需要量が確定値として与えられているときには動的ロットサイズ決定モデルとよばれるモデルになる．これについては，第9章のロットサイズ決定モデルで詳述する．

5) また，平日でも気温や先生に気分によって飲むビールの量が変動するのではないか？

解決法：需要の不確実性を含んだモデルが必要になる．これについては，第10章で述べる．

6) 店舗が品切れしていたらどうするのか？

解決法：もし，あなたが店舗の在庫を管理する権限までもっているとしたら，多段階の在庫地点を考慮したモデルが有効になる．これについては，8.7節で考える．

7) 先生の好みのビールは1種類ではなく複数の銘柄があり，また冷蔵庫の容量には上限がある．すべての銘柄を揃えると冷蔵庫に入りきらない場合にはどうするのか？

解決法：多品目を考慮した容量制約つきのモデルが必要になる．これについては，8.3節で類似のモデルを考える．

8) コンビニが大量に注文すると数量に応じた割引をしてくれる場合にはどうすれば良いのか？

解決法：割引を考慮したモデルが必要になる．割引の方法も色々あり，総量割引と増分割引が代表的である．これについては，8.5節で考える．

9) 研究室で学生や先生に販売する価格によって，需要が変化する場合はどうすれば良いのか？

解決法：研究室の利益を最大化するには，最適な価格づけを同時に考慮する必要がある．これについては，16.3 節で考える．

以下では，上の疑問に答えるための諸変形について考えていこう．

8.2 バックオーダーを考慮したモデル

Harris のモデルには，実際問題で現れる諸条件を考慮した様々な変形がある．ここでは，在庫切れの際のペナルティを付加したモデルについて考えてみよう．

通常，在庫が切れること（品切れ）は望ましくはない．需要量が確定値の場合には，品切れを起こさないように発注することが可能である．しかし，品切れの際に発生する費用と，在庫費用，発注費用との関係から，意図的に品切れをさせた方が総費用が安くなる可能性がある．また，需要が不確実性を含む場合には，品切れが起きる可能性を無視することができない．よって，ここで考えるモデルは，確率的在庫モデルに対するアプローチの基礎となる．

いま，顧客の需要が満たされないとき，顧客にあるペナルティを支払って待ってもらうことが可能であると仮定する．この待機状態にある顧客需要を**バックオーダー**（back order）とよぶ．また，バックオーダーの量に比例してかかる費用を品切れ費用とよぶ．品切れ費用はバックオーダーの量に比例してかかり，品目 1 個あたりの品切れ費用は 1 日あたり $b\,(\in \mathbb{R}_+)$ 円とする．品切れ費用以外のパラメータは Harris のモデルと同じであるとする．

バックオーダーを考慮したモデルにおいては，一定時間間隔（サイクル時間）ごとに発注を行うことが最適方策になるが，在庫ゼロ発注性は満たされない．発注 1 回あたりの在庫レベルの変化は，図 8.2 のようになる．

Harris のモデルと同様に，サイクル時間（発注間隔）T を決定するものとする．新たな変数として，発注してから在庫が 0 になるまでの時間 τ を導入する．在庫が 0 になってから再び発注を行うまでの時間は $T-\tau$ となる．

1 周期あたりの費用を見積もる．発注の際にかかる固定費用は K である．時刻 0 から τ までは在庫量が 0 以上であり，その間の平均在庫量は $(d\tau)/2$ であるので，在庫費用は，

$$\frac{hd\tau^2}{2}$$

となる．時刻 τ から T まではバックオーダー量が 0 以上であり，その間の平均バックオーダー量は $d(T-\tau)/2$ であるので，品切れ費用は，

$$\frac{bd(T-\tau)^2}{2}$$

8.2 バックオーダーを考慮したモデル

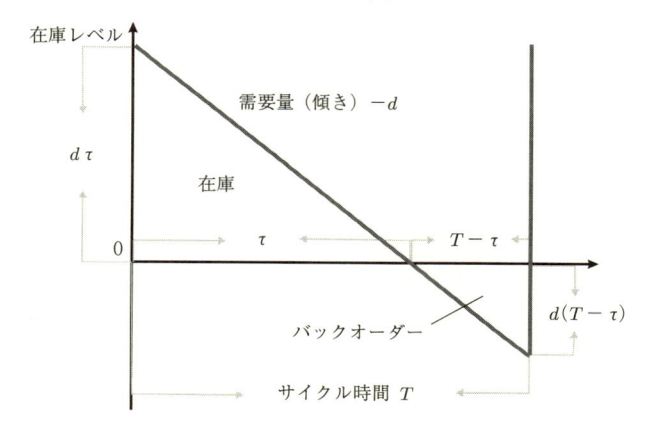

図 8.2 バックオーダーを考慮したときの 1 周期あたり在庫レベルの変化

となる．したがって，単位時間あたりの総費用は，τ と T の関数として，

$$f(\tau, T) = \frac{K}{T} + \frac{hd\tau^2}{2T} + \frac{bd(T-\tau)^2}{2T}$$

と書くことができる．これを最小とする τ と T を求めよう．

まず，τ による一階偏微分は，

$$\frac{\partial f}{\partial \tau} = \frac{hd\tau}{T} - \frac{bd(T-\tau)}{T}$$

となり，二階偏微分 $\partial^2 f/\partial \tau^2$ は，

$$\frac{\partial^2 f}{\partial \tau^2} = \frac{hd}{T} + \frac{bd}{T}$$

となる．いま，我々の興味があるのはサイクル時間 T が正の範囲であり，かつ h, b, d はいずれも正のパラメータであるので，$\partial^2 f/\partial \tau^2$ は正の値をとる．

また，$f(\tau, T)$ のサイクル時間 T による一階偏微分は，

$$\frac{\partial f}{\partial T} = -\frac{K}{T^2} - \frac{hd\tau^2}{2T^2} + \left(\frac{bd}{2} - \frac{bd\tau^2}{2T^2}\right)$$

となり，二階偏微分 $\partial^2 f/\partial T^2$ は，

$$\frac{\partial^2 f}{\partial T^2} = \frac{2K}{T^3} + \frac{hd\tau^2}{T^3} + \frac{bd\tau^2}{T^3}$$

となる．$\partial^2 f/\partial \tau^2$ のときと同様に，二階偏微分 $\partial^2 f/\partial T^2$ は正の値をとる．また，τ と T による偏微分は，

$$\frac{\partial^2 f}{\partial \tau \partial T} = \frac{\partial^2 f}{\partial T \partial \tau} = -\frac{hd\tau + bd\tau}{T^2}$$

である．関数 f の Hesse 行列の行列式は，

$$\begin{vmatrix} \frac{\partial^2 f}{\partial \tau^2} & \frac{\partial^2 f}{\partial \tau \partial T} \\ \frac{\partial^2 f}{\partial T \partial \tau} & \frac{\partial^2 f}{\partial T^2} \end{vmatrix} = \frac{2(b+h)dK}{T^4}$$

となり，やはり正である．各変数に対する二階偏微分が正であり，かつ Hesse 行列の行列式が正であるので，Hesse 行列は正定値行列であることが分かる．よって，2 変数の関数 $f(\tau, T)$ は真凸関数である．よって，一階偏微分した式を 0 とおいた式を解くことによって，費用が最小となる解を得ることができる．

まず，$\partial f/\partial \tau$ を 0 とおいて

$$\tau = \frac{b}{b+h} T \tag{8.5}$$

を得る．この式において，品切れ費用 b を大きくしていくと，τ は T に近づいていく．これは，品切れ費用が非常に大きいときには，Harris のモデルに帰着されることを表す．ここで，$b/(b+h)$ は，バックオーダーを考慮したモデルにおいてしばしば現れるパラメータである．以下ではこれを**臨界率**（critical ratio）とよび，ω と記すことにする．

$$\omega = \frac{b}{b+h}$$

ω は，$0 \leq \omega \leq 1$ を満たすパラメータであり，式 (8.5) から，最適解においては $\omega = \tau/T$ を満たすことが言える．これは，品切れを起こさない時間帯の比率を，ちょうど ω になるように設定すること，言い換えれば，品切れ確率を $1-\omega$ となるように設定することが最適であることを意味する．

次に，$\partial f/\partial T$ を 0 とおき，さらに式 (8.5) を代入して τ を消去した式を解くことによって，最適なサイクル時間 T^* を得る．

$$T^* = \sqrt{\frac{2K}{hd\omega}} \tag{8.6}$$

また，最適な τ は，

$$\tau^* = \omega T^* = \sqrt{\frac{2K\omega}{hd}}$$

となり，最適費用は，

$$\sqrt{2Khd\omega} \tag{8.7}$$

となる．Harris のモデルの最適費用は，$\omega = 1$ の場合であるので $\sqrt{2Khd}$ となり，品切れを許すことによって総費用は $\sqrt{\omega}$ 倍になり，$\omega < 1$ のとき費用は減少することが分かる．

最適発注量 Q^* は，

$$Q^* = dT^* = \sqrt{\frac{2Kd}{h\omega}}$$

となり，$\omega < 1$ のとき Harris のモデルの最適発注量（$\sqrt{2Kd/h}$）より大きくなる．

問題 8.2 問題 8.1 の研究室のビール在庫の問題と同じ場面を考えよう．ただし今回は，ビールが切れたときには隣の研究室から 1 本あたり 40 円の借り賃を支払い借りてくることができるものと考える．なお，借りてきたビールは後日同じものを買ってきて返却するものとする．このときの最適な発注方策を考えよ．

答えは以下の通り．臨界率 $\omega = 40/(10+40) = 0.8$ になるので，最適発注量は，

$$Q^* = \sqrt{\frac{2Kd}{h\omega}} = \sqrt{\frac{2 \cdot 300 \cdot 10}{10 \cdot 0.8}} = \sqrt{750} \approx 27.39$$

と計算される．品切れを許さない場合には，24.49 本であったので，多少多めに注文する必要があることが分かる．

8.3 容量を考慮した複数品目モデル

ここでは，Harris のモデルの拡張して，複数の品目を小売店に卸している倉庫における経済発注量モデルを考える．

品目の数を m とする．倉庫には，置けるものの量に上限があり，これを容量制約とよぶ．品目 i の大きさを w_i とし，倉庫に置ける量の上限を W とする．また，各品目は，すべて異なるメーカーに注文するので，発注費用は各品目を注文するたびにかかるものとし，品目 i の発注費用を K_i とする．品目 i の在庫保管費用を h_i，需要量を d_i としたとき，容量制約を破らない条件の下で，総費用が最小になる発注方策を導こう．

Harris のモデルと同様に，発注費用と在庫費用の和を最小化するが，容量制約を表現するため，ここでは発注量 Q を変数として扱う．数理計画として定式化すると，容量を考慮した複数品目モデルは，以下のように書ける．

$$\begin{aligned}
\text{minimize} \quad & \sum_{i=1}^{m} \left(\frac{K_i d_i}{Q_i} + \frac{h_i Q_i}{2} \right) \\
\text{subject to} \quad & \sum_{i=1}^{m} w_i Q_i \leq W \\
& Q_i \geq 0 \qquad \forall i = 1, \cdots, m
\end{aligned} \tag{8.8}$$

容量制約 (8.8) を変形すると，$\sum_{i=1}^{m} w_i Q_i - W \leq 0$ となるので，制約を満たしている場合には 0 以下の値をとる．$\sum_{i=1}^{m} w_i Q_i - W$ に非負の実数 λ を乗じて目的関数に加えて整理すると，以下のようになる．

$$\begin{aligned}
\text{minimize} \quad & \sum_{i=1}^{m} \left(\frac{K_i d_i}{Q_i} + \frac{h_i + 2w_i \lambda}{2} Q_i - W\lambda \right) \\
\text{subject to} \quad & \sum_{i=1}^{m} w_i Q_i \leq W
\end{aligned}$$

$$Q_i \geq 0 \qquad \forall i = 1, \cdots, m$$

この定式化では，目的関数に 0 以下のものを加えただけであるので，最適値の下界（等しいか小さいことが保証された値）を得ることができる．さらに，容量制約を緩和（除去）すると，実行可能領域（解の範囲）が広くなったので，目的関数は等しいか小さくなることが保証され，下界を得ることができる．これを **Lagrange 緩和**（Lagrangean relaxation）とよぶ．

緩和した問題は，各品目ごとに独立になり，各問題は Harris のモデルの在庫保管費用を変形したものに他ならない．よって，緩和した問題の最適解（最適発注量）Q_i^* は，以下のように簡単に計算することができる．

$$Q_i^* = \sqrt{\frac{2K_i d_i}{h_i + 2w_i \lambda}}$$

Lagrange 緩和によって得た下界を，パラメータ λ の関数として $L(\lambda)$ と書く．Harris のモデルの最適費用の公式から，$L(\lambda)$ は以下のようになることが分かる．

$$L(\lambda) = \sum_{i=1}^{m} \sqrt{2K_i(h_i + 2w_i \lambda)d_i} - W\lambda$$

パラメータ λ を **Lagrange 乗数**（Lagrangean multiplier）とよぶ．最も良い（大きい）下界を算出するには，$\sum_{i=1}^{m} w_i Q_i^* = W$ になるように λ を調節すれば良いが，この場合には Lagrange 乗数がスカラーであるので，2 分探索法などで簡単に求めることができる．

問題 8.3 ある卸売業者は，3 種類のお菓子を，3 つの異なるお菓子メーカーから調達して小売店に販売している．発注費用は各メーカーごとに 300 円，在庫保管費用はすべて同じで 1 日あたり 1 ケースあたり 10 円，需要はそれぞれ 10, 30, 50 ケース，お菓子のケースの大きさは 20, 40, 10 とする．卸売業者の保有する倉庫には最大で 2000 の容積しか置くことができないとしたときの，最適な発注方策を考えよ．

答えは以下の通り．Lagrange 乗数 λ を 0.154075 としたとき，各お菓子の発注量は 19.27, 28.39, 47.89 となり，総容積は 1999.997 とほぼ 2000 になる．このときの下界は 1263.647813 で，実際にかかる費用は 1263.648246 なので，ほぼ最適であることが分かる．

問題 8.4 上で考えた容量を考慮した複数品目モデルにおいて，発注費用がすべての品目に対して同一で，かつ在庫費用が無視できるとき，最適な λ は，2 分探索法などの数値計算を用いることなしに簡単な式として表すことができる．そのような λ を求め，最適な発注方策を表す公式を導け．

8.4 生産を考慮したモデル

「発注」という用語のため,小売店の在庫管理のみに適用可能であると誤解されているが,経済発注量モデルは,工場内における生産ロットサイズの最適化にも用いることができる.ここでは,Harris のモデルを工場内での最適操業方策を求める場合へ拡張する.このモデルは,**経済ロットスケジューリングモデル**(economic lot scheduling model) とよばれることもある.

生産をすると決めた場合には,一定の速度 P(個/日)で品目が生産されるものと仮定する.このようなケースは,スイッチを入れると一定の速度で操業する装置産業でしばしば現れる.なお,生産速度は需要速度以上であると仮定し,生産開始の際には生産開始のための固定費用(これは Harris のモデルにおける発注費用に相当する)K がかかるものとする.

需要の速度 d が一定であるという仮定の下では,Harris のモデルと同様に基本パターンの繰り返しが最適操業方策になる.いま,生産速度 P は需要速度以上である($P \geq d$)と仮定する.生産開始から次の生産開始までの時間をサイクル時間とよび T と記す.サイクル時間は,生産中と生産停止中の2つの時間帯に分けることができる.生産中の時間を T_1,生産停止中の時間を T_2 とする.生産中には,在庫が $P-d$ の速度で増加し,生産停止中には d の速度で減少する(図 8.3).

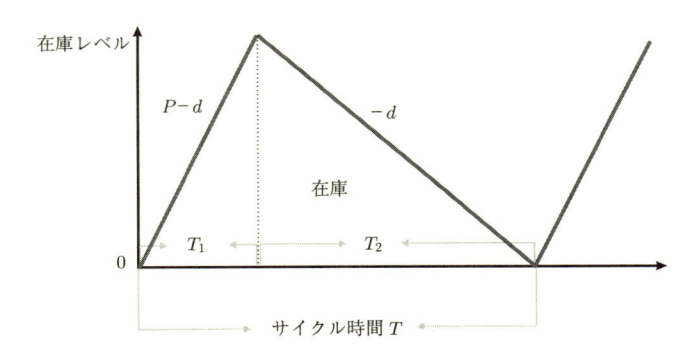

図 8.3 生産を考慮したときの在庫レベルの時間的変化

再び生産を開始するときには,在庫量が 0 になっていること(在庫ゼロ発注性)に注意すると,サイクル時間内における総生産量 Q は,その間の総需要量 dT に等しくなる.また,生産は T_1 時間内に行われるので,$Q = PT_1$ が成立する.したがって,生産を停止したときの在庫量(これが最大在庫量になる)は,

$$(P-d)T_1 = (P-d)\frac{Q}{P}$$

となる．平均在庫量は最大在庫量の半分であるので，単位時間（1日）あたりの総費用（生産開始費用と在庫費用の和）は，

$$\frac{K}{T} + \frac{hQ}{2}\left(1 - \frac{d}{P}\right)$$

となる．Harris のモデルの単位時間あたりの費用

$$\frac{K}{T} + \frac{hQ}{2}$$

と比べると，h を $h(1-d/P)$ で置き換えたモデルに他ならないことが観察される．よって，パラメータ $h'=h(1-d/P)$ を導入すると，最適な1サイクルあたりの生産量 Q^* は，

$$Q^* = \sqrt{\frac{2Kd}{h'}}$$

であり，また，最適サイクル時間も同様に，

$$T^* = \sqrt{\frac{2K}{h'd}}$$

となることが分かる．これは，生産速度を考慮する場合には，在庫保管費用を生産速度と需要速度の比だけ割引いて勘定すれば良いことを意味する．ちなみに，生産速度が需要速度と等しい（$P=d$ の）場合には，在庫は常に 0 となり，サイクル時間 T を無限大にすることが最適になる．

問題 8.5 問題 8.1 の研究室のビール在庫の問題において，この研究室では，ビールを 1 日あたりの生産速度 $P=20$，生産開始のための段取り費用 $K=300$ 円で生産可能であると仮定する．このときの最適な生産方策を考えよ．

答えは以下の通り．$h'=h(1-d/P)=10(1-10/20)=5$ であるので，最適発注量は，

$$Q^* = \sqrt{\frac{2Kd}{h'}} = \sqrt{\frac{2 \cdot 300 \cdot 10}{5}} = \sqrt{1200} \approx 34.64$$

と計算される．$T^*=3.46$ 日，$T_1^*=1.72$ 日であるので，1.72 日生産をした後は，3.46 日になるまで生産を休止するパターンを繰り返すことが最適な生産方策であることが分かる．

8.5 数量割引を考慮したモデル

大量に注文をすると割引をすることは，日本のみならず欧米でも主流の取引慣行である．しかし，在庫だけに注目すると，注文数量による割引は，鞭効果を増幅させるだけで有効な方法ではない．ここでは，数量割引を考慮した経済発注量モデルの拡張を考え

8.5 数量割引を考慮したモデル

るが，これは，この取引慣行を推奨するものではないことを注意しておく．

ここで考えるモデルの主な対象は，「輸送」である．輸送における数量割引は，輸送手段のもつ規模の経済性のため，有効な手段であると考えられる．さらに，輸送における数量割引に対しては，発注に対する数量割引と比べて，正確なデータが与えられている場合が多い．なお，ここでは輸送を対象としてモデルを構築するが，用語については，前節までとの繋がりを考え，発注に関するものを用いるものとする．

一般に数量割引には，2 つの種類がある．1 つは**増分割引**（incremental discount）とよばれ，ある一定数量を超えると，超えた分だけ単位あたりの購入費用が割引される．もう 1 つは**総量割引**（all-units discount）とよばれ，ある一定数量を超えると，一度に購入したすべての量に対して割引が適用される．

簡単のため，費用の変化が 1 つの分岐点で起きるものとする．複数の分岐点をもつモデルへの拡張は容易であるので，省略する．図 8.4 に総量割引と総量割引の場合の購入費用のグラフを示す．

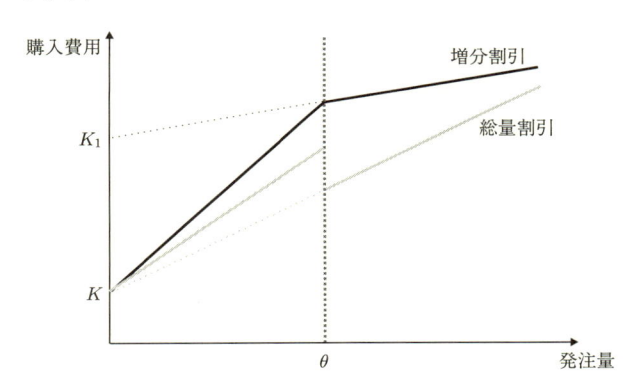

図 **8.4** 増分割引と総量割引の場合の発注量と購入費用の関係

まず，増分割引の場合を考えよう．いま，発注量 Q が分岐点 θ を超えると，その購入単価が c_0 から c_1 に（θ を超えた分だけ）割引されるものとする．発注の固定費用を K とし，購入費用の合計を，発注量 Q の関数として $c(Q)$ とすると，$c(Q)$ は

$$c(Q) = \begin{cases} 0 & Q = 0 \\ K + c_0 Q & 0 < Q \leq \theta \\ K + c_0 \theta + c_1(Q - \theta) & \theta < Q \end{cases}$$

と書くことができる．

最適な発注方策は定常であり，一定量 Q をサイクル時間 T ごとに発注するものとする．今までは，サイクル時間 T の関数として費用を表してきたが，ここでは発注数量 Q の関数として表すことにしよう．サイクル時間 T と発注量 Q の間には，平均需要量

を d としたとき，$d=Q/T$ の関係があるので，どちらで表しても同じ結果を導くことができるが，ここでは発注数量に対する割引を考えるため，Q の関数とした方が見通しが良くなる．

総費用は，購入費用と在庫費用の和である．単位時間あたりの購入費用は，一度に Q 単位を購入するときにかかる費用 $c(Q)$ をサイクル時間 T で割った値であるので，

$$\frac{c(Q)}{T} = \frac{c(Q)d}{Q}$$

となる．在庫費用は，購入費用に対する利子とその他のハンドリング費用や陳腐化費用を分けて考える．購入費用に対する利子を除いた単位時間・単位数量あたりの在庫保管費用を h とする．購入費用のうち，発注固定費用を除いた部分は，$c(Q)-K$ であるので，単位数量あたりの購入費用は，$(c(Q)-K)/Q$ となる．利子率を r とすると，単位在庫あたりの金利負担は $r(c(Q)-K)/Q$ となる．したがって在庫費用は，平均在庫量が $Q/2$ であることから，

$$\frac{1}{2}(h+r(c(Q)-K))Q$$

となる．したがって，単位時間あたりの費用関数 $f(Q)$ は，

$$f(Q) = \frac{c(Q)d}{Q} + \frac{1}{2}(h+r(c(Q)-K))Q$$

となる．

$Q>0$ としたとき，$c(Q)$ を以下のように，2本の直線の小さい方をとった関数に変形することができる．

$$c(Q) = \min \begin{cases} K+c_0 Q \\ K_1+c_1 Q \end{cases}$$

ここで，$K_1 = K+(c_0-c_1)\theta$ である．

各直線ごとの問題は，通常の経済発注量モデルと同じ形になるので，最適解を容易に求めることができる．

たとえば，$c(Q)=K_1+c_1 Q$ の場合には，

$$f(Q) = dc_1 + \frac{dK_1}{Q} + \frac{1}{2}(h+rc_1)Q$$

となるので，Q で微分して 0 とおくことによって，最適発注量 Q_1^* を得ることができる．

$$Q_1^* = \sqrt{\frac{2dK_1}{h+rc_1}}$$

また，最適費用は，

$$f(Q_1^*) = dc_1 + \sqrt{2K_1 d(h+rc_1)}$$

である．

同様に，$c(Q) = K + c_0 Q$ の場合の最適発注量を求め，それを Q_0^* とする．

$$Q_0^* = \sqrt{\frac{2dK}{h + rc_0}}$$

$c_0 > c_1$ であり，かつ $K < K_1$ であるので，$Q_0^* < Q_1^*$ となる．

$c(Q) = K_1 + c_1 Q$ と $c(Q) = K + c_0 Q$ の場合の費用関数は，$Q = \theta$ で繋がっていることに注意すると，$f(Q_0^*)$ と $f(Q_1^*)$ を比べて小さい方を選択すれば良いことが言える．

問題 8.6 問題 8.1 の研究室のビール在庫の問題において，ディスカウントスーパーから大量に発注をすると割引をしてくれることに気がついた．研究室費は教授に対する借金でまかなわれているため，1 日あたりの利子率は 1 ％ であり，ハンドリングならびに陳腐化費用は，1 日・1 本あたり 10 円と見積もられている．ビールの単価は，30 本までだと 1 本あたり 350 円，それを超えると(超えた本数だけ) 1 本あたり 200 円に値引きされるものとする．発注固定費用はコンビニと同じで 300 円，需要量は 1 日 10 本であるとすると，一度に何本注文するのが最適であろうか？

答えは以下の通り．$Q_0^* = 21$，$Q_1^* = 89$ であるので，$f(Q_0^*) = 3784$ と $f(Q_1^*) = 3073$ を比べて小さい方の $Q_1^* = 89$ 本を一度に注文すれば良い．

次に，総量割引の場合を考える．総量割引の場合には，注量 Q が分岐点 θ を超えると，その購入単価が c_0 から c_1 にすべて割引されるので，購入費用 $c(Q)$ は，

$$c(Q) = \begin{cases} 0 & Q = 0 \\ K + c_0 Q & 0 < Q \leq \theta \\ K + c_1 Q & \theta < Q \end{cases}$$

と書くことができる．

$c_0 > c_1$ なので，$c(Q) = K + c_1 Q$ のときの最適発注量

$$Q_1^* = \sqrt{\frac{2dK}{h + rc_1}}$$

が θ 以上のときには，Q_1^* が最適になる．

$Q_1^* < \theta$ のときには，$c(Q) = K + c_0 Q$ のときの最適発注量

$$Q_0^* = \sqrt{\frac{2dK}{h + rc_0}}$$

と発注量が θ のときの総費用を比べて，小さい方を選択すれば良い．

問題 8.7 問題 8.6 の研究室のビール在庫の問題において，一度に 200 本以上頼むと，すべて 1 本あたり 200 円に値引きされると仮定したときの最適発注量を求めよ．

答えは以下の通り. $Q_0^* = 21$, $Q_1^* = 22$ である. $Q_1^* < \theta \ (= 80)$ であるので, $f(Q_0^*) = 3784$ と $f(\theta) = 3215$ を比べる. $f(\theta)$ の方が小さいので, 一度に 200 本注文すれば良いことが分かる.

8.6 2 のべき乗方策

Harris のモデルは, 簡単な公式によってサイクル時間 (発注間隔) および発注量が得られるので実務上便利である. 実際, 1986 年に行われた Osteryoung–MacCarty–Reinhart による調査では, 約 84% の企業が経済発注量モデルを使用していると報告している[132].

しかし, 実務的にはサイクル時間が任意の正の実数値をとることは, 様々な不具合を生じる. 容易に想像できるように, サイクル時間が $\sqrt{3}$ 日である保管倉庫とサイクル時間が $\sqrt{7}$ 日の小売店の間では, 発注に伴うトラブルが絶えないであろう.

Muckstadt–Roundy[128] は, 多くの実際問題に対する調査から, 実務家の間では, サイクル時間を基準になる時間間隔 (たとえば日, 週, 月など) の 1 倍, 2 倍, 4 倍, 8 倍, … に制限していることを発見した. これを **2 のべき乗方策** (power-of-two policy) とよぶ. たとえば, 生産ロットを 3 ヶ月分, 6 ヶ月分, 1 年分に限定することや, 発注量を 1 週間分, 2 週間分, 1 ヶ月分に限定することが 2 のべき乗の適用例にあたる. 日本国内の実際問題でも, 小売店への配送を週に 1 回, 2 週に 1 回, 月 (4 週) に 1 回のいずれかに限定している例を数多く見受ける.

現場ではこの方策が不思議とうまく働くことを長年の経験から学んでいる. 以下では「2 のべき乗方策がなぜうまく働くのか?」という問いに対する理論的な回答を示す. 具体的には, 2 のべき乗方策が最悪の場合でも最適値の約 6% 増し以下の解を算出することを証明する.

まず, 2 のべき乗方策の定義をあげる.

定義 8.1 (2 のべき乗方策) 基準になる時間間隔を B と書く. 通常 B は, 1 シフト, 1 日, 1 週間, 1 ヶ月などの実務的に取り扱いのしやすい時間の単位とする. k を整数としたとき, サイクル時間を $B2^k$ に限定して発注を行う.

表記を簡略化するために $hd/2$ を g と記すと, 2 のべき乗方策を用いた場合の経済発注量モデルの定式化は, 以下のようになる.

$$\begin{align}
\text{minimize} \quad & \frac{K}{T} + gT \\
\text{subject to} \quad & T = B2^k \text{ ただし } k \in \mathbb{Z} \tag{8.9} \\
& T \geq 0 \tag{8.10}
\end{align}$$

上の式で, $\mathbb{Z}$ は整数の集合 $\{\cdots, -2, -1, 0, 1, 2, \cdots\}$ を表す. 式 (8.9) は, サイクル

8.6 2のべき乗方策

時間 T が B の 2 のべき乗倍であることを規定し，式 (8.10) は，サイクル時間の非負性を示す．また，式 (8.10) はこの定式化においては冗長であるが，以下で示す緩和問題においては冗長でなくなる．

目的関数値を表す関数を T の関数として

$$f(T) = \frac{K}{T} + gT$$

と定義しておく．式 (8.9) を緩和した問題は，Harris のモデルに他ならないので，その最適解 T^* は式 (8.3) より

$$T^* = \sqrt{\frac{K}{g}}$$

となり，最適値 $f(T^*)$ は式 (8.4) より

$$f(T^*) = 2\sqrt{Kg}$$

となる．$f(T)$ は凸関数であるので，2 のべき乗方策を用いた場合の最適サイクル時間 $\hat{T} = B2^k$ は，

$$f(B2^{k-1}) \geq f(B2^k) \leq f(B2^{k+1}) \tag{8.11}$$

を満たす最小の整数 k によって定められる．この式は

$$\frac{K}{B2^{k-1}} + gB2^{k-1} \geq \frac{K}{B2^k} + gB2^k \leq \frac{K}{B2^{k+1}} + gB2^{k+1}$$

を意味する．この式を変形することによって

$$\sqrt{\frac{K}{2g}} \leq B2^k \leq \sqrt{\frac{2K}{g}}$$

を得る．この式は，2 のべき乗方策を用いた場合の最適解 $\hat{T}$ と Harris のモデルの最適解 T^* の間に以下の関係があることを示している．

$$\frac{1}{\sqrt{2}}T^* \leq \hat{T} \leq \sqrt{2}T^* \tag{8.12}$$

さらに

$$f\left(\frac{1}{\sqrt{2}}T^*\right) = f(\sqrt{2}T^*) = \left(\frac{1}{\sqrt{2}} + \sqrt{2}\right)\sqrt{Kg} = \frac{1}{2}\left(\frac{1}{\sqrt{2}} + \sqrt{2}\right)f(T^*)$$

と関数 $f(T)$ の凸性から

$$\frac{f(\hat{T})}{f(T^*)} \leq \frac{1}{2}\left(\frac{1}{\sqrt{2}} + \sqrt{2}\right) \approx 1.06$$

を得る．よって，2 のべき乗方策は最悪の場合でも最適値に対して約 6%の保証をもつことが示された．

上の議論では，式 (8.11) によって 2 のべき乗方策を与える k を決めたが，2 のべき乗方策は Harris のモデルの最適解 T^* から直接導くことができる．式 (8.12) を変形することによって，

$$B2^{k-1} \leq \frac{T^*}{\sqrt{2}} \leq B2^k \tag{8.13}$$

を得る．よって，上式を満たす最小の整数 k によって，2 のべき乗方策のサイクル時間 $\hat{T} = B2^k$ が与えられる．

問題 8.8 問題 8.1 の研究室のビール在庫の問題において，サイクル時間が基準時間（1 日）の 2 のべき乗倍であると仮定する．最適なサイクル時間とそのときの総費用を計算し，2 のべき乗方策に限定しない場合の費用（Harris のモデルの最適費用）と比較せよ．

答えは以下の通り．$T^* = 2.45$ であるので，$T^*/\sqrt{2} = 1.73$ となる．したがって，2 のべき乗方策のサイクル時間 $\hat{T} = B2^k$ は $k = 1$ のとき最小になり，$\hat{T} = 2$ となる．このときの総費用は 250 円であり，Harris のモデルの最適費用 245 円に対して 2 ％程度悪いことが分かる．

8.7 直列多段階モデル

上では在庫点が 1 つのモデルを取り扱ったが，ここでは在庫する点が n 個直列に並んでいる経済発注量モデルを考える（図 8.5）．なお，以下では点の順番は下流（需要地点側）から $1, 2, \cdots, n$ と並んでいるものとする．本節の目的は，**エシェロン在庫**（echelon inventory；echelon は梯形の意味）および**入れ子方策**（nested policy）の 2 つの重要な概念を導入することである．

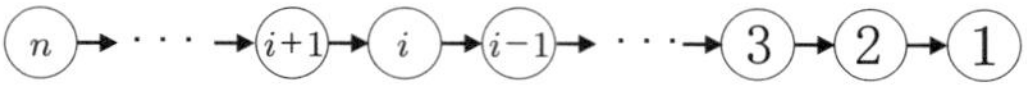

$n \to \cdots \to i+1 \to i \to i-1 \to \cdots \to 3 \to 2 \to 1$

図 **8.5** 直列多段階モデル

エシェロン（echelon）は，層，階層，段階，編成などと訳されるが，もともとは軍隊用語の梯形（ていけい）編成（編隊）を意味する．梯形とは，軍隊の様々な大きさの隊のすべてを指す用語である．たとえば，小隊が集まったものが中隊であり，中隊が集まったものが大隊になるように，隊の構成は入れ子になっているが，これらすべての隊の編成を梯形とよぶ．サプライ・チェーンにおけるエシェロンとは，自分と自分からみたサプライ・チェーンの下流（顧客側）のすべての在庫地点をあわせたものであり，図 8.6 のように梯形編成であり，入れ子構造をもっている．これが，エシェロン在庫の

8.7 直列多段階モデル

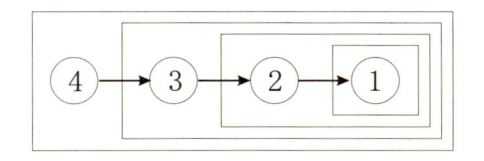

図 8.6 エシェロン在庫の入れ子構造

名前の由来である．

まず，簡単のために 2 段階の場合を例にとってみよう．2 つの在庫点を下流から順に 1,2 と番号をつけ，順に第 1 段階，第 2 段階の在庫点とよぶ．需要量 d は一定なので，第 1 段階の在庫レベルはノコギリの歯型になるが，第 2 段階の在庫レベルは，第 1 段階において発注が起きると発注量分だけ減少するので，ノコギリの歯型にはならない．例として，第 2 段階のサイクル時間が 2, 第 1 段階のサイクル時間が 1 の場合を図 8.7 に示す．

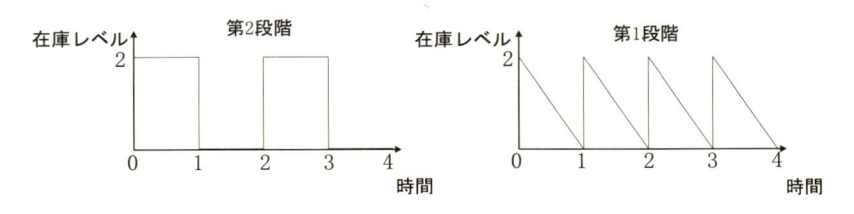

図 8.7 2 段階モデルにおける在庫レベルの時間的変化

在庫レベルがノコギリの歯型でないと，第 2 段階以降の在庫点における在庫レベルの変化は複雑な関数になってしまう可能性があるので，Harris のモデルで用いた発注量の半分が平均在庫量になるという議論が使えない．エシェロン在庫および**エシェロン在庫費用**（echelon inventory cost）の概念を用いることによって解決を試みよう．

エシェロン在庫とは，各在庫点から見て下流にある在庫をすべて含めたものと定義される．第 1 段階のエシェロン在庫は（通常の意味での）在庫と同じであるが，第 2 段階のエシェロン在庫は，第 2 段階での在庫に第 1 段階の在庫をあわせたものになる．図 8.8 にエシェロン在庫レベルの時間による変化を示す．このようにエシェロン在庫の概念を導入することによって，在庫レベルの変化をノコギリの歯型とみなすことができる．

第 1 段階および第 2 段階における（通常の意味での）在庫保管費用を，それぞれ h'_1, h'_2 とする．このとき，第 1 段階および第 2 段階のエシェロン在庫費用 h_1, h_2 は，それぞれ

$$h_1 = h'_1 - h'_2$$
$$h_2 = h'_2$$

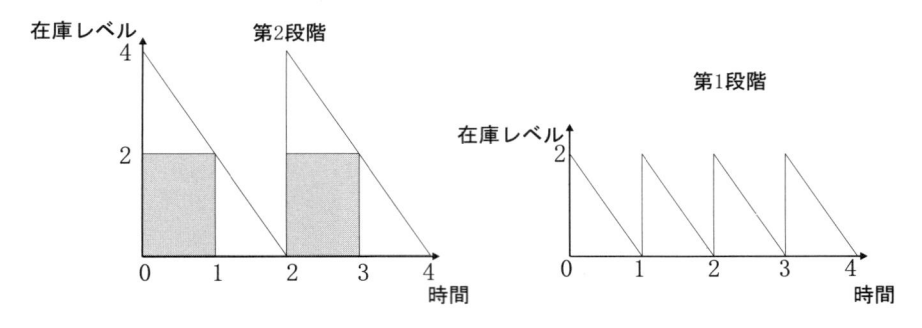

図 **8.8** 2段階モデルにおけるエシェロン在庫レベルの時間的変化
陰のついている部分が実際に第2段階にある在庫量を表している．

と定義される．通常は下流の在庫保管費用は上流よりも高い（すなわち $h_1' > h_2'$ が成立する）ので，第1段階のエシェロン在庫費用 h_1 は 0 より大きくなる．

例として1日あたりの需要量が2単位の2段階モデルにおける4日分の在庫費用を考えてみよう（図 8.8）．第1段階におけるエシェロン在庫費用は，

$$4h_1' - 4h_2' \ (= 1 \times 4 \times h_1)$$

となり，第2段階におけるエシェロン在庫費用は

$$8h_2' \ (= 2 \times 4 \times h_2)$$

である．よってエシェロン在庫費用の合計は

$$4h_2' + 4h_1' \ (= 8h_2' + 4h_1' - 4h_2')$$

となる．一方，通常の在庫保管費用は，第1段階における在庫保管費用

$$4h_1' \ (= 1 \times 4 \times h_1')$$

と第2段階における在庫保管費用

$$4h_2' \ (= 1 \times 4 \times h_2')$$

の和であるので，

$$4h_2' + 4h_1'$$

となる．すなわち，エシェロン在庫をエシェロン在庫費用をもとに計算したときの費用は，通常の在庫保管費用と一致するのである．

一般論に進む前に，エシェロン在庫の概念の直感的な説明を付加しておく．第2段階（卸売業者）に実際に保管されている在庫に，第1段階（小売店）の在庫を加えた量が，卸売業者のエシェロン在庫であり，小売店のエシェロン在庫は実際の在庫と一致する．

仮に，卸売業者が小売店にある在庫も含めて在庫費用 $h'_2 (= h_2)$ 円を支払ってしまうものと考える．このとき，小売店における本来の在庫費用は，h'_1 円であるが，小売店では卸売業者と小売店の在庫費用の差額（$h'_1 - h'_2$ 円）だけを支払うことにする．これは，卸売業者がエシェロン在庫費用 $h_2 (= h'_2)$ 円を負担し，小売店がエシェロン在庫費用 $h_1 (= h'_1 - h'_2)$ 円を負担することに他ならない．このとき，全体の在庫費用は，卸売業者が払いすぎてしまった分と，小売店が支払わなかった分がキャンセルされて，ちょうどつじつまが合うことになる．

より一般の場合におけるエシェロン在庫費用を定義しておこう．エシェロン在庫とは，自分と自分から見て下流の在庫地点の在庫を輸送中の在庫も含めてすべてあわせたものである．これは，直列多段階でないサプライ・チェインの場合でも同様で，自分が供給するすべての下流の在庫を加えたものがエシェロン在庫となる．図 8.6 に示すように，下流の在庫地点のエシェロン在庫は，上流の在庫地点のエシェロン在庫の一部であり，入れ子構造になっている．n 段階の直列多段階モデルにおける各段階での（通常の意味での）在庫保管費用を h'_i とする．このときエシェロン在庫費用 h_i は，

$$h_i = \begin{cases} h'_i - h'_{i+1} & i = 1, 2, \cdots, n-1 \\ h'_i & i = n \end{cases}$$

と定義される．第 n 段階目だけエシェロン在庫費用の定義が異なるが，第 $n+1$ 段階目に仮想の外部供給者が存在し，その地点における在庫費用は 0，すなわち $h'_{n+1} = 0$ と仮定すると，$h_n = h'_n - h'_{n+1}$ と他の段階と同じように定義できる．在庫保管費用が「品目の価値×利子率」で計算されるものと仮定すると，第 i 段階におけるエシェロン在庫費用は，i 段目で付加された品目の価値（付加価値）に利子率を乗じたものと解釈できる．エシェロン在庫費用と在庫費用には，以下の関係が成立する．

$$\sum_{k=i}^{n} h_k = h'_i \quad i = 1, 2, \cdots, n$$

在庫費用は非負（すなわち $h'_i \geq 0$）でかつ下流の在庫保管費用は上流よりも高い（すなわち $h'_i > h'_{i+1}$）と仮定する．これは，サプライ・チェインの下流ほど品目の価値が高く，かつハンドリングのための費用が高いことを表すので，自然な仮定である．この仮定の下では $h_i > 0$ が成立する．

8.6 節で 2 のべき乗方策を導入したが，ここではさらに以下の制約を加えた方策を考える．

定義 8.2（入れ子方策：nested policy） 第 i 段階の在庫点が発注を行うときには，必ず第 $i-1$ 段階の在庫点も発注を行う．

これは，ある在庫地点における発注が，下流のすべての在庫地点の発注の引き金にな

り，すべての下流の在庫地点が同時に発注することを意味する．直列多段階モデルの場合には，この制約を付加しても最適性を失わないことが示される．

定理 8.1 (Love[116])　直列多段階モデルにおいては，入れ子方策の中に最適方策が存在する．

2 段階モデルを例にして上の定理の証明の流れを示す．入れ子方策でない方策が最適であったと仮定する．第 2 段階の在庫点が適当な基準時刻 0 に発注を行い，第 1 段階の在庫点が時刻 $t\,(>0)$ に発注を行ったとする．時刻 0 から時刻 t の間には第 2 段階の在庫点は在庫を保有するので，在庫保管費用がかかる．しかし，この在庫保管費用は第 1 段階の在庫点が時刻 0 に発注を行うことによって消滅する．また，第 1 段階の在庫点の発注時刻が t から 0 に変化しても，発注費用の合計には何ら変化を与えない．よって，入れ子方策の中に最適な方策が存在することが示された．

2 のべき乗方策と入れ子方策を用いた場合の直列 n 段階モデルの定式化をあげる．

$$\begin{align}
\text{minimize} \quad & \sum_{i=1}^{n}\left(\frac{K_i}{T_i}+g_iT_i\right) \\
\text{subject to} \quad & T_i = B2^k \text{ ただし } k\in Z \quad i=1,\cdots,n \quad &(8.14)\\
& T_{i+1}\geq T_i & i=1,\cdots,n-1 \quad &(8.15)\\
& T_i\geq 0 & i=1,\cdots,n
\end{align}$$

ここで g_i は $h_id/2$ を表す記号である．式 (8.14) は，2 のべき乗方策であることを規定し，式 (8.15) は，式 (8.14) とあわせることによって，入れ子方策を規定する．

式 (8.14) を緩和した問題を考える．この問題は，狭義の凸関数を目的関数とし，凸な制約領域をもつ非線形計画問題であるので，適当な非線形計画ソルバーによって解くことができる．また，問題の特殊構造を利用することによって，より高速に解くことができる[128]．

ここでは解法のアイディアだけを，2 段階モデルを例として示そう．式 (8.14) だけでなく，さらに式 (8.15) を緩和した問題は，第 1 段階と第 2 段階の在庫点ごとに分解でき，分解された問題は Harris のモデルに他ならない．よって，Harris の公式を用いることによって，第 1 段階と第 2 段階の在庫点のサイクル時間 T_1,T_2 は，それぞれ

$$T_1 = \sqrt{\frac{K_1}{g_1}}$$

$$T_2 = \sqrt{\frac{K_2}{g_2}}$$

となる．この T_1,T_2 が緩和した制約 $T_2\geq T_1$ を満たしていれば，緩和法の基本原理か

ら (式 (8.14) を緩和した問題の) 最適解であることが言える．問題なのは，制約が満たされていない場合であるが，ここでは Lagrange 緩和の概念を用いて説明を試みる．入れ子制約を表す式 (8.15) に対する Lagrange 乗数を λ (≥ 0) として Lagrange 緩和問題を導く．(ここでは 2 段階の場合を考えているので，Lagrange 乗数はスカラーであることに注意.)

$$\begin{aligned}\text{minimize} \quad & \sum_{i=1}^{2} \frac{K_i}{T_i} + (g_1 + \lambda)T_1 + (g_2 - \lambda)T_2 \\ \text{subject to} \quad & T_1 \geq 0,\ T_2 \geq 0\end{aligned}$$

再び，Harris の公式を用いることによって，第 1 段階と第 2 段階の在庫点の緩和問題における最適サイクル時間 $T_1(\lambda), T_2(\lambda)$ は，それぞれ Lagrange 乗数 λ の関数として，

$$T_1(\lambda) = \sqrt{\frac{K_1}{g_1 + \lambda}}$$

$$T_2(\lambda) = \sqrt{\frac{K_2}{g_2 - \lambda}}$$

と書ける．$T_1(\lambda)$ は λ に対する単調減少関数であり，$T_2(\lambda)$ は λ に対する単調増加関数である．いま，$T_2(0) < T_1(0)$ である場合を考えていたので，λ を 0 から徐々に大きくしていくことによって，$T_1(\lambda) = T_2(\lambda)$ を満たす λ を求めることができる．そのときのサイクル時間が，式 (8.14) を緩和した問題の最適解になっている．

式 (8.14) を緩和した問題の最適サイクル時間を T_i^* とする．2 のべき乗方策におけるサイクル時間は，式 (8.13) を用いることによって得られ，8.6 節と同様の解析によって最適方策の約 6% 以下の費用を与えることが保証される．

問題 8.9 問題 8.1 の研究室のビール在庫の問題において，研究室がいつも注文をするコンビニが，ビール会社に注文するときの発注費用が 1 回あたり 100 円，コンビニにおける在庫保管費用がビール 1 本あたり毎日 5 円かかるものと仮定する．研究室とコンビニの両者を考慮した最適な発注方策を考えよ．

答えは以下の通り．研究室 (在庫地点 1 とする) のエシェロン在庫費用は，5 ($=10-5$) 円，コンビニ (在庫地点 2 とする) のエシェロン在庫費用も 5 ($=5-0$) 円であるので，$g_1 = g_2 = 5 \cdot 10/2 = 25$ となる．$T_1(\lambda) = T_2(\lambda)$ を満たす Lagrange 乗数 λ を求めると，$\lambda = 12.5$ となり，サイクル時間 $T_1(\lambda) = T_2(\lambda) = 2.82$ 日のときが最適になる．基準となる時間間隔を 1 日とした 2 のべき乗方策に限定すると，サイクル時間は 2 日となるので，研究室，コンビニともに 2 日に一度注文すれば良いことが分かる．

8.8 1倉庫・多小売店モデル

8.7節で示した入れ子方策は，実際問題に対する現実的な解を得るための非常に強力な道具である．たとえ在庫点が任意の閉路を含まないネットワークの形状をしていても，すべての在庫点における費用の合計を最小にする発注方策を容易に得ることができる[121]．

しかし，入れ子方策はすべての場合に良い方策を与えるとは限らない．ここで考える1倉庫・多小売店モデルもその一例である．以下では，Roundy[137] による1倉庫・多小売店モデルに対する解法を紹介する．

1倉庫・多小売店モデルとは，2段階の在庫点をもつモデルであり，下流にある n 個の在庫点（小売店）と上流にある1つの在庫点（倉庫）から構成される（図8.9）．小売店に $1, 2, \cdots, i, \cdots, n$ と番号を振り，倉庫の番号を 0 とする．小売店 i が倉庫から補充を受けるときの発注費用を K_i，在庫保管費用を h'_i，需要量を d_i と記す．また，倉庫における発注費用を K_0，在庫保管費用を h'_0 と記す．以下では $h'_i > h'_0$ を仮定する．多段階モデルと同様にエシェロン在庫費用を導入する．小売店 i のエシェロン在庫費用を $h_i = h'_i - h'_0$，倉庫のエシェロン在庫費用を $h_0 = h'_0$ と定義する．また，表記を簡略化するため $h_i d_i / 2$ を g_i，$h_0 d_i / 2$ を g^i と記す．

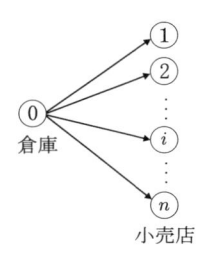

図 8.9 1倉庫・多小売店モデル

以下の例で示すように，1倉庫・多小売店モデルでは，入れ子方策が最適方策と比べていくらでも悪くなるような場合がある．

表8.1に示すようなデータをもつ1倉庫・多小売店モデルを考える．ここで，小売店1は倉庫に近くかつ需要量も大きく，小売店2は倉庫から遠く（すなわち発注費用 K

表 8.1 入れ子方策がいくらでも悪くなる1倉庫・多小売店モデルの例

データ	倉庫	小売店1	小売店2
需要量（個/日）	−	2	ϵ
発注費用（円）	1	1	K
エシェロン在庫費用（円/日・個）	1	1	1

が大きく）かつ需要量も少ない（ϵ が小さい）ものと仮定する．最適な方策は，小売店 1 と倉庫は 1 日ごと発注を行い，小売店 2 はおおよそ $\sqrt{K/\epsilon}$ 日に 1 回発注を行う方策である．この場合の総費用は，小売店 2 に関する費用に比例するので，1 日あたり $\Theta(\sqrt{K\epsilon})$ 円になる．一方，入れ子方策では，倉庫のサイクル時間は小売店 2 のサイクル時間以上でなければならないという制約が付加される．小売店 2 のサイクル時間を $\sqrt{K/\epsilon}$ 日とすると，倉庫のサイクル時間も $\sqrt{K/\epsilon}$ 日となり，その間の（小売店 1 の需要を満たすための）倉庫の在庫保管費用は，1 日あたり $\Theta(\sqrt{K/\epsilon})$ 円になる．また，倉庫のサイクル時間を 1 日とすると，入れ子方策の条件を満たすためには，小売店 2 のサイクル時間も 1 日にしなければならない．このとき小売店 2 の発注費用は 1 日あたり K 円になる．いずれにせよ，入れ子方策は最適方策に対して（K と ϵ を変えることによって）いくらでも悪くなりうることが分かる．

以下では，1 倉庫・多小売店モデルに対して（入れ子方策に限定しない）2 のべき乗方策を考え，この方策が最適の方策の 6% 以下の保証をもつことを示す．

まず，小売店 i に関する在庫保管費用を表す式を導こう．小売店 i に関する在庫保管費用は，小売店 i の需要を満たすために倉庫に保持されている在庫の費用と小売店における在庫保管費用の和である．これは，倉庫のサイクル時間 T_0 と小売店 i のサイクル時間 T_i の関数になるが，以下の 2 つの場合に分けて考える必要がある．

$T_0 \leq T_i$ のとき：2 のべき乗方策の下では，倉庫のサイクル時間 T_0 が小売店 i のサイクル時間 T_i 以下であるという条件は，倉庫に品目が到着すると同時に小売店 i に向けて運ばれる（これをクロスドッキングとよぶ）ことを意味する．すなわち，倉庫における小売店 i 向けの需要の在庫は常に 0 である．よって，小売店 i における在庫保管費用だけを考えれば良いので，小売店 i に関する在庫保管費用は

$$\frac{1}{2}h'_i T_i d_i = \frac{1}{2}(h_i + h_0)T_i d_i = (g_i + g^i)T_i$$

となる．

$T_0 > T_i$ のとき：倉庫におけるエシェロン在庫（小売店 i 向けの品目の在庫）を考えることによって，小売店 i に関する在庫保管費用は

$$\frac{1}{2}h_i T_i d_i + \frac{1}{2}h_0 T_0 d_i = g_i T_i + g^i T_0$$

となる．

上の 2 つの場合をあわせて書くと，小売店 i に関する在庫保管費用は

$$g_i T_i + g^i \max(T_i, T_0)$$

となる．問題の定式化は以下のようになる．

$$\text{minimize} \quad \frac{K_0}{T_0} + \sum_{i=1}^{n} \left\{ \frac{K_i}{T_i} + g_i T_i + g^i \max(T_i, T_0) \right\}$$
$$\text{subject to} \quad T_i = B2^k \text{ ただし } k \in \mathbb{Z} \quad i = 0, 1, \cdots, n \qquad (8.16)$$
$$\phantom{\text{subject to}} \quad T_i \geq 0 \qquad\qquad\qquad\qquad\qquad i = 0, 1, \cdots, n$$

例によって，2のべき乗方策であることを表す式 (8.16) を緩和した問題を考えよう．小売店 i に関する最適費用を倉庫のサイクル時間 T_0 の関数として $F_i(T_0)$ と書く．$F_i(T_0)$ は

$$F_i(T_0) = \min_{T_i \geq 0} \left\{ \frac{K_i}{T_i} + g_i T_i + g^i \max(T_i, T_0) \right\}$$

で与えられる．再び2つの場合に分けて考える．

$T_0 \leq T_i$ のとき： この場合には，$F_i(T_0)$ は

$$F_i(T_0) = \min_{T_i \geq T_0} \left\{ \frac{K_i}{T_i} + (g_i + g^i) T_i \right\}$$

と書ける．制約を $T_i \geq 0$ に緩和した問題は Harris のモデルに帰着されるので，その場合の最適サイクル時間 τ_i' は

$$\tau_i' = \sqrt{\frac{K_i}{g_i + g^i}}$$

となり，$F_i(T_0)$ の値は $2\sqrt{K_i(g_i + g^i)}$ となることが分かる．したがって，$T_0 \leq \tau_i'$ のときには小売店 i の最適サイクル時間は τ_i' となり，$\tau_i' \leq T_0$ のときには $F_i(T_0)$ は τ_i' を最小点とした凸関数であるので，$T_i = T_0$ が小売店 i の最適サイクル時間になる．以上をあわせると，$F_i(T_0)$ は

$$F_i(T_0) = \begin{cases} 2\sqrt{K_i(g_i + g^i)} & T_0 \leq \tau_i' \text{ のとき} \\ \frac{K_i}{T_0} + (g_i + g^i) T_0 & \tau_i' \leq T_0 \text{ のとき} \end{cases}$$

と書くことができる．

$T_0 > T_i$ のとき： この場合には，$F_i(T_0)$ は

$$F_i(T_0) = \min_{T_0 > T_i \geq 0} \left\{ \frac{K_i}{T_i} + g_i T_i + g^i T_0 \right\}$$

と書ける．制約を $T_i \geq 0$ に緩和した問題の最適サイクル時間 τ_i は

$$\tau_i = \sqrt{\frac{K_i}{g_i}}$$

となり，そのときの $F_i(T_0)$ は $2\sqrt{K_i g_i} + g^i T_0$ となる．したがって，$\tau_i < T_0$ のときには小売店 i の最適サイクル時間は τ_i となり，$T_0 \leq \tau_i$ のときには，$F_i(T_0)$ は

8.8 1倉庫・多小売店モデル

τ_i を最小点とした凸関数であるので,$T_i = T_0$ が小売店 i の最適サイクル時間になる.以上をあわせると,$F_i(T_0)$ は

$$F_i(T_0) = \begin{cases} 2\sqrt{K_i g_i} + g^i T_0 & \tau_i < T_0 \text{ のとき} \\ \frac{K_i}{T_0} + (g_i + g^i) T_0 & T_0 \leq \tau_i \text{ のとき} \end{cases}$$

と書くことができる.

上の 2 つの場合をあわせると,$F_i(T_0)$ は

$$F_i(T_0) = \begin{cases} 2\sqrt{K_i(g_i + g^i)} & T_0 < \tau_i' \text{ のとき} \\ \frac{K_i}{T_0} + (g_i + g^i) T_0 & \tau_i' \leq T_0 \leq \tau_i \text{ のとき} \\ 2\sqrt{K_i g_i} + g^i T_0 & \tau_i < T_0 \text{ のとき} \end{cases}$$

となる.関数 $F_i(T_0)$ を用いると,2 のべき乗方策を表す式を緩和した問題の目的関数は

$$\frac{K_0}{T_0} + \sum_{i=1}^{n} F_i(T_0)$$

と書くことができる.また,関数 $F_i(T_0)$ の性質から,倉庫のサイクル時間 T_0 を固定すると,小売店の集合は以下の 3 つに分けることができる.

G: 倉庫よりサイクル時間が長い小売店の集合.

$$G = \{i \in \{1, \cdots, n\} \mid T_0 < \tau_i'\}$$

L: 倉庫よりサイクル時間が短い小売店の集合.

$$L = \{i \in \{1, \cdots, n\} \mid \tau_i < T_0\}$$

E: 倉庫と同じサイクル時間で発注する小売店の集合.

$$E = \{i \in \{1, \cdots, n\} \mid \tau_i' \leq T_0 \leq \tau_i\}$$

$\tau_i', \tau_i \ (i = 1, \cdots, n)$ を非減少順に並べ替えた点列を $p_1, p_2, \cdots, p_{2n}$ とする.これらの $2n$ 個の点に $0, \infty$ を加えた集合から構成される $2n+1$ 個の区間

$$[0, p_1), [p_1, p_2), \cdots, [p_{2n-1}, p_{2n}), [p_{2n}, \infty)$$

内では,上で定義した小売店の部分集合 G, L, E は変化しない.よって,これらの区間ごとに最適サイクル時間を計算すれば良いことが分かる.T_0 が区間内になければいけないという条件を緩和した問題の解は,以下のように計算できる.G に含まれる小売店の最適サイクル時間は τ_i',L に含まれる小売店の最適サイクル時間は τ_i で与えられ,E に含まれる小売店と倉庫の最適サイクル時間 T_0^* は

$$T_0^* = \sqrt{\frac{K_0 + \sum_{i \in E} K_i}{\sum_{i \in E}(g_i + g^i) + \sum_{i \in L} g^i}}$$

で与えられる．このように計算された T_0^* が対応する区間に入っていれば，それが最適解になる．

さらに，上の方法で得られた緩和問題の最適値がすべての方策の下界を与えることが示される[137]．上の方法で得られた倉庫の最適サイクル時間を T_0^*，小売店 i の最適サイクル時間 T_i^* とする．2のべき乗方策におけるサイクル時間は，式 (8.13) を用いることによって得られ，8.6 節と同様の解析によって最適方策の約 6% 以下の費用を与えることが言える．

9 動的ロットサイズ決定モデル

ここで論じるのは，需要量が期によって変動するときの各期の生産量（もしくは発注量）ならびに在庫量を決定するためのモデル（動的ロットサイズ決定モデル）である．発注量を決めるモデルについては，第8章の経済発注量モデルの章で取り扱った．ここで考えるモデルは，経済発注量モデルにおける需要が一定という仮定を拡張し，期によって変動することを許したものである．

計画期間は有限であるとし，発注を行う際の段取り費用（もしくは生産費用）と在庫費用のトレードオフをとることがモデルの主目的になる．ロットサイズ決定は，タクティカルレベルの意思決定モデルであり，与えられた資源（機械や人）の下で，活動をどの程度まとめて行うかを決定する．

一般に，生産や輸送は規模の経済性をもつ．これをモデル化する際には，生産や輸送のための諸活動を行うためには「段取り」とよばれる準備活動が必要になると考える．ロットサイズ決定とは，段取り活動を行う期を決定し，生産・輸送を表す諸活動をまとめて行うときの「量」を決定するモデルである．これは，ストラテジックレベルのロジスティクス・ネットワーク設計モデルにおいて，サイクル時間とよばれるパラメータを用いて定数として扱われていた生産や輸送の周期をより正確に表現したものと考えられる．

ロットサイズ決定問題は，古くから多くの研究が行われている問題であるが，国内での（特に実務家の間での）認知度は今ひとつのようである．適用可能な実務は，ERP（enterprise resource planning）や APS（advanced planning and scheduling）などを導入しており，かつ段取りの意思決定が比較的重要な分野である．そのような分野においては，ERP や APS で単純なルールで自動化されていた部分に最適化を持ち込むことによって，より現実的かつ効率的な解を得ることができる．特に，装置産業においては，ロットサイズ決定モデルは，生産計画の中核を担う．

9.1 節では，生産（発注）を行う品目が1つの場合の古典的モデル（Wagner–Whitin モデル）と，その一般化である単一段階・単一品目のロットサイズ決定モデルについて述べる．

9.2 節では，多品目を扱う容量制約つきロットサイズ決定モデルについて述べる．

9.3 節では，多段階かつ多品目のロットサイズ決定モデルを考え，通常の定式化とエシェロン在庫の概念を用いた定式化を示す．

9.4 節では，ロットサイズ決定問題に対する種々の近似解法を紹介する．ここで考え

る近似解法のうち，モダンなものは，上の節で考えた定式化を基礎とする，いわゆる数理計画ベースの近似解法である．

9.5 節では，無限期間の実際問題を有限期間の問題に帰着させる際の注意と，そのための方法であるローリング・ホライズン方式を紹介する．

9.1 単一段階・単一品目モデル

ここでは，複雑な実際問題の基礎となる単一段階・単一品目モデルを考える．単一段階・単一品目の動的ロットサイズ決定問題の基本形は，以下の仮定をもつ．

- 期によって変動する需要量をもつ単一の品目を扱う．
- 品目を生産する際には，生産数量に依存しない固定費用と数量に比例する変動費用がかかる．
- 計画期間はあらかじめ決められており，最初の期における在庫量（初期在庫量）は 0 とする．この条件は，実際には任意の初期在庫量をもつように変形できるが，以下では議論を簡略化するため，初期在庫量が 0 であると仮定する．
- 次の期に持ち越した品目の量に比例して在庫（保管）費用がかかる．
- 生産時間は 0 とする．これは，生産を行ったその期にすぐに需要を満たすことができることを表す．（生産ではなく）発注を行う場合には，発注すればすぐに商品が届くこと，言い換えればリード時間が 0 であることに相当する．
- 各期の生産可能量には上限がある．
- 生産固定費用，生産変動費用，ならびに在庫費用の合計を最小にするような生産方策を決める．

本節の構成は以下の通り．

9.1.1 項では，本節を通して用いる記号の定義と基本モデルの定式化を示す．
9.1.2 項では，容量制約なしのモデルに対する動的計画法の再帰方程式を示す．
9.1.3 項では，定式化を強化するための種々の妥当不等式を示す．
9.1.4 項では，強い定式化を導くためのモデルの分類を示す．
9.1.5 項では，費用関数が WW 型の場合について考える．
9.1.6 項では，費用関数が WW 型でかつ容量制約がない場合を考え，動的計画による厳密解法をベースとした定式化（最短路定式化）を示す．
9.1.7 項でも，費用関数が WW 型でかつ容量制約がない場合を考え，最短路定式化と同等の強さをもつ定式化（施設配置定式化）を示す．
9.1.8 項では，フル容量生産の仮定を課した場合の定式化の強化について述べる．

9.1.1 基本となる定式化

問題を明確にするために，単一段階・単一品目のモデルの定式化を示す．このモデルは，Wagner–Whitin モデルとよばれる[157]．以下に定式化に必要な記号を，パラメー

9.1 単一段階・単一品目モデル

タ（定数）と変数に分けて記述する．

パラメータ

- T: 計画期間数；期を表す添え字を $1, 2, \cdots, t, \cdots, T$ と記す．
- f_t: 期 t において生産を行うために必要な段取り（固定）費用
- c_t: 期 t における品目 1 個あたりの生産変動費用
- h_t: 期 t における（品目 1 個あたり，1 期間あたりの）在庫費用
- d_t: 期 t における品目の需要量
- M_t: 期 t における生産可能量の上限．これを生産の容量とよぶこともある．

変数

- I_t: 期 t における在庫量．より正確に言うと，期 t の期末の在庫量．
- x_t: 期 t における生産量
- y_t: 期 t に生産を行うとき 1，それ以外のとき 0 を表す 0-1 変数

上の記号を用いると，単一段階・単一品目の動的ロットサイズ決定問題の基本形は，以下のように定式化できる．

$$\begin{aligned}
\text{minimize} \quad & \sum_{t=1}^{T}(f_t y_t + c_t x_t + h_t I_t) \\
\text{subject to} \quad & I_{t-1} + x_t - I_t = d_t \quad \forall t = 1, \cdots, T \quad (9.1) \\
& x_t \leq M_t y_t \quad \forall t = 1, \cdots, T \quad (9.2) \\
& I_0 = 0 \quad (9.3) \\
& x_t, I_t \geq 0 \quad \forall t = 1, \cdots, T \\
& y_t \in \{0, 1\} \quad \forall t = 1, \cdots, T
\end{aligned}$$

上の定式化で，式 (9.1) は，各期における品目の在庫保存式であり，前期からの繰り越しの在庫量 I_{t-1} に今期の生産量 x_t を加え，需要量 d_t を減じたものが，来期に持ち越す在庫量 I_t であることを意味する．式 (9.2) は，生産を行わない期における生産量が 0 であり，生産を行う期においては，その上限が M_t 以下であることを保証するための式である．式 (9.3) は，初期在庫量が 0 であることを表す．

例 9.1 問題を具体化するために，簡単な例題を導入しておく．計画期間を 5 期とし，在庫費用 h_t は期 t によらず一定で 1 とする．また，生産容量 M_t は十分に大きいので無視できると仮定する．他のパラメータを表 9.1 に示す．

表 9.1 ロットサイズ決定モデルの例題

期	1	2	3	4	5
生産固定費用	3	3	3	3	3
生産変動費用	1	1	3	3	3
需要量	5	7	3	6	4

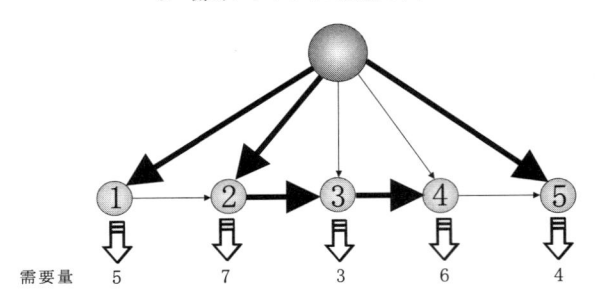

図 9.1 例題を最小費用流問題として表現したときのネットワークと最適解（太線）

ロットサイズ決定モデルは，固定費用つきの最小費用流問題と考えることができる．この程度の規模の問題なら，上で示した定式化をそのまま数理計画ソルバーに入れるだけで最適解を求めることができる．例題をネットワーク（固定費用つきの最小費用流問題）として表現したものと，最適解を表すフローを図 9.1 に示す．最適解は，期 1, 2, 5 に生産を行うものであり，このときの固定費用は 9，変動費用は 33，在庫費用は 15 となり，総費用 57 が最適値となる．

9.1.2 動的計画法

各期の生産可能量に制約がない場合には，容量制約なしのロットサイズ決定モデルとよばれる．

容量制約なしの単一段階・単一品目のロットサイズ決定モデルは，動的計画法を適用することによって，効率的に解くことができる．

期 1 から期 j までの需要を満たすときの最小費用を $F(j)$ と書く．初期（境界）条件は，仮想の期 0 を導入することによって，

$$F(0) = 0$$

と書ける．再帰方程式は，期 j までの最小費用が，期 i ($< j$) までの最小費用に，期 $i+1$ に生産を行うことによって期 $i+1$ から j までの需要をまかなうときの費用 $f_{i+1} + c_{i+1}\left(\sum_{t=i+1}^{j} d_t\right) + \sum_{s=i+1}^{j-1} h_s \sum_{t=s+1}^{j} d_t$ を加えたものになることから，

$$F(j) = \min_{i \in \{1,\cdots,j-1\}} \left\{ F(i) + f_{i+1} + c_{i+1}\left(\sum_{t=i+1}^{j} d_t\right) + \sum_{s=i+1}^{j-1} h_s \sum_{t=s+1}^{j} d_t \right\}$$

と書ける．上の再帰方程式を $j = 1, 2, \cdots, T$ の順に計算することによって，もとの問題の最適費用 $F(T)$ を得ることができる．

例 9.2 例題に対して動的計画法を適用してみよう．初期条件 $F(0) = 0$ から $F(1), F(2)$ は順に，

$$F(1) = F(0) + 8 = \underline{0+8} = 8$$

$$F(2) = \min\{F(0) + 22, F(1) + 10\} = \min\{0 + 22, \underline{8+10}\} = 18$$

と計算できる．下線の引いてある数式が最小値を達成する部分を表す．以下同様に，

$$F(3) = \min\{31, \underline{8+16}, 18+12\} = 24$$

$$F(4) = \min\{55, \underline{8+34}, 18+36, 23+21\} = 42$$

$$F(5) = \min\{75, 8+50, 18+56, 23+37, \underline{42+15}\} = 57$$

と計算され，最適値は 57 であることが分かる．

9.1.3 妥当不等式

定式化をさらに強化する，より正確に言うと線形計画緩和問題による下界を改良するためには，妥当不等式（valid inequality）とよばれる冗長な式を追加することが有効である．動的ロットサイズ決定問題に対する**妥当不等式**（valid inequality）として，以下に示す (S,ℓ) 不等式が有効である[9)]．新しい記号として，期 t から期 ℓ までの需要量の合計を表す $D_{t\ell} \left(= \sum_{i=t}^{\ell} d_i\right)$ を導入しておく．

定理 9.1 期集合の部分集合 $L = \{1, 2, \cdots, \ell\}$ とその部分集合 $S \subseteq L$ が与えられたとき，

$$\sum_{t \in S} x_t \leq \sum_{t \in S} D_{t\ell} y_t + I_\ell \tag{9.4}$$

は妥当不等式である．

証明： 容量制約なしの動的ロットサイズ決定問題に対するある実行可能解 (x, y, I) を考える．すべての $t \in S$ に対して $y_t = 0$ のときには，式 (9.2) より $x_t = 0$ $(t \in S)$ である．よって，式 (9.4) は $0 \leq I_\ell$ となるので妥当不等式である．ある $t \in S$ に対して $y_t = 1$ のとき，$y_t = 1$ を満たす最小の添え字 $t \in S$ を t^* とする．$t < t^*$ を満たすすべての $t \in S$ に対しては $x_t = 0$ であるので，

$$\sum_{t \in S} x_t \leq \sum_{t=t^*}^{\ell} x_t$$

$$\leq \sum_{t=t^*}^{\ell} d_t + I_\ell - I_{t^*-1}$$

$$\leq \sum_{t=t^*}^{\ell} d_t + I_\ell$$

$$\leq \sum_{t \in S} D_{t\ell} y_t + I_\ell$$

となり，やはり妥当不等式になる．(上の最後の不等式の変形は，$y_{t^*} = 1$ であることから明らかである．) ∎

しばしば (S, ℓ) 不等式 (9.4) は，以下のように在庫を表す変数 I_ℓ を含まない形に変形して扱われる．

$$\sum_{t \in L \setminus S} x_t + \sum_{t \in S} D_{t\ell} y_t \geq D_{1\ell} \tag{9.5}$$

これは，オリジナルの式 (9.4) に $x_t = d_t + I_t - I_{t-1}$ ($t \in L$) を代入することによって得られる．

(S, ℓ) 不等式 (9.4) の特殊形として $S = \{t\}$ かつ $\ell = t$ の場合が考えられる．

補助定理 9.1 各期 $t \in \{1, 2, \cdots, T\}$ に対して，

$$x_t \leq d_t y_t + I_t \tag{9.6}$$

は妥当不等式である．

この妥当不等式の意味は単純である．期 t に生産をしない（すなわち $y_t = 0$）ならば，在庫量は非負 $I_t \geq 0$ であり，期 t に生産をする（すなわち $y_t = 1$）ならば，期 t 末の在庫量 I_t は生産量 x_t から需要量 d_t を減じた値以上であることを意味する．

式 (9.4) は強力であり，もとの定式化にすべての非空な S と ℓ に対して式 (9.4) を加えることによって，線形計画緩和問題が容量制約なしのロットサイズ決定問題の最適解を与えることが示される．しかし，式 (9.4) の本数は，問題の入力サイズの指数オーダーになる可能性がある．したがって，通常の定式化の線形計画緩和問題を解き，その最適解を破っている妥当不等式 (9.4) だけを追加していく解法（切除平面法や分枝切除法）が有効になる．

このとき，線形計画緩和問題の最適解を表すベクトル (x^*, y^*, I^*) が与えられたとき，この解を満たさないような (S, ℓ) 不等式を見つけることが必要になる．このような問題を，一般に**分離問題**（separation problem）とよぶ．

I_ℓ を含まない形の (S, ℓ) 不等式 (9.5) に対する分離問題は，以下のように簡単に解くことができる．固定された ℓ に対して $L = \{1, \cdots, \ell\}$ とし，その各要素 $t (\in L)$ のうち $D_{t\ell} y_t^* < x_t^*$ を満たすものの集合を S とする．このとき，

$$\sum_{t \in L \setminus S} x_t^* + \sum_{t \in S} D_{t\ell} y_t^* < D_{1\ell}$$

が成立するなら，与えられた緩和解 (x^*, y^*, I^*) を切り落とすことができる以下の (S,ℓ) 不等式 (9.5) を得ることができる．

$$\sum_{t \in L \setminus S} x_t + \sum_{t \in S} D_{t\ell} y_t < D_{1\ell}$$

例 9.3 例題の定式化における 0-1 変数 y_t をすべて $[0,1]$ に緩和した線形計画問題を解くと，最適値 51，最適解 $y = (0.2, 0.4, 0, 0.24, 0.16)$，$x = (5, 10, 0, 6, 4)$ が得られる．線形計画緩和問題の最適値 51 は下界になっている．$\ell = 1$ のとき $D_{11} y_1^* < x_1^*$ であるので，$y_1 \geq 1$ が緩和解を切り落とす妥当不等式となる．

これを追加して再び線形計画緩和問題を解くと，最適値 53.4，解 $y = (1, 0.4, 0, 0.24, 0.16)$，$x = (5, 10, 0, 6, 4)$ が得られる．下界は改良されたがまだ y が整数でない．$\ell = 2$ のとき $D_{22} y_2^* < x_2^*$ であるので，$x_1 + 7 y_2 \geq 12$ が緩和解を切り落とす妥当不等式となる．

これを追加して線形計画緩和問題を解くと，最適値 54.48，解 $y = (1, 1, 0, 0, 0.16)$，$x = (5, 16, 0, 0, 4)$ が得られる．最後に，$\ell = 5$ のとき $D_{55} y_5^* < x_5^*$ より $x_1 + x_2 + x_3 + x_4 + 4 y_5 \geq 25$ を追加して線形計画緩和問題を解くと，最適値 57，最適解 $y = (1, 1, 0, 0, 1)$，$x = (5, 16, 0, 0, 4)$ を得る．この解を切り落とすような (S, ℓ) 不等式 (9.5) はもう見つからないので，これが最適解となる．

$S = \{t, t+1, \cdots, \ell\}$ の場合の (S, ℓ) 不等式の特殊型に，$t' = t, t+1, \cdots, \ell$ に対する等式 $x_{t'} = d_{t'} + I_{t'} - I_{t'-1}$ を代入することによって，以下の妥当不等式が得られる．

$$I_{t-1} \geq D_{t\ell}(1 - y_t - y_{t+1} - \cdots - y_\ell)$$

これは，期 t から期 $\ell (\geq t)$ まで一度も生産を行わないときには，期 $t-1$ 末の在庫によって，期 t から期 ℓ までの需要を満たす必要があることを示している（図 9.2）．また，$t = \ell$ の場合には，

$$I_{t-1} \geq d_t - d_t y_t$$

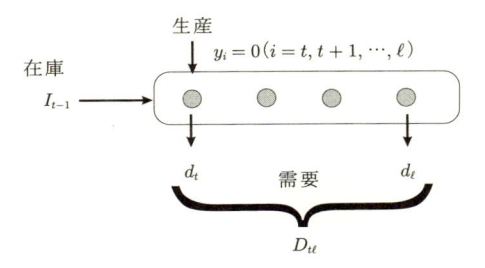

図 **9.2** 妥当不等式導出の参考図

とさらに簡単になる．これは，期 t に生産しないときには，期 $t-1$ から持ち越した在庫が d_t 以上なければならないことを表す．これは，式 (9.6) と同じことを表す．実務的には，この不等式を事前に加えておくだけで，線形計画緩和問題による下界が劇的に改善される．

例 9.4 例題の定式化における 0-1 変数 y_t をすべて $[0,1]$ に緩和した線形計画問題に，T 本の妥当不等式 (9.6) をすべて加えて解くと，最適値 57，最適解 $y=(1,1,0,0,1)$, $x=(5,16,0,0,4)$ を得ることができる．緩和問題の解が整数になっているので，これは最適解である．

9.1.4 強い定式化のためのモデルの分類

以下に示す単一段階モデルの分類は，実際問題を区分けするための分類ではなく，強い定式化を導く際に必要な分類である．

以下の項で示す分類ごとの定式化の整数条件を緩和した問題は，通常の定式化と比べて良い下界を与えるため，通常の数理計画ソルバーで解かせたときの求解能力が向上する．この差は，大規模問題ほど顕著になる．一般に，線形計画緩和問題による下界と最適値のギャップが小さいと期待される定式化を**強い定式化**（strong formulation）とよび，ギャップが大きくなりがちな定式化を**弱い定式化**（weak formulation）とよぶ．以下で導く定式化は強い定式化であり，9.1.1 項で述べた定式化は弱い定式化である．$\mathcal{NP}$-困難な問題を，線形計画緩和を基礎とした数理計画ソルバーで解く際には，なるべく強い定式化を心がけることが肝要である．

費用関数の性質による分類： 在庫費用 h_t と期 t，期 $t+1$ の生産変動費用 c_t, c_{t+1} の間に以下の関係が常に成立するときに，費用関数は Wagner–Whitin（WW）型であるとよぶ（図 9.3）．

$$h_t + c_t \geq c_{t+1} \quad \forall t = 1, \cdots, T$$

ここで，Wagner–Whitin とは，動的ロットサイズ決定モデルの古典的なモデルの論文[157]の著者たちの名前である．Wagner–Whitin のモデルは，生産変動費用 c_t がなく，在庫費用 h_t が期 t によらず一定の仮定を付加したものであり，この仮定

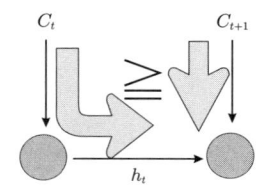

図 **9.3** Wagner–Whitin（WW）型の費用関数の参考図

の下では費用関数が WW 型になることは容易に分かる．費用関数が WW 型であるとき，期 t で生産して在庫するよりも，期 $t+1$ で生産した方が単価が安い（もしくは同じ）という性質をもつ．この性質を利用することによって，生産量を表す変数 x_t を定式化から消去することができ，より強い定式化を導くことができる（9.1.5 項）．

生産量上限による分類： 生産量上限が実質的に存在しない（すべての期 t において，M_t が計画期間内の需要量の合計以上である）場合には「容量制約なし」とよばれる．これについては，前項で述べたように効率的な動的計画法に解法が存在するので，それを利用した強い定式化が可能である（9.1.6 項）．

生産量の性質による分類： 期 t における生産量 x_t が，常に生産量上限 M_t と等しくなるように生産される場合を「フル容量生産」とよぶ．この性質を利用すると，実数変数 x_t, I_t を定式化から消去することができ，より強い定式化を導くことができる（9.1.8 項）．

以下では，上で示した分類ごとに，定式化の強化の方法を考える．

9.1.5 WW 型の費用関数

新しい記号を導入しておく．

$D_{t\ell}$：期 t から期 ℓ までの需要量の合計 $\sum_{i=t}^{\ell} d_i$ を表す．

$\tilde{h}_t$：費用が WW 型のときには，$h_t + c_t - c_{t+1} \geq 0$ なので，これを新たに在庫費用 $\tilde{h}_t$ と定義する．

WW 型の費用関数の場合には，以下の手順によって，実数変数 x_t を定式化から消去することができる．

式 (9.1) を変形した $x_t = d_t + I_t - I_{t-1}$ を目的関数に代入すると，

$$\sum_{t=1}^{T} f_t y_t + \sum_{t=1}^{T} c_t x_t + \sum_{t=1}^{T} h_t I_t = \sum_{t=1}^{T} c_t d_t + \sum_{t=1}^{T} f_t y_t + \sum_{t=1}^{T} (h_t + c_t - c_{t+1}) I_t$$
$$= \sum_{t=1}^{T} c_t d_t + \sum_{t=1}^{T} f_t y_t + \sum_{t=1}^{T} \tilde{h}_t I_t$$

となる．ただし $c_{T+1} = 0$ とする．第 1 項 $\sum_{t=1}^{T} c_t d_t$ は定数であるので，目的関数 $\sum_{t=1}^{T} f_t y_t + \sum_{t=1}^{T} \tilde{h}_t I_t$ を最小化する問題に変形できる．

WW 型の費用関数の仮定の下では，在庫はできるだけ少なく保持するものとしても最適性は失われない．したがって，期 t における在庫量 I_t は，期 t 以降の段取りに関する変数 y_ℓ ($\ell = t, t+1, \cdots, T$) が決まると，以下のように計算できる（図 9.4）．

$$I_{t-1} = \left[\max_{\ell = t, t+1, \cdots, T} \left(D_{t\ell} - \sum_{i=t}^{\ell} M_i y_i \right) \right]^+$$

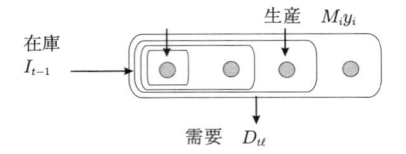

図 **9.4** WW 型の費用関数における在庫量導出の参考図

ここで $[\cdot]^+$ は $\max\{\cdot, 0\}$ を表す記号であり，在庫量が負になることはないことを表す．

上の議論により，WW 型費用関数の場合には，ロットサイズ決定問題の定式化から，変数 x_t を消去することができる．

$$\text{minimize} \quad \sum_{t=1}^{T} \left(f_t y_t + \tilde{h}_t I_t \right)$$
$$\text{subject to} \quad I_{t-1} + \sum_{i=t}^{\ell} M_i y_i \geq D_{t\ell} \quad \forall t = 2, \cdots, T, \ell = t, \cdots, T \quad (9.7)$$
$$I_0 = 0$$
$$I_t \geq 0 \quad \forall t = 1, \cdots, T$$
$$y_t \in \{0, 1\} \quad \forall t = 1, \cdots, T$$

式 (9.7) は以下のように強化できる．

$$I_{t-1} + \sum_{i=t}^{\ell} \min\{M_i, D_{i\ell}\} y_i \geq D_{t\ell} \quad \forall t = 2, \cdots, T, \ell = t, \cdots, T$$

また，この式は余裕変数つきの 0-1 ナップサック問題と同じ構造をもっているので，4.10 節の混合整数丸め（mixed integer rounding）不等式を用いることができる．

容量 M_t が期によらず一定（M）の場合には，式 (9.7) は以下のように簡略化できる．

$$I_{t-1} + M \sum_{i=t}^{\ell} y_i \geq D_{t\ell} \quad \forall t = 2, \cdots, T, \ell = t, \cdots, T$$

この式に対しては，4.8 節の混合整数丸め不等式を直接適用することができ，以下の式を得る．

$$I_{t-1} \geq \left(D_{t\ell} - M \left\lfloor \frac{D_{t\ell}}{M} \right\rfloor \right) \left(\left\lceil \frac{D_{t\ell}}{M} \right\rceil - \sum_{i=t}^{\ell} y_i \right) \quad \forall t = 2, \cdots, T, \ell = t, \cdots, T$$

これらの式を事前に追加しておくことによって，容量制約がきつい問題の場合には，下界を大幅に改善することが可能になる．

9.1.6 最短路定式化

容量制約がなくかつ費用関数が WW 型の場合には，動的計画法による多項式時間の厳密解法が構成できる．動的計画の状態空間を最短路問題として定式化することによって，動的ロットサイズ決定問題の強い定式化を得ることができる[51]．

一般に，確定的な情報下では，動的計画法は最短路問題に帰着される．ここでは，上で示した動的計画法を最短路問題に帰着させるときのネットワークを示し，最短路問題に対する定式化と，通常の動的ロットサイズ決定問題に対する定式化の関係について述べる．

動的ロットサイズ決定問題に対して，以下のようなネットワークを作成する．期を表す点 $1, 2, \cdots, T$ とダミーの始点 0 を作成し，点 i から点 $j (>i)$ に枝を引く．枝 (i,j) の距離 C_{ij} を，期 $i+1$ に生産を行い，期 $i+1$ から期 j までの需要をまかなうときの費用と定義する．すなわち，

$$C_{ij} = f_{i+1} + c_{i+1} \left(\sum_{t=i+1}^{j} d_t \right) + \sum_{s=i+1}^{j-1} h_s \sum_{t=s+1}^{j} d_t$$

と設定する．

このとき，上で設定したネットワークにおける点 0 から点 T までの最短路を求める計算が，動的計画法で再帰方程式を解くのと同じことを行っていることに注意すると，始点 0 から T までの最短距離が動的ロットサイズ決定問題に対する最適費用になっていることが分かる．図 9.5 に，例 9.1 の例題に対するネットワークと最短路を示す．9.1.2 項の動的計画法は，この（閉路を含まない）ネットワーク上での最短路を最短路問題として Ford 法（最短路問題を解くための最も単純なラベリング法）で解いているにすぎない．

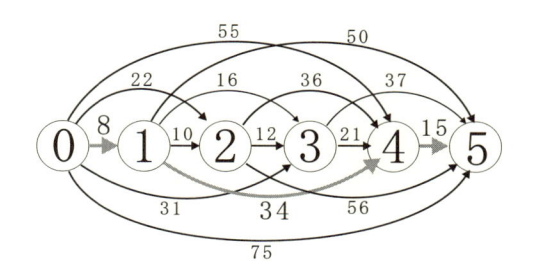

図 9.5 例題を最短路問題として表現したときのネットワークと最短路（太線）

最短路問題の定式化は，枝 (i,j) がパスに含まれるとき 1，それ以外のとき 0 である変数 z_{ij} を用いると，以下のように書ける．

$$\text{minimize} \quad \sum_{ij} C_{ij} z_{ij}$$

$$\text{subject to} \quad -\sum_j z_{ji} + \sum_j z_{ij} = \begin{cases} 1 & i=0 \\ 0 & i \neq 0, T \\ -1 & i=T \end{cases}$$

$$z_{ij} \in \{0,1\} \qquad \forall ij$$

最短路問題は整数性をもつ．すなわち，整数条件を線形緩和して単体法などの解法で解いても，得られる解は必ず整数になる．これは，制約条件を表す係数行列が**完全単模**（totally unimodular；小行列式が常に $-1, 0, 1$ のいずれかになること）であることから言える．

最短路問題としての定式化における変数と，もとの（混合整数計画問題としての）定式化における変数の関係は，

$$y_t = \sum_{j=t}^{T} z_{t-1,j}$$

$$x_t = \sum_{j=t}^{T} \left(\sum_{i=t}^{j} d_i \right) z_{t-1,j}$$

$$I_t = \sum_{i=1}^{t} (x_i - d_i)$$

で与えられる．

上で導いた定式化の変形は，付加条件つきのモデルを解く際に有効になる．

たとえば，生産量 x_t に上限制約 M_t がついた問題を考えてみる．この問題は，容量制約つき動的ロットサイズ決定問題とよばれ，$\mathcal{NP}$-困難であることが知られている[22]．容量制約つき動的ロットサイズ決定問題に対する，変数 z を導入した定式化を示す．

$$\text{minimize} \quad \sum_{ij} C_{ij} z_{ij}$$

$$\text{subject to} \quad -\sum_j z_{ji} + \sum_j z_{ij} = \begin{cases} 1 & i=0 \\ 0 & i \neq 0, T \\ -1 & i=T \end{cases}$$

$$\sum_{j=t}^{T} \left(\sum_{i=t}^{j} d_i \right) z_{t-1,j} \leq M_t \qquad \forall t = 1, \cdots, T$$

$$y_t = \sum_{j=t}^{T} z_{t-1,j} \qquad \forall t = 1, \cdots, T$$

$$z_{ij} \geq 0 \qquad \forall ij$$

$$y_t \in \{0,1\} \qquad \forall t = 1, \cdots, T$$

ここで示した定式化は，より一般的な動的ロットサイズ決定問題にも適用可能である

が，在庫量が 0 になったときのみ生産（段取り）を行う方策（ゼロ在庫方策）に限定した近似解を算出する．

9.1.7 施設配置定式化

上で考えた最短路定式化では，$O(T^2)$ 個の 0-1 変数を導入することによって強い定式化を導いた．ここでは，オリジナルの定式化と同じ $O(T)$ 個の 0-1 変数を用いて，最短路定式化と同じ強さをもつ定式化を導く．

我々の想定しているロットサイズ決定問題では品切れは許さないので，期 t の需要は，期 t もしくはそれ以前の期で生産された量でまかなわれなければならない．そこで，期 t の需要のうち，期 s ($s \leq t$) で生産した量によってまかなわれた比率を表す変数 X_{st} を導入する．

X_{st} が 1 のとき，期 t の需要量 d_t が，期 s で生産され，期 t まで在庫される．需要 1 単位あたりの変動費用は，生産変動費用 c_s と在庫費用 $\sum_{\ell=s}^{t-1} h_\ell$ の和になるので，X_{st} の係数 CH_{st} は，以下のように定義される．

$$CH_{st} = \left(c_s + \sum_{\ell=s}^{t-1} h_\ell \right) d_t$$

すべての需要は満たされなければならず，また $X_{st} > 0$ のときには期 s で生産しなければならないので，$y_s = 1$ となる．ここで，y_t はオリジナルの定式化における 0-1 変数で，期 t に生産をするときに 1，それ以外のとき 0 を表すことを思い起こされたい．よって，以下の定式化を得る．

$$\begin{aligned}
\text{minimize} \quad & \sum_{st: s \leq t} CH_{st} X_{st} + \sum_t f_t y_t \\
\text{subject to} \quad & \sum_{s=1}^{t} X_{st} = 1 && \forall t = 1, \cdots, T \\
& X_{st} \leq y_s && \forall s = 1, \cdots, t, t = 1, \cdots, T \\
& X_{st} \geq 0 && \forall s = 1, \cdots, t, t = 1, \cdots, T \\
& y_t \in \{0, 1\} && \forall t = 1, \cdots, T
\end{aligned}$$

この定式化は，期を表す点を需要地点（マーケット）ならびに施設（倉庫）の配置可能地点ととらえると，4.2 節で紹介した施設配置問題に類似した問題になるので，**施設配置定式化**（facility location formulation）とよばれる．

9.1.8 フル容量生産

フル容量生産の場合の定式化は，基本形に対する定式化に，制約 $x_t = M_t y_t$ を付加することによって得ることができる．しかし，以下の議論により，より効率的な（強い）定式化を導くことができる．期 t の期末在庫量 I_t は，期 t までの生産量から，期 1 か

ら期 t までの総需要量を減じたものであるので,

$$I_t = \sum_{i=1}^{t} x_i - D_{1t} \ (\geq 0)$$

と計算できる．フル容量生産の仮定の下では $x_t = M_t y_t$ であるので，在庫量を表す変数 I_t と生産量を表す変数 x_t の両者を定式化から消去することができる．目的関数は，

$$\sum_{t=1}^{T} f_t y_t + \sum_{t=1}^{T} c_t x_t + \sum_{t=1}^{T} h_t I_t = \sum_{t=1}^{T} (f_t + c_t M_t) y_t + \sum_{t=1}^{T} h_t \left(\sum_{i=1}^{t} M_i y_i - D_{1t} \right)$$

$$= \sum_{t=1}^{T} \tilde{f}_t y_t - \sum_{t=1}^{t} h_t D_{1t}$$

となる．ここで，$\tilde{f}_t = f_t + c_t M_t + \left(\sum_{i=t}^{T} h_i \right) M_t$ である．

したがって，フル容量生産の場合の定式化は，

$$\begin{aligned}
\text{minimize} \quad & \sum_{t=1}^{T} \tilde{f}_t y_t \\
\text{subject to} \quad & \sum_{i=1}^{t} M_i y_i \geq D_{1t} \quad \forall t = 2, \cdots, T \\
& y_t \in \{0, 1\} \quad \forall t = 1, \cdots, T
\end{aligned} \tag{9.8}$$

と書ける．

式 (9.8) は，0-1 ナップサック問題と同じ構造をもっているので，ナップサック多面体に対する様々な強い妥当不等式を使うことができる．

9.2 単一段階・多品目モデル

ここでは，単一段階における多品目容量制約つきロットサイズ決定問題を考え，その定式化について述べる．まず，多品目容量制約つきロットサイズ決定問題の分類を行う．

バケットの大きさによる分類: ロットサイズ決定問題は，単位期間内に生産を行う品目数が無制限である大バケット問題と，1 種類（もしくは 2 種類以下）の品目の生産が可能な小バケット問題に分類される．装置産業における適用では，月もしくは週を 1 期とした場合には大バケット問題になり，日（もしくは 1 シフト）を 1 期とした小バケット問題になると考えられる．

多品目容量制約つきロットサイズ決定問題は，以下の仮定をもつ．

- 期によって変動する需要量をもつ複数の品目の生産計画を考える．
- 品目の生産の際には，生産数量に依存しない段取り替え（生産準備）に要する費用（段取り費用）と生産数量に比例する変動費用がかかる．

- 各品目ごとに，1単位の量を生産するための時間（生産時間）は，1単位時間になるようにスケーリングされているものとする．
- 各期の生産時間には上限があり，段取り替えに要する時間と生産に要する時間の合計は，この上限を超えてはならない．
- 計画期間はあらかじめ決められており，最初の期における在庫量（初期在庫量）は0とする．この条件は，実際には任意の初期在庫量をもつように変形できるが，以下では議論を簡略化するため，初期在庫量が0であると仮定する．
- 次の期に持ち越した品目の量に比例して在庫（保管）費用がかかる．
- 段取り費用，生産変動費用，ならびに在庫費用の合計を最小にするような，各期における段取り，生産，在庫の計画を立てる．

大バケット問題，小バケット問題を区別するために，さらに以下の仮定が追加される．

- 大バケット問題の場合には，各期における段取りが次の期には持ち越せない．（すなわち，次の期で同じ品目を生産する場合にも，再びその品目のための段取りを行う必要がある．）
- 小バケット問題の場合には，各期における段取り状態が次の期に持ち越される．また，各期に生産可能な品目数は，1種類（もしくは2種類以下）であると仮定する．複数の期にまたがって段取り状態が維持されるので，各期における段取り費用の他に，段取りを開始する期に段取り開始費用（時間）がかかり，段取りが終了する期において段取り終了費用（時間）がかかる．
- 小バケット問題の場合には，ある品目に対する段取りの後に，別の品目の段取りを行う場合には，その順序に依存した段取り替え費用（時間）が課せられる場合がある．（大バケット問題の場合にも，同一バケット内での生産順序に依存した段取り替え費用を考慮する場合がある．）
- 小バケット問題の場合には，一度ある品目のための段取りを行ったら，一定期間はその品目を生産し続けなければならない制約や，一度ある品目の生産を終了したら，再び段取りを開始するために一定の期間をおかなければならない制約が課せられる場合がある．

9.2.1 大バケットに対する定式化

まず，大バケット多品目容量制約つきロットサイズ決定問題の定式化に必要な記号を導入する．

集合

P: 品目の集合

パラメータ

T: 計画期間数；期を表す添え字を $1, 2, \cdots, t, \cdots, T$ と記す．

f_t^p: 期 t に品目 p に対する段取り替え（生産準備）を行うときの費用（段取り費用）

- g_t^p: 期 t に品目 p に対する段取り替え（生産準備）を行うときの時間（段取り時間）
- c_t^p: 期 t における品目 p の生産変動費用
- h_t^p: 期 t から期 $t+1$ に品目 p を持ち越すときの単位あたりの在庫費用
- d_t^p: 期 t における品目 p の需要量
- M_t: 期 t における生産時間の上限

変数
- I_t^p: 期 t における品目 p の在庫量
- x_t^p: 期 t における品目 p の生産量（仮定よりこれは生産時間と一致する）
- y_t^p: 期 t に品目 p に対する段取りを行うとき 1，それ以外のとき 0 を表す 0-1 変数

上の記号を用いると，大バケット多品目容量制約つきロットサイズ決定問題は，以下のように定式化できる．

$$
\begin{aligned}
\text{minimize} \quad & \sum_{t=1}^{T} \sum_{p \in P} (f_t^p y_t^p + c_t^p x_t^p + h_t^p I_t^p) \\
\text{subject to} \quad & I_{t-1}^p + x_t^p - I_t^p = d_t^p && \forall p \in P,\, t = 1, \cdots, T && (9.9) \\
& \sum_{p \in P} x_t^p + \sum_{p \in P} g_t^p y_t^p \leq M_t && \forall t = 1, \cdots, T && (9.10) \\
& x_t^p \leq (M_t - g_t^p) y_t^p && \forall p \in P,\, t = 1, \cdots, T && (9.11) \\
& I_0^p = 0 && \forall p \in P && (9.12) \\
& x_t^p, I_t^p \geq 0 && \forall p \in P,\, t = 1, \cdots, T \\
& y_t^p \in \{0, 1\} && \forall t = 1, \cdots, T
\end{aligned}
$$

上の定式化で，式 (9.9) は，各期および各品目に対する在庫の保存式を表す．式 (9.10) は，各期の生産時間の上限制約を表す．式 (9.11) は，段取り替えをしない期は生産できないことを表す．また，式 (9.12) は，初期在庫が 0 であることを表す．

9.2.2 妥当不等式

多品目容量制約つきロットサイズ決定問題に対しても，定理 9.1 の (S, ℓ) 不等式 (9.4) が有効である．また，補助定理 9.1 の妥当不等式 (9.6) は，多品目容量制約つきロットサイズ決定問題の場合には以下のように拡張できる[124, 125]．以下では，期 t を固定して妥当不等式を導く．品目の集合 P の部分集合 $R \subseteq P$ で，$\lambda = \sum_{p \in R}(g_t^p + d_t^p) - M_t \ (\geq 0)$ を満たすものを被覆集合とよび，$\lambda = M_t - \sum_{p \in R}(g_t^p + d_t^p) \ (>0)$ を満たすものを逆被覆集合とよぶ．

定理 9.2 期 t および $\lambda = \sum_{p \in R}(g_t^p + d_t^p) - M_t \ (\geq 0)$ を満たす被覆集合 R に対して，

$$\sum_{p \in R} I_{t-1}^p \geq \lambda + \sum_{p \in R} \max\{-g_t^p, d_t^p - \lambda\}(1 - y_t^p) \tag{9.13}$$

は多品目容量制約つきロットサイズ決定問題に対する妥当不等式である.

証明: すべての $p \in R$ に対して $y_t^p = 1$ のときには,R が被覆集合であることより,R 内のすべての品目を生産にするには λ だけ生産時間が不足するので,前の期から持ち越される在庫量が λ 以上,すなわち $\sum_{p \in R} I_{t-1}^p \geq \lambda$ が成立する.ある1つの品目 $p' \in R$ に対して $y_t^{p'} = 0$ のときには,

$$\sum_{p \in R} I_{t-1}^p \geq \lambda - g_t^{p'}$$

および

$$\sum_{p \in R} I_{t-1}^p \geq I_{t-1}^{p'} \geq d_t^{p'}$$

が成立する.よって,式 (9.13) は多品目容量制約つきロットサイズ決定問題に対する妥当不等式である. ∎

定理 9.3 期 t,$\lambda = M_t - \sum_{p \in R}(g_t^p + d_t^p)$ (> 0) を満たす逆被覆集合 R および $P \setminus R$ 内のある要素 p' に対して,

$$\sum_{p \in R} I_{t-1}^p \geq \left\{\sum_{p \in R}(g_t^p + d_t^p)\right\} y_t^{p'} - \sum_{p \in R} g_t^p(1 - y_t^p) - (M_t - g_t^p)y_t^{p'} + x_t^{p'} \tag{9.14}$$

は多品目容量制約つきロットサイズ決定問題に対する妥当不等式である.

証明: 多品目容量制約つきロットサイズ決定問題のある実行可能解 (x, y, I) を考える.もし,$y_t^{p'} = 0$ なら,式 (9.14) は妥当不等式である.$y_t^{p'} = 1$ なら,式 (9.14) は

$$\sum_{p \in R} I_{t-1}^p \geq \sum_{p \in R} d_t^p + \sum_{p \in R} g_t^p y_t^p - (M_t - g_t^{p'}) + x_t^{p'}$$

となる.この不等式は,

$$M_t - g_t^{p'} \geq \sum_{p \in R}(x_t^p + g_t^p y_t^p) + x_t^{p'} \qquad \text{式 (9.10) より}$$

$$\geq \sum_{p \in R}(d_t^p - I_{t-1}^p + g_t^p y_t^p) + x_t^{p'} \quad x_t^p \geq d_t^p - I_{t-1}^p \text{ より}$$

であるので常に成立する.よって,式 (9.14) は多品目容量制約つきロットサイズ決定問題に対する妥当不等式である. ∎

9.2.3 小バケットに対する定式化

小バケット多品目容量制約つきロットサイズ決定問題の定式化のために，さらに以下の記号を導入する．

パラメータ

SC_t^p： 期 t に品目 p に対する段取り替えを開始するときの費用（段取り開始費用）

ST_t^p： 期 t に品目 p に対する段取り替えを開始するときの時間（段取り開始時間）

EC_t^p： 期 t に品目 p に対する段取り替えを終了するときの費用（段取り終了費用）

ET_t^p： 期 t に品目 p に対する段取り替えを終了するときの時間（段取り終了時間）

SUC_t^{pq}： 期 t に品目 p から品目 q への段取り替えを行うときの費用（順序依存段取り費用）

SUT_t^{pq}： 期 t に品目 p から品目 q への段取り替えを行うときの時間（順序依存段取り時間）

変数

z_t^p： 期 t に品目 p に対する生産を開始するとき 1，それ以外のとき 0 を表す 0-1 変数

w_t^p： 期 t に品目 p に対する生産を終了するとき 1，それ以外のとき 0 を表す 0-1 変数

χ_t^{pq}： 期 t に品目 p から品目 q への段取り替えを行うとき 1，それ以外のとき 0 を表す 0-1 変数

順序依存段取り費用（時間）は，段取り開始（終了）費用（時間）を特殊な場合として含むので，両方を同時に考慮するのは冗長な表現である．しかし，実際問題において，順序依存段取りが発生しない場合には，段取り開始（終了）だけをモデル化した定式化が，変数 χ_t^{pq} を導入することによる問題のサイズの増大を防ぐ意味で望ましい．逆に，順序依存の段取りを考慮する必要がある実際問題を扱う場合には，段取り開始（終了）を表すパラメータならびに変数を消去しても良い．

小バケット問題に対する定式化は，大バケット問題に，段取り替えの回数の上限制約

$$\sum_{p \in P} y_t^p \leq 1$$

を追加し，容量制約式 (9.10) を除くことによって得ることができる．段取りの開始，終了，順序依存の段取りなどの条件を考慮するためには，以下のような制約を追加する必要がある．

段取り開始の変数 z_t^p と段取り状態（正確には期の終了時点における段取り状態）を表す変数 y_t^p との関係は，以下のようになる．

$$z_t^p \geq y_t^p - y_{t-1}^p$$
$$z_t^p \leq y_t^p$$
$$z_t^p \leq 1 - y_{t-1}^p$$

9.2 単一段階・多品目モデル

最初の式は，期 t に段取り状態で，その前の期で段取りをしていない状態のときには，期 t に段取りを開始することを規定し，次の式は，期 t に段取りを開始する場合には，その期の期末の状態は段取り状態であることを規定し，最後の式は，前の期が段取り状態の場合には，その期で段取りを開始することはありえないことを規定している．

段取り終了の変数 w_t^p を定式化に組み込むためには，上の z_t^p と y_t^p の関係式の最初の式を

$$z_t^p - w_{t-1}^p = y_t^p - y_{t-1}^p$$

と変更すれば良い．

順序依存の段取り替えを表す変数 χ_t^{pq} と，段取り状態を表す変数 y_t^p との関係は，

$$\chi_t^{pq} \geq y_{t-1}^p + y_t^q - 1$$
$$\sum_{p \in P} y_t^p = 1$$

と表現できる．最初の式は，期 $t-1$ の終わりに品目 p の段取り状態で，期 t の終わりに品目 q の段取り状態であるときには，期 t に品目 p から q への段取り替えが行われることを規定し，2 番目の式は，各期においていずれかの品目の段取り状態になっていることを規定する．ここで，どの品目の段取りも行っていない状態（休止状態）をモデルに組み込むには，休止状態を表すダミーの品目を，品目集合 P に追加する必要がある．

以下に，順序依存の段取り替えを表現するためのより強い定式化を示す．

$$\sum_{p \in P} \chi_t^{pq} = y_t^q$$
$$\sum_{q \in P} \chi_t^{pq} = y_{t-1}^p$$
$$\sum_{p \in P} y_0^p = 1$$

最初の 2 式は，期 $t-1$ に品目 p の段取り状態になっており，かつ期 t に品目 q の段取り状態になっている場合には，1 単位のフローが期 $t-1$ の品目 p から期 t の品目 q へ流れることを表す（図 9.6）．最後の式は，開始前（期 0）においては，いずれかの品目の段取り状態になっていることを規定する．現在の段取り状態をデータとして与える場合には，y_0^p を変数ではなくパラメータ（定数）として入力する．

段取り替えを表す変数 χ_t^{pq} を上の強い定式化で規定した場合には，段取り開始を表す変数 z_t^q は，

$$z_t^q = \sum_{p \in P \setminus \{q\}} \chi_t^{pq}$$

と決めた方が良い．同様に，段取り終了を表す変数 w_{t-1}^p は，

$$w_{t-1}^p = \sum_{q \in P \setminus \{p\}} \chi_t^{pq}$$

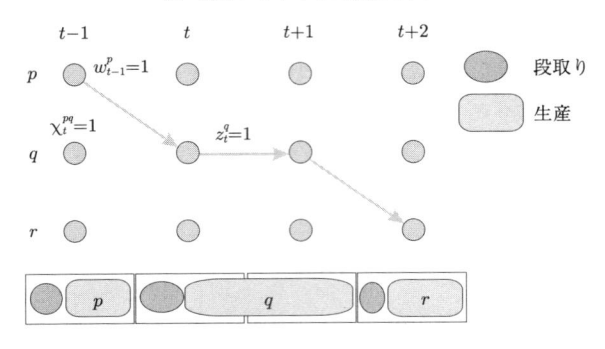

図 9.6 段取り状態の推移の参考図
各期の段取り回数の上限が 1 のとき.

と決められる.

目的関数に，段取り開始（段取り終了，順序依存の段取り）に要する費用 $SC_t^p, EC_t^p, SUC_t^{pq}$ を加える．変更された目的関数は以下のようになる．

$$\text{minimize} \quad \sum_{t=1}^{T} \sum_{p \in P} (f_t^p y_t^p + c_t^p x_t^p + h_t^p I_t^p + SC_t^p z_t^p + EC_t^p w_t^p)$$

$$+ \sum_{t=1}^{T} \sum_{p \in P, q \in P \setminus \{p\}} SUC_t^{pq} \chi_t^{pq}$$

段取り開始（段取り終了，順序依存の段取り）に要する時間 ($ST_t^p, ET_t^p, SUT_t^{pq}$) を生産時間に加味して生産量を規定する場合には，大バケット問題における容量制約式 (9.11) を

$$x_t^p \leq (M_t - g_t^p) y_t^p - ST_t^p z_t^p - ET_t^p w_t^p - \sum_{q \in P \setminus \{p\}} SUT_t^{qp} \chi_t^{qp} \quad \forall p \in P, t = 1, \cdots, T$$

と変更する.

また，順序依存の段取り替えの費用や時間を考慮しなくても良い場合には，変数 χ_t^{pq} を除いて，変数 y, z, w の空間に射影を行うことによって，以下の強い定式化を得ることができる.

$$\sum_{p \in P} y_t^p \leq 1 \qquad \forall t = 1, \cdots, T$$

$$z_t^p \leq y_t^p \qquad \forall p \in P, t = 1, \cdots, T$$

$$z_t^p - w_{t-1}^p = y_t^p - y_{t-1}^p \qquad \forall p \in P, t = 1, \cdots, T$$

$$y_{t-1}^p + z_t^p + \sum_{q:q \neq p} (y_t^q - z_t^q) \leq 1 \qquad \forall p \in P, t = 1, \cdots, T$$

9.2 単一段階・多品目モデル

一度，品目 p のための段取りを行ったら，最低でも α 期は品目を生産し続けなければならないという制約は，以下のように記述できる．

$$z_s^p \leq y_t^p \quad \forall s = t-\alpha+1, \cdots, t,\ t = \alpha, \cdots, T$$

この式は以下のように強化できる．

$$\sum_{s=t-\alpha+1}^{t} z_s^p \leq y_t^p \quad \forall t = \alpha, \cdots, T$$

同様に，一度品目 p の生産を終了したら，再び段取りを開始するためには，β 期以上の合間をおかなければならないという制約は，以下のように記述できる．

$$z_s^p \leq 1 - y_t^p \quad \forall s = t+1, \cdots, t+\beta,\ t = 1, \cdots, T-\beta$$

また，強化版は以下のようになる．

$$\sum_{s=t+1}^{t+\beta} z_s^p \leq 1 - y_t^p \quad \forall t = 1, \cdots, T-\beta$$

各期の段取り回数の上限が 2 の場合は，段取り替えを表す変数 χ_t^{pq} を，以下のように定義し直すことによって扱うことができる．

χ_t^{pq}: 期 t の途中で，品目 p から品目 q への段取り替えを (この順で) 行うとき 1，それ以外のとき 0 を表す 0-1 変数

これは，図 9.7 のように段取りの順序を表すフローと期のタイミングをずらしていると解釈できる．変数 χ_t^{pq} の定義から，段取り開始を表す変数 z_t^q は，

$$z_t^q = \sum_{p \in P \setminus \{q\}} \chi_t^{pq}$$

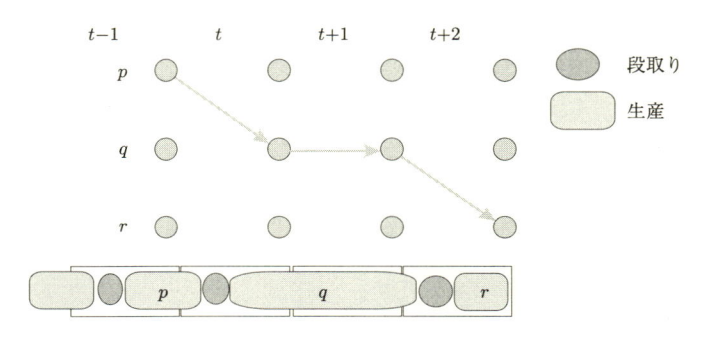

図 9.7 段取り状態の推移の参考図
各期の段取り回数の上限が 2 のとき．

と，段取り終了を表す変数 w_t^p は，

$$w_t^p = \sum_{q \in P \setminus \{p\}} \chi_t^{pq}$$

と決められる．また，y_t^p は，

$$y_t^p = w_t^p + z_t^p + \chi_t^{pp}$$

となる．これは，期 t において生産可能（$y_t^p=1$）であるためには，生産開始（$z_t^p=1$）か，生産終了（$w_t^p=1$）か，継続生産 χ_t^{pp} であることを示している．

各期の段取り回数が高々 1 回のときと同様に，順序依存の段取り替えの費用や時間を考慮しなくても良い場合には，変数 χ_t^{pq} を除いて，変数 y,z,w の空間に射影を行うことによって，以下の強い定式化を得ることができる．

$$\begin{aligned}
&\sum_{p \in P}(y_t^p - z_t^p) \leq 1 & &\forall t = 1, \cdots, T \\
&z_t^p + w_t^p \leq y_t^p & &\forall p \in P, t = 1, \cdots, T \\
&z_t^p - w_{t-1}^p = y_t^p - y_{t-1}^p & &\forall p \in P, t = 1, \cdots, T \\
&y_{t-1}^p + \sum_{q: q \neq p}(y_t^q - z_t^q - w_t^q) \leq 1 & &\forall p \in P, t = 1, \cdots, T
\end{aligned}$$

9.3 多段階モデル

ここでは，多段階にわたって製造を行うときのロットサイズ決定問題（多段階動的ロットサイズ決定問題）を考える．以下では，前節の分類における大バケットの場合だけを考えるが，小バケットの場合に拡張することができる．

本節の構成は以下の通り．

9.3.1 項では，多段階動的ロットサイズ決定問題に対する通常の定式化を示す．

9.3.2 項では，エシェロン在庫の概念を用いた定式化を示す．この定式化を用いることによって，多段階のモデルを単一の段階のモデルと同じように扱えるようになり，前節までの結果が適用可能になる．

9.3.1 単純な定式化

多段階動的ロットサイズ決定問題では，資材必要量計画における部品展開表を考慮する．以下の記号を導入する．

集合

$\{1..T\}$ (`Period`): 期間の集合

P (`Prod`): 品目の集合

K (`Resource`): 生産を行うのに必要な資源（機械，生産ライン，工程などを表す）の集合

9.3 多段階モデル

P_k : 資源 k で生産される品目の集合．モデルでは，資源と品目の 2 つ組の集合 ResourceProdPair を定義している．

Parent_p (Parent)： 部品展開表における品目（部品または材料）p の親品目の集合．言い換えれば，品目 p から製造される品目の集合．部品展開表を有向グラフ表現したときには，巡回を避けるために，グラフは閉路を含まないと仮定する．有向グラフ表現では，Parent_p は点 p の直後の点の集合を表す．

括弧内に示したのは，モデリング言語（AMPL）で記述する際に用いる名前である．このように，モデリング言語内では分かりやすい（ある程度意味をもった）名前をつけておくことが推奨される．AMPL での宣言は以下のように行う．

```
set Period :={1..T};
set Prod;
set Parent {Prod} default {};
set Resource;
set ResourceProdPair within {Resource, Prod};
```

パラメータ

T： 計画期間数；期を表す添え字を $1, 2, \cdots, t, \cdots, T$ と記す．

f_t^p (SetUpCost)： 期 t に品目 p に対する段取り替え（生産準備）を行うときの費用（段取り費用）

g_t^p (SetUpTime)： 期 t に品目 p に対する段取り替え（生産準備）を行うときの時間（段取り時間）

c_t^p (VariableCost)： 期 t における品目 p の生産変動費用

h_t^p (HoldingCost)： 期 t から期 $t+1$ に品目 p を持ち越すときの単位あたりの在庫費用

d_t^p (Demand)： 期 t における品目 p の需要量

ϕ_{pq} (Unit)： $q \in \text{Parent}_p$ のとき，品目 q を 1 単位製造するのに必要な品目 p の数（p-units）；ここで，p-units とは，品目 q の 1 単位と混同しないために導入された単位であり，品目 p の 1 単位を表す．ϕ_{pq} は，部品展開表を有向グラフ表現したときには，枝の重みを表す．

M_t^k (ResourceUB)： 期 t における資源 k の使用可能な生産時間の上限．定式化では，品目 1 単位の生産時間を 1 単位時間になるようにスケーリングしてあるものと仮定しているが，モデルでは単位生産量あたりの生産時間 R を定義している．

UB_t^p (MinResourceUB)： 期 t における品目 p の生産時間の上限．品目 p を生産する資源が k のとき，資源の使用可能時間の上限 M_t^k から段取り替え時間 g_t^p を減じたものと定義される．

```
param T;                            #number of periods
param SetUpCost{ Prod, Period };
param SetUpTime{ Prod, Period};
param VariableCost{ Prod, Period };
param HoldingCost{ Prod, Period };
param Demand{Prod,Period} default 0;
param MinResourceUB{Prod, Period }>=0;
param Unit{p in Prod, Parent[p]};
param ResourceUB{ Resource, Period }>=0;
param R {ResourceProdPair} >=0;
```

変数

x_t^p (x): 期 t における品目 p の生産量

I_t^p (inv): 期 t における品目 p の在庫量

y_t^p (y): 期 t に品目 p に対する段取りを行うとき 1, それ以外のとき 0 を表す 0-1 変数

```
var x{Prod,Period} >=0;
var inv{Prod,Period} >=0;
var y{Prod,Period} binary;
```

上の記号を用いると, 多段階動的ロットサイズ決定問題は, 以下のように定式化できる.

$$\begin{aligned}
\text{minimize} \quad & \sum_{t=1}^{T} \sum_{p \in P} (f_t^p y_t^p + c_t^p x_t^p + h_t^p I_t^p) \\
\text{subject to} \quad & I_{t-1}^p + x_t^p = \\
& d_t^p + \sum_{q \in \text{Parent}_p} \phi_{pq} x_t^q + I_t^p && \forall p \in P, t = 1, \cdots, T && (9.15) \\
& \sum_{p \in P_k} x_t^p + \sum_{p \in P_k} g_t^p y_t^p \leq M_t^k && \forall k \in K, t = 1, \cdots, T, && (9.16) \\
& x_t^p \leq UB_t^p y_t^p && \forall p \in P, t = 1, \cdots, T && (9.17) \\
& I_0^p = 0 && \forall p \in P && (9.18) \\
& x_t^p, I_t^p \geq 0 && \forall p \in P, t = 1, \cdots, T \\
& y_t \in \{0, 1\} && \forall t = 1, \cdots, T
\end{aligned}$$

目的関数は以下のように記述できる.

```
minimize cost:
```

9.3 多段階モデル

```
sum{p in Prod,t in Period}    SetUpCost[p,t]*y[p,t]+
sum{p in Prod,t in Period}    VariableCost[p,t]*x[p,t]+
sum{p in Prod,t in Period}    HoldingCost[p,t]*inv[p,t];
```

上の定式化で，式 (9.15) は，各期および各品目に対する在庫の保存式を表す．より具体的には，品目 p の期 $t-1$ からの在庫量 I_{t-1}^p と生産量 x_t^p を加えたものが，期 t における需要量 d_t^p，次期への在庫量 I_t^p，および他の品目を生産するときに必要な量 $\sum_{q \in \mathrm{Parent}_p} \phi_{pq} x_t^q$ の和に等しいことを表す．また，初期在庫が 0 であることを表す式 (9.18) も，以下のモデル化に含めている．

```
subject to FlowConservation{p in Prod,t in Period}:
(if t=1 then 0 else inv[p,t-1])+    x[p,t]
 = (if t=T then 0 else inv[p,t]) +
   sum{q in Parent[p]} Unit[p,q]*x[q,t] + Demand[p,t];
```

式 (9.16) は，各期の生産時間の上限制約を表す．定式化ではすべての品目の生産時間は，1 単位あたり 1 時間になるようにスケーリングしてあると仮定していたが，実際問題のモデル化の際には，品目 p を 1 単位生産するときに，資源 r を使用する時間 R[r,p] を用いた方が汎用性がある．

```
subject to ResourceUpperBound {r in Resource, t in Period}:
sum {p in Prod: (r,p) in ResourceProdPair}
    (R[r,p] * x[p,t] + SetUpTime[p,t]*y[p,t]) <= ResourceUB[r,t];
```

式 (9.17) は，段取り替えをしない期は生産できないことを表す．

```
subject to ProductionSetupConnect{ p in Prod, t in Period }:
  x[p,t] <= MinResourceUB[p,t]*y[p,t]   ;
```

9.3.2 エシェロン在庫を用いた定式化

品目間の親子関係だけでなく，先祖（有向グラフを辿って到達可能な点）の集合を導入しておく．

集合

Ancestor$_p$: 品目 p の先祖の集合．親子関係を表す有向グラフを辿って到達可能な点に対応する品目から構成される集合．品目 p 自身は含まないものとする．

パラメータ

ρ_{pq}: $q \in \mathrm{Ancestor}_p$ のとき，品目 q を 1 単位生産するのに必要な製品 p の量
H_t^p: 期 t における品目 p のエシェロン在庫費用；以下のように定義される．

$$H_t^p = h_t^p - \sum_{q \in \text{Child}_p} h_t^q \phi_{qp}$$

変数

E_t^p: 期 t における品目 p のエシェロン在庫量；自分と自分の先祖の品目の在庫量を合わせたものであり，以下のように定義される．

$$E_t^p = I_t^p + \sum_{q \in \text{Ancestor}_p} \rho_{pq} I_t^q$$

上の記号を用いると，エシェロン在庫を用いた多段階動的ロットサイズ決定問題の定式化は，以下のようになる[2]．

$$\text{minimize} \quad \sum_{t=1}^{T} \sum_{p \in P} (f_t^p y_t^p + c_t^p x_t^p + H_t^p E_t^p)$$

$$\text{subject to} \quad E_{t-1}^p + x_t^p - E_t^p =$$
$$d_t^p + \sum_{q \in \text{Ancestor}_p} \rho_{pq} d_t^q \qquad \forall p \in P, t = 1, \cdots, T \quad (9.19)$$

$$\sum_{p \in P_k} x_t^p + \sum_{p \in P_k} g_t^p y_t^p \leq M_t^k \qquad \forall k \in K, t = 1, \cdots, T \quad (9.20)$$

$$E_t^p \geq \sum_{q \in \text{Parent}_p} \phi_{pq} E_t^q \qquad \forall p \in P, t = 1, \cdots, T \quad (9.21)$$

$$x_t^p \leq U B_t^p y_t^p \qquad \forall p \in P, t = 1, \cdots, T \quad (9.22)$$

$$E_0^p = 0 \qquad \forall p \in P \quad (9.23)$$

$$x_t^p, E_t^p \geq 0 \qquad \forall p \in P, t = 1, \cdots, T$$

$$y_t \in \{0, 1\} \qquad \forall t = 1, \cdots, T$$

上の定式化で，式 (9.19) は，各期および各品目に対するエシェロン在庫の保存式を表す．より具体的には，品目 p の期 $t-1$ からのエシェロン在庫量 E_{t-1}^p と生産量 x_t^p を加えたものが，期 t における品目 p の先祖 q の需要量を品目 p の必要量に換算したものの合計 $\sum_{q \in \text{Ancestor}_p} \rho_{pq} d_t^q$ と次期へのエシェロン在庫量 I_t^p の和に等しいことを表す．式 (9.20) は，各期の生産時間の上限制約を表す．式 (9.21) は，各品目のエシェロン在庫量が，その親集合の品目のエシェロン在庫量の合計以上であることを規定する．式 (9.22) は，段取り替えをしない期は生産できないことを表す．また，式 (9.23) は，初期在庫が 0 であることを表す．

この定式化は，9.2.2 項の多品目容量制約つきロットサイズ決定問題と同じ構造をもつ．したがって，定理 9.1 の (S, ℓ) 不等式 (9.4)，定理 9.2 の被覆不等式 (9.13)，および定理 9.3 の逆被覆不等式 (9.14) を用いることができる．

9.4 近似解法

ここでは，動的ロットサイズ決定問題に対する近似解法について考える．

近似解法は，古典的なヒューリスティクスと数理計画に基づく解法に分類される．

9.4.1 項では，古典的なヒューリスティクスについて述べる．

9.4.2 項では，緩和固定法とよばれる一般の混合整数計画問題に対する近似解法を紹介し，それを動的ロットサイズ決定問題へどのように適用するかについて解説する．

9.4.3 項では，容量スケーリング法とよばれる一般の固定費用つきの最適化問題に対する近似解法を紹介し，動的ロットサイズ決定問題への適用について論じる．

9.4.1 古典的ヒューリスティクス

動的ロットサイズ決定問題に対する古典的ヒューリスティクスでは，Silver–Meal ヒューリスティクスや最小単位費用ヒューリスティクスが代表的である．

解法の記述を簡略化するための記号として，期 i に生産を行うことによって期 i から j までの需要をまかなうときの費用 $C(i,j)$ を導入しておく．$C(i,j)$ は以下の式によって簡単に計算できる．

$$f_i + c_i \left(\sum_{t=i}^{j} d_t \right) + \sum_{s=i}^{j-1} h_s \sum_{t=s+1}^{j} d_t$$

Silver–Meal ヒューリスティクス（Silver–Meal heuristics）は，以下のような単純な基準に基づく構築法である．

Silver–Meal ヒューリスティクス

$t=1$ からはじめて，期 1 に何期までの分をまとめて生産するかを，

$$\frac{C(t,j)}{j-t} < \frac{C(t,j+1)}{j+1-t}$$

を満たす最小の期 $j\ (\geq t)$ までと決め，t を $j+1$ とする．ただし，上式を満たす j が存在しないときには，$j=T$ とする．この操作を $j=T$ となるまで繰り返す．

最小単位費用ヒューリスティクス（least-unit cost heuristics）もほぼ同様であるが，何期分をまとめて生産するかを決めるときの評価値を，Silver–Meal ヒューリスティクスのように単位期間あたりの最小費用とするのではなく，単位需要量あたりの最小費用とする点が異なる．

他にも種々の変形があるが，いずれも得られる解の精度は悪い．また，生産容量を考慮していないため，得られる解が容量制約を満たしていない可能性もある．

例 9.5 例題 9.1 に Silver–Meal ヒューリスティクスを適用してみよう．まず，期 1 において何期分まとめて生産するかは，$C(1,1) = 8, C(1,2)/2 = 11$ であり，$8 < 11$ となったので，$j = 1$ であり，期 1 の分だけ生産することになる．次に，$t = 2$ として同様の計算をすると，$C(2,2) = 10, C(2,3)/2 = 8, C(2,4)/3 \approx 10.33$ となり，$j = 3$ となる．よって，期 2 には期 2 と期 3 の分をまとめて生産する．次に，$t = 4$ とすると，$C(4,4) = 21, C(4,5) = 18.5$ であるので，期 4 には，期 4 と期 5 の分をまとめて生産する．得られた解の費用を計算すると，固定費用 9，変動費用 50，在庫費用 7 となり，総費用 66 の近似解を得た．

次に同じ問題例に対して最小単位費用ヒューリスティクスを適用する．期 1 では $C(1,1)/8 = 1.6, C(1,2)/12 \approx 1.83$ であるので，期 1 の分だけ生産し，期 2 では $C(2,2)/7 \approx 1.43, C(2,3)/10 = 1.6$ であるので，期 2 の分だけ生産し，期 3 では $C(3,3)/3 = 4, C(3,4)/9 = 4, C(3,5)/16 = 3.5$ であるので，期 3 から期 5 の分をまとめて生産する．よって，期 $1, 2, 3$ だけ生産を行う近似解が得られ，固定費用 9，変動費用 51，在庫費用 14 となり，総費用は 74 となる．

ちなみに，最適値は 57 であり，両者ともあまり精度の良い解とは言えない．

9.4.2 緩和固定法

緩和固定法（relax and fix method）とは，ロットサイズ決定問題が多期間にまたがる意思決定を最適化するという構造を利用したメタ解法である．

いま，小規模な（期の数が小さい）ロットサイズ決定問題が前項までの定式化を混合整数計画ソルバーにかけることによって，短時間で求解可能であるとする．ここで，求解可能とは，良好な近似解を短時間で得ることができると読み替えても良い．この小規模問題を逐次最適化することによって，全体の近似解を得ようというのがアイディアである．

まず，一般の混合整数計画問題で緩和固定法を解説しておく．

混合整数計画問題に含まれる整数変数を，自由変数，固定変数，連続緩和変数の 3 つに分けて考える．自由変数はオリジナルの問題と同じ意味をもつ整数変数であり，すべての変数が自由変数である問題は，もとの問題に他ならない．固定変数は，問題の規模を縮小するために一時的に固定された変数である．連続緩和変数は，実数変数として緩和された変数であり，すべての整数変数を連続緩和変数にした問題は，線形計画緩和問題に他ならない．

まず，固定変数がない状態からはじめ，一部の変数を自由変数とし，残りの変数を連続緩和変数として混合整数計画ソルバーで最適化する．求まった解の自由変数のすべて，もしくは一部分を得られた最適解に固定し固定変数とする．この操作をすべての変数が固定変数になるまで繰り返す．ここで重要になるのは，自由変数の選択方法とその順序である．順序は，重要な（言い換えれば目的関数ならびにボトルネック制約に与える影響が大きい）変数から順番に自由変数とする方法が有効である．これは，ビンパッキン

グ(箱詰め)問題において,大きいものから順にビン(箱)に詰めていく方法が有効であるのと同じ理由による.また,自由変数の選択法には,以下の2点を考慮する必要がある.

1) 解を構成するにあたって,互いに密接な関係があり,同時に決定することが必要であると考えられる変数を,重要な(目的関数や制約条件に与える影響が大きい)順に自由変数として選択する.
2) 選択された自由変数の個数がそれほど多くなく,混合整数計画ソルバー(に内蔵されている分枝限定法)である程度高速に求解できる.

変数の重要性,変数間の関係や分枝限定法で求解可能な規模は,問題依存であるので,対象とする混合整数計画問題のクラスに応じて指針をもっておく必要がある.

ロットサイズ決定問題に対しては,期が近い変数同士は互いに密接な関係があると考えられる.また,近い未来の意思決定が重要であると考えられるので,期の番号の小さい順に自由変数としていく方法が有効であると推測される.上の理由により,自由変数の選択法としては,連続する期内の段取りに関する変数を一度に決めるものとする(図9.8).

たとえば,期1から期5までの段取りを自由変数,残りの期の段取りを連続緩和して混合整数計画ソルバーで最適化した後で,期1から期2を固定し,今度は期3から

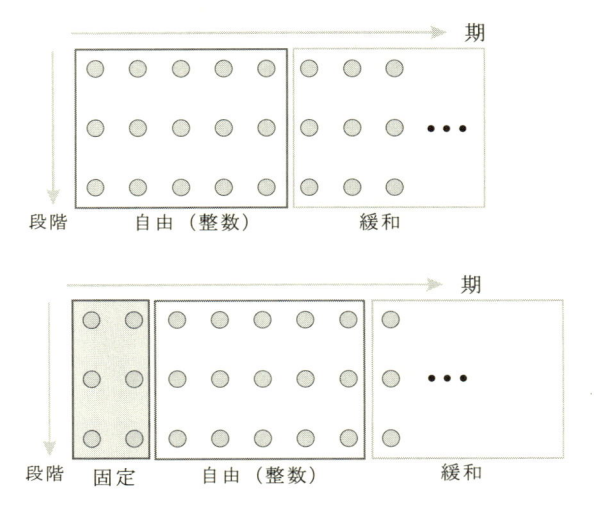

図 9.8 緩和固定法の適用例(探索の広さは 5 期,探索の刻み幅は 2 期の場合)
上が最初の反復における変数の固定・緩和法で,期1から期5までを自由変数,期6以降を連続緩和変数として最適化する.下が次の反復における変数の固定・緩和法で,上の問題を解いて得られた最適解の期1と期2の分は固定し,期3から期7までを自由変数,期8以降を連続緩和変数として最適化する.

期 8 までを自由変数として再び最適化するといった具合である．これを最後の期までの段取りが固定されるまで繰り返す．ここで，一度に最適化を行う期間（上の例では期 5）が探索の広さと速度を調節するためのパラメータであり，最適化された自由変数をどこまで固定するか（上の例では期 2）が探索のきめ細かさ（刻み幅）を制御するためのパラメータになる．

機械（工程）ごとに全体に与える影響が大きく異なるときには，重要な機械（工程）から順に自由変数として最適化する手法も有効である．これは，ジョブショップスケジューリング問題に対する**ボトルネックずらし法**（shifting bottleneck method）[1]と同じ理由による．多段階の工程をもつロットサイズ決定問題に対しては，需要側（サプライ・チェインの下流側）の変数が重要であると考えられるので，需要側（下流）の段階から順に自由変数にしていく方法も有効である（図 9.9）．

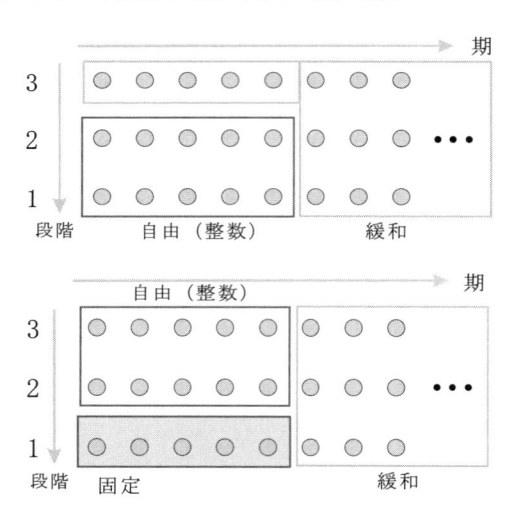

図 9.9 3 段階のロットサイズ決定問題に対する緩和固定法の適用例

上が最初の反復における変数の固定・緩和法で，期 1 から期 5 までの 1 段目と 2 段目を自由変数，期 1 から期 5 までの 3 段目と期 6 以降のすべてを連続緩和変数として最適化する．下が次の反復における変数の固定・緩和法で，上の問題を解いて得られた最適解における期 1 から期 5 までの 1 段目の分は固定し，2 段目と 3 段目を自由変数，期 6 以降を連続緩和変数として最適化する．この後は，通常の緩和固定法と同様に，期を後ろにずらしながら，同様の操作を繰り返す．

9.4.3 容量スケーリング法

ここで紹介する**容量スケーリング法**（capacity scaling method）は，固定費用つきの問題の特殊構造を生かしたものであり，様々な固定費用つきの最適化問題に使うことができる汎用ヒューリスティクスである．ロットサイズ決定問題も固定費用つきの最小

9.4 近似解法

費用流問題と考えることができ,ある程度良い近似解を短時間で算出することが知られている[134].

以下の一般の固定費用つきの混合整数計画問題を例として解説する.

$$\begin{aligned}
&\text{minimize} && vx + Fy \\
&\text{subject to} && x \leq Cy \\
&&& Ax + By \leq b \\
&&& x \in \mathrm{R}^n,\, y \in \{0,1\}^m
\end{aligned}$$

容量スケーリング法

1) 平滑化パラメータ $\lambda \in (0,1]$ を決め,変化させる容量を表すパラメータ C' をオリジナルの容量 C に初期設定する.

2) 以下の操作を適当な収束判定基準を満たすまで(たとえば,線形計画緩和問題の解 $\bar{y}$ が 0 もしくは 1 に十分に近づくまで)繰り返す.

  a) 0-1 変数 y を $[0, C/C']$ に緩和し,制約を $x \leq C'y$ に変更した線形計画緩和問題を解く.これは,固定費用 F を容量 C' で除した値を変動費用 v に加えた目的関数をもち,容量制約を $x \leq C$ とした線形計画問題を解くのと同じである.

  b) 得られた線形計画緩和問題の解 $\bar{x}, \bar{y}$ においては,$\bar{x} = C'\bar{y}$ となっているので,新しい容量 C' を,平滑化パラメータ λ を用いて,現在の C' と $C'\bar{y}$ の間になるように

$$C' := \lambda C'\bar{y} + (1-\lambda)C'$$

と変更する(図 9.10).

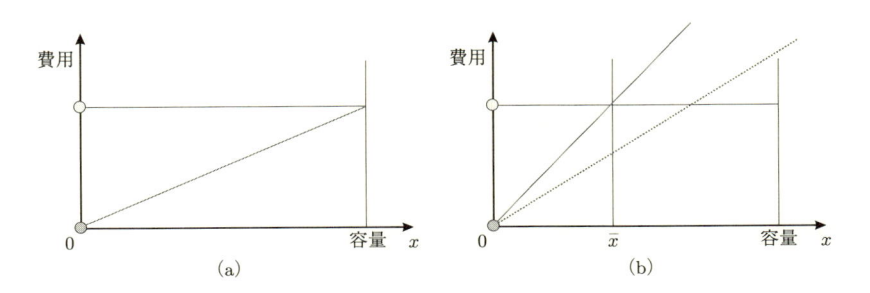

図 9.10 容量スケーリング法の概念図
(a) 最初の線形計画緩和.固定費用を容量で除した値を傾き(変動費用)に加えた問題を解く.(b) 緩和問題の解 $\bar{x}$ に対する容量の変更.実線は新しい容量を $\bar{x}$ とした場合.点線はもとの容量と $\bar{x}$ の間になるようにした場合.

容量スケーリング法は高速であり，かつ得られた解は局所最適解であるので，局所最適解からの脱出を図るための工夫を取り入れることが望ましい．脱出のためのテクニックとしては，目的関数に長期メモリのペナルティを追加する誘導局所探索法や，現在の解と一部が異なることを表す制約を追加する方法が有効であると考えられる．

9.4.4 混合整数ソルバーを用いた大近傍局所探索法

緩和固定法や容量スケーリング法で得られた解を改善する方法として，混合整数計画問題をサブルーチンとした大近傍局所探索法（混合整数計画近傍局所探索法）が考えられる．

一般の混合整数計画問題を考え，混合整数計画問題に含まれる整数変数を，自由変数，固定変数の2つに分けて考える．自由変数はオリジナルの問題と同じ意味をもつ整数変数であり，固定変数は，問題の規模を縮小するために一時的に固定された変数である．混合整数計画近傍局所探索法では，与えられた実行可能解を改善するために，一部の整数変数を自由変数として混合整数計画問題を最適化する．ここで重要になるのは，（緩和固定法と同様に）自由変数の選択方法である．

ロットサイズ決定問題に対しては，期が近い変数同士は互いに密接な関係があると考えられるので，近い期に関連する整数変数を自由変数，他の整数変数を固定変数として，適当な混合整数計画ソルバーを用いて最適化する．たとえば，期1から期5までの段取りを自由変数とし，残りの期の段取りを固定して最適化する．ここで，一度に最適化を行う期間（上の例では期5）が探索の広さと速度を調節するためのパラメータとなる．これを，開始する期を $2, 3, \cdots$ と変化させて，改善解が見つかったら，その解を新たな出発点として，再び探索を行う．

実際には，混合整数計画ソルバーを用いた最適化には計算時間がかかる可能性があるので，近傍の計算時間を打ち切って得られた最良解で評価する方法や，一度探索して改善解が見つからなかった近傍は，次回以降の探索から除外するなどの工夫が必要になる．また，混合整数計画近傍局所探索法では，近傍探索をすべて並列に行うことができるので，並列計算機による実装に向いている．

9.5 ローリング・ホライズン方式

本来の動的ロットサイズ決定モデルは，無限期間であり，かつ将来に発生する事象は不明確であると仮定しなければならない．通常は，将来に関する情報がある有限期間以降では得られていない（と同時に有限期間までの情報は確定値である）と仮定し，有限の計画期間の問題に帰着させ，その有限期間の問題を繰り返し用いる方法が有効である．この方法は，**ローリング・ホライズン方式**（rolling horizon method）とよばれる．

たとえば，Wagner–Whitin モデルの説明で用いた例題では，期1から期5までの情報が既知としたときの最適解を求めた．実際には，得られた解のうち，実行されるのは

9.5 ローリング・ホライズン方式

最初の期 1 の分だけであり，期 1 の分の需要量（5 個）分だけの発注を期 1 に行うことになる．期 2 以降の発注量は，期 6 の需要が判明してから再び（期 2 から期 6 までの）Wagner–Whitin モデルを解くことによって決められる．この操作を繰り返すことによって，期 3，期 4，⋯ の意思決定を順次行うのがローリング・ホライズン方式である．

ローリング・ホライズン方式は，無限期間の問題の近似にすぎない．特に，最終期（期 T）以降の情報を無視するため，最終期付近での近似の度合いは悪くなる．単純に考えても，最終期以降の需要を 0 と仮定することによって，最終期に段取りを行って生産をすることが滅多に起こらなくなる．実際には，期 $T+1$ 以降にも需要が発生するので，期 T に段取りをして在庫を保持しておくことも十分考えられるが，ローリング・ホライズン方式で期 T 以降を無視する限りは，このような現象が発生する．

これを避けるための 1 つの方法として，計画期間 T を十分に大きな値に設定しておくことが推奨されている．しかし，ロットサイズ決定モデルは難しい問題であるため，数理計画ソルバーに多大な負担をかけることになり，Wagner–Whitin モデルのように比較的易しいクラスに含まれる問題でないと適用が難しい．また，実際には将来の需要が確定していない可能性もある．

より現実的な方法として，段取りに伴う固定費用を最終期付近では安く見積もっておく方法がある．まず，最終期以降の需要は定常であると仮定し，経済発注量モデルなどで平均発注間隔 TBO（time between order；経済発注量モデルにおけるサイクル時間）を計算しておく．期 t における固定費用を F_t としたとき，$T-t+1$ が 1 以上の期に対して，固定費用を以下のように安く見積もる[147]．

$$\frac{T-t+1}{TBO}F_t$$

これは，発注間隔 TBO で F_t だけ必要な固定費用を，最終期までの残りの期間数 $T-t+1$ の分だけ負担すれば良いように値引きしたものである．

10

確率的在庫モデル

　第8章では，顧客の需要が一定の確定的なスピードで消費されていくという仮定の下での在庫モデルについて述べた．本章では，需要が確率的に変動する場合における在庫モデルを扱う．

　このモデルは，確率的在庫モデルとよばれ，古くから多くの研究者の興味の対象であり，数多くのモデルとその解法が提案されてきた．確率的在庫モデルが扱うのは，不確実性に対処するための在庫量および発注方策の決定であり，これはロジスティクス・システム全体からみると，オペレーショナルレベルの意思決定項目に相当する．

　本章の構成は次のようになっている．

　10.1節では，サービスレベルとよばれるパラメータによって品切れの確率を定める基本モデルについて述べ，安全在庫係数の概念を紹介する．

　10.2節では，新聞売り子モデルとよばれる古典的な確率的在庫モデルを紹介する．新聞売り子問題は，1期，1段階の単純なモデルであるが，在庫と品切れ（バックオーダー）の費用のトレードオフを最適化するための基礎となる考え方を示している．

　10.3節と10.4節では，需要が非定常な場合への拡張を考える．10.3節では，需要がある確率過程にしたがうと仮定した場合の1段階の確率的在庫モデルを考え，安全在庫量を決定するための簡単な公式を導出する．10.4節では，10.3節のモデルを多段階に拡張する．

　10.5節では，新聞売り子モデルを多期間，多段階に拡張したモデルを紹介する．このモデルにおいては，在庫が決められた水準を下回った場合には，その水準に戻るように発注を行う方策が最適になる．決められた水準を基在庫レベルとよび，方策を基在庫方策とよぶ．

　10.6節，10.7節，10.8節では，発注を行うことができる時期が離散的な値に限定されている場合を考える．この方策を定期発注方策とよぶ．10.6節では，1段階の定期発注方策を考え，シミュレーションを行いながら最適化を行う方法について述べる．10.7節では，10.6節の結果を直列多段階の場合に拡張し，10.8節では，一般のネットワーク型の場合に拡張する．

10.1 サービスレベルと安全在庫係数

ここでは,小売店に顧客がやってくることによって需要が発生する場合を考える.顧客は,毎日小売店にやってきて商品を購入するが,その量は気分によって変わるものとする.一般には,商品が品切れしてしまうことは避けなければならない.商品を余分に在庫しておく費用が,品切れしてしまう費用より小さい場合には,商品を余分に在庫して気まぐれな顧客のために準備しておくことが常套手段である.このように,需要の不確実性に対処するためにもつ在庫を**安全在庫**(safety inventory, safety stock)とよぶ.

いま,簡単のため,毎日の需要量は,定常な正規分布にしたがっているものとする.ここで「定常」とは,日によって需要の分布が変化しないことを指す.正規分布では,負の需要量になる可能性があるが,その場合には需要量を 0 と定義する.以下では,需要が正規分布と言ったときには,負の部分を除いた正規分布(切断正規分布)を指すものとする.

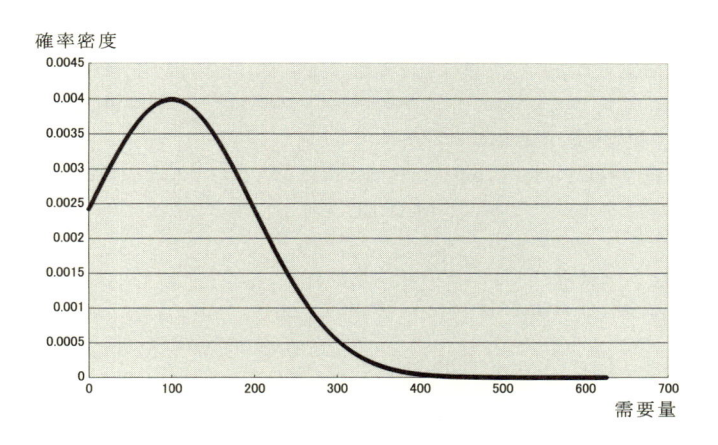

図 **10.1** 切断正規分布の密度関数

例として,平均 100,標準偏差 100 の切断正規分布の密度関数を図 10.1 に示す.ここで,**密度関数**(density function)とは,(大雑把に言うと)需要量が x になる確率を表す関数であり,Microsoft 社の表計算ソフトウェア Excel では,ワークシート関数 NORMDIST(x,平均,標準偏差,FALSE) によって計算することができる.図 10.1 のグラフは,x を 0 から 600 まで変化させ,その横に=NORMDIST(x のセルのアドレス, 100, 100, FALSE) と書き込むことによって描いたものである.ちなみに,関数 NORMDIST() の最後の引数を TRUE にすると,**分布関数**(distribution function)を得ることができる.分布関数は,需要量が x 以下になる確率を表し,これは密度関数を x で切ったと

きの左側の面積に相当する．

正規分布を仮定すると，需要が極端に大きくなる可能性があるので，100% の確率で品切れを起こさないように在庫をもつことは非現実的となる．通常は，ある一定の確率で品切れをしてもお客さんは許してくれるだろうと仮定し，小売店のポリシーとして品切れを起こさない確率を（たとえば）95% と設定して安全在庫量を決定する．品切れを起こさない確率を**サービスレベル**（service level）とよぶ．需要が正規分布にしたがうと仮定したときには，サービスレベルを満たすような安全在庫量は，簡単に計算することができる．表 10.1 に，サービスレベルと安全在庫を計算するための定数の関係を示す．この定数を**安全在庫係数**（safety stock ratio）とよぶ．

表 10.1 品切れを起こさない確率（サービスレベル）と安全在庫係数 z の関係式

サービスレベル (%)	90	91	92	93	94	95	96	97	98	99	99.9
安全在庫係数 z	1.29	1.34	1.41	1.48	1.56	1.65	1.75	1.88	2.05	2.33	3.08

表 10.1 内の安全在庫係数 z の値は，品切れを起こす確率（平均 0，標準偏差 1 の正規分布の密度関数が z を超える部分の面積）が，「1－サービスレベル/100」以下になるような値の近似値である．したがって，実際の z の値は上の表内の値と異なる場合もある．たとえば，サービスレベル 95% のときの z の値は，$1.644853627\cdots$ であり，表内の 1.65 はやや大きすぎる値である．

より詳細な値の計算には，MAPLE や MATHEMATICA などの数式処理ソフトを使用すれば簡単にできる．たとえば，MAPLE を使った場合には，

```
with(stats);     統計パッケージの読み込み
statevalf[ icdf, normald[0,1] ] (0.95);
```

とすれば良い．上式は，平均 0，標準偏差 1 の正規分布 `normald[0,1]` の分布関数の逆写像（`icdf`）が 0.95 になる値を統計的に評価する（`statevald`）ことを意味する．結果はもちろん 1.644853627 となる．

また，Excel を用いると，正規分布の累積分布関数の逆写像は，NORMINV(0.95, 平均, 標準偏差) で求めることができる．平均 0，標準偏差 1 の正規分布の場合には，セルに =NORMINV(0.95, 0, 1) と書き込むことによって，1.644853 を得る．また，サービスレベルを変化させたときの安全在庫係数のグラフも図 10.2 のように描くことができる．

小売店が商品を注文したとき，商品が卸売業者（もしくはメーカー）から到着するまでにかかる日数を**リード時間**（lead time）とよぶ．需要が正規分布にしたがう場合には，小売店における在庫の補充目標量を

$$需要の平均 \times リード時間 + 安全在庫係数 \times 需要の標準偏差 \times \sqrt{リード時間}$$

10.2 新聞売り子モデル

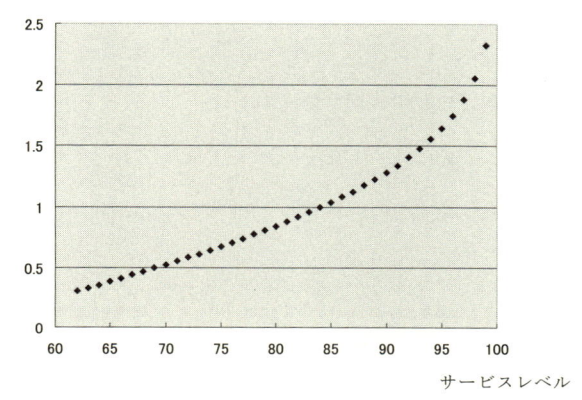

図 10.2 サービスレベルと安全在庫係数

と決めれば，サービスレベル（品切れを起こさない確率）を満たすことができる．このような在庫の補充目標量を，**基在庫レベル**（base stock level）とよぶ．

基在庫レベルの設定法を，簡単な例で説明しておく．いま，1日の需要量が平均 100, 標準偏差 100 の切断正規分布にしたがい，リード時間が 1 日であるとする．このとき，サービスレベル 95 % を達成するためには，表 10.1 から安全在庫係数は 1.65 と読みとれるので，基在庫レベルは

$$100 \times 1 + 1.65 \times 100 \times \sqrt{1} = 265$$

と設定すれば良い．

10.2 新聞売り子モデル

ここでは，**新聞売り子モデル**（newsboy model）とよばれる古典的な確率的在庫モデルを紹介する．新聞売り子モデルは，以下のようなシナリオに基づく．

新聞の売り子が，1 種類の新聞を販売している．新聞が売れる量（需要量）は，経験からある程度推測できると仮定し，確率変数として与えられているものとする．いま，売れ残りのときの在庫費用と，品切れのときの品切れ費用の和が最小になるように仕入れ量を決めるものとする．どれだけの量を仕入れれば良いだろうか？

解析に必要な記号を導入する．

- h: 新聞 1 部が売れ残ったときに課せられる在庫費用．正の値を仮定する．
- b: 新聞 1 部が品切れしたときに課せられる品切れ費用．正の値を仮定する．
- D: 新聞の需要量を表す確率変数．非負で連続な確率変数であり，その分布関数を $F(x)$（微分可能と仮定），密度関数を $f(x)$ と記す．

$$F(x) = \Pr\{D \leq x\}$$

$$f(x) = \frac{\partial F(x)}{\partial x}$$

仕入れ量が s のときの総費用の期待値 $C(s)$ は，

$$C(s) = \mathrm{E}\left[h[s-D]^+ + b[s-D]^-\right]$$

となる．ここで，$[\cdot]^+$ は $\max\{0,\cdot\}$ を表し，$[\cdot]^-$ は $-\min\{0,\cdot\}$ を表す．
これは，

$$C(s) = h\int_0^\infty \max\{s-x,0\}f(x)dx + b\int_0^\infty \max\{x-s,0\}f(x)dx$$

$$= h\int_0^s (s-x)f(x)dx + b\int_s^\infty (x-s)f(x)dx$$

と書ける．変数 s による一階偏微分は，Leibniz の規則を使うと，

$$\frac{\partial C(s)}{\partial s} = h\int_0^s 1 f(x)dx + b\int_s^\infty (-1)f(x)dx = hF(s) - b(1-F(s))$$

となる．二階偏微分は

$$\frac{\partial^2 C(s)}{\partial s^2} = (h+b)f(s)$$

となり，需要量が非負の確率変数であり，かつ h も b も正であるという仮定の下では，非負の値をとる．よって，$C(s)$ は s に関する凸関数であるので，$C(s)$ を最小にする s は，$\partial C(s)/\partial s = hF(s) - b(1-F(s)) = 0$ より，

$$F(s^*) = \frac{b}{b+h}$$

を満たす s^* になる．

ここで，$F(s^*)$ は需要が仕入れ量 s^* を超えない確率，言い換えれば品切れを起こさない確率を表していることに注意すると，上式は，$b/(b+h)$ が品切れを起こさない確率と同じになるように s^* を設定すれば良いことを表している．これは需要が確定値のときのバックオーダー（品切れ）を考慮したモデルと同じ結論である（8.2 節参照）．需要が確定値の場合と同様に，$b/(b+h)$ を **臨界率**（ctitical ratio）とよび，ω と記す．

問題 10.1 あなたは水着の販売業者だ．今年度の水着の需要は，昨年の売り上げと天候の予想から判断すると，平均 100，標準偏差 10 の正規分布（正確には負の値はとらないので切断正規分布）であると予測される．水着の正規の売値が 75 千円であり，売れ残った水着をアウトレット市場で販売すると 10 千円で売れるものとする．また，水着の原価は 25 千円である．さて，あなたは水着を何着注文すれば良いであろうか？

答えは以下の通り．在庫費用は $h = 25 - 10 = 15$ であり，品切れ費用は $b = 75 - 25 = 50$ であるので，臨界率は $\omega = b/(b+h) = 50/(50+15)$ で約 0.77 となる．正規分布の累積分布関数が 0.77 になる値は，Excel を用いると `NORMINV(0.77, 100, 10)` で求めることができ，約 107.39 となるので，$s^* = 107$ 着の水着を注文すれば良い．ちなみに，このときの総費用 $C(s^*)$ を計算すると 197.7 千円となる．

10.3 1段階モデル（需要が非定常なとき）

ここでは，1つの小売店に対して，非定常な需要が発生する場合を考え，与えられたサービスレベルを満たす安全在庫量を表す公式を導く．本節と次節の結果は，Graves[80] を変形したものである．

時間は，期とよばれる単位に分割されており，期を $1, 2, \cdots, t, \cdots$ と記す．

モデルに必要な記号を導入する．

D_t：期 t における需要量；平均を表すパラメータ $d \, (\geq 0)$，パラメータ $\alpha \, (0 \leq \alpha \leq 1)$，ならびに期 t における誤差を表すパラメータ（期ごとに独立な平均 0，標準偏差 σ の正規分布）ϵ_t を用いて以下のように表す．

$$D_1 = d + \epsilon_1 \tag{10.1}$$

$$D_t = D_{t-1} - (1-\alpha)\epsilon_{t-1} + \epsilon_t \quad t = 2, 3, \cdots \tag{10.2}$$

ここで，α は需要過程の不安定性を表すパラメータであり，α が小さいほど定常性が増し（$\alpha = 0$ のときには，平均 d，標準偏差 σ の定常な確率過程となる），逆に α が大きくなると非定常性が増す．（$\alpha = 1$ のときには**酔歩**（random walk；ランダムウォーク）になる．図 10.3）また，予測誤差 ϵ_t は平均 d と比べて十分に小さいもの（すなわち $|\epsilon_t| \ll d$）と仮定する．これは，需要量が負になることを避けるためである．

期 t の需要量 D_t は，以下のように展開できる．

$$D_t = d + \alpha \sum_{k=1}^{t-1} \epsilon_k + \epsilon_t \tag{10.3}$$

$\hat{d}_t$：期 t の需要の指数平滑法を用いた予測値；平滑のためのパラメータを需要の不安定性を表すパラメータ α としたとき，

$$\hat{d}_1 = d \tag{10.4}$$

$$\hat{d}_t = \alpha D_{t-1} + (1-\alpha)\hat{d}_{t-1} \quad t = 2, 3, \cdots \tag{10.5}$$

となる．

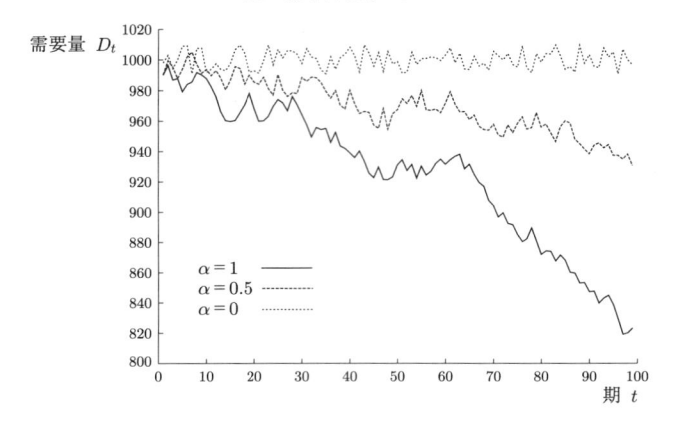

図 **10.3** パラメータ α を変えたときの需要過程の例

需要の予測値と需要量の関係を調べておく．式 (10.4) と式 (10.1) の関係から

$$D_1 - \hat{d}_1 = \epsilon_1$$

を得る．さらに式 (10.5) から式 (10.2) を減じた式を整理することによって，すべての $t = 2, 3, \cdots$ に対して

$$\hat{d}_t - D_t + \epsilon_t = (1-\alpha)\left(\hat{d}_{t-1} - D_{t-1} + \epsilon_{t-1}\right)$$

が成立することが分かる．これらの 2 式より，帰納的に

$$D_t - \hat{d}_t = \epsilon_t \quad t = 1, 2, 3, \cdots \tag{10.6}$$

の関係があることが言えた．

この関係式から，予測値の展開式を得ることができる．

$$\begin{aligned}
\hat{d}_{t+1} &= \alpha D_t + (1-\alpha)\hat{d}_t \\
&= \hat{d}_t + \alpha \epsilon_t \\
&= d + \alpha \sum_{k=1}^{t} \epsilon_k
\end{aligned} \tag{10.7}$$

$L:$ リード時間 (lead time)；期 t の期末に発注された商品は，期 $t+L+1$ の期首に到着するものと仮定する．この発注から到着の間の時間差をリード時間とよぶ．

$z\ (\geq 0):$ 顧客のサービスレベルを制御するためのパラメータ

$q_t:$ 期 t における発注量；期 t の期末に，期 t の需要量 D_t と次期との予測値の差 $(\hat{d}_{t+1} - \hat{d}_t)$ を $L+1$ 倍したものの和を発注するものとする．

$$q_t = D_t + (L+1)(\hat{d}_{t+1} - \hat{d}_t) \quad t = 1, 2, \cdots \tag{10.8}$$

q_t ($t \leq 0$) に対しては $q_t = d$ と仮定する．負の発注量は返品を表す．ここでは，返品にかかる費用は 0 であると仮定する．返品が日常茶飯事であり，返品費用がかなりの割合を占める我が国においては，この仮定はいささか非現実的であるように思われるかもしれないが，予測値の差 ($\hat{d}_{t+1} - \hat{d}_t$) の絶対値が需要量 D_t を超えないという現実的な仮定の下では，発注量が負になることはないので，返品費用が 0 という仮定はモデル上ではほとんど影響を与えないことが言える．

I_t：期 t の期末における在庫量；ここでは，期 t の期首に期 $t-L-1$ に発注された量 q_{t-L-1} を受け取り，期首から期末にかけて需要 D_t が発生し，期末に予測から計算された量を発注するものとする．このとき，期末在庫量と需要量，発注量の関係式（在庫フロー保存式）は，以下のようになる．

$$I_t = I_{t-1} - D_t + q_{t-L-1} \tag{10.9}$$

以下の命題は，期 t の在庫量の展開式を示すものである．

命題 10.1

$$I_t = I_0 - \sum_{k=0}^{L} \epsilon_{t-k}(1 + k\alpha) \tag{10.10}$$

証明： 在庫量 I_t を以下のように変形する．

$$
\begin{aligned}
I_t &= I_{t-1} - D_t + q_{t-L-1} && \text{定義式 (10.9) より} \\
&= I_0 - \sum_{k=1}^{t} D_k + \sum_{k=-L}^{t-L-1} q_k && \text{再帰的に展開} \\
&= I_0 - (D_t + D_{t-1} + D_{t-2} + \cdots + D_{t-L}) + (L+1)\hat{d}_{t-L} && \text{式 (10.8) より} \\
&= I_0 \ - (D_t - \hat{d}_{t-L}) \\
&\quad\ - (D_{t-1} - \hat{d}_{t-L}) \\
&\quad\ - (D_{t-2} - \hat{d}_{t-L}) \\
&\quad\ \ \vdots \\
&\quad\ - (D_{t-L} - \hat{d}_{t-L}) \\
&= I_0 - (\epsilon_t + \alpha\epsilon_{t-1} + \alpha\epsilon_{t-2} + \cdots + \alpha\epsilon_{t-L}) && \text{式 (10.3),(10.7) を} \\
&\quad\ - (\epsilon_{t-1} + \alpha\epsilon_{t-2} + \cdots + \alpha\epsilon_{t-L}) && \text{代入} \\
&\quad\ \ \vdots \\
&\quad\ - (\epsilon_{t-L}) \\
&= I_0 - \sum_{k=0}^{L} \epsilon_{t-k}(1 + k\alpha) && \text{項別に整理}
\end{aligned}
$$

よって，題意を得た． ∎

期末在庫量の期待値 $E[I_t]$ および標準偏差 $STD[I_t]$ は，以下のようになる．

$$E[I_t] = I_0$$

$$STD[I_t] = \sigma\sqrt{\sum_{k=0}^{L}(1+k\alpha)^2}$$
$$= \sigma\sqrt{L+1}\sqrt{1+\alpha L + \frac{\alpha^2 L(2L+1)}{6}}$$

顧客の需要が満たされない確率を一定値以下にする初期の安全在庫量 I_0 は，与えられたサービスレベルに対応する安全在庫係数 z を用いて

$$I_0 = z\sigma\sqrt{L+1}\sqrt{1+\alpha L + \frac{\alpha^2 L(2L+1)}{6}}$$

と書くことができる．

$\alpha = 0$ のときには，同一かつ独立な需要をもつ定常分布となり，リード時間の平方根に比例した安全在庫を示唆する式

$$STD[I_t] = \sigma\sqrt{L+1}$$

を得ることができる．

一方，$\alpha = 1$ のときには，需要は酔歩となり，最も大きな安全在庫を示唆する式

$$STD[I_t] = \sigma\sqrt{\frac{(L+1)(L+2)(2L+3)}{6}}$$

を得る．

図 10.4 に示すように，α が小さいときには，$STD[I_t]$ は L に対する凹関数であるが，α が大きくなるにしたがい，凸関数の性質をもつようになる．これは，不安定な需要をもつ品目に対しては，通常の安全在庫式 $\sigma\sqrt{L}$ と比較して，かなり多めの安全在庫をもたなければならないことを示唆している．

実務においては，需要の定常性を考慮せず，$\alpha = 0$ の公式を用いる場合が多いと思われる．しかし，図 10.4 から明らかなように，需要が非定常でリード時間が長い場合には，$\alpha = 0$ の公式による見積もりでは，あまりに少量の安全在庫をもつことになり，予想より多くの品切れを引き起こすことになる．そのため，我が国の実務家の多くは，安全在庫係数 z を極端に大きくすることによって，品切れを頻繁に起こすことを回避しがちであるが，これは一方では定常な需要をもつ品目に対して，必要以上の安全在庫をもつことになり，在庫費用の上昇をもたらしていると考えられる．これを避けるためには，需要の非定常性を表す尺度を品目ごとに推定し，上で用いた公式を利用することが推奨される．

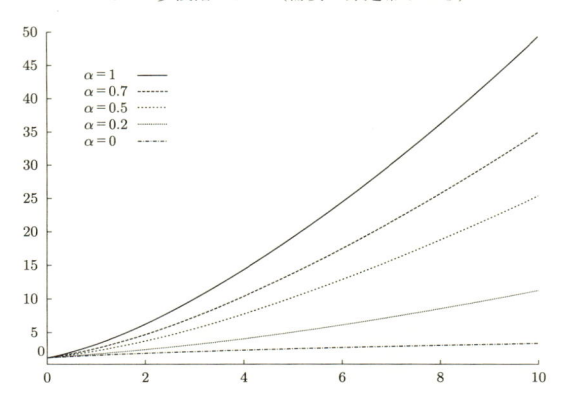

図 10.4 パラメータ α を変えたときの標準偏差 $\mathrm{STD}[I_t]$ とリード時間 L の関係

10.4 多段階モデル（需要が非定常なとき）

次に，前節のモデルを多段階に拡張する．ここで多段階とは，部品メーカー ⇒ メーカー ⇒ 卸売業者 ⇒ 小売店のように発注が何段階にもわたって成されるサプライ・チェインを指す．

サプライ・チェインの段階を下流（小売店）側から $1, 2, \cdots, i, \cdots, n$ と記す（モデルの概念図については，図 8.5 (208 ページ) を参照）．第 i 段階，期 t における需要量を D_t^i，誤差パラメータを ϵ_t^i，指数平滑法を用いた予測値を $\hat{d}_t^i$，発注量を q_t^i，在庫量を I_t^i と書く．また，第 i 段階におけるリード時間を L_i，需要の変動を表す（と同時に指数平滑法の平滑）パラメータを α_i と記す．

ここでは，第 $i+1$ 段階の在庫点は，第 i 段階からの発注に基づいて予測を立て，在庫量を調整する，言い換えれば第 i 段階の発注量 q_t^i が第 $i+1$ 段階の需要量 D_t^{i+1} に対応するものと仮定する．第 11 章では，多段階確率的在庫システムにおいて，サプライ・チェインの上流（メーカー側）に行くにしたがって，需要のばらつきが増幅される現象（鞭効果）について詳述するが，ここで考えるモデルは，11.2.2 項における情報分散型多段階モデルに対応するものである．

発注量を表す式 (10.8) より，

$$D_t^{i+1} = D_t^i + (L_i + 1)(\hat{d}_{t+1}^i - \hat{d}_t^i)$$

を得る．第 1 段階の在庫点における最終需要の展開式 (10.3) と予測値の展開式 (10.7) を用いると，第 2 段階の在庫点の需要量 D_t^2 は，

$$D_t^2 = d + \alpha_1 \sum_{k=1}^{t-1} \epsilon_k^1 + (1 + L_1 \alpha_1) \epsilon_t^1$$

と書くことができる．この式は，

$$\alpha_2 = \frac{\alpha_1}{1+L_1\alpha_1}$$

および

$$\epsilon_t^2 = (1+L_1\alpha_1)\epsilon_t^1$$

と設定すると，

$$D_t^2 = d + \alpha_2 \sum_{k=1}^{t-1} \epsilon_k^2 + \epsilon_t^2$$

と変形できる．これは，第 2 段階の需要量も第 1 段階と同じ型の確率過程にしたがうことを意味している．よって，第 2 段階の在庫量 I_t^2 は，第 1 段階と同様の解析（命題 10.1）により，

$$\begin{aligned} I_t^2 &= I_0^2 - \sum_{k=0}^{L_2} \epsilon_{t-k}^2 (1+k\alpha_2) \\ &= I_0^2 - \sum_{k=0}^{L_2} \epsilon_{t-k}^1 (1+(L_1+k)\alpha_1) \end{aligned}$$

となることが分かる．

上の操作を $i=2,3,\cdots$ と順に適用することによって，第 i 段階の需要量は，2 つのパラメータ

$$\alpha_i = \frac{\alpha_1}{1+\alpha_1 \sum_{j=1}^{i-1} L_j}$$

および

$$\epsilon_t^i = \left(1+\alpha_1 \sum_{j=1}^{i-1} L_j\right) \epsilon_t^1$$

を用いて，

$$D_t^i = d + \alpha_i \sum_{k=1}^{t-1} \epsilon_k^i + \epsilon_t^i$$

と書くことができ，さらに第 i 段階の在庫量は，

$$\begin{aligned} I_t^i &= I_0^i - \sum_{k=0}^{L_i} \epsilon_{t-k}^i (1+k\alpha_i) \\ &= I_0^i - \sum_{k=0}^{L_i} \epsilon_{t-k}^1 \left\{ 1 + \left(\sum_{j=1}^{i-1} L_j + k\right) \alpha_1 \right\} \end{aligned}$$

となることが分かる．また，第 i 段階の在庫量の平均値と標準偏差は，

$$\mathrm{E}[I_t^i] = I_0^i$$

および
$$\mathrm{STD}[I_t^i] = \sigma \sqrt{\sum_{k=0}^{L_i} \left\{ 1 + \left(\sum_{j=1}^{i-1} L_j + k \right) \alpha_1 \right\}^2}$$

となる.

上のモデルでは，各在庫点は自分の直後の在庫点からの発注に基づいて在庫を調節したが，今度は，すべての在庫点において最下流（小売業者）の需要が既知であると仮定して解析を行う．これは，11.2.2 項における情報中央集権型多段階モデルに対応する．

第 n 段階，期 t におけるエシェロン在庫量（自分から下流にあるすべての在庫点 $1, 2, \cdots, n-1$ の在庫をあわせたもの）を EI_t^n と記す．第 n 段階の在庫点におけるエシェロン・リード時間を $\sum_{i=1}^{n} L_i$ と定義し，EL_n と記す．このときエシェロン在庫量を 1 段階モデルと同じロジックで制御するものと考えると，エシェロン在庫量の標準偏差は

$$\mathrm{STD}[EI_t^n] = \sigma \sqrt{\sum_{k=0}^{EL_n} (1 + k\alpha_1)^2}$$

となる.

例として，3 段階の問題を考える．下流からリード時間を $L_1 = 1, L_2 = 2, L_3 = 3$ とし，標準偏差 $\sigma = 1$，需要の非定常性を表すパラメータ α を 0.5 とする．情報分散型多段階モデルの場合には，各在庫地点の在庫の標準偏差は，$\mathrm{STD}[I_t^1] \approx 1.8, \mathrm{STD}[I_t^2] \approx 3.5, \mathrm{STD}[I_t^3] \approx 6.6$ となり，安全在庫係数をすべて 1 と仮定すると，総安全在庫量は 11.9 となる．一方，エシェロン在庫を用いた情報中央集権型多段階モデルの場合には，第 3 段階の在庫地点のエシェロン在庫の標準偏差は，$\mathrm{STD}[EI_t^3] \approx 7.1$ となるので，エシェロン在庫を用いた方が，安全在庫量が少なくなることが確認される．

10.5 基在庫方策（多段階モデル）

本節では，Clark–Scarf[34] による多段階在庫モデルに対する解析を紹介する．ただし，以下の記述は，Zipkin[163] をもとにしたものである．

ここでは，時間は連続と仮定し，需要を表す確率過程が定常な場合を考え，任意の時間に発注が可能であると仮定する．また，発注に伴う固定費用は 0 であると仮定する．さらに，経済発注量モデルのときと同様に，在庫地点が n 個直列に並んでいるものとする（図 8.5 参照）．点の順番は下流（需要地点側）から $1, 2, \cdots, n$ と並んでいるものとする．また，$n+1$ 番目には，点 n に品目を供給する外部の点があるものと仮定する．この $n+1$ 番目の点には十分な在庫があり，品切れはしないものとする．

まず実在庫に関する諸変数間の関係を示し，次にエシェロン在庫を用いた場合の最適方策を導く．ここでは，発注に関する固定費用が 0 であると仮定する．この仮定の下では，エシェロン基在庫レベルに基づく発注方策が最適になる．

10.5.1 実在庫モデル

実在庫を考えた場合の記号を以下に示す.

t: 時刻を表すパラメータであり, 非負の連続値をとるものとする.

$I'_i(t)$: 第 i 段階における**実在庫量**(非負の実数). 後で定義するエシェロン在庫量を $I_i(t)$ と記すのが慣用のため, 実在庫に関連する諸パラメータには $'$ (プライムと読む) をつけて表す. また, 離散時間の場合には, I'_{it} と添え字で表すが, 連続時間であることを強調するために, $I'_i(t)$ と時刻 t の関数として記すものとする.

$B'_i(t)$: 第 i 段階における**バックオーダー** (back order) **量** (非負の実数). 受注を受けたが在庫がないために満たすことができなかった量 (受注残) を表す. ここで考えるモデルでは, バックオーダーが発生したときでも受注は取り消されず, 後で満たされるものと仮定する.

$IN'_i(t)$: 第 i 段階における**正味在庫** (net inventory) **量**. ここで

$$IN'_i(t) = I'_i(t) - B'_i(t)$$

の関係が成立する. また, この式から

$$I'_i(t) = [IN'_i(t)]^+$$

$$B'_i(t) = [IN'_i(t)]^-$$

の関係を得る. ここで, $[\cdot]^+$ は $\max\{0, \cdot\}$ を表し, $[\cdot]^-$ は $-\min\{0, \cdot\}$ を表す記号である.

$IO_i(t)$: 第 i 段階における**注文中**(でかつ未着の)**在庫量** (inventory on order).

$IT_i(t)$: 第 i 段階における**輸送中在庫量** (transit inventory). ここで $IO_i(t) \geq IT_i(t)$ が常に成立する. $IO_i(t) > IT_i(t)$ であるのは, $i+1$ 段階目の在庫点にバックオーダーが発生しているときであり, 以下の関係が成立する.

$$IO_i(t) - IT_i(t) = B'_{i+1}(t) \tag{10.11}$$

$IOP'_i(t)$: 第 i 段階における**在庫発注ポジション** (inventory ordering position). 正味在庫量に注文中在庫量を加えた量を表す.

$$IOP'_i(t) = IN'_i(t) + IO_i(t)$$

$ITP'_i(t)$: 第 i 段階における**在庫輸送ポジション** (inventory transit position). 正味在庫量に輸送中在庫量を加えた量を表す.

$$ITP'_i(t) = IN'_i(t) + IT_i(t)$$

また, 式 (10.11) から以下の関係を得る.

$$IOP'_i(t) - ITP'_i(t) = B'_{i+1}(t) \tag{10.12}$$

L'_i: 第 i 段階におけるリード時間（発注から到着の間の時間差）．実際には，リード時間が不確実性を含む場合もあるが，ここでは定数であると仮定する．

$D(s,t]$: 時刻 s（の直後）から t までに発生する需要量を表す確率変数．需要は，最下流の地点（点 1）でのみ発生するものとする．時間は開始時刻 s の直後から終了時刻 t までの（s は含まない）区間で表すものとする．この記号を用いると，第 i 段階におけるリード時間内の需要量は $D(t,t+L'_i]$ と書くことができる．

s'_i: 基在庫レベル（base stock level）．常に，在庫発注ポジション $IOP'_i(t)$ を s'_i に保つように発注を行うものとする．

b: 単位時間，単位バックオーダー量あたりの品切れ費用．品切れ費用は，最終需要地点（点 1）でのみ課せられるものとする．

h'_i: 第 i 段階における単位時間，単位在庫量あたりの在庫保管費用．

時刻 t における在庫輸送ポジション $ITP'_i(t)$ の在庫が時刻 $t+L'_i$ には i 段階目の在庫点にすべて到着し，その間に在庫点 i から流出する需要が $D(t,t+L'_i]$ であることから，時刻 $t+L'_i$ における正味在庫量 $IN'_i(t+L'_i)$ は，以下のようになる．

$$IN'_i(t+L'_i) = ITP'_i(t) - D(t,t+L'_i] \qquad (10.13)$$

これを在庫フロー保存式とよぶ．これに，式 (10.12) を代入し，$IOP'_i(t)=s'_i$ を利用することによって，以下の関係式を得る．

$$IN'_i(t+L'_i) = s'_i - B'_{i+1}(t) - D(t,t+L'_i] \qquad (10.14)$$

いま，需要を表す確率過程は定常であるので，$D(t,t+L'_i]$ は時刻 t に依存しない．よって，均衡値を表す確率変数を D_i と書く．式 (10.14) と $B'_i(t)=[IN'_i(t)]^-$ から，

$$B'_{n+1} = 0$$

$$B'_i = \left[s'_i - B'_{i+1} - D_i\right]^-$$

を得る．これを用いて，与えられた基在庫レベルに対するバックオーダー量を，上流から順に $i=n,n-1,\cdots,1$ と計算することができる．一方，最適な基在庫レベルを求めるためには，以下のエシェロン在庫の概念を用いたモデルが必要になる．

10.5.2 エシェロン在庫モデル

エシェロン在庫を考えた場合の記号を以下に示す．

$I_i(t)$: 第 i 段階におけるエシェロン在庫量（非負の実数）．第 i 段階における実在庫に，サプライ・チェインの下流（最終需要側）のすべて点の実在庫と輸送中在庫を加えたものと定義される．

$$I_i(t) = I'_i(t) + \sum_{j<i}\{IT_j(t) + I'_j(t)\}$$

$B(t)$: システム全体でのバックオーダー量（非負の実数）．最終在庫地点（点 1）のバックオーダー量と一致する．

$$B(t) = B'_1(t)$$

$IN_i(t)$: 第 i 段階における**正味エシェロン在庫**（echelon net inventory）量．ここで

$$IN_i(t) = I_i(t) - B(t)$$

の関係が成立する．

$IOP_i(t)$: 第 i 段階における**エシェロン在庫発注ポジション**（echelon inventory ordering position）．正味在庫量に注文中在庫量を加えた量を表す．

$$IOP_i(t) = IN_i(t) + IO_i(t)$$

$ITP_i(t)$: 第 i 段階における**エシェロン在庫輸送ポジション**（echelon inventory transit position）．正味在庫量に輸送中在庫量を加えた量を表す．

$$ITP_i(t) = IN_i(t) + IT_i(t)$$

s_i: **エシェロン基在庫レベル**（echelon base stock level）．第 i 段階におけるエシェロン在庫発注ポジション $IOP_i(t)$ を，常にエシェロン基在庫レベル s_i に保つように発注を行うものとする．以下の目標は，各在庫地点における最適なエシェロン基在庫レベルを求めることである．

h_i: 第 i 段階のエシェロン在庫費用．i 番目の在庫地点のエシェロン在庫費用は，その点の在庫保管費用から，その点に供給する $i+1$ 番目の在庫地点の在庫保管費用を減じたものと定義される．

$$h_i = h'_i - h'_{i+1}$$

ただし，外部の供給者（$n+1$ 番目の地点）の在庫保管費用は 0（すなわち $h'_{n+1} = 0$）と仮定する．また，一般にサプライ・チェインの下流ほど品目の価値は上昇するので，下流に行くほど在庫保管費用も高くなるものと考えられる．以下では，$h'_i \geq h'_{i+1}$ の関係が成立すると仮定する．このとき，エシェロン在庫費用は 0 以上になる．

実在庫の場合と同様の議論から，エシェロン在庫に対するフロー保存式を得る．

$$IN_i(t + L'_i) = ITP_i(t) - D(t, t + L'_i] \tag{10.15}$$

i 番目の在庫地点のエシェロン在庫輸送ポジションは，$i+1$ 番目の地点に在庫があれば，エシェロン在庫発注ポジションと一致する．エシェロン在庫発注ポジションは，エシェロン基在庫レベル s_i と等しくなるように発注を行うので，この場合には，エシェ

ロン在庫輸送ポジションは s_i となる．$i+1$ 番目の地点に在庫がない（品切れ中の）ときには，$i+1$ 番目の地点の正味エシェロン在庫量 $IN_{i+1}(t)$ は，i 番目の地点のエシェロン在庫輸送ポジションと一致する．よって，以下の関係式を得る．

$$ITP_i(t) = \min\{s_i, IN_{i+1}(t)\}$$

実在庫の場合と同様に，以下の均衡解を得る．

$$ITP_n = s_n$$
$$IN_i = ITP_i - D_i \tag{10.16}$$
$$ITP_i = \min\{s_i, IN_{i+1}\} \tag{10.17}$$

ここで D_i は $D(t, t+L'_i]$ の均衡値である．

最適化を行うにあたり，目的関数を定義しておく．実在庫を考える場合には，在庫費用は実在庫だけでなく，下流の地点へ輸送中の在庫に対しても，在庫費用がかかるものとする．

$$\mathrm{E}\left[\sum_{i=1}^n h'_i I'_i + \sum_{i=2}^n h'_i IT_{i-1} + bB'_1\right]$$

エシェロン在庫の場合には，費用は以下のようになる．

$$\mathrm{E}\left[\sum_{i=1}^n h_i IN_i + (b+h'_1)B\right]$$

これが，実在庫の場合と一致することを確認しておこう．例として，$n=2$ の場合を考える．このとき，エシェロン在庫によって計算される費用を表す確率変数は，

$$\sum_{i=1}^2 h_i IN_i + (b+h'_1)B = h'_2(I'_2 + IT_1 + I'_1 - B'_1) + (h'_1 - h'_2)(I'_1 - B'_1) + (b+h'_1)B'_1$$
$$= (h'_2 I'_2 + h'_2 IT_1 + h'_1 I'_1 - h'_1 B'_1) + (b+h'_1)B'_1$$
$$= h'_2 I'_2 + h'_1 I'_1 + h'_2 IT_1 + bB'_1$$

となり，実在庫の場合と一致することが分かる．一般の n の場合も，同様の計算によって一致することが言える．

この目的関数を最小化するようなエシェロン基在庫レベル s_i^* を求めよう．以下の記号を導入する．

$\bar{C}_i(x)$: 第 $i+1$ 段階の地点での正味エシェロン在庫量が x のときの，第 i 段階までの最小費用

$\hat{C}_i(x)$: 第 i 段階での正味エシェロン在庫量 IN_i が x のときの，第 i 段階までの最小費用

$C_i(y)$: 第 i 段階でのエシェロン在庫輸送ポジション ITP_i が y のときの，第 i 段階までの最小費用

初期条件として，第 1 段階での正味エシェロン在庫量が x のときの，第 0 段階にある仮想の在庫地点における最小費用 $\bar{C}_0(x)$ を定義する．この地点においては在庫費用はかからず，バックオーダーが発生したときの費用 $(b+h'_1)B$ だけを考える．バックオーダー量は，第 1 段階での正味エシェロン在庫量が x が負のときにだけ正になるので，以下のように計算できる．

$$\bar{C}_0(x) = (b+h'_1)[x]^-$$

第 i 段階での正味エシェロン在庫量 IN_i が x のときの，第 i 段階までの最小費用 $\hat{C}_i(x)$ は，第 $i-1$ 段階までの最小費用 $\bar{C}_{i-1}(x)$ に第 i 段階におけるエシェロン在庫費用 $h_i x$ を加えたものであるので，

$$\hat{C}_i(x) = h_i x + \bar{C}_{i-1}(x)$$

と計算される．

第 i 段階でのエシェロン在庫輸送ポジション ITP_i が y のときの，第 i 段階までの最小費用 $C_i(y)$ は，式 (10.16) より $y - D_i$ が正味エシェロン在庫量 IN_i になることから，

$$C_i(y) = \mathrm{E}\left[\hat{C}_i(y - D_i)\right]$$

と計算できる．

いま，エシェロン基在庫レベル s_i^* が与えられているものと仮定する．このとき，第 $i+1$ 段階の地点での正味エシェロン在庫量が x のときの，第 i 段階までの最小費用 $\bar{C}_i(x)$ は，式 (10.17) よりエシェロン在庫輸送ポジション ITP_i が $\min\{s_i^*, IN_{i+1}\}$ となることから，

$$\bar{C}_i(x) = C_i(\min\{s_i^*, x\})$$

と計算される．

$C_i(y), \bar{C}_i(x)$ と s_i^* の関係は，図 10.5 のようになるので，エシェロン基在庫レベル s_i^* は，以下の式を満たすように決めれば良いことが分かる．

$$s_i^* = \operatorname{argmin} C_i(y)$$

これを $i = 1, 2, \cdots, n$ と下流から順次計算することによって，すべての地点におけるエシェロン基在庫レベル s_i^* を求めることができる．ここで，s_i^* は下流（i が小さい方）から順次計算されるので，上流の在庫地点のエシェロン基在庫レベルが下流に比べて小さくなる可能性がある．上流に行くにしたがって，エシェロン基在庫レベルが非減少になるように s_i^* を変更したものが，最適なエシェロン基在庫レベル s_i^{-*} であり，これは以下のように計算される．

$$s_i^{-*} = \min_{i \leq j} s_j^*$$

各在庫地点 i における（実在庫量に基づく）最適な基在庫レベル $s_i'^*$ は，以下のように計算できる．

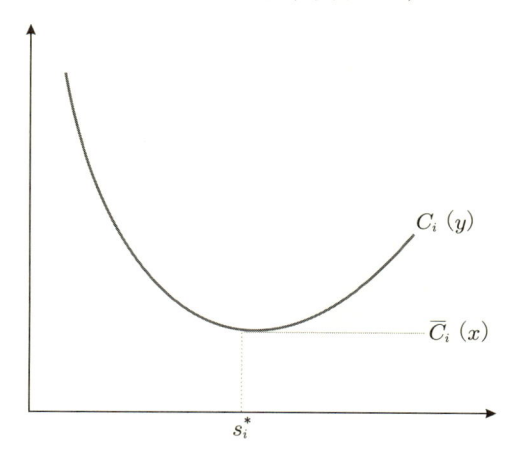

図 10.5 $C_i(y)$, $\bar{C}_i(x)$ と s_i^* の関係

$$s_i'^* = s_i^{-*} - s_{i-1}^{-*}$$

ただし, s_0^{-*} は 0 とする.

アセンブリ型システムと分配型システムの直列型システムへの帰着については, Zipkin[163] を参照されたい.

10.6 定期発注方策 (1 段階モデル)

ここでは, 発注を行うことができるタイミングが限定されている定期発注方策を考える. 定期発注方策では, 時間を離散値として取り扱う. 実際には, 日単位などで在庫を管理することが多いため, 定期発注方策は, 多くの実際問題で適用可能なモデルである. 時間は, 期とよばれる単位に分割されており, 期を $1, 2, \cdots, t, \cdots, t_{\max}$ と記す.

はじめに, 1 つの小売店に顧客が需要を引き起こす場合を考える.

モデルに必要な記号を導入する.

- D_t: 期 t における需要量. 任意の分布もしくは確率過程. ここでは, シミュレーションを行いながら, 基在庫レベルを最適化するので, シミュレーション可能な任意の需要を仮定して良い.
- L: リード時間 (lead time); 期 t の期末に発注された商品は, 期 $t+L+1$ の期首に到着するものと仮定する. この発注から到着の間の時間差をリード時間とよぶ.
- s: 基在庫レベル. 各期の期末に, 期末在庫ポジションが基在庫レベル s になるように, 上流の在庫地点に対して, 発注するものとする. 期首から期末にかけて需要 D_t が発生し, その後で発注するものと仮定する.
- c: 発注量の上限. 容量ともよばれる.

q_t: 期 t における発注量．期 t の期末に，期末の在庫ポジション（在庫量に輸送中在庫量を加えたもの）$I_t - D_t + T_t$ が基在庫レベル s になるように発注するものとする．ただし，発注量の上限を超えた場合には，上限いっぱいの量を発注するものとする．これを式で表すと，以下のようになる．

$$q_t = \min\left\{c, [s - (I_t - D_t + T_t)]^+\right\} \tag{10.18}$$

ここで，$[\cdot]^+$ は，$\max\{0, \cdot\}$ を表す記号である．

I_t: 期 t の期首における正味在庫量；期首に以前注文した量を受け取った後の在庫量で測定するものとする．なお，正味在庫量は，「実在庫量－バックオーダー（品切れ）量」を表す．したがって，期 $t+1$ の期首在庫量 I_{t+1} は，期 t の期首在庫量 I_t から需要量 D_t を減じた後，期 $t+1$ の期首に期 $t-L$ に発注された量 q_{t-L} を受け取るので，在庫量と需要量，発注量の関係式（在庫フロー保存式）は，以下のようになる．

$$I_{t+1} = I_t - D_t + q_{t-L} \tag{10.19}$$

T_t: 期 t の期首における輸送中在庫量；在庫量と同様に，以前注文した量を受け取った後で測定するものとする．期 $t+1$ の期首の輸送中在庫量は，前の期の輸送中在庫量 T_t に，新たに発注した量 q_t を加え，期 $t+1$ の期首に到着する量 q_{t-L} を減じるので，以下のように計算できる．

$$T_{t+1} = T_t + q_t - q_{t-L} \tag{10.20}$$

b: 単位期間，単位バックオーダー量あたりの品切れ費用．
h: 単位期間，単位在庫量あたりの在庫保管費用．

期 t の費用を表す確率変数 C_t は，期首における（過去の注文を受け取った後の）正味在庫量で測定するものと仮定すると，

$$C_t = b[I_t]^- + h[I_t]^+$$

と書くことができる．ここで，$[\cdot]^-$ は $-\min\{0, \cdot\}$ を表す記号である．目的関数は，期 $t_{\max}$ の期待費用

$$\frac{1}{t_{\max}} \sum_{t=1}^{t_{\max}} \mathrm{E}[C_t]$$

であり，これを最小化する．

ここで，モデルの仮定に関する注意を述べておく．期中に需要が発生し，期首に（注文を受け取った後で）在庫を評価すると仮定していたので，期首の在庫が 0 でも品切れが生じないことになる（期中に予約をして，翌日の朝に受け取ると解釈もできるが，多少無理がある）．また，発注を行うタイミングも，実際には期末でなく，期中に行われ

10.6 定期発注方策 (1 段階モデル)

ることが多い．たとえば，あるスーパーでは，午前中の暇な時間帯に (POS システムがあるにもかかわらず) 実在庫を調べ，発注を行っている．ここで行ったモデルの仮定は，記号の簡潔さと従来の研究との整合性のためであり，実際にはシミュレーションを行いながら，パラメータの最適化を行うので，ほとんどの現実問題に対処可能である．

変数は基在庫レベル s である．シミュレーションをしながら，目的関数の s による微分値の期待値を計算する．

まず，微分した量の間の関係を知るために，式 (10.18),(10.19),(10.20) の各関係式を s で微分する．

式 (10.19) を s で微分すると，

$$\frac{dI_{t+1}}{ds} = \frac{dI_t}{ds} + \frac{dq_{t-L}}{ds}$$

となる．同様に，式 (10.20) を s で微分すると，

$$\frac{dT_{t+1}}{ds} = \frac{dT_t}{ds} + \frac{dq_t}{ds} - \frac{dq_{t-L}}{ds}$$

となる．

式 (10.18) の微分は，場合分けを必要とする．

$$\frac{dq_t}{ds} = \begin{cases} 0 & \text{容量制約が制約のとき} \\ 1 - \left(\frac{dI_t}{ds} + \frac{dT_t}{ds}\right) & \text{それ以外} \end{cases}$$

上の再帰式を使うと，微分値をシミュレーションをしながら順次更新していくことができる．在庫量の初期値は，$I_0 = s$ とする．したがって，在庫量の微分値の初期値は，$I_0' = 1$ となる．他の変数の微分値 $(T_0)', (q_0)'$ は 0 である．

期 t の費用関数 C_t の s による微分は，

$$(C_t)' = -b(I_t)' 1[I_t < 0] + h(I_t)' 1[I_t > 0]$$

となる．ここで，$1[\cdot]$ は，$\cdot$ が真のとき 1，それ以外のとき 0 を表す記号である．

また，目的関数 (C_t の期待値) の s による微分は，確率 1 で微分値の期待値

$$\mathrm{E}\left[\frac{1}{t_{\max}} \sum_{t=1}^{t_{\max}} (C_t)'\right]$$

に収束することが示される．したがって，$(C_t)'$ の期待値をとり，これが負ならば基在庫レベル s を増やし，正ならば減らせば良いことが分かる．

実際には，非線形計画による探索を行う必要があるが，通常の (微分値のみを利用した比較的単純な) 非線形最適化の手法が適用できる．

10.7　定期発注方策（多段階モデル）

ここでは，前節のモデルを直列多段階の場合に拡張する．この結果は，Glasserman-Tayur[72]に基づく．多くの実際問題は，直列多段階に分解して考えることができるので，本節のモデルは実務的にも有意義であるが，次節で解説する一般のネットワークに対する基礎を与えるという意味でも重要である．

点の順番は下流（需要地点側）から $1, 2, \cdots, n$ と並んでいるものとし，$n+1$ 番目には，点 n に品目を供給する外部の点があるものと仮定する．この $n+1$ 番目の点には十分な在庫があり，品切れはしないものとする．多段階の問題では，前節で用いた基在庫レベルのかわりに，エシェロン基在庫レベルを用いる．各段階におけるエシェロン在庫ポジションが，エシェロン基在庫レベルより小さいときには，エシェロン基在庫レベルになるように，上流の地点に発注を行う．この方策を，エシェロン基在庫方策とよぶ．

直列に並んだ在庫地点を段階とよび，下流から数えて i 番目の在庫地点を，第 i 段階とよぶ．前節の記号に，i をつけたものを，多段階用の記号とする．たとえば，第 i 段階の期 t における正味在庫量は，I_t^i と記す．

この記号を用いると，エシェロン基在庫方策は，エシェロン基在庫レベル s^i を与えたとき，期末のエシェロン在庫ポジション

$$\sum_{j=1}^{i}(I_t^j + T_t^j) - D_t$$

を s_i にするように発注を行う方策と定義できる．

実際には，発注量の上限（容量）c_i と上流の在庫地点の在庫量 I_t^{i+1} によっても制限を受けるので，発注量 q_t^i は，

$$q_t^i = \min\left\{c_i, \left[s^i + D_t - \sum_{j=1}^{i}(I_t^j + T_t^j)\right]^+, [I_t^{i+1}]^+\right\} \qquad (10.21)$$

となる．ただし，$i = m$ のときには，I_t^{i+1} を除く．

正味在庫と輸送中在庫の再帰式は，それぞれ

$$I_{t+1}^i = I_t^i - q_t^{i-1} + q_{t-L_i}^i \qquad (10.22)$$

$$T_{t+1}^i = T_t^i + q_t^i - q_{t-L_i}^i \qquad (10.23)$$

となる．ただし，$i = 1$ のときには，式 (10.22) における，上流の地点からの発注量 q_t^{i-1} は需要量 D_t に置き換える．

初期条件は，在庫量については $I_0^1 = s^1$, $I_0^i = s^i - s^{i-1}$, $i = 2, \cdots, m$ と設定し，その

10.7 定期発注方策（多段階モデル）

他の変数については，すべて 0 と設定する．

第 1 段階の場合と同様に，期 t の費用を表す確率変数 C_t は，

$$C_t = b[I_t^1]^- + h^1[I_t^1]^+ + \sum_{j=2}^m h^j(I_t^j + T_t^{j-1})$$

と書くことができる．ここで，b は品切れ費用であり，最終需要地点（点 1）でのみ課せられるものとする．h^i は第 i 段階の在庫費用である（前節までのように，エシェロン在庫費用でないことに注意されたい）．また，ここでは，輸送中在庫量に対する在庫費用は，上流の在庫地点の在庫費用で計算するものと仮定している．

目的関数は，期 $t_{\max}$ の期待費用

$$\frac{1}{t_{\max}} \sum_{t=1}^{t_{\max}} \mathrm{E}[C_t]$$

であり，これを最小化する．

変数は基在庫レベル $s^i, i=1,\cdots,m$ である．シミュレーションをしながら，目的関数の各 $i\,(=i^*)$ に対する $s^i\,(=s^*)$ による微分値の期待値を計算する．

式 (10.21) の微分は，以下のような場合分けを必要とする．

$$\frac{dq_t^i}{ds^*} = \begin{cases} 0 & \text{容量制約が制約のとき} \\ 0 & \text{発注量が 0 のとき} \\ (I_t^{i+1})' & i+1 \text{ 番目の地点の在庫が制約のとき} \\ 1[i=i^*] - \sum_{j=1}^i \left(\frac{dI_t^j}{ds^*} + \frac{dT_t^j}{ds^*}\right) & \text{それ以外} \end{cases}$$

式 (10.22) を s^* で微分すると，

$$\frac{dI_{t+1}^i}{ds^*} = \frac{dI_t^i}{ds^*} - \frac{dq_t^{i-1}}{ds^*} + \frac{dq_{t-L_i}^i}{ds^*}$$

となる．ただし，$i=1$ のときには，右辺の第 2 項 dq_t^{i-1}/ds^* は除くものとする．

同様に，式 (10.23) を s^* で微分すると，

$$\frac{dT_{t+1}^i}{ds^*} = \frac{dT_t^i}{ds^*} + \frac{dq_t^i}{ds^*} - \frac{dq_{t-L_i}^i}{ds^*}$$

となる．

上の再帰式を使うと，微分値をシミュレーションをしながら順次更新していくことができる．在庫量の微分値の初期値は，在庫量の初期値の設定から $(I_0^1)' = 1[i^*=1]$，$(I_1^i)' = 1[i^*=i] - 1[i^*=i-1]$, $i=2,\cdots,m$ となる．他の変数の微分値は，すべて 0 である．

期 t の費用関数 C_t の s^* による微分は，

$$(C_t)' = -b(I_t^1)'1[I_t^1 < 0] + h_1(I_t^1)'1[I_t^1 > 0] + \sum_{i=2}^{m} h_i \left\{ (T_t^i)' + (I_t^{i-1})' \right\}$$

となる．目的関数（C_t の期待値）の s^* による微分は，確率 1 で微分値の期待値

$$\mathrm{E}\left[\frac{1}{t_{\max}} \sum_{t=1}^{t_{\max}} (C_t)' \right]$$

に収束するので，$(C_t)'$ の期待値をもとに，s^* の更新を行う．

10.8 定期発注方策（一般ネットワークモデル）

実際には，組み立て工程があったり，複数の地点から発注を受けたりする場合がある．以下では，一般のネットワークの場合に，上の手法を拡張することを考える．

ある地点 i が複数の地点から発注を受け，さらにその地点自身でも需要が発生する場合を考える．すべての需要（発注）に応えるだけの在庫量がない場合に，複数の需要（発注）に対して，どのように在庫を割り振るかを決める必要がある．これを**分配ルール**（allocation rule）とよぶ．代表的な分配ルールには，以下のものがある．

優先順位法： 直接需要ならびに（複数の）下流の在庫地点に対して，優先順位をつけておき，その順に需要（発注）量を満たす．

発注量比例配分法： 需要（発注）量に応じて比例配分をする．この方法だと，供給配分に起因する鞭効果が発生し，安全在庫量が増えてしまう危険性がある．

実績比例配分法： 過去の実績に応じて，在庫の比例配分を行う．この方法だと，ある顧客の過去の実績が多く，かつ今回の発注分が少ない場合に，過剰な配分をしてしまい，（この顧客用に確保された）在庫が残っているにもかかわらず，他の顧客の需要を満たすことができないという理不尽な現象が起きる危険性がある．

最適配分法： 線形計画問題を解くことによって，過去の実績から計算された優先度と発注量の積の合計を最大化するように配分する．

以下では，実績配分法と最適配分法を例として解説する．

ネットワークを表現するための記号を導入しておく（図 10.6）．

Parent$_i$： ネットワークにおける点 i の直後の点の集合であり，点 i が直接供給を行う地点の集合を表す．

Ancestor$_i$： 点 i からネットワークの有向枝を辿って到達可能な点に対応する点集合．点 i 自身も含めた点集合と定義する．

Child$_i$： ネットワークにおける点 i の直前の点の集合であり，点 i が発注を行う点の集合を表す．

ϕ_{ij}： 点 j に対応する品目を 1 単位製造するために必要な点 i の品目の量．これは，ネットワークが部品展開表を表すときに用いられるパラメータであり，親品

10.8 定期発注方策（一般ネットワークモデル）

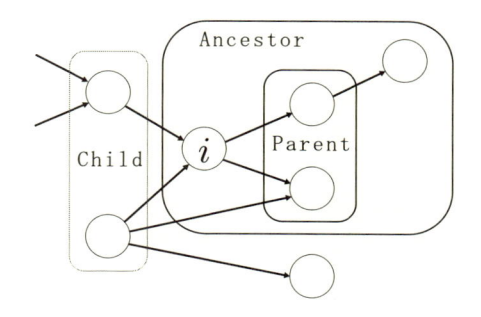

図 10.6 品目間の親子関係

目 j を製造するために必要な子品目 i の量を，枝 (i,j) に付加したものである．品目の量を表す単位として，i-unit, j-unit を導入しておくと分かりやすい．ちなみに，ϕ_{ij} の単位（次元）は，$[i\text{-units}/j\text{-unit}]$ である．

ρ_{ij}: $j \in \text{Ancestor}_i$ のとき，点 j の品目を 1 単位製造するために必要な点 i の品目の量．$\rho_{ii} = 1$ と定義しておく．ρ_{ij} の単位（次元）は，$[i\text{-units}/j\text{-unit}]$ である．

上流の地点が存在しない，言い換えれば Child_i が空の点に対しては，その上流の地点に十分な在庫があるものとし，品切れはしないものとする．

期 t の期首在庫量が与えられている状態で，需要が発生する．需要はすべての点で発生する可能性があるものとする．（つまり，部品に対しても需要があるものと仮定する．）点 i における期 t の需要を D_t^i と記す．期末に，割当ルールによって，下流の地点に対する在庫の配分を行い，次いで発注量を決定する．これによって，次期の期首在庫 I_{t+1}^i が定まる．

在庫地点 i の在庫地点の期 t における正味在庫量を I_t^i と記す．この記号を用いると，エシェロン基在庫方策は，エシェロン基在庫レベル s^i を与えたとき，期 t 末のエシェロン在庫ポジション

$$E_i^t = \sum_{j \in \text{Ancestor}_i} \rho_{ij}(I_t^j + T_t^j - D_t^j)$$

を s_i にするように発注を行う方策と定義できる．

複数の下流の在庫地点からの注文に対して，現在の在庫で対応できない場合には，過去の実績に応じて，比例配分を行うものとする．在庫地点 i の在庫を下流の在庫地点 j の配分するときの比率（配分比）を α_{ij} とする．また，在庫地点 i が直接の需要 D_t^i をもっている場合には，その需要に対する配分比を α_{i0} とする．配分比は，

$$\alpha_{i0} + \sum_{j \in \text{Parent}_i} \alpha_{ij} = 1$$

を満たすように設定する．

発注量の上限（容量）c_i と上流の在庫地点の在庫量によっても制限を受けるので，発

注量 q_t^i は,

$$q_t^i = \min \begin{cases} c_i \\ [s_i - E_t^i]^+ \\ \min_{k \in \text{Child}_i} \alpha_{ki}[I_t^k]^+/\phi_{ki} \end{cases}$$

と決められる.

最適配分法によって発注量を求める場合には,以下の線形計画問題を解くことによって,各点 i における発注量 q_t^i ならびに需要の充足量 X_t^i を決める.

$$\text{maximize} \quad \sum_{i=1}^{n} \left\{ \sum_{j \in \text{Parent}_i} \alpha_{ij} \phi_{ij} q_t^j + \alpha_{i0} X_t^i \right\}$$

$$\text{subject to} \quad X_t^i + \sum_{j \in \text{Parent}_i} \phi_{ij} q_t^j \leq [I_t^i]^+ \qquad \forall i = 1, \cdots, n$$

$$0 \leq X_t^i \leq D_t^i \qquad \forall i = 1, \cdots, n$$

$$0 \leq q_t^i \leq \min\{c_i, [s_i - E_t^i]^+\} \qquad \forall i = 1, \cdots, n$$

ここでは,目的関数は配分比と供給できた量の積の和を最大化しているが,もちろん他の基準を用いても良い.

正味在庫量の計算は,

$$I_{t+1}^i = I_t^i - \sum_{j \in \text{Parent}_i} \phi_{ij} q_t^j - D_t^i + q_{t-L_i}^i$$

と行う.

最後に輸送中在庫量は,

$$T_{t+1}^i = T_t^i + q_t^i - q_{t-L_i}^i$$

と更新する.

変数の初期値は,在庫量については,

$$I_0^i = s^i - \sum_{j \in \text{Parent}_i} \phi_{ij} s^j$$

と設定し,その他の変数は,すべて 0 に設定する.

期 t の費用を表す確率変数 C_t は,

$$C_t = \sum_{i=1}^{n} b^i [I_t^i]^- + \sum_{i=1}^{n} h^i \left\{ [I_t^i]^+ + \sum_{j \in \text{Parent}_i} \phi_{ij} T_t^j \right\}$$

と書くことができる.ここで,b^i は,点 i に対する直接需要の品切れ費用であり,h^i は第 i 段階の在庫費用である.また,前節と同様に,輸送中在庫量に対する在庫費用は,上流の在庫地点の在庫費用で計算するものと仮定している.

微分値の計算は,直列多段階の場合と同様に,以下のようになる.

10.8 定期発注方策（一般ネットワークモデル）

実績比例配分法の場合には，発注量の微分値の更新式は，

$$\frac{dq_t^i}{ds^*} = \begin{cases} 0 & \text{容量制約が制約のとき} \\ 0 & \text{発注量が 0 のとき} \\ \alpha_{ki}(I_t^k)' & \text{上流の点 } k \text{ の在庫が制約のとき} \\ 1[i=i^*] - \sum_{j \in \text{Ancestor}_j} \rho_{ij}\left(\frac{dI_t^j}{ds^*} + \frac{dT_t^j}{ds^*}\right) & \text{それ以外} \end{cases}$$

となる.

また，最適配分法の場合には，$X_t^i + \sum_{j \in \text{Parent}_i} \phi_{ij} q_t^j = [I_t^i]^+$ を満たす点の集合を N としたとき，

$$\frac{dq_t^i}{ds^*} = \begin{cases} 0 & \text{容量制約が制約のとき} \\ 0 & \text{発注量が 0 のとき} \\ \sum_{k \in (N \cap \text{Child}_i)} \frac{(I_t^k)'}{|\text{Parent}_k|} & N \cap \text{Child}_i \text{ が空でないとき} \\ 1[i=i^*] - \sum_{j \in \text{Ancestor}_j} \rho_{ij}\left(\frac{dI_t^j}{ds^*} + \frac{dT_t^j}{ds^*}\right) & \text{それ以外} \end{cases}$$

と更新するものとする.

在庫の微分値の更新式は，

$$\frac{dI_{t+1}^i}{ds^*} = \frac{dI_t^i}{ds^*} - \sum_{j \in \text{Parent}_i} \phi_{ij} \frac{dq_t^j}{ds^*} + \frac{dq_{t-L_i}^i}{ds^*}$$

となる.

最後に，輸送中在庫量の更新式は，直列の場合と同様に，

$$\frac{dT_{t+1}^i}{ds^*} = \frac{dT_t^i}{ds^*} + \frac{dq_t^i}{ds^*} - \frac{dq_{t-L_i}^i}{ds^*}$$

となる.

各点 i の在庫量の，点 i^* のエシェロン基在庫レベル s^* による微分値の初期値は，

$$\frac{I_0^i}{ds^*} = 1[i=i^*] - \sum_{j \in \text{Parent}_i} \phi_{ij} 1[j=i^*]$$

と設定し，その他の変数の微分値は，すべて 0 に設定する.

期 t の費用関数 C_t の s^* による微分は，

$$(C_t)' = -\sum_{i=1}^n b^i (I_t^i)' 1[I_t^i < 0] + \sum_{i=1}^n h^i \left\{ (I_t^i)' 1[I_t^i > 0] + \sum_{j \in \text{Parent}_i} \phi_{ij}(T_t^j)' \right\}$$

となる.

前節までと同様に，目的関数（C_t の期待値）の s^* による微分は，確率 1 で微分値の期待値に収束するので，$(C_t)'$ の期待値をもとに，s^* の更新をする非線形最適化を行う.

また，収束には時間がかかるので，良い初期解から出発することが肝要である．ここでは，各点上での生産時間を 1 期（日）としたときの点 i におけるエシェロンリード時間 ELT_i，累積需要の標準偏差（の推定値）σ_i，安全在庫係数の推定値 z_i を用いて，以下のように決めるものとする．

$$(ELT_i - 1)\left(\sum_{j \in \text{Ancestor}_i} \rho_{ij} D^j\right) + \sigma_i z_i \sqrt{ELT_i - 1}$$

ここで，エシェロンリード時間から 1 期（日）を減じるのは，需要地点以外の下流の地点をもつ在庫地点では，在庫量が 0 だと，下流の地点の生産ができないので，必ず一定量の在庫をもつ必要があるが，最終需要地点における在庫は 0 に近づけるようにするためである．

10.9 基在庫方策の最適性

ここまでの議論では，基在庫方策のパラメータを最適化することに主眼を置き，基在庫方策の中に最適な方策があるかどうかをきちんと調べてこなかった．ここでは，多期間確率的在庫計画モデルにおける基在庫方策の最適性を証明する．

ここで扱う多期間確率的在庫計画モデルに対する動的システムは，以下の要素から構成される．

$t\ (=0,1,\cdots,T)$：　期（週または日）を表す添え字

I_t：　期 t の期首における正味在庫量．負の正味在庫量はバックオーダー（品切れ）の量を表す．（動的システムの状態）

q_t：　期 t における発注量（意思決定変数，コントロール）

D_t：　期 t における需要量（確率変数）

上の構成要素を用いて，多期間確率的在庫計画問題に付随する離散時間動的システムは

$$I_{t+1} = I_t + q_t - D_t$$

と定義される．

各期の状態（在庫量）およびコントロール（発注量）に応じて費用がかかる．費用に関連する定数を以下に示す．

h：　単位あたりの在庫費用

b：　単位あたりの品切れ費用

c：　単位あたりの発注費用

最終期（期 T）においては，在庫量 I_T のみに依存した費用 $R(I_T)$ が課せられるものとする．ここで，R は在庫量 I_T に対する凸関数であると仮定する．この仮定は，ほとんどの応用においては妥当なものである．また，$b > c$ を仮定する．この仮定を満たさない問題は自明であり，すべての期において何も発注しないことが最適方策になる．

10.9 基在庫方策の最適性

期末の在庫量が I のときの在庫費用と品切れ費用の和は

$$h \max\{I, 0\} + b \max\{-I, 0\}$$

であるので,期 0 から期 $T-1$ までの各費用の和の期待値は

$$\mathrm{E}\left[\sum_{t=0}^{T-1}(cq_t + h\max\{I_t + q_t - D_t, 0\} + b\max\{D_t - I_t - q_t, 0\})\right] + R(I_T)$$

となる.この値を最小にする発注方策を求めることが,ここで考える問題の目的である.

期 t の期首在庫量が I_t のときの,期 t 以降の期の最小費用を $J_t(I_t)$ と記す.
動的計画を適用することによって,以下の再帰方程式を得る.

$$J_T(I_T) = R(I_T)$$

$$J_t(I_t) = \min_{q_t \geq 0} \{cq_t + H_t(I_t + q_t) + \mathrm{E}[J_{t+1}(I_t + q_t - D_t)]\} \quad (10.24)$$

ここで $H_t(y)$ は

$$H_t(y) = h\mathrm{E}[\max\{y - D_t, 0\}] + b\mathrm{E}[\max\{D_t - y, 0\}]$$

と定義される関数である.

以下では,記述を簡略化するために,需要量を表す確率変数 D_t が同一で独立の分布にしたがうと仮定する.したがって,$H_t(\cdot)$ を期 t に依存しない関数として $H(\cdot)$ と書くことができる.

期 t の期首在庫量と発注量の和を表す変数 $y_t = I_t + q_t$ を導入すると,動的計画の再帰方程式は

$$J_t(I_t) = \min_{y_t \geq I_t}\{cy_t + H(y_t) + \mathrm{E}[J_{t+1}(y_t - D_t)]\} - cI_t$$

と書き直すことができる.

以下では,帰納法を用いて $J_t(I_t)$ の I_t に関する凸性を示す.まず,最終期における関数 J_T は在庫量に依存した費用 R の凸性の仮定から凸であることが言える.次に,期 $t+1$ における関数 $J_{t+1}(I_{t+1})$ が凸であるという仮定を利用して,$J_t(I_t)$ が凸であることを示す.

関数 $H(y_t)$ は y_t に関する凸関数であるので,関数

$$g(y_t) = cy_t + H(y_t) + \mathrm{E}[J_{t+1}(y_t - D_t)]$$

は y_t に関して凸であることが言える.さらに

$$\lim_{|y_t| \to \infty} g(y_t) = \infty$$

であるので，$g(y_t)$ を最小にする y_t は有限の値をもつことが言える．その値を S_t とすると，期 t における最適方策 $\mu_t^*(I_t)$ は以下のように書ける．

$$\mu_t^*(I_t) = \begin{cases} S_t - I_t & I_t < S_t \text{のとき} \\ 0 & \text{それ以外} \end{cases} \quad (10.25)$$

この最適方策を動的計画の再帰方程式 (10.24) に代入することによって

$$J_t(I_t) = \begin{cases} c(S_t - I_t) + H(S_t) + \mathrm{E}[J_{t+1}(S_t - D_t)] & I_t < S_t \text{のとき} \\ H(I_t) + \mathrm{E}[J_{t+1}(S_t - D_t)] & \text{それ以外} \end{cases}$$

を得る．この関数は H の凸性と S_t が $cy_t + H(y_t) + \mathrm{E}[J_{t+1}(y_t - D_t)]$ の最小値を与える y_t であることから，やはり凸であることが言える．よって，すべての t に対して $J_t(I_t)$ の凸性が帰納法によって示せたと同時に，式 (10.25) で与えられた方策が最適であることが証明された．

式 (10.25) で与えられた方策は発注に伴う固定費用を付加した場合に拡張できる．発注費用を，発注量に依存しない固定費用と発注量に比例する変動費用の和と定義する．発注 1 回あたりの固定費用を K，発注量 1 単位あたりの費用を c とする．期 t の発注費用は発注量 q_t の関数として以下のように書ける．

$$\text{発注費用} = \begin{cases} K + cq_t & q_t > 0 \text{のとき} \\ 0 & \text{それ以外} \end{cases}$$

固定費用を考えない場合と同じ手順を経て，動的計画の再帰方程式

$$J_t(I_t) = \min\left[cI_t + H(I_t) + \mathrm{E}\left[J_{t+1}(I_t - D_t)\right],\right.$$
$$\left.\min_{y_t > I_t}\{K + cy_t + H(y_t) + \mathrm{E}\left[J_{t+1}(y_t - D_t)\right]\}\right] - cI_t$$

を得る．ここで $cI_t + H(I_t) + \mathrm{E}[J_{t+1}(I_t - D_t)]$ は，期 t に発注しないときの費用を表し，$K + cy_t + H(y_t) + \mathrm{E}[J_{t+1}(y_t - D_t)]$ は，期 t に発注したときの費用を表す．

もし，関数
$$g(y_t) = cy_t + H(y_t) + \mathrm{E}\left[J_{t+1}(y_t - D_t)\right]$$

が固定費用を考えない場合と同じように凸であることが示せたなら，以下の方策（基在庫方策）が最適であることが言える．

$$\mu_t^*(I_t) = \begin{cases} S_t - I_t & I_t < s_t \text{のとき} \\ 0 & \text{それ以外} \end{cases}$$

ここで，S_t は $g(y_t)$ を最小にする y_t であり，s_t は $g(y_t) = K + g(S_t)$ を満たす最小の y_t である．

しかし，一般には関数 $g(y_t)$ は凸であるとは限らない．Scarf[140] は，凸関数の拡張である K-**凸性**（K-convexity）の概念を導入し，上の方策の最適性を証明した．この方策は，一般に (s,S) **方策**（(s,S) policy）とよばれるものであり，確率的在庫モデルの最も重要な結果の 1 つである．

11 鞭効果

　サプライ・チェインを理解するための鍵となる概念の1つに**鞭（むち）効果**（whiplash effect, bullwhip effect；牛追い鞭効果）がある．鞭効果は，小売店における（最終顧客の）需要がそれほどばらついていないにもかかわらず，メーカー（もしくは卸売業者）に小売店から発注される需要量が大きくばらつく，という実務家たちの観察から生まれた．

　たとえば，以下のような事例が知られている．
1) 使い捨ておむつの代表的メーカーとして知られるP&G（Procter & Gamble）社では，顧客需要のばらつきだけでは説明しきれないほど小売店からの注文がばらついていることに気づいていた．幼児の人数や使用するおむつの数は，ほぼ一定であるので，おむつの需要はそれほど大きな変動はないはずだが，実際に店舗からP&Gへの発注は大きな変動があった．
2) コンピュータ・メーカーとして知られるHewlett–Packard社では，顧客需要のばらつきを大きく上回る注文のばらつきを経験していた．さらに，その部品の注文のばらつきは，コンピュータ本体の注文のばらつきを大きく上回っていた．

　このような経験則は，個々の企業特有のものではなく，ほとんどの企業に共通の問題点であることが認識され，鞭効果とよばれるようになった．一般に，鞭効果とは，サプライ・チェインの上流（メーカー側）に行くにしたがい，需要のばらつきが増幅される現象を指す．はじめて鞭効果のよび名を与えたのはP&Gの経営陣である．鞭は手元（顧客需要）を少し動かしただけでも，その先端（メーカーへの発注量）が大きく動くことから，鞭効果の名がつけられた．実は，P&Gの経営陣が気づくはるか昔に鞭効果は知られていた．たとえば，Forresterは1958年の論文[62]で，鞭効果に対する**システム・ダイナミクス**とよばれる確定的シミュレーションを行い，その対処法について論じていた．ちなみに，システム・ダイナミクス学会は鞭効果を体験するための机上のゲーム（Beer Game）も販売している．また，Beer Gameを計算機上に移植したものも幾つか開発されている．（たとえば，Simchi-Levi–Kaminsky–Simchi-Levi[144]の本のおまけについてくる．）

　本章では，まず鞭効果の原因について述べ，次いで解析的（定量的）モデルを示す．最後に解析的モデルによって得られた知見に基づき，鞭効果低減のための処方箋について述べる．本章の構成は次のようになっている．

11.1節では，鞭効果がどのような原因で起きるのかについて考察する．

11.2節では，鞭効果のための定量的なモデルを示すとともに，モデルから得られる幾つかの知見について述べる．

11.3節では，鞭効果の原因別の対処法について述べる．

11.1 なぜ鞭効果が起きるのか？

鞭効果は様々な要因によって引き起こされる．ここでは，鞭効果の主な要因について述べるとともに，以下の節で用いる用語の(概念的な)説明を行う．

11.1.1 需要予測

メーカー ⇒ 卸売業者 ⇒ 小売店の3段階のサプライ・チェインを考える．第1段階の小売店では，外部から(不確実性をもった)顧客需要が発生する．小売店は需要の"予測"に基づいて，第2段階の卸売業者に商品の発注を行う．卸売業者は，小売店からくる注文の"予測"に基づいてメーカーへの発注を行う．鞭効果とは，メーカーや卸売業者への発注量のばらつきが，小売店にくる需要のばらつきに比べて大きくなる現象である．これはサプライ・チェイン内で，"予測"に基づいて在庫レベルを調整することに起因している．

ある小売店で，たまたまその日（期）の売り上げ（需要）が多かったと仮定しよう．このとき，その小売店の店主は，将来需要が今日と同じように売れると予測して，前日までの在庫レベルを少し引き上げるように調整するだろう．そのためには，店主は今日売れた分の需要量の他に在庫レベルを引き上げるための量を発注するはずである．これが，卸売業者から見た需要の見かけ上の増大に繋がり，同じようなことが卸売業者の予測のために，メーカーに対しても起こる．これが鞭効果の基本的な発生要因である．

需要予測をもとに在庫レベルを変えないときには，鞭効果は起きないことに注意しよう．小売店も卸売業者も売れた分だけ発注する場合を考える．これは，在庫レベルを常に一定に保つように，商品の補充を行うことに他ならない．この場合には，顧客需要量がそのまま卸売業者への発注量になり，それがそのままメーカーへの発注量になるので，鞭効果はまったく発生しない．

11.1.2 リード時間

発注された商品が到着するまでの時間を**リード時間**（lead time）とよぶ．在庫をもつ要因の1つに，品切れに対する防御があげられる．品切れは，発注をしてから商品が到着するまでの時間（リード時間）が長いほど発生しやすいので，目標とする在庫レベルはリード時間に応じて大きめに設定される．発注量は，目標とする在庫レベルに基づいて決められるので，在庫量が大きいときには発注量も大きくなる．したがって，リード時間が長いほど鞭効果が増大されるのである．

発注した商品が瞬時にやってくるのなら，小売店も卸売業者も，必要なものを必要なときに必要なだけ発注するだろう．すなわち，リード時間が 0 のときには，鞭効果はまったく発生しないのである．

11.1.3 バッチ発注

鞭効果をもたらすもう 1 つの要因にバッチ発注（batch ordering）があげられる．バッチ発注とは，毎期発注を行うのではなく，ある程度の量をまとめて（バッチ処理で）発注することである．バッチ発注は，発注費用が高い場合には費用削減に有効であり，卸売業者からメーカーへの発注では，車立ての輸送を基本単位とするためバッチ発注を余儀なくされている場合もある．また，車立て輸送に対する割引を実施している場合があり，それが結果的にバッチ発注を助長している．車立て輸送ほど極端ではなくても，ある程度の最低ロット（品目のまとまり）単位での発注は，通常の取引では必須条件である．たとえば，ジュース 1 缶をメーカーに発注することはナンセンスであり，最低でも 1 ケース，もしくは 1 棚分を発注するのが通常である．

輸送効率の面からみるとバッチ発注は悪い面ばかりではないが，バッチ発注を行うと，比較的ばらつきの少ない顧客需要も，大きな発注の後に発注がまったくない期が続く，極めてばらつきの大きい発注に変換されるため，鞭効果を増大させることになる．

11.1.4 同期発注とスケジュール発注

複数の小売店が単一の卸売業者に発注を行うとき，小売店が同時に発注を行う（もしくは，より広く発注時期に正の相関がある）場合と，適当な発注スケジュールに基づいて，発注のタイミングが平準化されている場合を考える．前者を**同期発注**（synchronized ordering）とよび，後者を**スケジュール発注**（scheduled ordering, balanced ordering）とよぶ．11.2.3 項で簡単な解析的モデルを用いて示すように，同期発注は鞭効果を増大させ，スケジュール発注は鞭効果を減少させる．

同期発注には種々の原因が考えられる．資材必要量計画（material requirement planning: MRP）を用いて月次生産計画を立てる場合には，生産に必要な部材の発注のほとんど（一説によると 70 % 以上）が月末の 1 週間に集中する傾向がある．これは一般に，**資材必要量計画による神経過敏**（MRP jitters）とよばれる現象であり，複数の生産工場からの発注を同期化させる一因になっている．また，営業に対するノルマも，営業マンの業績評価直前の駆け込み発注を増大させることになり，発注の同期化を助長する．

11.1.5 価格の変動

「値引きによる在庫一掃セール」というチラシをよく見かけるように，小売店における値引きは日常茶飯事である．小売店にとっては，値引きによって他店と競争することは必須な戦略であると思われるが，実はこれも鞭効果を引き起こしている重要な要因の

1つなのである．

　値引きをしている間は，通常価格のときと比べて商品の売れ行きも良いので，その分大量の発注が行われる．しかし，値引きセールが終わって，通常の価格に戻るやいなや，商品の売れ行きは通常の場合以下に落ち込むに違いない（なぜって，顧客の家にはセールのときに買いだめした商品が山のように在庫されているのだから）．このような需要量の変動は，発注量の変動に繋がり，鞭効果を増大させるのである．

11.1.6 供給不足と供給配分

　ある商品の売れ行きが大変良くて，将来の品切れが予測されるとき，小売店や卸売業者はどのように振る舞うだろう．当然，将来の品切れによる苦情を避けるために，（必要以上に）大量の発注を出して，在庫を増やすに違いない．さらに，メーカーは品薄な商品を卸売業者に卸すときには，発注量に基づいて配分を行うことが多い．つまり，たくさん注文を出した卸売業者には，たくさんまわしてあげるのである．これは供給配分とよばれ，10.8節の分配ルールにおける発注量比例配分法に相当する．卸売業者もこのことを経験的に知っており，品薄な商品に対しては，より多くの供給配分を得るために，さらに多めの発注をするのである．このように，実需を伴わない需要は，**幽霊需要**（phantom demand）とよばれ，発注量の増大をさらに加速させ，鞭効果を増大させる原因になっている．

　古い例では，「たまごっち」という名前の携帯ゲーム機が，玩具メーカーのバンダイから発売されていた．これは，女子高生の間で爆発的なブームになり，品薄の状態が続いたため，玩具ショップでは大量の注文を出すことによって，商品を確保しようと努力した．その結果，大量の「幽霊需要」を生むことになり，返品された大量の「たまごっち」は，バンダイや予測を誤った玩具ショップの経営を圧迫することになった．

11.2 解析的モデル

　ここでは，鞭効果を説明するための解析的モデルを示す．これは，Chen–Drezner–Ryan–Simchi-Levi[31,32] および Chen–Ryan–Simchi-Levi[33] によるモデルを一部修正したものである．

　1つめのモデルは，1つの小売店と1つのメーカー（もしくは卸売業者）から成る最も単純なモデルである．このモデルを基本モデルとよぶ．11.2.1項では，2通りの需要予測の方法に対して，発注量の分散と需要量の分散の間の関係式を導くと同時に，式から得られる知見について述べる．

　2つめのモデルは，複数の段階から構成される多段階モデルである．11.2.2項では，すべての段階で顧客需要に関する情報を有する場合と，何の情報ももたない場合の2つのモデルに対して，発注量の分散と需要量の分散の間の関係式を導く．また，得られた式を用いて，情報の中央集権化が鞭効果の低減に有用であることを示す．

3つめのモデルは，1倉庫・多小売店モデルとよばれるものであり，複数の小売店が1つの卸売業者（倉庫）から補充を受ける2段階モデルである．これは，11.1.4項で述べた同期発注とスケジュール発注の違いを明らかにするためのモデルである．11.2.3項では，複数の小売店が同期発注を行う場合とスケジュール発注を行う場合について，各期ごとの卸売業者に対する発注量の合計の分散を表す式を導出する．得られた式は，スケジュール発注による発注時期の平準化が鞭効果の低減に繋がることを定量的に示すものである．

11.2.1 基本モデル

はじめに，1つの小売店に顧客が需要を引き起こす場合を考える．時間は，期とよばれる単位に分割されており，期を $1, 2, \cdots, t, \cdots$ と記す．

モデルに必要な記号を導入する．

D_t：期 t における需要量；平均を表すパラメータ $d(\geq 0)$，前期需要量との相関を表すパラメータ $\rho(-1 < \rho < 1)$，ならびに期 t における誤差を表す（平均 0，標準偏差 σ の同一かつ独立な分布をもつ）パラメータ ϵ_t を用いて以下のように表す．

$$D_t = d + \rho D_{t-1} + \epsilon_t \tag{11.1}$$

ここで，$\rho > 0$ は前期の需要量と正の相関をもつことを表し，逆に $\rho < 0$ は前期の需要量と負の相関をもつことを表す．また，予測誤差 ϵ_t は平均 d と比べて十分に小さいもの（すなわち $|\epsilon_t| \ll d$）と仮定する．これは，負の需要量を避けるためである．ちなみに，定常時における需要量の期待値 $\mathrm{E}[D]$ は $\frac{d}{1-\rho}$，分散 $\mathrm{V}[D]$ は $\frac{\sigma^2}{1-\rho^2}$ となる．

$\hat{d}_t$：期 t の需要の予測値；ここでは，過去の需要の履歴をもとに，次期の需要量を予測する代表的な方法として，**移動平均法**（moving average method）と**指数平滑法**（exponential smoothing method）を考える．p 期の移動平均法を用いた場合には，期 t の需要の予測値は，

$$\hat{d}_t = \frac{\sum_{j=1}^{p} D_{t-j}}{p} \tag{11.2}$$

となる．平滑のためのパラメータ α を用いた指数平滑法では，

$$\hat{d}_t = \alpha D_{t-1} + (1-\alpha)\hat{d}_{t-1} \quad t = 2, 3, \cdots \tag{11.3}$$

となる．

ちなみに，ここで予測の対象としているのは，季節変動，トレンド，周期変動，プロモーション活動（マーケティング要因）による変動を取り除いた基本需要である．実際の予測では，上の諸要因を考慮して予測を行う必要がある．

L：リード時間（lead time）；期 t の期末に発注された商品は，期 $t+L+1$ の期

11.2 解析的モデル

首に到着するものと仮定する．この発注から到着の間のタイムラグをリード時間とよぶ．

$\hat{d}_t^L$： リード時間中における需要量の推定値；ここでは，期 t の需要量の予測値を L 倍したものを用いる．

$$\hat{d}_t^L = L\hat{d}_t \tag{11.4}$$

$\hat{\sigma}_t^L$： リード時間中における需要予測誤差の標準偏差の推定量；ここでは，期 t の需要予測誤差の標準偏差を $\sqrt{L}$ 倍したものを用いる．

$$\hat{\sigma}_t^L = \sqrt{L}\hat{\sigma}_t \tag{11.5}$$

$z\ (\geq 0)$： 顧客のサービスレベルを制御するためのパラメータ

y_t： **目標在庫レベル**（target inventory level）；各期の期首に在庫レベルを目標在庫レベルになるように調整を行う．ここでは，以下の方式を採用する．

$$y_t = \hat{d}_t^L + z\hat{\sigma}_t^L \tag{11.6}$$

q_t： t 期における発注量；期 t の期末に，期 t の需要量（D_t）と次期との目標在庫レベルの差（$y_{t+1} - y_t$）の和を発注するものとする．

$$q_t = D_t + y_{t+1} - y_t \tag{11.7}$$

負の発注量は返品を表す．ここでは，返品にかかる費用は 0 であると仮定する．返品が日常茶飯事であり，返品費用がかなりの割合を占める我が国においては，この仮定はいささか非現実的であるように思われるかもしれないが，目標在庫レベルの日々の変化量 $y_{t+1} - y_t$ が需要量 D_t を超えないという現実的な仮定の下では，発注量が負になることはないので，返品費用が 0 という仮定はモデル上ではほとんど影響を与えないことが言える．

上の記号を用いて，発注量の分散 $V[q_t]$ と需要量の分散 $V[D_t]$ の関係を導こう．

はじめに移動平均法を用いた場合を考える．まず，発注量は以下のように書くことができる．

$$\begin{aligned}
q_t &= y_{t+1} - y_t + D_t \\
&= (\hat{d}_{t+1}^L + z\hat{\sigma}_{t+1}^L) - (\hat{d}_t^L + z\hat{\sigma}_t^L) + D_t \\
&= \frac{L\sum_{j=1}^p D_{t+1-j}}{p} + z\hat{\sigma}_{t+1}^L - \frac{L\sum_{j=1}^p D_{t-j}}{p} - z\hat{\sigma}_t^L + D_t \\
&= \left(1 + \frac{L}{p}\right)D_t - \frac{L}{p}D_{t-p} + z(\hat{\sigma}_{t+1}^L - \hat{\sigma}_t^L)
\end{aligned}$$

ここで，最初の等式は式 (11.7) より，2 番目の等式は式 (11.6) より，3 番目の等式は式 (11.2) と (11.4) より得られる．

式 (11.1) から，定常時における需要量の分散 $V[D_t], V[D_{t-p}]$ および共分散 $V[D_t, D_{t-p}]$ は，

$$V[D_t] = V[D_{t-p}] = \frac{\sigma^2}{1-\rho^2}$$

$$V[D_t, D_{t-p}] = \frac{\rho^p \sigma^2}{1-\rho^2}$$

となることが言える．これらの式を使うと，

$$V[q_t] \geq \left(1+\frac{L}{p}\right)^2 V[D_t] + \left(\frac{L}{p}\right)^2 V[D_{t-p}] - 2\left(1+\frac{L}{p}\right)\left(\frac{L}{p}\right)V[D_t, D_{t-p}]$$
$$= \left\{1 + \left(\frac{2L}{p} + \frac{2L^2}{p^2}\right)(1-\rho^p)\right\}V[D_t] \tag{11.8}$$

の関係を得る．よって，$V[q_t]$ と $V[D_t]$ の関係

$$\frac{V[q_t]}{V[D_t]} \geq 1 + \left(\frac{2L}{p} + \frac{2L^2}{p^2}\right)(1-\rho^p) \tag{11.9}$$

を得る．なお，$z=0$ のときには，上式は等号で成立することに注意されたい．

上式から以下の知見が得られる．
- 移動平均をとる際のパラメータ p を増やすと，発注量の分散は減少する．
- リード時間 L を増やすと，発注量の分散は増大する．
- リード時間が 0 のときには鞭効果は発生しない．
- 需要が正の相関をもつ（$\rho > 0$）のときには，ρ が大きくなるにつれて発注量の分散は減少する．需要が負の相関をもつ（$\rho < 0$）のときには，いささか変わった現象が起きる；移動平均をとる際のパラメータ p が偶数のときには $(1-\rho^p) < 1$ であり，p が奇数のときには $(1-\rho^p) > 1$ であるので，p が奇数の場合の方が発注量の分散は大きくなる．

次に，指数平滑法を予測に用いた場合の，発注量の分散 $\mathrm{Var}[q_t]$ と需要量の分散 $\mathrm{Var}[D_t]$ の関係を示す．証明については，Chen[33] を参照されたい．

$$\frac{\mathrm{Var}[q_t]}{\mathrm{Var}[D_t]} \geq 1 + \left(2L\alpha + \frac{2L^2\alpha^2}{2-\alpha}\right)\left\{\frac{1-\rho^p}{1-(1-\alpha)\rho}\right\} \tag{11.10}$$

を得る．なお，$z=0$ のときには，上式は等号で成立する．

上式から以下の知見が得られる．
- 指数平滑のパラメータ α を小さくすると，発注量の分散は減少する．
- リード時間 L を増やすと，発注量の分散は増大する．
- リード時間が 0 のときには鞭効果は発生しない．
- $\frac{1-\rho^p}{1-(1-\alpha)\rho}$ の値は，$0 \leq \rho < 1$ のとき 1 以下であり，$-1 < \rho \leq 0$ のとき 1 以上であるので，発注量の分散は，需要の相関 ρ が大きくなるにつれて小さくなる．

先に進む前に，移動平均法を用いた場合と指数平滑法を用いた場合の比較をしておく．需要の相関がない（すなわち $\rho=0$ である）場合を考える．このとき，パラメータ α の指数平滑法を用いた場合の予測誤差の標準偏差 σ_{EXP} は，

$$\sigma_{EXP} = \sigma\sqrt{\frac{2}{2-\alpha}}$$

となり，p 期の移動平均法を用いた場合の予測誤差の標準偏差 σ_{MOV} は，

$$\sigma_{MOV} = \sigma\sqrt{\frac{p+1}{p}}$$

となる．これらの関係より，$\alpha = \frac{2}{p+1}$ の関係があることが分かる．

指数平滑法を用いた場合の分散の比の下界を表す式 (11.10) に $\rho=0$ および $\alpha = \frac{2}{p+1}$ を代入することによって，

$$\frac{\mathrm{Var}[q_t]}{\mathrm{Var}[D_t]} = 1 + \frac{4L}{p+1} + \frac{4L^2}{p(p+1)} = 1 + \left(\frac{2L}{p} + \frac{2L^2}{p^2}\right)\frac{2p}{p+1}$$

を得る．移動平均法を用いた場合の分散の比は，式 (11.9) より

$$\frac{\mathrm{Var}[q_t]}{\mathrm{Var}[D_t]} = 1 + \frac{2L}{p} + \frac{2L^2}{p^2}$$

であるので，指数平滑法を用いた場合の方が $\frac{2p}{p+1}$ 倍だけ分散の比が大きいことが分かる．これは，$p \geq 1$ の場合には常に 1 以上であるので，本モデルの仮定の下では，移動平均法を用いた場合の方が鞭効果が低減されることが分かる．

11.2.2 多段階モデル——情報の中央集権型と分散型

上で導いた基本モデルを多段階に拡張する．ここで多段階とは，部品メーカー ⇒ メーカー ⇒ 卸売業者 ⇒ 小売店のように発注が何段階にもわたって成されるサプライ・チェインを指す．ここで，最終需要の情報が上流側（部品メーカーやメーカー側）で用いることができるか否かによって鞭効果の度合いが異なってくる．サプライ・チェインのすべての段階で最終需要に関する情報が既知であるモデルを情報中央集権型多段階モデルとよぶ．一方，需要に関する情報がまったく与えられておらず，下流からの発注をもとに需要予測を行い，在庫の調整を行うモデルを情報分散型多段階モデルとよぶ．

サプライ・チェインの段階を下流（小売店）側から $1, 2, \cdots, i, \cdots, n$ と記す（モデルの概念図については，図 8.5 (208 ページ) を参照）．第 i 段階におけるリード時間を L_i，期 t における発注量を q_t^i と書く．なお，ここでは簡単のため，基本モデルに以下の 2 つの仮定を追加したモデルに限定して考える．

1) 需要の相関を表すパラメータ ρ を 0 とする．
2) 顧客のサービスレベルを制御するためのパラメータ z を 0 とする．

情報中央集権型多段階モデルの場合には，第 i 段階での期 t の需要の予測値 $\hat{d}_t^i$ は，p 期の移動平均法を用いるものとすると，

$$\hat{d}_t^i = \frac{\sum_{k=1}^p D_{t-k}}{p}$$

となる．第 i 段階における期 t の目標在庫レベル y_t^i は，$z=0$ としたので，

$$y_t^i = L_i \hat{d}_t$$

となる．基本モデルと同様の解析から，発注量の分散 $\mathrm{Var}[q_t^i]$ と需要量の分散 $\mathrm{Var}[D_t]$ の関係

$$\frac{\mathrm{Var}[q_t^i]}{\mathrm{Var}[D_t]} = 1 + \frac{2\sum_{k=1}^i L_k}{p} + \frac{2\left(\sum_{k=1}^i L_k\right)^2}{p^2} \tag{11.11}$$

を得る．

情報分散型多段階モデルの場合には，第 i 段階での期 t の需要の予測値は，

$$\hat{d}_t^i = \begin{cases} \left(\sum_{j=1}^p D_{t-j}\right)/p & i=1 \text{ のとき} \\ \left(\sum_{j=1}^p q_{t-j}^{i-1}\right)/p & i=2,3,\cdots,n \end{cases}$$

で与えられる．ここで，q_t^i は第 i 段階での期 t 末における発注量であり，

$$q_t^i = \begin{cases} y_{t+1}^i - y_t^i + D_t & i=1 \text{ のとき} \\ y_{t+1}^i - y_t^i + q_t^{i-1} & i=2,3,\cdots,n \end{cases}$$

である．また y_t^i は，第 i 段階における期 t の目標在庫レベルであり，

$$y_t^i = L_i \hat{d}_t$$

で与えられる．上の 3 つの式は，$i=1,2,\cdots,n$ の順に計算される．

この場合も，基本モデルと同様の解析を繰り返し適用することによって，発注量の分散 $\mathrm{Var}[q_t^i]$ と需要量の分散 $\mathrm{Var}[D_t]$ の関係

$$\frac{\mathrm{Var}[q_t^i]}{\mathrm{Var}[D_t]} = \prod_{k=1}^i \left(1 + \frac{2L_k}{p} + \frac{2L_k^2}{p^2}\right) \quad \forall i=1,\cdots,n \tag{11.12}$$

を得ることができる．

情報中央集権型多段階モデルの場合の式 (11.11) と情報分散型多段階モデルの場合の式 (11.12) から以下の知見が得られる．

- 情報分散型多段階モデルでは，段階が進むにつれ，リード時間の影響が積形式で蓄積される．

- 情報中央集権型多段階モデルでは，段階が進むにつれ，リード時間の影響は和の形で蓄積される．したがって，鞭効果は情報分散型多段階モデルにおいて顕著であり，鞭効果を減らすためには，情報をすべての段階で共有する方法が有効である．
- 一部の論文で，情報中央集権型多段階モデルを用いれば鞭効果はなくなると結論しているが，(少なくともモデルの上では) 鞭効果は発生する．

11.2.3　1倉庫・多小売店モデル——同期発注とスケジュール発注

ここでは，1つの卸売業者（倉庫）が複数の小売店からの注文に応じるモデルを考える．このモデルを用いて示すことは，スケジュール発注による発注時期の平準化が鞭効果を低減する効果をもつことである．

Lee–Padamanabhan–Whang[109] による簡単なモデルを用いて，同期発注とスケジュール発注の違いを見てみよう．

小売店に $1, 2, \cdots, i, \cdots, n$ と番号を振り，卸売業者（倉庫）の番号を 0 とする（モデルの概念図については，図 8.9（214 ページ）を参照）．期 t における小売店 i の需要量を表す確率変数を D_t^i とし，平均 d，分散 σ^2 の同一かつ独立な分布にしたがうものとする．ここでも前項と同様に，需要の期ごとの相関はないもの（すなわち，11.2.1 項におけるモデルにおいて $\rho = 0$）と仮定する．各小売店が発注を行うことができる間隔を発注間隔とよび R と記す．期 $t-R$ から期 $t-1$ の小売店の発注量の合計を卸売業者の期 t における需要量 D_t^0 と考える．すなわち，

$$D_t^0 = \sum_{i=1}^{n} \sum_{t'=t-R}^{t-1} D_{t'}^i$$

と定義する．以下では，同期発注とスケジュール発注の 2 つの場合について，D_t^0 の分散を表す式を導出しよう．

最初に，最も極端な同期発注の場合を考える．すなわち，ある特定の期にすべての小売店が同時に発注を行い，その他の期にはまったく発注を行わないものとする．各期に発注を行う小売店の数を表す確率変数を N と記す．N は，確率 $1/R$ で n となり，その他の確率 $(1-1/R)$ で 0 となるので，その分散は

$$\mathrm{Var}[N] = n^2 \left(\frac{1-1/R}{R} \right)$$

となる．したがって，D_t^0 の分散は，

$$\mathrm{Var}[D_t^0] = n\sigma^2 + R^2 d^2 n^2 \left(\frac{1-1/R}{R} \right)$$
$$= n\sigma^2 + d^2 n^2 (R-1)$$

となる．

次に，スケジュール発注を考える．簡単のため，小売店の数 n が発注間隔 R の整数倍と仮定する．この場合には，各期において発注を行う小売店の数は完全に平準化され，毎期 $m\ (=n/R)$ の小売店が発注を行うことになる．すなわち，各期に発注を行う小売店の数を表す確率変数を N の分散 $\text{Var}[N]$ は 0 になる．したがって，D_t^0 の分散は，

$$\text{Var}[D_t^0] = n\sigma^2$$

となり，同期発注と比べて $d^2 n^2 (R-1)$ だけ卸売業者に対する需要の分散が少なくなる．

11.3　対処法と実践例

ここでは，鞭効果を低減させるための処方箋について，原因別にまとめて述べるとともに，処方箋を実践している事例について触れる．

11.3.1　需要の不確実性

期ごとに予測値が大きく変動しないような予測手法を用いることによって，鞭効果は低減される．これは，11.2.1 項の基本モデルにおいて，移動平均法のパラメータ p を大きくする（もしくは，指数平滑法のパラメータ α を小さくする）ことによって，鞭効果が低減したことから導かれる結論である．特に，式 (11.9) から見て取れるように，リード時間が長いときにはある程度大きい p（もしくは小さい α）に設定することによって鞭効果が低減できる．

しかし，移動平均法のパラメータ p を大きくする（もしくは，指数平滑法のパラメータ α を小さくする）ことは，需要の傾向変動に対する予測の追従性を悪化させることになる．したがって，鞭効果の低減と季節変動などの傾向変動への追従性の悪化のトレードオフを考慮して，予測に用いるパラメータは適切に選択しなければならない．

また，予測による鞭効果の増大を防ぐためには，サプライ・チェーンの上流（メーカー側）に下流（顧客側）の情報を直接使えるようにする方法が効果的である．これは，11.2.2 項で示したように，情報中央集権型多段階モデルが，情報分散型多段階モデルに対して鞭効果を低減させる効果をもつことから導かれる結論である．このためには，小売店における POS（point of sales）データを卸売業者やメーカーが自由に見ることができる仕組みを作ることや，発注管理の一元化が，推奨される実践法である．代表的な実践例として，Hewlett–Packard 社や Apple 社の例や，P & G が Wal-Mart と行ったベンダー管理在庫 (vender managed inventory: VMI) による方法があげられる．

もちろん，小売店における POS データを卸売業者（倉庫）やメーカーに見せるだけでは鞭効果は低減できない．重要なことは，卸売業者（倉庫）やメーカーが，POS データによって得られた需要の最新情報をもとに，迅速かつ的確な発注（もしくは生産）計画を立案することである．

11.3.2 リード時間

11.2.1 項で導いた知見から明らかなように，リード時間の短縮によって鞭効果は低減できる．リード時間短縮の実践例としては，アパレル業界における QR（quick response）があげられる．リード時間短縮のためには，インターネットを用いた企業間の取引が安価でかつ有効な方法である．

11.3.3 バッチ発注

発注に伴う費用が高いときには，バッチ発注が採用される傾向がある．たとえば，ある酒屋にビールを注文する際，1 回の配達ごとに 1000 円の配達費用がかかる場合には，ビールを 1 本ずつ注文するより，数ケース単位で発注するだろう．したがって，バッチ発注を減らすためには，発注に伴う作業を簡略化し，費用を削減することが 1 つの方法である．リード時間短縮と同様に，発注作業の簡略化には，インターネット経由の受発注が有効である．

また，車立て輸送や最低ロット制限による輸送費用削減のためにバッチ発注を余儀なくされている場合には，3PL（third party logistics）業者による混載輸送や，車立てでなくても効率的な輸・配送スケジュールを立てるための在庫・運搬経路問題（inventory vehicle routing problem）のロジックを取り入れたベンダー管理在庫の方法が効果的である．3PL 業者による混載の実践は，ヨーロッパにおいてさかんである．

11.3.4 同期発注とスケジュール発注

同期発注に起因する鞭効果は，スケジュール発注を採用し発注を平準化することによって回避できる．しかし，スケジュール発注においては，小売店は自分の好きなときに発注を行うという自由を束縛されることになる．

たとえば，複数の小売店に対して，発注可能な曜日を月曜日から金曜日まで均等に割り振ったとしよう．これによって，発注の同期化がなくなり，それによって鞭効果は低減するが，小売店側から見ると，週に一度しか発注できなくなったので，在庫保管費用や品切れ費用は増大することになる．

このように，スケジュール発注の適用によって発注可能な日を限定する際には，小売店側での費用の増大と鞭効果による費用の削減のトレードオフに注意を払う必要がある．

11.3.5 価格の変動

P & G は小売店における値引きを原則禁止し，**毎日低価格**（every day low price: EDLP）戦略で販売することによって，鞭効果の低減を行った．これは，一部の小売業者によって反対されている．小売店における値引きは，1 つの競争戦略になっており，メーカー側からの思惑だけではうまくいかない場合もある．

11.3.6 供給不足と供給配分

品薄な商品の供給配分を多く受けるための発注量の増加が鞭効果を増大させることは，すでに 11.1.6 項で述べた通りである．これは，メーカー側が発注量に応じて供給配分を行うことに起因する．つまり，メーカー側が(近々の発注量ではなく)過去の販売実績（マーケットシェア）に応じて供給配分を行えば，鞭効果は低減できる．これは，10.8 節の分配ルールにおける実績配分法に相当する．この方式は，General Motors 社，Saturn 社や Hewlett–Packard 社によって実践されている．

さらに，供給不足に対する懸念から，必要以上に多くの量を発注してしまうことは，メーカー側の生産および在庫の情報を下流（小売店側）に流すことで一部緩和できる．この方法は，Hewlett–Packard 社や Motorola 社によって実践されている．

価格の変動，供給不足と供給配分を考慮したモデルについては，Lee–Padamanabhan–Whang[109] を参照されたい．

12

安全在庫配置モデル

　本章では，サプライ・チェインにおける安全在庫の適正配置を決定するためのモデルについて考える．安全在庫は，顧客サービスとのトレードオフ関係にある．本モデルの主目的は，顧客に対するサービス時間（事前に保証したリード時間；保証リード時間）を変えることによって，サプライ・チェイン全体での安全在庫費用の合計を最小化することである．

　12.1 節では，在庫点が直列に並んでいる場合における安全在庫の適正配置モデルについて考え，定式化と動的計画法を示す．

　12.2 節では，在庫点が木状のネットワークの場合を考え，12.1 節の動的計画法の拡張を示す．

　12.3 節では，在庫点が有向閉路を含まない場合に対して（第 5 章の区分的線形関数による近似を用いた）混合整数計画による定式化を示すとともに，市販のソルバーを用いて求解する際の注意点について述べる．

　12.4 節では，仮想の会社におけるサプライ・チェインの改善を例として，12.2 節のモデルの適用を示すと同時に，**リスク共同管理**（risk pooling）や**遅延差別化**（delayed differentiation, postponement）の概念の解説を行う．

12.1　直列多段階モデル

　ここでは，直列多段階モデルについて考え，安全在庫配置問題に対する動的計画法を提示する．このモデルは以下の仮定に基づく．

- 単一の品目を供給するための在庫点が n 個直列に並んでいるものとする（図 8.5 参照）．第 n 段階は原料の調達を表し，第 1 段階は最終需要地点における消費を表す．第 i 段階の在庫点は，第 $i+1$ 段階の在庫点から補充を受ける．
- 各段階は，各期における最終需要地点における需要量だけ補充を行うものとする．言い換えれば，各段階における在庫補充方策は，エシェロン在庫に対する基準在庫方策にしたがうものとする．また，期とは，基準になる時間の区切りを表し，通常は 1 日（もしくは 1 週間，1 ヶ月）を表す．以下では，モデルに具体性を出すために期を日に置き換えて論じる．
- 第 1 段階で消費される品目の 1 日あたりの需要量は，期待値 μ をもつ定常な分布

をもつ．また，t 日間における需要の最大値を $D(t)$ とする．たとえば，需要が平均値 μ，標準偏差 σ の正規分布にしたがい，意思決定者が品切れする確率を安全係数 $z\,(>0)$（表 10.1 参照）で制御していると仮定したときには，$D(t)$ は

$$D(t) = \mu t + z\sigma\sqrt{t}$$

と書ける．

- 第 i 段階における品目の**生産時間**は，T_i 日である．T_i には各段階における生産時間の他に，待ち時間および輸送時間も含めて考える．
- 第 i 段階の在庫点は，第 $i-1$ 段階の発注後，ちょうど L_i 日後に品目の補充を行うことを保証しているものとする．これを（第 i 段階の）**保証リード時間**（guaranteed lead time, guaranteed service time）とよぶ．なお，第 1 段階（最終需要地点）における保証リード時間 L_1 は，事前に決められている定数とする．
- 在庫（保管）費用は保管されている在庫量に比例してかかり，第 i 段階における在庫費用は，品目 1 個，1 日あたり $h_i\,(\in \mathbf{R}_+)$ 円とする．品目ごとに適切な在庫費用を設定することが難しい場合には，**在庫保管比率**（holding cost ratio）に品目の価値を乗じたものを品目にかかる在庫費用と考えれば良い．ここで，在庫保管比率とは，対象とする企業体が品目の価値を現金として保有して他の活動に利用したときの利率であり，各段階での品目の価値とは，第 0 段階から調達するときの品目の費用に，各段階で付加される価値（製造費用や調達費用の和）を加えたものである．
- 第 $n+1$ 段階に仮想の在庫点を設け，保証リード時間 0 で第 n 段階の在庫点に品目を補充できるものとする．
- 補充量の上限はない．言い換えれば生産の容量は無限大とする．

上の仮定の下で，1 日あたりの在庫費用を最小化するように，各段階における安全在庫レベルと保証リード時間を決めることが，ここで考える問題の目的である．

第 i 段階の在庫点を考える．この地点に在庫を補充するのは，第 $i+1$ 段階の在庫点であり，そのリード時間は L_{i+1} であることが保証されている．したがって，それに T_i を加えたものが，補充の指示を行ってから第 i 段階が生産を完了するまでの時間となる．これを，**補充リード時間**（replenishment lead time）とよぶ．また，第 i 段階は第 $i-1$ 段階に対して，リード時間 L_i で補充することを保証している．したがって，第 i 段階では，補充リード時間から L_i を減じた時間内の最大需要に相当する在庫を保持していれば，在庫切れの心配がないことになる．補充リード時間から L_i を減じた時間（$L_{i+1} + T_i - L_i$）を**正味補充時間**（net replenishment time）とよぶ．第 i 段階における安全在庫量 I_i は，正味補充時間内における最大需要量から平均需要量を減じた量であるので，

$$I_i = D(L_{i+1} + T_i - L_i) - (L_{i+1} + T_i - L_i)\mu$$

となる．

上の議論から，直列多段階モデルにおける安全在庫配置問題は，以下のように定式化できる．

$$\text{minimize} \quad \sum_{i=1}^{n} h_i I_i$$

$$\text{subject to} \quad I_i = D(L_{i+1} + T_i - L_i) - (L_{i+1} + T_i - L_i)\mu \quad \forall i = 1, \cdots, n \quad (12.1)$$

$$L_i \leq L_{i+1} + T_i \quad \forall i = 1, \cdots, n \quad (12.2)$$

$$L_{n+1} = 0$$

$$L_i \geq 0 \quad \forall i = 2, \cdots, n$$

ここで，式 (12.2) は，正味補充時間が非負であることを表す．

直列多段階モデルにおける安全在庫配置問題に対する動的計画法は，以下のように構成できる．

$f_i(L_i)$ を，第 i 段階の保証リード時間が L_i のときの，第 n 段階から第 i 段階における最小費用とする．すると，$f_i(L_i)$ は，以下の再帰方程式で計算できる．

$$f_i(L_i) = \min_{L_{i+1}} [f_{i+1}(L_{i+1}) + h_i\{D(L_{i+1} + T_i - L_i) - (L_{i+1} + T_i - L_i)\mu\}]$$

初期条件は，$f_{n+1}(L) = 0, \forall L$ である．

12.2 木ネットワークモデル

ここでは，直列多段階モデルの拡張として，ネットワークが木状になっている場合について考え，前節の動的計画法の拡張を示す．

木ネットワークモデルは，閉路を含まない有向グラフ $G = (N, A)$ 上で定義される．ここでは，G を無向グラフにしたものが木であると仮定する（図 12.1）．点集合 N は在庫地点を表し，枝 $(i, j) \in A$ が存在するとき，在庫地点 i は在庫地点 j に補充を行うことを表す．複数の在庫地点から補充を受ける点においては，補充された各々の品目を用いて別の品目を生産すると考える．このとき点 j は，複数の在庫地点から補充を受けるので，点 j が品目を発注してから，すべての品目が揃うまで生産を開始できない．

点上で生産される品目は，点によって唯一に定まるものと仮定する．このとき，点と品目を表す添え字は同一であると考えられるので，有向グラフ $G = (N, A)$ は部品展開表を意味することになる．$(i, j) \in A$ のとき，点 j 上の品目 j は，点 i から補充される品目 i をもとに生産される．品目 j を生産するのに必要な品目 i の量を ϕ_{ij} と記す．

需要は，後続する点をもたない点 j 上で発生するものとし，その 1 日あたりの需要量は，期待値 μ_j の定常な分布をもつものとする．点 j における t 日間における需要の最大値を $D_j(t)$ 記す．直接の需要をもたない点（後続点をもつ点）i に対する需要量の期待値 μ_i は，

12. 安全在庫配置モデル

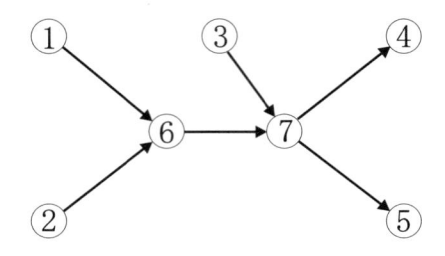

図 12.1 木状のネットワークと動的計画法のための点の番号づけ

$$\mu_i = \sum_{(i,j) \in A} \phi_{ij} \mu_j$$

と計算できる．点 i に対する t 日間における需要の最大値 $D_i(t)$ は，

$$D_i(t) = t\mu_i + \left(\sum_{(i,j) \in A} \phi_{ij}(D_j(t) - t\mu_j)^p \right)^{1/p}$$

と計算されるものと仮定する．ここで，$p\,(\geq 1)$ は定数である．p が大きいほど，需要の逆相関が強いことを表す．点 j 上での需要が常に同期していると仮定した場合には $p=1$ が，点 j 上での需要が独立な正規分布にしたがうと仮定した場合には $p=2$ が推奨される．

前節と同様に，点 i の保証リード時間を L_i と記す．ここでは，各点 i に対して，保証リード時間の下限は 0 とし，上限は $\bar{L}_i$ であるとする．点 j が品目を発注してから，すべての品目が揃うまでの時間（日数）を**入庫リード時間**とよび，LI_j と記す．点 j における入庫リード時間 LI_j は，以下の式を満たす．

$$L_i \leq LI_j \quad \forall (i,j) \in A$$

点 i における安全在庫量 I_i は，正味補充時間内における最大需要量から平均需要量を減じた量であるので，

$$I_i = D(LI_i + T_i - L_i) - (LI_i + T_i - L_i)\mu_i$$

となる．記述を簡単にするために，点 i において，保証リード時間が L，入庫リード時間が LI のときの安全在庫費用を表す，以下の関数 $HC_i(L, LI)$ を導入しておく．

$$HC_i(L, LI) = h_i \{D(LI + T_i - L) - (LI + T_i - L)\mu_i\}$$

上の記号を用いると，木ネットワークモデルにおける安全在庫配置問題は，以下のように定式化できる．

$$\text{minimize} \quad \sum_{i \in N} HC_i(L_i, LI_i)$$

12.2 木ネットワークモデル

$$\text{subject to} \quad L_i \leq LI_i + T_i \quad \forall i \in N \tag{12.3}$$

$$L_i \leq LI_j \quad \forall (i,j) \in A \tag{12.4}$$

$$0 \leq L_i \leq \bar{L}_i \quad \forall i \in N \tag{12.5}$$

ここで，式 (12.3) は，正味補充時間が非負であることを表す．

木ネットワークモデルにおける安全在庫配置問題に対する動的計画法は，以下のように構成できる．

与えられた有向グラフ $G = (N, A)$ を無向グラフにしたものを $\bar{G} = (N, E)$ と記す．動的計画法は，グラフ $\bar{G}$ の葉側から順次再帰方程式を計算していく．動的計画法における計算順序を定めるために，点に対して番号づけを行うためのアルゴリズムを示す．このアルゴリズムは，有向グラフのトポロジカル・ソート（第 6 章参照）を求めるアルゴリズムと同じ原理に基づく．

点の番号づけアルゴリズム
1 **for all** $i \in N$ **do**
2    $degree(i) := 0$
3 **for all** $(i,j) \in E$ **do**
4    $degree(i) := degree(i) + 1$
5    $degree(j) := degree(j) + 1$
6 $k := 1$ // 点につける番号
7 $S := \{i \in N | degree(i) \leq 1\}$ //次に番号をつけることができる点集合
8 **while** $S \neq \emptyset$ **do**
9    $i := S$ 内の適当な要素
10   $S := S \setminus \{i\}$
11   $label(i) := k$
12   **for all** $(i,j) \in E$ **do**
13     $degree(j) := degree(j) - 1$
14   **if** $degree(j) \leq 1$ **and** $j \notin S$ **then** $S := S \cup \{j\}$
15   $k := k + 1$

以下では，点集合 N は上のアルゴリズムによって得られた順序で $1, 2, \cdots, |N|$ と番号がついているものと仮定する．各点 $k \in N$ に対して，点集合 $\{1, 2, \cdots, k\}$ の中で，点 k から $\bar{G}$ 上で到達可能な点の集合を N_k と記す．点集合 N_k が下流（需要地点側）の点に対して保証リード時間 L で補充するときの最小費用を $f_k(L)$，点集合 N_k が上流（供給地点側）の点から入庫リード時間 LI で補充を受けるときの最小費用を $g_k(LI)$ と書く．

ここで，$f_k(L)$ は，保証リード時間 L に対して非増加関数になっているとは限らない．これを非増加関数にするために，保証リード時間 L 「以下」で補充するときの最小費用 $f_k^-(L)$ を導入する．関数 $f_k^-(L)$ は，以下のように計算される．

$$f_k^-(L) = \min_{T_k - L \leq x \leq L} f_k(x)$$

ここで，下限 $T_k - L$ は，正味補充時間 $x + T_k - L$ が非負であることから導かれたものである．

同様に，関数 $g_k(LI)$ を，入庫リード時間 LI に対して非減少関数としたものを $g_k^-(LI)$ とする．関数 $g_k^-(LI)$ は，以下のように計算される．

$$g_k^-(LI) = \min_{LI \leq y \leq LI + T_k} g_k(y)$$

ここで，上限 $LI + T_k$ は，正味補充時間 $LI + T_k - y$ が非負であることから導かれたものである．

点 k における保証リード時間が L，入庫リード時間が LI のときの点集合 N_k 全体での最小費用を $c_k(L, LI)$ と書く．このとき，c, f, g, f^-, g^- 間の再帰方程式は，以下のようになる．

$$c_k(L, LI) = HC_k(L, LI) + \sum_{(i,k) \in A, i < k} f_i^-(LI) + \sum_{(k,j) \in A, j < k} g_j^-(L)$$

$$f_k(L) = \min_{LI} c_k(L, LI)$$

$$g_k(LI) = \min_L c_k(L, LI)$$

$$f_k^-(L) = \min_{T_k - L \leq x \leq L} f_k(x)$$

$$g_k^-(LI) = \min_{LI \leq y \leq LI + T_k} g_k(y)$$

動的計画法の計算量は，補充リード時間の最大値を $L_{\max}$ としたとき，$O(|N| L_{\max}^2)$ となる．

このモデルの拡張として，枝 (i,j) 上での輸送時間 τ_{ij} を考慮することが考えられる．これは，上の再帰方程式を

$$c_k(L, LI) = HC_k(L, LI) + \sum_{(i,k) \in A, i < k} f_i^-(LI - \tau_{ik}) + \sum_{(k,j) \in A, j < k} g_j^-(L + \tau_{kj})$$

と変更するだけで良い．

上の動的計画は，入力サイズを $|N|$ としたときには，$L_{\max} = \sum_{i \in N} T_i$ であるので，擬多項式時間である．Lesnaia[111] は，安全在庫費用が凹関数と仮定したとき，$O(|N|^3)$ と多項式時間で終了する動的計画を設計している．

上のモデルには，様々な拡張が考えられる．生産時間と点上で付加される価値（これの累積によって在庫費用が定まる）の組を選択するモデルへの拡張も考えられている[81]．

12.3 閉路を含まないネットワークに対する混合整数計画アプローチ

前節まででは，ネットワークが木である場合に限定してアルゴリズムを考えた．ここでは，ネットワークを無向グラフにしたときに，閉路を含むような場合（図 12.2）でも適用可能な手法について考える．

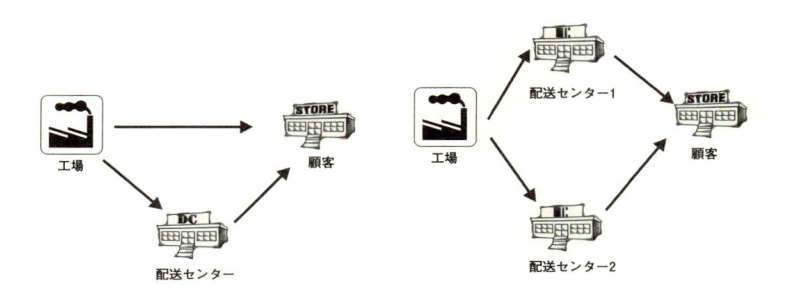

図 12.2 （無向グラフにしたときに）閉路を含むネットワークの例

有向閉路を含まないネットワークに対する安全在庫配置問題は，$\mathcal{NP}$-困難であることが証明されており，木ネットワークに対する動的計画を下界として利用した分枝限定法[111]，凹関数を区分的線形関数で表現した混合整数計画アプローチが提案されている．

ここでは，凹関数を区分的線形関数で表現した混合整数計画アプローチについて解説する．

定式化は前節と同様であるが，凹関数を区分的線形関数で近似するため，点 i に対する正味補充時間を表す実数変数 x_i を導入しておく．また，点 i における安全在庫費用 f_i を正味補充時間 x_i の関数として，以下のように定義しておく．

$$f_i(x_i) = h_i \{ D(x_i) - \mu_i x_i \}$$

非線形計画による安全在庫配置モデルの定式化は，以下のようになる．

$$\begin{aligned}
\text{minimize} \quad & \sum_{i \in N} f_i(x_i) \\
\text{subject to} \quad & x_i = LI_i + T_i - L_i && \forall i \in N \\
& L_i \leq LI_j && \forall (i,j) \in A \\
& 0 \leq L_i \leq \bar{L}_i && \forall i \in N \\
& x_i \geq 0 && \forall i \in N
\end{aligned}$$

区分的線形関数で近似するために，5.2.4 項で述べた多重選択定式化を用いる．

x_i 軸を K 個の区分 $[a_{ik}, a_{i,k+1}]$, $k=0,\cdots,K-1$ に分割する．点 a_{ik} における関数値を $b_{ik}=f_i(a_{ik})$ と書く．区分の両端点では連続になるような区分的線形関数で近似すると，区分 k における直線は $f(x_i)=c_{ik}x_i+d_{ik}$ となる．ここで c_{ik} は傾きであり $(b_{i,k+1}-b_{ik})/(a_{i,k+1}-a_{ik})$ であり，d_{ik} は傾き c_{ik} でかつ点 (a_{ik}, b_{ik}) を通過する直線の y 切片である．

区分 k が選択されたとき 1, それ以外のとき 0 になる 0-1 変数 z_{ik} を導入する．区分 $[a_{ik}, a_{i,k+1}]$ 内の x_i を表す実数変数 y_{ik} が，$z_{ik}=1$ のときのみ正になれるので，

$$a_{ik}z_{ik} \leq y_{ik} \leq a_{i,k+1}z_{ik} \quad \forall k=0,1,\cdots,K-1$$

であり，1 つの区分が選択されるためには，

$$\sum_{k=0}^{K-1} z_{ik} = 1$$

が必要である．上の条件の下で，関数 $f_i(x_i)$ は，

$$x_i = \sum_{k=0}^{K-1} y_{ik}$$

としたとき

$$f_i(x_i) \approx \sum_{k=0}^{K-1}(d_{ik}z_{ik}+c_{ik}y_{ik})$$

と近似することができる．

上の議論から，混合整数計画による定式化を得ることができる．

数理計画ソルバーの中には，4.11 節で述べた**フロー被覆不等式**（flow cover inequality）を自動生成してくれるものもある．そのようなソルバーを使用している場合には，以下の冗長な不等式を定式化に追加しておくことによって，フロー被覆不等式が自動生成され，より高速に求解することが可能になる．

供給地点（先行する点がない地点）から需要地点（後続する点がない地点）へのパスを考える．パスに含まれる点の集合を P とし，パスに最後尾の需要地点を sink とする．このとき，以下の不等式が成立する．

$$\sum_{i \in P} x_i \geq \sum_{i \in P} T_i - \bar{L}_{\text{sink}}$$

これは，パス上の地点の正味補充時間の合計が，作業時間の合計から，最終地点の保証リード時間の上限を減じたもの以上であることを規定している．左辺の x_i に $\sum_{k=0}^{K-1} y_{ik}$ を代入し，さらに

$$y_{ik} \leq a_{i,k+1}z_{ik} \quad \forall k=0,1,\cdots,K-1$$

があるので，4.11 節でフロー被覆不等式を導出した多面体と同じ構造を得ることがで

きる.

数理計画ソルバーが自動的に判定して，強い制約（フロー被覆不等式）を加えてくれるので，大きな問題例まで求解可能になる．Magnanti–Shen–Shu–Simchi-Levi–Teo[117] の実験によると，点数 100 までの疎なグラフに対しては，市販のソルバーで求解可能である．

12.4 遅延差別化とリスク共同管理

ここでは，前節のモデルの適用例として，架空の企業におけるサプライ・チェインの改善を考える．

トレーナーの製造をしているペケトン社では，増大する在庫費用に頭を悩ませていた．最近の若者は自分の個性を出すために，人と同じ柄の服を着ることを極端に嫌う傾向があり，それが製品の種類を増やしていることも，在庫費用の増大に拍車をかけていた．

ペケトン社の現状のサプライ・チェインは，図 12.3 のようになっており，それぞれの工程の責任者が，その工程で製造される製品の在庫の管理を行っていた．工程 1 は，原料となる布を調達する工程であり，資材調達部の部長が原料となる布の在庫の管理を行っていた．工程 2, 3, 4, 5 は，すべて布を染める工程であり，製造部の部長が各種の柄に染められた布の管理を行っていた．工程 6, 7, 8, 9 は，染められた布をもとにしてトレーナーを製造する工程であり，完成したトレーナーはペケトン社直営の店舗に直送されるため，その在庫を管理する権限は営業部長がもっていた．

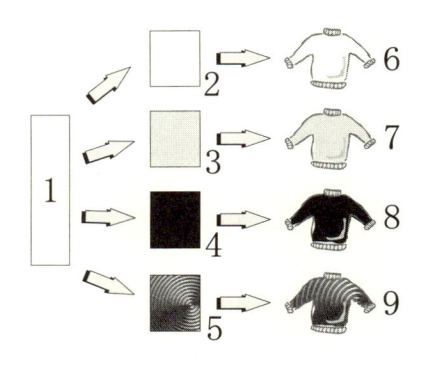

図 12.3 現状のサプライ・チェイン

計算を簡単にするために，以下のような数値を用いることにする．各工程においてかかる時間（前節のモデルにおける生産時間）はすべて 1 日とし，最終製品（完成したトレーナー）の需要は平均 1，標準偏差 1 の独立な正規分布にしたがうものとする．各工程で付加される価値（製造費用や調達費用の和）はすべて 1000 円とする．これは，

原料の布の価値が 1000 円,染めた後の布の価値が 2000 円,完成品のトレーナーの価値が 3000 円であることを意味する.在庫保管比率は 1 日あたり 0.1% とする.すなわち,原料の布を 1 日保管すると,$1000 \times 0.001 = 1$(円)の保管費用が発生するものとする.同様に,染めた後の布の在庫保管費用は 1 日あたり 2 円,完成品のトレーナーの在庫保管費用は 1 日あたり 3 円と計算される.

店舗における品切れは極力避けたいと考えていた営業部長は,店舗への補充は待ち時間なしで行う必要があると感じていた.これは,前節のモデルにおいては,工程 6, 7, 8, 9 の保証リード時間を 0 に設定することに相当する.幸いなことに,ペケトン社では 1 拠点の在庫を管理するための高価なシステムを購入していたので,営業部長は,安全在庫の量を容易に計算することができた.実はこんな計算には高価なシステムは必要なく,品切れ確率を 5% 以内におさめるためには,最終製品の安全在庫レベルを,

$$1.65 \times 標準偏差 \times \sqrt{正味補充時間}$$

と設定すれば良いのである.ここで,1.65 は表 10.1 から読みとった安全在庫係数である.標準偏差は 1 であり,正味補充時間は,前の工程から補充を受けるリード時間に生産時間 (1 日) を加えて,保証リード時間を減じた値であるので,前の工程から受け取る染めた布の在庫が常にあると仮定した場合には,$0 + 1 - 0$ で 1 日となる.よって,営業部長は完成品(各種柄のトレーナー)の在庫を $1.65 \,(= 1.65 \times 1 \times \sqrt{1})$ だけ保持することに決めた.これは営業部長の権限の中では最良の選択であると考えられるので,営業部長はこの意思決定に大変満足していた.

製造部長も同じような考え方で,彼の権限である染めた布の安全在庫レベルを決めていた.営業部長から染めた布の在庫を切らさないように強く言われていたので,布染め工程における保証リード時間は 0 に設定され,また,原料の(染める前の)布の在庫は常にあると資材調達部長から保証されていたので,前の工程から補充を受けるリード時間は 0 と設定した.したがって,製造部長も営業部長の場合と同じように在庫切れの確率を 5% 以内にしようと考えていたので,安全在庫係数 1.65 を用いて,正味補充時間 $1 \,(= 0 + 1 - 0)$ 日分の安全在庫 1.65 だけ,染めた布の在庫をもつことに決めた.これも製造部長の権限の中では最良の選択であり,製造部長も自信を持ってこの戦略を続けていた.

資材調達部長も同様の方法で,原料となる布の安全在庫レベルを決めていた.染める前の布は 4 種類のすべての製品で用いられ,さらに完成品の需要が独立な正規分布と仮定していたので,平均 $4 \,(= 1+1+1+1)$,標準偏差 $2 \,(= \sqrt{4})$ の正規分布になる.原料の調達にかかるリード時間は,下請け会社との契約よって 0 日である.また,下請け会社からペケトン社へ輸送時間が 1 日かかるので,これを工程の生産時間と考えることによって,正味補充時間は $1 \,(= 0 + 1 - 0)$ 日となる.よって,品切れ確率を 5% 以下と設定すると,安全在庫は $1.65 \times 2 \times \sqrt{1} = 3.3$ と決定された.資材調達部長も,彼の権限内ではこれ以上の安全在庫を減らすことはできないと考えていたので,やはり満足をして

いた．

以上をまとめると，各工程のおける現状の保証リード時間と安全在庫量は，表 12.1 のようになり，安全在庫費用の合計は 1 日あたり 36.3 円になっていることが分かる．

表 12.1 各工程における現状の保証リード時間と安全在庫量

工程番号	1	2	3	4	5	6	7	8	9
在庫保管費用	1	2	2	2	2	3	3	3	3
保証リード時間	0	0	0	0	0	0	0	0	0
安全在庫量	3.3	1.65	1.65	1.65	1.65	1.65	1.65	1.65	1.65

さて，現状では各工程ごとに独立に安全在庫量を設定していたが，これはサプライ・チェイン全体における適正な安全在庫の配置を考えることによって改善できる．前節の動的計画法を適用すると，最適な安全在庫の配置と保証リード時間は，表 12.2 のようになり，安全在庫費用の合計は 1 日あたり 31.26 円に改善される．

表 12.2 各工程における最適な保証リード時間と安全在庫量

工程番号	1	2	3	4	5	6	7	8	9
在庫保管費用	1	2	2	2	2	3	3	3	3
保証リード時間	0	1	1	1	1	0	0	0	0
安全在庫量	3.3	0	0	0	0	2.33	2.33	2.33	2.33

すなわち，サプライ・チェイン全体を考えたときの安全在庫は，完成品のトレーナーと原料の布の分だけもてば良く，染色後の布の在庫をもたないかわりに，完成品の各色のトレーナーの安全在庫を 2 日間の需要量分だけ保持すれば良いことが分かる．なお，各色のトレーナーの安全在庫量は，需要の標準偏差が 1 で正味補充時間が $2 (= 1 + 1 - 0)$ 日であることから，$1.65 \times 1 \times \sqrt{2} \approx 2.33$ と計算されたものである．

ペケトン社のサプライ・チェインをさらに改善するための方法として，**遅延差別化** (delayed differentiation, postponement) を適用してみよう．遅延差別化とは，最終製品が多品種のときに，顧客の要求に応じた製品の分化をなるべくサプライ・チェインの下流（顧客側）で行うことであり，顧客のサービスレベルの改善（もしくは維持）と安全在庫の低減を同時に行うためのテクニックである．

遅延差別化の方法としては，以下のものが考えられる．

部品の共通化による方法： たとえば，白黒とカラーの 2 種類のプリンタを製造している会社において，従来は，白黒とカラーによって異なる部品を用いていたものを，共通なものに置き換えるようにリエンジニアリングする．

モジュール化による方法： 部品を共通化するのではなく，モジュール化することによって遅延差別化が可能な場合もある．たとえば，白黒とカラーのプリンタを製造したいときに，2 種類のプリンタを最終製品とするのではなく，白黒印刷機能を備えたプリンタ本体とカラー印刷用のオプションキット（これがモジュールで

ある)を製造することがあげられる.

標準化による方法: 異なる種類の製品を製造するのではなく,標準化する方法も遅延差別化にとって有効である場合がある.たとえば,複数の国にプリンタを輸出している会社において,国ごとに異なる電圧の仕様をもつ電源をつけるのではなく,どんな電圧にも変更可能な万能型の電源を組み込んで販売することがあげられる.

作業工程を後ろにずらすことによる方法: 複数の国にプリンタを輸出している会社において,本社工場で国ごとに異なる電源やマニュアルを梱包するのではなく,各国に輸出した後で,一度梱包を解いて電源とマニュアルを入れることが,代表的な適用例である.

作業工程の入れ替えによる方法: ペケトン社を例にする.布を染める工程とトレーナーを製造する工程を入れ替えて,先に色のついていないトレーナーを製造し,その後で顧客需要に応じて染めるように工程の順序を入れ替えることを考える(図 12.4).これは,実際に大手アパレルメーカーであるベネトン社で適用され,大きな成功をおさめた方法であり,以下に示すように安全在庫量を削減することが可能になる.

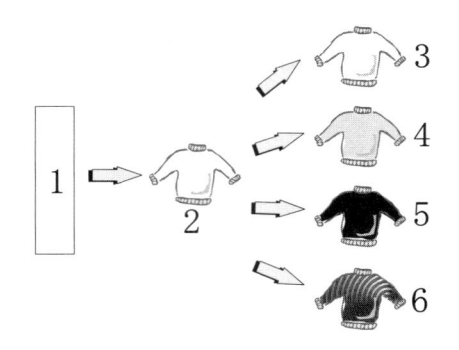

図 **12.4** 工程の順序を逆転させたサプライ・チェイン

染める工程とトレーナーを製造する工程を入れ替えることによって,各工程の最適な保証リード時間と安全在庫量は,表 12.3 のように変わり,安全在庫費用の合計は,1 日あたり 29.14 円に改善される.ここで,工程 2 の安全在庫量は,以下のように計算されたものである.染める前のトレーナーの需要は,完成品の 4 種類のトレーナーの需要をあわせたものであるので,需要が独立な正規分布をしていると仮定したとき,その標準偏差は $2\,(=\sqrt{4})$ となる.また,染める前のトレーナーを製造する工程における正味補充時間は,$2\,(=1+1-0)$ 日であるので,安全在庫量は $1.65 \times 2 \times \sqrt{2}$ で約 4.67 となる.

このように,共通の安全在庫を用いることによって在庫量の低減を図る方法は,**リスク共同管理**(risk pooling)もしくは**統計的規模の経済**(statistical economies of scale)

表 12.3 工程の順序を変えた後の最適な保証リード時間と安全在庫量

工程番号	1	2	3	4	5	6
在庫保管費用	1	2	3	3	3	3
保証リード時間	1	0	0	0	0	0
安全在庫量	0	4.67	1.65	1.65	1.65	1.65

とよばれ，サプライ・チェイン内の在庫改善のための常套手段である．

さて，ペケトン社の在庫費用はさらに低減できるであろうか？ たとえば，ペケトン社が無店舗販売に切り替え，顧客からの注文をインターネットで受け付け，その後宅急便で1日以内に商品を届けるようにシステムを変更したものとしよう．これによって，顧客への保証リード時間は0日から1日になる．すると，工程3,4,5,6における安全在庫をなくすことができ，1日あたり9.34円まで安全在庫費用を削減することができるのである．

これは，染める前のトレーナーは需要予測に基づいて製造し，完成品のトレーナーは実際の需要が発生してから製造することを意味している．一般に，需要予測に基づいて製造するシステムを**押し出し型システム**（push-based system）とよび，実際の受注に基づいてから製造を行うシステムを**引っ張り型システム**（pull-based system）とよぶ．すなわち，無店舗販売に切り替える前のペケトン社では，完成品まですべて押し出し型システムであり，無店舗販売に切り替えた後のペケトン社では，染める前のトレーナーは押し出し型システムで，完成品のトレーナーは引っ張り型システムで製造していることになる．サプライ・チェイン内において，押し出し型と引っ張り型が切り替わる地点を**引っ張りと押し出しの境界**（pull-push boundary）もしくは**デカップリング地点**（decoupling point）とよぶ．無店舗販売を行ったペケトン社の場合には，引っ張りと押し出しの境界を後ろに（サプライ・チェインの上流に）移動させることによって，安全在庫の削減を行ったと解釈できる．

このように，本章で扱った安全在庫配置モデルは，最適な「引っ張りと押し出しの境界」を見いだすためにも有効である．

13

施設配置モデル

　施設配置問題（facility location problem；または**工場立地問題**：plant location problem）とは，広く捉えると「空間内において最適な点を選択する問題」の総称と考えられる．例をあげると工場，倉庫，配送センター，学校，油田，病院，郵便局，郵便ポストなどの種々の施設の立地から，タイプのキー配置の決定や工場内の機械の配置まで，我々の生活のいたる所で「施設配置」は現れる．

　古くから，統治者たちは自分の城をどこに造るかに頭を悩ませていたし，もっと昔の旧石器人たちも自分の住処を決めるために知恵を働かせていた．いずれにせよ，施設配置は人間が効率よく生きるために必要不可欠な意思決定問題であることは確かなようだ．人類の進化に伴い，施設配置の重要性は増大していったが，それと同時に問題の複雑さも増大していった．実際，何もない大平原に城を造るのとは異なり，幾つもの施設が互いに密接に関係している現代社会においては，1つの施設の配置も社会システム全体を考えて決めなければならなくなっている．たとえば，マンションを借りる場所の選定という割と簡単な意思決定でさえ，会社への通勤時間，子供の学校の近さ，住環境，買い物の便，家賃など様々な要因がからんでくる．また，現実に施設を新たに設置もしくは閉鎖するときには，莫大な投資が必要となる．そのため，施設配置問題は，経営における意思決定の中でも最も重要なものの1つとなっており，オペレーションズ・リサーチ，経営科学，コンピュータ・サイエンス，都市工学などの種々の分野で活発に研究が行われている．

　昔（1167年のある日のこと），Absalon司教が首都（Copenhagen）を決めたときに，地図を広げて目をつぶって適当な場所を指したという話が残っている[105]が，驚くべきことに，現在においてもこれと似たような，またはこれに毛が生えたような意思決定方法が多くの企業で用いられており，それがロジスティクス関連費用の増大に繋がっている．このような我が国の現状に対する啓蒙とするため，ここでは数理的な手段を用いて効率的な施設配置を決めるための技法と，その適用方法について述べることにする．もちろん，最終的な目標はサプライ・チェーン全体を考えた施設配置であり，1つの施設の配置の是非を問うものではないことに注意されたい．サプライ・チェーン全体を考えた施設配置モデルは，ロジスティクス・ネットワーク設計モデルとよばれ，第14章で詳述する．

　本章の構成は次のようになっている．

13.1 節では，代表的な施設配置問題を紹介する．
13.2 節では，施設配置問題の分類基準を示す．
13.3 節では，平面上に 1 つの施設を配置する問題（Weber 問題）に対する解法を示す．
13.4 節では単純施設配置問題の 2 種類の定式化（弱い定式化と強い定式化）について述べる．
13.5 節では，3 つの厳密解法（Lagrange 緩和法，双対上昇法，Benders の分解法）を導く．

13.1 代表的な問題

施設配置問題には多くのバリエーションがある．ここでは，幾つかの代表的な問題を紹介しておこう．

> **メディアン問題**（median problem）
> 顧客から最も近い施設への距離の「合計」を最小にするようにグラフ内の点または枝上，または空間内の任意の点から施設を選択する問題．

メディアン問題においては，選択される施設の数があらかじめ決められていることが多く，その場合には選択する施設数 p を頭につけて p-メディアン問題とよばれる．施設数を表す記号としては基本的にはどんな文字でも良いが，慣用では p または k を用いることが多いようである．以下では p を用いることにする．

> **センター問題**（center problem）
> 顧客から最も近い施設への距離の「最大値」を最小にするようにグラフ内の点または枝上，または空間内の任意の点から施設を選択する問題．

センター問題においてもメディアン問題と同様に，選択する施設数 p（もしくは k）を頭につけて p-センター問題（もしくは k-センター問題）とよばれることが多い．

> **容量制約なし施設配置問題**（uncapacitated facility location problem）
> 顧客は需要をもっており，その値は既知であるとする．顧客と施設の間に 1 単位の需要が移動するときにかかる輸送費用と，施設を開設するときにかかる固定費用が与えられているとき，すべての顧客の需要を満たすという条件の下で，輸送費用と固定費用の和を最小にするように，1 つないし複数の施設を選択する問題．

容量制約なし施設配置問題は，しばしば**単純施設配置問題**（simple facility location problem）とよばれる．以下ではこの用語を採用することにする．また，単純施設配置

問題において,各施設でまかなうことのできる需要量の上限が決められている問題を**容量制約つき施設配置問題**とよぶ.

13.2 モデルの分類

ここでは,施設配置問題を構成要素によって分類する.

1) 施設の配置可能地点

　a) 連続型

　施設の配置可能地点が,平面上または空間内の任意の場所

　b) 離散型

　施設の配置可能地点が,あらかじめ与えられた有限個の地点上に限定されている

Weber[158)]に代表されるように,古典的な研究は連続型を扱う場合が多かったが,最近では,離散型の研究の数が大きく上回っており,離散型施設配置問題のみを扱った本[127)]も出版されるに至っている.この原因としては大きく2つのことが考えられる.1つの理由は,徐々に都市が密になってきたため,配置可能地点が限られてきたことであり,もう1つの理由は,Weberをはじめとする古典的な研究は,主に理論的な興味によって行われてきたものであるのに対して,離散型に対する研究は,より現実的な問題に対処するために生まれてきたことである.

2) 選択可能な施設数

　a) 単一

　b) 複数

　　i. 施設の数が固定

　施設の数があらかじめ定数として与えられている場合は,その数 (p または k) を問題名の前に付加してよぶ場合が多い.たとえば,評価尺度が施設から顧客への平均距離の場合には p-メディアンまたは k-メディアン問題とよび,施設から最も遠い顧客への距離を評価尺度とするときには,p-センターまたは k-センターなどとよぶ訳である.

　　ii. 施設の数が任意

　施設の数が任意の場合には,施設を立地したときに固定費用がかかると仮定する場合が多い.もちろん,固定費用は(たとえば)年ベースに減価償却した値を用いて輸送費用との整合をとるものとする.

3) 目的関数

　a) 最も近い施設への距離の関数

　距離の測定方法は,以下のものが代表的である.

　　i. Euclid 距離 (ℓ^2 ノルム)

　2点の座標を $(x_1, y_1), (x_2, y_2)$ としたとき,
$$\sqrt{(x_1-x_2)^2 + (y_1-y_2)^2}$$

ii. マンハッタン距離（ℓ^1 ノルム）

2点の座標を (x_1, y_1), (x_2, y_2) としたとき，

$$|x_1 - x_2| + |y_1 - y_2|$$

この距離は格子状のネットワークに適している．ニューヨークのマンハッタン島の道路が格子状になっていることから，この名称がつけられた．日本では京都距離とよぶべきかもしれない．

iii. 道路ネットワーク上での距離，時間，または距離・時間の関数

b）輸送費用

通常は，施設から顧客への移動時間および距離の関数を考えるが，トラック輸送の場合には巡回距離に応じた輸送費用を計算する必要があるので，問題は配送計画問題（第18章参照）との混合型になる．

4）ネットワークの種類

a）一般型（有向，無向）

b）木状

閉路を含まないグラフを指す．主に河川，自動搬送機（automated guided vehicle: AGV）のネットワーク，送電線網などで現れる．

c）その他の特殊なネットワーク（たとえばリング型ネットワーク，平面的グラフなど）

5）評価尺度の基準

a）min-sum 基準

最も近い施設への距離の合計を最小化する．メディアン問題，単純施設配置問題がこの範疇に含まれる．

b）min-max 基準

最も近い施設への距離の最も遠い顧客に対する距離を最小化する．センター問題，**被覆問題**（covering problem）がこの範疇に含まれる．

c）max-sum 基準

最も近い施設への距離の合計を最大化する．これは原子力発電所やゴミ処理施設などのなるべく遠くにあって欲しい施設（迷惑施設：obnoxious facility）の立地に現れる．

d）max-min 基準

施設に最も近い顧客への距離を最大化する．これも上の max-sum 基準と同様に迷惑施設の場合に現れるが，核廃棄物最終保管場所やウィルス実験所など，万が一の場合でも被害を最小限に食い止める必要性のある施設の立地問題に適用される．

e）上の基準の混合型

たとえば，利便性を考えると施設への距離が近い方が良いと考えられる学校や駅も，あまり近すぎると騒音の問題が発生する．このような場合は，近さの評価尺度と

遠さの評価尺度の混合型と考えられる．また，Halpern[89]やHandler[90]はセンター問題とメディアン問題の混合型を考えており，前者はこの問題を cent-dian 問題とよび，後者は midi-center 問題とよんでいる．

6）評価尺度の数
　a）単一
　b）複数
　複数の評価尺度のトレードオフを考慮した問題は，多目的計画問題に帰着される．

7）顧客に対するサービスの種類
　a）単一
　b）複数

8）品種数
　a）単一
　b）複数

9）施設の必須性
　a）必ず必要（essential）
　たとえば，病院，交番，商店など．
　b）必ずしも必要でない（nonessential）
　たとえば，レストラン，喫茶店，酒屋など．

10）顧客需要の分割の有無
　a）分割可能（preemptive, proportional）
　この場合には，施設の魅力度（効用）にしたがって分割比率が決まり，顧客需要が幾つかの施設に配分されるものとする．
　b）分割不可（nonpreemptive, binary）

11）顧客需要に関する情報
　a）確定値が既知
　b）確率分布が既知
　c）何の情報ももたない

12）移動費用（距離，時間）に関する情報
　a）確定値が既知
　b）確率分布が既知
　c）何の情報ももたない

13）需要の変動
　a）定常（静的：static）
　b）時間によって変化するが，時間を複数の期に分けたとき，期ごとでは定常（多期間：multiperiod）
　c）時間によって変化し，将来の需要値は分からない（動的：dynamic）

14) 他の施設との競争の有無
   a) 競争あり
   b) 競争なし
      i. 協力してサービスをする
      ii. 独立にサービスする
15) 施設の容量制約
   a) 制約なし
   b) 制約あり
      i. 下限制約
      ii. 上限制約

実際には，施設関連費用は，施設を通過する物資の量に対する複雑な関数になっており，下限・上限制約は，取り扱いのしやすい固定費用つきの線形目的関数を現実に近づけるための近似方策にすぎない．より現実に近い目的関数としては，区分的に線形な費用関数，または規模の経済を考慮した凹費用関数があげられ，これらの関数と上限・下限の組合せによって，現実の費用の近似とする訳である．

16) 待ち行列的要素
   a) なし
   b) あり

この場合には，待ち行列に対する膨大な分類基準が必要になるが，ここでそのすべてを書くことはスペースの都合上不可能である．最も重要であると考えられるサービス順についてのみ，分類をあげておく．

17) サービス順
   a) 先着順 (first-in first-out: FIFO)
   b) 後着順 (last-in first-out: LIFO)
   c) 待ち時間に応じた評価尺度
18) 施設間の相互作用
   a) 相互作用なし
   b) 相互作用あり

この問題は，1957年に Koopmans–Beckmann[103] によってはじめて考えられた問題であり，一般に **2次割当問題** (quadratic assignment problem) とよばれる．典型的なシナリオは以下のような場合である．n 個の施設があり，それをnヶ所の地点に配置することを考える．施設 i, j 間には物資の移動量 f_{ij} があり，地点 k, ℓ 間を移動するには距離 $d_{k\ell}$ がかかるものとする．ここでの目的は，物資の総移動距離を最小にするように，各地点に1つずつ施設を配置することである．

13.3 Weber 問題に対する解法

施設配置問題に関連する最初の研究は，17世紀の初頭に Fermat[*1] によって成された．彼の扱った問題は，現在では平面上の（連続）1-メディアン問題とよばれる問題であり，ネットワーク・デザイン問題の基本形である **Steiner 木問題**（Steiner tree problem）の特殊型とも考えられる．

Euclid 型の Steiner 木問題[*2] とは，平面上（または空間内）の点が与えられたとき，総距離が最小の木（閉路を含まない部分グラフ）を求める問題である．このとき，与えられた点以外の点（Steiner 点）を付加することができるところが最小木問題と異なる．最小木問題は枝の長さの短い順に付加していく，いわゆる貪欲解法で解くことができるが，Steiner 木問題は $\mathcal{NP}$-困難である．

Fermat の提唱した問題の幾何学的な解答は，1640年頃に Torricelli によって与えられた．しかし，この結果は力学系の平衡点が重心になるという 19 世紀後半の物理学者 Maxwell の定理から明らかである．また，重みつきの Fermat 問題は 1750 年頃から研究されていたが，この問題の解答は，20 世紀の初頭（1909 年）に Weber によって与えられた．そのため，このタイプの問題は **Weber 問題**（Weber problem）とよばれる．

Weber 問題は 1-メディアン問題の始祖と考えられる．ここでは平面上の Weber 問題に対する解法を考えてみよう．

各顧客 i は平面上に分布しているものとし，その座標を (X_i, Y_i) とする．顧客は需要量 w_i をもち，目的関数は施設と顧客の間の距離に需要量を乗じたものの和とする．顧客と施設間の距離は ℓ_p ノルム $(1 \leq p)$ を用いて計算されるものとする．東京都市圏の道路ネットワークでは $p \approx 1.8901$ と推定されており[23]，実務的には Euclid ノルム $(p=2)$ に迂回係数（1.3 程度）を乗じたものを使う場合が多い．

顧客の集合 I に対して，単一の倉庫の配置地点 (X, Y) を決定する問題は，

$$f(X, Y) = \sum_{i \in I} w_i \{(X - X_i)^p + (Y - Y_i)^p\}^{1/p} \tag{13.1}$$

を最小にする $(X, Y) \in \mathbf{R}^2$ を求める問題になる．これは，以下の Weiszfeld 法を拡張した解法[23] を用いることによって容易に求解できる．

[*1] Pierre de Fermat (1601–1665). Fermat は数学の多くの基礎分野（特に整数論）に対して貢献をした偉大な素人数学者である．Diophantus のラテン語訳の余白に記した $x^n + y^n = z^n (n > 2)$ が整数解をもたないという，いわゆる Fermat の最終定理（大定理）とよばれる予想（本人は証明をしたと主張しているが）はあまりにも有名である．この予想に対する本当の証明は 1993 年に Wiles によって成され，350 年ぶりに解決された．

[*2] 一般には，ネットワーク上の候補点から Steiner 点を選択する問題も Steiner 木問題とよばれるが，ここでは平面上（空間内）の任意の地点から Steiner 点を選べる古典的な Euclid 型モデルに限定する．ちなみに，Steiner 木問題という名前をポピュラーにしたのは，Courant–Robbins のベストセラー "What is Mathematics"（森口繁一訳『数学とは何か？』）である．

式 (13.1) は凸関数であるので，(X,Y) が最適解である必要十分条件は，(X,Y) が

$$\frac{\partial f(X,Y)}{\partial X} = 0$$

および

$$\frac{\partial f(X,Y)}{\partial Y} = 0$$

を満たすことである．

$$\frac{\partial f(X,Y)}{\partial X} = \sum_{i \in I} w_i (X - X_i) \frac{|X - X_i|^{p-2}}{\{(X - X_i)^p + (Y - Y_i)^p\}^{(p-1)/p}} = 0$$

は陽的に解くことができないが，以下の X に対する繰り返し式を示唆している．

$$X^{(q+1)} = \frac{\sum_{i \in I} w_i |X^{(q)} - X_i|^{p-2} X_i / \{(X^{(q)} - X_i)^p + (Y^{(q)} - Y_i)^p\}^{(p-1)/p}}{\sum_{i \in I} w_i |X^{(q)} - X_i|^{p-2} / \{(X^{(q)} - X_i)^p + (Y^{(q)} - Y_i)^p\}^{(p-1)/p}}$$

Y についても同様の式を導くことができる．

これらの式を利用した解法は，一般に不動点アルゴリズムとよばれ，$1 \leq p \leq 2$ のとき大域的最適解に収束する[23]．

13.4 定 式 化

単純施設配置問題に対する定式化については，すでに 4.2 節で示してあるが，本章で用いる記号とあわせて再掲しておく．この定式化は 13.5 節で厳密解法または下界導出法を構築するときに用いられる．

需要地点（または顧客）の集合を I，施設の配置可能地点の集合を J で表す．顧客の需要量は合計値が 1 になるようにスケーリングされているものとし，顧客 $i \in I$ と施設 $j \in J$ 間に 1 単位の需要が移動するときにかかる輸送費用を c_{ij}，施設 $j \in J$ を開設するときにかかる固定費用を f_j とする．

以下に定義される実数変数 x_{ij} および 0-1 整数変数 y_j を用いる．

$$x_{ij} = 顧客 i の需要が施設 j によって満たされる割合$$

$$y_j = \begin{cases} 1 & 施設 j を開設するとき \\ 0 & それ以外のとき \end{cases}$$

上の記号および変数を用いると，単純施設配置問題は以下の混合整数計画問題として定式化できる．

$$\begin{aligned}
\text{minimize} \quad & \sum_{j \in J} f_j y_j + \sum_{i \in I} \sum_{j \in J} c_{ij} x_{ij} \\
\text{subject to} \quad & \sum_{j \in J} x_{ij} = 1 \quad \forall i \in I
\end{aligned} \qquad (13.2)$$

$$x_{ij} \leq y_j \qquad \forall i \in I, j \in J \qquad (13.3)$$
$$x_{ij} \geq 0 \qquad \forall i \in I, j \in J \qquad (13.4)$$
$$y_j \in \{0,1\} \qquad \forall j \in J \qquad (13.5)$$

ここで式 (13.2) は，各顧客の需要がすべて満たされなければならないことを示し，式 (13.3) は，開設した施設からでないと輸送ができないことを表している．式 (13.3) は $|I| \times |J|$ 本あるが，以下の $|J|$ 本の式で代用できる．

$$\sum_{i \in I} x_{ij} \leq |I| y_j \qquad \forall j \in J$$

この式は式 (13.3) を合成して得たものであり，混合整数計画問題の定式化としては十分であるが，4.2 節，4.3 節で示したように，変数 y の整数条件を緩和した線形緩和問題の値が非常に悪いので，厳密解法（および下界導出法）を導く際には，用いるべきではない．

13.5 厳密解法

Weber 問題では，平面上の任意の地点に施設を配置することができた．しかし，現実の問題に対処するには，幾つかの候補地点から，複数の設置地点を選択する必要がある．ここでは，そのようなシナリオの下で最も基本的な単純施設配置問題に対する厳密解法の導出法について考える．

ここでは，厳密解法の基礎となる 3 つの基本的な考え方を紹介する．
- Lagrange 緩和に基づく方法（13.5.1 項）
- Lagrange 双対問題を近似的に解く方法（13.5.2 項）
- Benders の分解原理に基づく方法（13.5.3 項）

13.5.1 Lagrange 緩和

単純施設配置問題は $\mathcal{NP}$-困難であるので，通常は分枝限定法などの列挙法などに頼る必要がある．幸いにも，この問題の場合には双対ギャップが小さいため，適当な緩和問題を解くことによって，効果的に列挙木の増大を抑制できる．

下界を導くための最もポピュラーな方法の 1 つとして Lagrange 緩和がある．まず，上で示した単純施設配置問題の強い定式化において，式 (13.2) を Lagrange 緩和することによって下界を導こう．

式 (13.2) の第 i 式

$$1 - \sum_{j \in J} x_{ij} \, (= 0)$$

に実数 u_i を乗じて目的関数に加えると次のようになる．

$$\text{minimize} \quad \sum_{j \in J} f_j y_j + \sum_{i \in I} \sum_{j \in J} (c_{ij} - u_i) x_{ij} + \sum_{i \in I} u_i$$
subject to (13.3), (13.4), (13.5)

ここで，原問題の実行可能解においては $\sum_{j \in J} x_{ij} - 1 = 0$ であることから，任意の $|I|$ 実数ベクトル u に対して，上の問題の最適値は原問題の下界を与える．言い換えれば上の問題は緩和問題になっている．u を Lagrange 乗数ベクトルとよび，この問題を **Lagrange 緩和**（Lagrangean relaxation）問題とよぶ．(Lagrange 緩和の一般論については，4.12 節を参照．)

上で導いた Lagrange 緩和問題においては，施設の間を繋ぐ式がないので，問題は各施設 $j \in J$ ごとに分解して解くことができる．分解された問題は，各 $j \in J$ に対して以下のようになる．

$$\begin{aligned}
\text{minimize} \quad & f_j y_j + \sum_{i \in I} (c_{ij} - u_i) x_{ij} \\
\text{subject to} \quad & x_{ij} \leq y_j \quad \forall i \in I \\
& x_{ij} \geq 0 \quad \forall i \in I \\
& y_j \in \{0, 1\} \quad \forall j
\end{aligned}$$

この問題には 0-1 整数変数が 1 つしかないので，0 または 1 の 2 通りの場合を調べることによって最適解が求まる．$y_j = 1$ のときには $c_{ij} - u_i$ が非正になっている x_{ij} だけが正の値をとることができるので，目的関数値は

$$f_j + \sum_{i \in I} (c_{ij} - u_i)^-$$

となる．ここで $(x)^-$ は $\min\{x, 0\}$ を表す．一方，$y_j = 0$ のときには，すべての $i \in I$ に対して $x_{ij} = 0$ となり，目的関数値は 0 となる．よって y_j は，$f_j + \sum_{i \in I} (c_{ij} - u_i)^-$ が正ならば 0，負ならば 1，0 のときにはどちらでも良いことが分かる．y_j の値が決まれば，x_{ij} の値も以下のように自動的に決まる．

$$x_{ij} = \begin{cases} y_j & c_{ij} - u_i < 0 \text{ のとき} \\ 0 \text{ または } y_j & c_{ij} - u_i = 0 \text{ のとき} \\ 0 & c_{ij} - u_i > 0 \text{ のとき} \end{cases}$$

このように，Lagrange 乗数ベクトル u を決めれば，Lagrange 緩和問題の最適解は容易に求まる．Lagrange 緩和問題の最適値を u の関数として $L(u)$ と書く．ベクトル u は得られる下界を最大にするように決めれば良い．

$$LB = \max_u L(u)$$

この問題は **Lagrange 双対問題**（Lagrangean dual problem）とよばれる．

$L(u)$ は凹関数であり，かつ区分的に線形な微分不可能関数であるので，劣勾配法によって最大化することができる．

劣勾配法は微分不可能な関数に対する最適化手法であり，以下に定義される通常の意味での勾配を拡張した**劣勾配**（subgradient）とよばれる概念を用いる．上で導いたLagrange 双対問題の場合には，Lagrange 緩和問題の解を $(\hat{x}, \hat{y})$ とすると，劣勾配は

$$s_i = 1 - \sum_{j \in J} \hat{x}_{ij} \quad \forall i \in I \tag{13.6}$$

となる．

Lagrange 双対問題に対する劣勾配法
1　収束判定基準 $\epsilon\ (>0)$ を入力．
2　$u_i := 0, \forall i \in I$
3　**repeat**
4　　Lagrange 緩和問題を解くことによって $(\hat{x}, \hat{y})$ を求める．
5　　劣勾配 $s_i, \forall i \in I$ を式 (13.6) により求める．
6　　ステップサイズ θ を適当に定める．
7　　$u_i := u_i + \theta s_i, \forall i \in I$
8　**until** $\|s\| \leq \epsilon$

上のアルゴリズムで，$\|s\|$ はベクトル s の Euclid ノルム $\sqrt{s \cdot s}$ を表す．ステップサイズ θ の選び方は種々提案されている．詳細は 4.12 節を参照されたい．

上で考えた Lagrange 緩和は，単純施設配置問題だけでなく，種々のバリエーションに対しても適用可能である．

13.5.2　双対上昇法

ここでは単純施設配置問題の構造を利用した解法について考える．

単純施設配置問題に対する強い定式化において，変数 y の整数条件を緩和することによって，以下の線形計画緩和問題を得る．

$$\begin{aligned}
\text{minimize} \quad & \sum_{j \in J} f_j y_j + \sum_{i \in I} \sum_{j \in J} c_{ij} x_{ij} \\
\text{subject to} \quad & \sum_{j \in J} x_{ij} = 1 \quad \forall i \in I \tag{13.7} \\
& x_{ij} \leq y_j \quad \forall i \in I, j \in J \tag{13.8} \\
& y_j \leq 1 \quad \forall j \in J \tag{13.9} \\
& x_{ij} \geq 0 \quad \forall i \in I, j \in J
\end{aligned}$$

13.5 厳密解法

$$y_j \geq 0 \qquad \forall j \in J$$

上の線形計画問題に対する双対問題を Lagrange 双対問題を経由して導こう. (13.7), (13.8), (13.9) の各式に対する双対変数を, それぞれ u_i, v_{ij}, w_j とする. 各式に双対変数を乗じて, 目的関数に加え, 変数 x, y について整理すると

$$\sum_{i \in I} u_i - \sum_{j \in J} w_j + \sum_{j \in J} \left(f_j - \sum_{i \in I} v_{ij} + w_j \right) y_j + \sum_{i \in I} \sum_{j \in J} (c_{ij} - u_i + v_{ij}) x_{ij}$$

となる. この式は, 任意の非負実数ベクトル v, w と実数ベクトル u に対して線形計画緩和問題の下界を与える. ここで, x, y は非負であるので, 下界が $-\infty$ に発散しないためには, x_{ij}, y_j の各々の係数が非負であることが必要である. また, 最良の下界を得るためには x, y に依存しない項 $\sum_{i \in I} u_i - \sum_{j \in J} w_j$ をなるべく大きくすれば良い. 上の議論から以下の双対問題を得る.

$$\begin{aligned}
\text{maximize} \quad & \sum_{i \in I} u_i - \sum_{j \in J} w_j \\
\text{subject to} \quad & u_i - v_{ij} \leq c_{ij} \quad \forall i \in I, j \in J & (13.10) \\
& \sum_{i \in I} v_{ij} - w_j \leq f_j \quad \forall j \in J & (13.11) \\
& v_{ij} \geq 0 \quad \forall i \in I, j \in J \\
& w_j \geq 0 \quad \forall j \in J
\end{aligned}$$

強双対定理より, 上で導いた双対問題の最適値は, 線形計画問題の最適値と (もし両者が解をもつなら) 一致する. 上で導いた双対問題は, 施設配置問題固有の特殊構造をもつため, それを利用した解法が可能である. まず, 式 (13.11) から

$$w_j \geq \sum_{i \in I} v_{ij} - f_j \quad \forall j \in J$$

が導かれるが, $w_j (\geq 0)$ は小さい方が良いので,

$$w_j = \left(\sum_{i \in I} v_{ij} - f_j \right)^+$$

と設定できる. ここで, $(x)^+$ は $\max\{x, 0\}$ を表す演算子である. 式 (13.10) から

$$v_{ij} \geq u_i - c_{ij}$$

が導かれる. $v_{ij} (\geq 0)$ を大きくすると, 式 (13.11) より w_j が増加し, 目的関数が小さくなる. したがって, v_{ij} はなるべく小さい方が良いと考えられ

$$v_{ij} = (u_i - c_{ij})^+$$

と設定できる．したがって，双対問題は以下のようにコンパクトに書くことができる．

$$\max_u \left\{ \sum_{i \in I} u_i - \sum_{j \in J} \left(\sum_{i \in I} (u_i - c_{ij})^+ - f_j \right)^+ \right\}$$

この式では，変数 v, w が消去され，u だけの関数になっていることに注意されたい．

また，u の探索範囲を以下のようにして限定できる．まず，$\sum_{i \in I}(u_i - c_{ij})^+ - f_j > 0$ の場合には，$u_i - c_{ij} > 0$ を満たす j が存在するので，u_i を増加させても，同じ量だけある w_j を増やさなければいけなくなり，双対問題の目的関数は増加しない．したがって，$\sum_{i \in I}(u_i - c_{ij})^+ - f_j \leq 0$ を満たすという制約を付加しても双対問題の最適値に影響はない．さらに，$u_i < \min_{j \in J} c_{ij}$ ならば，目的関数を減少させることなく u_i を大きくできるので，$u_i \geq \min_{j \in J} c_{ij}$ だけを考えれば良い．

このように双対変数に制限をつけ，探索範囲を限定した上で近似的に双対問題を解く方法を**制限つき Lagrange 緩和法**（restricted Lagrangean relaxation method）または**双対上昇法**（dual ascent method）とよぶ．ここで上昇法とよぶ理由は，劣勾配法が通常は双対問題の目的関数値の単調増加性を保証しないのに対して，双対上昇法においては下界を単調に増加させるように双対変数を整合させていくためである．

施設配置問題にはじめて双対上昇法を適用したのは Erlenkotter[53] である．まず初期解を $u_i = \min_{j \in J} c_{ij}, \forall i \in I$ とし，各 $i \in I$ ごとに次に大きい c_{ij} に u_i が一致するか $\sum_{i \in I}(u_i - c_{ij})^+ - f_j = 0$ が満たされるまで u_i を増加させていく．また，線形計画法の相補性より，$\sum_{i \in I}(u_i - c_{ij})^+ - f_j = 0$ を満たす $j \in J$ を施設設置可能地点とすることによって，良好な主問題の近似解を得ることができる．このようにして得られた下界と上界のギャップは極めて小さく，多くの標準的な問題に対しては上界と下界が一致する．Erlenkotter の解法は，現在でも単純施設配置問題に対する最も有効な近似解法の１つであると考えられている．このように，主問題の近似解を双対の情報をもとに生成する方法は，**主・双対ヒューリスティクス**（primal-dual heuristics）とよばれ，最近では種々の組合せ最適化問題に対して適用され成功をおさめている．

13.5.3 Benders の分解法

次に，単純施設配置問題に対する Benders の分解法[14] の適用を考える．

まず，整数変数 y を固定した問題を考える．すると，各施設 $j \in J$ 間を繋ぐ制約がなくなるので，問題は顧客ごとに分解できる．分解された問題は，各 $i \in I$ に対して以下のようになる．

$$\begin{align}
\text{minimize} \quad & \sum_{j \in J} c_{ij} x_{ij} \\
\text{subject to} \quad & \sum_{j \in J} x_{ij} = 1
\end{align} \tag{13.12}$$

$$x_{ij} \leq y_j \qquad \forall j \in J \qquad (13.13)$$
$$x_{ij} \geq 0 \qquad \forall j \in J$$

この線形計画問題の最適値を y の関数として $Z_i(y)$ と書くと，原問題は以下のように書くことができる．

$$\text{minimize} \quad \sum_{j \in J} f_j y_j + \sum_{i \in I} Z_i(y) \qquad (13.14)$$
$$\text{subject to} \quad y_j \in \{0, 1\} \quad \forall j \in J \qquad (13.15)$$

原問題は y だけを変数とした問題に帰着されたが，$Z_i(y)$ は y に対する複雑な関数となっているので，このままでは解くことが難しい．y を固定した線形計画問題の双対問題を経由して $Z_i(y)$ を y の関数として表そう．

式 (13.12), (13.13) の各々に対する双対変数を，それぞれ u_i, v_{ij} とすると，双対問題は次のようになる．すべての $i \in I$ に対して，

$$Z_i(y) = \text{maximize} \quad u_i - \sum_{j \in J} v_{ij} y_j$$
$$\text{subject to} \quad u_i - v_{ij} \leq c_{ij} \quad \forall j \in J \qquad (13.16)$$
$$v_{ij} \geq 0 \qquad \forall j \in J$$

式 (13.16) より $v_{ij} \geq u_i - c_{ij}$ であり，v_{ij} (≥ 0) はなるべく小さい方が望ましいので，

$$v_{ij} = (u_i - c_{ij})^+$$

を得る．ここで，$(x)^+$ は $\max\{x, 0\}$ を表す演算子である．

v_{ij} を消去することによって，$Z_i(y)$ は以下のようにコンパクトに書くことができる．

$$Z_i(y) = \max_{u_i} \left\{ u_i - \sum_{j \in J} (u_i - c_{ij})^+ y_j \right\}$$

また，上式の右辺は変数 u に対する区分的線形な凹関数であるので，その最大値は線形関数の継ぎ目（ある $k \in J$ に対して $u_i = c_{ik}$ となる点）で達成される．よって，$Z_i(y)$ は以下のように簡略化できる．

$$Z_i(y) = \max_{k \in J} \left\{ c_{ik} - \sum_{j \in J} (c_{ik} - c_{ij})^+ y_j \right\}$$

この $Z_i(y)$ を原問題に代入し，さらに $Z_i(y)$ を表す変数 ξ_i を導入することによって目的関数から $\max$ を除去すると

$$\text{minimize} \quad \sum_{j \in J} f_j y_j + \sum_{i \in I} \xi_i$$

$$\text{subject to} \quad \xi_i \geq c_{ik} - \sum_{j \in J}(c_{ik} - c_{ij})^+ y_j \quad \forall k \in J, i \in I \qquad (13.17)$$

$$y_j \in \{0,1\} \qquad \forall j \in J$$

となる．この問題は，単純施設配置問題の場合には容易に解くことができるが，容量制約つき施設配置問題などの一般的な問題では，式の本数が膨大になるので，式 (13.17) から必要なものを選択し，順次追加していく切除平面法によって求解する．この解法は，付加制約がある場合にも容易に拡張でき，また大規模問題にも適用できる．Benders の分解法のさらなる改良については，Magnanti–Wong[118] を参照されたい．

14 ロジスティクス・ネットワーク設計モデル

　本章で対象にしているロジスティクス・ネットワーク設計モデルは，原料の供給点から需要点までの「もの」の流れを，顧客サービスレベルの制約の下で，数理的に最適化を行うことを目的としている．

　本章のモデルは，大きく実ロジスティクス・オブジェクトを用いたものと，抽象ロジスティクス・オブジェクトを用いたものの2つに分類できる．実ロジスティクス・オブジェクトと抽象ロジスティクス・オブジェクトの関係，ならびに使い分けについては，1.2 節を参照されたい．

　本章の構成は次のようになっている．

　14.1 節では，実ロジスティクス・オブジェクトを用いたロジスティクス・ネットワーク設計モデルについて述べる．

　14.2 節では，実務上重要と思われる拡張モデルについて論じる．

　14.3 節では，グローバル・ロジスティクス・ネットワーク設計モデルについて述べる．

　14.4 節では，抽象ロジスティクス・オブジェクトを用いたロジスティクス・ネットワークのための基本モデルを考える．ここで述べるモデルは，前節の（実ロジスティクス・オブジェクトを用いた）モデルと比べて簡潔であるが，より広範囲の実際問題をモデル化可能である．たとえば，14.1 節でのモデルでは直接表現していなかった輸送モードや，顧客からの回収も考慮したリバース・ロジスティクス・ネットワーク設計モデルも，ここで述べるモデルを使うことによって簡単に表現できる．

　14.5 節では，14.4 節のモデルを多期間に拡張したモデルについて述べる．

　14.6 節では，さらに輸送手段のネットワーク上での移動を考慮した多期間モデルを扱う．

14.1　実ロジスティクス・オブジェクトを用いたモデル

　ここでは，実ロジスティクス・オブジェクトを基礎としたロジスティクス・ネットワーク設計問題に対する包括的モデルを示す．モデルの目的は，単位期間（通常は年）ベースのデータをもとに，ロジスティクス・ネットワークの形状を決めることにある．モデルを求解することによって得られるのは，倉庫，工場，生産ラインの設置の是非，地点間別の各製品群の単位期間内の総輸送量，生産ライン別の各製品群の単位期間内の総生

産量である．

モデルの入力データおよび出力されるロジスティクス・ネットワークの形状を図 14.1 に示す．

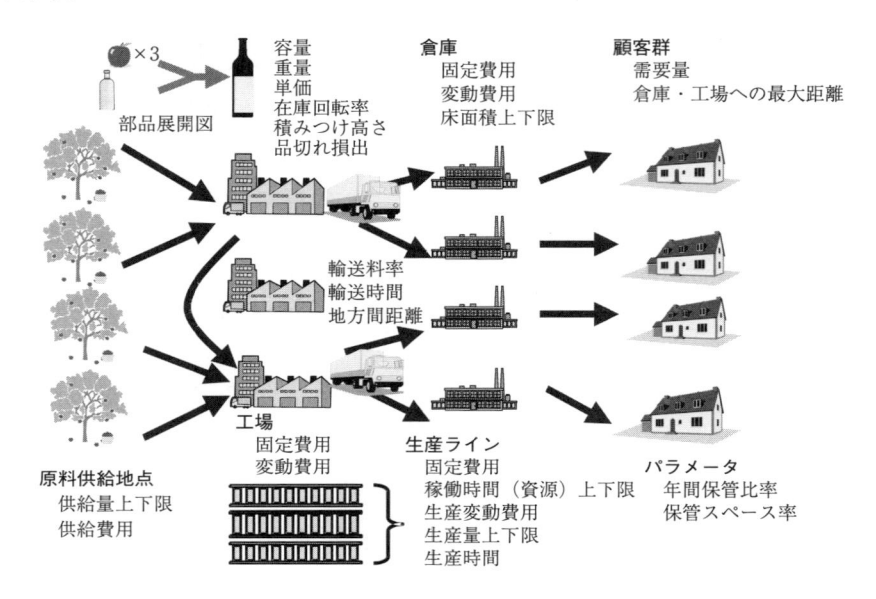

図 14.1 ロジスティクス・ネットワーク設計モデルの概念図

ロジスティクス・ネットワーク設計モデルでは，以下の意思決定項目に対する最適化を同時に行う．

1) 各製品群（原材料，部品）をどこから，どれだけ調達するか？　またそのときの輸送経路は？
2) 各製品群をどこで（どの工場のどの生産ラインで），どれだけ生産するか？
3) 各製品群をどの倉庫（配送センターや中継拠点の総称）で保管するか？
4) 各製品群をどのような輸送手段で輸送するか？
5) 各顧客群の各製品群の需要を，どの地点（倉庫もしくは工場）から運ぶか？
6) 倉庫をどこに新設するか？（または移転，閉鎖するか？）
7) 複数の倉庫の候補地点からどれを選択するか？
8) （新製品投入や顧客の需要の変化に対応するために）どこに工場を新設するか？（または移転，閉鎖するか？）
9) どのような生産ラインをどこの工場内に新設するか？（または移転，閉鎖するか？）

このような意思決定は，単に現状のロジスティクス・ネットワークの見直しを行う場合だけでなく，以下の状況においても有効に用いられる．

1) 吸収・合併の後のロジスティクス・ネットワークの再編成
2) 新製品投入時の意思決定（どこで製造して，どのような流通チャネルで流すか）
3) ロジスティクスにおける戦略的提携（ロジスティクス・パートナーシップ）

ロジスティクス・ネットワーク設計モデルは，(添え字)集合（14.1.1項），入力データ（14.1.2項），変数（14.1.3項），ならびに定式化（14.1.4項)から構成される．

14.1.1 集　　合

モデルを作成するときに最初にすることは，モデルに内在する「集合」を定義することである．複雑な実際問題では，集合間に様々な相互関係が成立する．したがって，モデリングを行うための言語（モデリング言語）としては，集合に対する種々の演算（合併，集合差，部分集合の切り出しなど）ができるものが望ましい．

Prod: 製品群の集合．

> ロジスティクス・ネットワーク内を流れるものを**製品**（product）とよぶ．ここで扱う製品は，製品になる前の部品，原材料，中間製品を含む広い概念である．製品の種類は，対象とするロジスティクス・システムにもよるが，通常は膨大なものになるが，ストラテジックレベルの意思決定モデルを扱う場合には，通常同じ特性をもつ製品の集まりを集約する．ここでは，製品を集約したものを，個々の製品と区別するために**製品群**（product group）とよぶ．通常，製品群の数が数十程度になるように集約する．集約の意義と必要性については，1.4節を参照されたい．

> 以下に定義する FinalProd, Prod_ℓ, Child_p, Parent_p は，製品群の集合の部分集合である．

FinalProd: 最終製品群の集合．最終的に顧客群に対して販売される製品群を指す．

Prod_ℓ: 生産ライン ℓ $(\in \mathrm{Line})$ で製造（加工もしくは通過）可能な製品群の集合．製品群の集合 Prod と Prod_ℓ には以下の関係が成立する．

$$\bigcup_{\ell \in \mathrm{Line}} \mathrm{Prod}_\ell \subseteq \mathrm{Prod}$$

ProdIn_i: 工場 i $(\in \mathrm{Plnt})$ に入ってくる製品群の集合．後で定義するルート Route を用いると，ProdIn_i は以下のように定義できる．

$$\mathrm{ProdIn}_i = \{p \in \mathrm{Prod} \mid (s, i, p) \in \mathrm{Route}\} \quad \forall i \in \mathrm{Plnt}$$

$\mathrm{ProdOut}_i$: 工場 i $(\in \mathrm{Plnt})$ から出ていく製品群の集合．後で定義するルート Route を用いると，$\mathrm{ProdOut}_i$ は以下のように定義できる．

$$\mathrm{ProdOut}_i = \{p \in \mathrm{Prod} \mid (i, j, p) \in \mathrm{Route}\} \quad \forall i \in \mathrm{Plnt}$$

Parent_q: 部品展開表における製品群（部品または材料）q の親製品群の集合．

言い換えれば，製品群 q から製造される製品群の集合．生産ライン ℓ ($\in$ Line) で製造される製品群 p ($\in \text{Prod}_\ell$) は，p ($\in \text{Parent}_q$) を満たす製品群 q を部品（または材料）として用いる．

Child_r : 部品展開表における製品群 r の子製品群の集合．

言い換えれば，製品群 p を製造するために必要な製品群の集合．生産ライン ℓ ($\in$ Line) で加工される製品群 p ($\in \text{Prod}_\ell$) は，p ($\in \text{Child}_r$) を満たす製品群 r から生成される．

Cust: 顧客群の集合．

製品が最終的に消費される場所を**顧客**（customer）とよぶ．顧客は，対象となるシステムに依存して，小売店であったり個々の家庭であったりする．モデルとして扱う場合には，同じ施設からサービスされると考えられる顧客の集まりを1つの顧客に集約することができる．ここでは，個々の顧客を同じサプライ・チェインでサービスを行っても差し支えない程度に集約したものを**顧客群**（customer group）とよぶ．通常は，需要の大きい顧客や特殊なサービスを要求する顧客は1つの顧客として扱い，残りの顧客を地区ごとに集約して扱うことが多い．これは，同じ地区に属する顧客への配送は，（大口や特殊な顧客以外は）同一のデポから行われる場合が多いことに起因する．個々の顧客の数は数万から数十万に及ぶこともあるが，集約後の顧客群の数は，おおよそ数百になるようにする．顧客群に集約するための簡便法として郵便番号を用いる方法もあるが，できれば1つの顧客群に含まれる顧客数および需要量が，なるべくバランスするようにすることが望ましい．なお，顧客を含む領域（地区）と顧客クラス（問屋と小売店などの区分）の直積を顧客群と定義する方法も有効である．集約についての詳細と顧客の集約の例については，1.4 節を参照されたい．

DC: 倉庫の配置可能地点の集合．

ここでは，最終需要地点および供給地点以外の場所でかつ製品の製造・加工を行わない地点を総称して**倉庫**（warehouse）とよぶことにする．実際には，倉庫は流通センター（distribution center: DC），デポ，クロスドッキング地点，港，空港，ハブなど様々な形態をとる．

倉庫の役割と機能には，以下のものが考えられる．

- 調達（購入）の規模の経済性のため．大量購入に伴う割引が行われるとき，大量に購入した製品を一時的に保管しておく際に，倉庫の保管機能が用いられる．
- 混載による規模の経済性のため．複数の小売店（スーパーなど）で消費される製品を，直接製造業者（メーカー）から輸送すると，小ロットの輸送のため費用が増大する．メーカーから車立て輸送を行うためには，複数の小売店の需要をあわせる必要があるが，そのための中継地点として倉庫の仕分け機能が用いられる．メーカーから運ばれた複数の製品は，倉庫で方面別に仕分けされて，小売店に運ばれる．この際，複数の製品を混載して輸送するので，やはり

小ロット輸送による費用の増大を避けることができる．この仕分け機能に特化した倉庫を**クロスドッキング地点**（cross docking point）とよぶ．クロスドッキング地点は，保管機能をもたず，メーカーから小売店が発注した量と同じ量を受け取り，即座に仕分けして小売店に輸送する．

- リスク共同管理効果を得るため．12.4 節で解説したように，複数の小売店の在庫を集約して倉庫に保管することによって，安全在庫量を減らすことができる．これを**リスク共同管理**（risk pooling）効果とよぶ．この場合には，倉庫は，リスク共同管理によってサプライ・チェイン全体での在庫を減らすために用いられる．

- 顧客へのサービスレベル向上のため．たとえば，コンビニエンスストアの配送センターは，弁当が約 3 時間以内で配達可能なように設置される．これによって，1 日に数回の弁当の配送が可能になり，顧客にできたての弁当を届けることが可能になる．このように，倉庫は小売店（コンビニエンスストア）へのリード時間を減少させるために用いられる．

- 単一ソース条件．顧客（特に小売店）に対して，複数の倉庫からの配送を行うことを許さないという条件が付加されることがある．これは，荷捌き場の制限や，荷物の受け入れを複数回行う手間を省くためであるが，そのためには，複数のメーカーの製品を倉庫で積み替えて運ぶことが必要になる．この条件の付加に関しては，14.2.3 項で考える．

- 製品に付加価値をつけるため．最終製品への分化を，なるべくサプライ・チェインの下流で行うことによって，顧客サービスを向上させ，安全在庫を減少させることができる．これを**遅延差別化**（delayed differentiation, postponement）とよぶ（12.4 節）．遅延差別化の方法として，工場で最終製品まで製造してまうのではなく，顧客に近い倉庫で，製造の最終工程を行うことがあげられる．たとえば，値札やラベルをつけたり，簡単な加工を行うことが代表例である．

Plnt: 工場の配置可能地点の集合．

製品の製造・加工する地点を総称して**工場**（plant）とよぶ．実際には，工場は生産工場，部品工場，流通加工を行う倉庫など様々な形態をとる．

Line: 生産ラインの候補集合．

工場内には，製品群を製造（もしくは加工）するための設備が設置される．そのような設備を**生産ライン**（production line）とよぶ．Line は，工場内に設置可能な生産ラインの集合全体を表す．

Line_i: 工場 $i \, (\in \text{Plnt})$ に設置可能なラインの集合．

集合 Line と Line_i には以下の関係が成立する．

$$\text{Line} = \bigcup_{i \in \text{Plnt}} \text{Line}_i$$

1 つの生産ラインが複数の工場に設置可能な場合も考えられる．これは，後で定

義する生産パターン Pattern を自動的に生成することによって処理される.

Sply: 原料の供給地点の集合.

製品を供給する地点を総称して**供給地点**（supplier）とよぶ. 供給されるものが原材料の場合には, 原料供給地点は港や原料の採掘所を表し, 部品の場合には部品工場やベンダーなどを表す. 原料供給地点の数が多いときには, 顧客群と同様に集約して扱う.

N: 点の集合.

供給地点, 工場, 倉庫の配置可能地点, 顧客群の集合をあわせたものを**点**（vertex, node, point）とよぶ. 点は, モデルを一般的に記述する際に用いられ, 以下のように生成される.

$$N = \text{Sply} \cup \text{Plnt} \cup \text{DC} \cup \text{Cust}$$

Route: ルートの集合.

点間において製品群 $p \in \text{Prod}$ の輸送が可能なとき, 発点, 着点, 製品群の3つ組を**ルート**（route）とよぶ. たとえば, 倉庫・顧客間では, 顧客サービスなどの条件のために, 発点と着点がある一定の距離以下の場合だけをルートの構成要素とする. また, ある工場で特定の製品群だけが製造可能な場合には, その工場から出るルートを定義するには, 製造できない製品群を除外したものだけで十分である. ルートの概念を用いることによって, 工場間, 倉庫間の横持ち輸送（在庫転送）, 工場から顧客への直送などを包括的に扱うことができる.

Arc: 枝の集合.

少なくとも1つの製品群が移動する可能性のある点の対を**枝**（edge, arc, link）とよぶ. 枝の集合 Arc は, ルートの集合 Route から以下のように生成される.

$$\text{Arc} = \{(i,j) \mid \exists p \, (\in \text{Prod}) \, \text{such that} \, (i,j,p) \in \text{Route}\}$$

Pattern: 生産パターンの集合.

生産パターンの集合 Pattern とは, 工場×生産ライン×製品群の部分集合であり, 工場 i の生産ライン $\ell \, (\in \text{Line}_i)$ において製品群 $p \in \text{Prod}_\ell$ が生産可能なとき, $(i, \ell, p) \in \text{Pattern}$ と定義される. 生産パターンの集合 Pattern は, Line_i および Prod_ℓ から以下のように生成される.

$$\text{Pattern} = \{(i, \ell, p) \mid i \in \text{Plnt}, \ell \in \text{Line}_i, p \in \text{Prod}_\ell\}$$

14.1.2 入力データ

集合の次に定義するものが入力データである. ここでは, 研究者が理論を展開するためのデータではなく, 実務家が普段考えている原データになるべく近いものを入力データとする. また, データの変更はデータファイルだけを変更することによって達成されなければならないので, モデリング言語としてはデータとモデルを分離して扱えるものが必須である.

14.1 実ロジスティクス・オブジェクトを用いたモデル

a. 製品群データ

VOL_p: 製品群 p の 1 単位あたりの容積 (m^3/unit)

$WEIGHT_p$: 製品群 p の 1 単位あたりの重量 (kg/unit);本モデルでは,倉庫の取扱量の上・下限制約は,製品群の容積をもとにして行う.そのため,ここで定義する製品群の重量は,モデル内では直接は利用しないが,料率表データから輸送費用データを計算する際に用いられる.

VAL_j^p: 点 j における製品群 p の 1 単位あたりの単価 (円/unit);これは,後で定義する保管比率 r をもとにして在庫費用を計算する際に用いられる.

$VALL_\ell^p$: 生産ライン ℓ で生産(加工)される製品群 p の 1 単位あたりの単価 (円/unit)

ITR_{ij}^p: 点 i から点 j に製品群 p を補充する際の,単位期間あたりの**在庫回転率** (inventory turnover ratio) (回/単位期間);在庫回転率は,フロー量を在庫量に換算するときに用いる.

一般に在庫は,平均在庫,作り置き在庫(変動する需要と資源制約のバランスをとるための在庫),投機在庫(将来の値上がりを期待した在庫)から構成される.ロジスティクス・ネットワーク設計モデルでは,通常,平均在庫のみをモデル化する.(多期間のモデル(14.5節)では作り置き在庫も考慮する.)平均在庫はさらに以下の 3 つに分類される.

1) 安全在庫 (safety inventory, safety stock);需要の不確実性に対して,サービスレベルを維持するために生じる在庫.本モデルでは,単位期間内の通過量に安全在庫率を乗じることによって計算する.

2) 輸送中在庫 (transit inventory),パイプライン在庫 (pipeline inventory);製品が輸送手段によって移動中に生じる在庫.輸送中の在庫費用は,後で定義する輸送費用に含めて考える.

3) サイクル在庫 (cycle inventory),基在庫 (base stock),ロットサイズ在庫 (lot size inventory);在庫の補充に伴って生じる在庫.

サイクル在庫は,**在庫回転率** (inventory turnover ratio) によって定められる.在庫回転率とは,実務家の間でしばしば用いられる指標であり,「単位期間内のフロー量/平均サイクル在庫量」と定義される.図 14.2 に例を示す.この例では,点 i,j 間の単位期間内のフロー量は 8 (units) であり,平均サイクル在庫は 1 (unit) である.したがって,在庫回転率は,8 (=8/1) となる.点 i から点 j への製品群の補充間隔(サイクル時間)は,1/4 年である.最大サイクル在庫量は,サイクル時間×単位期間内のフロー量と計算できるので,

$$在庫回転率 = \frac{年間フロー量}{平均サイクル在庫量}$$
$$= \frac{年間フロー量}{最大サイクル在庫量/2}$$

$$= \frac{2 \times 年間フロー量}{サイクル時間 \times 単位期間内のフロー量}$$

となり，在庫回転率は「2/サイクル時間」となることが分かる．

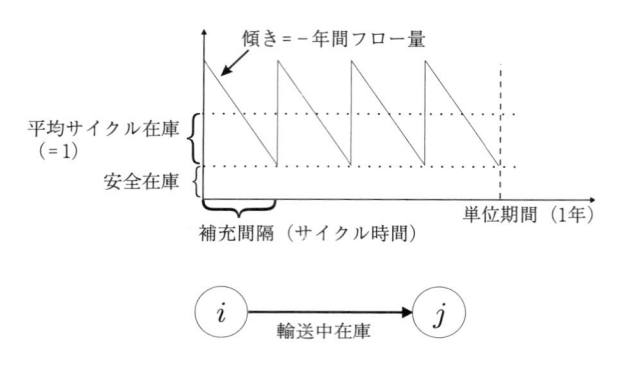

図 14.2 平均在庫レベルの概念図

$ITRL_\ell^p$: 生産ライン ℓ における製品群 p の単位期間あたりの在庫回転率(回/単位期間)；発注における在庫回転率と同様に，「単位期間内のフロー量/平均サイクル在庫量」と定義される．また，「2/生産サイクル時間」と計算できる．

VAR_p: 製品群 p の変動比率(units)；安全在庫量を計算するために，製品群ごとの需要の分散と平均の比が一定と仮定する．変動比率は「需要の分散/需要の平均」と定義される値である．これを用いて平均需要量（フロー量）を分散に換算し，以下で定義する安全在庫係数とあわせて安全在庫量を計算する．

$SAFETYDC_j^p$: 倉庫 j における製品群 p の**安全在庫係数**（safety stock ratio）（無次元）；需要の不確実性に対して，サービスレベルを維持するために必要な安全在庫を算出するためのパラメータ．10.1 節で述べたように，安全在庫量は

$$安全在庫係数 \times 需要の標準偏差 \times \sqrt{リード時間}$$

と計算される．分散は標準偏差の自乗であり，上で定義した変動比率を用いて「変動比率×フロー量」と計算される．したがって，安全在庫量は

$$安全在庫係数 \times \sqrt{変動比率 \times リード時間 \times フロー量}$$

とフロー量の凹関数として書くことができる．凹関数は，5.2 節で述べた区分的線形関数で近似することによって，混合整数計画として処理することができる．安全在庫係数は，対象とする製品群の需要の不確実性，サービスレベル，在庫補充方策に依存して決められる．工場における安全在庫は，以下に定義する生産ライン別の安全在庫係数 $SAFETYL_\ell^p$ から計算される．供給地点から顧客への直

14.1 実ロジスティクス・オブジェクトを用いたモデル

接輸送を考える場合には，供給地点における安全在庫係数も必要になるが，ここでは省略する．

$SAFETYL_\ell^p$： 生産ライン ℓ における製品群 p の安全在庫係数（無次元）

h_{ij}^p： 点 i から点 j へ製品群 p を補充するときのエシェロン在庫費用(円/unit・単位期間)；これは，点 j において，製品群 p を点 i から補充する際の，点 j における在庫保管費用の計算に用いられる．点 j における（通常の意味での）在庫保管費用 h'_{jp} は，その地点における製品群 p の単価（評価額）に保管比率 r を乗じることによって得られる．すなわち，単位期間内の保管比率を r，点 j における製品群 p の価値を VAL_j^p としたとき，在庫保管費用 h'_{jp} は，

$$h'_{jp} = rVAL_j^p$$

と定義される．エシェロン在庫費用 h_{ij}^p は，

$$h_{ij}^p = h'_{jp} - h'_{ip} \quad \forall (i,j,p) \in \text{Route}$$

と定義される．通常は，ロジスティクス・ネットワーク（サプライ・チェイン）の下流（顧客側；点 j）における製品群の単価は，上流（原料供給地点側；点 i）における単価より高いので，点 j における在庫保管費用は，点 i における在庫保管費用より高くなる．したがって，エシェロン在庫費用 h_{ij}^p は正になる．エシェロン在庫費用にエシェロン在庫量を乗じることによって，サイクル在庫に対する在庫費用（サイクル在庫費用）が得られる．ここで，エシェロン在庫とは，ロジスティクス・ネットワーク（サプライ・チェイン）の下流の点に受け渡した在庫をすべて加えたものを指す．エシェロン在庫を考えることによって，各在庫点における在庫レベルの変化はノコギリ歯型であるとみなすことができる．

H_ℓ^p： 生産ライン ℓ ($\in$ Line) において生産される製品群 p ($\in$ Prod$_\ell$) に対するエシェロン在庫費用(円/unit・単位期間)；生産ラインに入る前の製品群（もしくは原料，中間製品）の在庫保管費用（の和）と生産ラインから出てくる製品群の在庫保管費用（の和）の差が，生産ラインにおけるエシェロン在庫費用と定義される．

$HEIGHT_p$： 製品群 p を保管する際の積み上げの高さの上限(m)

U_{pq}： 製品群 p を 1 単位製造するのに必要な製品群 q ($\in$ Child$_p$) の数（必要ユニット数）(q-units)；ここで，q-units とは，製品群 q の 1 単位を表す（製品群 p の 1 単位と混同しないため）．

$\bar{U}_{pr}$： 製品群 p から生成される製品群 r ($\in$ Parent$_p$) の数（生成ユニット数）(r-units)；生産ラインにおいて複数の製品群が生成されるときに用いる．

b. 供給地点データ

SLB_s^p： 供給地点 s における製品群 p の可能供給量の下限(units/単位期間)

SUB_s^p： 供給地点 s における製品群 p の可能供給量の上限(units/単位期間)

SC_s^p： 供給地点 s における製品群 p の供給量が SUB_s^p を超えないときの 1 単位

あたりの供給費用(円/unit)；これは，供給地点 s における製品群 p の単価に他ならない．

$SPENALTY_s^p$：　供給地点 s における製品群 p の供給量が SUB_s^p を超えたときにかかる，超過量1単位あたりの超過費用(円/unit)；通常は，$SPENALTY_s^p \geq SC_s^p$ を満たす．

c. 工場データ

FC_i：　工場 i の固定費用(円/単位期間)；これは，工場に関連する費用のうち，取り扱う量に依存しない部分を表す．通常は土地，建物，設備に関する費用の合計であり，単位期間内での費用に換算して用いられる．

d. 生産ラインデータ

LFC_ℓ：　生産ライン ℓ を設置する際の固定費用(円/単位期間)

RLB_ℓ：　(生産ラインを設置すると決めたときの)生産ライン ℓ における資源使用量の下限(R-units/単位期間)；ここで，R-unit とは，資源の1単位を表す．通常，生産ラインには複数の資源が割り振られているが，ここでは単一のリソースがボトルネックになっており，その資源に対する使用量の上・下限で生産ラインの稼働率が制御できると仮定する．なお，資源の生産ラインへの割り振りは，下位レベルの意思決定問題である(資源制約つき)スケジューリング・モデルで決められていると仮定し，ここでは意思決定変数に含めない．

RUB_ℓ：　(生産ラインを設置すると決めたときの)生産ライン ℓ における資源使用量の上限(R-units/単位期間)

$ROVERUB_\ell$：　(生産ラインを設置すると決めたときの)生産ライン ℓ における資源超過量の上限(R-units/単位期間)

RC_ℓ：　生産ライン ℓ の資源を，RUB_ℓ を超えない範囲で，1単位（1 R-unit）使用するときに生じる費用(円/R-unit)

$RPENALTY_\ell$：　生産ライン ℓ の資源使用量が RUB_ℓ を超えるときに生じる，1単位（1 R-unit）あたりの超過費用(円/R-unit)；通常は，$RPENALTY_\ell \geq RC_\ell$ を満たす．

PC_ℓ^p：　生産ライン ℓ において製品群 p を1単位生産するのに必要な費用（生産変動費用）(円/unit)；この費用項目には，生産ラインに付随する資源に関する費用は含めない．

PLB_ℓ^p：　生産ライン ℓ における製品群 p ($\in \text{Prod}_\ell$) の生産量の下限(units/単位期間)

PUB_ℓ^p：　生産ライン ℓ における製品群 p ($\in \text{Prod}_\ell$) の生産量の上限(units/単位期間)

R_ℓ^p：　生産ライン ℓ において製品群 p ($\in \text{Prod}_\ell$) を1単位生産するのに要する資源の使用量(R-units/unit)

LTL_ℓ^p：　生産ライン ℓ において製品群 p ($\in \text{Prod}_\ell$) を生産するときのリード時間

(単位期間); これは生産ラインの終わりにおける安全在庫量を計算する際に用いられる.

e. 倉庫データ

$DCFC_j$: 倉庫 j の固定費用(円/単位期間); これは, 倉庫に関連する費用のうち, 取り扱う量に依存しない部分を表す. 通常は土地, 建物, 設備に関する費用の合計であり, 単位期間内での費用に換算して用いられる.

$DCLB_j$: (倉庫を設置すると決めたときの)倉庫 j の使用床面積の下限(m^2).

$DCUB_j$: (倉庫を設置すると決めたときの)倉庫 j の使用床面積の上限(m^2).

$DCVC_j$: 倉庫 j の通過量が $DCUB_j$ を超えないときの通過量 $1\,m^3$ あたりの変動費用(円/m^3); これは倉庫での単位期間内の取扱量に比例する費用であり, 通常は(直接・間接)労務費, 設備費から算出される.

$DCPENALTY_j$: 倉庫 j の使用床面積が $DCUB_j$ を超えたときに $1\,m^2$ ごとにかかる超過費用(円/m^2)

f. 顧客群データ

D_k^p: 顧客群 k における製品群 p の需要量(units/単位期間).

$MaxDist_k^p$: 顧客群 k に製品群 p を供給する倉庫(もしくは工場, 供給地点)への最大距離(km); このパラメータは, 以下の輸送データを計算する際に用いられるものであり, モデル内では直接は利用しない.

BOC_k^p: 顧客群 k における製品群 p の 1 単位あたりの品切れ損出(バックオーダー)費用(円/unit); 顧客群 k に製品群 p を供給することをアウトソーシングした場合の費用と考えても良い.

g. 輸送データ

TC_{ij}^p: 点 i から点 j に製品群 p を 1 単位移動させるときに生じる輸送費用(円/unit); 通常は, 単位距離(km)・単位重量(トン)あたりの輸送費用 α_p(円/トン・km)と点 i,j 間の距離 DIS_{ij}(単位は km)によって, 近似的に

$$TC_{ij}^p = \alpha_p DIS_{ij}$$

と計算する. ここで距離 DIS_{ij} は道路に沿った実質距離を用いるか, 直線(Euclid もしくはより一般的なノルム)距離, 大圏距離で近似する. 直線距離, 大圏距離を用いる場合には, 通常, 道路距離算出係数 $\rho \approx 1.3$ を乗じることによって近似される. 輸送モード(船, 貨車, 飛行機, トラック)によって料率表が与えられている場合には, それを用いても良い.

料率表から計算する場合には, 以下の近似を用いる. 地点 i,j 間の距離と使用する輸送手段の最大積載重量 $MaxWeight$ から輸送手段 1 往復あたりの費用 c_{ij} を料率表から読みとり, 製品群 p の 1 単位あたりの重量を $WEIGHT_p$ としたとき,

$$TC_{ij}^p = \frac{WEIGHT_p c_{ij}}{MaxWeight}$$

と設定する．

なお，輸送時間が長い場合には，輸送中在庫費用を加える必要がある．

LT_{ij}^p: 点 j が点 i に製品群 p を発注したときのリード時間（単位期間）；点 j（倉庫を想定）における安全在庫量を計算する際に用いられる．

h. その他のデータ

r: 保管費率（無次元）；単位期間内の在庫費用は，製品群の単価に保管費率(%)/100 を乗じることによって計算される．通常，保管費率の内訳としては以下の項目を考える．

利子率（投資額利率）: 在庫を増やすために資金を借りた場合にはその利率，在庫を減らした場合には浮いた資金を他の方面に投資したときの利益率が，利子率に相当するものである．また，在庫を保有する企業体の期待利益率としても良い．

保険料率: 製品の種類および企業の方針によっても異なるが，通常は 1% から 3% を考える．

消耗費率および陳腐化率: 製品の腐敗，破損，目減りなどを考慮して計算される．

税率: 在庫に課せられる法的な税率である．我が国においては，従来は物品税を徴収していたが，現在では（消費税導入とともに）廃止されているので考える必要はない．

SSR: **保管スペース率**（storage space ratio）（無次元）；保管スペース率は，倉庫に保管できる製品の量の上限を定めるときに用いられる．倉庫を通過する製品群 p の単位期間内のフロー量は変数 x_{jk}^p から算出でき，さらに在庫回転率と安全在庫係数から，平均在庫レベルが得られる．さらに，製品群の容積 VOL_p を乗じてから積みつけの高さ $HEIGHT_p$ で除することによって製品群 p の占有する面積が得られる．保管スペース率は，倉庫内での様々なオペレーション（ソーティング，ピッキングなど）に必要な面積（通路や事務面積）を加えた全体の面積が，製品の占有する面積の何倍かを示す指標であり，倉庫の性質（たとえば保管用かクロスドッキング用か）に依存するが，実務家の間では $SSR = 3$ が用いられることが多い．

14.1.3 変　　　数

変数は実数変数と 0-1 整数変数を用いる．

まず，実数変数を以下に示す．

x_{ij}^p (≥ 0): 枝 (i, j) 上を製品群 p が移動する量（units/単位期間）；$(i, j, p) \in$ Route に対してのみ定義される．

v_s^p (≥ 0): 供給地点 s における製品群 p の供給超過量（units/単位期間）．

$w_{i\ell}^p$ (≥ 0): 工場 i の生産ライン ℓ ($\in$ Line$_i$) で製品群 p ($\in$ Prod$_\ell$) を製造（加工）する量（units/単位期間）；$(i, \ell, p) \in$ Pattern に対してのみ定義される．

$\omega_{i\ell}$ (≥ 0): 工場 i の生産ライン ℓ ($\in \text{Line}_i$) における上限を超えない範囲での資源使用量（R-units/単位期間）

$\Omega_{i\ell}$ (≥ 0): 工場 i の生産ライン ℓ ($\in \text{Line}_i$) における資源上限を超過した量（R-units/単位期間）

Ψ_j (≥ 0): 倉庫 j の使用床面積を超過した量（m^2/単位期間）

ξ_k^p (≥ 0): 顧客群 k における製品群 p の品切れ量（units/単位期間）

0-1 整数変数は，倉庫，工場，生産ラインの開設の有無を表現する．

y_j ($\in \{0,1\}$): 倉庫もしくは工場 j を稼働させるとき 1，それ以外のとき 0

$z_{i\ell}$ ($\in \{0,1\}$): 工場 i の生産ライン ℓ ($\in \text{Line}_i$) を稼働させるとき 1，それ以外のとき 0

14.1.4 定 式 化

ロジスティクス・ネットワーク設計モデルでは，原料供給地点から顧客群までの製品群の移動経路，生産ラインにおける製品群の生産量，ならびに倉庫，工場，生産ラインの設置の有無を決める．本モデルにおいては，可能な移動経路として，供給地点から工場，工場から倉庫への輸送，倉庫から顧客群までの配送の他に，工場から顧客への直接輸送，工場間および倉庫間の転送などすべての可能なルートを考える．

minimize　供給費用＋供給量超過費用＋輸送費用＋サイクル在庫費用＋
　　　　　工場固定費用＋生産ライン固定費用＋生産変動費用＋資源費用＋
　　　　　資源超過費用＋生産ラインサイクル在庫費用＋生産ライン安全在庫費用＋
　　　　　倉庫固定費用＋倉庫変動費用＋倉庫超過費用＋倉庫安全在庫費用＋
　　　　　品切れ損出費用

subject to　顧客群の需要の満足条件
　　　　　製品群供給量上下限
　　　　　倉庫取扱量上下限
　　　　　倉庫超過量上限
　　　　　倉庫におけるフロー整合条件
　　　　　生産ラインの資源使用量下限
　　　　　生産ラインにおける生産量と資源使用量の関係
　　　　　生産ラインの資源使用量上限
　　　　　生産ラインの資源超過量上限
　　　　　生産ラインの製品群別生産量上下限
　　　　　生産ライン・工場設置の繋ぎ条件
　　　　　工場におけるアセンブリ型フロー整合条件
　　　　　製造（加工）量と出フロー量の整合条件

以下では，合計記号 $\sum$ において"，"で区切られて 2 つ以上の条件式が書かれている場合には，すべての条件を満たす添え字に対して合計をとるものとする．たとえば

$\sum_{(i,j,p)\in\text{Route},i\in\text{Plnt}}$ は，ルート $(i,j,p)\in\text{Route}$ の中でも工場 i ($\in\text{Plnt}$) から出ているものだけについて合計をとることを表す．また，":" の前に添え字だけが記述され，":" の後に条件式が書かれている場合には，":" の後ろの条件を ":" の前の添え字について合計をとるものとする．たとえば $\sum_{j:(j,k,p)\in\text{Route}}$ は，ルート Route に含まれる 3 つ組 (j,k,p) に対して，添え字 j についてだけ合計をとることを表す．

目的関数の構成要素

供給費用 $= \sum_{(s,i,p)\in\text{Route},s\in\text{Sply}} SC_s^p x_{si}^p$

供給量超過費用 $= \sum_{(s,i,p)\in\text{Route},s\in\text{Sply}} SPENALTY_s^p v_s^p$

輸送費用 $= \sum_{(i,j,p)\in\text{Route}} TC_{ij}^p x_{ij}^p$

サイクル在庫費用 $= \sum_{(j,k,p)\in\text{Route}} h_{jk}^p \dfrac{x_{jk}^p}{ITR_{jk}^p}$

工場固定費用 $= \sum_{j\in\text{Plnt}} FC_j y_j$

生産ライン固定費用 $= \sum_{\ell\in\text{Line}_i, i\in\text{Plnt}} LFC_\ell z_{i\ell}$

生産変動費用 $= \sum_{p\in\text{Prod}_\ell, \ell\in\text{Line}_i, i\in\text{Plnt}} PC_\ell^p w_{i\ell}^p$

資源費用 $= \sum_{\ell\in\text{Line}_i, i\in\text{Plnt}} RC_\ell^p \omega_{i\ell}$

資源超過費用 $= \sum_{\ell\in\text{Line}_i, i\in\text{Plnt}} RPENALTY_\ell^p \Omega_{i\ell}$

生産ラインサイクル在庫費用 $= \sum_{p\in\text{Prod}_\ell, \ell\in\text{Line}_i, i\in\text{Plnt}} H_\ell^p \dfrac{w_{i\ell}^p}{ITRL_{i\ell}^p}$

生産ライン安全在庫費用
$= \sum_{p\in\text{Prod}_\ell, \ell\in\text{Line}_i, i\in\text{Plnt}} rVALL_\ell^p SAFETYL_\ell^p \sqrt{VAR_p LTL_\ell^p w_{i\ell}^p}$

倉庫固定費用 $= \sum_{j\in\text{DC}} DCFC_j y_j$

倉庫変動費用 $= \sum_{(j,k,p)\in\text{Route},j\in\text{DC}} DCVC_j VOL_p x_{jk}^p$

倉庫超過費用 $= \sum_{j\in\text{DC}} DCPENALTY_j \Psi_j$

14.1 実ロジスティクス・オブジェクトを用いたモデル

$$\text{倉庫安全在庫費用} = \sum_{(i,j,p) \in \text{Route}, j \in \text{DC}} rVAL_j^p SAFETYDC_j^p \sqrt{VAR_p LT_{ij}^p x_{ij}^p}$$

$$\text{品切れ損出費用} = \sum_{k \in \text{Cust}, p \in \text{FinalProd}} BOC_k^p \xi_k^p$$

顧客群 k に製品群 p を 1 単位供給したときの利益は，顧客群 k に製品群 p の単価 VAL_k^p に相当するので，品切れ損出費用は

$$\text{品切れ損出費用} = -\sum_{k \in \text{Cust}, p \in \text{FinalProd}} VAL_k^p (D_k^p - \xi_k^p)$$
$$= \sum_{k \in \text{Cust}, p \in \text{FinalProd}} VAL_k^p \xi_k^p - \sum_{k \in \text{Cust}, p \in \text{FinalProd}} VAL_k^p D_k^p$$

と書くことができる．上式の第 2 項 $\sum_{k \in \text{Cust}, p \in \text{FinalProd}} VAL_k^p D_k^p$ は定数であるので，品切れ損出費用 BOC_k^p は単価 VAL_k^p で置き換えられることを表している．

顧客群の需要量の満足条件

$$\sum_{j:(j,k,p) \in \text{Route}} x_{jk}^p + \xi_k^p = D_k^p \quad \forall k \in \text{Cust}, p \in \text{FinalProd}$$

顧客群 k の最終製品群 p に対して，需要量が，顧客群 k に入ってくる製品群 p の量と品切れ量の和に等しいことを表す．品切れ損出費用をアウトソーシングに要する費用と設定した場合には，品切れ量は，顧客群 k に製品群 p を運ぶことをアウトソーシングする量となる．品切れ費用は非常に大きい値に設定した場合には，この制約は顧客群の需要量が必ず満たされることを規定する．品切れ量を表す変数 ξ を導入し，それに対するペナルティ関数（品切れ費用）を導入した理由は，数理計画ソルバーが「実行不能」を宣言して終了することを極力避けるためである．以下の供給量上限，倉庫取扱量，生産ラインの資源使用量においても，同じ理由により制約の逸脱に対する変数を導入し，それらに対するペナルティ関数を設定する．

製品群供給量上下限

$$SLB_s^p \leq \sum_{i:(s,i,p) \in \text{Route}} x_{si}^p \leq SUB_s^p + v_s^p \quad \forall s \in \text{Sply}, p \in \text{Prod}$$

原料供給地点 s から供給される製品群 p の量が，供給量の上下限制約を満たすことを表すと同時に，上限を超えた場合には，超過量 v_s^p として処理することを表す．

倉庫取扱量上下限

$$DCLB_j y_j$$
$$\leq \sum_{(i,p):(i,j,p) \in \text{Route}} \frac{VOL_p SSR}{HEIGHT_p} \left(\frac{x_{ij}^p}{ITR_{ij}^p} + SAFETYDC_j^p \sqrt{VAR_p LT_{ij}^p x_{ij}^p} \right)$$

$$\leq DCUB_j y_j + \Psi_j \quad \forall j \in \mathrm{DC}$$

各倉庫に対して，倉庫を通過する製品群のフロー量を床面積に換算した値が，倉庫の床面積の上下限を満たすことを表すと同時に，上限を超えた場合には超過量を定める．倉庫が開設されない場合には，その倉庫を通過するフロー量が 0 になることを規定する．

倉庫超過量上限

$$\Psi_j \leq My_j \quad \forall j \in \mathrm{DC}$$

ここで M は非常に大きな数を表す定数（"Big M"；4.2 節参照）である．倉庫が開設されない場合には，倉庫の超過量が発生しないことを規定する．レンタル倉庫などで代用することによって，倉庫が開設されなくても超過量を認める場合にはこの制約を省く．

倉庫におけるフロー整合条件

$$\sum_{i:(i,j,p)\in \mathrm{Route}} x_{ij}^p = \sum_{k:(j,k,p)\in \mathrm{Route}} x_{jk}^p \quad \forall j \in \mathrm{DC}, p \in \mathrm{Prod}$$

各倉庫を通過する各製品群に対して，入量と出量が一致することを表す．

生産ラインの資源使用量下限

$$RLB_\ell z_{i\ell} \leq \sum_{p:(i,\ell,p)\in \mathrm{Pattern}} R_\ell^p w_{i\ell}^p \quad \forall \ell \in \mathrm{Line}_i, i \in \mathrm{Plnt}$$

工場内の生産ラインに対して，製品を加工するのに要する資源の使用量の下限制約を規定する．

生産ラインにおける生産量と資源使用量の関係

$$\sum_{p:(i,\ell,p)\in \mathrm{Pattern}} R_\ell^p w_{i\ell}^p = \omega_{i\ell} + \Omega_{i\ell} \quad \forall \ell \in \mathrm{Line}_i, i \in \mathrm{Plnt}$$

生産量と資源使用量ならびに超過量との関係を規定する．

生産ラインの資源使用量上限

$$\omega_{i\ell} \leq RUB_\ell z_{i\ell} \quad \forall \ell \in \mathrm{Line}_i, i \in \mathrm{Plnt}$$

生産ラインの資源使用量の上限を定めるとともに，生産ラインが開設されない場合には，その生産ラインにおける資源使用量が 0 になることを規定する．

生産ラインの資源超過量上限

$$\Omega_{i\ell} \leq ROVERUB_\ell z_{i\ell} \quad \forall \ell \in \mathrm{Line}_i, i \in \mathrm{Plnt}$$

生産ラインの資源超過量の上限を定めるとともに，生産ラインが開設されない場合には，その生産ラインにおける資源超過量が 0 になることを規定する．

生産ラインの製品群別生産量上下限

$$PLB_\ell^p z_{i\ell} \leq w_{i\ell}^p \leq PUB_\ell^p z_{i\ell} \quad \forall \ell \in \text{Line}_i, \, i \in \text{Plnt}, \, p \in \text{Prod}_\ell$$

工場内の生産ラインで生産される各製品群に対して，生産量の上下限を満たすことを表す．

生産ライン・工場設置の繋ぎ条件

$$z_{i\ell} \leq y_i \quad \forall \ell \in \text{Line}_i, \, i \in \text{Plnt}$$

開設されない工場では，生産ラインが開設できないことを表す．

工場におけるアセンブリ型フロー整合条件

$$\sum_{(s,i,q) \in \text{Route}} x_{si}^q = \sum_{\ell : (i,\ell,q) \in \text{Pattern}} w_{i\ell}^q \\ + \sum_{(p,\ell):(i,\ell,p) \in \text{Pattern}, p \in \text{Parent}_q} U_{pq} w_{i\ell}^p \quad \forall q \in \text{ProdIn}_i, \, i \in \text{Plnt}$$

工場 i で生産される製品群 p に対して，製品群 p を生産するために必要な原料（製品群 q）の量が，工場 i に入ってくる製品群 q の量と一致することを表す．

製造（加工）量と出フロー量の整合条件

$$\sum_{\ell:(i,\ell,r) \in \text{Pattern}} w_{i\ell}^r + \sum_{(i,\ell,p) \in \text{Pattern}, p \in \text{Child}_r} \bar{U}_{pr} w_{i\ell}^p = \sum_{j:(i,j,r) \in \text{Route}} x_{ij}^r \\ \forall r \in \text{ProdOut}_i, \, i \in \text{Plnt}$$

工場 i から出る製品群 r の量が，工場 i 内の生産ラインで製品群 p をもとに生成された製品群 r の量と等しいことを表す．この式は，生産ラインにおいて原料を組み合わせて 1 つの製品を作るだけでなく，複数の製品が生成される場合を考慮するためのものである．

14.2 モデルの拡張

上で示したモデルを実際問題に適用するには，適用する現場に応じた様々な付加条件を考慮する必要がある．ここでは，代表的な付加条件を考え，それらをどのようにモデルに組み込むかについて考える．

14.2.1 上下限制約の柔軟化

倉庫の取扱量の上下限制約や工場の製品供給量の上下限制約は，厳密な制約として扱うよりも，破ってもいいがその際にはペナルティが付加されるといった柔軟な制約とした方が現実的な場合が多い．ここでは，モデルに含まれる上下限制約（や等式制約）を柔軟なものに変えるための一般的な方法について考える．

次の制約を考える（仮に倉庫取扱量制約の上下限とする；単位は m^2 となる）．

$$LB \leq X \leq UB$$

この制約を柔軟なものに変えるには，制約を破ったときのペナルティをデータに追加する必要がある．

PEN_LB： 下限不足量に対するペナルティ(円/m^2)

PEN_UB： 上限超過量に対するペナルティ(円/m^2)

$s^- (\geq 0)$： 下限に対する不足値(m^2/単位期間)

$s^+ (\geq 0)$： 上限に対する超過値(m^2/単位期間)

目的関数に以下の項目を追加

$$過不足ペナルティ費用 = PEN\_LB s^- + PEN\_UB s^+$$

変更された上下限制約

$$LB - s^- \leq X \leq UB + s^+$$

実際の問題を解くときには，実行不可能性を避けるためにすべての制約（等号制約も含めて）に対して過不足ペナルティによる「柔軟な」制約アプローチをとることが望ましいと考えられる．モデリング言語に，制約の逸脱の考慮を自動的に加えた「柔軟な制約」というオプションを付加することが1つの解決方法である．

14.2.2 倉庫の規模の選択

Scale： 倉庫の規模（種類）の添え字集合（たとえば小規模，中規模，大規模，公的流通センターなど）

$FC_{j\ell}$： 規模 ℓ の倉庫 j の固定費用(円/単位期間)

$VC_{j\ell}^p$： 規模 ℓ の倉庫 j における製品群 p 1単位あたりの変動費用(円/unit)

$DCLB_{j\ell}$： 規模 ℓ の倉庫 j の取扱量の下限(m^2/単位期間)

$DCUB_{j\ell}$： 規模 ℓ の倉庫 j の取扱量の上限(m^2/単位期間)

$y_{j\ell} (\in \{0,1\})$： 倉庫 j を規模 ℓ で稼働させるとき 1，それ以外のとき 0

目的関数に以下の項目を追加

$$倉庫固定費用 = \sum_{j \in DC} \sum_{\ell \in Scale} FC_{j\ell} y_{j\ell}$$

$$倉庫変動費用 = \sum_{(j,k,p) \in Route: j \in DC} \sum_{\ell \in Scale} VC_{j\ell}^p x_{jk}^p$$

規模の選択条件

$$\sum_{\ell \in Scale} y_{j\ell} \leq 1 \quad \forall j \in DC$$

複数の規模（種類）をあわせた倉庫が建築可能なときには，この制約は除外される．

倉庫取扱量の上下限

$$\sum_{\ell \in \text{Scale}} DCLB_{j\ell} y_{j\ell}$$
$$\leq \sum_{(k,p):(j,k,p)\in \text{Route}} \frac{VOL_p SSR}{HEIGHT_p} \left(\frac{x_{ij}^p}{ITR_{ij}^p} + SAFETYDC_j^p \sqrt{VAR_p LT_{ij}^p x_{ij}^p} \right)$$
$$\leq \sum_{\ell \in \text{Scale}} DCUB_{j\ell} y_{j\ell} \quad \forall j \in \text{DC}, \ell \in \text{Scale}$$

より一般には，任意の倉庫を通過するフロー量に対する任意の非線形関数を費用として定義することも可能である．この場合には，区分的線形関数によって近似を行う必要がある．

また，倉庫だけでなく，枝上の輸送費用も料率表を忠実に再現するためには，区分的線形関数による近似が有効である．ただし，むやみに区分的線形関数による近似を追加することは，ソルバーに負担をかけるので，線形による近似ではどうしても不十分であると判断されたときのみ，追加すべきである．

14.2.3 顧客の単一ソース条件

顧客群に製品群を供給する倉庫（もしくは工場）は，運用上複数でないことが望ましい場合がある．各顧客群に対して，製品群を供給する地点を1つに限定するための制約を**単一ソース条件**（single source constraint）とよぶ．

単一ソース条件を付加した拡張モデルを設計するために，以下の集合を導入する．

SSCust： 製品群の供給が単一の地点からに限定する必要がある顧客群の集合．ここで SS は "single source" を意味する．また SSCust $\subseteq$ Cust が成立する必要がある．

ServeNode$_k$： 顧客群 k に製品群を供給する可能性がある地点の集合．枝の集合 Arc を用いて以下のように導くことができる．

$$\text{ServeNode}_k = \{ j \in \text{N} \mid (j,k) \in \text{Arc} \} \quad \forall k \in \text{SSCust}$$

以下の 0-1 変数を導入する．

$\zeta_{jk} (\in \{0,1\})$： 枝 (j,k) を用いて顧客群 k へ配送を行うとき 1，それ以外のとき 0

定式化で変更する部分のみを示す．

顧客群の需要量の満足条件

$$x_{jk}^p \leq D_k^p \zeta_{jk} \quad j \in \text{ServeNode}_k, k \in \text{SSCust}, p \in \text{FinalProd}, (j,k,p) \in \text{Route}$$

変更された顧客の需要量の満足条件（単一ソース条件）

$$\sum_{(j,k) \in \text{Arc}} \zeta_{jk} \leq 1 \quad \forall k \in \text{SSCust}$$

稼働していない倉庫からは配送できないことを表す条件

$$\zeta_{jk} \leq y_j \quad \forall j \in (\text{ServeNode}_k \setminus \text{Sply}), k \in \text{SSCust}, (j,k) \in \text{Arc}$$

最後の制約は冗長であるが，線形計画緩和問題の制約領域を狭める（緩和を強める）役割を果たす．その一方，制約数が増えるため計算時間が増加する場合もあるので注意して用いる必要がある．

14.2.4 製品束の考慮

顧客の単一ソース条件が，ある製品群の部分集合（製品束：product bundle）ごとに適用される場合がある．これを「製品束に対する単一ソース条件」とよぶ．

Bndl$_k$： 顧客群 k の製品束の添え字集合

Prod$_{bk}$： 顧客群 k の製品束 b ($\in \text{Bndl}_k$) に含まれる製品群の集合．ここで $\bigcup_{b \in \text{Bndl}_k} \text{Prod}_{bk} = \text{Prod}$ が成立する．

ζ_{jkb} ($\in \{0,1\}$)： 製品束 b ($\in \text{Bndl}_k$) に対して点 j から顧客群 k へ配送を行うとき 1, それ以外のとき 0

顧客 $k \in \text{Cust}$ に対して，製品群 $p \in \text{Prod}$ が製品束 b に含まれているとき，変数 x_{jk}^p をすべて $D_k^p \zeta_{jkb}$ に置き換える．

たとえば，倉庫におけるフロー整合条件

$$\sum_{(i,j,p) \in \text{Route}} x_{ij}^p = \sum_{(j,k,p) \in \text{Route}} x_{jk}^p \quad \forall j \in \text{DC}, p \in \text{Prod}$$

は，以下のように変更される．

$$\sum_{(i,j,p) \in \text{Route}} x_{ij}^p = \sum_{(j,k,p) \in \text{Route}: k \notin \text{Cust}} x_{jk}^p + \sum_{(j,k,p) \in \text{Route}, b \in \text{Bndl}_k, k \in \text{Cust}, p \in \text{Prod}_{bk}} D_k^p \zeta_{jkb}$$
$$\forall j \in \text{DC}, p \in \text{Prod}$$

より簡単には以下の定式化も可能である．

顧客群の需要量の満足条件

$$x_{jk}^p \leq D_k^p \zeta_{jkb} \quad \forall (j,k,p) \in \text{Route}, b \in \text{Bndl}_k, k \in \text{Cust}$$

上式は等式でも良いが，不等式の方が誤差の影響が少ない．

変更された顧客の需要量の満足条件（製品束ごとの単一ソース条件）

$$\sum_{(j,k) \in \text{Arc}} \zeta_{jkb} \leq 1 \quad \forall k \in \text{Cust}, b \in \text{Bndl}_k$$

稼働していない倉庫から配送はできないことを表す条件

$$\zeta_{jkb} \leq y_j \quad \forall j \in \text{DC}, k \in \text{Cust}, b \in \text{Bndl}_k, (j,k) \in \text{Arc}$$

最後の制約は冗長であるが，線形計画緩和問題の制約領域を狭める（緩和を強める）役割を果たす．その一方，制約数が増えるため計算時間が増加する場合もあるので，注意して用いる必要がある．

14.3 グローバル・ロジスティクス・ネットワーク設計モデル

ロジスティクス・ネットワーク設計モデルは，基本的には1つの国家(群)内を対象にした，いわゆるドメスティック・モデルである．複数の国家間を扱うモデル（グローバル・ロジスティクス・ネットワーク設計モデル）は，以下の点でドメスティック・モデルと異なる．
1) 輸送時間ならびにリード時間が長く，需要，為替など不確実性が大きい．
2) テロ，災害，事故などの様々なリスク要因を考慮する必要がある．
3) 関税，関税控除，国産化率などを考慮して製品の調達や生産を考える必要がある．
4) 国ごとに法人税率が異なるため，移転価格を調節して利益の配分を合法的に行う必要がある．

これらの諸要因は，日々のオペレーションではなく，主に中・長期の意思決定に関係してくる．ここでは，サプライ・チェインの中・長期の意思決定支援で用いられる最適化モデルについて，上の諸要因をどのように考慮するかを含めて紹介する．

14.3.1 集　　合

通常のロジスティクス・ネットワーク設計モデルは，基本的には1つの国もしくは地域経済統合（以下では国家群とよぶ）を対象にした，いわゆるドメスティック・モデルであるが，グローバルSCMでは関税を考慮する必要がある．国家群（national group）とは，NAFTA（北米自由貿易協定），EU（欧州連合），AFTA（ASEAN自由貿易地域），APEC（アジア太平洋経済協力）などの地域統合を表す．

当然のことながら，国家群の境をまたいで物資を流す場合には，関税を支払う必要がある．また，関税は一定の条件を満たせば返還され（関税控除），さらに一定量をその国内で製造することを義務づけたローカルコンテンツ（国産化率）に関する制約が付加されることもある．このような諸条件を考慮したロジスティクス・ネットワーク設計モデルは複雑になるが，大規模問題に対する指針を与えるためのモデルは，すでに実用化され，多くの企業で用いられている[3]．

複数の国家間の輸送を扱うために，国および国家群の集合を導入する．また，ノード（原料供給地点，工場，倉庫，顧客群）がどの国（国家群）に含まれるかを表す集合を導入する．

  N: 国の集合
  NG: 国家群の集合
  NationInNG$_o$: 国家群 o に含まれる国の集合

NodeInNation$_n$: 国 n に含まれるノードの集合

上の集合から，国家群 o の内部にあるノードの集合 NodeInNG$_o$ および外側のノードの集合 NodeOutNG$_o$ を以下のように導く．

$$\text{NodeInNG}_o = \bigcup_{n \in \text{NodeInNation}_o} \text{NodeInNation}_n$$

$$\text{NodeOutNG}_o = N \setminus \text{NodeInNG}_o$$

さらに上の集合から，国家群 o から輸出する製品群の集合 ProdExport$_o$ および国家群 o から d へ輸出される製品群の集合 ProdBetween$_{od}$ を以下のように導く．

$$\text{ProdExport}_o = \{p \in \text{Prod} \mid i \in \text{NodeInNG}_o, j \in \text{NodeOutNG}_o, (i,j,p) \in \text{Route}\}$$

$$\text{ProdBetween}_{od} = \{p \in \text{Prod} \mid i \in \text{NodeInNG}_o, j \in \text{NodeInNG}_d, (i,j,p) \in \text{Route}\}$$

一般に部品展開図は，各ノードが製品群を表し完成品を根にもつ有向グラフで表現される．グローバル部品展開図では，各製品群が生産される国家群を付加したものをノードとみなす．また，製品群間の親子関係だけでなく，先祖（有向グラフを辿って到達可能なノード）および子孫（有向グラフを逆向きに辿って到達可能なノード）の集合を導入しておく．ここでは，国家群 o 内で生産（加工）される製品群 p に対する先祖の集合と子孫の集合を導入する．

Decendant$_{po}$: 国家群 o で生産（加工）される製品群 p の子孫の集合

Ancestor$_{po}$: 国家群 o で生産（加工）される製品群 p の先祖の集合

14.3.2 入力データ

a. 輸送データ

TC_{ij}^p: 通常の輸送費用を以下のように再定義する．ノード i からノード j に製品群 p を1単位移動させるときに生じる輸送費用に，輸送中の在庫費用（パイプライン在庫費用；保険費用を含む）および関税を加えた費用（円/unit）

b. 関税データ

$DUTYDIRECT_p^{od}$: 直接輸出関税控除（円/unit）；国家群 o から国家群 d へ輸入された製品群 p を，加工せず他の国家群に輸出したときの製品群 p の1単位あたりの関税控除．

$DUTYFINISH_{pq}^{od}$: 加工後再輸出関税控除（円/p-unit）；ここで p-unit とは，製品群 p の1単位を表す（製品群 q の1単位と混同しないため）．国家群 o から国家群 d へ輸入された製品群 q を d 内で加工することによって生成された製品 p を，他の国家群に輸出したときの製品群 p の1単位あたりの関税控除．

$DUTYPARTS_{pq}^{od}$: 再輸入部品輸出関税控除（円/p-unit）；国家群 d から輸出した製品群 p を部品とした製品群 q を，国家群 o から国家群 d へ輸入したときに生じる関税控除．

c. グルーバル部品展開表データ

$UNIT_{pq}$: 製品群 p を 1 単位生産するために必要な製品群 q ($\in \text{Decendant}_p$) の量 (q-units)

d. ローカル・コンテンツデータ

$ADDV_{ip}$: 製品群 p を工場 i で生産する際に付加された価値(円/unit)

$EADDV_{np}$: 国 n において製品群 p を生産する際に付加された価値の期待値(円/unit)

$LOCAL_n$: ローカル・コンテンツ(国産化)率(無次元);各国ごとに,国内で製

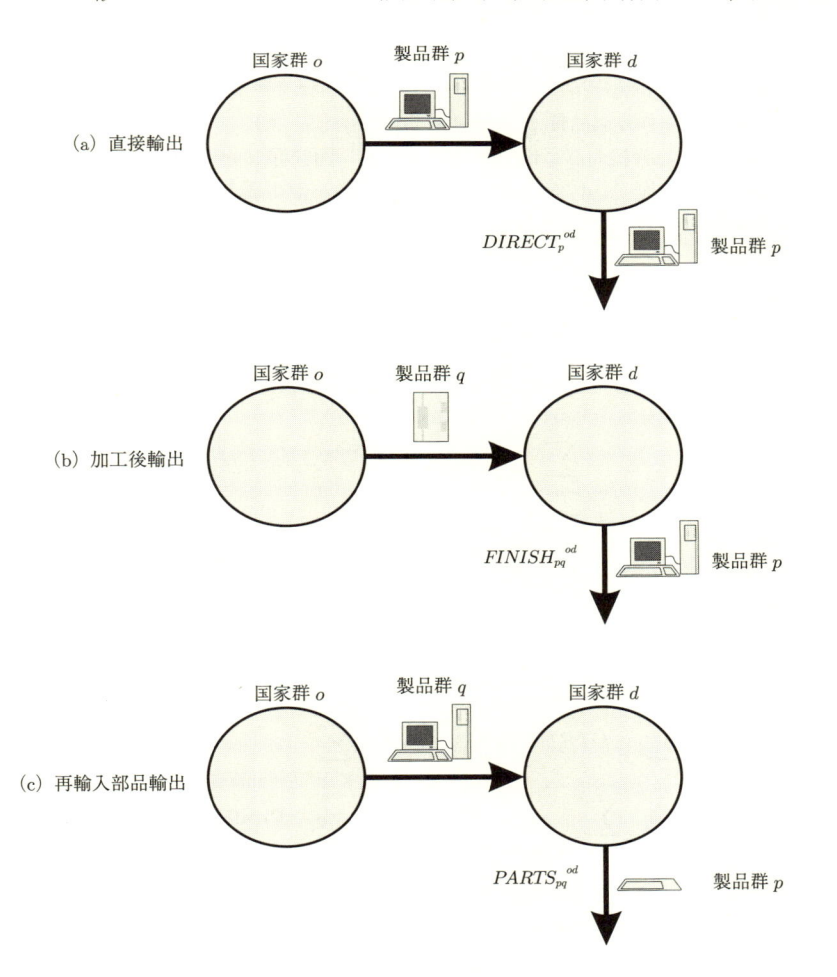

(a) 直接輸出 — 国家群 o → 製品群 p → 国家群 d — $DIRECT_p^{od}$ — 製品群 p

(b) 加工後輸出 — 国家群 o → 製品群 q → 国家群 d — $FINISH_{pq}^{od}$ — 製品群 p

(c) 再輸入部品輸出 — 国家群 o → 製品群 q → 国家群 d — $PARTS_{pq}^{od}$ — 製品群 p

図 **14.3** 関税控除

品群に対して付加された価値（たとえば，国産部品の購入価格，組立労務費，管理費，利益など）の合計が，同じ国内で販売された製品群の総期待付加価値（通常は卸売価格）にローカル・コンテンツ率を乗じた値以上でなければならないことを規定するためのパラメータ．

14.3.3 変　　数

関税控除を表現するために以下の変数を導入する．

$DIRECT_p^{od}$：直接輸出量(円/unit)；国家群 o から国家群 d へ製品群 p が輸入されたとき，d から加工せずそのまま輸出される製品群 p の量（図 14.3(a)）．

$FINISH_{pq}^{od}$：加工後再輸出量(円/p-unit)；国家群 o から国家群 d へ輸入された製品群 q が，d 内で組み立てられることによって製品群 p が生成されるとき，d から輸出される製品群 p の量（図 14.3(b)）．

$PARTS_{pq}^{od}$：再輸入部品輸出量(円/p-unit)；国家群 d から輸出された製品群 p が，d 外の国で加工されることによって製品群 q が生成され，さらに国家群 o から国家群 d へ輸入されるとき，d から輸出される製品群 p の量（図 14.3(c)）．

14.3.4 定　式　化

目的関数から以下の項（関税控除）を減じる．

$$\text{関税控除} = \sum_{p\in\text{Prod},o,d\in\text{NG},o\neq d} DUTY DIRECT_p^{od} DIRECT_p^{od} +$$
$$\sum_{p\in\text{Prod},q\in\text{Dencendant}_{pd},o,d\in\text{NG},o\neq d} DUTY FINISH_{pq}^{od} FINISH_{pq}^{od} +$$
$$\sum_{p\in\text{Prod},q\in\text{Ancestor}_{pd},o,d\in\text{NG},o\neq d} DUTY PARTS_{pq}^{od} PARTS_{pq}^{od}$$

関税控除条件 1

$$\sum_{(i,j,p)\in\text{Route},i\in\text{NodeInNG}_d,j\text{NodeOutNG}_d} x_{ij}^p \geq$$
$$\sum_{o\in\text{NG}\setminus\{d\}} DIRECT_p^{od} + \sum_{o\in\text{NG}\setminus\{d\},q\in\text{Decendant}_{pd}} FINISH_{pq}^{od} +$$
$$\sum_{o\in\text{NG}\setminus\{d\},q\in\text{Ancestor}_{pd}} PARTS_{pq}^{od} \quad \forall p\in\text{ProdExport}_d, d\in\text{NG}$$

国家群 d から他の国家群に輸出される製品群 p の直接輸送量，加工後再輸出量，および再輸入部品輸出量の和が，国家群 d から輸出される製品群 p の総量を超えないことを表す．

関税控除条件 2

$$\sum_{(i,j,p)\in R, i\in \text{NodeInNG}_o, j\in \text{NodeInNG}_d} x_{ij}^p \geq$$

$$DIRECT_p^{od} + \sum_{q\in \text{Ancestor}_{pd}} UNIT_{qp} FINISH_{qp}^{od} +$$

$$\sum_{q\in \text{Decendant}_{pd}} \frac{PARTS_{qp}^{od}}{UNIT_{pq}} \quad \forall p \in \text{ProdBetween}_{od}, o, d \in \text{NG}, o \neq d$$

国家群 d から他の国家群に輸出される製品群 p の直接輸送量,加工後再輸出される製品群 q の部品として用いられている製品群 p の量,および再輸入部品輸出される製品群 q の完成品として再輸入される製品群 p の量の和が,国家群 o から国家群 d に輸出される製品群 p の総量を超えないことを表す.

ローカル・コンテンツ条件

$$\sum_{i\in N_n, i\in \text{Plnt}, p\in \text{Prod}} ADDV_{ip} \sum_{\ell\in \text{Line}_i} w_{i\ell}^p \geq$$

$$\sum_{k\in N_n, k\in \text{Cust}, p\in \text{Prod}} LOCAL_n EADDV_{pn} D_k^p \quad \forall n \in \text{N}$$

国 n において付加された価値の合計が,その国で売られた製品の総価値の一定割合以上であることを表す.

上のモデルでは,価格の設定や不確実性については考慮されていない.これらの考慮については,以下の項で考える.

14.3.5 価格の考慮

移転価格(transfer price)とは,多国籍企業が直面している問題である.ある国で製造した製品を,別の国に属する同じ企業体の別部門に輸送したとき,会計上の処理をするために,その製品の(内部)価格を決める必要がある.これが移転価格である.一般に,国ごとに法人税が異なる.日本の企業課税について地方税である事業税等を加えた企業の実質的な税負担,いわゆる実効税率は 50 % 近く,先進国と比べて高い水準にあり,さらにアジア諸国と比較すると,その差は非常に大きい.そのため,移転価格を上手に設定することによって国に納める税金を減らすことができる.たとえば,**タックス・ヘイブン**(tax haven;租税回避地)とよばれる法人税率が低い国を中継して製品を輸送したとする.このとき,その国に輸入するときの移転価格を低く設定し,輸出するときの移転価格を高く設定することによって,利益をタックス・ヘイブン内に移すことができ,他の国(製造をした国,もしくは輸入して販売した国)で支払うべき税金を節約することができるのである.

実際には,移転価格は自由に操作できないように規制されている.しかし,適切な移

転価格は，製品および市場に依存するため，その価格を厳密に決定することは，一般には難しい．そのため通常は，移転価格がある程度の枠に入っているなら税制上違法とはみなされず，合法的に法人税を節約することが可能になるのである．

類似の問題として輸送費用の分担がある．通常，輸送費用は送り側（輸出側）もしくは受け側（輸入側）が支払うことになっているが，きちんとしたルールに基づいているならば，適当な比率で輸送費用を分担することも妥当な方法である．このとき，税率の高い国で多くの輸送費用を分担することにすれば，やはり法人税が節約できるのである．

移転価格や輸送費用の分担を組み込んだロジスティクス・ネットワーク設計モデルは，価格決定フェイズとネットワーク決定フェイズを交互に解く方法で容易に（近似的にではあるが）求解できる[154]．

一方，最終需要に対する価格づけは収益管理とよばれ，需要を価格の変数（たとえば線形関数）と仮定すれば，比較的容易に解くことができる[148]．しかし，このような仮定は実務的には不十分であり，値下げによる顧客需要への影響を，顧客細分ごとに定量的に把握することなしに，単純な関係を仮定したモデルで最適化をすることは危険である．実際に，General Motors や日本マクドナルドの一時的な低価格戦略は，短期的な需要の増大と利益の上昇をもたらしたが，長期的には負の結果だけを残した．顧客細分ごとの消費者行動を考慮した動的価格づけロジスティクス・ネットワーク設計モデルは，今後の課題である．マーケティングの分野でも，消費者行動のための数理モデルがあるので，それらとの融合モデルは容易に構築できるが，絵に描いた餅にならないように，詳細なアンケートやデータ分析に基づいた現実的なモデルを作成すべきである．

14.3.6 不確実性への対処

グローバルな視点で捉えたときのサプライ・チェインの特徴として，需要量，為替，ならびに災害（テロや地震や津波や大雪）などの様々な不確実があげられる．不確実性に対処するために，幾つかの定性的な方法論が提唱されている[143]．1 つはサプライ・チェインに冗長性をもたせることである．冗長性は，安全在庫や生産容量であり，たとえば為替の変動に対して，複数の国家群における工場の生産割り当てを変更することによって，為替差損を吸収することがあげられる．もう 1 つは，製造工程，部品，人的資源，輸送手段などを標準化することによって互換性をもたせ，それによってサプライ・チェインに柔軟性をもたせることである．共通化した部品は，**リスク共同管理**（risk pooling）や**遅延差別化**（delayed differentiation）などのサプライ・チェイン改善手法の基礎となり，標準化された互換な資源は，災害時における生産や輸送の代替を容易にさせる．

しかし，冗長性と互換性は，費用とトレードオフ関係にある．余剰な生産容量は為替や需要の変動に対する柔軟な戦略を可能にするが，当然無駄な資源を常時もっていることになるので費用がかかる．同様に，すべての工場ですべての品目を製造可能にするように製造工程の標準化を進めることは，災害時においては有利ではあるが，通常時では膨大な追加費用を要する．これらのトレードオフを適正化するためには，不確実性をあ

14.3 グローバル・ロジスティクス・ネットワーク設計モデル

る程度定量化したモデルが重要になる．以下では，サプライ・チェインの柔軟性に対する定量的な評価をするためのモデルについて考える．

前節までと同様に，ストラテジック（長期）レベルの意思決定項目であるので，ロジスティクス・ネットワーク設計モデルの拡張を考える．ロジスティクス・ネットワーク設計モデルにおいては，様々な不確実要因に対処できるように，(不確実性に強いという意味で) 頑強かつ (不確定要因の実現値に応じてネットワークの形状を変化させうるという意味で) 柔軟なネットワークを設計する必要がある．

ここで不確実性は，予測可能なものとそうでないものに分けて考える必要がある．需要，為替はある程度予測可能であり，テロや地震などの災害は予測が難しい．これは程度の問題であり，災害については，地域ごとにその危険度が予測可能である場合もあるが，需要や為替のように時系列的データから将来の予測が定量化し難いという意味で，予測不能と考える．

予測可能な不確実性に対しては，確率計画によるアプローチが有効である．たとえば，為替変動に対して，複数の国家群で余裕をもった生産容量を用いたリアル・オプションは，シミュレーションを用いた最適化で容易に評価することができる[36]．一般には，シナリオ木を用いた確率計画アプローチを用いることによって，時間が経過するほど不確実性が増すことや，事象発生後の修正行動（リコース）を組み込んだモデル化が可能になる．

災害などの予測不能な不確実性に対しては，**もしこうなったら分析**（what if analysis）やロバスト最適化が有効である．輸送モードの選択においては，輸送速度，費用だけでなく，リスクを考慮する必要がある．たとえば，ある地域を経由して輸送を行うと費用が安く短時間で輸送できる場合でも，空港の安全性（頻繁に荷が紛失するなど）を考慮した場合には，品目によっては使用しないという意思決定を行うべきである．

需要の不確実性とリード時間に対処するための安全在庫も確率計画の範疇でモデル化は可能であるが，より多くの研究が成されている在庫理論の結果を用いることが，モデルの詳細さや現実性から見て望ましい．

ロジスティクス・ネットワーク設計モデルに在庫を組み込んだモデルも散見するが，どれもフロー量に対する線形の費用関数としての在庫費用を考慮しているにすぎない．フロー量の線形関数として表現できるのはサイクル在庫などであり，安全在庫は在庫の基本原則である「まとめればまとめるほど小さくなる」という性質をもつので，上で述べたようにフロー量の凹費用関数として表現すべきである．さらに，安全在庫はリード時間（サプライ・チェインの上流の点に発注後，品目が届く時間）の関数であり，ロジスティクス・ネットワーク設計モデルにおいては，リード時間は変数として組み込むことが難しいので，これは別のモデルを用いて最適化を行う必要がある．リード時間の決定は，安全在庫配置モデル（第 12 章参照）とよばれる凹費用関数の最小化問題に帰着される．このモデルの解法としては，動的計画による多項式時間解法（ただし木ネットワークに限定），数理計画ソルバーを用いた分枝限定法，メタ解法が提案されているが，

比較的楽に実用規模のモデルを解くことができる．

安全在庫配置モデルとロジスティクス・ネットワーク設計モデルは，独立に解かれるのではなく，情報をやりとりしながら同時に最適化されることが望ましい．

14.4 抽象ロジスティクス・オブジェクトを用いた基本モデル

ここでは，抽象ロジスティクス・オブジェクトを用いたロジスティクス・ネットワーク設計問題に対する基本モデルを示す．本モデルは，主にストラテジックレベルの意思決定で用いられ，リバース・ロジスティクスや輸送モードなどの種々の付加条件を，点と枝から構成されるネットワークと，それ上に定義される資源だけで表現できる点が特徴である．

14.4.1 集　　合

N: 点の集合
　原料供給地点，工場，倉庫の配置可能地点，顧客群の集合などのすべての地点を総称して点とよぶ．

Arc: 枝の集合
　少なくとも1つの製品群が移動する可能性のある点の対を枝とよぶ．

Prod: 製品群の集合
　ロジスティクス・ネットワーク内を流れる「もの」を製品とよぶ．前節と同様に，製品を集約したものを製品群とよぶ．
　以下に定義する Child_p, Parent_p は，製品群の集合の部分集合である．

Child$_p$: 部品展開表における製品群 p の子製品群の集合
　言い換えれば，製品群 p を製造するために必要な製品群の集合．

Parent$_p$: 部品展開表における製品群 p の親製品群の集合
　言い換えれば，製品群 p を分解することによって生成される製品群の集合．

Res: 資源の集合
　製品群を処理（移動，組み立て，分解）するための資源の総称．基本モデルでは枝上で定義される．たとえば，工場を表す枝における生産ライン（もしくは機械）や輸送を表す枝における輸送機器（トラック，船，鉄道，飛行機など）が資源の代表的な要素となる．

NodeProd: 需要もしくは供給が発生する点と製品群の2つ組の集合

ArcRes: 枝と資源の可能な2つ組の集合
　枝 $a \in \text{Arc}$ 上で資源 $r \in \text{Res}$ が利用可能なとき，(a, r) の組が集合 ArcRes に含まれるものとする．

ArcResProd: 枝と資源と製品群の可能な3つ組の集合
　枝 $a \in \text{Arc}$ 上の資源 $r \in \text{Res}$ で製品群 $p \in \text{Prod}$ の処理が利用可能なとき，(a, r, p)

の組が集合 ArcResProd に含まれるものとする．
以下に定義する Asmbl, Disasmbl および Trans は ArcResProd の部分集合である．

Asmbl: 組み立てを表す枝と資源と製品群の可能な 3 つ組の集合

枝 $a \in $ Arc 上の資源 $r \in $ Res で製品群 $p \in $ Prod の組み立て処理が利用可能なとき，(a, r, p) の組が集合 Asmbl に含まれるものとする．ここで製品群 p の組み立て処理とは，子製品群の集合 Child$_p$ を用いて p を製造することを指す．

Disasmbl: 分解を表す枝と資源と製品群の可能な 3 つ組の集合

枝 $a \in $ Arc 上の資源 $r \in $ Res で製品群 $p \in $ Prod の分解処理が利用可能なとき，(a, r, p) の組が集合 Disasmbl に含まれるものとする．ここで製品群 p の分解処理とは，p から親製品群の集合 Parent$_p$ を生成することを指す．

Trans: 移動を表す枝と資源と製品群の可能な 3 つ組の集合

枝 $a \in $ Arc 上の資源 $r \in $ Res で製品群 $p \in $ Prod が形態を変えずに流れることが可能なとき，(a, r, p) の組は集合 Trans に含まれるものとする．

ResProd: 資源と製品群の可能な 2 つ組の集合

集合 ArcResProd から生成される．

ArcProd: 枝と製品群の可能な 2 つ組の集合

集合 ArcResProd から生成される．

14.4.2 入力データ

集合の次に定義するものが入力データである．データの変更はデータファイルだけを変更することによって達成されなければならないので，モデリング言語としてはデータとモデルを分離して扱えるものが必須である．

D_i^p: 点 i における製品群 p の需要量（p-units/単位期間）；負の需要は供給量を表す．ここで，p-unit とは，製品群 p の 1 単位を表す．

$DPENALTY_{ip}^+$: 製品群 p の 1 単位あたりの需要超過ペナルティ（円/単位期間・p-unit）

$DPENALTY_{ip}^-$: 製品群 p の 1 単位あたりの需要不足ペナルティ（円/単位期間・p-unit）

AFC_{ij}: 枝 (i, j) を使用するときに発生する固定費用（円/単位期間）

$ARFC_{ijr}$: 枝 (i, j) 上で資源 r を使用するときに発生する固定費用（円/単位期間）

$ARPVC_{ijr}^p$: 枝 (i, j) 上で資源 r を利用して製品群 p を 1 単位処理するごとに発生する変動費用（円/単位期間・p-unit）

U_{pq}: 製品群 p の 1 単位を組み立て処理するために必要な製品群 $q \in $ Child$_p$ の量（q-units）

$\bar{U}_{pq}$: 製品群 p の 1 単位を分解処理して生成される製品群 $q \in $ Parent$_p$ の量（q-units）

RUB_r: 資源 r の利用可能量上限(r-units)

R_r^p: 製品群 p の 1 単位を処理する際に必要な資源 r の量(r-units)；ここで，r-unit とは，資源 r の 1 単位を表す．

CT_{ijr}^p: 枝 (i,j) 上で資源 r を利用して製品群 p を処理する際のサイクル時間(単位期間)

LT_{ijr}^p: 枝 (i,j) 上で資源 r を利用して製品群 p を処理する際のリード時間(単位期間)

VAL_i^p: 点 i 上での製品群 p の価値(円)

SSR_i^p: 点 i 上での製品群 p の安全在庫係数（無次元）

VAR_p: 製品群 p の変動比率(p-units)；これは，製品群ごとの需要の分散と平均の比が一定と仮定したとき，「需要の分散/需要の平均」と定義される値である．

$ratio$: 利子率(%/単位期間)

EIC_{ij}^p: 枝 (i,j) 上で資源 r を用いて処理（組み立て，分解，輸送）される製品群 p に対して定義されるエシェロン在庫費用(円/単位期間)；この値は，以下のように計算される．

$$EIC_{ijr}^p = \max\{ratio \times \left(VAL_j^p - \sum_{q \in \text{Child}_p} U_{pq} VAL_i^q\right)/100, 0\}$$
$$(i,j,r,p) \in \text{Asmbl}$$

$$EIC_{ijr}^p = \max\{ratio \times \left(\sum_{q \in \text{Parent}_p} \bar{U}_{pq} VAL_j^q - VAL_i^p\right)/100, 0\}$$
$$(i,j,r,p) \in \text{Disasmbl}$$

$$EIC_{ijr}^p = \max\{ratio \times \left(VAL_j^p - VAL_i^p\right)/100, 0\} \quad (i,j,r,p) \in \text{Trans}$$

14.4.3 変　　数

変数は実数変数と 0-1 整数変数を用いる．

まず，実数変数を以下に示す．

$w_{ijr}^p (\geq 0)$: 枝 (i,j) で資源 r を利用して製品群 p を処理する量を表す実数変数(p-units/単位期間)

$v_{ip}^+ (\geq 0)$: 点 i における製品群 p の需要の超過量（需要が負のときには供給の超過量）を表す実数変数(p-units/単位期間)

$v_{ip}^- (\geq 0)$: 点 i における製品群 p の需要の不足量（需要が負のときには供給の不足量）を表す実数変数(p-units/単位期間)

0-1 整数変数は，枝および枝上の資源の利用の有無を表現する．

$y_{ij} (\in \{0,1\})$: 枝 (i,j) を利用するとき 1，それ以外のとき 0

$z_{ijr} (\in \{0,1\})$: 枝 (i,j) 上で資源 r を利用するとき 1，それ以外のとき 0

14.4.4 定式化

$$\text{minimize} \quad \text{枝固定費用} + \text{枝・資源固定費用} +$$
$$\text{枝・資源・製品群変動費用} + \text{供給量超過費用} +$$
$$\text{供給量不足費用} + \text{需要量超過費用} + \text{需要量不足費用} +$$
$$\text{サイクル在庫費用} + \text{安全在庫費用}$$
$$\text{subject to} \quad \text{フロー整合条件}$$
$$\text{資源使用量上限}$$
$$\text{枝と枝上の資源の繋ぎ条件}$$

目的関数の構成要素

$$\text{枝固定費用} = \sum_{(i,j)\in \text{Arc}} AFC_{ij} y_{ij}$$

$$\text{枝・資源固定費用} = \sum_{(i,j,r)\in \text{ArcRes}} ARFC_{ijr} z_{ijr}$$

$$\text{枝・資源・製品群変動費用} = \sum_{(i,j,r,p)\in \text{ArcResProd}} ARPVC_{ijr}^{p} w_{ijr}^{p}$$

$$\text{需要量超過費用} = \sum_{(i,p)\in \text{NodeProd}} DPENALTY_{ip}^{+} v_{ip}^{+}$$

$$\text{需要量不足費用} = \sum_{(i,p)\in \text{NodeProd}} DPENALTY_{ip}^{-} v_{ip}^{-}$$

$$\text{サイクル在庫費用} = \sum_{(i,j,r,p)\in \text{ArcResProd}} \frac{EIC_{ijr}^{p} CT_{ijr}^{p}}{2} w_{ijr}^{p}$$

$$\text{安全在庫費用} = \sum_{(i,j,r,p)\in \text{ArcResProd}} ratio \times VAL_{j}^{p} SSR_{i}^{p} \sqrt{VAR_{p} LT_{ijr}^{p} w_{ijr}^{p}}$$

ここで，上式における平方根は区分的線形関数で近似するものとする．

フロー整合条件

$$\sum_{r\in \text{Res}, j\in \text{N}:(j,i,r,p)\in \text{Trans}\cup \text{Asmbl}} w_{jir}^{p} +$$
$$\sum_{r\in \text{Res}, j\in \text{N}:(j,i,r,q)\in \text{Disasmbl}, p\in \text{Parent}_q} \bar{U}_{qp} w_{jir}^{q}$$
$$= \sum_{r\in \text{Res}, k\in \text{N}:(i,k,r,p)\in \text{Trans}\cup \text{Disasmbl}} w_{ikr}^{p} +$$
$$\sum_{r\in \text{Res}, k\in \text{N}:(i,k,r,q)\in \text{Asmbl}, p\in \text{Child}_q} U_{qp} w_{ikr}^{q} +$$

(**if** $(i,p) \in \text{NodeProd}$ **then** $D_i^p - v_{ip}^- + v_{ip}^+$ **else** 0)

$\forall i \in \text{N}, p \in \text{Prod}$

資源使用量上限

$$\sum_{p \in \text{Prod}:(i,j,r,p) \in \text{ArcResProd}} R_r^p w_{ijr}^p \leq RUB_r z_{ijr} \quad \forall (i,j,r) \in \text{ArcRes}$$

枝と枝上の資源の繋ぎ条件

$$z_{ijr} \leq y_{ij} \quad \forall (i,j,r) \in \text{ArcRes}$$

14.5 多期間モデル

ここでは，前節の抽象ロジスティクス・オブジェクトを用いたロジスティクス・ネットワーク設計モデルを多期間に拡張したモデルを示す．モデルの目的は，複数の期間のデータをもとに，ロジスティクス・ネットワークの形状，ならびに各期の生産，在庫，輸送量を同時に決めることにある．このモデルの概念図については，7.4.1 項の図 7.7 を参照されたい．

本モデルは，主にタクティカルレベルの意思決定で用いられる．

14.5.1 集　　合

以下の集合を導入する．

　　Period: 計画期間（期）の添え字集合．Period $= \{1, \cdots, T\}$ とする．

14.5.2 入力データ

入力データ（パラメータ）は，基本的にはすべて期を表す添え字 $t \in$ Period を付加する必要があるが，期に依存しないと判断されるものは，基本モデルと同じものを用いても良い．

また，各点における初期在庫量および最終期における在庫量を表すデータを付加する．

　　$FirstInv_i^p, LastInv_i^p$: 点 i $(\in \text{N})$ における製品群 p の初期および最終期の在庫量(units)

14.5.3 変　　数

すべての期を通して変更しない変数（枝を利用をするか否かを表す 0-1 変数）以外は，基本モデルにおける変数に計画期間を表す添え字 $t \in$ Period を付加する．また，各点において次の期に持ち越す在庫量を表す変数を導入する．

　　inv_{it}^p (≥ 0): 点 i $(\in \text{N})$ において，期 t から期 $t+1$ に持ち越す在庫量(units)

14.5.4 定式化

目的関数は，基本モデルに期間を表す添え字 t を付加するだけであるので，省略する．以下に変更すべき制約式を示す．

フロー整合条件

$$(\text{ if } t = 1 \text{ then } FirstInv_i^p \text{ else } inv_{i,t-1}^p) +$$
$$\sum_{r \in \text{Res}, j \in \text{N}:(j,i,r,p) \in \text{Trans} \cup \text{Asmbl}} w_{jirt}^p +$$
$$\sum_{r \in \text{Res}, j \in \text{N}:(j,i,r,q) \in \text{Disasmbl}, p \in \text{Parent}_q} \bar{U}_{qp} w_{jirt}^q$$
$$= (\text{ if } t = T \text{ then } LastInv_i^p \text{ else } inv_{it}^p) +$$
$$\sum_{r \in \text{Res}, k \in \text{N}:(i,k,r,p) \in \text{Trans} \cup \text{Disasmbl}} w_{ikrt}^p +$$
$$\sum_{r \in \text{Res}, k \in \text{N}:(i,k,r,q) \in \text{Asmbl}, p \in \text{Child}_q} U_{qp} w_{ikrt}^q +$$
$$(\text{ if } (i,p) \in \text{NodeProd} \text{ then } D_{it}^p - v_{ipt}^- + v_{ipt}^+ \text{ else } 0)$$
$$\forall i \in \text{N}, p \in \text{Prod}, t \in \text{Period}$$

資源使用量上限

$$\sum_{p \in \text{Prod}:(i,j,r,p) \in \text{ArcResProd}} R_r^p w_{ijrt}^p \leq RUB_r z_{ijrt}$$
$$\forall (i,j,r) \in \text{ArcRes}, t \in \text{Period}$$

枝と枝上の資源の繋ぎ条件

$$z_{ijrt} \leq y_{ij} \quad \forall (i,j,r) \in \text{ArcRes}, t \in \text{Period}$$

上で述べた多期間モデルは，需要の季節変動を考慮するためだけでなく，(複数の) 製品のライフサイクル全体を考慮したモデル化にも使われる．

14.6 輸送機器の移動を考慮したモデル

通常，ロジスティクス・ネットワーク内では輸送手段（トラック，船，鉄道，飛行機など）は地点間を移動することによって製品群を輸送する．ここでは，輸送手段をネットワーク上を移動する資源と捉えることによるモデル化を試みる．基礎になるのは，14.5 節の多期間モデルである．

本モデルは，主にオペレーショナルおよびタクティカルレベルの意思決定で用いられる．

14.6.1 集　　合
以下の集合を導入する．
　　Path: 点とそれに接続する枝を交互に並べたもの．輸送手段を表す資源が通過する経路をモデル化したものである．
　　Arc_π: パス $\pi \in \text{Path}$ に含まれる枝の集合．

14.6.2 入力データ
　　$\tau_{ijr\pi}$: パス $\pi \in \text{Path}$ の始点を輸送手段（資源）r が出発してから，パスに含まれる枝 (i,j) の終点 j に到着するまでに経過する期数．

14.6.3 変　　数
枝上での資源の利用の表現する 0-1 整数変数 z_{ijrt} のかわりに，パス上での資源の利用を表現する 0-1 整数変数 $\xi_{\pi rt}$ を導入する．
　　$\xi_{\pi rt}\ (\in \{0,1\})$: パス π を資源 r が期 t に出発するとき 1，それ以外のとき 0

14.6.4 定　式　化
資源使用量上限
$$\sum_{p \in \text{Prod}:(i,j,r,p) \in \text{ArcResProd}} R_r^p w_{ijrt}^p \leq \sum_{\pi \in \text{Path}:(i,j) \in \text{Arc}_\pi} RUB_r \xi_{\pi r, t - \tau_{ijr\pi}}$$
$$\forall (i,j,r) \in \text{ArcRes},\ t \in \text{Period}$$

この式は，期 $\tau_{ijr\pi}$ 前にパス π の始点を出発した輸送手段（を表す資源）r によって，枝 (i,j) 上を期 t に流れる製品群 p が処理（輸送）されることを表す．
枝と枝上を通過する資源の繋ぎ条件
$$\xi_{\pi rt} \leq y_{ij} \quad \forall (i,j) \in \text{Arc}_\pi,\ (i,j,r) \in \text{ArcRes},\ \pi \in \text{Path},\ t \in \text{Period}$$

15 収益管理

　陳腐化資産（perishable asset）とは，時間がくるとその価値が 0 に（もしくは極めて小さく）なってしまう企業体の資産を指す．一般には，企業体の資産の多くは陳腐化し，会計上は減価償却されるものである．しかし，ここでいう陳腐化資産とは，会計上の資産としては長期にわたって価値をもつものであるが，短期的な意味でその価値がなくなるものを指す．その代表例として航空機の座席がある．つまり，航空機の座席自体は，航空機会社の資産としてその価値は徐々に減価償却されるものであるが，ある特定の時期の，特定の便の，特定の座席（たとえばファーストクラスの窓際の席）は，乗客を確保できなければ収益を生むことができないので，その価値を失うと考えるのである．
　航空機の座席以外にも，列車や船の座席（寝台），ホテルや旅館の部屋，レンタカー，ゴルフ場におけるプレーの権利，相撲や野球の観戦券，テレビのコマーシャルの時間帯，コインパーキングの駐車場なども陳腐化資産である．見方によっては，生鮮食料品なども期限がくると急速にその価値を失うので陳腐化資産と考えられるが，ほとんどの研究は，航空機や電車の座席，ホテルや旅館などの宿泊施設の部屋，レンタカーに代表されるレンタル商品など，長期的な観点における資産の所得の可否は固定されているものの，特定の時期におけるその利用が商品として販売されているものを対象としている．
　これらの陳腐化資産に対して，適当な時期における適当な価格づけや資産の在庫への需要の割り当てを行い，顧客の需要を適切に管理（および創生）することによって，企業体の収益を向上させることができる．これが**収益管理**（revenue management）もしくは**報酬管理**（yield management）とよばれる理論および実務の体系である．従来は，「報酬管理」の用語が多く用いられていたが，最近は報酬（費用を考慮しない収入）だけを目的とするのではなく，収入から費用を減じたものを最大化することを目的とすることを強調するために，「収益管理」という用語が用いられるようになった．ここでも，それにならい収益管理とよぶことにする．
　収益管理の応用は，サービスの期間が予測可能であるか否か，価格が固定か可変かによって，大きく 4 つに分類できる．表 15.1 に分類別の応用を示す．
　従来の多くの研究では，収益管理の対象とする領域は，以下の条件をもつものと考えられてきた．

- 陳腐化資産を対象とする．
- 航空機におけるビジネス客レジャー客のように，顧客の種類などによって市場細分

表 15.1 収益管理の分類と応用

	価格固定	価格可変
期間予測可能	映画のチケット スポーツの観戦券 宴会場	ホテルの部屋 航空機の座席 レンタカー クルーズ
期間予測不能	レストラン ゴルフコース	介護サービス 病院

化が可能である.
- 商品は事前に販売される.
- 需要の変動が激しい.
- 航空機やホテルのように,初期投資（固定費用）が大きい.
- 航空機の座席数のように,容量を増加させるには大きな固定費用を要する.
- 顧客を処理するときの変動費用が,固定費用と比べて小さい.

最近では,上の条件を緩和した応用や研究も行われている.特に,陳腐化資産でない商品や,市場細分化ができない商品を対象としたサプライ・チェインにおいては,価格の変更を許す自由度の恩恵は極めて大きく,収益管理の主題である陳腐化資産の在庫割り当てを超えた様々なモデルが提案されている.そのため,本稿では,広義の収益管理を「商品の価格を柔軟に変化させることによって,従来の枠組みを超えた利益を被るための理論と実務の体系」と定義する.

特に,同じ商品に異なった価格を提示することなしに,言い換えれば需要を細分化することなしに,商品の価格を動的に変更する方法を,**動的価格づけ**（dynamic pricing）とよぶ.本稿では,顧客需要のクラスを細分化した場合には収益管理とよび,細分化しない場合には動的価格づけとよぶことによって区別する.

収益管理の研究は,1972年のLittlewood[115]からはじまったものであり,その研究ならびに応用のほとんどは,航空機の座席を対象にしたものである.これは,航空機の座席が比較的高価な陳腐化資産であること,航空機産業においては早くからオンラインによる座席予約システムを導入してきたこと,ならびに1979年における米国の航空機の規制緩和などに起因すると考えられる.実際に,航空機産業に対する収益管理の実務的なインパクトは極めて大きく,たとえば1982年から1992年におけるアメリカン・エアラインの収益の40％以上が収益管理によるものであったと言われている.

一方,我が国における収益管理の応用事例はほとんどなく,研究論文も数えるほどである.ここでは,このような我が国の現状を打開するために,収益管理に関する数理的なアプローチを概観する.

以下の構成は次の通り.

15.1節では,収益管理に対する基本的なアイディアを,Littlewoodの古典を例にとって紹介する.ここで述べるのは,行程（便；航空機の発地と着地の組）が1つの場合に

対する解析的な結果である．

15.2 節では，複数の行程から構成されるネットワーク型のモデルに対する動的計画モデルを示す．この定式化は一般的であり，かつ最適方策を与えるものではあるが，問題の規模の増加とともに状態空間が増大するので，直接求解することは実用的ではない．

15.3 節では，ネットワーク型のモデルに対する数理計画アプローチについて述べる．

15.4 節では，ネットワーク型在庫割り当てをリアルタイムに決定するための 2 つの方策（入札価格コントロール方策，入れ子コントロール方策）を紹介する．

15.5 節では，価格を動的に変化させることによって，需要の制御と座席の在庫割り当てを同時に考慮したモデルについて述べる．

15.1　1 行程に対する在庫割り当てモデル

収益管理の始祖ともいえる Littlewood[115] の研究は，割引された運賃と通常運賃の 2 つの運賃クラスに対する座席在庫の割り当てに関するものである．Littlewood の座席割り当てモデルを簡略化すると，以下のような問題となる．

いま，航空機の座席が 1 つ残っているものとしよう．この座席は，飛行機の出発時刻になるとその価値が 0 になってしまう．この席を割引価格（正規価格の $0 < r < 1$ 倍とする）で販売している．まだ出発時刻には間があるので，その間に正規の価格で購入を希望するお客さんがやって来るかもしれない（もちろん来ないかもしれない）．割引率 r での販売を継続すべきだろうか，それとも将来やって来る正規価格で購入してくれるお客さんを期待して，割引価格での販売を中止すべきだろうか？

この問題を解決するためには，現時点から飛行機の出発時刻の間に正規の価格で購入を希望するお客さんがやって来る確率を知る必要がある．いま，その確率を p とすると，将来の利益の期待値は「$p \times$ 正規価格」であるので，割引のお客さんには，割引率 r が p 未満なら販売を中止し，p 以上なら販売を継続すれば良いことが分かる（図 15.1）．

ちなみに，この問題は最適停止問題の変種と考えられる．最適停止問題は，古典とも

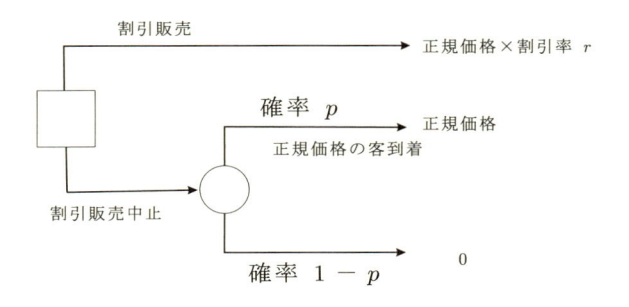

図 15.1　割引価格のお客さんに販売するか否かを決めるための決定木

言える 1947 年の Wald の著書 "Sequential Analysis" からはじまった研究分野であり，オペレーションズ・リサーチにおける秘書問題，ファイナンスにおけるオプションの権利行使のタイミング問題など幅広い分野で応用をもつ．

一般に，複数の座席が残っているときには，以下のようなモデルになる．残り時間内における正規運賃を支払う顧客数を表す確率変数を X，割引運賃の割引率を $0 < r < 1$ とする．また，割引運賃の顧客は，すべて正規運賃の顧客の前にやって来るものと仮定する．正規運賃を支払う顧客用に確保すべき座席数 θ を正規運賃用の保護レベルとよぶ．保護レベルの座席を正規運賃を支払う顧客に売り切ってしまう確率は $\Pr(X \geq \theta)$ であるので，割引率 r が $\Pr(X \geq \theta)$ 以上の間は，割引率 r の顧客への販売を継続すれば良い．すなわち，保護レベル θ は，

$$\Pr(X \geq \theta) \leq r$$

を満たす最大の $\theta - 1$ となるように設定される．残された座席数から，保護レベルを減じたものが，割引運賃を支払う顧客に割り振られた座席数になる．これを割引運賃のための予約上限とよび，このような予約のさばき方を**入れ子上限コントロール方策** (nested limit control policy) とよぶ．

例 15.1 正規運賃を支払う顧客数が平均 100，標準偏差 10 の正規分布 $N(100, 10^2)$ にしたがうとき，割引率 0.8 の割引価格のチケットに対する保護レベルは，Excel などの表計算ツールを用いると簡単に求めることができる．Excel では，正規分布の累積分布関数は，関数 NORMDIST(関数値,平均,標準偏差,TRUE) であるので，$\Pr(X \geq \theta)$ は，Excel のセルに =1-NORMDIST(θ,100,10,TRUE) と入力することによって計算できる．表 15.2 に，$\Pr(X \geq \theta)$ を $\theta = 89$ から 94 まで変えたときの値を示す．$\Pr(X \geq \theta) \leq 0.8$ を満たす最大の θ は 92 であるので，91 の座席を正規運賃を支払う顧客用に確保しておき，それまでは割引チケットの販売を継続することによって，期待収益を最大にすることができる．

表 15.2 例題における θ と $\Pr(X \geq \theta)$

θ	$\Pr(X \geq \theta)$
89	0.864334
90	0.841345
91	0.815940
92	0.788145
93	0.758036
94	0.725747

15.2 ネットワーク型在庫割り当てに対する動的計画モデル

航空機の 1 つの発地から着地までの便を**行程**（leg）とよぶ．上の Littlewood のモデルは，行程数が 1 のモデルであったが，通常，航空機会社は複数の行程をもち，それらは空港を点，行程を枝としたネットワークを構成する．一方，顧客の需要は，1 つ以上の行程から構成される発地から着地までのパスとして与えられる．これを**旅程**（itinerary）とよぶ．顧客がどのような経路をとるかを気にかけない場合には，旅程は**発地**（origin），**着地**（destination），**運賃クラス**（fare class）の 3 つ組（頭文字をとって ODF と略記される場合もある）として表すことができる．ここで，運賃クラスとは，ファーストクラスとエコノミークラスのように異なる座席が割り振られている場合だけでなく，実際には同じ種類の座席を用いるが，解約の際の払戻金の割合や購入した時期などが異なるものを指す用語である．通常は，Y, B, M, Q の 4 つの運賃クラスを考える．Y が最も高い運賃クラスであり，制限なしにいつでも購入できる．最も安いクラスは Q であり，その価格をベースとして，クラス Y, B, M の価格はそれぞれ 4 倍，2 倍，1.5 倍になるように決められる．

ホテルやレンタカーなどへの応用の場合には，旅程と行程は以下のように定義される．日を点とし，連続する 2 つの日を表す点間に枝を張ったネットワークを考える．各枝が，ある日から翌日までのホテルの部屋や車の貸し出しを表す行程に対応する．旅程は，宿泊（車の貸し出し）の開始日，連泊日数（貸し出し日数），部屋（車）のクラスの 3 つ組として表される．

例 15.2（ホテルの予約）簡単な例として，週末（金，土，日の 3 日間）のホテルの予約を考える．ネットワークは，金曜日，土曜日，日曜日を表す 3 点と，(金,土), (土,日) の 2 本の枝（行程）から構成される．宿泊の仕方は，(1) 金から土にかけての宿泊，(2) 土から日にかけての宿泊，(3) 金から日にかけての連泊の 3 通りの日程を考え，各々の日程に対して，宿泊料金の異なる 2 つのクラス（高と低）があるものとする．これらの 6 通りに分類された顧客グループの需要が旅程になる．

座席の価値が 0 になる時刻（航空機の出発する時刻）を 0 とし，現在時刻を T とする．すなわち，時刻は $T, T-1, \cdots, t+1, t, t-1, \cdots, 0$ と未来になるにつれ小さくなるように添え字をつけるものとする（カウントダウンと思えば良い）．ホテルやレンタカーなどへの応用の場合には，無限期間を考える必要があるが，無限期間の問題を有限期間の問題に帰着させるための常套手段である**ローリング・ホライズン方式**（rolling horizon method）を用いるものと仮定する．

ここで，ローリング・ホライズン方式とは，現在時刻 T から最終時刻 0 までの問題を解くことによって，現時点での意思決定を行い，次の期（期 $T-1$）の意思決定の際

には，時刻を 1 進めて，期 $T-1$ から期 -1 までの問題を解く，という具合に無限期間を有限期間で近似する方式である（詳細は，9.5 節参照）．

行程の数を ℓ，旅程の数を m とする．行程 i の残り座席数を行程の容量とよび，現時点（時刻 T）における行程 i の容量を N_i と記す．旅程 j は，旅程に含まれる行程の集合と運賃クラスによって特徴づけられる．旅程 j の運賃（収益）を R_j，行程が旅程に含まれることを表す行列を $A=[a_{ij}]$ とする．ここで a_{ij} は，旅程 j が行程 i を含むとき 1，それ以外のとき 0 を表す．より一般的には，a_{ij} は 0 以上の整数をとる場合もある．たとえば，10 人単位の団体客に団体割引価格を適用する場合には，$a_{ij}=10$ となる．行列 A の j 列目のベクトルを A^j と記す．

例 15.3（ホテルの予約（続き）） ホテルの予約の例では，行程数 $\ell=2$，旅程数 $m=6$ となり，行列 A は以下のようになる．

$$\begin{pmatrix} 1 & 1 & 0 & 0 & 1 & 1 \\ 0 & 0 & 1 & 1 & 1 & 1 \end{pmatrix}$$

時刻 t において旅程 j の需要が発生する確率を p_j^t と書く．この需要の発生確率は，旅程ごとに独立であり，過去の履歴や在庫割り当て方策に依存しないものと仮定する．各時刻においては，高々 1 件の旅程が発生するものとする．旅程 0 が，どの旅程も発生しない特別な場合を表すものとすると，すべての時刻 t に対して $\sum_{j=0}^{m} p_j^t = 1$ となる．

座席割り当てモデルの目的は，各時刻に発生する旅程を受け入れるか否かを決定することである．この問題は，動的計画として定式化でき，理論上は最適方策を得ることができる．動的計画の状態空間は，時刻 t と残り座席を表すベクトル $n=(n_1, n_2, \cdots, n_\ell)$ の対であり，これらの状態が与えられたときの，残り時間内における収益の期待値を $DP(n,t)$ と書く．$DP(n,t)$ に対しては，以下の **Bellman 方程式**（Bellman's equation）が成立する．

在庫割り当てモデルに対する Bellman 方程式

すべての $n \leq N$ ならびに $t \leq T$ に対して，

$DP(n,t) =$
$$\sum_{j=1}^{m} p_j^t \max \left\{ DP(n, t-1), R_j + DP(n-A^j, t-1) \right\} + p_0^t DP(n, t-1) \quad (15.1)$$

ただし，初期（境界）条件は，
$$DP(n,t) = -\infty \quad \text{ある } i \text{ に対して } n_i < 0 \text{ のとき}$$
$$DP(n,0) = 0 \quad \forall n \geq 0$$

である．

上の再帰方程式 (15.1) は，時刻 t に旅程 j が発生したときには，その旅程を拒否したときの利益 $DP(n,t-1)$ と受け入れたときの利益 $R_j + DP(n-A^j, t-1)$ の大きい方に旅程 j の発生確率 p_j^t を乗じたものが期待利益になり，どの旅程も発生しないときには，その確率 p_0^t に 1 時刻後の利益 $D(n,t-1)$ を乗じたものが期待利益になることを意味する．この式は，以下のように変形できる．

$$DP(n,t) = DP(n,t-1) + \sum_{j=1}^{m} p_j^t [R_j - DP(n,t-1) + DP(n-A^j, t-1)]^+$$

ここで，$[x]^+$ は $\max\{x, 0\}$ を表す．

$DP(n,t-1) - DP(n-A^j, t-1)$ は，旅程 j を受け入れたときの（将来の）期待利益の減少量を表すので，それを旅程 j の**機会費用** (opportunity cost) とよび，$OC_j(n,t)$ と記すことにする．ここで機会費用とは，経済用語からとったものであり，最大の潜在利益を表す．このとき，再帰方程式は以下のように書ける．

$$DP(n,t) = DP(n,t-1) + \sum_{j=1}^{m} p_j^t [R_j - OC_j(n,t)]^+$$

この式は，旅程 j が発生したとき，収益 R_j が機会費用 $OC_j(n,t)$ を上回っていれば受け入れ，それ以外のときには拒否すれば良いことを表す．すなわち，

$$R_j \geq OC_j(n,t) \quad \Rightarrow \quad \text{受け入れ}$$
$$\text{それ以外} \quad \Rightarrow \quad \text{拒否}$$

が最適方策となる．

例 15.4 (1 行程の場合) 動的計画の例として，1 行程の場合を考える．正規運賃を支払う顧客の到着確率を $p_1 = 0.2$，割引率 $r = 0.5$ の顧客が到着する確率を $p_2 = 0.7$ とする．この 2 つの旅程の両方とも発生しない確率を $p_0 = 0.1$ とする．これらの確率は時刻 t に依存しないものとする．現在時刻 $T (=10)$ における残り座席数 (n) を 5 とするとき，最適な方策をとったときの期待利益は幾らになるだろうか？ また，最適方策はどのようになるだろうか？

期待利益 $DP(n,t)$ は表 15.3 のようになり，機会費用 $OC_j(n,t)$ は表 15.4 のようになる．表 15.3 から現時点での期待利益は，約 3.43 であることが分かる．また，表 15.4 において，機会費用 $OC_j(n,t)$ が割引率 0.5 未満のときには，割引の顧客を受け入れ，それ以外の場合は拒否することが最適方策になる．たとえば，残り時間 (t) が 10，残り座席数 (n) が 5 のときの機会費用は $OC_j(n,t) = 0.504026$ であるので，割引の顧客がやってきたとしても拒否されることになる．

表 15.3　1 行程の例における収益の期待値 $DP(n,t)$

$t \setminus n$	5	4	3	2	1
0	0	0	0	0	0
1	0.55	0.55	0.55	0.55	0.55
2	1.1	1.1	1.1	1.1	0.64
3	1.65	1.65	1.65	1.236	0.712
4	2.2	2.2	1.8274	1.3312	0.7696
5	2.75	2.41466	1.93082	1.41888	0.81568
6	2.998194	2.529204	2.028432	1.49824	0.852544
7	3.126103	2.62905	2.122394	1.569101	0.8820352
8	3.228755	2.727718	2.211735	1.631688	0.9056282
9	3.328548	2.824522	2.295726	1.686476	0.9245025
10	3.427742	2.918762	2.373876	1.734081	0.939602

表 15.4　1 行程の例における機会費用 $OC(n,t)$

$t \setminus n$	5	4	3	2	1
2	0	0	0	0	0.55
3	0	0	0	0.46	0.64
4	0	0	0.414	0.524	0.712
5	0	0.3726	0.4962	0.5616	0.7696
6	0.33534	0.48384	0.51194	0.6032	0.81568
7	0.46899	0.500772	0.530192	0.645696	0.852544
8	0.497053	0.506656	0.553293	0.687066	0.882035
9	0.501037	0.515983	0.580047	0.72606	0.905628
10	0.504026	0.528796	0.60925	0.761973	0.924503

15.3　ネットワーク型在庫割り当てに対する数理計画モデル

　上で述べた動的計画による座席の在庫割り当て方策は，問題例のサイズが大きくなるにつれて $DP(n,t)$ を保存しておくための計算機のメモリ容量が急激に増大するので，実際問題にそのまま適用することは困難である．実際には，ここで示すような静的な線形（もしくは確率的線形）計画を用いた近似法がよく使われる．確率計画については，3.8 節を参照されたい．

　時刻 t から時刻 0 の間の旅程（需要）j の総和を表す確率変数を D_j^t，その期待値を $\mathrm{E}[D_j^t]$ と記す．旅程 j を受け入れる総数を表す変数 y_j を導入する．実際には座席数は整数であるが，座席数はある程度大きい整数と考え，実数に緩和して適当な丸め操作で整数に変換する方法を用いるものとする．

　旅程に行程容量 n_i $(i=1,\cdots,\ell)$ を割り振る線形計画問題は，以下のようになる．

$$LP(n, \mathrm{E}[D^t]) = \text{maximize} \quad \sum_{j=1}^{m} R_j y_j$$
$$\text{subject to} \quad \sum_{j=1}^{m} a_{ij} y_j \leq n_i \quad \forall i = 1, \cdots, \ell$$
$$0 \leq y_j \leq \mathrm{E}[D_j^t] \quad \forall j = 1, \cdots, m$$

上式で最初の制約は,座席の容量制約であり,2番目の制約は需要量の上限制約である.航空機の座席配分の例題については,3.4節ですでに述べた.そこでは,容量制約に対する双対変数を用いた予約コントロール法(15.4.1項参照)を紹介している.

確率変数 D^t を離散化して近似する方法も実務的には有効である.いま,期 t 以降に旅程 j が発生する量を表す確率変数 D_j^t が互いに独立であり,K 個の離散的な値 $\Delta_{j1} < \Delta_{j2} < \cdots < \Delta_{jK}$ をとるものとする.また,旅程 j の受け入れ総数を表す変数 y_j は,K 個の変数 z_{jk} $(k=1,\cdots,K)$ に分解して扱う.以下の確率的線形計画問題は,変数 z_{jk} を確率変数の実現値を知る前に決定するので,**即時決定**(here and now)アプローチとよばれる.

$$SLP(n, D^t) = \text{maximize} \quad \sum_{j=1}^{m} \sum_{k=1}^{K} R_j \Pr\{D_j^t \geq \Delta_{jk}\} z_{jk}$$
$$\text{subject to} \quad \sum_{j=1}^{m} a_{ij} \sum_{k=1}^{K} z_{jk} \leq n_i \quad \forall i = 1, \cdots, \ell$$
$$0 \leq z_{j1} \leq \Delta_{j1} \quad \forall j = 1, \cdots, m$$
$$0 \leq z_{jk} \leq \Delta_{jk} - \Delta_{j,k-1} \quad \forall j = 1, \cdots, m, \ k = 2, \cdots, K$$

この問題は,**単純リコース**(simple recourse)をもつ確率計画問題と解釈できる.変数 z_{jk} を確率変数の実現値を知る前に決定し,この時点では収益 $R_j z_{jk}$ を得るものとする.確率変数 D_j^t の実現値が Δ_{jk} 未満の場合には,実際には需要がなかったので $z_{jk} = 0$ となり,**リコース費用**(recourse cost)$R_j z_{jk}$ を支払うものとする.確率変数 D_j^t の実現値が Δ_{jk} 未満になる確率は,$\Pr\{D_j^t < \Delta_{jk}\}$ であるので,目的関数は,

$$\sum_{j=1}^{m}\sum_{k=1}^{K} R_j z_{jk} - \sum_{j=1}^{m}\sum_{k=1}^{K} R_j \Pr\{D_j^t < \Delta_{jk}\} z_{jk} = \sum_{j=1}^{m}\sum_{k=1}^{K} R_j \Pr\{D_j^t \geq \Delta_{jk}\} z_{jk}$$

となる.

需要の期待値 $\mathrm{E}[D^t]$ を用いるかわりに,確率変数 D^t をサンプリングすることによって近似の精度を上げる方法が,Talluri–van Ryzin[150] によって提案されている.確率変数 D^t を入力とした以下の線形計画問題を解く.

$$LP'(n, D^t) = \text{maximize} \quad \sum_{j=1}^{m} R_j y_j$$
$$\text{subject to} \quad \sum_{j=1}^{m} a_{ij} y_j \leq n_i \quad \forall i = 1, \cdots, \ell$$
$$0 \leq y_j \leq D_j^t \quad \forall j = 1, \cdots, m$$

D_j^t のサンプルを適当な個数発生させ，各々のサンプルに対して線形計画問題を解くことによって $LP'(n, D^t)$ の期待値を得る．このアプローチは，確率変数の実現値を知った後で最適化を行うので，**待機決定**（wait and see）の確率計画モデルと考えられる．

例 15.5（1 行程の場合（続き）） 前述の 1 行程の場合を例として，数理計画によるアプローチを適用してみる．線形計画問題は，

$$\text{maximize} \quad 1y_1 + 0.5y_2$$
$$\text{subject to} \quad y_1 + y_2 \leq 5$$
$$0 \leq y_1 \leq 2$$
$$0 \leq y_2 \leq 7$$

となり，最適解は $y_1 = 2$, $y_2 = 3$ で，最適値は 3.5 になる．

即時決定の確率的線形計画問題は，旅程の発生量を表す確率変数を 1 刻みの離散値で近似すると，

$$\text{maximize} \quad 0.892 z_{1,1} + 0.624 z_{1,2} + 0.322 z_{1,3} + 0.121 z_{1,4} + 0.0328 z_{1,5} +$$
$$0.5 z_{2,1} + 0.5 z_{2,2} + 0.5 \cdot 0.998 z_{2,3} + 0.5 \cdot 0.989 z_{2,4} + 0.5 \cdot 0.953 z_{2,5}$$
$$\text{subject to} \quad \sum_{k=1}^{5} (z_{1k} + z_{2k}) \leq 5$$
$$0 \leq z_{jk} \leq 1 \quad \forall j = 1, 2, \ k = 1, \cdots, 5$$

となり，最適解は $z_{1,1} = 1$, $z_{1,2} = 1$, $z_{2,1} = 1$, $z_{2,2} = 1$, $z_{1,3} = 1$ で，最適値は約 3.02 になる．

また，待機決定の確率的線形計画問題の最適値の期待値は約 3.46 となる．線形計画問題の最適値と待機決定の確率的線形計画問題の最適値の期待値は，動的計画によって得られた最適期待利益（約 3.43）より大きい値となっている．

一般的に，線形計画問題の最適値 $LP(n, \mathrm{E}[D^t])$，待機決定の確率的線形計画問題の最適値の期待値 $\mathrm{E}[LP'(n, D^t)]$，動的計画による最適値 $DP(n, t)$ の間には，以下の関係があることを示すことができる[18]．

$$DP(n, t) \leq \mathrm{E}[LP'(n, D^t)] \leq LP(n, \mathrm{E}[D^t])$$

この関係を用いることによって，数理計画モデルと動的計画モデルを融合したアプローチを構成することができる．たとえば，Bertsimas-Popescu[18] は，動的計画の機会費用の近似に数理計画モデルを用いることによって，近似的に動的計画を解くアプローチを提案している．

15.4 ネットワーク型在庫割り当てに対するコントロール方策

実際には，旅程（需要）が発生したときに，その旅程を受け入れるか，拒否するかをリアルタイムに決定しなければならない．本節では，そのための幾つかの方策について述べる．

本節の構成は以下の通り．

15.4.1 項では，数理計画モデルを解くことによって得られる双対の情報（入札価格）を利用した方策（入札価格コントロール方策）について述べる．

15.4.2 項では，数理計画モデルを基礎とした一般的な方策（等価確定コントロール方策）を考える．

15.4.3 項では，15.1 節で 1 行程の場合を例として紹介した入れ子上限コントロール方策をネットワーク型へ拡張した方策（入れ子上限コントロール方策）について述べる．

15.4.1 入札価格コントロール方策

ここでは，線形計画問題を解くことによって得られる双対変数の情報を用いた在庫コントロール方策について考える．線形計画問題における容量制約に対する最適双対変数を v_i $(i=1,\cdots,\ell)$ とする．在庫割り当てモデルにおいては，v_i は行程に対する**入札価格**（bid price）とよび，旅程に含まれる行程の入札価格の和で機会費用 $OC_j(n,t)$ を近似する．

旅程 j に含まれる行程の入札価格の和が，旅程の収益以下であれば，その旅程は受け入れられ，それ以外の場合は拒否される．すなわち，入札価格 v を用いた近似方策は，旅程 j が発生したときに，

$$R_j \geq \sum_{i:a_{ij}=1} v_i \Rightarrow \text{受け入れ}$$
$$\text{それ以外} \Rightarrow \text{拒否}$$

とする方策である[149]．このような予約のさばき方を**入札価格コントロール方策**（bid-price control policy）とよぶ．

例 15.6（1 行程の場合（続き）） 入札価格コントロール方策の例として，再び 1 行程の場合を考える．上述の線形計画問題における最適双対変数 v^* は 0.5 となる．したがって，残り時間 $t=10$，残り座席数 $n=5$ のときには，割引の顧客は受け入れられることになる．動的計画による最適方策では拒否されたことに注意されたい．

15.4.2 等価確定コントロール方策

上で述べた入札価格コントロール方策は，動的計画の節（15.2節）で論じた旅程 j の機会費用 $OC_j(n,t)$ の近似として，旅程に含まれる行程に対する双対変数の和を用いたものである．

しかし，複数の最適双対変数が存在する可能性が高いことや，（旅程が複数の行程を含んでいる場合には基底が変化するので）双対変数の和が近似として不適当となる可能性がある．この弱点を克服するために，以下のように旅程 j を受け入れた場合とそうでない場合の 2 通りの線形計画問題を解くことによって旅程 j の機会費用 $OC_j(n,t)$ を近似する方策が提案されている．

$$LP(n, \mathrm{E}(D^{t-1})) - LP(n - A^j, \mathrm{E}(D^{t-1}))$$

線形計画問題のかわりに確率的線形（整数）計画問題の最適値（もしくは近似値）を用いる方法も考えられる．これらの近似を用いた方策を総称して**等価確定コントロール方策**（certainty equivalent control policy）とよぶ．より正確には，行程容量を表すベクトル n と期 t 以降の需要量を表す確率変数 D^t に対する数理計画モデルの最適値（もしくは近似値）を $MP(n, D^t)$ と記すとき，等価確定コントロール方策とは，旅程 j が発生したときに，

$$R_j \geq MP(n, D^{t-1}) - MP(n - A^j, D^{t-1}) \Rightarrow 受け入れ$$
$$それ以外 \Rightarrow 拒否$$

とする方策である．

15.4.3 入れ子上限コントロール方策

ここでは，15.1 節で 1 行程の場合を例として紹介した入れ子上限コントロール方策のネットワーク型への拡張について考える．

15.3 節の数理計画モデル（線形計画モデルもしくは確率的線形計画モデル）を解くことによって，各旅程に割り振られる座席数を決めることができる．1 行程の場合には，運賃が高いクラスを優先して座席数の上限を決定すれば良いが，ネットワーク型の問題に入れ子上限コントロール方策を適用するには，旅程の優先順序を決める必要がある．

数理計画モデルによって得た行程に対する双対変数を v_i $(i=1,\cdots,\ell)$ とする．このとき，旅程 j に対する以下の指標

$$\bar{R}_j = R_j - \sum_{j=1}^m a_{ij} v_i$$

の大きい順に優先して座席数の上限を入れ子になるように決める[42]．数理計画モデルによって得た最適解を y_j^* $(j=1,\cdots,m)$ とし，$\bar{R}_j$ が大きい順に $1, 2, \cdots, m$ となるように旅程の番号を並べ替えてあるものとすると，旅程 j のために行程 i に割り振られた

(確保された)座席数の上限 S_{ij} は,

$$S_{ij} = n_i - \sum_{k<j: A_{ik}=1} y_k^*$$

となる.これは,行程 i を利用している j よりも上位にランクされている旅程の確保分を除いた値が旅程 j 用に確保された行程 i の座席数になることを意味している.

15.5 最適価格決定モデル

上で紹介した種々の座席割り当てモデルは,顧客需要(旅程)は外部システムから与えられた条件であり,制御することはできないと仮定した.最近になって,動的に価格を変化させることによって需要ならびに在庫をコントロールするため手法の必要性が,研究者ならびに実務家から出てきているが,そのための研究はまだ数少ない.

Gallego–van Ryzin[64] は,1行程の収益管理モデルに対する価格決定について考え,制御問題としての定式化,ならびに確定的なモデルを解くことによって得た価格をそのまま変化させずに用いる「固定価格方策」の漸近的最適性を示している.Gallego–van Ryzin[65] は,ネットワーク型の収益管理モデルに対する価格決定のための基礎的な研究であり,確率的な問題と確定的な問題の関係,確定的モデルの最適解を利用した確率的な問題に対する近似方策を提案している.また,航空機の座席予約の例題に対する簡単な数値実験を行っている.

収益管理に関する研究は 40 年以上の歴史をもつが,その多くは航空機の座席に特化したものが主であった.モダンな意味での収益管理の研究は,まだはじまったばかりであり,実用化へのギャップは大きい.今後は,実務家と理論家の協調作業によって,我が国独自の問題の抽出とその解決法についての研究の進展を期待する.

16 サプライ・チェイン動的価格づけモデル

ここでは，サプライ・チェインにおける動的価格づけモデルを示す．前章で述べたように，収益管理とは，陳腐化資産を対象とした管理手法であり，ここで考えるモデルは，動的価格づけに相当するものである．

サプライ・チェインにおける動的価格づけの基礎になるのが，製品の価格と需要量の関係である．一般に，消費者の心理から判断すると，価格が下がれば需要が増加することは確かだが，需要が価格に対してどれだけ敏感に反応するかを正確に知ることは極めて困難である．従来の研究においても，需要量と価格の関係を定性的に導くためのモデルが幾つか提案されているが，そのほとんどが，入手困難なデータを仮定するため，実際問題に適用することは困難である．実際には，類似の製品に対して過去に価格を変更した際の需要の変化に対するデータや顧客に対するアンケートの結果などを利用して推定することになるが，ここでは実務的に有効であると考えられるモデルについて紹介する．

価格の決定は，ほとんどすべての意思決定レベルにまたがって発生する．たとえば，スーパーの売れ残りの生鮮食料品の処分のために，店員が値札を貼り替えることは，日々のオペレーションの中での動的価格づけに相当する．また，インターネット通販のパソコンメーカーが，毎月旧機種の値下げ価格を発表するのは，タクティカルレベルにおける価格づけの意思決定である．そして，カタログ通販業者や自動販売機で清涼飲料水を販売しているメーカーでは，価格はある一定期間は変更できないので，ストラテジックな意思決定になる．

そのため，ほとんどすべてのサプライ・チェイン最適化モデルに，動的価格づけを加味した拡張モデルが存在することになる．もちろん，それらのすべてをここに羅列することはできない．しかも，この複合分野に対する研究は，比較的少なく，実際問題への適用は数えるほどである．

以下では，動的価格づけモデルの基礎になるモデルを，オペレーショナルからストラテジックまで幅広く紹介する．

16.1 節では，輸送モデルをもとにした簡単な動的価格づけモデルを紹介し，価格の変更がサプライ・チェインに与える影響について，例題を通して学ぶ．

16.2 節では，様々な動的価格づけの基礎となる，需要と価格の関係についての基礎モデルを示す．

16.3 節では，8.1 節で紹介した Harris の経済発注量モデルに価格づけを加味したモデルを考え，Harris の公式の拡張版を導出する．

16.4 節では，10.2 節で紹介した最も単純な確率的在庫モデルである新聞売り子モデルに，価格を加味することを考える．

16.5 節では，9.1.1 項で考えた動的ロットサイズ決定の基礎モデルである Wagner-Whitin モデルに価格を導入することを考える．価格が毎期変更可能な場合に対しては，9.1.2 項で構築した動的計画の拡張を示す．価格がすべての期を通して同一でなければならない場合に対しては，価格と段取りを交互に最適化する近似解法（反復ヒューリスティクス）を示す．

ここで提案するモデルの基礎になるのは，多期間のロジスティクス・ネットワーク設計モデルである．意思決定レベルは，ストラテジックからタクティカルである．同様の収益管理モデルが，タクティカルレベルのロットサイズ決定モデルでも可能である．

16.1 輸送の例題

一般論に入る前に，輸送モデルに動的価格づけを加味した簡単な例をあげよう．

A 地点と B 地点の往復輸送を考える．現在の価格は 1 トンあたり 3 万円に固定されている．A から B の輸送量は十分にあり，現状では 8 トンだ．一方，B から A の輸送量は少なく 1 トンしかない．これを現在では，8 トントラックで往復することによって処理しているが，このトラックにかかる費用は 30 万であるので，現状では $3 \times 8 + 3 \times 1 - 30 = 3$ 万円の赤字になっている（図 16.1 上）．

価格を変数として，需要と価格の関係が線形になっていると仮定する．A から B の輸送量 D_1 は価格 P_1 の関数として，$D_1 = 11 - P_1$ となっていると推定される．実際に現在の価格 3 万を入れると 8 トンになる．B から A の輸送量 D_2 は価格 P_2 の関数として，$D_2 = 4 - P_2$ となっていると推定される．実際に現在の価格 3 万を入れると 1 トンになる．

いま，トラックの往復を考えずに，A から B，B から A へ運ぶときの価格を最適化すると，$D_1 \times P_1$ ならびに $D_2 \times P_2$ の最大化で，2 次関数の最大値なので簡単に計算でき，$P_1 = 5.5$ 万，$P_2 = 2$ 万が最大収益になることが分かる．この価格に設定したときの輸送量は $D_1 = 5.5$ トン，$D_2 = 2$ トンとなるので，8 トントラックで往復したときの利益は，$5.5 \times 5.5 + 2 \times 2 - 30 = 4.25$ 万円となる．これで，赤字から黒字へと転換した（図 16.1 中）．

さらに，5 トントラックへの切り替えを考えてみよう．いま，5 トントラックで A, B の地点の往復すると 20 万円かかるものとする．8 トントラックが 30 万円であったので，規模の経済を考慮しても，5 トントラックはやや高めの設定になっている．A から B への輸送量を上限の 5 トンにするには，価格 P_1 を 6 万円に設定すれば良い．また，B から A への輸送量は，最大利益をもたらすよう $P_2 = 2$ 万円と設定しておく．このと

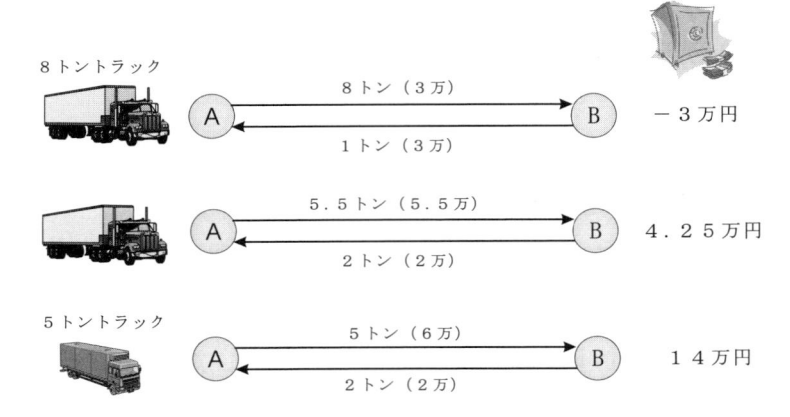

きの利益は，$5 \times 6 + 2 \times 2 - 20 = 14$ 万円となり，大きな収益を確保できたことになる（図 16.1 下）．

16.2 需要価格関数

サプライ・チェイン収益管理モデルでは，需要が価格の関数によって変化することを利用して，収益を最大化することを考える．ここでは，様々な需要と価格の関係式（需要価格関数）を紹介する．

16.2.1 項では，最も単純な線形需要価格関数の場合を考える．従来のほとんどの研究は，この仮定の下で，解析を行っている．

16.2.2 項では，需要が価格の指数関数になっている場合を考える．

16.2.3 項では，より実務的な仮定として，価格が離散値をとる場合のモデルを示す．

16.2.4 項では，価格の関数である効用によって需要量が定まるモデルについて考える．以下に定式化に必要な記号を導入する．

16.2.1 線形関数の場合

価格が $P_0 \, (>0)$ のときの製品の需要量を $D_0 \, (>0)$ とする．価格は，P_0 を下限とし，需要量が負にならない範囲で動くものとする．需要量の価格敏感度を表すパラメータを $a \, (>0)$ としたとき，価格 P と需要量を表す関数 $D(P)$ を，以下のような線形関数で表す．

$$D(P) = -a(P - P_0) + D_0$$

ただし，P の動く範囲は，$[P_0, P_0 + D_0/a]$ である．このような関係を線形需要価格関数とよぶ．線形の仮定は，最も単純なものであるが，実用上はこれを用いる場合が多い．

上の関係のもとでは，収益 $R(P)$ は以下のようになる．

$$R(P) = D(P)P = P(-aP + aP_0 + D_0)$$

これは，P に対する双曲線であり，需要量に対する制約（たとえばもとになる製品を製造するための資源制約など）がない場合には，$a \leq D_0/P_0$ のとき $P = (aP_0 + D_0)/(2a)$ で最大になり，それ以外の場合には $P = P_0$ で最大になる．

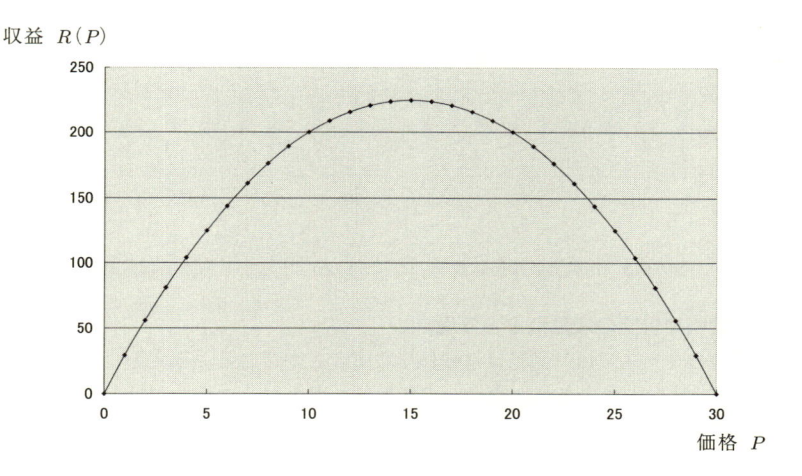

図 **16.2** 線形需要価格関数 $D(P) = 30 - P$ に対する収益曲線

16.2.2 指数関数の場合

線形関数の場合と同様に，価格の下限 $P_0 \,(>0)$ を下限とし，価格が P_0 のときの製品の需要量を $D_0 \,(>0)$ とする．需要量の価格敏感度を表すパラメータを $a \,(>0)$ としたとき，価格 P と需要量を表す関数 $D(P)$ を，以下のような指数関数で表す．

$$D(P) = D_0 \exp^{-a(P/P_0 - 1)}$$

このような関係を指数需要価格関数とよぶ．線形の場合と同様に，ある価格における需要量の推定値と敏感度を表す 1 つのパラメータ a を過去のデータから推定することによって，関数が決定される．

上の関係のもとでは，収益 $R(P)$ は以下のように書ける．

$$R(P) = D_0 \exp^{-a(P/P_0 - 1)} P$$

需要量に対する制約がない場合の収益は，$a < 1$ のとき $P = P_0/a$ で最大になり，それ以外の場合は $P = P_0$ で最大になる．

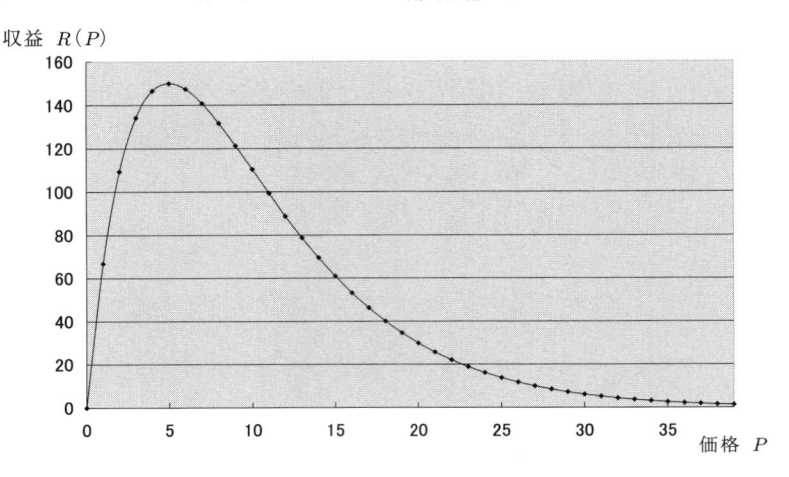

図 16.3　指数需要価格関数 $D(P) = 30\exp^{-P/5-1}$ に対する収益曲線

16.2.3 価格が特定の離散値をとる場合

上の 2 つのケースでは，価格は連続値をとることができると仮定した．しかし実際には，価格は戦略的に決定された幾つかの離散値しかとれない場合がほとんどであり，線形，指数関数の両者とも，離散値を近似的に扱ったものと考えられる．また，価格のとることのできる候補の離散値を非常に多くとることにより，(少なくとも理論的には)ほとんどの需要・価格の関数形を厳密に表すことができる．また，離散値の場合には，消費者の心理まで取り込んだ詳細な価格と需要量の関係を表現できるという利点をもつ．たとえば，1000 円と表示されるのと比較して，980 円と表示されていると割安に感じてしまい，思わず購入してしまうということも，需要・価格関数に取り入れることができる．

一般に，とりうる価格を $P_1 < P_2 < \cdots < P_K$ としたとき，対応する需要量は $D_1 > D_2 > \cdots > D_K$ を満たすものと仮定できる．なぜなら，この仮定を満たさない価格と需要量の組は，他の価格と需要量の組によって必ず優越されるからである．また，対応する収益を $R_k = P_k D_k$ $(k=1,\cdots,K)$ と記す．

16.2.4 効用関数によって需要が定まる場合

顧客が複数の商品から好みのものを選択することを表したモデルとして，消費者選択 (consumer choice) の理論がある．消費者選択の理論は，歴史的には経済学やマーケティングの分野で古くから研究が成されてきたが，最近になってサプライ・チェインの在庫管理と融合したモデルが幾つか提案され，新しい研究分野として注目を浴びている．(最近のサーベイとして Mahajan–van Ryzin[119] がある．)

ここでは，消費者選択の理論の中でも実務的に有効であると思われるランダム効用モデルを用いるものとする．

ある顧客（消費者）が複数の商品 $1, \cdots, n$ から 1 つの商品を選択するものとする．顧客は，商品 j に対する効用 U_j をもち，その効用の大きさ（大きいほど魅力的）にしたがって商品を選択するものとする．顧客の各商品に対する効用は，ブランドに対する信望などの固定的な効用と，気分によって変動するランダムな効用の 2 つの要素から成るものとする．商品 j に対する固定的な効用を u_j，ランダムな効用を ϵ_j とすると，効用 U_j は，

$$U_j = u_j + \epsilon_j$$

と書くことができる．

商品の価格 P_j は，効用に影響を与える大きな要因である．他に効用に与える要因としては，商品の性能，ブランド力，付随する顧客サービスなどがあげられる．ここでは，顧客データに対する分析から，効用の固定的な部分 u_j が価格（ならびに他の要因）の関数として推定されているものと仮定する．

消費者選択モデルにおいては，顧客が商品 j を選択する確率は，

$$\Pr\left(U_j = \max_{i=1,\cdots,n} U_i\right)$$

であると考える．この確率は，効用のランダムな部分 ϵ_j に依存する．ϵ_j の分布のとり方によって，様々なモデルが可能であるが，ここでは最も簡単で，かつ実用的なロジットモデルを紹介する．

ロジットモデル（logit model）では，ϵ_j は，以下の累積密度関数をもつ独立かつ同一の二重指数（Gumbel）分布にしたがうものと仮定する．

$$\Pr(\epsilon_j \leq x) = \exp^{-\exp^{-(\frac{x}{\mu}+\gamma)}}$$

ここで，γ は Euler 定数（$\approx 0.5772...$）であり，μ は（スカラー）パラメータである．

上の仮定のもとで，商品 $j\, (\in S)$ が選択される確率は，

$$\Pr(j) = \frac{\exp^{\frac{u_j}{\mu}}}{\sum_{j=1}^n \exp^{\frac{u_j}{\mu}}}$$

となる．

上の情報から自社の商品 j の需要量を得るためには，効用関数を価格やブランド力などの（線形）関数として推定し，マーケットの総需要量 D を推定する必要がある．競合他社の現在（もしくは将来）の価格やブランド力などのデータを収集し，それらの情報から，自社の商品 j の需要量を，上式で得た確率 $\Pr(j)$ をもとに $D \times \Pr(j)$ と推定する．

16.3 価格を考慮した経済発注量モデル

ここでは，8.1 節の Harris の経済発注量モデルで，価格を意思決定変数とした場合を考える[159]．

品目は一定のスピードで消費されており，需要量は，品目の価格 P に対する関数であり，1 日あたり $D(P)$ 単位であるとする．品目の品切れは許されず，発注リード時間は 0 である．発注の固定費用は K 円で，品目 1 個あたりの保管費用は 1 日で h 円とする．

単位時間（1 日）あたりの費用は，

$$\frac{KD(P)}{Q} + \frac{hQ}{2}$$

最適発注量 Q^* は，

$$Q^* = \sqrt{\frac{2KD(P)}{h}}$$

であり，そのときの費用は，

$$\sqrt{2KhD(P)}$$

となる．

収益から費用を減じると，

$$D(P)P - \sqrt{2KhD(P)}$$

となり，これを最小にする P を求めることが目的となる．

たとえば，線形需要価格関数の場合には，上式を最小にする問題は，3 次方程式の根を求める問題に帰着される．実務的には，Excel などの表計算ソフトを用いて，価格と収益の関係は容易に描くことができるので，それを用いて分析する方法が推奨される．

16.4 価格を考慮した確率的在庫モデル

ここでは，10.2 節の新聞売り子モデルに価格を加味したモデルを考える．実際には，新聞は売り子の判断で値引きできないのが慣習であるので，ここでは，ある商品を 1 回だけ仕入れて販売する小売店を想定する．

需要量は価格の関数であり，確率変数として与えられているものとする．新聞売り子モデルと同様に，売れ残りのときの在庫費用と，品切れのときの品切れ費用の和が最小になるように仕入れ量を決めるものとする．また，仕入れ量に応じた仕入れ価格と販売価格に応じた利益が得られるものとする．モデルの目的は，収益（利益から費用を減じたもの）を最大化するために，どれだけの量を仕入れ，さらに幾らで販売するかを同時に決定することである．

解析に必要な記号を導入する．

- h: 商品 1 単位が売れ残ったときに課せられる在庫費用．負の値のときには，売れ残った商品を処分することによって得られる利益を表す．
- c: 商品 1 単位の仕入れ（購入）費用．
- b: 商品 1 単位が品切れしたときに課せられる品切れ費用．

p: 商品の価格．意思決定変数である．
D: 需要量を表す確率変数であり，価格に依存する確定値を表す項 $y(p)$ とランダム項 ϵ の和として，
$$D(p, \epsilon) = y(p) + \epsilon$$
と表されるものとする．ここでは，$y(p)$ は，16.2.1 項で導入した線形需要価格関数を仮定する．すなわち，価格が $P_0 (>0)$ のときの製品の需要量を $D_0 (>0)$ とする．需要量の価格敏感度を表すパラメータを $a (>0)$ としたとき，価格 p と需要量の確定値を表す関数 $y(p)$ を，以下のような線形関数で表すものと仮定する．
$$y(p) = -a(p - P_0) + D_0$$
ランダム項 ϵ は，期待値 μ（通常は 0 を仮定）をもつ連続な確率変数であり，その分布関数 $F(x)$ は微分可能であり，密度関数を $f(x)$ とする．

仕入れ量が s のときの収益を表す確率変数は，$D(p,\epsilon)$ が s 以下のとき（在庫が残るとき）と，それ以外のとき（品切れが発生しているとき）の 2 つに分けて考える．
$$\begin{cases} pD(p,\epsilon) - cs - h(s - D(p,\epsilon)) & D(p,\epsilon) \leq s \\ ps - cs - b(D(p,\epsilon) - s) & D(p,\epsilon) > s \end{cases}$$
$z = s - y(p)$ を導入して，収益を z と p の関数として $R(z,p)$ と書くことにする．$D(p,\epsilon) = y(p) + \epsilon$ の関係を用いて，上式を書き直すと，$R(z,p)$ は以下のように表すことができる．
$$R(z,p) = \begin{cases} p(y(p)+\epsilon) - c(y(p)+z) - h(z-\epsilon) & \epsilon \leq z \\ p(y(p)+z) - c(y(p)+z) - b(\epsilon - z) & \epsilon > z \end{cases}$$
収益の期待値をとると，
$$\mathrm{E}[R(z,p)] = \int_{-\infty}^{z} \{p(y(p)+x) - h(z-x)\}f(x)dx$$
$$+ \int_{z}^{\infty} \{p(y(p)+z) - b(x-z)\}f(x)dx - c(y(p)+z)$$
となる．この式は，確率変数を含まない（価格だけによって決まる）項と確率変数を含んだ項に分けて，以下のように直すことができる．
$$\mathrm{E}[R(z,p)] = (p-c)(y(p) + \mu)$$
$$- \left\{ (c+h)\int_{-\infty}^{z}(z-x)f(x)dx + (p+b-c)\int_{z}^{\infty}(x-z)f(x)dx \right\}$$
第 1 項はリスクなし利益を表す項であり，第 2 項はリスクを含んだ費用を表している．実は，第 2 項は新聞売り子モデルと同じ形をしているので，最適な z は臨界率

（10.2 節参照）の概念を用いて，

$$F(z) = \frac{p+b-c}{h+p+b}$$

を満たす z であることが分かる．

変数 p による一階偏微分は，

$$\frac{\partial \mathrm{E}[R(z,p)]}{\partial p} = 2a\left(\frac{aP_0 + D_0 + ac}{2a} - p\right) + \int_z^\infty (x-z)f(x)dx$$

となり，最適な価格 p^* は，リスクがないときの最適価格

$$\hat{p} = \frac{aP_0 + D_0 + ac}{2a}$$

を用いて，

$$p^* = \hat{p} - \frac{\int_z^\infty (x-z)f(x)dx}{2a}$$

と表すことができる．これは，需要の不確実性によって，商品の価格はやや小さめに設定することが（$D(p,\epsilon) = y(p) + \epsilon$ の仮定の下では）最適であることを示している．ただし，この結果を信じて，需要のばらつきの大きい商品の価格を安く設定することは危険である．需要の不確実性の項が加法的ではなく，積で効いていると仮定したモデル（$D(p,\epsilon) = y(p)\epsilon$ で ϵ の期待値が 1 の場合）では，不確実性をもつ商品の価格は必ず高く設定するのが最適であることが示されているからである[30]．

16.5 価格を考慮した動的ロットサイズ決定モデル

ここでは，9.1.1 項で考えた動的ロットサイズ決定モデルに価格を導入し，9.1.2 項で構築した動的計画が拡張できることを示す[151]．

以下に定式化に必要な記号を導入する．

- T： 計画期間数；期を表す添え字を $1, 2, \cdots, t, \cdots, T$ と記す．
- f_t： 期 t において生産を行うために必要な段取り（固定）費用
- c_t： 期 t における品目 1 個あたりの生産変動費用
- h_t： 期 t における（品目 1 個あたり，1 期間あたりの）在庫費用
- M_t： 期 t における生産可能量の上限．これを生産の容量とよぶこともある．
- I_t： 期 t における在庫量．より正確に言うと，期 t の期末の在庫量．
- x_t： 期 t における生産量
- y_t： 期 t に生産を行うとき 1，それ以外のとき 0 を表す 0-1 変数
- P_t： 期 t における品目の価格．ここでは，価格は任意の非負の実数値をとることができ，毎期，価格を変更しても良いものと仮定する．
- $D_t(P_t)$： 期 t における品目の需要量．これは，期 t の価格 P_t に対する任意の関数であるとする．

16.5 価格を考慮した動的ロットサイズ決定モデル

上の記号を用いると，価格を考慮した動的ロットサイズ決定問題は，以下のように定式化できる．

$$\text{minimize} \quad \sum_{t=1}^{T}(f_t y_t + c_t x_t + h_t I_t - D_t(P_t)P_t)$$

$$\text{subject to} \quad I_{t-1} + x_t - I_t = D_t(P_t) \quad \forall t = 1,\cdots,T \quad (16.1)$$

$$x_t \leq M_t y_t \quad \forall t = 1,\cdots,T \quad (16.2)$$

$$I_0 = 0 \quad (16.3)$$

$$P_t, x_t, I_t \geq 0 \quad \forall t = 1,\cdots,T$$

$$y_t \in \{0,1\} \quad \forall t = 1,\cdots,T$$

上の定式化で，式 (16.1) は，各期における品目の在庫保存式であり，前期からの繰り越しの在庫量 I_{t-1} に今期の生産量 x_t を加え，価格に応じて決まる需要量 $D_t(P_t)$ を減じたものが，来期に持ち越す在庫量 I_t であることを意味する．式 (16.2) は，生産を行わない期における生産量が 0 であり，生産を行う期においては，その上限が M_t 以下であることを保証するための式である．式 (16.3) は，初期在庫量が 0 であることを表す．

動的ロットサイズ決定問題に対する動的計画は，以下のようなネットワークを作成することによって得ることができる．期を表す点 $1,2,\cdots,T$ とダミーの始点 0 を作成し，点 i から点 $j(>i)$ に枝を引く．枝 (i,j) の距離 C_{ij} を，期 $i+1$ に生産を行い，期 $i+1$ から期 j までの需要をまかなうときの費用から収益を減じたものと定義する．

このとき，上で設定したネットワークにおける点 0 から点 T までの最短路を求める計算が，動的計画法で再帰方程式を解くのと同じことを行っているのに注意すると，始点 0 から T までの最短距離が動的ロットサイズ決定問題に対する最適費用になっていることが分かる．(閉路を含まない) ネットワーク上での最短路問題なので，Ford 法 (最短路問題を解くための最も単純なラベリング法) で最短路が求まり，これが動的計画アルゴリズムになる．

ここで問題になるのは，距離 C_{ij} の計算である．C_{ij} の定義から，

$$C_{ij} = f_{i+1} + c_{i+1}\left(\sum_{t=i+1}^{j} D_t(P_t)\right) + \sum_{s=i+1}^{j-1} h_s \sum_{t=s+1}^{j} D_t(P_t) - \sum_{t=i+1}^{j} D_t(P_t)P_t$$

である．各期の価格を最適化する問題は，各期ごと独立になる．たとえば，期 j の価格を決めるためには，以下の関数の最小値を求めれば良い．

$$\left(c_{i+1} + \sum_{s=i+1}^{j-1} h_s\right) D_t(P_t) - D_j(P_j)P_j$$

需要量と価格が非負であるという条件下での，上式の最小値を Δ_j とすると，C_{ij} は以下のように再帰的に計算できる．

$$C_{ii} = f_{i+1}$$
$$C_{ij} = C_{i,j-1} + \Delta_j$$

次に，価格が期によらず一定とした場合を考える．これは，通販業者のように，計画期間内においては一定の価格に固定しなければならない場合に相当する．

Kunreuther–Schrage[107] は，固定された価格の下で，最適なロットサイズを決定する問題と，段取りを行う期を固定した条件下で，最適な価格を求める問題を交互に解く近似解法を提案した．この近似解法は，価格を変数とした空間における局所探索法を行っていることに他ならない．したがって，初期解を変えることによって様々な局所最適解を得ることができ，高精度の近似解を得ることができる．なお，この近似解法を基礎とした多項式時間の厳密解法が，van den Hauvel–Wagelmans[153] によって提案されている．

16.6　価格を考慮したロジスティクス・ネットワーク設計モデル

ここでは，14.4 節で考えた抽象ロジスティクス・オブジェクトを用いたロジスティクス・ネットワーク設計モデルにおいて，価格を変数にする自由度を追加した問題に対する定式化について考える．

定式化は，需要価格関数の種類によって，分けて考える必要がある．

まず，線形需要価格関数の場合を考える．

最終需要地点（需要量が正の点）で消費される製品の集合を Prod^+ とする．線形需要価格関数の場合には，期 t における需要をコントロールするための製品群 $p \in \text{Prod}^+$ の価格 P_t^p が決定変数として追加される．価格が 0 のときの点 i における製品群 p の期 t の需要量が D_{it}^p になるようにスケーリングされているものとする．需要量の価格敏感度を表すパラメータは期によらない（しかし製品群には依存する）ものとし，$a_p (>0)$ と記す．価格と需要量の関係が，係数 $-a_p$ の線形関数であるとき，収益は

$$\sum_{(i,p) \in \text{NodeProd}: p \in \text{Prod}^+} P_t^p (D_{it}^p - a_p P_t^p) p$$

と書ける．ここで，NodeProd は，需要もしくは供給が発生する点と製品群の 2 つ組の集合である（14.4.1 項参照）．Prod^+ は需要が正の製品の集合であるので，需要が正の点と製品の 2 つ組について合計をとっていることになる．この項を目的関数から減じることによって，サプライ・チェイン収益管理モデルの目的関数を得る．

また，フロー整合条件

$$\sum_{r \in \text{Res}, j \in \text{N}: (j,i,r,p) \in \text{Trans} \cup \text{Asmbl}} w_{jir}^p +$$
$$\sum_{r \in \text{Res}, j \in \text{N}: (j,i,r,q) \in \text{Disasmbl}, p \in \text{Parent}_q} \bar{U}_{qp} w_{jir}^q$$

16.6 価格を考慮したロジスティクス・ネットワーク設計モデル

$$= \sum_{r \in \mathrm{Res}, k \in \mathrm{N}:(i,k,r,p) \in \mathrm{Trans} \cup \mathrm{Disasmbl}} w_{ikr}^p +$$

$$\sum_{r \in \mathrm{Res}, k \in \mathrm{N}:(i,k,r,q) \in \mathrm{Asmbl}, p \in \mathrm{Child}_q} U_{qp} w_{ikr}^q +$$

(**if** $(i,p) \in \mathrm{NodeProd}$ **then** $D_i^p - v_{ip}^- + v_{ip}^+$ **else** 0)

$\forall i \in \mathrm{N}, p \in \mathrm{Prod}$

の右辺の D_{it}^p を，

$$D_{it}^p - a_p P_t^p$$

に置き換える．

目的関数は非線形（2次関数）になるので，モデルは非線形整数計画問題になる．混合整数計画問題として定式化するためには，区分的線形近似を用いる方法が常套手段である．前節で紹介した Kunreuther–Schrage[107] の近似解法のように，価格の決定フェイズとフローの決定（ならびに資源の配分）フェイズの2つに分けて，交互に求解する方法も有効である．

指数需要価格関数の場合や効用関数によって需要が定まる場合にも，目的関数は非線形になるので，モデルは非線形整数計画問題になり，線形関数の場合と同様の解法が構築できる．

価格が特定の離散値をとる場合には，定式化がやや複雑になる．

価格が $P_1, P_2, \cdots, P_K$ のときの需要地点 i，期 t における製品群 $p \in \mathrm{Prod}^+$ の需要量を $D_{it1}^p, D_{it2}^p, \cdots, D_{itK}^p$ とする．この場合は，価格は変数ではなく与えられたパラメータであることに注意されたい．対応する収益を $R_{itk}^p = P_k D_{itk}^p$ $(k=1,\cdots,K)$ と記す．どの価格を選択するかを表す 0-1 変数 ζ_k^p を導入すると，価格が離散値をとる場合のサプライ・チェイン収益管理モデルは，以下のように混合整数計画問題として定式化できる．

目的関数から以下の項を減じる．

$$\sum_{t \in \mathrm{Period}} \sum_{(i,p) \in \mathrm{NodeProd}: p \in \mathrm{Prod}^+} \sum_{k=1}^{K} R_{itk}^p \zeta_k^p$$

いずれかの価格を選択しなければならないことを表す制約を追加する．

$$\sum_{k=1}^{K} \zeta_k^p = 1 \quad \forall p \in \mathrm{Prod}^+$$

フロー整合条件の右辺の D_{it}^p を，以下のように置き換える．

$$D_{itk}^p \zeta_k^p$$

また，価格によってはすべての需要を満たさない可能性がある場合には，以下のよう

に定式化を行う.

価格が P_k のときに需要地点 i において,期 t における製品群 $p \in \mathrm{Prod}^+$ の需要を満たす量を表す実数変数を Z_{itk}^p とする.この変数は,対応する価格が選択されたときのみ 1 になることができるので,以下の制約を満たす必要がある.

$$0 \leq Z_{itk}^p \leq D_{itk}^p \zeta_k^p$$

目的関数から減じる収益を表す項は,以下のようになる.

$$\sum_{t \in \mathrm{Period}} \sum_{(i,p) \in \mathrm{NodeProd}: p \in \mathrm{Prod}^+} \sum_{k=1}^{K} P_{itk}^p Z_{itk}^p$$

17

スケジューリングモデル

スケジューリング（scheduling）[*1]とは，稀少資源を諸活動へ（時間軸を考慮して）割り振るための方法に対する理論体系である．スケジューリングの応用は，工場内での生産計画，計算機におけるジョブのコントロール，プロジェクトの遂行手順の決定など，様々である．本章では，スケジューリングに関連するモデルと図式表現，ならびに基本的な解法について述べる．

本章の構成は以下のようになっている．
17.1 節では，本章を通して用いる用語と記号を導入する．
17.2 節では，スケジューリングに対するモデルの分類について述べる．
17.3 節では，代表的なスケジューリング問題の定義を示す．
17.4 節では，幾つかのスケジュールの図式表現方法を紹介する．
17.5 節では，スケジューリング問題に対する混合整数計画による定式化を示す．
17.6 節では，スケジューリング問題に対する基本的な近似解法について述べる．
17.7 節では，スケジューリング問題に対する厳密解法について考える．

17.1 用語と記号

ここでは，本章を通して用いる用語と記号の定義をあげる．

スケジューリングとは，**資源**（resource）を複数の**活動**（activity）へ（時間的な要因を考慮して）割り振ることである．資源は，しばしば**機械**（machine）もしくは**プロセッサ**（processor）とよばれる．前者は生産計画への応用を意識した用語であり，後者は計算機コントロールへの応用を意識したものである．以下では主に前者（機械）の用語を用いる．機械の総数を m と書き，各機械を $M_1, M_2, \cdots, M_i, \cdots, M_m$ で表す．ただし，文脈から明らかな場合には，機械の添え字を $1, 2, \cdots, i, \cdots, m$ と表し，機械の添え字集合を $\mathcal{M}$ と記す．

機械に割り振る対象である活動を**ジョブ**（job）もしくは**タスク**（task）とよぶ．前者は生産計画で用いられ，後者は計算機コントロールで通常用いられる用語である．以下では主に前者（ジョブ）を用いる．ジョブの総数を n と書き，各ジョブを

[*1] 活動を行う順序を決める場合が多いので，しばしば**順序づけ**（sequencing）ともよばれる．

$J_1, J_2, \cdots, J_j, \cdots, J_n$ で表す.ただし,文脈から明らかな場合には,ジョブの添え字を $1, 2, \cdots, j, \cdots, n$ と表し,ジョブの添え字集合を $\mathcal{J}$ と記す.ジョブは複数の小ジョブの組合せから構成される場合がある.小ジョブを通常のジョブと区別するために**オペレーション**(operation)[*2]とよぶ.通常,オペレーションは,ジョブを処理される機械別に分けたものを指す.ジョブ J_j が m_j 個のオペレーションから構成されているとき,各オペレーションを $O_{1j}, O_{2j}, \cdots, O_{m_j j}$ で表す.

資源(機械)は時間軸をもち,ジョブは資源(機械)の一部もしくは全部を時間軸上で 使用 することによって処理される.各資源(機械)の時間軸の一部を(1つの機械だけで)占有 することによって処理される場合を特に**機械スケジューリング問題**(machine scheduling problem)とよぶ.また,資源(機械)の時間軸の一部を占有するのではなく,資源の一部を使用する場合を**資源制約つきスケジューリング問題**(resource constrained scheduling problem)とよぶ.一般に,機械スケジューリング問題は,資源制約つきスケジューリング問題において資源使用量の上限が1単位で,かつ各ジョブの資源使用量が1単位の特殊形であると考えられる.以下では,機械スケジューリングを扱う場合には,資源を機械とよび,一般的なモデルである資源制約つきスケジューリング問題について議論するときには資源とよぶことにする.

機械スケジューリング問題は,機械の特性によってさらに細分化される.

機械が1台の場合を**単一機械**(single machine)とよぶ.

機械が複数あり,各ジョブが1つのオペレーションから構成されており,かつジョブが任意の機械に割り振ることができるとき,機械は**並列機械**(parallel machine)とよばれる.ジョブ J_j の**処理時間**(processing time)を $p_j \in \mathrm{R}_+$ と書く.並列機械では,機械の速度を与える場合がある.すべての機械の速度が同じ場合を**同一並列機械**(identical parallel machine)とよび,機械によって速度が決まっている場合を**一様並列機械**(uniform parallel machine)とよぶ.一様並列機械では,機械 M_i の速度を s_i と書く.このとき,ジョブ J_j の機械 M_i 上での処理時間 p_{ij} は p_j/s_i と表される.また,ジョブによって機械の速度が異なる場合も考えられる.この場合を**無相関並列機械**(unrelated parallel machine)とよぶ.ジョブ J_j が機械 M_i に処理されるときの機械の速度を s_{ij} と書くと,無相関並列機械における処理時間 p_{ij} は p_j/s_{ij} と表される.

機械が複数あり,ジョブが複数のオペレーションから構成されており,かつ各ジョブに含まれるすべてのオペレーションが処理されるとジョブの処理が完了するとき,機械は**直列機械**(serial machine)とよばれる.オペレーション O_{ij} の処理時間を $p_{ij} \in \mathrm{R}_+$,オペレーション O_{ij} を処理する機械を μ_{ij} と書く.機械の集合を**ショップ**(shop;仕事場の意)とよぶ.直列機械の場合には,以下の3つのショップ形態が代表的である.各ジョブのオペレーション数が機械の台数 m と一致し,各ジョブ J_j のオペレーションが $O_{1j}, O_{2j}, \cdots, O_{mj}$ の順で処理されなければならず,かつ各オペレーションが処理される機

[*2] しばしば,ジョブは仕事と訳され,オペレーションは作業と訳されるが,仕事,作業の日本語における区別は明確でなく,混乱を招くおそれがあるので,ここではジョブならびにオペレーションの用語を採用する.

械がすべて異なり，かつその順序が同一のとき（すなわち，$\mu_{ij}=M_i$ $(j=1,\cdots,n)$ と書けるとき），ショップを**フローショップ**（flow shop）とよぶ．また，各ジョブ J_j のオペレーションが処理される機械がすべて異なり，かつ J_j のオペレーション $O_{1j}, O_{2j}, \cdots, O_{mj}$ の処理順があらかじめ決められていないとき，ショップを**オープンショップ**（open shop）とよぶ．フローショップの一般形として，**ジョブショップ**（job shop）がある．ジョブ J_j のオペレーション数を任意の正数とし m_j と記す．ジョブ J_j に対して，オペレーション $O_{1j}, O_{2j}, \cdots, O_{m_j j}$ の順序が与えられ，オペレーション O_{ij} を処理するための機械 μ_{ij} が任意のとき，ショップをジョブショップとよぶ．一般に，ジョブショップの場合には，ある機械を通らずにショップを抜けることや，同じ機械に複数回かけられることを許すものとする．ただし，（研究者が対象としている）ジョブショップ型のベンチマーク問題例では，各ジョブ J_j がすべての機械上でちょうど 1 回処理される（すなわち，$m_j=j$ でかつ $\mu_{ij} \neq \mu_{i'j}$ $(i \neq i')$ を満たす）ものが多い．

通常，ジョブ J_j は幾つかの属性をもっている．ジョブの属性としては，上で定義したオペレーション数 m_j，処理時間 p_j の他に，以下のものが代表的である．

ジョブ J_j の処理を開始することができる最早時刻を**リリース時刻**（release time, ready time, release date）とよび，r_j と書く．ジョブ J_j の処理が終了することが望ましい時刻を**納期**（due date）とよび，d_j と書く．ジョブ J_j の重要度を**重み**（weight）w_j と定義する．これらの属性は後で評価尺度を定義するときに用いられる．ジョブが途中で中断でき，再び処理の途中から再開できるとき，ジョブは**分割可能**（preemptive）であるとよばれる．ジョブが分割可能でないとき，**分割不可能**（nonpreemptive）とよばれる．

ジョブ間に先行順序が定義される場合がある．ジョブ J_j の処理完了後でないと，ジョブ J_k の処理が開始できないとき J_j, J_k 間に**先行順序関係**（precedence relation）が存在するとよび，$J_j \to J_k$，もしくは $J_j \prec J_k$ と書く．

スケジューリング（機械の時間軸上へのジョブの割りつけ）を評価するために，種々の目的関数（評価尺度）が用いられる．以下では代表的な目的関数をあげる．

ジョブ J_j が機械の時間軸を占有する最も遅い時刻を**完了時刻**（completion time）とよび，C_j と書く．ジョブ J_j の納期を d_j とするとき，**納期外れ**（lateness）L_j を $L_j = C_j - d_j$，**納期遅れ**（tardiness）T_j を $T_j = \max\{0, C_j - d_j\}$ と定義する．納期外れ（lateness）は納期ずれとも訳されるが，日本語の「ずれ」は $|C_j - d_j|$ をイメージしがちであるので，ここでは「外れ（はずれ）」の用語を用いるものとする．**納期遅れ単位ペナルティ**（unit penalty）を

$$U_j = \begin{cases} 0 & C_j \leq d_j \text{ のとき} \\ 1 & \text{それ以外} \end{cases}$$

と定義する．

完了時刻，納期外れ，納期遅れ，納期遅れ単位ペナルティをもとにして，最大基準と

合計基準の2つのタイプの目的関数が定義できる．以下で考える目的関数はすべて最小化を目的としたものである．

最大基準を適用して得られる目的関数では，以下のものが代表的である．完了時刻に最大基準を適用して得られた目的関数 $\max_{j=1,\cdots,n} C_j$ を**メイクスパン**（makespan）とよび，$C_{\max}$ と書く．同様に，**最大納期外れ** $L_{\max}$ は $\max_{j=1,\cdots,n} L_j$ と定義される．$L_{\max}$ を最小にするスケジュールは，**最大納期遅れ** $\max_{j=1,\cdots,n} T_j$ および $\max_{j=1,\cdots,n} U_j$ を最小にする（しかし逆は必ずしも成立するとは限らない）．

合計基準を適用して得られる目的関数では，以下のものが代表的である．目的関数 $\sum_{j=1}^{n} C_j$ を**総完了時刻**，もしくは**総滞留時間，フロー時間**（flow time）とよび，$\sum C_j$ と書く．ここで，総納期外れ $\sum_{j=1}^{n} L_j$ は，総完了時刻 $\sum C_j$ と定数項 $\sum_{j=1}^{n} d_j$ だけ異なるので，（片方を解けばもう片方も解けるという意味で）同値である．目的関数 $\sum_{j=1}^{n} T_j$ を**総納期遅れ**とよび，$\sum T_j$ と書く．目的関数 $\sum_{j=1}^{n} U_j$ を**総納期遅れジョブ数**とよび，$\sum U_j$ と書く．ジョブ J_j の重みを w_j としたとき，重みつきの合計基準は以下のように定義される．目的関数 $\sum_{j=1}^{n} w_j C_j$ を**重みつき総完了時刻**とよび，$\sum w_j C_j$ と書く．目的関数 $\sum_{j=1}^{n} w_j T_j$ を**重みつき総納期遅れ**とよび，$\sum w_j T_j$ と書く．目的関数 $\sum_{j=1}^{n} w_j U_j$ を**重みつき総納期遅れジョブ数**とよび，$\sum w_j U_j$ と書く．

17.2 モデルの分類

ここでは，スケジューリングの生産計画における位置づけ，および分類について述べる．以下の2つの分類基準を用いる．
 1) 意思決定レベルによる分類（17.2.1項）
 2) 構成要素による分類（17.2.2項）

17.2.1 意思決定レベルによる分類

スケジューリングは，より広い概念である**生産計画**（production planning）の一部であり，さらに生産計画はより広範囲を扱うロジスティクス・システムの一部である．ここでは，モデルをシステムデザインモデル，ストラテジックモデル，タクティカルモデル，オペレーショナルモデルの4つに分類し，スケジューリングモデルの生産計画およびロジスティクス・システムにおける位置づけを行う．

 1) システムデザインモデル

意思決定を支援するというよりも問題に対する洞察を得るためのモデルである．スケジューリングに対するシステムデザインモデルは少ないが，漸近的解析や階層的スケジューリングモデルに関する研究がある．

 2) ストラテジックモデル

長期（1年から数年，もしくは数十年）の意思決定を支援するモデルであり，生産計画においては経営方針の決定や設備および資源の獲得に関する意思決定を行う．主な意

思決定項目としては，新たに建設をする工場（流通センター）の位置および規模の決定や，新しい設備の購入の是非，新しい製造ラインの選択などがあげられる．もちろん，現存する工場（流通センター）の移転，もしくは規模の変更（またはその両者），現存する設備の買い換え，現存する製造ラインの休止，移転などもこの範疇に含まれる．

このレベルで扱う製品は**製品群**（product group）に集約されたものである．ここで製品群とは，同一（または類似）の製造工程によって製造可能な製品の集まりを指すが，通常は長期的な意思決定に必要な近似を行うための便宜的な集約とみなした方が便利である．また，同じ流通センターで扱う製品の集まりを**製品束**（product bundle）とよんで，幾つかの製品群を集約して扱う場合もある．

3) タクティカルモデル

中期（1週間から数ヶ月，もしくは数年）の意思決定を支援するモデルであり，生産計画においては主に資源の有効利用に関する意思決定を行う．主な意思決定項目としては，労働時間（残業を含めた）の有効な割りつけ，製品群の製造ラインや保管スペースへの割りつけ，季節変動をカバーするための一時保管場所の獲得などがあげられる．

このレベルで扱う製品は**製品族**（product family）に集約されたものである．ここで製品族とは，同一（または類似）の段取りを要する製品の集まりを指す．

4) オペレーショナルモデル

短期（リアルタイム，日ベース，もしくは週ベース）の意思決定を支援するモデルであり，生産計画においては現場でのオペレーションに関する意思決定を行う．主な意思決定項目としては，製品の設備への投入順序の決定，顧客需要の製造設備への割り振り，在庫量の制御，製造ロットサイズの決定などがあげられる．この範疇に含まれるモデルは，しばしば**生産スケジューリング**（production scheduling）とよばれ，特にリアルタイムでの意思決定モデルは**ディスパッチング**（dispatching）とよばれる．

このレベルで扱う製品は**製品タイプ**（product type）に集約されたものである．ここで製品タイプとは，同一（または類似）の需要量，費用構造，大きさ，重さをもつ製品の集まりを指す．同一の製品タイプに属する製品を，さらに包装，アクセサリ，色，多少の大きさの違いによって分類したものを**アイテム**（item）とよぶ．製造工程によっては，アイテムごとに考える必要も出てくる．

上の4つの意思決定レベルは，それぞれ独立ではなく，相互に関連しあっている．相互関係を考慮したモデルに階層的生産計画モデルがある．

17.2.2 構成要素による分類

ここでは，スケジューリングモデルの代表的な構成要素をあげ，それらをもとにした分類を行う．ここで紹介する表記法は，Graham–Lawler–Lenstra–Rinnooy Kan[79]が最初に提案したものを，最近の研究成果をふまえて拡張したものである．

スケジューリングにおいては，資源（機械），ジョブ，目的関数の3つの構成要素が

基本的である．そのため，スケジューリングモデルは

$\alpha = (\alpha_1\alpha_2\alpha_3)$	$\beta = (\beta_1\beta_2\beta_3\cdots)$	γ
（資源，機械の特性）	（ジョブの特性）	（目的関数の情報）

の形式で書かれる．なお，α, β, γ の該当する欄が空白であることを示すために $\circ$ の記号を用いる．

1) 将来事象に対する情報
　a) 事前に確定値が分かっている．（確定的，決定的：deterministic）
　多くの研究者の研究対象になってきたモデルは，この範疇に含まれる．そのため，単にスケジューリングとよんだときには，このタイプのモデルを指す場合が多い．この仮定の下でのモデルを，特に**確定的スケジューリング**（deterministic scheduling）とよぶこともある．
　b) 事前に確定値が分かっていないが，確率的な情報が与えられている．（確率的：stochastic, probabilistic）
　この仮定の下でのモデルを，特に**確率的スケジューリング**（stochastic scheduling, stochastic shop scheduling）とよぶ．
　c) それ以外．（何の情報も与えられていない．）
　たとえば，ジョブが到着するまで，ジョブの処理に必要な時間，処理可能な機械などの諸情報が与えられておらず，到着のときにはじめて明らかになる場合が考えられる．この仮定の下でのモデルを，特に**オンラインスケジューリング**（on line scheduling）とよぶ．

2) 資源（機械）の特性
　資源（機械）の特性は $\alpha_1\alpha_2\alpha_3$ と表現される．α_1 は資源（機械）の機能を表し，α_2 は資源（機械）の数を表し，α_3 は資源（機械）の時間軸上での利用可能状況を表す．
　一般に，資源制約とはジョブと資源の相互関係に対する特性である．したがって，資源制約は資源の特性ともジョブの特性とも考えられる．スケジューリングモデルの分類基準に対する従来の研究においても，その両者が提案されている．ここでは両方の表現法について記述する（ジョブの特性と考えたときの資源制約の記述は β_9 で述べる）が，資源の特性として考える方が自然であると思われる．

　a) 資源（機械）の機能
　資源制約つきスケジューリングモデルは，資源の機能によって以下のように分類される．ちなみに，以下の記法における "PS" は project scheduling の意味である．

　　i. **再生可能資源**（renewable resource）（$\alpha_1 = $ PS 1）
　単位時間が経過すると使用された資源が再び使用可能になる．すなわち各期間ごとに使用されている資源の総和が一定量以下になるように制限される．この表現法における 1 は資源が再生される時間の単位を表している．

ii. **再生不可能資源**（nonrenewable resource）（$\alpha_1 = \text{PS } T$）

一度使用された資源は再生されない．すなわち使用された資源の総和が一定量以下になるように制限される．この表現法における T は計画時間の長さを表し，再生可能資源の場合と同様に資源が再生される時間の単位を表している．

iii. **再生可能資源と再生不可能資源の両者**（$\alpha_1 = \text{PS } 1T$）

上の両者が混在する場合を表す．1つのジョブが再生可能な資源と再生不可能な資源の両方を必要とする場合も含む．

iv. **部分再生(不)可能資源**（partially (non)renewable resource）（$\alpha_1 = \text{PS var}$）

資源ごとに期間の分割（和集合が期間全体となり，かつ共通部分を含まない部分集合族）が与えられており，各分割内では再生不可能であるが，分割間では再生可能となる．すなわち，各分割内で使用された資源量の総和が（分割ごとに定められた）一定量以下になるように制限される．部分再生(不)可能資源は，上の再生可能資源（$\alpha_1 = \text{PS } 1$），再生不可能資源（$\alpha_1 = \text{PS } T$），ならびに再生可能資源と再生不可能資源の両者（$\alpha_1 = \text{PS } 1T$）を特別な場合として含む．

上の資源制約つきスケジューリングモデルの表記法は，Herroelen–Demeulenmeester–De Reyck[94] によって提案されたものである．（ただし，彼らの表記法では α_1 と α_2 の順序が逆であり，さらに接頭辞 PS を省略している．ここでは機械スケジューリングモデルとの整合性から，彼らの提案したものとは逆の順序の表記法を採用する．接頭辞 PS は，以下の Brucker–Drexl–Möhring–Neumann–Pesch[24] の表記法を一部採用したものであり，機械スケジューリングモデルの表記法との曖昧さを除く意図をもつ．）

資源制約つきスケジューリングモデルを表す別の表記法として，$\alpha_1 = \text{PS}$ が Brucker–Drexl–Möhring–Neumann–Pesch[24] によって提案されている．この表記法では，資源制約の数（後で述べる α_2 もしくは β_{12} の λ），資源量の上限（後で述べる β_{12} の σ），ジョブが必要とする資源量（後で述べる β_{12} の ρ）を PS の後ろに続けて記す．再生不可能資源がある場合には，";" で区切った後に再生不可能資源の資源制約の数，資源量の上限，ジョブが必要とする資源量を続けて記す．

また，ジョブ j が複数の**モード**（mode）をもち，ジョブは与えられたモードから1つのモードを選択することによって処理され，選択されたモードによって処理時間や必要とする資源の量が異なる場合がある．このような資源制約つきスケジューリングモデルを，**多モード資源制約つきスケジューリング問題**（multimode project scheduling problem）とよび，$\alpha_1 = \text{MPS}$ と表記する．モードはジョブの属性として表現することもできるので，複数のモードをもつモデルは $\beta_{11} = \text{mult}$ と表記されることもある．

機械スケジューリングモデルは，機械の機能によって以下のように分類される．

i. **単一機械**（single machine）（$\alpha_1 = \circ$）

この場合には，α_1 に対する記述は空（o）であり，α_2 は必ず 1 になる．

ii. 並列機械 (parallel machines)

機械が複数であり，各機械が任意のジョブを処理できる．また各ジョブは 1 つの機械で処理されることによって完了する．

A. 同一並列機械 (identical parallel machines) ($\alpha_1 = P$)

すべての機械に区別がなく，各ジョブを同一の速度で処理できる．

B. 一様並列機械 (uniform parallel machines) ($\alpha_1 = Q$)

各機械間の処理速度に差がある．並列機械においては，ジョブ J_j の基準処理時間を p_j，機械 M_i の速度を s_i としたとき，ジョブ J_j の機械 M_i 上での処理時間 p_{ij} は p_j/s_i と表される．

C. 無相関並列機械 (unrelated parallel machines) ($\alpha_1 = R$)

処理する作業によって各機械間の処理速度に差がある．無相関並列機械においては，ジョブ J_j の基準処理時間を p_j，ジョブ J_j が機械 M_i に処理されるときの機械の速度を s_{ij} と書くと，処理時間 p_{ij} は p_j/s_{ij} と表される．

iii. 直列機械 (serial machines)

機械が複数で，ジョブが複数のオペレーションから構成されており，各ジョブに含まれるすべてのオペレーションが処理されると，ジョブの処理が完了する．

A. フローショップ (flow shop) ($\alpha_1 = F$)

各オペレーションが処理される機械の順序が同じ．

B. オープンショップ (open shop) ($\alpha_1 = O$)

各オペレーションが処理される機械の順序があらかじめ決められていない．

C. ジョブショップ (job shop) ($\alpha_1 = J$)

各オペレーションが処理される機械の順序はあらかじめ与えられており，その順序はジョブによって異なってもよい．フローショップは，ジョブショップにおいて処理される機械の順序がジョブに依存しない特殊形であると考えられる．

D. 一般ショップ (general shop) ($\alpha_1 = X$)

各オペレーション間に任意の先行順序制約が定義されている．ジョブショップは，一般ショップにおいて，先行順序関係が鎖（chain；各点（ジョブを表す）の出次数，入次数がともに 1 以下の閉路を含まない有向グラフ）で表されている特殊形であり，オープンショップは，一般ショップにおいて，オペレーション間の先行順序制約がない特殊形であると考えられる．

iv. 多機能機械 (multipurpose machine)

各ジョブ（オペレーション）ごとに処理可能な機械の集合が与えられている場合を多機能機械とよぶ．多機能機械で対象になるのは機械数が複数の場合であるので，上で分類したのと同様に（同一，一様，無相関）並列機械，直列機械（フローショップ，オープンショップ，ジョブショップ，一般ショップ）に分けられる．

A. 同一 (identical) **並列機械** ($\alpha_1 = PMPM$)

B. 一様（uniform）並列機械（$\alpha_1 = QMPM$）
  C. 無相関（unrelated）並列機械（$\alpha_1 = RMPM$）
  D. フローショップ（flow shop）（$\alpha_1 = FMPM$）
  E. オープンショップ（open shop）（$\alpha_1 = OMPM$）
  F. ジョブショップ（job shop）（$\alpha_1 = JMPM$）
  G. 一般ショップ（general shop）（$\alpha_1 = XMPM$）
 b) 資源（機械）の数
  i. 問題として考えたとき，資源（機械）の数 m があらかじめ定数として与えられている．（$\alpha_2 = m$）
  ii. 問題として考えたとき，資源（機械）の数は任意の正数であり，問題例が与えられたとき，はじめて定数として決められる．（$\alpha_2 = \circ$）
 c) 資源（機械）の利用可能状況
  i. 資源（機械）は計画期間の間は常に使用可能であり，資源の場合にはその使用可能量が一定である．（$\alpha_3 = \circ$）
  ii. 資源（機械）の利用可能状況が時刻によって異なる．（$\alpha_3 = \mathrm{var}$）
  ここで var は "variable amount" を意味する．
3) ジョブ（仕事：job, task）の特性
ジョブに対する属性は $\beta_1 \beta_2 \cdots$ と表現される．β_i の順序は任意であり，属性の数だけ付加される．
 a) ジョブの途中中断の可否
  i. 分割可能（preemptive）（$\beta_1 = \mathrm{pmtn}$）
  ジョブまたはオペレーションが途中で中断でき，中断した箇所から再開することができる．ここで pmtn は "preemption" を意味する．
  ii. 分割不可能（nonpreemptive）（$\beta_1 = \circ$）
  ジョブまたはオペレーションが途中で中断できない．
 b) ジョブ間の先行順序
  i. 先行順序なし（$\beta_2 = \circ$）
  ii. 任意（$\beta_2 = \mathrm{cpm}$ もしくは prec）
  閉路を含まない有向グラフで表現される任意の先行順序関係がジョブ間に付加されている．ここで**先行順序関係**（precedence relation）とは，あるジョブが完了した後でないと，（別の）あるジョブが開始できないことを表す．以下で述べる種々の先行順序関係と区別するために，このタイプの先行順序を**終了–開始型の先行順序関係**（finish-start precedence relation）とよぶこともある．$\beta_2 = \mathrm{cpm}$ は資源制約つきスケジューリングモデルで用いられ，$\beta_2 = \mathrm{prec}$ は機械スケジューリングモデルで用いられる．ここで cpm は critical path method の略であり，PERT/CPM で通常用いられる先行順序関係を意味する．
  iii. 最小遅延時間（minimal lag time）つき先行順序（$\beta_2 = \min$）

あるジョブが完了してから一定の時間が経過した後でないと，(別の)あるジョブが開始できない．最小遅延時間つき先行順序では，通常の終了–開始型の先行順序関係の他に，以下の3通りの先行順序も考える場合が多い．

 A. **開始–開始型の先行順序関係** (start-start precedence relation)
 B. **開始–終了型の先行順序関係** (start-finish precedence relation)
 C. **終了–終了型の先行順序関係** (finish-finish precedence relation)

 iv. **最小・最大遅延時間** (minimal and maximal lag time) つき先行順序 ($\beta_2 = \text{gpr}$)

あるジョブが完了してから一定の時間が経過した後と一定時間経過する前の間でしか，(別の)あるジョブが開始できない．この場合も上の最小遅延時間つき先行順序と同様に，開始–開始型，開始–終了型，終了–終了型を考える場合が多い．

 v. **直並列グラフ** ($\beta_2 = \text{sp-graph}$)

枝の向きを無視したとき，直並列グラフ（series parallel graph；1本の枝からはじめて，枝の分割および並列枝の付加で生成可能なグラフ）で表現される先行順序関係がジョブ間に付加されている．

 vi. **有向根付き木** ($\beta_2 = \text{tree}$)

有向根付き木（各点の入次数が高々1もしくは出次数が高々1の閉路を含まない有向グラフ）で表現される先行順序関係がジョブ間に付加されている．すべての点の出次数が高々1の場合を入有向根付き木とよび $\beta_2 = \text{intree}$ と書き，すべての点の入次数が高々1の場合を出有向根付き木とよび $\beta_2 = \text{outtree}$ と書く．

 vii. **鎖** ($\beta_2 = \text{chain}$)

鎖（chain；各頂点の出次数，入次数がともに1以下で，かつ閉路を含まない有向グラフ）で表現される先行順序関係がジョブ間に付加されている．

c) **リリース時刻** (release time, ready time, release date)

 i. リリース時刻（ジョブの処理が開始できる時刻）がジョブごとに異なる．($\beta_3 = r_j$)

 ii. すべてのジョブのリリース時刻が同じ．($\beta_3 = \circ$)（この場合には，一般性を失うことなくリリース時刻を 0 と仮定できる．）

d) **処理時間に対する制限**

 i. 処理時間がすべて 1 ($\beta_4 = \text{``} p_{(i)j} = 1 \text{''}$)

 ii. 処理時間に対するその他の制限

たとえば，処理時間が 1 もしくは 2 の値をとるときには $\beta_4 = \text{``} p_j \in \{1,2\} \text{''}$ と表記され，処理時間がある定数 $\bar{p}$ 以下の値をとるときには $\beta_4 = \text{``} p_j \leq \bar{p} \text{''}$ と表記される．

 iii. 処理時間が任意の正数 ($\beta_4 = \circ$)

 iv. 処理時間が確率変数 ($\beta_4 = p_j \sim \text{sto}$)

確率的スケジューリングにおいては，処理時間が何らかの分布にしたがう確率

変数と仮定する場合が多い．このとき，処理時間分布を $p_j \sim$ に続けて記す．たとえば，ジョブ J_j の処理時間がパラメータ λ_j の指数分布にしたがうときには，$p_j \sim \exp(\lambda_j)$ と記す．

e) **納期**（due date, deadline）

    i. 納期（ジョブの処理が完了しなければならない時刻）がジョブごとに異なる．$(\beta_5 = d_j)$

    ii. すべてのジョブの納期が同一である．$(\beta_5 = d)$

    iii. 納期が設定されていない．$(\beta_5 = \circ)$

f) **バッチ処理**

幾つかのジョブ群（バッチ：batch）を一度にまとめて処理する場合をバッチ処理とよぶ．バッチ処理の終了時刻によって，以下の2つに分類される．

    i. **直列バッチ**（serial batching）$(\beta_6 = \text{s-batch})$

バッチ処理の終了時刻は，バッチに含まれるジョブの処理時間の和に等しく，バッチ処理を開始するには一定の段取り時間が必要であると仮定する．

    ii. **並列バッチ**（parallel batching）$(\beta_6 = \text{p-batch})$

バッチ処理の終了時刻は，バッチに含まれるジョブの最も遅い完了時刻に等しい．

g) **多機械ジョブ**（multiprocessor task）

通常のスケジューリングでは，ある時刻に1つのジョブが処理されている機械は高々1台であったが，多機械ジョブスケジューリングにおいては，複数の機械が共同して1つのジョブを処理することを考える．このモデルは，並列計算機システムに対する応用から生まれたものであり，通常は応用を意識して，多プロセッサ・タスク（multiprocessor task）とよばれるが，ここでは他のモデルとの整合性から多機械ジョブの訳語を採用する．実際問題からの要求から生まれた変形であるので，系統的な分類は成されていないが，ジョブに以下の属性を追加することによって分類される．

    i. ジョブを共同で処理する機械の数（組）と処理時間

        A. 線形加速 $(\beta_7 = \text{spdp-lin})$

ジョブ J_j を k 台の機械で共同処理することによって処理時間が $1/k$ になる．

        B. 機械台数の上限つき線形加速 $(\beta_7 = \text{spdp-lin-}\delta_j)$

ジョブ J_j を $k\ (\leq \delta_j)$ 台の機械で共同処理することによって処理時間が $1/k$ になる．

        C. 任意加速 $(\beta_7 = \text{spdp-any})$

ジョブ J_j を k 台の機械で共同処理することによる処理時間は，ジョブの標準の処理時間と k の任意の関数である．

        D. 固定台数処理 $(\beta_7 = \text{size}_j)$

ジョブ J_j は，必ず size_j 台の機械によって共同処理される．

        E. ハイパーキューブ型並列計算機 $(\beta_7 = \text{cube}_j)$

ジョブ J_j は，必ず $\text{size}_j \in \{1, 2, 4, 8, \cdots\}$ 台の機械によって共同処理される．

これは，ハイパーキューブ型の相互連結トポロジーをもつ並列計算機に対する応用を意識したものである．

　　F. 指定機械による処理 （固定型）（$\beta_7 = \text{fix}_j$）

　　ジョブ J_j は，必ず機械の集合 fix_j によって共同処理される．

　　G. 指定機械による処理 （選択型）（$\beta_7 = \text{set}_j$）

　　ジョブ J_j は，必ず機械の集合の族 set_j に含まれるいずれかの機械の集合によって共同処理される．ジョブのかわりにオペレーション O_{ij} に対して機械の集合の族が指定されている場合には，$\beta_7 = \text{set}_{ij}$ と記す．

　　H. 多機械ジョブなし （$\beta_7 = \circ$）

　ii. 処理機械(の組)の変更の可否

　　A. 途中での処理機械(の組)の変更可 （$\beta_8 = \text{var}$）

　　B. 途中での処理機械(の組)の変更不可 （$\beta_8 = \circ$）

h) オペレーション間の待ちの可否

　i. オペレーション間の待ち時間を許さない．（$\beta_9 = \text{no-wait}$）

　ii. オペレーション間の待ち時間を許す．（$\beta_9 = \circ$）

4) 資源制約

ここでは，資源制約つきスケジューリングモデルに関連するジョブの特性の表記法について述べる．

　a) 必要とする資源量

　i. ジョブの遂行中は，一定量の資源を必要とする．（$\beta_{10} = \circ$）

　ii. ジョブの遂行中に必要とする資源量が変化してもよい．（$\beta_{10} = \text{var}$）

　iii. 資源の必要量が，ジョブの作業時間の関数となっている．

　　A. 離散関数（作業時間が離散量をとり，個々のとりうる値に対して資源の必要量が与えられている．）（$\beta_{10} = \text{disc}$）

　　B. 連続関数（$\beta_{10} = \text{cont}$）；特に資源の必要量が作業時間の線形関数の場合には，$\beta_{10} = \text{lin}$ と記す．

　b) モード

　i. ジョブを遂行する手段（モード）が複数あり，ジョブはそれらから1つを選択することによって遂行される．（$\beta_{11} = \text{mult}$）

　ii. ジョブを遂行するモードが単一である．（$\beta_{11} = \circ$）

　iii. ジョブ集合が複数の部分集合に分割されており，各分割に含まれるジョブは同じモードで処理しなければならない．（$\beta_{11} = \text{id}$）；この条件は，**モード同一条件**（mode identity constraints）とよばれる．

資源制約の数，各時刻における資源量の上限，ジョブが必要とする資源量に関するパラメータをジョブの特性として $\beta_{12} = \text{res}\lambda\sigma\rho$ と表現する場合もある．ここで，"res" は資源（resource）を意味し，$\lambda\sigma\rho$ は以下の意味をもつ．

a) 資源制約の(種類の)数
   i. 問題として考えたとき，定数 λ として与えられている．($\lambda=$ 定数)
   ii. 問題として考えたとき，資源制約の数は任意の正数であり，問題例が与えられたとき，はじめて定数として決められる．($\lambda=\circ$)
b) 各時刻における資源量の上限
   i. 問題として考えたとき，各時刻における資源量の上限が定数 σ として与えられている．($\sigma=$ 定数)
   ii. 問題として考えたとき，資源量の上限は任意の正数であり，問題例が与えられたとき，はじめて定数として決められる．($\sigma=\circ$)
c) ジョブが必要とする資源量
   i. 問題として考えたとき，ジョブが必要とする資源量が定数 ρ として与えられている．($\rho=$ 定数)
   ii. 問題として考えたとき，ジョブが必要とする資源量は任意の正数であり，問題例が与えられたとき，はじめて定数として決められる．($\rho=\circ$)

5) 目的関数（評価尺度：objective function）

目的関数に対する属性は γ で表現される．以下では特に断らない限り，目的関数を最小化するものとする．目的関数は大きく**正規基準**（regular measure）と**非正規基準**（nonregular measure）の2つに分類できる．ここで正規基準とは，ジョブの完了時刻に対する非減少な目的関数を指し，非正規基準とはジョブの完了時刻に対する任意の目的関数を指す．目的関数が正規基準であることを示すには $\gamma=$ reg と記し，非正規基準であることを示すには $\gamma=$ nonreg と記す．

a) 最大基準
   i. 最大完了時刻，メイクスパン ($\gamma=C_{\max}$)
   ii. 最大納期外れ ($\gamma=L_{\max}$)
   iii. メイクスパン，最大納期外れを含む一般的な最大基準 ($\gamma=f_{\max}$)
b) 合計基準
   i. 総完了時刻 ($\gamma=\sum C_j$)
   ii. 総納期遅れ ($\gamma=\sum T_j$)
   iii. 総納期遅れジョブ数 ($\gamma=\sum U_j$)
   iv. 重みつき総完了時刻 ($\gamma=\sum w_j C_j$)
   v. 重みつき総納期遅れ ($\gamma=\sum w_j T_j$)
   vi. 重みつき総納期遅れジョブ数 ($\gamma=\sum w_j U_j$)
   vii. (重みつき)総完了時刻，(重みつき)総納期遅れ，(重みつき)総納期遅れジョブ数を含む一般的な合計基準 ($\gamma=\sum f_j$)
c) 平準化基準
   i. 資源使用量の平均からのずれの自乗和 ($\gamma=\sum$ sq.dev)
   ii. 資源使用量の平均からのずれの絶対値和 ($\gamma=\sum$ abs.dev)

iii. 資源使用量の変化量の絶対値（ジャンプ）の重みつき和 ($\gamma = \sum \text{jump}$)

d) トレードオフ基準

資源を使用したことによる費用と最大完了時刻のトレードオフを求める．($\gamma = \sum \text{curve}$)

e) 財務的基準

ジョブを遂行することによるキャッシュフローの増加を現在価値（net present value）に変換したものの最大化 ($\gamma = \sum \text{npv}$)

f) 確率的基準

  i. 期待値基準確率的スケジューリングの場合には，上で示した評価尺度が確率変数になる．通常の確率的スケジューリングモデルでは，その期待値を評価尺度とし，評価尺度を表す記号の前に期待値を表す E をつけて記す．たとえば，最大完了時刻（メイクスパン）の期待値を目的関数にする場合には，$\gamma = EC_{\max}$ と記す．

  ii. ジョブの作業時間や先行順序の確率的な情報下における最大完了時刻の累積密度関数 ($\gamma = \text{cdf}$)

  iii. ジョブが最長路（クリティカルパス）に含まれる確率（臨界指標：criticality index）を求める．($\gamma = \text{ci}$)

  iv. 生起確率最大の最長路（クリティカルパス）を求める．($\gamma = \text{mci}$)

g) その他の基準 ($\gamma = X$)

たとえば上の基準の混合型（多目的計画）や機械の稼働率など

17.3 代表的な問題

ここでは，代表的なスケジューリング問題の定義を示す．

リリース時刻つき納期外れ最小化 1 機械スケジューリング問題 $1|r_j|L_{\max}$

単一の機械で n 個のジョブを処理する問題を考える．この機械は一度に 1 つのジョブしか処理できず，ジョブの処理を開始したら途中では中断できないものと仮定する．ジョブの集合を $\mathcal{J}$，その添え字を $1, 2, \cdots, n$ と書く．各ジョブ $j \in \mathcal{J}$ に対する作業時間 $p_j \in \mathbb{R}_+$，リリース時刻（ジョブの処理が開始できる最早時刻）$r_j \in \mathbb{R}_+$，および納期 $d_j \in \mathbb{R}_+$ が与えられたとき，各ジョブの作業完了時刻 C_j の納期外れ $L_j (= C_j - d_j)$ の最大値を最小にするようなジョブを機械にかける順番（スケジュール）を求める．

Lenstra–Ronnooy Kan–Bruker[110] は，この問題が $\mathcal{NP}$-困難であることを示した．すべてのジョブに対してリリース時刻 r_j が同一のときには，納期の小さい順にジョブを機械にかける方法が最適解を与える．これは，**EDD**（earliest due date）とよば

れる優先ルールである（優先ルールについては 17.6.2 項参照）．ジョブの作業を途中で中断することを許す問題は，**分割可能リリース時刻つき納期外れ最小化 1 機械スケジューリング問題** $1|\text{pmtn}, r_j|L_{\max}$ とよばれ，やはり多項式時間の厳密解法が存在する（17.7.1 項参照）．$1|\text{pmtn}, r_j|L_{\max}$ の最適値は，原問題 $1|r_j|L_{\max}$ の下界を与える．$1|r_j|L_{\max}$ は $\mathcal{NP}$-困難であるが，下界を利用した効率的な分枝限定法が提案されている．$1|r_j|L_{\max}$ に対する効率的な分枝限定法や $1|\text{pmtn}, r_j|L_{\max}$ に対する多項式時間の厳密解法は，以下で定義するジョブショップスケジューリング問題に対する分枝限定法[27]やシフティング・ボトルネック法（shifting bottleneck method）[1,5] とよばれる近似解法において中心的な役割を果たす．

ジョブショップスケジューリング問題は，厳密解法および近似解法の発想の源であり，かつ性能評価の試金石でもある．以下に定義される最大完了時刻（メイクスパン）を最小化するジョブショップスケジューリング問題は，スケジューリング問題の中でも最も多くの研究が成されてきた問題である．

ジョブショップスケジューリング問題 $J||C_{\max}$

ジョブを $J_1, J_2, \cdots, J_n$，ジョブ J_j に属するオペレーションを $O_{1j}, O_{2j}, \cdots, O_{m_j j}$，機械を $M_1, M_2, \cdots, M_m$ とする．オペレーションは $O_{1j}, O_{2j}, \cdots, O_{m_j j}$ の順で処理されなければならず，オペレーション O_{ij} を処理するには機械 μ_{ij} を作業時間 p_{ij} だけ占有する．オペレーションが途中で中断できないという仮定の下で，最後のオペレーションが完了する時刻を最小化する各機械上でのオペレーションの処理順序を求める．

ジョブショップスケジューリング問題をさらに一般化した問題として，資源制約つきスケジューリング問題がある．

資源制約つきスケジューリング問題 PS $1|\text{cpm}|C_{\max}$

ジョブ（活動）の集合 $\mathcal{J}$，各時間ごとの使用可能量の上限をもつ資源 $\mathcal{R}$ が与えられている．ジョブとは，資源の一定量を使用することによって行う作業を指す．資源は，ジョブごとに決められた作業時間の間はジョブによって使用されるが，作業完了後は，再び使用可能になる．（このような資源を再生可能資源とよぶ．）ジョブ間に与えられた先行順序関係を満たした上で，最後のジョブの作業完了時刻を最小化するような，資源のジョブへの割り振りおよびジョブの作業開始時刻を求める．

17.6.1 項で示すスケジュールを生成するための一般的な枠組み（スケジュール生成スキーム）や 17.6.2 項で示す優先ルールは，資源制約つきスケジューリング問題に適

用可能な近似解法の一般的な枠組みである.

資源制約つきスケジューリング問題 PS $1|\text{cpm}|C_{\max}$ において,資源制約がないと仮定した問題 $|\text{cpm}|C_{\max}$ (もしくは $|\text{prec}|C_{\max}$) は,PERT/CPM 型のプロジェクト・スケジューリング問題とよばれる. **PERT** (program evaluation and review technique) および **CPM** (critical path method;クリティカルパス法) は,スケジューリング理論の始祖とも言える古典的なモデルである.

PERT の目的は,ジョブ間の先行順序を満たし,かつ最後のジョブの作業完了時刻を最小にするように各ジョブの作業開始時刻を定めることである.これは,枝上活動図式 (17.4.2 項参照) で表現したときに,閉路を含まない有向グラフ上で最長路 (クリティカルパス) を求める問題に他ならない.これは,枝の数の線形時間で求めることができる.一方,クリティカルパス法では,作業時間を費用をかけることによって短縮できるという仮定のもとで,費用と作業完了時刻のトレードオフ曲線を求めることを目的としている.PERT とクリティカルパス法の区別は明確ではなく,PERT/CPM とよばれることも多い.

PERT は,第 2 次世界大戦中における米国海軍のポラリス潜水艦に搭載するミサイルの設計・開発時間の短縮に貢献したことで有名になり,その後オペレーションズ・リサーチの技法の代表格となっている.現在では,PERT は,多くのプロジェクト・スケジューリングのためのソフトウェアに導入されており,一般に普及している.

17.4 スケジュールの図式表現

ここでは,スケジューリングを図やグラフを用いて視覚化する方法について述べる.

17.4.1 Gantt 図式

スケジュールを視覚化するための最も標準的な図式が,1919 年に Gantt によって考案された **Gantt 図式** (Gantt's chart;ガント・チャート) である.Gantt 図式では横軸を時間軸とし,縦には機械もしくはジョブを表す行を表示し,ジョブが機械を占有している時間を矩形で表示する (図 17.1).機械スケジューリング問題の場合には,行に機械を表示するが,資源制約つきスケジューリング問題の場合には,行にジョブを表示し,資源の使用量を時間軸を横軸としたグラフで表示する場合もある.また,ジョブ間の先行順序を矩形間に矢線を表示することによって表現する場合もある.

17.4.2 点上活動図式と枝上活動図式

スケジューリングにおける活動 (もしくはジョブ) 間の先行順序関係を表現するための自然な方法として有向グラフを用いることが考えられる.この際,活動を点として表現するか,(有向)枝として表現するかによって 2 通りの図式が考えられる.活動を点として表現する方式を**点上活動図式** (activity-on-node diagram) とよび,(有向)枝とし

17.4 スケジュールの図式表現

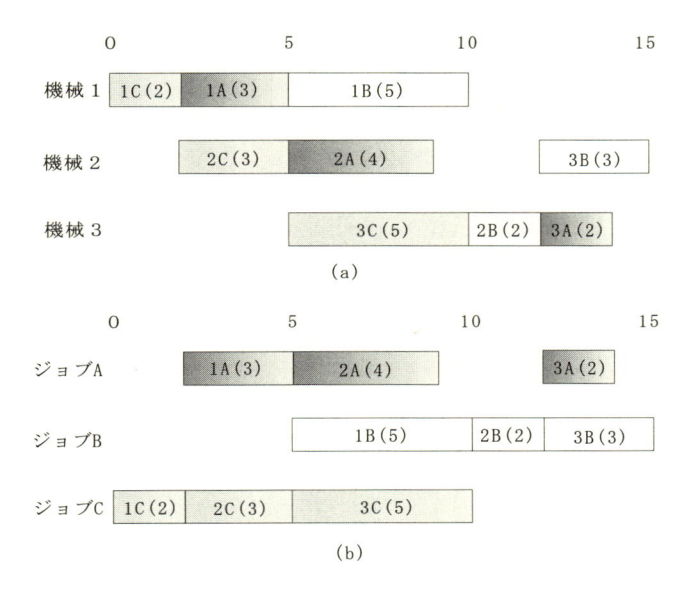

図 17.1 3 ジョブ 3 機械のジョブショップスケジューリング問題に対する Gantt 図式
ジョブは A,B,C の 3 種類であり，これを機械 1, 2, 3 で処理する．作業時間が p_{ij} であるオペレーション O_{ij} を表す矩形内には，オペレーションの情報として $ij\,(p_{ij})$ を表示している．(a) 機械を行に表示した場合．(b) ジョブを行に表示した場合．

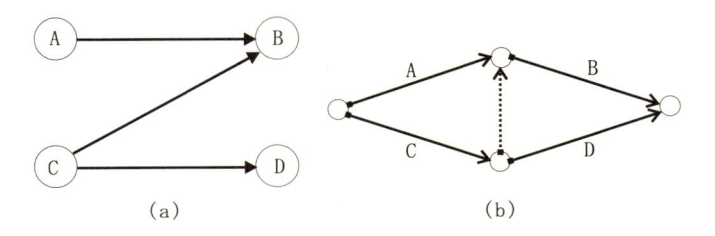

図 17.2 点上活動図式と枝上活動図式
(a) A,B,C,D の 4 つのジョブ（活動）の先行順序を表す点上活動図式．(b) 同じ先行順序を表す枝上活動図式．ダミーの枝（点線）が必要になる．

て表現する場合を**枝上活動図式**（activity-on-arc diagram）とよぶ．

PERT（program evaluation and review technique）が紹介された当初は，枝上活動図式が用いられていた．点上活動図式は，Levy–Thompson–Wiest[112]がクリティカルパス法（critical path method: CPM）の説明のために導入したものである．

解法を考える上では両者とも数学的には同値であるが，枝上活動図式では，先行順序を表現するためにダミーの枝を付加する必要がある（図 17.2）．さらに，ダミーの枝数最小の枝上活動図式を求める問題は，$\mathcal{NP}$-困難であることが知られている[106]．点上活動図式では，先行順序を表現するためにダミーの枝は必要としない．そのため，解法の理解や計算上での実装のためには，点上活動図式の方が優れていると考えられている．一方，枝上活動図式は，実際に作業が進行していく様子を枝で表現することができるので，作業時間を枝の長さで表すことや，作業の開始や終了のイベントを点で表すことができるなどの利点がある．

しばしば，**矢線図式**（arrow diagram；アローダイアグラム）や**先行順序図式**（precedence diagram）とよばれることもあるが，これらの俗語では活動を点として表現しているのか，枝として表現しているのかが不正確であるので，使用すべきではない．

17.4.3 離接グラフ表現

ここでは，2 種類の枝をもった有向グラフによるスケジューリングの表現法について述べる．このグラフは，**離接グラフ**（disjunctive graph）とよばれ，(最大完了時刻最小化)ジョブショップスケジューリング問題をはじめとする代表的なスケジューリング問題の解法を導く際の標準的な表現法である．離接グラフは，より一般的なスケジューリング問題にも適用できるが，ここではジョブショップスケジューリング問題に対する離接グラフを例として説明する．

離接グラフは，点上活動図式を用いた有向グラフを基礎として構成される．オペレーションの集合に対応する点集合に，ダミーの始点 s と終点 t を付加したものをグラフの点集合 N と定義する．ダミーの始点は，すべてのオペレーションに先行する仮想のオペレーションを表し，その開始時刻は 0 と定義される．ダミーの終点は，すべてのオペレーションに後続する仮想のオペレーションを表し，その終了時刻は最大完了時刻（メイクスパン）となる．

オペレーション間の先行順序関係を有向枝 A で表す．有向枝の集合 A は，以下の有向枝から構成される．O_{ij} に対応する点と $O_{i+1,j}$ に対応する点の間に有向枝を引く．さらに，ダミーの始点 s から各ジョブ j の最初のオペレーション O_{1j} に有向枝を引き，各ジョブ j の最後のオペレーション $O_{m_j,j}$ からダミーの終点へ有向枝を引く．

機械 M_k 上に，その機械上で処理されるオペレーションから構成される点集合 N_k を定義する．N_k 上での完全無向グラフにおける枝集合を**離接枝**（disjunctive arc）とよび，E_k と記す．$E = \cup_{k=1}^{m} E_k$ とする．離接グラフは，$G = (N, A, E)$ で定義される（図 17.3）．

17.4 スケジュールの図式表現

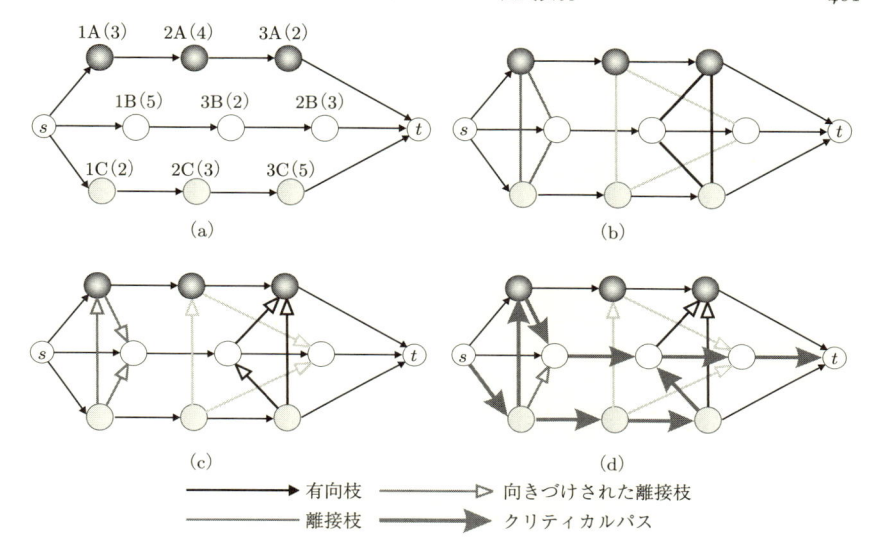

図 17.3 3 ジョブ 3 機械のジョブショップスケジューリング問題に対する離接グラフ表現. (a) 点と有向枝. 作業時間 p_{ij} であるオペレーション O_{ij} に対応する点の上部には, オペレーションの情報として $ij\,(p_{ij})$ を表示している. (b) 離接枝を付加した離接グラフ. (c) 向きづけされた離接枝. (d) 向きづけされた離接枝によって定まるクリティカルパス. この例では, 2 本のクリティカルパスが存在する.

$(u,v) \in E_k$ に対して (u,v) もしくは (v,u) のいずれかを選択することを**向きづけ**(orientation) とよぶ. E_k に含まれるすべての離接枝に対して, 得られる有向グラフが閉路をもたないように向きづけを行うと, N_k 上の全順序が一意に定まる. これが機械 k 上で処理される作業の順序を表す順列に対応する.

各点 $v \in N \setminus \{s,t\}$ に対して, その長さ (重み) を点 v に対応するオペレーション O_{ij} の処理時間 p_{ij} と定義する. ジョブショップスケジューリング問題とは, 離接グラフ上で s,t 間の最長路 (通過する点の重みの合計が最大のパス) の長さ (重みの合計) が最小になるように, 離接枝の向きづけを求める問題である.

離接グラフ上での始点 s から終点 t までの最長路は, しばしば**クリティカルパス** (critical path; 臨界路) とよばれる. 与えられた離接グラフ上での点 u から点 v までの最長路を $P(u,v)$ と表し, その長さを $L(u,v)$ と記す. クリティカルパスは, 始点 s から終点 t までの最長路であるので $P(s,t)$ と書くことができ, $L(s,t)$ は最大完了時刻 (メイクスパン) となる.

17.5 定 式 化

ここでは，2つの代表的なスケジューリング問題に対する混合整数計画による定式化を示す．定式化は，数理計画ソルバーを用いた求解だけでなく，近似解法や厳密解法を導く際に重要な役割を果たす．

17.5.1 項では，リリース時刻つき重みつき完了時刻和最小化 1 機械スケジューリング問題 $1|r_j|\sum w_j C_j$ に対する定式化を示し，定式化間の強弱関係について考える．

17.5.2 項では，資源制約つきスケジューリング問題 PS $1|\text{cpm}|C_{\max}$ とその拡張に対する定式化を示す．

17.5.1 1 機械スケジューリング問題の定式化

ここでは，4.6 節で紹介した重みつき完了時刻和を最小化する 1 機械スケジューリング問題にリリース時刻を付加した問題（分類の記号を用いると $1|r_j|\sum w_j C_j$）を考え，幾つかの定式化を示す．

まず，ここで考える問題の定義を示しておく．

リリース時刻つき重みつき完了時刻和最小化 1 機械スケジューリング問題 $1|r_j|\sum w_j C_j$

単一の機械で n 個のジョブを処理する問題を考える．この機械は一度に 1 つのジョブしか処理できず，ジョブの処理を開始したら途中では中断できないものと仮定する．ジョブの集合を $\mathcal{J}$，その添え字を $1, 2, \cdots, n$ と書く．各ジョブ $j \in \mathcal{J}$ に対して，リリース時刻 $r_j \in \mathrm{Z}_+ \cup \{0\}$，作業時間 $p_j \in \mathrm{Z}_+$ と重要度を表す重み $w_j \in \mathrm{R}_+$ が与えられたとき，各ジョブ j の作業完了時刻 C_j の重みつきの和を最小にするようなジョブを機械にかける順番（スケジュール）を求める．

リリース時刻がない問題 $1||\sum w_j C_j$ に対しては，4.6 節でジョブの完了時刻を変数とした定式化を示した．ここでは，時刻の添え字をもつ変数を用いた 2 つの定式化を示し，その強さについて考察する．なお，時刻を離散化して扱うために，上の問題の定義では，リリース時刻を非負の整数，作業時間を正数と仮定している．

時刻を添え字とした変数を導入するためには，時間を離散化する必要がある．いま，適当な時刻 $0, 1, \cdots, T$ で時間を区切り，ある時刻からある時刻までの間を期 (period) とよぶことにする．連続時間との対応づけは，時刻 $t-1$ から時刻 t までを期 t とよぶものとする．離散化した時刻 $0, 1, \cdots, T$ に対して，期の集合を $\mathcal{T} = \{1, 2, \cdots, T\}$ と定義する．

最初の定式化は，ジョブ j が期 t に開始するとき 1，それ以外のとき 0 になる 0-1

変数 x_{jt} を用いる.

$$\begin{aligned}
\text{minimize} \quad & \sum_{j\in\mathcal{J}}\sum_{t=r_j+1}^{T-p_j+1} w_j(t+p_j-1)x_{jt} \\
\text{subject to} \quad & \sum_{t=r_j+1}^{T-p_j+1} x_{jt} = 1 \qquad \forall j \in \mathcal{J} \\
& \sum_{j\in\mathcal{J}}\sum_{s=t-p_j+1}^{t} x_{js} \le 1 \quad \forall t \in \mathcal{T} \\
& x_{jt} \in \{0,1\} \qquad \forall j \in \mathcal{J}, t = r_j+1,\cdots,T-p_j+1
\end{aligned}$$

この定式化は x-定式化とよばれる.目的関数内の $t+p_j-1$ は,時刻 t に作業を開始するときの完了時刻であるので,完了時刻の重みつきの和を最小化することを表す.最初の制約式は,ジョブが処理されなければならないことを表し,2番目の制約は,機械に同時にかけられるジョブの数は1以下であることを表す.x-定式化における 0-1 変数を 0 以上 1 以下に線形計画緩和した問題は,比較的強い下界を与えることが知られている(実験については,Savelsbergh–Uma–Wein[139] を参照).

一方,この定式化の緩和問題は,$O(n+T)$ 本の制約と $O(nT)$ 個の変数をもつ巨大な線形計画問題になる.期の長さ T は,問題の入力サイズに含まれておらず,指数オーダーになる可能性がある.したがって,緩和問題を解くための最速のアルゴリズムでさえ,擬多項式時間を要する.列生成法による解法も van den Akker–Hurkens–Savelsbergh[152] によって提案されているが,やはり問題のサイズが大きくなると,緩和問題の求解に多大な時間を要してしまう.

もう1つの定式化は,ジョブ j が期 t に処理されているとき 1,それ以外のとき 0 を表す 0-1 変数 y_{jt} を用いる.

$$\begin{aligned}
\text{minimize} \quad & \sum_{j\in\mathcal{J}} w_j\left\{\frac{p_j}{2} + \frac{1}{p_j}\sum_{t=r_j+1}^{T}\left(t-\frac{1}{2}\right)y_{jt}\right\} \\
\text{subject to} \quad & \sum_{t=r_j+1}^{T} y_{jt} = p_j \quad \forall j \in \mathcal{J} \\
& \sum_{j\in\mathcal{J}} y_{jt} \le 1 \qquad \forall t \in \mathcal{T} \\
& y_{jt} \in \{0,1\} \qquad \forall j \in \mathcal{J}, t = r_j+1,\cdots,T
\end{aligned}$$

この定式化は y-定式化とよばれる.目的関数内の $t-\frac{1}{2}$ は,時刻 t の中間の時間なので,$(1/p_j)\sum_{t=r_j+1}^{T}\left(t-\frac{1}{2}\right)y_{jt}$ の項は,ジョブ j が処理される時刻の重心を表す.そ

れに処理時間の半分 $p_j/2$ を加えることによって，完了時刻に相当する量を計算していることになる．この目的関数は，y_{jt} が連続して 1 になっている場合には完了時刻になるが，それ以外の場合には完了時刻の下界を計算しているにすぎない．最初の制約式は，ジョブが機械を占有している時間の合計が，処理時間に一致することを表し，2 番目の制約は，機械に同時にかけられるジョブの数は 1 以下であることを表す．y-定式化においては，ジョブが途中で中断すること，言い換えれば分割して処理されることを許す．また，0-1 変数を 0 以上 1 以下に線形計画緩和した問題の下界は，x-定式化より弱いことが知られている（たとえば Dyer–Wolsey[49] 参照）．なお，4.6 節でジョブの完了時刻を変数とした定式化は，y-定式化と同じ強さをもつことが示されている．

この定式化も x-定式化と同様に，入力サイズの指数オーダーになる可能性があるパラメータ T を含んでいるが，その特殊性を生かして，以下のような高速な（適当なデータ構造を用いれば $O(n \log n)$ 時間の）アルゴリズムが構築できる．

---

y-定式化の線形計画緩和のための厳密解法

1) リリース時刻が 0 のジョブを優先キューに（w_j/p_j の非減少順になるように）入れる．
2) 時刻 0 から始めて，すべてのジョブがスケジュールされるまで，以下を繰り返す．
   a) 優先キューから w_j/p_j が最小のジョブを取り出し，そのジョブが完了するか，次にリリースされるジョブが発生するまで，機械で処理する．
   b) このとき，ジョブが完了したなら，優先キューから除き，次にリリースされるジョブが発生したなら，w_j/p_j をキーとして優先キューに入れる．

簡単な例題を用いて，上の定式化の強さと意味づけについて考察しよう．表 17.1 のような数値データの問題例を考える．

この問題例の最適解は，図 17.4 (a) のようになる．最適目的関数値は 75 である．

x-定式化を線形計画緩和したときの解は，図 17.4 (b) のようになる．図で 2 段になっているのは，緩和解の値が 0.5 であることを意味する．複数のジョブが，同じ時刻に機械上で処理されているが，緩和解が 0.5 のときには，半分だけ処理される．ジョブの分割は許さないので，p_j 時間だけ連続で処理される．緩和した問題の最適目的関数値は

表 17.1 $1|r_j|\sum w_j C_j$ の例題

ジョブ番号 j	r_j	p_j	w_j
1	0	10	1
2	4	5	1
3	6	2	1
4	7	4	2

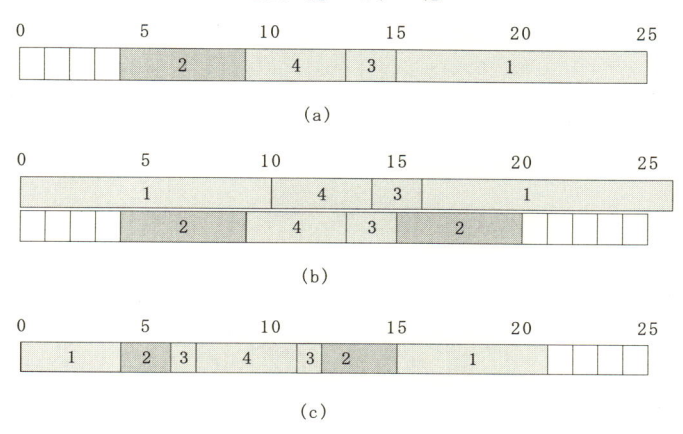

図 17.4 $1|r_j|\sum w_j C_j$ の例題の解
(a) 最適解. (b) x-定式化の緩和解. (c) y-定式化の緩和解.

75 であり，緩和であるが最適値と一致する良い下界を算出していることが分かる．

y-定式化を線形計画緩和したときの解は，図 17.4 (c) のようになる．この解は，線形計画を解くかわりに，上で述べたアルゴリズム（リリース時刻がきたジョブを w_j/p_j の順に処理すること）によって構成できる．緩和した問題の最適目的関数値は 61.2 であり，弱い下界であることが分かる．

17.5.2 資源制約つきスケジューリング問題の定式化

ここでは，資源制約つきスケジューリング問題 PS $1|\text{cpm}|C_{\max}$ とその拡張に対する構成要素ならびに定式化を示す．（資源制約つきスケジューリング問題の定義については，17.3 節を参照．）

a. 基本モデル

ここでは，17.5.1 項の x-定式化に相当する定式化を示す．まず，基本モデルの定式化で用いる集合，入力データ，変数を示す．

集合
- $\mathcal{J}$：ジョブの集合．
- $\mathcal{T}$：期の集合．$\mathcal{T} = \{1, 2, \cdots, T\}$．連続時間との対応づけは，時刻 $t-1$ から t までを期 t と定義する．
- $\mathcal{R}$：資源の集合．
- $\mathcal{P}$：ジョブ間の先行順序関係を表す集合．$\mathcal{J} \times \mathcal{J}$ の部分集合で，$(j, k) \in \mathcal{P}$ のとき，ジョブ j の処理が終了するまで，ジョブ k の処理が開始できないことを表す．

入力データ
- p_j：ジョブ j の処理時間．非負の整数を仮定する．

c_{jt}: ジョブ j を時刻 t に開始したときの費用.
R_{jr}: ジョブ j の処理に要する資源 r の量.
RUB_{rt}: 時刻 t における資源 r の使用可能量の上限.

変数

x_{jt}: ジョブ j を時刻 t に開始するとき 1, それ以外のとき 0 を表す 0-1 変数.

以下に資源制約つきスケジューリング問題（基本モデル）定式化を示す.

$$\begin{aligned}
\text{minimize} \quad & \sum_{j \in \mathcal{J}} \sum_{t=1}^{T-p_j+1} c_{jt} x_{jt} \\
\text{subject to} \quad & \text{ジョブ遂行条件} \\
& \text{資源制約} \\
& \text{先行順序制約} \\
& \text{変数の 0-1 条件}
\end{aligned}$$

ジョブ遂行条件

$$\sum_{t=1}^{T-p_j+1} x_{jt} = 1 \quad \forall j \in \mathcal{J}$$

すべてのジョブは必ず一度処理されなければならないことを表す.

資源制約

$$\sum_{j \in \mathcal{J}} R_{jr} \sum_{s=\max\{t-p_j+1,1\}}^{\min\{t,T-p_j+1\}} x_{js} \leq RUB_{rt} \quad \forall r \in \mathcal{R}, t \in \mathcal{T}$$

ある時刻 t に作業中であるジョブの資源使用量の合計が，資源使用量の上限を超えないことを規定する．時刻 t に作業中であるジョブは，時刻 $t-p_j+1$ から t の間に作業を開始したジョブであるので，上式を得る．

資源 r の使用可能な時刻が $[b_r, f_r]$ の間に限定されている場合には，

$$RUB_{rt} = 0 \quad \forall t < b_r \text{ または } t > f_r$$

と設定する.

先行順序制約 1

$$\sum_{s=1}^{t} x_{js} \geq \sum_{s=1+p_j}^{t+p_j} x_{ks} \quad \forall (j,k) \in \mathcal{P},\, t = 1+p_j, \cdots, T-p_j \quad (17.1)$$

ジョブ j の処理が終了するまで，ジョブ k の処理が開始できないことを表す．
この式を理解するためには，以下のような変数の置き換えによる説明が最も分かりや

すいだろう．変数 ζ_{jt} をジョブ j が時刻 t までに処理を開始するときに 1，それ以外のとき 0 を表す 0-1 変数とする．この変数を用いると，先行順序制約 $(j,k) \in \mathcal{P}$ は，以下のように書くことができる．

$$\zeta_{jt} \geq \zeta_{k,t+p_j} \quad \forall t = 1, \cdots, T - p_j$$

これは，ジョブ k が時刻 $t+p_j$ までに処理を開始しているならば，ジョブ j は時刻 t までに処理を開始しなければならないことを表している．この式に，$\zeta_{jt} = \sum_{s=1}^{t} x_{js}$ の関係を代入することによって，式 (17.1) を得る．

先行順序制約 2 上の先行順序制約は，整数多面体に近い線形計画緩和を得るという利点もあるが，非常に多くの制約条件を生成してしまうという弱点もある．以下の制約は，変数の整数条件の下では上の先行順序制約と同値であるが，線形計画緩和は弱く，そのかわりに制約の数は少ない．

$$\sum_{t=2}^{T-p_j+1} (t-1) x_{jt} + p_j \leq \sum_{t=2}^{T-p_k+1} (t-1) x_{kt} \quad \forall (j,k) \in \mathcal{P}$$

ジョブ j の処理が終了するまで，ジョブ k の処理が開始できないことを表す．左辺の式は，ジョブ j の完了時刻を表し，右辺の式はジョブ k の開始時刻の直前の期を表す．

変数の 0-1 条件

$$x_{jt} \in \{0, 1\} \quad \forall j \in \mathcal{J}, t = 1, \cdots, T - p_j + 1$$

以下では，基本モデルの種々の拡張に対する定式化を示す．

b. 時間依存の資源使用量

ここでは，ジョブの処理を開始した後で，使用する資源の量が時間の経過とともに変化する場合への拡張を行う．

R_{jrt}: 処理開始後 t 時間経過したときに，ジョブ j を処理するときに要する資源 r の量．ここで，処理開始時刻は 0 時間経過とみなす．

資源制約を以下のように変更する．

資源制約

$$\sum_{j \in \mathcal{J}} \sum_{s=\max\{t-p_j+1, 1\}}^{\min\{t, T-p_j+1\}} R_{jr,t-s} x_{js} \leq RUB_{rt} \quad \forall r \in \mathcal{R}, t \in \mathcal{T}$$

c. 段取り時間の考慮

ジョブ j の終了後にジョブ k を開始する際に，一定時間 s_{jk} の空きが必要な場合がある．これを**段取り時間** (setup time) とよぶ．段取り時間を考慮するためには，先行順序制約を以下のように変更する．

先行順序制約 1

$$\sum_{s=1}^{t} x_{js} \geq \sum_{s=1+p_j+s_{jk}}^{t+p_j+s_{jk}} x_{ks} \quad \forall (j,k) \in \mathcal{P},\, t = 1+p_j, \cdots, T-p_j$$

先行順序制約 2

$$\sum_{t=2}^{T-p_j+1} (t-1)x_{jt} + p_j + s_{jk} \leq \sum_{t=2}^{T-p_k+1} (t-1)x_{kt} \quad \forall (j,k) \in \mathcal{P}$$

両者とも，ジョブ j の処理が終了してから段取り時間 s_{jk} が経過するまで，ジョブ k の処理が開始できないことを表す．

d. 先行順序関係の一般化

2 つのジョブの依存関係として次の 4 つを考える．

終了–開始 (FS) 先行ジョブ j が終了してから，他のジョブ k を開始しなければならない．この依存関係があるジョブの組の集合を $\mathcal{P}_{FS}$ と記す．これは，基本モデルで用いた先行順序関係 $\mathcal{P}$ に他ならない．

開始–開始 (SS) 先行ジョブの開始と同時に，他のジョブを開始しなければならない．この依存関係があるジョブの組の集合を $\mathcal{P}_{SS}$ と記す．

終了–終了 (FF) 先行ジョブの終了と同時に，他のジョブが終了しなければならない．この依存関係があるジョブの組の集合を $\mathcal{P}_{FF}$ と記す．

開始–終了 (SF) 先行ジョブが開始してから，他のジョブが終了しなければならない．この依存関係があるジョブの組の集合を $\mathcal{P}_{SF}$ と記す．

実際には，終了–開始（FS）以外の先行順序制約では，段取り時間が発生する場合は稀であるので，以下では段取り時間を考慮しない定式化のみを示す．

先行順序制約を以下のように変更する．

依存関係 終了–開始 (FS) オリジナルの先行順序制約内の $\mathcal{P}$ を $\mathcal{P}_{FS}$ に変更する．

依存関係 開始–開始 (SS)

$$x_{jt} = x_{kt} \quad \forall (j,k) \in \mathcal{P}_{SS},\, t = 1, \cdots, T - \max\{p_j, p_k\} + 1$$

$$\sum_{t=2}^{T-p_j+1} (t-1)x_{jt} = \sum_{t=2}^{T-p_k+1} (t-1)x_{kt} \quad \forall (j,k) \in \mathcal{P}_{SS}$$

ジョブ j の処理の開始と同時に，ジョブ k の処理を開始することを表す．

依存関係 終了–終了 (FF)

$$x_{j,t-p_j+1} = x_{k,t-p_k+1} \quad \forall (j,k) \in \mathcal{P}_{FF},\, t = \max\{p_j, p_k\}, \cdots, T$$

$$\sum_{t=2}^{T-p_j+1} (t-1)x_{jt} + p_j = \sum_{t=2}^{T-p_k+1} (t-1)x_{kt} + p_k \quad \forall (j,k) \in \mathcal{P}_{FF}$$

ジョブ j の処理の終了と同時に，ジョブ k の処理を終了することを表す．

依存関係 開始−終了 (SF)

$$\sum_{s=1+p_k}^{t} x_{js} \geq \sum_{s=1}^{t-p_k} x_{ks} \quad \forall (j,k) \in \mathcal{P}, t = 1+p_k, \cdots, T$$

$$\sum_{t=2}^{T-p_j+1} (t-1)x_{jt} \leq \sum_{t=2}^{T-p_k+1} (t-1)x_{kt} + p_k \quad \forall (j,k) \in \mathcal{P}_{SF}$$

ジョブ j の処理が開始する時刻より遅い時刻に，ジョブ k の処理が終了しなければならないことを表す.

e. 資源に対する超過費用の考慮

資源の使用可能量の上限 U_{rt} を逸脱したときに，逸脱量 1 単位あたり PEN_r のペナルティ費用がかかるものとする.

以下の変数を導入する.

y_{rt}: 時刻 t に資源 r の使用可能量の上限を逸脱した量

定式化は以下のようになる.

目的関数

$$\text{minimize} \sum_{j \in \mathcal{J}} \sum_{t=1}^{T-p_j+1} c_{jt}x_{jt} + \sum_{r \in \mathcal{R}} \sum_{t=1}^{T} PEN_r y_{rt}$$

資源制約

$$\sum_{j \in \mathcal{J}} R_{jr} \sum_{s=\max\{t-p_j+1,1\}}^{\min\{t,T-p_j+1\}} x_{js} \leq RUB_{rt} + y_{rt} \quad \forall r \in \mathcal{R}, t \in \mathcal{T}$$

f. リリース時刻と納期の考慮

実際問題においては，ジョブの開始時刻や終了時刻に制限がつけられる場合がある．ジョブ j が処理を開始することができる最早の時刻をリリース時刻とよび，r_j と記す．ジョブ j の処理が終了することが望ましい最遅の時刻を納期とよび，d_j と記す．

リリース時刻と納期を遵守する場合には，定式化は以下のように変形される.

目的関数

$$\text{minimize} \sum_{j \in \mathcal{J}} \sum_{t=r_j}^{d_j-p_j+1} c_{jt}x_{jt}$$

ジョブ遂行条件

$$\sum_{t=r_j}^{d_j-p_j+1} x_{jt} = 1 \quad \forall j \in \mathcal{J}$$

資源制約

$$\sum_{j\in\mathcal{J}} R_{jr} \sum_{s=\max\{t-p_j+1,r_j\}}^{\min\{t,d_j-p_j+1\}} x_{js} \leq RUB_{rt} \quad \forall r \in \mathcal{R},\, t \in \mathcal{T}$$

先行順序制約 1

$$\sum_{s=r_j}^{t} x_{js} \geq \sum_{s=r_k}^{t+p_j} x_{ks} \quad \forall (j,k) \in \mathcal{P},\, t = r_j,\cdots,d_k - p_j$$

先行順序制約 2

$$\sum_{t=\max\{2,r_j\}}^{d_j-p_j+1} (t-1)x_{jt} + p_j \leq \sum_{t=\max\{2,r_k\}}^{d_k-p_k+1} (t-1)x_{kt} \quad \forall (j,k) \in \mathcal{P}$$

変数の 0-1 条件

$$x_{jt} \in \{0,1\} \quad \forall j \in \mathcal{J},\, t = r_j,\cdots,d_j - p_j + 1$$

納期以降に作業が終了したときのペナルティを考慮する場合には，作業開始費用 c_{jt} を適当に設定すれば良い．たとえば，ジョブ j に対して重み（重要度）w_j が与えられており，納期を経過した時間に w_j を乗じただけのペナルティを費用と考える場合には，

$$c_{jt} = \begin{cases} 0 & t \leq d_j - p_j + 1 \\ w_j(t - d_j + p_j - 1) & \text{それ以外} \end{cases}$$

とすれば良い．上で定義した c_{jt} をすべてのジョブに対して合計した目的関数は，重みつき総納期遅れ基準とよばれる．また，重みつき総納期遅れジョブ数を最小化するためには，

$$c_{jt} = \begin{cases} 0 & t \leq d_j - p_j + 1 \\ w_j & \text{それ以外} \end{cases}$$

とすれば良い．最大納期遅れ最小化などの min-max 基準への変更は，最大値を表すダミー変数の導入によって容易に可能である．

17.5.3 分割可能緩和定式化

ここでは，17.5.1 項の y-定式化に相当する定式化を示す．この定式化は，ジョブの分割を許すと仮定したものであるので，分割可能緩和定式化とよぶことにする．以下では，目的関数はジョブの完了時刻と資源超過費用の和と仮定する．

以下に追加する変数を示す．

z_{jt}：ジョブ j が時刻 t に処理を行っているとき 1，それ以外のとき 0 を表す 0-1 変数

ST_j: ジョブ j の開始時刻を表す実数変数

FT_j: ジョブ j の完了時刻を表す実数変数

以下に分割可能緩和定式化を示す．ここで考慮している条件は，段取り時間，先行順序関係の一般化（依存関係），資源の超過費用，リリース時刻および納期である．

$$\text{minimize} \quad \sum_{j \in \mathcal{J}} FT_j + \sum_{r \in \mathcal{R}} \sum_{t=1}^{T} PEN_r y_{rt}$$

$$\text{subject to} \quad \text{ジョブ遂行条件}$$

$$\text{資源制約}$$

$$\text{変数の繋ぎ制約}$$

$$\text{先行順序制約（依存関係）}$$

$$\text{変数の } z_{jt} \text{ の 0-1 条件}$$

$$\text{変数 } ST_j, FT_j \text{ の非負制約}$$

ジョブ遂行条件（分割を許す）

$$\sum_{t=r_j}^{d_j} z_{jt} = p_j \quad \forall j \in \mathcal{J}$$

資源制約

$$\sum_{j \in \mathcal{J}} R_{jr} z_{jt} \leq RUB_{rt} + y_{rt} \quad \forall r \in \mathcal{R}, t \in \mathcal{T}$$

変数の繋ぎ制約

$$\frac{p_j}{2} + \frac{1}{p_j} \sum_{t=r_j}^{d_j} \left(t - \frac{1}{2} \right) z_{jt} = FT_j \quad \forall j \in \mathcal{J}$$

ジョブ j が処理を受けている時刻の中心の時刻の期待値に，処理時間の半分を加えた値が完了時刻になることを表す．たとえば，ジョブ j の処理時間 p_j が 3 で，$z_{j5} = z_{j6} = z_{j7} = 1, z_{jt} = 0 \ (t \neq 5, 6, 7)$ の場合には，終了時刻 FT_j は $3/2 + (4.5 + 5.5 + 6.5)/3 = 7$ となる．

$$-\frac{p_j}{2} + 1 + \frac{1}{p_j} \sum_{t=r_j}^{d_j} \left(t - \frac{1}{2} \right) z_{jt} = ST_j \quad \forall j \in \mathcal{J}$$

上と同様に，ジョブ j が処理を受けている時刻の中心の時刻の期待値に，処理時間の半分を減じた値に 1 を加えた値が開始時刻になることを表す．たとえば，ジョブ j の処理時間 p_j が 3 で，$z_{j5} = z_{j6} = z_{j7} = 1, z_{jt} = 0 \ (t \neq 5, 6, 7)$ の場合には，開始時刻 ST_j は $-3/2 + 1 + (4.5 + 5.5 + 6.5)/3 = 5$ となる．

依存関係　終了–開始 (FS)（先行順序制約）

$$FT_j \leq ST_k \quad \forall(j,k) \in \mathcal{P}_{FS}$$

依存関係　開始–開始 (SS)

$$ST_j = ST_k \quad \forall(j,k) \in \mathcal{P}_{SS}$$

依存関係　終了–終了 (FF)

$$FT_j = FT_k \quad \forall(j,k) \in \mathcal{P}_{FF}$$

依存関係　開始–終了 (SF)

$$ST_j \leq FT_k \quad \forall(j,k) \in \mathcal{P}_{SF}$$

変数 z_{jt} の 0-1 条件

$$z_{jt} \in \{0,1\} \quad \forall j \in \mathcal{J},\, t = r_j, \cdots, d_j$$

変数 ST_j, FT_j の非負条件

$$ST_j \geq 0 \quad j \in \mathcal{J}$$
$$FT_j \geq 0 \quad j \in \mathcal{J}$$

17.6　近　似　解　法

　ここでは，スケジューリング問題に対する近似解法について述べる．

　17.6.1 項では，スケジュールを生成するための 2 つの一般的な枠組み（スケジュール生成スキーム）について述べる．

　17.6.2 項では，スケジュール生成スキームを基礎として簡単な近似解法を導くためのジョブの選択ルール（優先ルール）ついて述べる．

　17.6.3 項では，ジョブショップスケジューリング問題を例として幾つかの近傍を紹介する．

17.6.1　スケジュール生成スキーム

　ここでは，多くのスケジューリング問題に対する解法の基礎となる 2 種類のスケジュール生成スキーム (schedule generation scheme) について述べる．

　正規完了時刻基準（ジョブの完了時刻に対する非減少な関数を目的関数）をもつスケジューリング問題に対しては，処理可能なジョブが存在するなら，なるべく早く（前詰めで）処理する方法が自然である．この条件を満たすスケジュールとして，以下の 2 つを考える．

17.6 近似解法

定義 17.1（**有効スケジュール**：active schedule） 他のジョブの開始時刻を遅らせることなしに，いかなるジョブの開始時刻も早めることができないスケジュールを有効スケジュールとよぶ．

定義 17.2（**遅れなしスケジュール**：nondelay schedule） ジョブの作業の途中中断を許したとしても，他のジョブの完了時刻を遅らせることなしに，いかなるジョブの開始時刻も早めることができないスケジュールを遅れなしスケジュールとよぶ．

定義から明らかなように，遅れなしスケジュールならばそれは有効スケジュールである（しかし逆は必ずしも成立するとは限らない）．言い換えれば，遅れなしスケジュールの集合は有効スケジュールの集合に含まれる．通常は，遅れなしスケジュールの数は有効スケジュールの数と比べて（はるかに）少ない．有効スケジュールと遅れなしスケジュールは，以下の性質をもつ．

命題 17.1 正規完了時刻基準をもつスケジューリング問題を考える．このとき，有効スケジュールの中に必ず最適スケジュール（のうちの 1 つ）が存在するが，遅れなしスケジュールは最適スケジュールを含むとは限らない．

資源制約つきスケジューリング問題のベンチマーク問題に対する数値実験の結果では，300 近い問題例の中の 4 割程度で，遅れなしスケジュールの中に最適スケジュールが存在しなかったと報告されている[102]．

以下では，正規完了時刻基準をもつ資源制約つきスケジューリング問題に対するスケジュール生成スキームを示す．スケジュール生成スキームの目的は，すべてのジョブをスケジュールすること，言い換えれば，各ジョブの作業開始時刻を決めることである．最初に紹介するスケジュール生成スキームは，**有効スケジュール生成スキーム**（active schedule generation scheme）とよばれ，名前の通り有効スケジュールを生成する．

すでにスケジュールされたジョブを**スケジュール済みジョブ**（scheduled job）とよび，その集合を $\mathcal{S}$ と記す．$\mathcal{J} \setminus \mathcal{S}$ に含まれており，かつすべての先行するジョブがすでにスケジュールされたジョブを**適合ジョブ**（eligible job）とよび，その集合を $\mathcal{E}$ と記す．

有効スケジュール生成スキームは，ジョブを 1 つずつ添加していくスケジュールの生成法であり，上で定義した用語および記号を用いると，以下のように書くことができる．

> **有効スケジュール生成スキーム**
> 1) スケジュール済みジョブの集合 $\mathcal{S}$ を $\emptyset$,資源の使用量をすべての時刻に対して 0 と初期設定する.
> 2) すべてのジョブがスケジュールされるまで,以下を繰り返す.
>   a) 適合ジョブ集合 $\mathcal{E}$ から 1 つのジョブ j を選択する.
>   b) 先行順序制約と資源制約を満たす最早時刻をジョブ j の作業開始時刻とする.
>   c) $\mathcal{S}$ に j を追加し,各時刻における資源の使用量を更新する.

次に紹介するスケジュール生成スキームは,**遅れなしスケジュール生成スキーム**(nondelay schedule generation scheme)とよばれ,名前の通り遅れなしスケジュールを生成する.

遅れなしスケジュール生成スキームは,現在時刻を増加させていくことによってジョブのスケジュールを求める方法である.スケジュール済みジョブの集合 $\mathcal{S}$ は,現在時刻 t までに作業が終了しているか否かによって 2 つに分類される.時刻 t までに作業が完了しているジョブを**完了ジョブ**(complete job)とよび,その集合を $\mathcal{C}(t)$ と記す.時刻 t において作業中のジョブを**活動中ジョブ**(active job)とよび,その集合を $\mathcal{A}(t)$ と記す.以下では,時刻 t が文脈から明らかな場合には,完了ジョブの集合を $\mathcal{C}$,活動中ジョブの集合を $\mathcal{A}$ と記す.時刻 t において,すべての先行ジョブが完了ジョブになっており,かつ資源制約を破らないようにスケジュール可能なジョブで $\mathcal{J}\setminus(\mathcal{C}\cup\mathcal{A})$ に属するものを**時刻 t における適合ジョブ**とよび,その集合を $\mathcal{E}(t)$ と記す.これらの用語および記号を用いると,遅れなしスケジュール生成スキームは,以下のように書くことができる.

> **遅れなしスケジュール生成スキーム**
> 1) 完了ジョブの集合 $\mathcal{C}$ および活動中ジョブの集合 $\mathcal{A}$ を $\emptyset$,現在時刻 t を 0,資源の使用量をすべての時刻に対して 0 と初期設定する.
> 2) すべてのジョブの作業開始時刻が決定されるまで,以下を繰り返す.
>   a) もし,$\mathcal{E}(t)$ が空ならば,$\mathcal{E}(t)$ に入るジョブができるまで,t を増やす.
>   b) 時刻 t における適合ジョブ集合 $\mathcal{E}(t)$ から 1 つのジョブ j を選択する.
>   c) ジョブ j の作業開始時刻を t に設定する.
>   d) 活動ジョブの集合 $\mathcal{A}$ に j を追加し,各時刻における資源の使用量を更新する.
>   e) $\mathcal{A}$ 内のジョブで作業終了時刻が最早のものを j' とする.
>   f) j' を $\mathcal{A}$ から除き,$\mathcal{C}$ に加える.
>   g) 現在時刻 t をジョブ j' の作業完了時刻に更新する.

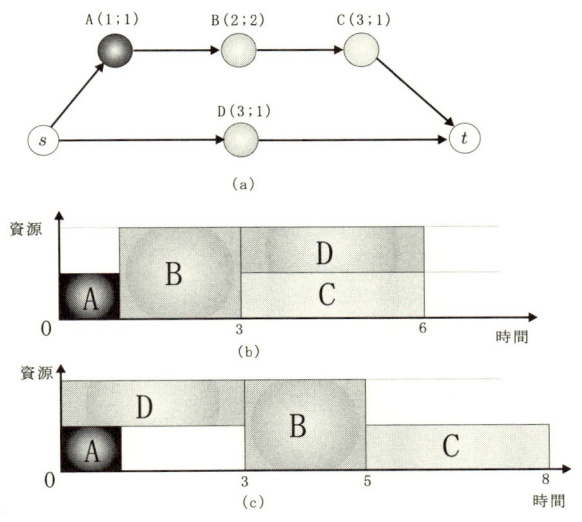

図 17.5 A,B,C,D の 4 つのジョブ（活動）と単一の資源から構成される資源制約つきスケジューリング問題の例題

資源の使用可能量の上限は，すべて 2．(a) 先行順序を表す点上活動図式．始点 s と終点 t はダミーであり，点の上に表示されているのは，ジョブ名（作業時間，資源の使用量）の 3 つ組である．(b) 有効スケジュール生成スキームによる解．ジョブ D は時刻 0 において作業が開始できるが，ジョブ B を先に選択することによって，意図的に作業を遅らせている．(c) 遅れなしスケジュール生成スキームによる解．時刻 0 における適合ジョブ集合 $\mathcal{E}(0) = \{A, D\}$ であるので，A,D の作業開始時刻は 0 に設定される．

図 17.5 に有効スケジュール生成スキームと遅れなしスケジュール生成スキームが異なる解を返す例を示す．

17.6.2 優先ルール

スケジュール生成スキームにおいて，適合ジョブ集合 $\mathcal{E}$ （もしくは，時刻 t における適合ジョブ集合 $\mathcal{E}(t)$）から 1 つのジョブ j を選択する部分には自由度があった．(そのため，アルゴリズムのクラスの意味で "スキーム" の用語を使った．) **優先ルール**（priority rule, dispatching rule；ディスパッチングルール）は，適合ジョブ集合 $\mathcal{E}$ （もしくは $\mathcal{E}(t)$）から 1 つのジョブ j を選択するための "ルール" である．より厳密に言うと，優先ルールとは，$\mathcal{E}$ （もしくは $\mathcal{E}(t)$）から実数値空間への写像 v と，最小化もしくは最大化のいずれかの基準から構成される．

たとえば，**SPT ルール**（shortest processing time rule）と名づけられた優先ルールでは，適合ジョブ集合 $\mathcal{E}$ （もしくは $\mathcal{E}(t)$）の中から処理時間 p_j が最小になる 1 つのジョブ j を選択する．この場合には，写像 v は処理時間を表す関数であり，v を最小化する基準を選択したものと定義される．**WSPT ルール**（weighted shortest processing time rule）とよばれる優先ルールでは，写像 v はジョブの重要度 w_j と作業時間 p_j の商 w_j/p_j であり，v を最大化する基準を選択したものと定義される．また，納期 d_j の早い順にジョブの作業を開始する方法も，**EDD** ルール（earliest due date rule）もしくは **Jackson** ルール（Jackson's rule）とよばれる優先ルールである．この優先ルールでは，写像 v はジョブの納期 d_j であり，v を最小化する基準を選択したものと定義される．

有効スケジュール生成スキームか，遅れなしスケジュール生成スキームのいずれかを選択し，さらに優先ルールを決定することによってスケジュール構築のアルゴリズムが得られる．このタイプの近似解法を**優先ルール法**（priority rule method）とよぶ．

優先ルール法には幾つかの変形が考えられる．

複数の優先ルールを混合して何度も優先ルール法を適用する方法（複数優先ルール法：multi-priority rule method）が古くから提案されている．以前の適用の結果から良いルールを学習していく方法も，多くの研究者によって提案されている[56]．

通常の優先ルール法の時間を逆転させて，後ろからスケジュールを組み立てていく方法（後方優先ルール法：backward scheduling method）も容易に思いつく．幾つかのジョブを（通常の）優先ルール法でスケジュールし，残ったジョブのスケジュールを後ろから組み立てていく方法（前方・後方優先ルール法：forward-backward scheduling method）も提案されている．

何回も優先ルール法を適用する際，ランダム性を用いて得られる解の多様性を確保しようという方法（ランダムサンプリング法：random sampling method）も古典的である．

優先ルールで v が良い値をもつジョブにバイアスをかけた確率を割り振る方法（偏重ランダムサンプリング法：biased random sampling method）も考えられる．この方法では，適当な基準関数 v を最大化する優先ルールが与えられたとき，以下の確率にしたがって適合ジョブ集合 $\mathcal{E}$ からジョブを選択する．

$$\wp(j) = \frac{v(j)}{\sum_{j \in \mathcal{E}} v(j)}$$

基準関数の最小値 $\min_{j \in \mathcal{E}} v(j)$ を用いて基準関数 v をスケーリングする方法（悲観値基準偏重ランダムサンプリング法：regret based biased random sampling method）も有効である．この方法では，$\tilde{v}(j) = v(j) - \min_{j \in \mathcal{E}} v(j)$ と変形した後，$\tilde{v}(j)$ を用いた偏重ランダムサンプリング法を適用する．

17.6.3 近　　傍

近傍（neighborhood）とは，一般には解の集合から解のべき集合への写像と定義される．近傍は，局所探索法をはじめとする多くのメタヒューリスティクスの基礎となる．

ここでは，ジョブショップスケジューリング問題 $J||C_{\max}$ に対する幾つかの近傍を示す．ジョブショップスケジューリング問題に対する近傍の多くは，17.4.3 項で導入した

離接グラフ $G=(N,A,E)$ を用いて定義される.

ジョブショップスケジューリング問題の任意の実行可能解は，グラフが閉路をもたないような離接枝の"向きづけ"に対応していたことを思い起こされたい．与えられた実行可能解に対する自明な近傍として，離接枝の向きを逆にする（向きづけされた離接枝 (u,v) を (v,u) に置き換える）ことによって得られる解の集合と定義できる．離接枝の向きを逆にする操作を「離接枝の反転」とよぶ．与えられた解に対応する始点 s から終点 t までの最長路（クリティカルパス）上の離接枝に限定して近傍を定義する．これを離接枝反転近傍とよぶ．

定義 17.3（離接枝反転近傍） 離接枝反転近傍とは，与えられた実行可能解に対応するクリティカルパス $P(s,t)$ 上の離接枝を反転することによって得られる解の集合を指す．

離接枝反転近傍において離接枝をクリティカルパス上に限定したことには，以下の2つの利点がある．
 1) クリティカルパス上にない離接枝は，反転したときに最大完了時刻（メイクスパン）を減少させることはない，
 2) クリティカルパス上の離接枝を反転して得られる離接グラフは閉路をもたない．

これは以下のように証明できる．クリティカルパス上の離接枝 (u,v) を (v,u) 反転したときに閉路をもつと仮定すると，u から v に至るパスが存在することになる．始点 s から u までのパスの後に，u から v に至るパスを経由し，最後に v から終点 t に至るパスを通るパスは，もとのクリティカルパスより長くなり，矛盾する．

離接枝反転近傍は，もともとは Balas[4] の陰的列挙法で用いられたものであるが，1980年代に入ってから幾つかのメタヒューリスティクスに適用され，それなりの成功をおさめた．しかし，模擬焼なまし法もタブーサーチも大規模問題に適用する際には，それなりの計算時間を要することから，近傍内の不必要な要素を取り除く方法が有効であることが認識されるようになった．以下では，最大完了時刻を改善する見込みがある近傍だけに制限をつけることによって，離接枝反転近傍をさらに小さな近傍に制限することを考えよう．

まず，幾つかの用語と記号を導入しておく．離接枝の向きづけを行った離接グラフから，機械上でのオペレーションの順序を表す枝で冗長なものを省いた（すなわち，機械上での処理順をパスで表現した）有向グラフを考える．この有向グラフ内の点 $u\ (\in N)$ には，最大で2本の入枝と2本の出枝が存在する．1本の枝は，点 u に対応するオペレーションが含まれるジョブ上での順序を表し，もう1本の枝は，オペレーションが処理される機械上での順序を表す．ジョブ上で u の直前に処理される点をジョブ先行点（job-predecessor）とよび $\alpha(u)$ と記し，直後に処理される点をジョブ後続点（job-successor）とよび $\gamma(u)$ と記す．機械上における u の直前の点を**機械先行点**（machine-predecessor）とよび $\beta(u)$ と記し，直後に処理される点を**機械後続点**

（machine-successor）とよび $\delta(u)$ と記す．

上の記号を用いて，離接枝反転近傍に制限をつけた近傍が定義される．

定義 17.4（制限つき離接枝反転近傍） 制限つき離接枝反転近傍とは，与えられた実行可能解に対応するクリティカルパス $P(s,t)$ 上の離接枝 (u,v) で，u のジョブ先行点 $\alpha(u)$ もしくは v のジョブ後続点 $\gamma(v)$ のいずれか一方が $P(s,t)$ に含まれているものを反転することによって得られる解の集合を指す．

離接枝反転近傍に含まれるが，制限つき離接枝反転近傍には含まれない近傍は，以下の命題から最大完了時刻を改善する見込みがないことが示される．

命題 17.2 与えられた実行可能解に対応するクリティカルパス $P(s,t)$ 上の離接枝 (u,v) で，u のジョブ先行点 $\alpha(u)$ と v のジョブ後続点 $\gamma(v)$ のいずれも $P(s,t)$ に含まれていないものとする．このとき，離接枝 (u,v) を反転することによって最大完了時刻（メイクスパン）は改善されない．

制限つき離接枝反転近傍を組み込んだタブーサーチが，Nowicki–Smutnicki[130] によって提案されている．数値実験の結果は極めて良好であり，精度・速度・実装のしやすさから判断すると，Nowicki–Smutnicki の解法は，ジョブショップスケジューリング問題に対する最も有効な近似解法の1つである．

次に，クリティカルパス上にある2つの（必ずしも隣接していない）点対に対する近傍を考える．これらは，上で述べた（制限つき）離接枝反転近傍の拡張になっている．

クリティカルパス $P(s,t)$ に含まれる2つの相異なる（必ずしも隣接していない）点対 u,v に対して，u から v へのパス $P(u,v)$ に含まれるすべての点が同じ機械上で処理されているものとする．（このことは，クリティカルパス $P(s,t)$ 上で u が v よりも始点に近いことを表す．）このとき，u を v の直後に移動する操作を**前方交換**（forward interchange）とよぶ．また，v を u の直前に移動する操作を**後方交換**（backward interchange）とよぶ．（ここでは，原論文[6] にしたがい，終点に近い方を前方，始点に近い方を後方とよぶことにする．時刻を基準にすると逆のイメージをもつので注意されたい．）

離接枝反転近傍の場合と同様に，上の操作によって得られた解（離接グラフ）が閉路をもたないように制限をつけることを考える．以下の2つの命題が基本的な役割を果たす．

命題 17.3 与えられた実行可能解に対応するクリティカルパス $P(s,t)$ に含まれる2つの相異なる点対 u,v に対して，u から v へのパス $P(u,v)$ に含まれるすべての点が同じ機械上で処理されるものとする．また，v のジョブ後続点 $\gamma(v)$ も $P(s,t)$ に含ま

れているものとする．このとき，

$$L(v,t) \geq L(\gamma(u),t) \tag{17.2}$$

が成立しているなら，点対 u,v の前方交換によって得られる離接グラフは閉路を含まない．

証明： 点対 u,v の前方交換によって，離接グラフ内に閉路 C ができたと仮定する．閉路上における点 u の直後の点は，ジョブ後続点 $\gamma(u)$ か機械後続点 $\delta(u)$ のがいずれかである．ジョブ後続点 $\gamma(u)$ が閉路 C に含まれているものとすると，$\gamma(u)$ から v へのパスが存在することになる．これは，$L(\gamma(u),t) > L(v,t)$ を意味するので，式 (17.2) の条件に矛盾する．機械後続点 $\delta(u)$ が閉路 C に含まれているものとすると，$\delta(u)$ から v へのパスが存在することになり，もとの離接グラフに閉路が含まれていないという事実に矛盾する．∎

命題 17.4 与えられた実行可能解に対応するクリティカルパス $P(s,t)$ に含まれる 2 つの相異なる点対 u,v に対して，u から v へのパス $P(u,v)$ に含まれるすべての点が同じ機械上で処理されるものとする．また，u のジョブ先行点 $\alpha(u)$ も $P(s,t)$ に含まれているものとする．このとき，

$$L(s,u) + p_u \geq L(s,\alpha(v)) + p_{\alpha(v)} \tag{17.3}$$

が成立しているなら，点対 u,v の後方交換によって得られる離接グラフは閉路を含まない．

証明： 命題 17.3 と同様に証明できるので省略する．∎

上の命題から以下の 2 つの近傍が導かれる．

定義 17.5（前方交換近傍） クリティカルパス $P(s,t)$ に含まれる相異なる点対 u,v および u から v へのパス $P(u,v)$ に含まれるすべての点が同じ機械上で処理されるものとする．このとき，点 $\gamma(u)$ が $P(s,t)$ に含まれていて，かつ式 (17.2) が満たされるとき，u,v を**前方ペア**（forward pair）とよぶ．すべての前方ペア u,v に対して前方交換操作を行うことによって得られる解の集合を前方交換近傍と定義する．

定義 17.6（後方交換近傍） クリティカルパス $P(s,t)$ に含まれる相異なる点対 u,v および u から v へのパス $P(u,v)$ に含まれるすべての点が同じ機械上で処理されるものとする．このとき，点 $\alpha(u)$ が $P(s,t)$ に含まれていて，かつ式 (17.3) が満たされると

き，u,v を**後方ペア**（backward pair）とよぶ．すべての後方ペア u,v に対して後方交換操作を行うことによって得られる解の集合を後方交換近傍と定義する．

前方交換近傍と後方交換近傍を深さ優先の局所探索法に組み込んだ解法が，Balas–Vazacopoulos[6] によって提案されている．Balas–Vazacopoulos の解法は，実装はやや複雑であるが，近似解の精度と計算速度の評価では，最も有効な近似解法の1つである．

17.7 厳密解法

ここでは，スケジューリング問題に対する厳密解法について述べる．

17.7.1 項では，リリース時刻つき納期外れ最小化1機械スケジューリング問題 $1|r_j|L_{\max}$ に対する，緩和問題 $1|\mathrm{pmtn},r_j|L_{\max}$ を利用した分枝限定法を示す．

17.7.2 項では，ジョブショップスケジューリング問題 $J||C_{\max}$ に対する分枝限定法について述べる．

17.7.3 項では，ジョブショップスケジューリング問題 $J||C_{\max}$ を例として変数を固定するための種々のテストを紹介する．

17.7.4 項では，リリース時刻と納期つきの並列機械スケジューリング問題 $R|r_j d_j|\sum f_j$ を例として，混合整数計画と制約論理を融合させた解法（MIP/CP アプローチ）を紹介する．

17.7.1 リリース時刻つき納期外れ最小化1機械スケジューリング問題

ここでは，リリース時刻つき納期外れ最小化1機械スケジューリング問題 $1|r_j|L_{\max}$ （問題の定義については，17.3 節参照）に対する分枝限定法を示す．

はじめに $1|r_j|L_{\max}$ の容易に解ける特殊形を考えよう．

リリース時刻 r_j がジョブによらず一定の場合には，納期 d_j の早い順にジョブの作業を開始する優先ルールによって最適解が得られる（優先ルールについての詳細は，17.6.2 項参照）．この優先ルールは，**EDD** ルール（earliest due date rule）もしくは提案者の名前をとって **Jackson** ルール（Jackson's rule）とよばれる．

ジョブの分割を許すことによる緩和問題 $1|\mathrm{pmtn},r_j|L_{\max}$ も EDD ルールの変形によって容易に解くことができる．アルゴリズムを以下に示す．

17.7 厳密解法

$1|\text{pmtn}, r_j|L_{\max}$ に対する厳密解法（拡張 Jackson ルール）

1) 現在時刻 t を最早のリリース時刻 $\min_{j \in \mathcal{J}} r_j$ に初期設定する．
2) すべてのジョブの作業が完了するまで，以下の操作を繰り返す．
   a) 時刻 t に作業を開始できるジョブで納期 d_j が最も早いものを選択して，そのジョブの作業を開始する．
   b) 作業中のジョブの作業が完了するか，もしくは作業中のジョブより納期が早いジョブのリリース時刻に到達するまで，時刻 t を進める．

上のアルゴリズムの計算量は，ジョブの数を n としたとき $O(n \log n)$ である．これは，リリース時刻 r_j およびリリース時刻が t 以下のジョブに対する納期 d_j をヒープ構造で保持することによって達成される．

$1|\text{pmtn}, r_j|L_{\max}$ を拡張 Jackson ルールで解くことによる下界を利用して，$1|r_j|L_{\max}$ に対する分枝限定法を構成することができる．Carlier[25] および Nowicki–Smutnicki[129] による数値実験の結果から，$1|r_j|L_{\max}$ は $\mathcal{NP}$-困難ではあるが，実際には（実験的には）比較的易しい部類に属すると結論づけられる．

17.7.2 ジョブショップスケジューリング問題

ここでは，ジョブショップスケジューリング問題 $J||C_{\max}$ に対する分枝限定法について述べる．

ジョブショップスケジューリング問題を 17.4.3 項で導入した離接グラフ $G=(V,A,E)$ で表現する．離接枝の一部に対する向きづけ（$(u,v) \in E$ に対して (u,v) もしくは (v,u) のいずれかを選択すること）を固定した問題が，分枝限定法の子問題となる．以下では，一部の向きづけを固定した離接グラフを $G=(V,A,E)$ と記す．

離接グラフの 2 点 u,v に対して，u から v に至る最長路が存在するなら，その長さを $L(u,v)$ と記す．最長路が存在しないときは $L(u,v)=\infty$ と定義する．

離接グラフの始点および終点以外の点は，オペレーションに対応している．以下では，始点および終点以外の点 v の重みをオペレーションの作業時間と同一視し，p_v と記す．また，離接グラフの点（オペレーション）の部分集合 S に対して，点の重み（作業時間）の合計 $\sum_{v \in S} p_v$ を $p(S)$ と記す．機械 $k\,(\in \mathcal{M})$ 上で作業を行うオペレーションに対応する離接グラフの点を，機械 k 上で処理される点とよび，その集合を N_k と記す．

1 台の機械上での作業の順序を考えることによって，$J||C_{\max}$ の下界を得ることを考える．機械 k に着目し，N_k に対応するオペレーションの最適スケジューリングを求める問題は，$L(s,v)$ をオペレーション v のリリース時刻 r_v とし，$L(v,t)$ をオペレーション v の作業終了後にかかる後処理時間 q_v とみなすと，リリース時刻および後処理時間付きの 1 機械スケジューリング問題に帰着される．適当な上界 UB（$J||C_{\max}$ の上界を用いれば良い）を与えたとき，$UB-q_v$ を納期 d_v と考えると，この問題は 17.7.1 項

で述べたリリース時刻つき納期外れ最小化1機械スケジューリング問題 $1|r_j|L_{\max}$ に帰着されることが分かる．したがって，オペレーションが分割可能であるとした緩和問題 $1|\mathrm{pmtn}, r_j|L_{\max}$ は，17.7.1 項の拡張 Jackson ルールによって最適解が得られる．

$1|\mathrm{pmtn}, r_j|L_{\max}$ に対する拡張 Jackson ルールによる最適値は，

$$\max_{S \subseteq N_k} \left\{ \min_{v \in S} r_v + p(S) + \min_{v \in S} q_v \right\}$$

と一致する[26]．

離接グラフ $G = (N, A, E)$ および機械 k を与えたとき，部分集合 $S\ (\subseteq N_k)$ に対して

$$LB(S) = \min\{r_v \mid v \in S\} + p(S) + \min\{q_v \mid v \in S\}$$

は，$J||C_{\max}$ の下界を与える．よって，各機械に対して $1|\mathrm{pmtn}, r_j|L_{\max}$ を解くことによって $J||C_{\max}$ の下界が多項式時間で得られることが分かる．

この下界を以下で述べる変数固定テストと組み合わせた分枝限定法は強力であり，良好な数値実験の結果が報告されている[27]．

17.7.3 変数固定テスト

ここでは，離接枝の向きづけを固定するための種々のテストについて考える．簡単のため，ジョブショップスケジューリング問題 $J||C_{\max}$ を例として説明を行うが，資源制約つきスケジューリング問題のような一般的な問題にも拡張可能である．

ジョブショップスケジューリング問題の離接グラフ表現では，同じ機械上で処理される2つの相異なるオペレーション u, v の間には，離接枝 (u, v) が存在する．離接枝 (u, v) は作業時間，最早開始時刻，最遅終了時刻の情報を用いて，その向きづけを（(u, v) か (v, u) かのいずれかに）固定することができる．これを変数固定テストとよぶ．変数固定テストは，u と v の間に先行順序を付加したものとも考えられる．

離接枝の向きづけを (u, v) に固定したスケジュールの中に最適スケジュールが存在するなら，離接枝の向きづけを (u, v) に固定できる．これが，固定テストの基本原理である．離接枝の向きづけが (u, v) に固定可能なとき，u は v に先行する（v は u に後続する）とよび，$u \Rightarrow v$ と記す．点 u が点の部分集合 S に含まれるすべての点 $v \in S$ に先行するとき，u は集合 S に先行するとよび，$u \Rightarrow S$ と記す．点 u が点の部分集合 S に含まれるすべての点 $v \in S$ に後続するとき，u は集合 S に後続するとよび，$S \Rightarrow u$ と記す．点の部分集合 S に含まれる少なくとも1つの点 $v \in S$ に対して $v \Rightarrow u$ が成立するとき，点 u は集合 S に先行できないとよび，$u \not\Rightarrow S$ と記す．点の部分集合 S に含まれる少なくとも1つの点 $v \in S$ に対して $u \Rightarrow v$ が成立するとき，点 u は集合 S に後続できないとよび，$S \not\Rightarrow u$ と記す．

点 v に対応するオペレーションが作業を開始できる最早の時刻を**最早開始時刻**(earliest start time) とよび，EST_v と記す．EST_v は，ダミーの始点 s から v までの最長路の長さ $L(s, v)$ と計算される．点 v に対応するオペレーションの作業が終了し

なければならない最遅の時刻を**最遅終了時刻**（latest completion time）とよび，LCT_v と記す．最大完了時刻（メイクスパン）の上界を UB とする．このとき，LCT_v は，v からダミーの終点 t への最長路の長さ $L(v,t)$ を用いて $UB - L(v,t)$ と計算される．

上の用語および記号を用いて，種々の離接枝の固定テストを示す．最初に示すのは，点が集合に対して先行できないことを保証するための十分条件を与えるものであり，**入力否定テスト**（input negation test）とよばれる．

定理 17.1（入力否定テスト） 機械 i 上で処理される点の部分集合 $S \subseteq N_i$ および S 内の点 $u \in S$ に対して

$$\max_{v \in S \setminus \{u\}} \text{LCT}_v - \text{EST}_u < p(S) \tag{17.4}$$

が成立しているならば，$u \not\to S \setminus \{u\}$ である．

証明: 点 u が集合 $S \setminus \{u\}$ に先行すると仮定する．すると，S に含まれるすべてのオペレーションは，$\text{EST}_u + p_u$ 以降に開始しなければならず，S 内のすべてのオペレーションの処理が完了するのは，早くとも $\text{EST}_u + p_u + p(S \setminus \{u\})$ となる．S 内のオペレーションは，遅くとも $\max_{v \in S \setminus \{u\}} \text{LCT}_v$ までに作業が終了していなければならないが，式 (17.4) から，それは不可能であることが言える．∎

同様に，点が集合に対して後続できないことを調べる**出力否定テスト**（output negation test）が考えられる．

定理 17.2（出力否定テスト） 機械 i 上で処理される点の部分集合 $S \subseteq N_i$ および S 内の点 $v \in S$ に対して

$$\text{LCT}_v - \max_{u \in S \setminus \{v\}} \text{EST}_u < p(S) \tag{17.5}$$

が成立しているならば，$S \setminus \{v\} \not\to v$ である．

証明: 定理 17.1 と同様に証明できる．∎

次に示すのは，点が集合に対して先行（または後続）することを保証するものであり，**入力（出力）テスト**（input (output) test）とよばれる．

定理 17.3（入力テスト） 機械 i 上で処理される点の部分集合 $S \subseteq N_i$ および S 内の点 $k \in S$ に対して

$$\max_{u \in S \setminus \{k\}, v \in S \setminus \{u\}} (\mathrm{LCT}_v - \mathrm{EST}_u) < p(S) \tag{17.6}$$

が成立しているならば，$k \Rightarrow S \setminus \{k\}$ である．

証明： 点 k が集合 $S \setminus \{k\}$ に先行しないと仮定する．すると，S に含まれるすべてのオペレーションは，$\max_{u \in S \setminus \{k\}, v \in S \setminus \{u\}} (\mathrm{LCT}_v - \mathrm{EST}_u)$ の間に処理しなければならなくなり，式 (17.6) と矛盾する．∎

定理 17.4（出力テスト） 機械 i 上で処理される点の部分集合 $S \subseteq N_i$ および S 内の点 $k \in S$ に対して

$$\max_{v \in S \setminus \{k\}, u \in S \setminus \{v\}} (\mathrm{LCT}_v - \mathrm{EST}_u) < p(S) \tag{17.7}$$

が成立しているならば，$S \setminus \{k\} \Rightarrow k$ である．

証明： 定理 17.3 と同様に証明できる．∎

最後に示すのは，点が集合に対して先行するかもしくは後続するかのいずれかが成立することを保証するものであり，**入力・出力離接テスト**（input-or-output test）とよばれる．

定理 17.5（入力・出力離接テスト） 機械 i 上で処理される点の部分集合 $S \subseteq N_i$ および S 内の点 $j, k \in S$ に対して

$$\max_{u \in S \setminus \{k\}, v \in S \setminus \{j\}} (\mathrm{LCT}_v - \mathrm{EST}_u) < p(S) \tag{17.8}$$

が成立しているならば，$k \Rightarrow S \setminus \{k\}$ または $S \setminus \{j\} \Rightarrow j$ のいずれか一方が成立する．

証明： 点 k が集合 $S \setminus \{k\}$ に先行せず，かつ点 j が集合 $S \setminus \{j\}$ に後続しないと仮定すると，S に含まれるすべてのオペレーションは，$\max_{u \in S \setminus \{k\}, v \in S \setminus \{j\}} (\mathrm{LCT}_v - \mathrm{EST}_u)$ の間に処理しなければならなくなり，式 (17.8) と矛盾する．∎

上で示した種々のテストは，分枝限定法の列挙木の増大を抑えるだけでなく，制約論理を用いた列挙法の高速化のための基礎となる．資源制約つきスケジューリング問題などの拡張に対する固定テストについては，Dorndorf–Huy–Pesch[46] を参照されたい．

17.7.4 並列機械スケジューリング問題

ここでは，リリース時刻と納期つきの並列機械スケジューリング問題に対する，混合整数計画 (mixed integer programming: MIP) と**制約論理** (constraint programming: CP) をあわせた厳密解法について考える．このアプローチは，もとになった手法の略字を用いて，**MIP/CP アプローチ** (MIP/CP approach) とよばれる．

リリース時刻と納期つきの並列機械スケジューリング問題 $R|r_j d_j|\sum f_j$ とは，以下のように定義される．

複数のジョブを(同一とは限らない)並列機械に割り振る問題を考える．機械の総数を m と書き，機械の添え字を $1, 2, \cdots, i, \cdots, m$ と表し，機械の添え字集合を $\mathcal{M}$ と記す．ジョブの総数を n と書き，ジョブの添え字を $1, 2, \cdots, j, \cdots, n$ と表し，ジョブの添え字集合を $\mathcal{J}$ と記す．

ジョブ j が作業を開始できる最早の時刻をリリース時刻もしくは最早開始時刻 (earliest start time) とよび，EST_j と記す．ジョブ j が作業が終了しなければならない最遅の時刻を納期もしくは最遅終了時刻 (latest completion time) とよび，LCT_j と記す．

ジョブ j を機械 m で処理するときの費用を c_{jm}，処理時間を p_{jm} と記す．ジョブ j を機械 m で処理するとき 1，それ以外のとき 0 を表す 0-1 変数 x_{jm} を用いると，リリース時刻と納期つきの並列機械スケジューリング問題は，以下のように定式化できる．

$$
\begin{aligned}
&\text{minimize} \quad \sum_{j \in \mathcal{J}} \sum_{m \in \mathcal{M}} c_{jm} x_{jm} \\
&\text{subject to} \quad \sum_{m \in \mathcal{M}} x_{jm} = 1 \qquad \forall j \in \mathcal{J} \\
&\qquad\qquad\text{機械 } m \text{ 上に割り振られたジョブが処理可能} \quad \forall m \in \mathcal{M} \quad (17.9)\\
&\qquad\qquad x_{jm} \in \{0, 1\} \qquad \forall j \in \mathcal{J}, m \in \mathcal{M}
\end{aligned}
$$

式 (17.9) の判定に制約論理を用いて，もし実行不能ならば，以下の実行不能カットを付け加える．

$$\sum_{j \in \mathcal{J}_m} x_{jm} \leq |\mathcal{J}_m| - 1$$

ここで，$\mathcal{J}_m$ は，線形計画緩和の解 $\bar{x}$ を与えたとき，ある機械 m に対して $\sum_{j \in \mathcal{J}_m} \bar{x}_{jm} > |\mathcal{J}_m| - 1$ となっているジョブの部分集合である．

この制約は明らかに弱いので，スケジューリング部分の実行可能性から導かれる変数 x だけで記述される妥当不等式を追加することを考える．

2 つのジョブ i, j で，$\text{EST}_i < \text{LCT}_j$ のものを考える．リリース時刻が EST_i 以降で，納期が LCT_j 以下のジョブの集合を S_{ij} とする (図 17.6)．

$$S_{ij} = \{k \in \mathcal{J} \mid \text{EST}_i \leq \text{EST}_k, \text{LCT}_k \leq \text{LCT}_j\}$$

つまり，S_{ij} は，ジョブ i の最早開始時刻と，ジョブ j の最遅終了時刻の間に処理しな

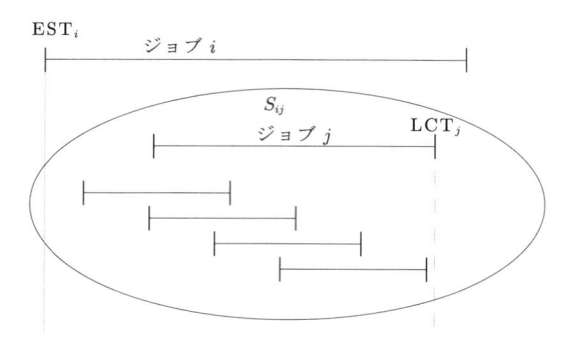

図 17.6 妥当不等式導出の参考図

ければならないジョブの集合である．これらのジョブの処理時間の合計は，$\mathrm{LCT}_j - \mathrm{EST}_i$ 以下でなくてはいけないので，以下の妥当不等式を得る．

$$\sum_{k \in S_{ij}} p_{km} x_{km} \leq \mathrm{LCT}_j - \mathrm{EST}_i$$

この式は，0-1 ナップサック問題の制約に他ならない．したがって，持ち上げ操作によって強化することを考える．

左辺において，S_{ij} に含まれていないジョブに対しても，適当に係数を設定することによって，さらに強い妥当不等式を得ることができる．ジョブ k に対して，納期 LCT_j からはみ出た時間 $(\mathrm{LCT}_k - \mathrm{LCT}_j)^+$ を β_{jk} と定義し，同様にリリース時刻 EST_i の前にはみ出た時間 $(\mathrm{EST}_i - \mathrm{EST}_k)^+$ を α_{ik} と定義する（図 17.7）．変数 x_{km} の係数 γ_{km} を，以下のように再定義する．

$$\gamma_{km} = \min\{\mathrm{LCT}_j - \mathrm{EST}_i, p_{km} - \max\{\alpha_{ik}, \beta_{jk}\}\}$$

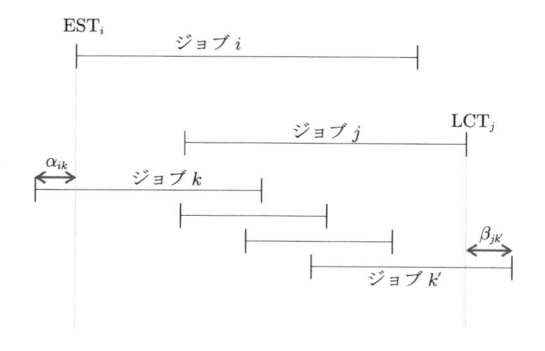

図 17.7 持ち上げ操作の参考図

これは，ジョブ k が機械 m に割り当てられたとき，$[\mathrm{EST}_i, \mathrm{LCT}_j]$ の間で使われる時間を表す．よって，以下の妥当不等式を得る．

$$\sum_{k \in \mathcal{J}} \gamma_{km} x_{km} \leq \mathrm{LCT}_j - \mathrm{EST}_i$$

この式をあらかじめ定式化に加えておき，制約論理によって実行不能カットを追加することにより，Sadykov–Wolsey[138] は，54 ジョブ，9 機械の問題を解くことに成功している．

18

配送計画モデル

　配送計画問題は，我が国では最も普及しているロジスティクス・ツールである配送計画の基幹を成すモデルである．本来ならば，配送だけでなく集荷にも使われるので**運搬経路問題**（vehicle routing problem）とよぶのが学術用語としては正しい使い方だが，「運搬」という言葉のイメージが悪いためか，実務家および研究者の間でも**配送計画問題**とよばれることが多いので，ここでもそれにならうものとする．ただし，配送計画問題の英文でのよび名は "delivery problem"（この用語は 1960 年代の論文で数回使われていた）であるが，ここでは配送計画問題を "vehicle routing problem" の訳語と考えるものとする．

　一般に，配送計画問題の基本形は以下の仮定をもつ．

- デポとよばれる特定の地点を出発した運搬車が，顧客を経由し再びデポに戻る．このとき運搬車による顧客の通過順をルートとよぶ（図 18.1）．
- デポに待機している運搬車の種類および最大積載重量は既知である．
- 顧客の位置は既知であり，各顧客の需要量も事前に与えられている．
- 地点間の移動時間，移動距離，移動費用は既知である．
- 1 つのルートに含まれる顧客の需要量の合計は運搬車の最大積載重量を超えない．
- 運搬車の台数は，決められた上限を超えない．（超過した運搬車に対するレンタル料を考える場合もある．）
- 運搬車の稼働時間が与えられた上限を超えない．（超過時間を残業費用として考える場合もある．）

　配送計画問題の応用としては，小売店への配送計画，スクールバスの巡回路決定，郵便や新聞の配達，ゴミの収集，燃料の配送などがある．もちろん，これらの応用に適用する際には，上の基本条件に新たな条件を付加する必要がある．

　配送計画問題には膨大な量の研究があり，そのすべてを本書の限られたスペース内で紹介することは不可能である．よって本章では，配送計画問題に対するアルゴリズムから，実務的に有効と思われるものだけを選択して紹介する．配送計画問題に対する厳密解法（最適解を算出することが保証されているアルゴリズム）としては列生成法（分枝価格法）が有効である．列生成法については，第 19 章で，より一般的な運搬スケジュール問題への適用について論じる．列生成法は，時間枠制約（何時から何時までの間に顧客を訪問をしなければならないという制約条件）がきついときや，1 台の運搬車が訪問

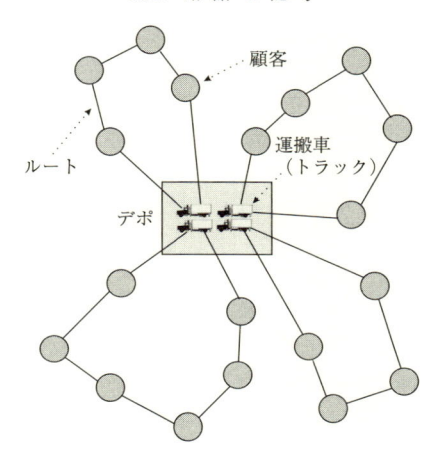

図 18.1 配送計画問題の概念図

する顧客数が少ないときに有効になる．一方，一般の配送計画問題に対しては，現状ではヒューリスティクス（最適解を算出することが保証されていないアルゴリズム）を用いる必要がある．

本章の構成は，以下のようになっている．

18.1 節では，本章で用いる用語と記号の定義を示す．

18.2 節では，配送計画問題の分類について述べるとともに，より広範囲の意思決定モデルであるロジスティクス・システム内での位置づけを行う．

18.3 節では，標準的な配送計画問題に対する種々の定式化を示す．

18.4 節では，構築法の範疇に含まれる近似解法としてセービング法と挿入法を紹介する．

18.5 節では，ルート先・クラスター後法の範疇に含まれる近似解法として，最適分割法と空間充填曲線法を紹介する．

18.6 節では，クラスター先・ルート後法の範疇に含まれる近似解法として，領域分割法，一般化割当法，施設配置ヒューリスティクスを紹介する．

18.7 節では，与えられた初期解を改善する方法として，Cross-opt 近傍を用いた深さ優先局所探索法について述べる．

18.1 用語と記号

ここでは，本章を通して用いる用語と記号の定義をあげる．

運搬車の集合を $K = \{1, 2, \cdots, m\}$，点（顧客およびデポを表す）の集合を $N = \{0, 1, 2, \cdots, n\}$ と書く．ここで，点 0 はデポを表し，他の点は顧客を表す．顧客の集合

$N \setminus \{0\}$ を N_0 と書く. 顧客 $i \in N_0$ は需要量 q_i をもち, その需要はある運搬車によって運ばれる(または収集される)ものとする. 運搬車 $k \in K$ は有限の積載量上限 Q_k をもち, 運搬車によって運ばれる需要量の合計は, その値を超えないものとする. 通常は, 顧客の需要量の最大値 $\max\{q_i\}$ は, 運搬車の積載量の最大値 $\max\{Q_k\}$ を超えないものと仮定する. もし, 積載量の最大値を超える需要をもつ顧客が存在するなら, (積載量の上限に収まるように)需要を適当に分割しておくことによって, 上の仮定を満たすように変換できる.

運搬車 $k \in K$ が点 i から点 j に移動するときにかかる費用(距離, 時間)を c_{ij}^k (d_{ij}^k, t_{ij}^k) と書く. 配送計画問題の目的はすべての顧客の需要を満たす m 台の運搬車の最適ルート(デポを出発して再びデポへ戻ってくる単純閉路)を求めることである.

1つのルートの移動距離の合計が, そのルートに割り振られた運搬車の移動距離の上限 L_k を超えないという条件が付加された問題を**距離制約つき配送計画問題** (distance constrained vehicle routing problem) とよぶ. なお, 移動費用または移動時間の上限制約が付加された場合も, やはり距離制約つき配送計画問題とよばれる. また, 移動距離(時間, 費用)の制約がなく, 積載量の上限制約のみが課せられる問題を, 積載量条件を強調するために**積載量制約つき配送計画問題** (capacitated vehicle routing problem) とよぶ.

移動費用が $c_{ij}^k = c_{ji}^k$ を満たす問題を**対称** (symmetric) とよび, そうでない場合を**非対称** (asymmetric) とよぶ. 移動費用が $c_{ij}^k \leq c_{i\ell}^k + c_{\ell j}^k$ $(i, j, \ell \in N, k \in K)$ を満たすとき**三角不等式** (triangle inequality) を満たすという. 通常の配送計画問題では, 地点間の最小費用(最短距離, 最短時間)を2点間の移動費用(距離, 時間)とすれば良いので三角不等式を満たすと仮定できるが, 混雑, 一方通行, 交差点における右折・左折時間の違いなどから, 必ずしも対称であるとは限らない.

運搬車の区別をしない場合, すなわちすべての $k \in K$ に対して $Q_k = Q$, $L_k = L$ かつ $c_{ij}^k = c_{ij}$, $d_{ij}^k = d_{ij}$, $t_{ij}^k = t_{ij}$ を満たすとき, 問題(または運搬車)を**等質** (homogeneous) とよび, そうでない場合を**非等質** (heterogeneous) とよぶ. また, すべての顧客の需要量が1である場合を**等需要** (equal demand) とよび, そうでない場合を**等需要でない** (unequal demand) という.

時間枠制約 (time window constraints) とは, 各顧客上で作業を開始する時刻が, 何時から何時までの間に入っていなければならないことを表す制約である. この制約が付加された配送計画問題を**時間枠つき配送計画問題** (vehicle routing problem with time window constraints) とよぶ. 顧客 $i \in N_0$ に対する時間枠は $[e_i, \ell_i]$ で表される. e_i を顧客 i の**最早作業開始時刻** (earliest service starting time), ℓ_i を**最遅作業開始時刻** (latest service starting time) とよぶ.

時間枠つきの配送計画問題が通常の配送計画問題と大きく異なる点は, 顧客への到着時刻が与えられた時間枠より早く到着したときに "待ち" が生じることである. 顧客 i への運搬車の**到着時刻** (arrival time) を a_i とすると, 顧客 i の**作業開始時刻** (service starting time) b_i は $\max\{e_i, a_i\}$, **待ち時間** (waiting time) w_i は $\max\{e_i - a_i, 0\}$ と計算される．到着時刻 a_i が ℓ_i より大きいときには，時間枠制約を破っているので実行不可能になる．実際には，多少の遅れも許す場合が多いので，時間枠制約を破った分だけペナルティとして目的関数に加えて扱うこともある．また，最早作業開始時刻よりも早く到着した場合にも，顧客上で待つかわりにペナルティを目的関数に加える場合もある．

このように，時間枠を絶対条件にはせずに，外れた度合いに応じたペナルティとして扱う場合を**ソフトな時間枠制約**（soft time window constraint）とよび，通常の意味での時間枠制約（すなわち時間枠を破ることができないケース）を**ハードな時間枠制約**（hard time window constraint）とよぶ．ハードな時間枠制約は，ソフトな時間枠制約において時間枠を外れた場合のペナルティを非常に大きい値とした特殊形であると考えられる．ソフトな時間枠制約の取り扱いは困難であるため，従来の研究の多くはハードな時間枠制約を対象としている．ここでは主にハードな時間枠制約を取り扱うので，以下で単に時間枠制約とよんだときには，ハードな時間枠制約を指すものとする．

地点 $i\,(\in N)$ での**作業時間**（service time）を s_i と記す．デポ（地点 0）における作業時間とは，デポでの荷の積み込み（または積み降ろし）時間を表し，顧客上での作業時間は荷の積み込み（または積み降ろし），伝票受け渡し，検品などの時間の和を表す．

地点 $i\,(\in N)$ の次に地点 j を訪問したときには，地点 j での作業開始時刻 b_j は以下の式を用いて計算できる．

$$b_j = \max\{e_j, b_i + s_i + t_{ij}\}$$

上式を用いることによって，与えられたルートに対して，時刻に関するすべての変数はルートに含まれる顧客数の線形オーダーの時間で計算できる．

我が国における実際問題を解決するためには，時間枠制約と積載量制約は必須の条件である．以下では，主に(ハードな)時間枠制約ならびに積載量制約を有する配送計画問題をターゲットとした実用的なアルゴリズムを紹介するが，その基礎となるアルゴリズムを紹介する際には，説明を簡単にするため(時間枠制約を無視した)通常の配送計画問題を用いる．

18.2 モデルの分類

ここでは，配送計画問題のロジスティクス・システム内での位置づけおよび分類について述べる．以下の 2 つの分類基準を用いる．
- 意思決定レベルによる分類（18.2.1 項）
- 構成要素による分類（18.2.2 項）

18.2.1 意思決定レベルによる分類

配送計画問題は，より広いモデルであるロジスティクス・システムの最下流に位置し，システム全体の最適化のための最も重要なモデルの1つであると考えられている．ここでは，ロジスティクス・システムのマネジメントにおける種々のモデルを意思決定レベルに基づいて分類すると同時に，その中での配送計画問題の役割について述べる．

ロジスティクス・システム適正化のための数理モデルは，意思決定レベルの違いによって，システムデザインモデル，ストラテジックモデル，タクティカルモデル，オペレーショナルモデルの4つに分類される．以下では，各モデルの中で配送計画問題に関連する意思決定項目についてまとめる．

1) システムデザインモデル

意思決定を支援するというよりも問題に対する洞察を得るためのモデルであり，システムパラメータと費用の関連を簡単な公式で表す解析的モデルが主流となる．電卓，簡易表などの簡単な機器で，ある程度の戦略を立てられるという利点をもつが，実際の問題に対する非現実的な仮定を多く利用するため，より詳細な問題解決方法をとる前の第一刀として用いることが多い．

2) ストラテジック（戦略的）モデル

長期（1年から数年，もしくは数十年）の意思決定を支援するモデルであり，主な意思決定項目としては，デポの位置の決定，ターミナルの位置の決定，鉄道路線の敷設計画，運搬車の購入計画，運転手の雇用計画，各デポにおける運搬車の台数の決定，顧客サービスレベルの決定などがあげられる．

3) タクティカル（戦術的）モデル

中期（1週間から数ヶ月）の意思決定を支援するモデルであり，主な意思決定項目としては，サービス・ネットワークの設計（どのターミナル間に長距離便を往復させるか，およびその頻度の決定），空積み運搬車の移動の決定，ターミナルにおける混載ルールの決定などがあげられる．また，日々の荷量は変化するが，固定された配送ルートを用いたい場合も実務では多く発生する．これは，運転手が常に同じルートをまわることによる分かりやすさや，顧客への到着時刻が毎日同じになるという利点がある．コンビニエンス・ストアへの配送がこのタイプの問題になり，商品の大幅な変更，もしくは新規の出店時などに，新たなルートを再計算する．このような配送計画問題は，タクティカルレベルの意思決定モデルになる．

4) オペレーショナル（作戦的）モデル

短期（リアルタイムから日ベース，もしくは週ベース）の意思決定を支援するモデルであり，運転手の休息，運搬車のスケジューリングの決定を行う．具体的には，各運搬車が何時にどの顧客へ行き，どの荷物を降ろし（または積み込み）次にどの顧客へ向かうかなどを決める．これは，配送計画問題そのものである．

18.2.2 構成要素による分類

ここでは,配送計画問題の代表的な構成要素をあげ,それらをもとにした分類をあげる.

1) 将来事象に対する情報
   a) 事前に確定値が分かっている.(確定的,決定的:deterministic)
   b) 事前に確定値が分かっていないが,確率的な情報は分かっている.(確率的:probabilistic, stochastic)

   将来事象に対する不確実性を含んだ確率的計画モデルを一般に**確率的**(probabilistic, stochastic)配送計画問題とよぶ.主な不確実性の要因は,顧客の需要量や移動費用(時間)がある.また,将来事象(特に顧客需要)に対する確率的な情報の下で,固定ルート(事前巡回路:*a priori* tour)を決める問題もこの範疇に含まれる.

   c) それ以外(何の情報も与えられていない)

2) 時間的要因の有無
   a) 時間的要因を含まない.(静的:static)

   時間の経過とともに問題例のパラメータが変化しない.この場合には,最初に与えられた問題例のパラメータだけを処理の対象として求解すれば良い.

   b) 時間的要因を含む.(動的:dynamic)

   時間の経過とともに問題例のパラメータが変化する.たとえば,新しい顧客が発生したりする場合を取り扱う.

3) 顧客への到着時間
   a) 顧客への到着時間があらかじめ決められている.

   このタイプの問題は運搬車スケジューリング問題とよばれ,バスの運行スケジュールや飛行機の人員スケジュールへの応用をもつ.時間が限定されていることによって,一般の配送計画問題と比べて解きやすくなる場合がある.

   b) 顧客への到着時間が何時から何時までと時間枠(time window)で決められている.

   このタイプの問題は時間枠つき配送計画問題とよばれる.この条件は納入先の指定によるものの他に,道路の時間による規制によっても発生する.時間枠が厳密に決められているものだけでなく,時間枠から外れた場合にはペナルティを与える場合も多く,その場合にはソフトな時間枠指定とよばれる.

   c) 顧客への到着時間が任意である.

   これが通常の配送計画問題の基本形での仮定であり,時間指定がまったくないことを強調するために時間指定なしの配送計画問題とよばれることもある.

4) 顧客上での作業
   a) 積み込みのみ

   各顧客からデポへの物の移動のみがある場合を指す.この場合には,顧客で積み込みをした後,デポで積み降ろしを行うので,物の移動は多対1の関係であるとよば

れる．

b) 積み降ろしのみ

デポから各顧客への物の移動のみがある場合であり，配送計画という用語は，このタイプの問題を指す場合が多い．この場合には，1つのデポで積み込みをした後，複数の顧客で積み降ろすので，物の移動は1対多の関係と考えられる．積み込み，積み降ろしのどちらか一方しかない場合は，（少なくとも数学的には）積み込みのみの場合と区別する必要がない．積載量によって燃料の使用量が異なると仮定した場合には，区別する必要が出てくるが，このような仮定は実際の問題では稀であると考えられる．

c) 積み込み，積み降ろしの混合

デポから各顧客への物の移動（1対多の移動）と各顧客からデポへの物の移動（多対1の移動）の両方を考えた場合と，顧客間の物の移動（多対多の移動）を考えた場合の2通りに分けられる．後者はさらに，荷物をすべて運び終えた後に，別の荷物の収集を行う場合（帰り便：backhauling）と，各顧客上で積み込み・積み降ろしを同時に処理する場合に分けられる．多対多の移動は，乗り合いタクシー問題を含む多くの実際問題に応用をもつ．

5) 運搬車が一度にサービスを行う顧客数

この分類基準は，主に問題を解く方法の選択の際の目安のためのものであり，必ずしも厳密な分類基準ではない．

a) 1台の運搬車がサービスする顧客が1ヶ所

i. 物の移動が1対多もしくは多対1

この問題は主に工場間や工場・配送センター間の輸送に多く発生する．多くの場合，問題は古典的な輸送問題に帰着され，線形計画法を用いて容易に解くことができる．また，時間枠などの条件が付加された場合には，通常のスケジューリング問題と同じように取り扱うことができる．

ii. 物の移動が多対多

この問題は主に工場間や工場・配送センター間の輸送に多く発生する．この場合の多くは，一度に運ぶ量が運搬車の積載量上限とほぼ等しいので，**満載型輸送問題**（full-truckload motor carrier problem）とよばれる問題となる．満載型輸送問題の主な目的は，荷を運んでいない，いわゆる空輸送の最小化となる．

b) 1台の運搬車がサービスする顧客が数ヶ所

この問題は中長距離のトラック輸送に多く発生し，**トレーラー型配送計画問題**とよばれる．やはり，工場間や工場・配送センター間の輸送が主であるが，配送センターから大口顧客への輸送もこの範疇に属する．

c) 1台の運搬車がサービスする顧客が数十ヶ所以下

この問題は標準的な配送計画問題であり，工場または配送センターから顧客への配送・収集に多く現れる．

d) 1台の運搬車がサービスする顧客が数百ヶ所

18.2 モデルの分類

この問題は巡回セールスマン型配送計画問題とよばれる．

6) デポ数
    a) 単数
    b) 複数

実質的にデポが複数でも，何らかの前提条件によって顧客がどのデポからサービスを受けるかが決められている場合には単一デポの問題として扱える．通常，複数デポ配送計画問題とは，各顧客がどのデポでサービスを受けるかと，どのような順序で顧客を巡回するかを同時に決めるモデルのことを指す．

7) 運搬車の種類
    a) 運搬車の区別をしない．(等質：homogeneous)
    b) 運搬車の区別をする．(非等質：heterogeneous)

異なる運搬車が，まったく異なるもの（たとえば，冷凍を要するものと，そうでないもの）を運ぶ場合には，それぞれ独立に配送計画問題を解く問題に帰着される．運搬車の積載量の上限，稼働時間の上限，単位距離（時間）あたりの費用などが異なる場合には，種類の異なる運搬車を陽的に考慮する必要がある．また，ある特定の顧客が特定の運搬車ではサービスできない場合や特定の運搬車が特定の道を走行できないなどの制約が付加される場合も多い．

8) 需要の種類
    a) すべての顧客の需要量が 1 単位（等需要：equal demand）

顧客の需要量が任意の正の整数値をとると仮定した場合も，顧客の需要が分割可能であるならば，同一の地点に需要量分のダミーの顧客を置くことによって等需要の問題に変換できる．

    b) 顧客の需要量が任意の値をとる．(等需要でない：unequal demand)

9) 荷物の分割
    a) 分割納入を許す．

運搬車の積載量制約があるため，荷物の納入を 2 回以上に分けて行うことによって総費用を削減できる可能性が出てくる．費用の削減効果は，各顧客の需要量に比べて運搬車の積載量上限があまり大きくない場合に顕著である．この問題は分割配送計画問題とよばれる．通常は，物の納入（または引き取り）に顧客の立合いを必要としない場合に用いられる．

    b) 顧客の需要が複数の荷に分割可能であるが，各々の荷は分割できない．
    c) 分割納入を許さない．

10) 荷の積み替え
    a) 積み替えを許す．

荷を途中の中継地点（配送センター）で一時的に降ろし，他の荷と積み合わせることによって積載率を向上させることが可能な場合に用いられる．荷の積み替えの際には，荷を一時保管する場所が必要であり，さらに積み替え費用を加味して，その是非

を考える必要がある．この問題は，サービス・ネットワーク設計モデルとよばれる．

 b) 積み替えを許さない．

通常の配送計画問題ではこの仮定を設ける．

11) 需要が発生する場所

 a) 顧客（点）上

通常の配送計画問題はこの範疇に含まれる．

 b) 枝（弧；ネットワーク上の2点間）の上

この問題は枝巡回問題（arc routing problem）とよばれ，郵便配達人，除雪車や撒水車の巡回順決定問題への応用をもつ．積載量制約がなく，枝が無向かつ連結な場合には，**中国郵便配達人問題**（Chinese postman problem）または単に**郵便配達人問題**（postman problem）とよばれる問題になる．この問題は，中国人の数学者 Mei-Gu Kwan（管 梅谷）[166]によってはじめて考えられた問題であり，多項式時間の解法が存在する[50]．一方，需要のある枝が連結でない場合は，**田舎の郵便配達人問題**（rural postman problem）とよばれ$\mathcal{NP}$-困難であることが示されている[67]．中国郵便配達人問題ですべての枝に需要がある特殊ケースは，非2部グラフのマッチングを用いて，すべての点の次数が偶数になるようにグラフを変形することによって，古典的な Euler 閉路を見つける問題（一筆描きの問題）に帰着される．この問題の起源は17世紀まで遡る．オイラー（Euler）はグラフ理論における最初の定理「すべての枝をちょうど1回ずつ巡回した後，出発点に戻ることができる」ための十分条件が「すべての点の次数（接続する枝の本数）が偶数である」であることを示した．ちなみに，この条件が"必要"であることは，だいぶ後になって Hierholzer と Listing によって独立に証明されている[20]．

 c) 点と枝の混合型

12) ネットワークの種類

 a) 無向（距離，費用，時間が対称）

 b) 有向（距離，費用，時間が対称とは限らない）

ある2点間を考えたとき，行きと帰りの移動費用が必ずしも一致しない場合であり，その原因としては，道の混雑，一方通行などがあげられる．

 c) 無向と有向の混合型

一般には，無向枝は2本の有向枝に置き換えられるので，混合型は有向ネットワークの特殊形であると考えられるが，問題によっては，無向と有向の枝が混在する方が難しい場合がある．たとえば，中国郵便配達人問題は，無向枝だけの場合や有向枝だけの場合には多項式時間の解法があるが，無向と有向の混合型の場合には$\mathcal{NP}$-困難になる．

13) 運搬車の積載量制約

 a) あり

主に，重量ベース，容量ベースの2つに分けられる．この両者を考慮しなければな

らないケースも実際問題には多い．

　b) なし

1台の運搬車ですべての顧客を巡回する問題は，**巡回セールスマン問題**（traveling salesman problem；4.7節参照）になる．

14) 運搬車の稼働時間の上限制約

　a) あり

我が国の労働基準法では，稼働時間の上限は週ベースで規定されているが，労働組合との規定によって日ベースでも上限が決められている場合もある．長距離輸送の場合には，仮眠などの休息時間を間に入れることによって，1日の稼働時間を長めにとる場合も多い．また，決められた稼働時間を超えた場合には，残業費用が付加される場合もある．また，運搬車の1日のスケジュールを考える際には，稼働時間内で2回以上デポに戻り，複数のルートを巡回する場合もある．運搬車の1日の行程を通常の（デポから一度離れ，再びデポに戻る）ルートと区別するために，"運搬車ルート"とよぶ．また，1台の運搬車の1日の行程が複数のルートを含むことを"回転"，運搬車ルートに含まれるルートの数を"回転数"とよぶ．回転数は実務家の間では運搬車の有効利用の度合いを示す重要な指標となっている．

　b) なし

実際上は稼働時間の上限があるが，積載量条件がネックになるため，実用上無視できる場合も，この範疇に含まれる．

15) 費用

　a) 運搬車に対する固定費用あり

これは運搬車を自社内でもたず，必要台数を外注する場合に発生する．多くの場合には，顧客の正確な需要量が分かる前に運搬車の台数を外注先に知らせる必要があるので，需要量の不確実性をもった場合と併用する必要がある．この場合には，需要量の不確実性を考慮し，多少各ルートに余裕をもたせた計画を立てて運搬車の必要台数を決定し，その後，顧客需要量に関する確定情報が分かり次第，ルートを決め直す方法がとられる．

　b) ルートに関連する変動費用のみ

通常，変動費用には，運転手の時給（稼働時間に比例），残業手当，高速料金，燃料費，運搬車の減価償却費などが含まれる．

16) 目的関数

　a) 必要な運搬車の数を最小化
　b) ルートに関連する変動費用の最小化
　c) 各ルートのばらつきの最小化もしくは運搬車の最大稼働時間の最小化
　d) 運搬車に対する固定費用とルートに関連する変動費用の和の最小化
　e) 運搬車の数，固定費用，変動費用などの種々の目的を考慮した多目的計画

17) その他（問題に応じた付加条件）

上で述べた種々の分類によれば,配送計画問題には膨大なケースの変種が存在するが,それでもすべての現場における付加条件をカバーできるものではない.実際に発生する配送計画問題を解決するためには,現場に応じた種々の付加条件に対処できなければならない.

18.3 定　式　化

ここでは配送計画問題に対する代表的な定式化をあげる.複雑な現実問題をモデル化する際には,定式化が問題の構造に対する洞察を与えることが多く,厳密解法だけでなく,効率的な近似解法を導く際に重要な役割を果たす.

ここで紹介する定式化は,主に積載量制約つき配送計画問題に対するものである.また,主に等質な(運搬車の区別をしない)場合を対象にするが,幾つかの場合には,より一般的な非等質の場合を対象にする.ここでは,不必要な混乱を避けるために,実際問題で付加される諸条件を除いた比較的単純なケースを対象とする.

以下では,記述の簡略化のために(自明な場合には)添え字に対する合計は省略して記す.たとえば,$\sum_{i,j}$ は,移動距離(時間,費用)が対称の場合には $\sum_{i \in N, j \in N, i < j}$ を表し,非対称の場合には $\sum_{i \in N, j \in N, i \neq j}$ を表す.

ここで述べる定式化は以下のものである.
- 集合分割定式化(18.3.1 項)
- 品種流定式化
   多品種流定式化(18.3.2 項 a.)
   単品種流定式化(18.3.2 項 b.)
   2 品種流定式化(18.3.2 項 c.)
- 運搬車移動定式化(18.3.3 項)
- Miller–Tucker–Zemlin タイプの定式化(18.3.4 項)

18.3.1　集合分割定式化

集合分割定式化は,Balinski–Quandt[8] によって導入された定式化であり,ルートをあらかじめ列挙しておくことによって集合分割問題とよばれる組合せ最適化問題に帰着させることによる定式化である.

実行可能なルートの集合を R と書く.ここで実行可能とは,ルートに含まれている顧客を,与えられたすべての条件を満たして巡回可能なことを指す.a_{ij} を顧客 i がルート j に含まれているとき 1,それ以外のとき 0 であるパラメータとする.積載量制約つきの等質配送計画問題の場合には,実行可能なルート $j\,(\in R)$ は以下の式を満たす.

$$\sum_{i \in N_0} a_{ij} q_i \leq Q$$

ルート $j \in R$ に付随する費用を d_j と書く.これは,ルートに含まれる顧客の集合に

対して最小費用の訪問順を求めることによって決められる．この問題は，デポとルートに含まれる顧客をあわせた点集合に対する巡回セールスマン問題（時間枠がついている場合には，時間枠つき巡回セールスマン問題）となる．一般には，この問題は難しいが，ここでは 1 つのルートに含まれる顧客数が少ないことを想定している（それが集合分割定式化を用いた解法を適用する際の条件となる）ので，比較的容易に解くことができる．通常は，点数が 5 以下なので，全列挙や動的計画を用いれば良い．

以下の 0-1 変数を用いる．

$$z_j = \begin{cases} 1 & \text{ルート } j \text{ が最適ルートに含まれる} \\ 0 & \text{それ以外} \end{cases}$$

このとき，配送計画問題に対する集合分割定式化は以下のように書ける．

（集合分割定式化：set partitioning formulation）

$$\begin{aligned} \text{minimize} \quad & \sum_{j \in R} d_j z_j \\ \text{subject to} \quad & \sum_{j \in R} a_{ij} z_j = 1 \quad \forall i \in N_0 \quad (18.1) \\ & z_j \in \{0, 1\} \quad \forall j \in R \quad (18.2) \end{aligned}$$

式 (18.1) は各顧客がちょうど 1 つのルートに含まれることを表し，式 (18.2) はルートが選ばれるか否かを表す制約である．

上の問題は，制約式の係数が 0 または 1 で，右辺定数がすべて 1 であるという特殊構造をもつ 0-1 整数計画問題であり，一般に**集合分割問題**（set partitioning problem）とよばれる．この問題自身は $\mathcal{NP}$-困難である[67]が，その特殊構造のため中規模程度の問題なら求解可能である．

簡単な例題を用いて具体的に説明しよう．図 18.2 のような 4 顧客からなる例題を考える．地点間の移動費用は，図中に示してある．顧客の需要量は，点 1 から順に 3, 7, 4, 5 で運搬車の台数は 2 台とする．

この例題の場合には，需要量が大きいので最大でも 2 件の顧客しか訪問することができないので，すべてのルートを列挙することは容易である．実行可能なルートの集合と費用を，表 18.1 に示す．運搬車の積載量を超過する，顧客 2, 3 や 2, 4 を巡回するルートは，あらかじめ除外していることに注意されたい．

表 18.1 実行可能なルートの集合，需要量合計，費用

ルート番号	ルート	需要量合計	費用
1	0–1–2–0	10	50
2	0–1–3–0	7	70
3	0–1–4–0	8	90
4	0–3–4–0	9	50

440   18. 配送計画モデル

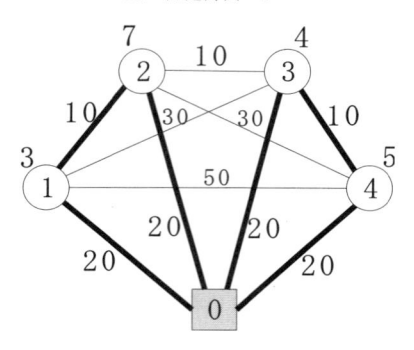

図 18.2 等質対称配送計画問題の例題のデータと最適ルート（太線）

AMPLでモデル化すると，以下のようになる．

```
set NO;    #set of customers (rows)
set R;     #set of routes (columns)
set Subset{R} within NO; #subset of NO
param d{R} >= 0;
var x{R} binary;
minimize cost: sum{j in R} d[j]*x[j];
subject to cover{i in NO}:
  sum{j in R:i in Subset[j]} x[j] = 1;
```

ここでは，パラメータ a_{ij} を用いるのではなく，疎な行列をそのまま表現するため，ルートに含まれる顧客の部分集合を Subset と表現して定式化している．このような小さな問題例では，どちらの方法を採用しても大差ないが，大規模な問題例の場合には，なるべく疎な行列として入力した方が良い．

データファイルは，以下のようになる．

```
set NO := 1 2 3 4;      #set of customers (rows)
set R := r1 r2 r3 r4;   #set of routes (columns)
set Subset[r1] := 1 2;
set Subset[r2] := 1 3;
set Subset[r3] := 1 4;
set Subset[r4] := 3 4;
param d := r1 50 r2 70 r3 90 r4 50;
```

上の例題は，行数（制約数；目的関数も含む）5，列数（変数の数）4 の混合整数計画問題になる．求解すると，ルート 1 とルート 4 を表す 0-1 変数が 1 となり，その他の

変数は 0 になる．最適値は 100 であり，顧客 1,2 はルート 1 で巡回し，顧客 3,4 はルート 4 で巡回することが最適と分かる．この例では，可能なルート数が少ないので，非常に簡単に解けるが，実際には指数オーダーになる可能性があることを付記しておく．

実行可能解を求めるのが困難な場合には，式 (18.1) は等式でなく，以下のような不等式で表すこともある．

$$\sum_{j \in R} a_{ij} z_j \geq 1 \quad \forall i \in N_0$$

この場合には，問題は**集合被覆問題**（set covering problem）とよばれる問題になり，やはり $\mathcal{NP}$-困難であるが集合分割問題と同様に中規模程度の問題なら求解可能である．費用行列が三角不等式を満たすときには，集合被覆問題の解から，総費用を増加させることなく集合分割問題の解に変形できる．したがって，実際には集合被覆問題の定式化を用いて求解することが多い．

使用する運搬車の台数が m 台に固定されているときには，以下の制約が付加される．

$$\sum_{j \in R} z_j = m$$

この制約を付加することによって，問題は純粋な意味では集合分割問題ではなくなるが，ほぼ同様の構造をしているため，多くの集合分割問題を解くために開発された手法が使える．

集合分割定式化は，運搬車が非等質な場合にも容易に拡張できる．各運搬車は高々 1 つのルートにしか使用できないものと仮定する．運搬車 $k \in K$ に対する実行可能なルートの集合を R_k と書く．また，運搬車 $k \in K$ がルート j をまわったときの費用を d_j^k と書く．ルートに含まれる顧客の情報 $[a_{ij}]$ は，通常の場合と同様に定義する．定式化には以下の 0-1 変数を用いる．

$$z_j^k = \begin{cases} 1 & \text{最適ルートにおいて運搬車 } k \text{ がルート } j \text{ をまわる} \\ 0 & \text{それ以外} \end{cases}$$

このとき，運搬車が等質でない配送計画問題に対する集合分割定式化は以下のように書ける．

(運搬車が等質でない場合の集合分割定式化)

$$\begin{aligned}
\text{minimize} \quad & \sum_{k \in K} \sum_{j \in R_k} d_j^k z_j^k \\
\text{subject to} \quad & \sum_{k \in K} \sum_{j \in R_k} a_{ij} z_j^k = 1 \quad \forall i \in N_0 \\
& \sum_{j \in R_k} z_j^k \leq 1 \quad \forall k \in K
\end{aligned}$$

$$z_j^k \in \{0,1\} \qquad \forall j \in R, k \in K$$

この場合は多重選択条件がついた集合分割問題とよばれる問題になるが，通常の集合分割問題と同様に($\mathcal{NP}$-困難ではあるが)ある程度効率的に解くことができる．

その他の付加条件がついた配送計画問題および配送計画問題の拡張に対しても，集合分割定式化は比較的容易であり，汎用性に富んだ定式化の1つであると言える．

集合分割定式化の特徴は，はじめにすべての実行可能なルートを列挙することである．そのため，実務における種々の付加条件によって，生成されるルートの数 $|R|$ が問題の入力サイズの比較的低次の多項式オーダーで抑えられるときに有効になる．もちろん実際には，すべてのルートを列挙することは難しいので，解に含まれる可能性のあるルートのみを必要に応じて生成するテクニックと組み合わせて使われることが多く，種々の厳密解法および近似解法がこの定式化に基づいて設計されている．

18.3.2 品種流定式化

品種流定式化とは，物（顧客の需要）の流れ（フロー）に着目した定式化の総称である．ここでは，個々の顧客の需要を別々の"物"として捉えた多品種流定式化および顧客需要量の合計を変数とした単品種流定式化，デポから顧客と，顧客からデポへの2種類のフローを用いた2品種定式化の3通りの方法を紹介する．

a. 多品種流定式化

多品種流定式化は，Garvin–Crandall–Johnson–Spellman[68] によって導入されたものであり，自然な定式化ではあるが，変数の数が膨大なので現実的には用いるべきではない．

この定式化の特徴は，物の動きを表す実数変数 f_{ij}^ℓ を用いることである．これは，点 i から点 j へ移動する顧客 ℓ 宛の物の量を表す．また，以下の0-1変数を用いる．

$$x_{ij} = \begin{cases} 1 & \text{ある運搬車が点 } i \text{ の直後に点 } j \text{ を訪問する} \\ 0 & \text{それ以外} \end{cases}$$

顧客の需要量 q_i が，運搬車の積載量上限 Q 以下であると仮定しているので，各顧客はちょうど1回だけ訪問すれば十分である．道路ネットワークのように疎なグラフ上で考えた場合には，異なる運搬車が同じ枝を通過する可能性もあるが，移動費用が三角不等式を満たす（もしくは，三角不等式を満たすように変形した後）という条件の下では，デポと顧客間以外の枝は高々1回通過すると制限をつけることができるので，上で定義した変数で十分である．

(多品種流定式化：multi-commodity flow formulation)

$$\text{minimize} \quad \sum_{i,j} c_{ij} x_{ij}$$

$$\text{subject to} \quad \sum_j x_{ji} = \sum_j x_{ij} = 1 \qquad \forall i \qquad (18.3)$$

18.3 定式化

$$\sum_j x_{0j} = \sum_j x_{j0} = m \tag{18.4}$$

$$\sum_j f_{ji}^\ell - \sum_j f_{ij}^\ell = \begin{cases} q_i & \text{if } i = \ell \\ 0 & \text{if } i \neq \ell, 0 \\ -q_i & \text{if } i = 0 \end{cases} \quad \forall i, \ell \tag{18.5}$$

$$\sum_\ell f_{ij}^\ell \leq Q x_{ij} \qquad \forall i, j \tag{18.6}$$

$$f_{ij}^\ell \leq q_\ell \qquad \forall i, j, \ell \tag{18.7}$$

$$x_{ij} \in \{0, 1\} \qquad \forall i, j$$

$$f_{ij}^\ell \geq 0 \qquad \forall i, j, \ell$$

式 (18.3), (18.4) は，各顧客およびデポを通る運搬車の台数を規定する制約であり，**次数制約**とよばれる．式 (18.5) は，運ばれる物の各点への流入量と流出量が一致することを規定する制約であり，**フロー整合制約**とよばれる．式 (18.6) は，変数 x_{ij} と f_{ij}^ℓ とを関連づける制約であり，**繋ぎ制約**とよばれる．また，式 (18.7) は式 (18.5) から導かれるので冗長な制約であるが，Lagrange 緩和法を適用する際には有効になる制約である．

図 18.2 の例題を多品種流定式化を用いて解いてみよう．AMPL のモデルファイルは，以下のようになる．

```
param n>0; #number of customers
param m>0; #number of vehicles
set V := 0..n;
set V0 := 1..n;
set A := setof{i in V, j in V: i <> j} (i,j);
param c { A } >= 0, default 9999999;
param q {V0} >=0, default 0;
param Q; # capacity of vehicle
var x { A } binary ;
var flow{ A, V0 } >=0 ;
minimize total_cost:
   sum {(i,j) in A} c[i,j] * x[i,j];
subject to Degree1{ i in V0}:
   sum {(i,j) in A} x[i,j] = 1;
subject to Degree2{ i in V0}:
   sum {(j,i) in A} x[j,i] = 1;
subject to DepotDegree1:
   sum {j in V0} x[0,j]   =m ;
subject to DepotDegree2:
   sum {j in V0} x[j,0]   =m ;
```

```
subject to Flow1{i in V0}:
  sum{(j,i) in A} flow[j,i,i] -sum{(i,j) in A } flow[i,j,i] =q[i];
subject to Flow2{i in V0, k in V0: i !=k}:
  sum{(j,i) in A} flow[j,i,k] -sum{(i,j) in A } flow[i,j,k] =0;
subject to Flow3{k in V0}:
  sum{(j,0) in A} flow[j,0,k] -sum{(0,j) in A } flow[0,j,k] =-q[k];
subject to Connect1{(i,j) in A, k in V0}:
  flow[i,j,k] <=q[k]*x[i,j];
subject to Connect2{i in V0}:
  sum{j in V0, k in V0: (i,j) in A} flow[i,j,k] <=Q-q[i];
```

非対称な移動費用を仮定しているので，データファイルは，以下のようになる．

```
param n :=4;
param m :=2;
param c := 0 1 20   0 2 20   0 3 20   0 4 20
           1 0 20   1 2 10   1 3 30   1 4 50
           2 0 20   2 1 10   2 3 10   2 4 30
           3 0 20   3 1 30   3 2 10   3 4 10
           4 0 20   4 1 50   4 2 30   4 3 10 ;
param q := 1 3   2 7   3 4   4 5;
param Q :=10;
```

上の例題は，行数（制約数）115, 列数（変数の数）100 の混合整数計画問題になり，求解すると，集合分割定式化と同じ最適解を得ることができる．集合分割定式化と比べると，非常に大規模な問題を解く必要があることに注意されたい．

b. 単品種流定式化

上で示した多品種流定式化において添え字 ℓ を消すために $f_{ij} = \sum_{\ell} f_{ij}^{\ell}$ とする．f_{ij} は枝 (i,j) を通過する運搬車の需要量の合計を表す．さらに式 (18.5),(18.7) をすべての ℓ について足し合わせることによって，以下の単品種流定式化を得る．

(**単品種流定式化**： single commodity flow formulation)

$$\text{minimize} \quad \sum_{i,j} c_{ij} x_{ij}$$

$$\text{subject to} \quad \sum_{j} x_{ji} = \sum_{j} x_{ij} = 1 \quad \forall i \tag{18.8}$$

$$\sum_{j} x_{0j} = \sum_{j} x_{j0} = m \tag{18.9}$$

$$\sum_{j} f_{ji} - \sum_{j} f_{ij} = q_i \quad \forall i \neq 0 \tag{18.10}$$

$$f_{ij} \leq Q x_{ij} \qquad \forall i,j \qquad (18.11)$$

$$x_{ij} \in \{0,1\} \qquad \forall i,j$$

$$f_{ij} \geq 0 \qquad \forall i,j$$

式 (18.8),(18.9) は次数制約であり，式 (18.10) はフロー整合制約である．また，式 (18.11) は変数 x_{ij} と変数 f_{ij} を関連づける繋ぎ制約であり，運搬車の容量制約を表す．

この定式化を線形緩和した問題から導かれる下界は弱いので，現在のところ実用的な解法には繋がっていないが，別の定式化と比べて付加条件が加味しやすいという特徴をもっている．したがって，複雑な条件が付加された問題に対しては有効に働く可能性もある．

c. 2 品種流定式化

無向グラフ $G = (N, E)$ 上で定義される対称配送計画問題に対する 2 品種流定式化を考える．

2 品種流定式化では，デポから各顧客へ運ぶ需要を表すフローと，各顧客からデポへ戻る（運搬車の空き容量を表す）フローの 2 種類のフローを用いる点が特徴である．そのため，まずデポ（点 0）のコピーを作成し，それを点 $n+1$ とし，新たな点集合 $\bar{N} = N \cup \{n+1\}$ を定義する．枝集合も，各顧客 $i (\in N_0)$ からデポのコピー $n+1$ までの枝を追加したもの $\bar{E} = E \cup \{(i, n+1), i \in N_0\}$ を考える．

無向枝 $(i,j) \in E$ に対して，フローを表す実数変数 f_{ij} は，枝 (i,j) 上を移動する運搬車に積載されている需要量の合計を表し，逆向きのフロー変数 f_{ji} は，同じ運搬車の残り容量 $Q - f_{ij}$ を表す．0-1 変数 x_{ij} は，枝 (i,j) を運搬車が通過するとき 1，それ以外のとき 0 を表す．これらの変数を用いると，2 品種流定式化は，以下のように書くことができる．

(**2 品種流定式化**：two commodity flow formulation)

$$\text{minimize} \quad \sum_{(i,j) \in \bar{E}} c_{ij} x_{ij}$$

$$\text{subject to} \quad \sum_{(j,i) \in \bar{E}} x_{ji} + \sum_{(i,j) \in \bar{E}} x_{ij} = 2 \quad \forall i \in N_0 \qquad (18.12)$$

$$\sum_{j \in \bar{N}} (f_{ji} - f_{ij}) = 2 q_i \qquad \forall i \in N_0 \qquad (18.13)$$

$$\sum_{j \in N_0} f_{0j} = \sum_{j \in N_0} q_j \qquad (18.14)$$

$$\sum_{j \in N_0} f_{j0} = mQ - \sum_{j \in N_0} q_j \qquad (18.15)$$

$$\sum_{j \in N_0} f_{n+1,j} = mQ \qquad (18.16)$$

$$f_{ij} + f_{ji} = Qx_{ij} \qquad \forall (i,j) \in \bar{E} \qquad (18.17)$$
$$x_{ij} \in \{0,1\} \qquad \forall (i,j) \in \bar{E}$$
$$f_{ij} \geq 0, f_{ji} \geq 0 \qquad \forall (i,j) \in \bar{E}$$

式 (18.12) は，各顧客に接続する 2 本の枝を運搬車が通過することを規定する．式 (18.13),(18.14),(18.15),(18.16) とフロー変数の非負制約によって，デポ 0 から出て，コピーのデポ $n+1$ に入る需要量を表すフローと，コピーのデポ $n+1$ から出て，デポ 0 へ入る運搬車の空き容量を表すフローの 2 種類のフローの実行可能性を規定する．式 (18.14) は，デポ 0 から出るフロー量の合計が，総需要量に等しいことを表す．式 (18.16) は，コピーのデポ $n+1$ から出るフロー量の合計が，運搬車の積載量の合計に等しいことを表す．式 (18.13) は，各顧客上に入ってくるフロー量から，出ていくフロー量を減じたものが，顧客の需要量の 2 倍になっていることを規定する．式 (18.15) は，デポ 0 へ入ってくるフロー量が，運搬車の空き容量に等しいことを表す．以上の制約をあわせることによって，デポ 0 とコピーのデポ $n+1$ の間の実行可能なフローが規定される．式 (18.17) は，フロー変数 f_{ij} と 0-1 変数 x_{ij} の繋ぎ条件であり，フローが流れている枝上を運搬車が通過することを規定する．

図 18.2 の例題を 2 品種流定式化を用いて解いてみよう．AMPL のモデルファイルは，以下のようになる．

```
param n>0; #number of customers
param m>0; #number of vehicles
set V  :=  0..n+1;
set V0 := 1..n;  # 0 is a depot and n+1 a copy of node 0
set E0 := setof{  i in V0, j in V0: i<j} (i,j);
set E := E0 union setof{ j in V0} (0,j) union setof{ j in V0} (j,n+1);
set A := E union setof{ (i,j) in E} (j,i);
param c { E } >= 0, default 9999999;
param q {V0} >=0, default 0;
param Q; # capacity of vehicle
var x { E } binary ;
var flow { A } >=0;
minimize total_cost:
   sum {(i,j) in E} c[i,j] * x[i,j];
subject to FlowConsv1 {i in V0}:
   sum {(i,j) in A} (flow[j,i]-flow[i,j])  =2*q[i] ;
subject to DepotFlow1:
   sum {j in V0} flow[0,j]  =sum {j in V0}  q[j] ;
subject to DepotFlow2:
   sum {j in V0} flow[j,0]  = m*Q- sum {j in V0} q[j] ;
```

```
subject to DepotFlow3:
   sum {j in V0} flow[n+1,j]  = m*Q ;
subject to Connect{ (i,j) in E}:
   flow[i,j]+flow[j,i]=Q*x[i,j];
subject to Degree{ i in V0}:
  sum {j in V: (i,j) in E} x[i,j] + sum {j in V: (j,i) in E} x[j,i] = 2;
```

対称なグラフを仮定するので,データファイルは以下のようになる.

```
param n :=4;
param m :=2;
param c := 0 1 20   0 2 20 0 3 20 0 4 20
           1 2 10   1 3 30 1 4 50 1 5 20
           2 3 10   2 4 30 2 5 20
           3 4 10   3 5 20
           4 5 20;
param q := 1 3    2 7   3 4    4 5;
param Q :=10;
```

上の例題は,行数(制約数)26,列数(変数の数)42の混合整数計画問題になり,求解すると,集合分割定式化や多品種流定式化と同じ最適解を得ることができる.図18.3に正のフローをもつ有向枝を示す.集合分割定式化と比べると,大規模な問題であるが,多品種フローよりはかなり小規模な混合整数問題になる.

　この定式化をもとにした分枝限定法は,比較的強い下界を算出することが知られている.Baldacci–Hadjiconstantious–Mingozzi[7]は,2品種流定式化に様々な妥当不等式を追加することによって,中規模の問題例に対する最適解を算出することに成功して

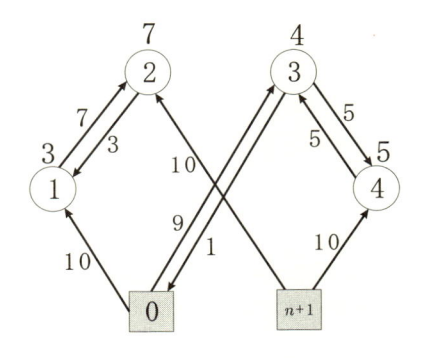

図 **18.3** 2 品種流定式化の解
枝上の数字は正のフロー量 f_{ij} を表す.

いる.

18.3.3 運搬車移動定式化

ここでは，無向グラフ上で定義される対称配送計画問題に対する運搬車の移動に着目した定式化を考える．

以下の 0-1 変数を用いる．

$$x_e = \begin{cases} 1 & \text{ある運搬車が枝 } e \text{ 上を通過する} \\ 0 & \text{それ以外} \end{cases}$$

(運搬車移動定式化： vehicle move formulation)

$$\begin{align}
\text{minimize} \quad & \sum_{e \in E} c_e x_e \\
\text{subject to} \quad & \sum_{e \in \delta(i)} x_e = 2 & \forall i \tag{18.18} \\
& \sum_{e \in \delta(0)} x_e = 2m \tag{18.19} \\
& \sum_{e \in \delta(S)} x_e \geq 2V(S) & \forall S \subseteq N_0, S \neq \emptyset \tag{18.20} \\
& x_e \in \{0, 1, 2\} & \forall e \in E
\end{align}$$

式 (18.18), (18.19) は次数制約である．式 (18.20) はデポを含まない部分巡回路を除くと同時に，運搬車の積載量条件を規定している．この式の中で，$V(S)$ は顧客の集合 S のすべての需要をまかなうために必要な運搬車の台数を表す．$V(S)$ を正確に求める問題はビンパッキング問題（bin packing problem）になり，それ自身 $\mathcal{NP}$-困難である[67]．したがって，計算上は $V(S)$ の下界 $\lceil \sum_{i \in S} q_i / Q \rceil$ を用いる場合が多い．しかし，この下界は，ビンパッキング問題を解いて得られる $V(S)$ と一致するとは限らない．たとえば，$Q=3$, $q_i=2$, $i \in S=\{1,2,3\}$ のとき，$V(S)=3$ であるが $\lceil \sum_{i \in S} q_i / Q \rceil = 2$ となり，$V(S)$ と下界は一致しない．

式 (18.20) は，式 (18.18) を用いることにより，以下のように書き直すことができる．

$$\sum_{i \in S, j \in S:(i,j) \in E} x_{ij} \leq |S| - V(S) \quad \forall S \subseteq N_0, S \neq \emptyset \tag{18.21}$$

通常は，こちらのタイプの制約を部分巡回路除去制約とよぶ．

図 18.2 の例題を運搬車移動定式化を用いて解いてみよう．AMPL のモデルファイルは，以下のようになる．

```
param n>0; #number of customers
```

18.3 定式化

```
param m>0; #number of vehicles
set V := 0..n;
set V0 := 1..n;  # 0 is a depot
set E0 := setof{ i in V0, j in V0: i<j} (i,j);
set E := E0 union setof{ j in V0} (0,j) ;

param Cut >=0; #number of cuts
set S{1..Cut} within V0;
param RHS{1..Cut} default n;

param c { E } >= 0, default 9999999;
param q {V0} >=0, default 0;
param Q; # capacity of vehicle
var x { E } integer, >=0, <=2 ;
minimize total_cost:
   sum {(i,j) in E} c[i,j] * x[i,j];
subject to Degree{ i in V0}:
   sum {j in V: (i,j) in E} x[i,j] + sum {j in V: (j,i) in E} x[j,i] = 2;
subject to DepotDegree:
   sum {j in V0} x[0,j]  =2*m ;
subject to Subtour{k in 1..Cut}:
   sum {i in S[k], j in S[k]: (i,j) in E} x[i,j] <= RHS[k] ;
```

式 (18.21) は指数オーダーあるので，緩和して解いた後で，必要に応じて追加する．追加された式の本数をパラメータ Cut とする．式の右辺をパラメータ RHS（right hand side の略）とし，部分巡回路を除去したい点集合 S を表す集合を S としている．

はじめは，部分巡回路除去制約 (18.21) なしで求解すると，図 18.4 (a) のように，顧

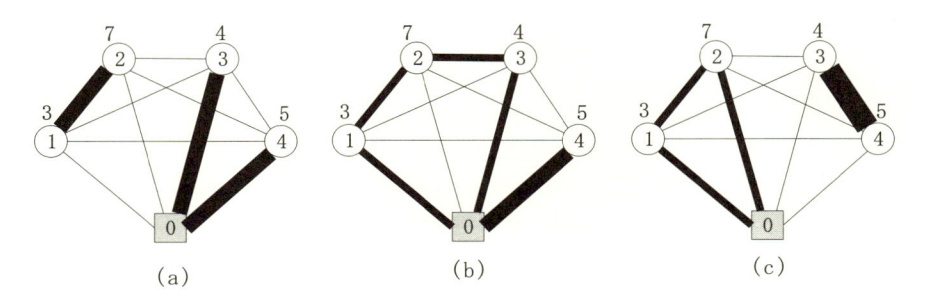

図 18.4 運搬車移動定式化を用いた例題の求解
極太線が $x_e = 2$ の枝，太線が $x_e = 1$ の枝，細線がその他の（$x_e = 0$ の）枝を表す．

客集合 $S = \{1, 2\}$ がデポから到達できない解が得られる．そこで，$S = \{1, 2\}$ とした式 (18.21) を追加して求解すると，今度は，図 18.4 (b) のように顧客 1, 2, 3 を巡回するルートができる．顧客 1, 2, 3 の需要量の合計は 14 ($=3+7+4$) で運搬車の最大積載量 $Q = 10$ より大きいので，$S = \{1, 2, 3\}$ とした式 (18.21) を追加する．すると今度は，図 18.4 (c) のように，顧客集合 $S = \{3, 4\}$ がデポから到達できない解が得られる．よって，$S = \{3, 4\}$ とした式 (18.21) を追加する．式 (18.21) を 3 本追加した後のデータを以下に示す．

```
param n :=4;
param m :=2;
param c := 0 1 20   0 2 20  0 3 20  0 4 20
           1 2 10   1 3 30  1 4 50
           2 3 10   2 4 30
           3 4 10 ;
param q := 1 3    2 7   3 4    4 5;
param Q :=10;
param Cut :=3;
param RHS := 1 1   2 2   3 1;
set S[1] := 1  2;
set S[2] := 1 2 3;
set S[3] := 3  4;
```

この問題は，行数（制約数）9，列数（変数の数）10 の整数計画問題になり，求解すると，最適解を得ることができる．

一般に，上の整数計画法による定式化は変数の整数条件の下では，実行可能解（積載量条件を満たすルートの特性ベクトル）を端点にもつ多面体を規定するが，整数条件を外した場合には，その多面体を含む緩和された多面体になる．通常は，緩和された多面体上で線形計画問題を解き，そこで得た下界をもとに分枝限定法などの列挙法を行うのであるが，緩和された多面体の端点で，もとの多面体の端点でないものを切り落とすような不等式を付け加えることによって，より良い下界を得ることができる．もとの多面体を半空間に含む不等式は，一般に**妥当不等式**（valid inequality）とよばれ，切除平面法に基づく分枝限定法を導く際に重要な役割を果たす．

以下では，運搬車移動定式化に対する配送計画問題の多面体に対する妥当不等式を考える．なお，以下では配送計画問題の多面体に対する妥当不等式を，単に配送計画問題の妥当不等式とよぶ．

Laporte–Nobert[108] は，巡回セールスマン問題に対する櫛不等式[83, 84]を拡張した妥当不等式を提示している．

いま，$H, W_1, W_2, \cdots, W_s$ を顧客集合 N_0 の部分集合で以下の条件を満たすものとす

18.3 定式化

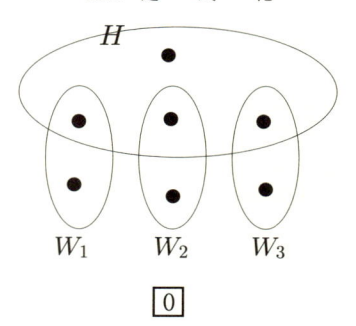

図 18.5 一般化櫛不等式の参考図

る（図 18.5）．
1) $|H \cap W_\ell| \geq 1$ $(\ell = 1, \cdots, s)$
2) $|H \setminus W_\ell| \geq 1$ $(\ell = 1, \cdots, s)$
3) $2 \leq |W_\ell| \leq n-2$ $(\ell = 1, \cdots, s)$
4) $W_\ell \cap W_{\ell'} = \emptyset$ $(\ell \neq \ell')$

このとき，以下の制約（一般化櫛不等式）は，対称配送計画問題に対する妥当不等式となる．

$$\sum_{i,j \in H} x_{ij} + \sum_{\ell=1}^{s} \sum_{i,j \in W_\ell} x_{ij}$$
$$\leq |H| + \sum_{\ell=1}^{s} |W_\ell| - \left\lceil \frac{\sum_{\ell=1}^{s} \{V(W_\ell) + V(W_\ell \cap H) + V(W_\ell \setminus H)\}}{2} \right\rceil \quad (18.22)$$

式の意味ならびに導出法については，原論文[108]を参照されたい．なお，櫛の不等式は，より一般的な k-パス不等式[59,60]にも拡張できる．

18.3.4 Miller–Tucker–Zemlin タイプの定式化

Desrochers–Laporte[44]は，巡回セールスマン問題に対する最もコンパクトな定式化として知られる Miller–Tucker–Zemlin の定式化[126]を拡張することによって，配送計画問題に対する定式化を導いた．

（**Miller–Tucker–Zemlin タイプの定式化**）

$$\text{minimize} \quad \sum_{i,j} c_{ij} x_{ij}$$
$$\text{subject to} \quad \sum_{j} x_{ji} = \sum_{j} x_{ij} = 1 \quad \forall i$$

$$\sum_j x_{0j} = \sum_j x_{j0} = m$$

$$u_i - u_j + Q x_{ij} \leq Q - q_j \quad \forall i,j,\ i \neq j \qquad (18.23)$$

$$q_i \leq u_i \leq Q \quad \forall i \qquad (18.24)$$

$$x_{ij} \in \{0,1\} \quad \forall i,j$$

ここで，u_i は顧客 i に対するポテンシャルを表す実数変数であり，$u_0 = 0$ と設定し，さらに需要をすべて積み込むタイプのものと仮定したときには，経路の途中で運搬車が積んでいる荷物の量を表す．$x_{ij} = 1$ のとき，式 (18.23) は $u_i + q_j \leq u_j$ となり，顧客 i を出発するときの積載量 u_i に顧客 j の需要量を加えたものより顧客 j を出発するときの積載量 u_j が小さくないことを表す．変数群 u は目的関数に含まれず，u を含んだ他の制約は上下限制約 (18.24) だけであるので，一般性を失うことなく $u_i + q_j = u_j$ が成立すると仮定できる．また，$x_{ij} = 0$ なら $u_i - u_j \leq Q - q_j$ となり，式 (18.24) が成立すれば必ず成り立つので，実質的な制約にはならない．

これらの制約は持ち上げによってさらに強めることができる．

命題 18.1 以下の制約は，積載量制約つきの等質配送計画問題に対する妥当不等式である．

$$u_i - u_j + Q x_{ij} + (Q - q_i - q_j) x_{ji} \leq Q - q_j \quad \forall i,j \qquad (18.25)$$

$$q_i + \sum_{j \neq i} q_j x_{ji} \leq u_i \leq Q - \left(Q - \max_{j \neq i}\{q_j\} - q_i \right) x_{0i} - \sum_{j \neq i} q_j x_{ij} \quad \forall i \qquad (18.26)$$

証明: まず，式 (18.25) を式 (18.23) から持ち上げを行うことによって導く．制約

$$u_i - u_j + Q x_{ij} + \alpha x_{ji} \leq Q - q_j \quad \forall i,j \qquad (18.27)$$

を考える．$\alpha = 0$ ならば式 (18.23) になるので妥当不等式である．x_{ji} の係数 α をなるべく大きくなるように決めよう．この操作が持ち上げ操作である．2 つの場合に分けて考える．

1) $x_{ji} = 0$ のとき．このときは任意の α に対して式 (18.27) は妥当不等式になる．
2) $x_{ji} = 1$ のとき．このときは $x_{ij} = 0$ かつ $u_j + q_i \leq u_i$ であるので，$\alpha \leq Q - q_i - q_j$ を得る．

上の 2 つの場合をあわせることによって式 (18.25) を得る．

次に，式 (18.26) を式 (18.24) から同様の持ち上げ操作によって導く．まず，式 (18.26) の前半を考える．制約

$$q_i + \alpha x_{ji} \leq u_i \quad j \neq i \qquad (18.28)$$

は $\alpha=0$ のときには式 (18.24) の一部であるので妥当不等式である．$x_{ji}=0$ の場合には任意の α に対して妥当不等式である．$x_{ji}=1$ の場合には，式 (18.23) より $q_i+u_j \leq u_i$ であるので，$\alpha \leq u_j$ なら式 (18.28) は妥当不等式である．$q_j \leq u_j$ より $q_i+q_jx_{ji} \leq u_i$ が妥当不等式であることが示された．以下同様に他の j に対しても持ち上げ操作を行うことによって式 (18.26) の前半を得る．

次に，式 (18.26) の後半を考える．

$$u_i \leq Q - \alpha x_{ij} \quad j \neq i$$

は $\alpha=0$ のときには式 (18.24) の一部であるので妥当不等式である．α は，式 (18.26) の前半を得たのと同様に q_j に持ち上げ可能である．よって

$$u_i \leq Q - \sum_{j \neq i} q_j x_{ij} \quad \forall i$$

を得る．さらに，

$$u_i \leq Q - \sum_{j \neq i} q_j x_{ij} - \beta x_{0i} \quad \forall i$$

は $\beta=0$ または $x_{01}=0$ のとき妥当不等式であり，$x_{0i}=1$ のとき $u_i=q_i$ であるので，$\beta \leq Q - \sum_{j \neq i} q_j x_{ij} - q_i$ となる．また，$\sum_j x_{ij}=1$ より，$\sum_{j \neq i} q_j x_{ij} \leq \max_{j \neq i}\{q_j\}$ であるので，$\beta = Q - \max_{j \neq i}\{q_j\} - q_i$ ととれる．よって式 (18.26) の後半を得る．∎

Miller–Tucker–Zemlin タイプの定式化は付加条件を加味しやすいという利点をもつ．実際，Desrochers–Laporte[44] は距離制約つき配送計画問題や時間枠つき配送計画問題への拡張を示している．しかし，持ち上げ操作を行った後の Miller–Tucker–Zemlin タイプの定式化でさえ，運搬車移動定式化における部分巡回路除去型の制約 (18.20) に比べて，線形計画緩和問題を解いたときの下界が小さいことが示されている．

18.4 構 築 法

構築法（construction method）とは，何もないところから徐々にルートを拡大していき，解を構成していく解法の総称である．ここでは，古典的な構築法である挿入法（insertion method）ならびにセービング法（saving method）のモダンな実装法について述べる．

18.4.1 セービング法

セービング法（節約法：saving method）は，1964 年に Clarke–Wright[35] によって提案されて以来，その単純さとある程度の実用性のため，実務家の間では配送計画問題

の代名詞にもなっている近似解法である．アルゴリズムは古典的な近似最適化の原理である「貪欲性」に基づくものであり，時間枠がない配送計画問題に対しては以下のように書ける．

セービング（節約）法

1) すべての顧客のペア i, j に対してセービング値 s_{ij} を次式を用いて計算する（図 18.6）．

$$s_{ij} = c_{i0} + c_{0j} - c_{ij} \tag{18.29}$$

2) セービング値を大きい順に並べたリストを作る．
3) 以下の操作をリストが空になるまで繰り返す．
   リストの順に，顧客 i, j 間を繋いだときの実行可能性（積載量制約を満たしているか否か）を調べる．もし，連結によって実行可能性が失われないなら，i と j を繋ぐ．そうでないなら，リストから現在の顧客ペアを削除し，次の顧客ペアを調べる．

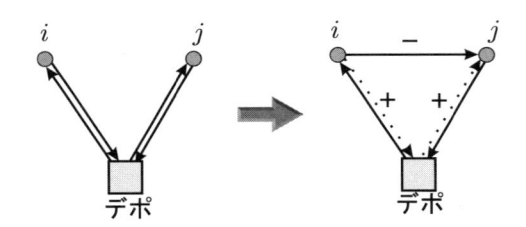

図 **18.6** Clarke–Wright のセービング法におけるセービング値の計算

時間枠つきの配送計画問題に対しては，上のような単純な方法ではうまくいかない．実際にセービング法を基礎とした商用ソフトウェアは，まったく使い物にならないという烙印を押されている．以下では，時間枠つきの配送計画問題に対して実用的なセービング法を開発するための鍵となるアイディアについて簡単に触れる．

効率的な実装の鍵となる観察は，「長い枝は良い解に含まれる可能性が低い」ということである．具体的には，各顧客ごとに近い順に定数個の顧客を K-d 木[15]とよばれるデータ構造を用いて抽出し，解に含まれる可能性のある枝（顧客の対）だけを考慮し，それらの枝を優先キューに入れて評価値の大きい順に取り出し，ルートを構築していく．優先キューが空になったら，再びルートの途中になっていない顧客に対して，近い順に定数個の顧客に対してセービング値を再計算し，上の操作を繰り返す．

ルートの構築は，顧客 i を最後に訪問しているルートと顧客 j を最初に訪問している

ルートを 1 つにまとめる操作を繰り返すことによって行われる．時間枠の影響を考慮するために，顧客 j を含むルートに含まれるどの顧客に対しても時間枠を破らないことをチェックする必要がある．これは，時間に関する適当な補助配列[99]を用いることによって $O(1)$ 時間で可能である．時間枠を考慮するために，セービング値を

$$s_{ij} = c_{i0} + c_{0j} - c_{ij} - \alpha \times 顧客 j 上での待ち時間の増分$$

と計算する．ここで，α は時間枠の影響をどれだけ考慮するかを表すパラメータである．

適切な実装を行ったセービング法は，大規模な時間枠制約つき配送計画問題に対する初期解構築のための強力なツールとなる．実際，数千から数万の顧客数をもつ実際問題を数秒から数分で求解することが可能になる．

18.4.2 挿 入 法

セービング法は，基本的にはルート同士を合併することによってルートを拡大していく方法であった．ここでは，ルートの途中の顧客間に別の顧客を挿入することによってルートを拡大する解法（挿入法）を紹介する．

いま，あるルート上で点 i の次に点 j を訪問していたとする．このとき，顧客 k を点 i, j 間に挿入したときの費用の増加を表す基準 Δ_{ij}^k は，

$$\Delta_{ij}^k = c_{ik} + c_{kj} - c_{ij} + \alpha \times 顧客 k を挿入したときの顧客 j 上での待ち時間の増分$$

と定義される（図 18.7）．ここで，α は時間枠の影響をどれだけ考慮するかを表すパラメータである．

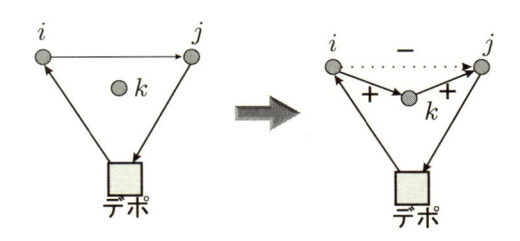

図 **18.7** 挿入法における費用の増加量の計算

挿入法の一般形は，以下のように書ける．

> **挿入法**
> 1) 運搬車の台数分の種顧客を適当に選択する．
> 2) デポと種顧客を往復するようなルートを作り，それらを初期ルートとする．
> 3) 種顧客以外の顧客 k に対して，適当な順番（たとえばデポから遠い順）に以下の操作を行う．
>   挿入時に実行可能でかつ Δ_{ij}^k が最小になる点 i,j の間に，顧客 k を挿入する．

セービング法と同様に，挿入時における時間枠の実行可能性の判定は，適当な補助配列を用いることによって $O(1)$ 時間で計算できる．また，K-d 木[15]などのデータ構造を用いることによって，挿入する場所の範囲を限定することができ，解法の高速化が可能になる．

18.4.3 セービング法と挿入法の使い分け

Solomon[146]による顧客数が 100 の時間枠つき配送計画問題に対するベンチマーク問題に対する実験結果は，挿入法がセービング法に優越すると結論づけている．しかし，大規模問題な巡回セールスマン問題に対する Johnson–McGeoch[97]による実験結果では，小規模な問題に対して有効であった挿入法タイプの解法が，問題の規模が大きくなるにつれセービング法に優越されることが確認されている．配送計画問題は巡回セールスマン問題の発展形であり，巡回セールスマン問題に対する実験的解析によって得られた知見は，配送計画問題に対しても有効であると考えられる．特に，巡回セールスマン問題に対する Lin–Kernighan 法[114]に代表される深さ優先の局所探索法に対する初期解としては，セービング法が優れていると言われている．18.7 節で紹介する配送計画問題に対する Cross-opt も強力な深さ優先の局所探索法であり，挿入法とセービング法の初期解としての性能は，大規模問題に対する実験的解析の結果から判断されなければならない．

系統的な実験的解析という訳ではないが，我々が国内の幾つかの大規模な実際問題に対して適用した結果から判断すると，得られる解の良さと計算時間の観点からは，セービング法が挿入法にやや優越すると思われる．

しかし，挿入法は種顧客の概念を利用することによって，運搬車の種類と数を固定することができるという特徴をもつ．これは，現実問題を解く際には有利になる場合がある．たとえば，運搬車の種類と数があらかじめ決められており，各運搬車（の運転手）の得意な方面（地理に詳しい地域）が分かっている場合には，挿入法が便利である．セービング法は，非等質な運搬車を考慮するように拡張することも可能であるが，最終的に採用される運搬車の台数と種類を特定することは，その解法の性質上難しい．したがって，ほぼ同じ種類の運搬車によって構成される場合にはセービング法が推奨され，異な

る種類の決められた数の運搬車のみを利用したい場合には挿入法が推奨される．

18.5 ルート先・クラスター後法

ルート先・クラスター後法（route-first/cluster-second method）とは，はじめにすべての点（顧客およびデポ）を通過する巡回路を（たとえば巡回セールスマン問題を解くことによって）作成し，その後でそれをクラスターに分けることによって運搬車のルートを生成する解法の総称である．

ルート先・クラスター後法（一般形）
1) 点（顧客およびデポ）の集合 N をちょうど 1 回ずつ通過する巡回路（巨大巡回路）を求め，巡回路を表す順列を ρ とする．$\rho(i)$ は i 番目に通過する点の番号であり，$\rho(1)$ はデポ (0) である．
2) ルートに含まれる顧客は必ず ρ 上で連続し，かつ与えられた条件（積載量，稼働時間上限など）を満たすように顧客をクラスターに分ける．
3) （オプション）各クラスターごとに顧客の訪問順を決める．

通常は 3) のオプションがないものをルート先・クラスター後法とよぶ．ここで定義したルート先・クラスター後法の枠組みは，より一般的なものであり，スイープ法 (18.6 節，図 18.10 参照) も巡回路を表す順列 ρ を顧客の極座標の順とすることによってルート先・クラスター後法であると考えられる．

18.5.1 最適分割法

積載量制約つきの等質配送計画問題に対して，与えられたすべての点を通過する巡回路を，その巡回路の順番を崩さないように "最適" に分割する方法が Beasley[13] によって提案されている．

C_{ij} を $\sum_{k=i+1}^{j} q_{\rho(k)} \leq Q$ のとき $i+1$ 番目から j 番目の顧客を ρ で定義される順に経由したときのルートの費用とし，それ以外のとき ∞ と定義する．すなわち

$$C_{ij} = \begin{cases} \text{ルート } (0, \rho(i+1), \cdots, \rho(j), 0) \text{ の費用} & \sum_{k=i+1}^{j} q_{\rho(k)} \leq Q \text{ のとき} \\ \infty & \text{それ以外} \end{cases}$$

である．これを用いて巡回路 ρ を最適に分割することができる．

最適分割法（optimal partitioning method）
1) 点（顧客およびデポ）の集合 N をちょうど1回ずつ通過する巡回路を求め，巡回路を表す順列を ρ とする．
2) 行列 $[C_{ij}]$ を地点間の距離行列，点 0 を始点，点 $\rho(n)$ を終点とした最短経路問題を解く．
3) 最短経路上の有向枝 (i,j) に対してルート $0, \rho(i+1), \cdots, \rho(j), 0$ を出力する．

18.5.2 空間充填曲線法

ここで述べる**空間充填曲線法**（spacefilling curve method）[11] もルート先・クラスター後法の一種であるが，手軽に利用できるという利点をもつ．

基本となるのは直線を平面全体に移す曲線（空間充填曲線：spacefilling curve, 怪物曲線：monster curve）である（図 18.8）．

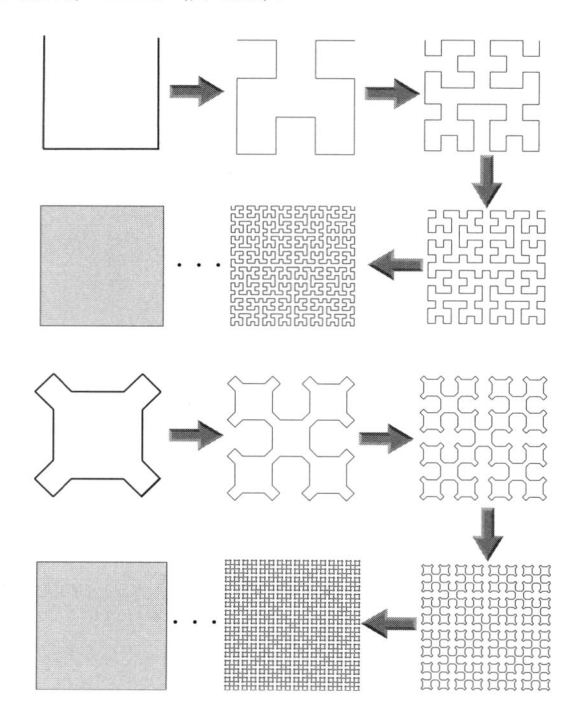

図 **18.8** 空間充填曲線の例
Hilbert の空間充填曲線（上）と Sierpiński の空間充填曲線（下）を作るための最初の 5 段階．このプロセスを無限回繰り返すと平面を覆う曲線が得られる．

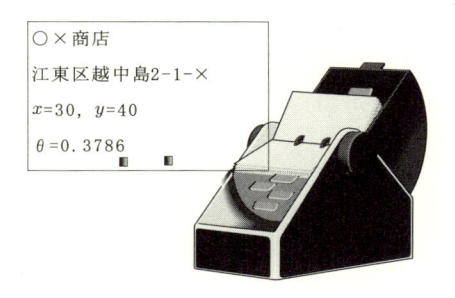

図 18.9 ローロデックスボックスと顧客カード

- 配送先の x, y 座標を地図から読みとる.
- 各地点（デポを含む）ごとに空間充填曲線上での位置（逆写像）θ の値を計算する.
- θ の値を小さい順に並べる.
- デポから順番に配送先をまわり運搬車の容量を超えたらデポに戻る.

より簡便な方法としては x, y, θ を記入した顧客カード（名刺大の厚紙）を θ の小さい順に箱（ローロデックスボックスとよばれる名刺入れが最適である；図 18.9）に入れておき，ほぼ均等になるように運搬車台数分に分割して運転手に渡せば良い．運転手は渡されたカードの順番に配送先を巡回すれば，計算機を使わずに比較的良いルートを見つけることができる.

18.6　クラスター先・ルート後法

クラスター先・ルート後法（cluster-first/route-second method）は，熟練した計画者が配送計画問題を解くときにしばしば用いている方法である．この解法を一般的な形で書くと次のようになる.

クラスター先・ルート後法（一般形）

1) 顧客を幾つかのグループ（クラスター）に分ける．その際，クラスターに含まれる顧客の需要量の合計が，運搬車の積載容量の上限を超えないようにする.
2) 各々のクラスターに含まれる顧客にデポを加えた点を巡回する巡回路を求める（この問題は，巡回セールスマン問題になる）.

巡回セールスマン問題自身も $\mathcal{NP}$-困難であるので，クラスター内の顧客数が極端に小さい場合以外は近似的に解かれることになる．実際にはこの部分は，運転手の判断に任される場合が多いが，付加条件（たとえば，積み込み・積み降ろしの考慮，時間枠指定）がつく場合には，運転手の判断だけでは困難になる．制限つきの巡回セールスマン

問題を解くための解法は種々存在するが，小規模な問題例なら，4.7 節の定式化を数理計画ソルバーで解くことも可能であり，点数が 15 以下のときには動的計画法，点数が 8 以下のときは全列挙も選択肢の 1 つになる．

クラスターの分割に仕方によって種々の解法が導かれるが，ここでは，点が 2 次元平面上に分布していることを仮定した領域分割法（18.6.1 項），一般化割当法（18.6.2 項），ならびに施設配置ヒューリスティクス（18.6.3 項）を紹介する．

18.6.1 領域分割法

積載量制約つきの等質配送計画問題で等需要（顧客の需要量は 1）の場合を考える．顧客が 2 次元のある領域に分布していると仮定する．デポを中心とした円をすべての顧客を囲むように設定し，その円を対象領域とする．このとき，自然なクラスター分けは，領域を小領域に分けることである．領域をどのように分けるかによって種々の解法が導かれる（図 18.10, 図 18.11）．

図 18.10 のように中心から出る半直線だけによって領域を扇形に分割する方法は，**扇形分割スキーム**（sectorial partitioning scheme）とよばれる．Gillet–Miller[71] によって提案された**スイープ法**（sweep method）は，この分割法に基づいている．

Haimovitch–Rinnooy Kan[86] は，スイープ法が理論的に悪い上界をもつことを示し，良い上界をもつ分割方法として，**円形分割スキーム**（circular partitioning scheme）を推奨している（図 18.11）．この解法は $O(n \log n)$ 時間の計算量をもつので大規模問題に適している．

領域分割法は，計算機を用いなくても地図をマニュアル（手作業）で分割することによって実装できるので，簡単ではあるが実務的に有効な方法の 1 つである．領域分割法についての詳細は，Haimovitch–Rinnooy Kan–Stougie[87] を参照されたい．

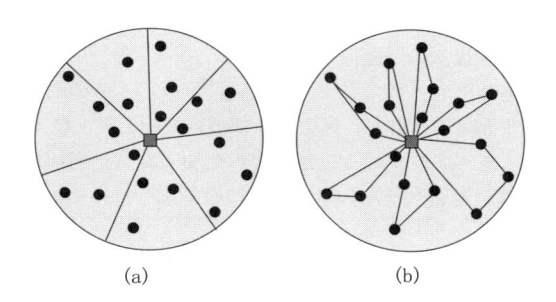

図 **18.10** 扇形分割スキーム（スイープ法）
$Q = 3, q_i = 1$ $(i \in N_0)$. (a) 領域を運搬車の積載量 Q を超えないように分割する．(b) 分割した領域ごとに巡回セールスマン問題を解き運搬車のルートを決める．

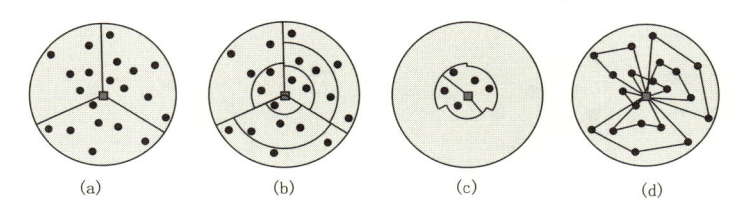

図 18.11 円形分割スキーム

$Q = 3, q_i = 1$ ($i \in N_0$). (a) 領域を等面積の扇形に分割する（分割数は，最悪値を考慮して決められる）．(b) 扇形を積載量を超えないように，外側から順に弧によって分割する．(c) 最も内側の残った領域を，積載量を超えないように半径方向の線によって分割する．(d) 分割した領域ごとに巡回セールスマン問題を解き運搬車のルートを決める．

18.6.2 一般化割当法

1981年に，Fisher–Jaikumar[58]は**一般化割当法**（generalized assignment method）とよばれる近似解法を提案した．この近似解法は，数理計画的な見方をはじめて配送計画問題に適用したものとして記念碑的なものであり，得られる近似解も当時としては最良のものであったので実務的にも成功した近似解法の1つである．

この解法のよび名は，クラスター分けを行うために一般化割当問題とよばれる $\mathcal{NP}$-困難な問題を解くことに起因する．一般化割当問題は配送計画問題と同様に $\mathcal{NP}$-困難であるが，実際に解くときには比較的解きやすく，種々の厳密解法および近似解法が提案されている（たとえば Cattrysse–Van Wassenhove[28]，柳浦–茨木–Glover[161] 参照）．一般化割当法は，配送計画問題のような $\mathcal{NP}$-困難族の中でも特に解きにくい問題を解決する際に，より簡単な $\mathcal{NP}$-困難族に含まれる問題を利用するアプローチのはしりになった解法でもある．

まず，解法の基礎となる一般化割当問題の定式化に必要な変数を導入する．

$$x_{ik} = \begin{cases} 1 & \text{顧客 } i \text{ が運搬車 } k \text{ に割り当てられる} \\ 0 & \text{それ以外} \end{cases} \quad (18.30)$$

顧客 i を運搬車 k に割り当てたときの費用を Δ_{ik} としたとき，一般化割当問題は以下のように定式化できる．

（一般化割当問題）

$$\begin{align}
\text{minimize} \quad & \sum_{i \in N_0} \sum_{k \in M} \Delta_{ik} x_{ik} \\
\text{subject to} \quad & \sum_{k \in M} x_{ik} = 1 \quad \forall i \in N_0 \tag{18.31} \\
& \sum_{i \in N_0} d_i x_{ik} \leq Q \quad \forall k \in M \tag{18.32} \\
& x_{ik} \in \{0, 1\} \quad \forall i \in N_0, k \in M \tag{18.33}
\end{align}$$

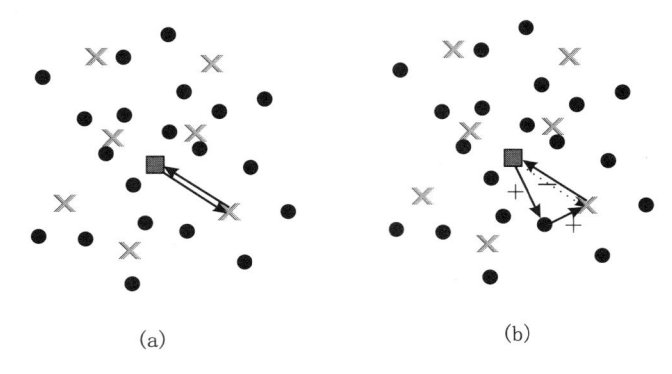

図 18.12 一般化割当法の説明図
×印が種点を表し，黒丸が顧客を表す．

式 (18.31) は各顧客にちょうど 1 台の運搬車が割り当てられることを表し，式 (18.32) は運搬車に割り当てられた顧客の需要量の合計が積載重量上限を超えないことを表す．式 (18.33) は顧客の運搬車への割り当てが分割できないことを表す整数条件である．

一般化割当法

1) 運搬車の台数分の種点（seed points）を領域に適当にばらまく．

2) デポと種点を往復するような仮想的な巡回路を作り，その巡回路に顧客を挿入したときの費用の増加量を顧客ごとに計算する（図 18.12）．ここで，種点 k に顧客 i を挿入したときの費用の増加量 Δ_{ik} は以下のように計算される．

$$\Delta_{ik} = c_{0i} + c_{ik} - c_{0k}$$

3) 運搬車の積載量制約を満たし，費用の増加量の合計が最小になるように顧客を運搬車に分割する．この問題は一般化割当問題に帰着される．

18.6.3 施設配置ヒューリスティクス

施設配置ヒューリスティクス（location based heuristics）は，Koskosidis–Powell–Solomon[104] によってソフト時間枠つき配送計画問題に対して適用され，後に Bramel–Simchi-Levi[21] によって一般の配送計画問題に対して解析された一般化割当法の拡張である．ここでは簡単のため積載量制約つきの等質配送計画問題を対象として解法の説明を行うが，施設配置ヒューリスティクスは，より一般的な配送計画問題（時間枠つき配送計画問題，在庫配送計画問題）へ拡張できる．

この近似解法は，ある分布にしたがって発生したランダムな配送計画問題に対する近

似値が最適値に漸近するという性質（漸近的最適性）をもつ．

一般化割当法では，種点をあらかじめ決めておいたが，施設配置ヒューリスティクスでは，すべての顧客を種点の候補とみなし，どの種点を選択するかも変数としてみなした子問題を解くことによって顧客のクラスター分けを行う．

子問題を定式化するために以下の 0-1 変数を用いる．

$$y_j = \begin{cases} 1 & \text{顧客 } j \text{ を種点として採用する} \\ 0 & \text{それ以外} \end{cases} \quad (18.34)$$

$$x_{ij} = \begin{cases} 1 & \text{顧客 } i \text{ が種点 } j \text{ に割り当てられる} \\ 0 & \text{それ以外} \end{cases} \quad (18.35)$$

F_j を顧客 j を種点としたときの費用，Δ_{ij} を種点 j に顧客 i を加えたときの費用とする．ここでは，$F_j = c_{0j} + c_{j0}$，$\Delta_{ij} = c_{ij} + c_{ji}$ と設定する．実際には，一般化割当法における挿入費用のように $\Delta_{ij} = c_{0i} + c_{ij} - c_{j0}$ とする方法も有効である．

施設配置ヒューリスティクスでは，以下の問題（**容量制約つき集積機配置問題**: capacitated concentrator location problem）を解くことによってクラスター分けを行う．

（容量制約つき集積機配置問題）

$$\begin{aligned}
\text{minimize} \quad & \sum_{i \in N_0} \sum_{j \in N_0} \Delta_{ij} x_{ij} + \sum_{j \in N_0} F_j y_j \\
\text{subject to} \quad & \sum_{j \in N_0} x_{ij} = 1 & \forall i \in N_0 & \quad (18.36) \\
& \sum_{i \in N_0} q_i x_{ij} \leq Q y_j & \forall j \in N_0 & \quad (18.37) \\
& x_{ij} \in \{0, 1\} & \forall i \in N_0, j \in N_0 & \quad (18.38) \\
& y_j \in \{0, 1\} & \forall j \in N_0 & \quad (18.39)
\end{aligned}$$

式 (18.36) は各顧客がいずれかの種点に割り当てられなければならないことを表し，式 (18.37) は選択された種点にしか顧客は割り当てられないことと運搬車の重量上限制約を同時に表す．また，式 (18.38),(18.39) は変数の整数条件である．

この問題は施設配置問題の一種であり，一般化割当問題と同様に $\mathcal{NP}$-困難であるが，やはり効率的な解法が用意されている[21]．

施設配置ヒューリスティクス
1) 容量制約つき集積機配置問題を解くことによって顧客のクラスター分けを行う．
2) 各クラスターにデポを加えた点集合に対する最適巡回路を求める．

18.7 Cross-opt

ここでは，Cross-opt 近傍を用いた局所探索法（Cross-opt）の設計方法について述べる．

ある解に対して，以下の手順によって生成できる解の集合を Cross-opt 近傍とよぶ（図 18.13）．

1) 2 つのルート r_1, r_2 $(r_1 < r_2)$ を選ぶ．
2) ルート r_1 から点の部分列（パス）$\mathcal{P}_a = (a_1, a_2, \cdots, a_k)$，ルート r_1 から点の部分列（パス）$\mathcal{P}_f = (f_1, f_2, \cdots, f_\ell)$ を選択する．ここで $\mathcal{P}_f = \emptyset$ を許すものとする．
3) a_1 の直前の地点を b，a_k の直後の地点を c，f_1 の直前の地点を d，f_ℓ の直後の地点を e とする．
4) 新たなルートを $r'_1 = (0, \cdots, b) - \mathcal{P}_f - (c, \cdots, 0)$ および $r'_2 = (0, \cdots, d) - \mathcal{P}_a - (e, \cdots, 0)$ とする．

目的関数値の変化量を効率的に計算するためには，近傍の探索順序と補助記憶が重要である．

補助記憶として，切り取ったパス $\mathcal{P}$ $(\in \{\mathcal{P}_a, \mathcal{P}_f\})$ に対する以下の情報が有用である．

1) パス $\mathcal{P} = (p_1, \cdots, p_k)$ の総稼働時間（total time）$TT(\mathcal{P})$（作業時間を含む）
2) p_1 を e_{p_1} に出発したと仮定したときの p_k の最早出発時刻（earliest departure time）$ED(\mathcal{P})$
3) パス上で時間枠制約を破らないための p_1 への最遅到着時刻（latest arrival time）$LA(\mathcal{P})$

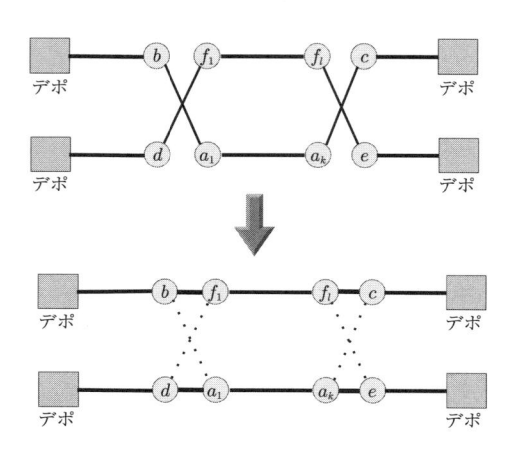

図 18.13 Cross-opt 近傍

命題 18.2 2 つのパス $\mathcal{P} = (p_1, \cdots, p_k)$, $\mathcal{Q} = (q_1, \cdots, q_\ell)$ に対する TT, ED, LA が既知のとき，パス $\mathcal{P} = (p_1, \cdots, p_k)$ の後ろにパス $\mathcal{Q} = (q_1, \cdots, q_\ell)$ を繋げることによって生成されたパス $\mathcal{R}$ は，

$$\mathrm{ED}(\mathcal{P}) + t_{p_k q_1} \leq \mathrm{LA}(\mathcal{Q})$$

のとき，時間枠の意味で実行可能であり，$\mathcal{R}$ に対する TT, ED, LA は $O(1)$ 時間で計算できる．

上の命題を用いることによって，パス $\mathcal{P}_a$ の点 d, e 間への挿入の実行可能性の判定および点 e への到着時刻の計算（これは目的関数の計算に用いられる）が $O(1)$ 時間でできる．パス $\mathcal{P}_f$ の b, c 間への挿入についても同様である．近傍の探索順序は，切り取るパス $\mathcal{P}$ ($\in \{\mathcal{P}_a, \mathcal{P}_f\}$) に対する TT($\mathcal{P}$), ED($\mathcal{P}$), LA($\mathcal{P}$) が $O(1)$ 時間で更新できるように，パスの長さを順次大きくするように探索する．

また，目的関数の改善量が正になる可能性の高いパスの組 $(\mathcal{P}_a, \mathcal{P}_f)$ を高速に求めるために，*K*-**d 木**（*K*-dimensional tree）とよばれるデータ構造を用いる．実装は巡回セールスマン問題に対する局所探索法と同様にできる．詳細は Bentley[15] を参照されたい．

さらに，局所探索法の終盤の加速を行うためには，don't look bit とよばれるテクニックが有効である．これは，大規模な巡回セールスマン問題に対する局所探索法の加速の常套手段であり，一度探索して改良する近傍が見つからなかったパス $\mathcal{P}_a$ を以降の探索から外し（$\mathcal{P}_a$ の最初の顧客の don't look bit を 1 に設定する），顧客 a を含んだパスを Cross-opt 近傍で交換したときに，再び探索の候補に入れる（顧客 a の don't look bit を 0 に設定する）．詳細は，Bentley[15] や Johnson–McGeoch[97] を参照されたい．

19

運搬スケジューリングモデル

本章では，航空機産業における乗務員スケジューリング問題や機団割当問題，鉄道・バス産業における乗務員スケジューリング問題，トラック産業におけるトレーラー型輸送問題，船舶のスケジューリング問題，ならびに前章で紹介した配送計画問題を一般化したモデルを考える．

このモデルは，7.5.2 項で述べた汎輸送モデルの直送方式において，運搬車の巡回を考慮したものである．配送計画の分類で言うと，満載型（full-truckload: FTL）配送計画問題に相当する．しばしば，2 つの重要な特殊形（配送計画問題と乗務員スケジューリング問題）のよび名をあわせて時間制約つき運搬経路・乗務員スケジューリング問題（time constrained vehicle routing and crew scheduling problem）とよばれることもあるが，ここでは簡単のため**運搬スケジューリング問題**（vehicle scheduling problem）とよぶことにする．

本章では，まず基本的な運搬スケジューリング問題を例題を通して説明する．幾つかの簡単な運搬スケジューリング問題は，ネットワーク問題に帰着され，容易に解くことができる．次に，一般的な運搬スケジューリング問題を統一的に解くためのフレームワークを紹介する．これは，Dantzig–Wolfe の分解法をもとにしたものである．

本章の構成は次のようになっている．

19.1 節では，幾つかの容易に解ける運搬スケジューリング問題の特殊形を考え，ネットワーク問題に帰着させることによる解法を示す．

19.2 節では，一般的な運搬スケジューリング問題に対する，基本モデルの(一部，制約論理言語を含む)定式化をあげる．

19.3 節では，運搬スケジューリング問題の基本モデルに対する Dantzig–Wolfe の分解原理を用いた解法について論じる．

19.5 節では，19.2 節で述べた基本モデルの種々の拡張について論じる．

19.7 節では，運搬スケジューリング問題の航空機産業における応用について述べる．

19.1 簡単な場合

いま，荷が発地から着地まで積み替えることなしに運ばれるものとする．7.5 節の輸送モデルの分類では，これを直送方式とよぶ．

直送される荷を，1台の運搬車によって運ぶとき，運搬車が余分な距離を走らないようにするためには，荷物を運ばないで移動している，いわゆる空輸送を最小化すれば良い．

これは，グラフ理論での一筆書き（Euler 閉路）を求めることに他ならない．有向グラフが（有向の）Euler 閉路をもつためには，グラフの各点の入次数（点に入ってくる枝の本数）と出次数（点から出ていく枝の本数）が一致していれば良い．すなわち，空輸送の最小化は，なるべく少ない（総費用が小さい）枝を追加してグラフの入次数と出次数が一致するようにする問題に帰着される．

図 19.1 のような簡単な例題で説明しよう．図 19.1 (a) の実線に示すように，5 つの荷を発地から着地へ積み替えなしで運ぼうとしている．運搬車は，どの点上にいても良いが，ここでは点 6 にいるものとする．点の「入次数 − 出次数」を計算すると，図中の数字のようになる．たとえば，点 1 では，入次数が 0 で出次数が 3 であるので，−3 となる．Euler 閉路をもつように枝を追加することを考える．

そのために，「入次数 − 出次数」が正の点を供給地点とし，負の点を需要地点と考え，図 19.1 (b) のような 2 部グラフを作成する．供給地点から需要地点への輸送費用（荷を 1 単位輸送したときの費用）を地点間の移動距離と設定する．供給地点からは，各点の「入次数 − 出次数」だけの供給があり，需要地点は，「出次数 − 入次数」の量が消費されるものとする．このとき，最小費用の輸送を求める問題は，**輸送問題**（transportation problem）とよばれる問題になり，（たとえば，6.5 節の最小費用流問題に帰着させることによって）簡単に解くことができる．

輸送問題の最適解を表す枝を，図 19.1 (b) の太線に示す．それに対応する枝は，

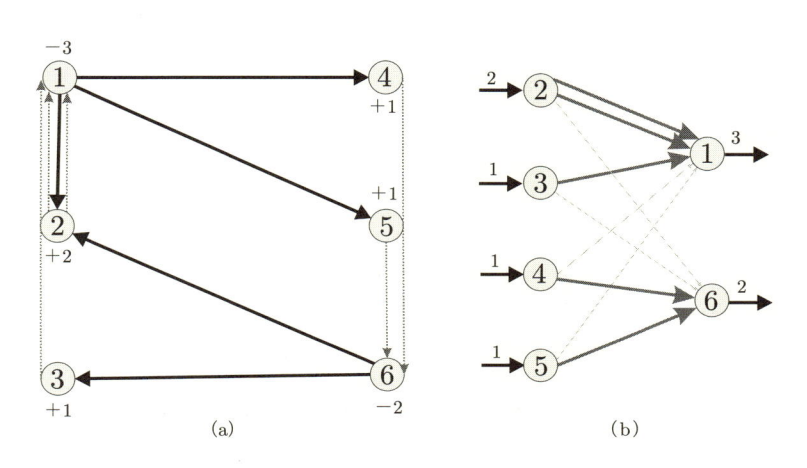

図 **19.1** (a) 運搬スケジューリング問題の例．枝が荷の発地と着地を表している．点に付随する数字は，入次数 − 出次数．(b) 輸送問題への帰着と最適解（太線）．

図 19.1 (a) の点線であり，これは空輸送を表す．空輸送を表す枝（点線）と荷の輸送を表す枝（実線）をあわせると，「入次数＝出次数」になっているので，すべての枝をちょうど 1 回ずつ通過する閉路（Euler 閉路）は容易に求めることができる．たとえば，6, 3, 1, 2, 1, 5, 6, 2, 1, 4, 6 の順で巡回する解が最適解のうちの 1 つである．

上の例では，荷の移動に時間的制約はまったくつけられていなかったが，幾つかの応用では，荷の発時刻や着時刻の指定がされている場合が多い．たとえば，航空機，バス，鉄道の乗務員スケジューリングへの応用の場合には，便 (flight, trip) に対応し，その発着時刻は，時刻表によって事前に定められている．この場合には，運搬車は乗務員に対応し，乗務員の 1 日のスケジュールを決めることが，問題の目的になる．

再び，例題で説明しよう．図 19.2 (a) のような，5 つの便を，点 6 をデポとした運搬車によって処理することを考える．便には，それぞれ図中に示すような発着時刻が決められている．問題の目的は，最小台数の運搬車ですべての便を処理し，さらに無駄な距離を走行しないようにすることである．

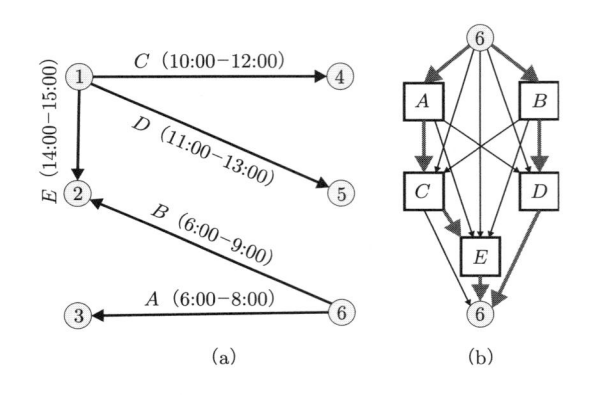

図 **19.2** (a) 時刻指定つき運搬スケジューリング問題の例．枝が便を表している．(b) 独立パス問題への帰着と最適解（太線）．

このように発着時刻の指定がついている場合には，どの便の次にどの便の処理が可能であるかを表すグラフを作成する（図 19.2 (b)）．A, B, C, D, E の 5 つの便とデポ（とそのコピー）から成る点集合を生成する．便 i の着時刻に，便 i から j への移動時間を加えたものが，便 j の発時刻以下であるとき，便 i の後に便 j が処理可能であるとよび，便 i を表す点から，便 j を表す点へ枝を引く．また，デポを表す始点（例題では点 6 と仮定する）から，各便を表す点に枝を引き，同様に，各便を表す点から終点を表す点 6 のコピーへ枝を引く．

このグラフ上で，始点から終点への独立パス（同じ点を通過しないパス）ですべての便を表す点をちょうど 1 回ずつ通過するものを求める．実は，最小のパスの本数（運搬

車の台数）は，Dilworth の定理とよばれるグラフ理論の結果から，同時に処理できない便の最大値と一致することが知られている．この例では，同時に処理できない便の最大値は 2 なので，図 19.2 (b) 中の太線で示すように，2 本の独立パスが存在する．これは，A, C, E の便を順に処理する運搬車と，B, D の便を順に処理する運搬車の 2 台で巡回するのが最適であることを示している．

このように，運搬スケジューリング問題には，容易に解ける特殊な場合が多々あるが，一般の場合は難しい問題になる．以下の節では，一般形に対する汎用的な解法を考える．

19.2 基本モデル

19.2.1 集　　合

まず，モデルの定式化に要する集合を定義する．

K： 運搬車（vehicle）の集合．応用に依存して，（航空機，バス，鉄道の）乗務員，航空機，トラック，船などを意味する．モデルを多品種流問題の拡張として定式化したとき，運搬車が品種に対応することから，品種（commodity）とよばれることもある．

Task： タスク（task）の集合．配送計画問題においては，顧客需要（荷）を意味し，乗務員スケジューリングなどの応用においては，航空機，鉄道，バスの便（flight, trip）を意味する．多くの研究では，機械スケジューリングおよび資源制約つきスケジューリング問題とのアナロジーから，タスク（ジョブ，活動）の用語を用いているので，ここでもそれにならうものとする．特に，スケジューリング問題においては，タスクは**活動**（activity）もしくはジョブ（job）とよばれる．スケジューリング問題を視覚的に表現するためにグラフを用いるが，その表現法は大きく 2 つに分類される．活動をグラフの点で表す表現法を，**点上活動図式**（activity-on-node diagram），枝で表す表現法を**枝上活動図式**（activity-on-arc diagram）とよぶ．運搬スケジューリング問題の場合にも，同様に点上活動図式と枝上活動図式の両者が考えられる．ここでは，運搬スケジューリング問題の特性（活動がある地点から別のある地点への「もの」の移動を表すこと）から枝上活動図式を採用する．

$G^k = (V^k, E^k)$： 運搬車 $k \in K$ の移動可能ネットワーク．運搬車 k の発地を $o(k)$，着地を $d(k)$，運搬車 k が処理する可能性があるタスクの発地と着地の集合を N^k としたとき，移動可能な点 V^k は $N^k \cup \{o(k), d(k)\}$ と定義される．またそれに付随して，枝 E^k を点集合 V^k 間で運搬車 k が移動可能な点対と定義する．

タスクの開始時刻があらかじめ決められている場合には，時間の概念を移動可能ネットワークに埋め込む方法も有効になる．これは，**時空間ネットワーク**（time-space network）とよばれ，ネットワークの各点を地点 i と i を通過する時刻 s の対 (i, s) と定義し，ある地点 i を時刻 s に出発した運搬車が地点 j に

時刻 s' に到着するときに点 (i,s) から点 (j,s') に枝 $\{(i,s),(j,s')\}$ を張ることによって構成される．時間を陽的にネットワークに組み込むので，ネットワークが大きくなる可能性があるが，時間の不可逆性からネットワークが閉路を含まないことが保証されるという特性をもつ．

EK_t: 点 i から点 j へ運搬車 $k \in K$ が移動したときにタスク $t \in \text{Task}$ が処理されるとき，3つ組 (i,j,k) は集合 EK_t に含まれるものと定義する．

Res^k: 運搬車 $k \in K$ に対する資源集合．資源は配送計画問題に付加される時間枠制約および積載重量（容量）制約の一般化から生まれたものである．ここで時間枠制約とは，各顧客上における作業開始時刻が，決められた時刻より後（最早作業開始時刻）で，かつ別の決められた時刻（最遅作業開始時刻）より前でなければならないことを規定し，積載重量（容量）制約とは，運搬車に積載された顧客の需要量の合計重量（容量）が運搬車ごとに定められた積載重量（容量）以下になることを規定するものである．

時間枠制約の場合には，資源は「時間」に対応し，顧客間を運搬車が移動すると資源（時間）が増加すると考える．各顧客上には資源（時間）の上下限が規定されており，資源（時間）が下限未満の場合には，下限に設定される．これは，顧客に到着した時刻が最早作業開始時刻より前のときには，最早作業開始時刻まで待つことを表す．

積載重量（容量）制約の場合には，資源は「積載されている重量（容量）」に対応し，顧客を訪問すると積み込みの場合には資源は増加し，積み降ろしの場合には資源は減少すると考える．各顧客上での資源の上限は，その顧客を訪問する運搬車の積載重量（容量）の上限に，下限は 0 に設定される．

また，目的関数（費用）も特殊な資源として取り扱うことができる．以下では費用を表す資源の添え字を 0 とする．

19.2.2 入力データ

次に，モデルに内在するパラメータ（入力データ）を定義する．

RLB_i^{kr}: 運搬車 $k \in K$ の点 $i \in V^k$ における資源 $r \in Res^k$ の量の下限（r-units）；ここで r-units とは，資源 r の単位量を表す．たとえば，資源が時間を表す場合には，日，時間，分，秒などを意味し，積載重量（容量）を表す場合には kg（m³）などを意味する．

RUB_i^{kr}: 運搬車 k の点 i における資源 r の量の上限（r-units）

R_{ij}^{kr}: 点 i から点 j に運搬車 k が移動したときの資源 r の増加量（r-units）；運搬車 k が点 i から点 j に移動したとき，点 j における資源 r の量 Y_j^{kr} は点 i における資源 r の量 Y_i^{kr} をもとに，以下のように計算される．

$$Y_j^{kr} = \max\left\{RLB_j^{kr}, Y_i^{kr} + R_{ij}^{kr}\right\}$$

19.2.3 変　　数

最後に，モデルの定式化に用いる変数を定義する．

X_{ij}^k：点 i から点 j に運搬車 k が移動するとき 1，それ以外のとき 0 の 0-1 変数；以下では運搬車フロー変数とよぶ．

Y_i^{kr} (≥ 0)：運搬車 k の点 i 上での資源 r の量（r-units）；以下では資源変数とよぶ．

19.2.4 定　式　化

上で定義した集合，入力データ，および変数を用いた運搬スケジューリング問題の定式化を示す．最初に言葉を用いた定式化をあげ，その後で各項を数式で表現する．

$$\begin{array}{ll} \text{minimize} & \text{総費用} \\ \text{subject to} & \text{タスク遂行条件} \\ & \text{運搬車のフロー整合条件} \\ & \text{運搬車フロー変数と資源変数の繋ぎ条件} \\ & \text{発地・着地における資源量の上下限制約} \\ & \text{発地・着地以外での資源量の上下限制約} \end{array}$$

目的関数

$$\text{総費用} = \sum_{k \in K} Y_{d(k)}^{k0}$$

費用を表す資源の添え字は 0 と定義されていたので，各運搬車 $k \in K$ ごとに着地 $d(k)$ での費用を合計したものが目的関数になる．

タスク遂行条件

$$\sum_{(i,j,k) \in EK_t} X_{ij}^k = 1 \quad \forall t \in \text{Task}$$

すべてのタスクが処理されなければならないことを表す．

運搬車のフロー整合条件

$$\sum_{j:(i,j) \in E^k} X_{ij}^k - \sum_{j:(j,i) \in E^k} X_{ji}^k$$

$$= \begin{cases} 1 & i = o(k) \\ 0 & \forall i \in V^k \setminus \{o(k), d(k)\} \\ -1 & i = d(k) \end{cases} \quad \forall i \in V^k, k \in K$$

運搬車 k が発地 $o(k)$ から出発し，幾つかの点を経由した後，着地 $d(k)$ に到着することを表す．

運搬車フロー変数と資源変数の繋ぎ条件

$$(X_{ij}^k = 1) \Rightarrow \left(Y_i^{kr} + R_{ij}^{kr} \leq Y_j^{kr}\right) \quad \forall r \in \text{Res}^k, (i,j) \in E^k, k \in K$$

運搬車 k が枝 (i,j) 上を移動することによって，資源量の変化が起きることを表す．部分巡回路を除去する制約も，資源が無限に増大しないという制約で記述することができる．

発地・着地における資源量の上下限制約

$$RLB_i^{kr} \leq Y_i^{kr} \leq RUB_i^{kr} \quad \forall i \in \{o(k), d(k)\}, r \in \text{Res}^k, k \in K$$

発地 $o(k)$ および着地 $d(k)$ における資源量の上下限制約を規定する．

発地・着地以外での資源量の上下限制約

$$RLB_i^{kr} \left(\sum_{j:(i,j) \in E^k} X_{ij}^k \right) \leq Y_i^{kr} \leq RUB_i^{kr} \left(\sum_{j:(i,j) \in E^k} X_{ij}^k \right) \quad \forall i \in N^k, r \in \text{Res}^k, k \in K$$

発地および着地以外の点 $i \in N^k$ 上での資源量の上下限制約を規定する．

19.3 解　　法

ここでは，運搬スケジューリング問題に対する Dantzig–Wolfe の分解原理[41)] を用いた解法を示す．

Dantzig–Wolfe の分解原理を適用すると，上で示した定式化は，目的関数とタスク遂行条件から成る**主問題**（master problem）と，その他の制約（運搬車のフロー整合条件，運搬車フロー変数と資源変数の繋ぎ条件，発地・着地における資源量の上下限制約，発地・着地以外での資源量の上下限制約）から構成される**部分問題**（subproblem）に分解される．

部分問題は，さらに運搬車 $k \in K$ ごとに分解可能であり，分解された個々の問題は資源制約つき最短路問題になる．いま，資源制約つき最短路問題を表現する多面体が有界と仮定する．部分問題 $k \in K$ の各端点は，$o(k)$ から $d(k)$ に至る（資源制約を満たす）パスに対応する．部分問題 $k \in K$ に対する端点の添え字集合を P^k と書き，端点の特性ベクトルを

$$\left(\boldsymbol{x}_p^k, \boldsymbol{y}_p^k\right) \quad p \in P^k, k \in K$$

とする．ここで，ベクトル $\boldsymbol{x}_p^k$ の各成分は x_{ijp}^k であり，ベクトル $\boldsymbol{y}_p^k$ の各成分は y_{ip}^{kr} である．

19.3 解　　法

部分問題 $k \in K$ の解 X_{ij}^k および Y_i^k は，端点の特性ベクトル $(\boldsymbol{x}_p^k, \boldsymbol{y}_p^k)$ の凸結合として以下のように書くことができる．

$$\left. \begin{array}{ll} X_{ij}^k = \sum_{p \in P^k} x_{ijp}^k \theta_p^k & \forall (i,j) \in E^k \\ Y_i^{kr} = \sum_{p \in P^k} y_{ip}^{kr} \theta_p^k & \forall i \in V^k \\ \sum_{p \in P^k} \theta_p^k = 1 & \\ \theta_p^k \geq 0 & \forall p \in P^k \end{array} \right\} \forall k \in K$$

ここで新たに導入した変数 θ_p^k は端点（パス）ごとに定義されるので，**パス変数**（path variable）とよばれる．主問題の変数 X_{ij}^k および Y_i^k をパス変数を用いて書き換えることによって，主問題は以下のように変形される．

$$\begin{array}{ll} \text{minimize} & \sum_{k \in K} \sum_{p \in P^k} y_{d(k)p}^{k0} \theta_p^k \\ \text{subject to} & \sum_{(i,j,k) \in \mathrm{EK}_t} \sum_{p \in P^k} x_{ijp}^k \theta_p^k = 1 \quad \forall t \in \text{Task} \\ & X_{ij}^k = \sum_{p \in P^k} x_{ijp}^k \theta_p^k \quad \forall (i,j) \in E^k,\, k \in K \\ & \sum_{p \in P^k} \theta_p^k = 1 \quad \forall k \in K \\ & \theta_p^k \geq 0 \quad \forall p \in P^k,\, k \in K \\ & X_{ij}^k \in \{0,1\} \quad \forall (i,j) \in E^k,\, k \in K \end{array}$$

変数 X_{ij}^k の 0-1 条件は，パス変数 θ_p^k の 0-1 条件に置き換えることができるので，上の主問題は以下のように書くことができる．

$$\begin{array}{ll} \text{minimize} & \sum_{k \in K} \sum_{p \in P^k} y_{d(k)p}^{k0} \theta_p^k \\ \text{subject to} & \sum_{(i,j,k) \in \mathrm{EK}_t} \sum_{p \in P^k} x_{ijp}^k \theta_p^k = 1 \quad \forall t \in \text{Task} \\ & \theta_p^k \in \{0,1\} \quad \forall p \in P^k,\, k \in K \end{array}$$

この問題を直接解くためには，あらかじめすべてのパスを列挙しておく必要がある．しかし，パス変数の数 $\sum_{k \in K} |P^k|$ は非常に大きく，すべてのパスを"事前に"列挙しておくことは事実上不可能な場合が多い．ここでは，見込みのありそうなパスだけに限定し，必要に応じてパスを生成する，いわゆる**列生成法**（column generation method）を用いる．各運搬車 k に対する（小さな）パスの部分集合 $\tilde{P}^k \subseteq P^k$ に対して，以下の**制限つき主問題**（restricted master problem）を導入する．

$$\text{minimize} \quad \sum_{k \in K} \sum_{p \in \tilde{P}^k} y_{d(k)p}^{k0} \theta_p^k$$

$$\text{subject to} \quad \sum_{(i,j,k)\in \text{EK}_t} \sum_{p\in \tilde{P}^k} x_{ijp}^k \theta_p^k = 1 \quad \forall t \in \text{Task} \tag{19.1}$$

$$\theta_p^k \in \{0,1\} \quad \forall p \in \tilde{P}^k, k \in K$$

この問題においては，x_{ijp}^k は 0 もしくは 1 の定数であるので，集合分割問題の特殊形である．この問題の線形計画緩和問題を解く（もしくは Lagrange 緩和法で下界を得る）と，副産物として式 (19.1) に対する双対変数 λ_t ($t\in\text{Task}$) が得られる．パス変数 θ_p^k の被約費用 $\bar{c}_p^k$ は

$$\bar{c}_p^k = y_{d(k)p}^{k0} - \sum_{(i,j)\in E^k} \sum_{t\in \text{Task}:(i,j,k)\in \text{EK}_t} \lambda_t x_{ijp}^k \quad \forall p \in P^k, k \in K$$

となる．したがって，被約費用が負でかつ制約を満たすパスを求めるための部分問題は，運搬車 $k\in K$ ごとに独立に解くことができ，もとの変数 X_{ij}^k および Y_i^k を用いて以下のように書くことができる．

$$\text{minimuze} \quad Y_{d(k)}^{k0} - \sum_{(i,j)\in E^k} \sum_{t\in \text{Task}:(i,j,k)\in \text{EK}_t} \lambda_t X_{ij}^k$$

subject to 運搬車 $k\in K$ に対する運搬車のフロー整合条件

運搬車 $k\in K$ に対する運搬車フロー変数と資源変数の繋ぎ条件

運搬車 $k\in K$ に対する発地・着地における資源量の上下限制約

運搬車 $k\in K$ に対する発地・着地以外での資源量の上下限制約

この部分問題は，資源制約つき最短路問題とよばれる問題になり，動的計画，適当な枝刈りを付加した列挙法，もしくは制約論理言語などを用いて求解される．これについては，次節でより深く考える．

制限つき主問題は整数計画問題であるので，整数解を得るためには，通常，分枝限定法などの列挙法を用いる必要がある．分枝限定法の各部分問題において，列生成法を適用する分枝限定法は，**分枝価格法**（branch and price method）とよばれ，運搬スケジューリング問題をはじめとする種々の組合せ最適化問題に適用され，成功をおさめている[10]．

19.4　資源制約つき最短路問題に対する動的計画

ここでは，前節で部分問題として現れた資源制約つき最短路問題に対する動的計画による解法を考える．

簡単のため運搬車は 1 台であるとし，運搬車の添え字 k を省略して記すものとする．資源制約つき最短路問題とは，以下の仮定をもつ問題である．

1) 始点 o から終点 d までのパスを求める．これは運搬車の輸送経路を抽象化した

ものである. 実際には, 初等パス (同じ枝を 2 度以上通過しないパス) である必要があるが, ここではこの条件を外した (すなわち, 同じ枝を 2 度以上通過することを許した) パスを考える.

2) 資源の集合 Res が与えられており, 各点 i における資源量 r の下限 RLB_i^r と上限 RUB_i^r が与えられている. これは, 時刻, 重量, 容量などの運搬車に関する諸制約を抽象化したものである.

3) 枝 (i,j) をパスが通過した際には, 資源 r が R_{ij}^r だけ増加するものとする. 荷物の積み降ろしなどで重量や容量が減少する場合や, タスクを処理することによる利益 (負の費用 λ_t) を扱う場合には, 対応する資源の R_{ij}^r を負の値に設定すれば良い.

4) 目的関数である総費用は, 終点 d における資源の量の非減少関数であると仮定する. これは, 資源量が少ないほど費用が小さくなることを表している.

通常の最短路問題と同じように点の上にラベルをつける. 資源の数の次元をもつベクトル $\boldsymbol{Y}_i = (Y_i^0, Y_i^1, \cdots, Y_i^{|\mathrm{Res}|})$ がラベルとなる. 点 i 上には, 複数のラベルが付加され, それをラベルの集合 L_i として保持する.

点 i 上のラベル $\boldsymbol{Y}_i$ を与えたとき, 点 j 上のラベルを生成する関数を $f_{ij}(\boldsymbol{Y}_i)$ とし, 以下のように定義する.

$$f_{ij}(\boldsymbol{Y}_i) = \text{第 } r \text{ 成分が } Y_j^r = \max\{Y_i^{r\ell} + R_{ij}, RLB_j\} \text{ である } \boldsymbol{Y}_j$$

点 i 上のラベルの集合 L_i を与えたとき, 点 j 上のラベルの集合を返す関数を $F_{ij}(L_i)$ とし, 以下のように定義する.

$$F_{ij}(L_i) = \bigcup_{\boldsymbol{Y}_i \in L_i} f_{ij}(\boldsymbol{Y}_i)$$

ラベルは他のラベルに優越されているものを省いて保持した方が効率が良い. ここで, ラベルの優越関係は, 以下のように定義される.

定義 19.1（優越関係） 2 つのラベルを表すベクトル $\boldsymbol{Y}^1, \boldsymbol{Y}^2$ で

$$Y^{r1} \leq Y^{r2} \quad \forall r \in \mathrm{Res}$$

でかつ $\boldsymbol{Y}^1 \neq \boldsymbol{Y}^2$ ならば, $\boldsymbol{Y}^1$ は $\boldsymbol{Y}^2$ に優越している (逆に $\boldsymbol{Y}^2$ は $\boldsymbol{Y}^1$ に優越されている) とよぶ.

$\boldsymbol{Y}^2$ が $\boldsymbol{Y}^1$ に優越されているならば, $\boldsymbol{Y}^2$ はラベルの集合から除外しても, 最適性は失われない. 他のラベルに優越されていないラベルを非劣解 (もしくは Pareto 最適解) とよぶ.

任意のラベルの集合から非劣解の集合を得るための操作を G と記すと, 点 i 上のラ

ベルの集合 L_i を与えたとき，点 j 上のラベルの集合 L_j を更新する操作は，以下のようになる．

$$L_j := G(L_j \cup F_{ij}(L_i))$$

適当な初期ラベルから始めて，ラベルが変化しなくなるまで，上の操作を繰り返す方法が，資源制約つき最短路問題に対する最も単純な動的計画アルゴリズムになる．これは，最短路問題に対する Ford 法に対応する．

他にも，時間に対応する資源が最もきつい制約となっている場合には，時間も最も小さいラベルをもつ点を選択して，その点から出る枝に対して，上のラベル更新の操作を行う方法も有効である．これは，最短路問題に対する Dijkstra 法に対応する．

19.5 拡張モデル

ここでは，19.2 節で述べた基本モデルの幾つかの拡張について論じる．19.3 節で述べた解法を，以下で述べる拡張モデルに対して適用することは比較的容易である．

19.5.1 タスク遂行条件の一般化

タスク遂行条件は，すべてのタスクが「ちょうど 1 回」処理されなければならないことを表していた．この条件は，種々の実際問題においては多少一般化して扱わなければならない．ここでは，タスクが処理される回数を任意の正数にするとともに，決められた回数からの逸脱をペナルティとして許すモデルへ拡張する．

以下のパラメータを追加する．

n_t： タスク $t \in \text{Task}$ が処理される回数．
P_t^+： タスク t が処理される回数が n_t を超えたときに，超過量 1 単位ごとにかかるペナルティ費用．
P_t^-： タスク t が処理される回数が n_t 未満のときに，不足量 1 単位ごとかかるペナルティ費用．

以下の変数を追加する．

Ξ_t^+： タスク $t \in \text{Task}$ が処理される回数の超過量．
Ξ_t^-： タスク $t \in \text{Task}$ が処理される回数の不足量．

上で定義した記号を用いると，タスク遂行条件の一般化は以下のように記述される．

目的関数

$$\text{総費用} = \sum_{k \in K} Y_{d(k)}^{k0} + \sum_{t \in \text{Task}} \left(P_t^+ \Xi_t^+ + P_t^- \Xi_t^- \right)$$

一般化タスク遂行条件

$$\sum_{(i,j,k) \in \text{EK}_t} X_{ij}^k - \Xi_t^+ + \Xi_t^- = n_t \quad \forall t \in \text{Task}$$

19.5.2 資源拡張関数

基本モデルにおいては，運搬車 k が点 i から点 j に移動したとき，資源 r の量は定数 R_{ij}^{kr} だけ大きくなると仮定した．しかし実際には，点 i における幾つかの資源の量に依存して点 j における資源量が決められる場合がある．ここでは，点 i における運搬車 k に付随する資源量を表すベクトル Y_i^k を入力したときに点 j における資源 r の量を返す関数（**資源拡張関数**：resource extension function）Ext_{ij}^{kr} を導入することによってモデルの一般化を行う[43]．運搬車 k が点 i から点 j に移動したとき，点 j における資源 r の量 Y_j^{kr} は点 i における資源ベクトル Y_i^k をもとに，以下のように計算される．

$$Y_j^{kr} = \max\left\{ RLB_j^{rk}, \text{Ext}_{ij}^{kr}\left(Y_i^k\right) \right\}$$

関数 Ext_{ij}^{kr} の性質は，部分問題を解くためのアルゴリズムの選択に影響を与える．たとえば，関数 Ext_{ij}^{kr} が非減少関数であるという仮定の下では，動的計画法を用いた解法が効率的に働く．

基本モデルにおける運搬車フロー変数と資源変数の繋ぎ条件は，関数 Ext_{ij}^{kr} を用いて以下のように拡張される．

資源拡張関数を用いた運搬車フロー変数と資源変数の繋ぎ条件

$$\left(X_{ij}^k = 1\right) \Rightarrow \left(\text{Ext}_{ij}^{kr}\left(Y_i^k\right) \leq Y_j^{kr}\right) \quad \forall r \in \text{Res}^k, (i,j) \in A^k, k \in K$$

19.2 節で述べた基本モデルは，資源拡張関数 Ext_{ij}^{kr} を

$$\text{Ext}_{ij}^{kr}\left(Y_i^k\right) = Y_i^{kr} + R_{ij}^{kr}$$

と設定した特殊形である．

19.6 輸送手段の種類

実際問題に運搬スケジューリング問題を適用する際には，輸送手段の特性を考慮する必要がある．ここで対象とする実務は，航空機，船舶，トラック（トレーラー），ならびに鉄道である．

船舶の特徴としては，1 社の問題を扱う場合でも輸送手段の種類が千差万別であることがあげられる．航空機やトラック業者の場合には，ほぼ同じような種類の輸送手段に統一して，管理を簡素化するのが普通であるが，船舶では多種の輸送手段を保有するケースが多い．また，輸送日数が長いため，不確実性が大きい点も特徴である．この不確実性は，天候に依存する場合が多く，そのため決められた行き先に移動中においても，行き先の変更を余儀なくされるケースもある．さらに，積み荷の量によって喫水が変化するため，港に入ることができなくなる点も船舶特有の付加条件である．

鉄道輸送においては，輸送経路（線路）を占有する点が特徴である．ある区間を列車が通行中は，衝突を回避するために，他の列車はその区間に入ることができない．他の

表 19.1 輸送手段の特徴

特徴	船舶	航空機	トラック	鉄道
種類	多い	少ない	少ない	少ない
輸送が定期的	通常	通常	稀	通常
移動時間の単位	日から週	時間から日	時間	時間から日
不確実性	非常に大	大	小	非常に小
停泊料金	あり	あり	なし	なし
経路の占有	なし	なし	なし	あり
経路の料金がかかる場合	あり（運河）	なし	あり（高速道路）	なし
行き先の変更	あり	（ほとんど）なし	（ほとんど）なし	なし
停泊の時間枠の数	複数	単一	単一	複数
停泊可能性が荷量に依存	する	たまにする	しない	しない
発地への帰還の考慮	しない	しない	する	しない

輸送手段においては，移動中に他の輸送手段と経路が競合することは稀である．

輸送手段ごとの特徴を表 19.1 にまとめておく．表中に示してある特徴は，程度の問題であり，絶対的なものではないことを付記しておく．たとえば，船舶の特徴である移動中における行き先の変更も，長距離トラックではしばしば行われ，不確実性も船舶だけの特徴ではなく，航空機でも同様である．

19.7 航空機産業における応用

航空機産業は，運搬スケジューリング問題が最も有効に活用されている分野である．

航空機産業において，処理すべきタスクの集合は，以下の 4 つの階層に分けると考えやすい．

便および回送： 便（flight, trip）とは，航空機がある空港を決められた時刻に出発し，途中で着陸することなしに飛行し，別の空港に決められた時刻に到着することを表す．**回送**（deadhead）とは，乗務員（パイロット，パーサーなど）が便に乗客として乗るか，他の移動手段で空港間を移動することを指す．

任務（duty）： 1 日の乗務員のスケジュールを表し，1 つ以上の便および回送とその間の休息時間から構成される．

ペアリング（paring, rotation）： ある出発地点（home base）から出発し，再び出発地点に戻る乗務員のスケジュールを表し，1 つ以上の任務とその間の休息期間から構成される．

個別月間ブロック（personalized monthly block）： 月間の乗務員のスケジュールを表し，1 つ以上のペアリングとその間の休息期間，長期休暇，待機期間などから構成される．

航空機産業における稀少資源は，航空機や乗務員であり，これらを上で定義した諸タスクへ割り当てることが主要な問題となる．これらは，意思決定の順序に基づき，大き

く以下の4つに分けられる．

1) **時刻表作成問題**（timetabling problem）：顧客需要の予測に基づき，空港間の便を決定する．各航空機会社に割り振られた空港の滑走路などの制約や所有する航空機の種類などが制約となる．これは，おおよそ実施の1年前に決定される意思決定項目である．

2) **機団割当問題**（fleet assignment problem）：所有する航空機を時刻表作成問題で決められた便に割り振る．割り振られた機種によって得られる利益が異なり，また空港ごとに離陸もしくは着陸できる機種に制限がある．所有する航空機ではすべての便が処理できない場合には，その結果を時刻表作成問題にフィードバックして再求解する必要がある．通常は，便の発時刻は時刻表作成問題で決定されたものを入力として扱うが，便の発時刻も意思決定変数に加えて最適化を行う場合もある．これは，おおよそ実施の半年前に決定される．

3) **乗務員ペアリング問題**（crew paring problem）：機団割当問題で決められた機種に対して，その機種に乗務可能な乗務員のペアリング（1週間程度のスケジュール）を作成する．乗務員ペアリング問題は，運搬スケジューリング問題の代表的な応用例の1つであり，タスクは便に，解はペアリングに対応する．ペアリングに対する主要な制約は任務（1日のスケジュール）に対するものであるので，最初にすべての任務を列挙し，次に任務の5日から7日程度の組合せとしてペアリングを（必要に応じて）生成する方法が用いられる．回送は，19.5.1項で述べたタスクの処理の超過量 Ξ_t^+ として処理される．すなわち，乗務員が客として移動する際のペナルティを，タスク処理量の超過ペナルティ費用 P_t^+ と設定し，超過を許すものとしてモデル化する．これは，おおよそ実施の1ヶ月前に決定される．

4) **個別月間ブロック割当問題**（monthly block assignment problem, crew assignment problem）：乗務員ペアリング問題で決められたペアリングを，個々の乗務員に割り振る．これは，上の乗務員ペアリング問題と同時に使われるので，おおよそ実施の1ヶ月前に決定される．

個別月間ブロック割当問題に対しては，以下の3つの問題を解くことによる方法が主に利用されており，3者とも，タスクはペアリング，解は個別月間ブロックに対応する．最近では，大規模問題を解くための技術の進歩から，便（もしくは任務）をタスクとみなして求解する方法もしばしば用いられる．この場合には，乗務員ペアリング問題と個別月間ブロック割当問題の区別はなく，両者をあわせた問題が求解される．

a) **入札問題**（bidline problem）：乗務員の個人の情報を用いないで，すべてのペアリングをカバーする個別月間ブロックを作成する．その後で，得られた個別月間ブロックを乗務員ごとに決められた優先順位の順（通常は年齢順）に選択していく．この方式は，主に北米の航空機会社で採用されている．我が国のトラック業界では，しばしばカルタ取り方式とよばれている．

b) **乗務員勤務名簿問題**（crew rostering problem, rostering problem）：乗務員の

個々の要求（desiderata）に基づき個別月間ブロックを作成する．この方法は，ヨーロッパにおいて主流である．

c) **優先入札問題**（preferential bidding problem）：乗務員ごとに決められた優先順位（通常は年齢順）を考慮した上で個別月間ブロックを作成する．この問題は，年齢順に絶対的な優先度をもつ多目的計画問題と考えられ，優先順位の大きい順に運搬スケジューリング問題を繰り返し用いて求解する方法が提案されている[66]．

文　　　献

1) J. Adams, E. Balas, and D. Zawack. The shifting bottleneck procedure for job shop scheduling problem. *Management Science*, 34:391–401, 1988.
2) P. Afentakis and B. Gavish. Optimal lot-sizing algorithms for complex product structures. *Operations Research*, 34(2):237–249, 1986.
3) B. C. Arntzen, G. C. Brown, T. P. Harrion, and L. L. Trafton. Global supply chain management at Digital Equipment Corporation. *Interfaces*, 25(1):69–93, 1995.
4) E. Balas. Machine sequencing via disjunctive graphs: An implicit enumeration algolithm. *Operations Research*, 17:941–957, 1969.
5) E. Balas, J. K. Lenstra, and A. Vazacopoulos. The one-machine problem with delayed precedence constraints and its use in job shop scheduling. *Management Science*, 41(1):94–109, 1995.
6) E. Balas and A. Vazacopoulos. Guided local search with shifting bottleneck for job shop scheduling. *Management Science*, 44(2):262–275, 1998.
7) R. Baldacci, E. Hadjiconstantious, and A. Mingozzi. An exact algorithm for the capacitated vehicle routing problem based on a two-commodity network formulation. *Operations Research*, 52(5):723–738, 2004.
8) M. Balinski and R. Quandt. On an integer program for a delivery problem. *Operations Research*, 1:300–304, 1964.
9) I. Barany, R. J. Van Roy, and L. A. Wolsey. Strong formulations for multi-item capacitated lot-sizing. *Management Science*, 30:1255–1261, 1984.
10) C. Barnhart, E. L. Johnson, G. L. Nemhauser, M. W. Savelsbergh, and P. H. Vance. Branch-and-price: Column generation for solving huge integer programs. *Operations Research*, 46(3):316–329, 1998.
11) J. J. Bartholdi III and L. K. Platzman. An $O(n \log n)$ planar traveling salesman heuristic based on spacefilling curves. *Operations Research Letters*, 121–125, 1982.
12) J. Bearwood, J. Halton, and J. Hammersley. The shortest path through many points. *Proceedings of the Cambridge Philosophical Society*, 5:299–327, 1959.
13) J. E. Beasley. Route first-cluster second method for vehicle routing. *Omega*, 1:403–408, 1983.
14) J. F. Benders. Partitioning procedures for solving mixed integer programming problem. *Numerische Mathematik*, 4:238–252, 1962.
15) J. L. Bentley. Experiments on geometric traveling salesman heuristics. Technical Report 151, AT & T Bell Laboratories, August 1990. A collection of four papers.
16) D. P. Bertsekas. *Dynamic Programming and Optimal Control I,II*. Athena Scientific, 1995.
17) D. P. Bertsekas and J. N. Tsitsiklis. *Neuro-dynamic programming*. Athena Scientific, 1996.
18) D. Bertsimas and I. Popescu. Revenue management in a dynamic network environment, to appear. http://www.insead.fr/facultyresearch/tm/popescu/.
19) D. Bertsimas and M. Sim. Robust discrete optimization and network flows. *Mathematical Programming*, 98:49–71, 2003.

20) N. L. Biggs, E. K. Lloyd, and R. J. Wilson. *Graph Theory 1736–1936*. Oxford University Press, 1976.
21) J. Bramel and D. Simchi-Levi. A location based heuristic for general routing problem. *Operations Research*, 43:649–669, 1995.
22) J. Bramel and D. Simchi-Levi. *The logic of logistics: Theory, algorithms, and applications for logistics management*. Springer-Verlag, 1997.
23) J. Brimberg and R. F. Love. Global convergence of a generalized iterative procedure for the minisum location problem with l_p distances. *Operations Research*, 41(6):1153–1163, 1993.
24) P. Brucker, A. Drexl, R. Möhring, K. Neumann, and E. Pesch. Resource-constrained project scheduling: Notation, classification, models, and methods. *European Journal of Operational Research*, 112:3–41, 1999.
25) J. Carlier. The one-machine sequencing problem. *European Journal of Operational Research*, 11:42–47, 1982.
26) J. Carlier and E. Pinson. An algorithm for job shop scheduling problem. *Management Science*, 35:164–176, 1989.
27) J. Carlier and E. Pinson. Adjustment of heads and tails for the job-shop problem. *European Journal of Operational Research*, 78:146–161, 1994.
28) D. Cattrysse and L. N. Van Wassenhove. A survey of algorithms for the generalized assignment problem. *European Journal of Operational Research*, 60:260–272, 1992.
29) V. Černý. Thermodynamical approach to the traveling salesman problem: An efficient simulation algorithm. *Journal of Optimization and Applications*, 45:41–51, 1985.
30) L. M. A Chan, Z. J. Shen, D. Simchi-Levi, and J. L. Swann. Coordination of pricing and inventory decisions: A survey and classification. In D. Simchi-Levi, S. D. Wu, and Z. J. Shen, editors, *Handbook of Quantitative Supply Chain Analysis: Modeling in the E-Business Era*, chapter 14, pages 335–392. Kluwer Academic Publishers, 2004.
31) F. Chen, Z. Drezner, J. K. Ryan, and D. Simchi-Levi. The bullwhip effect: Managerial insights on the impact of forecasting and information on variability in a supply chain. In S. Tayur, R. Ganeshan, and M. Magazine, editors, *Quantitative Models for Supply Chain Management*, 417–439. Kluwer Academic Publishers, 1999.
32) F. Chen, Z. Drezner, J. K. Ryan, and D. Smichi-Levi. Qualifying the bullwhip effect in a simple supply chain: The impact of forecasting, lead times, and information. *Management Science*, 46(3):436–443, 2000.
33) F. Chen, J. K. Ryan, and D. Simchi-Levi. The impact of exponential smoothing forecast on the bullwhip effect, 2000.
34) A. Clark and H. Scarf. Optimal policies for a multi-echelon inventory systems. *Management Science*, 6:475–490, 1960.
35) G. Clarke and J. W. Wright. Scheduling of vehicles from a central depot to a number of delivery points. *Operations Research*, 1:568–581, 1964.
36) M. A. Cohen and A. Huchzermeir. Global supply chain management: A survey of research and applications. In S. Tayur, R. Geneshan, and M. Magazine, editors, *Quantitative Models for Supply Chain Management*, chapter 21, pages 669–702. Kluwer Academic Publishers, 1999.
37) G. Cornuéjols, M. L. Fisher, and G. L. Nemhauser. Location of bank accounts to optimize float: An analytic study of exact and approximate algorithms. *Management Science*, 23:789–810, 1977.
38) S. P. Coy, B. L. Golden, and E. Wasil. A computational study of smoothing heuristics for the traveling salesman problem. *European Journal of Operational Research*, 124:15–27, 1999.

39) G. A. Croes. A method for solving traveling-salesman problems. *Operations Research*, 6:791–812, 1958.
40) G. B. Dantzig. *Linear Programming and Extensions*. Princeton University Press, 1963.
41) G. B. Dantzig and P. Wolfe. Decomposition principle for linear programs. *Operations Research*, 8:101–111, 1960.
42) S. V. de Boer, R. Freling, and N. Piersma. Mathematical programming for network revenue management revisited. *European Journal of Operational Research*, 137:72–92, 2002.
43) G. Desaulniers, J. Desrosiers, I. Ioachim, M. M. Solomon, F. Soumis, and D. Villeneuve. A unified framework for deterministic time constrained vehicle routing and crew scheduling problems. In T. G. Vranic and G. Laporte, editors, *Fleet Management and Logistics*, Centre for research on transportation 25th Anniversary series, chapter 3, pages 57–93. Kluwer Academic Publishers, 1998.
44) M. Desrochers and G. Laporte. Improvement and extensions to the Miller–Tucker–Zemlin subtour elimination constraints. *Operations Research Letters*, 1:27–38, 1991.
45) E. Dijkstra. A note on two problems in connexion with graphs. *Numeriche Mathematics*, 1:269–271, 1959.
46) U. Dorndorf, T. P. Huy, and E. Pesch. A survey of interval capacity consistency tests for time-and resource-constrained scheduling. In J. Weglarz, editor, *Project Scheduling: Recent Models, Algorithms and Applications*, International Series in Operations Research and Management Science, chapter 10, pages 214–238. Kluwer Academic Publishers, 1999.
47) G. Dueck. New optimization heuristics: The great-deluge algorithm and the record-to-record-travel. *Journal of Computational Physics*, 104:86–92, 1993.
48) G. Dueck and T. Scheuer. Threshold accepting: A general purpose optimization algorithm superior to simulated annealing. *Journal of Computational Physics*, 90:161–175, 1990.
49) M. E. Dyer and L. A. Wolsey. Formulating the single machine sequencing problem with release dates as a mixed integer program. *Discrete Applied Mathematics*, 26:255–270, 1990.
50) J. Edmonds and E. L. Johnson. Matching, Euler tours and the Chinese postman. *Mathematical Programming*, 5:88–124, 1973.
51) C. D. Eppen and R. K. Martin. Solving multi-item capacitated lot-sizing problems using variable redefinition. *Operations Research*, 35(6):832–848, 1987.
52) R. E. Erickson, C. L. Monma, and A. F. Veinott Jr. Send-and-split method for minimum-concave-cost network flows. *Mathematics of Operations Research*, 634–664, 1987.
53) D. Erlenkotter. A dual-based procedure for uncapacitated facility location. *Operations Research*, 26:992–1009, 1978.
54) T. A. Feo and M. G. C. Resende. A probabilistic heuristic for a computationally difficult set covering problem. *Operations Research Letters*, 8:67–71, 1989.
55) T. A. Feo, M. G. C. Resende, and S. H. Smith. A greedy randomized adaptive search procedure for maximum independent set. *Operations Research*, 42:860–878, 1994.
56) H. Fisher and G. L. Thompson. Probabilistic learning combinations of local job-shop scheduling rules. In J. F. Muth and G. L. Thompson, editors, *Industrial Scheduling*, chapter 15. Prentice-Hall, 1963. (関根智明 訳. インダストリアルスケジューリング. 竹内書店, 1966.)
57) M. Fisher and D. Hochbaum. Probabilistic analysis of the planar k-median problem. *Mathematics of Operations Research*, 11:27–34, 1980.
58) M. L. Fisher and R. Jaikumar. A generalized assignment heuristic for vehicle routing. *Networks*, 11:109–124, 1981.
59) B. Fleischmann. A cutting plane procedure for the traveling salesman problem on road

network. *European Journal of Operational Research*, 2:307–317, 1985.
60) B. Fleischmann. A new class of cutting planes for the symmetric traveling salesman problem. *Mathematical Programming*, 4:225–246, 1988.
61) L. R. Ford. Network flow theory. Technical Report Report P-923, Rand Corp., Santa Monica, CA, 1956.
62) J. W. Forrester. Industrial dynamics: A major breakthrough for decision makers. *Harvard Business Review*, 37–66, July–August 1958.
63) R. Fourer, D. Gay, and B. Kernighan. *AMPL: A Modeling Language for Mathematical Programming*. Duxbury Press, 2002.
64) G. Gallego and G. van Ryzin. Optimal dynamic pricing of inventories with stochastic demand over finite horizons. *Management Science*, 40:999–1020, 1994.
65) G. Gallego and G. van Ryzin. A multi-product, multi-resource pricing problem and its applications to network yield management. *Operations Research*, 45:24–41, 1997.
66) M. Gamache, F. Soumis, D. Villeneuve, J. Desrosiers, and E. Gélinas. The preferential bidding system at Air Canada. *Transportation Science*, 32(3):246–255, 1998.
67) M. R. Garey and D. S. Johnson. *Computer and Intractability: A Guide to the Theory of NP-Completeness*. Freeman, 1979.
68) W. M. Garvin, H. W. Crandall, J. B. Johnson, and R. A. Spellman. Applications of linear programming in the oil industry. *Management Science*, 3(4):407–430, 1957.
69) A. M. Geoffrion. Better distribution planning with computer models. *Harvard Business Review*, 92–99, July–August 1976.
70) A. M. Geoffrion and G. Graves. Multicommodity distribution system design by Benders' decomposition. *Management Science*, 5:822–844, 1974.
71) B. E. Gillet and L. R. Miller. A heuristic algorithm for the vehicle dispatch problem. *Operations Research*, 2:340–350, 1974.
72) P. Glasserman and S. Tayur. Sensitivity analysis for base stock levels in multi-echelon production-inventory systems. *Management Science*, 41:263–281, 1995.
73) F. Glover. Tabu search I. *ORSA Journal on Computing*, 1:190–206, 1989.
74) F. Glover. Tabu search II. *ORSA Journal on Computing*, 2:4–32, 1989.
75) F. Glover and M. Laguna. Tabu search. In C. R. Reeves, editor, *Modern Heuristic Techniques for Combinatorial Problems*, chapter 3, pages 76–150. John Wiley & Sons, 1993.
76) K. Gödel. Über formal unentscheilbare Sätze der Principia Mathematica und verwandter Systeme. *Monatshefte für Mathematik und Physik*, 38:173–198, 1931. (廣瀬健, 横田一正. ゲーデルの世界——完全性定理と不完全性定理. 海鳴社, 1985 の付録に邦訳あり).
77) D. E. Goldberg. *Genetic Algorithms in Search, Optimization & Machine Learning*. Addison-Wesley, 1989.
78) B. L. Golden and W. R. Stewart. Empirical analysis of heuristics. In E. L. Lawler, J. K. Lenstra, A. H. G. Rinnooy Kan, and D. B. Shmoys, editors, *The Traveling Salesman Problem: A Guided Tour of Combinatorial Optimization*, 207–249. John Wiley & Sons, 1985.
79) R. L. Graham, E. L. Lawler, J. K. Lenstra, and A. H. G. Rinnooy Kan. Optimization and approximation in deterministic sequencing and scheduling: A survey. *Annals of Discrete Mathematics*, 287–326, 1979.
80) S. C. Graves. A single-item inventory model for a non-stationary demand process. *Manufacturing and Service Operations Management*, 1(1):50–61, 1999.
81) S. C. Graves and S. Willems. Supply chain design: Safety stock placement and supply chain configuratation. In A. G. de Kok and S. C. Graves, editors, *Supply Chain Management: Design, Coordination and Operation*, volume 11 of *Handbook in Operations Research and Management Science*, chapter 3, pages 95–132. Elsevier Science Publishers,

2003.
82) J. W. Greene and K. L. Supowit. Simulated annealing without rejected moves. *IEEE Trans. Computer-Aided Design*, 5:221–228, 1986.
83) M. Grötschel and M. W. Padberg. Polyhedral computations. In E. L. Lawler, J. K. Lenstra, A. H. G. Rinnooy Kan, and D. B. Shmoys, editors, *The Traveling Salesman Problem: A Guided Tour of Combinatorial Optimization*, 307–360. John Wiley & Sons, 1985.
84) M. Grötschel and M. W. Padberg. Polyhedral theory. In E. L. Lawler, J. K. Lenstra, A. H. G. Rinnooy Kan, and D. B. Shmoys, editors, *The Traveling Salesman Problem: A Guided Tour of Combinatorial Optimization*, 251–305. John Wiley & Sons, 1985.
85) J. Gu and X. Huang. Efficient local search with search space smoothing: A case study of the traveling salesman problem (tsp). *IEEE Transactions on Systems, Man, and Cybernetics*, 24(5):728–735, 1994.
86) M. Haimovitch and A. Rinnooy Kan. Bounds and heuristics for capacitated routing problem. *Mathematics of Operations Research*, 10:527–542, 1985.
87) M. Haimovitch, A. Rinnooy Kan, and L. Stougie. Analysis of heuristics for vehicle routing problems. In B. L. Golden and A. A. Assad, editors, *Vehicle Routing: Method and Studies*, 47–61. Elsevier Science Publishers, 1988.
88) B. Hajek. Cooling schedules for optimal annealing. *Mathematics of Operations Research*, 13:311–329, 1988.
89) J. Halpern. The location of a center-median convex combination on an undirected tree. *Journal of Regional Science*, 16:237–245, 1976.
90) G. Y. Handler. Minimax network location: Theory and algorithms. Technical Report 107, OR center, Massachusetts Institute of Technology, 1974.
91) P. Hansen. The steepest ascent mildest descent heuristic for combinatorial programming. In *The Congress on Numerical Methods in Combinatorial Optimization*, Capri, March 1986.
92) F. W. Harris. How many parts to make at once. *Factory, The Magazine of Management*, 10(2):135–136, 152, 1913.
93) J. Hart and A. Shogan. Semi-greedy heuristics: An empirical study. *Operations Research Letters*, 6:107–114, 1987.
94) W. Herroelen, E. Demeulemeester, and B. De Reyck. A classification scheme for project scheduling. In J. Weglarz, editor, *Project Scheduling: Recent Models, Algorithms and Applications*, International Series in Operations Research and Management Science, chapter 1, pages 1–26. Kluwer Academic Publishers, 1999.
95) D. S. Johnson, C. R. Aragon, L. A. McGeoch, and C. Schevon. Optimization by simulated annealing: An experimental evaluation, part I, graph partitioning. *Operations Research*, 3:865–892, 1989.
96) D. S. Johnson, C. R. Aragon, L. A. McGeoch, and C. Schevon. Optimization by simulated annealing: An experimental evaluation, part II, graph coloring and number partitioning. *Operations Research*, 3:378–406, 1991.
97) D. S. Johnson and L. A. McGeoch. The traveling salesman problem: A case study in local optimization. In E. H. L. Aarts and J. K. Lenstra, editors, *Local Search in Combinatorial Optimization*, chapter 8, pages 215–310. John Wiley & Sons, 1997.
98) J. Kemeny and J. L. Snell. *Finite State Markov Chains*. D. Van Nostrand Company, 1960.
99) G. Kindervater and M. Savelsbergh. Vehicle routing 2: Handling side constraints. In E. H. L. Aarts and J. K. Lenstra, editors, *Local Search in Combinatorial Optimization*. John Wiley & Sons, 1997.

100) S. Kirkpatrick, C. D. Gelatt, and M. P. Vecchi. Optimization by simulated annealing. *Science*, 220:671–680, 1983.

101) D. E. Knuth. *The METAFONT Book*. Addison-Wesley, 1986.

102) R. Kolisch. Serial and parallel resource-constrained project scheduling problem. *European Journal of Operational Research*, 90:320–333, 1996.

103) T. C. Koopmans and M. J. Beckman. Assignment problems and the location of economic activities. *Econometrica*, 25:53–76, 1957.

104) Y. A. Koskosidis, W. B. Powell, and M. M. Solomon. An optimization-based heuristic for vehicle routing and scheduling with soft time window constraints. *Transportation Science*, 26:69–85, 1992.

105) J. Krarup and P. Pruzan. Selected families of location problems. *European Journal of Operational Research*, 12:327–387, 1979.

106) M. S. Krishnamoorthy and N. Deo. Complexity of the minimum-dummy activities problem in a PERT network. *Networks*, 9:189–194, 1979.

107) H. Kunreuther and L. Schrage. Joint pricing and inventory decisions for constant priced items. *Management Science*, 18:732–738, 1973.

108) G. Laporte and Y. Nobert. Comb inequalities for the vehicle routing problem. *Methods of Operations Research*, 5:271–276, 1984.

109) H. L. Lee, V. Padamanabhan, and S. Whang. Information distortion in a supply chain: The bullwhip effect. *Management Science*, 43(4):546–558, 1997.

110) J. K Lenstra, A. H. G. Rinnooy Kan, and P. Brucker. Complexity of machine scheduling problems. *Annals of Discrete Mathematics*, 1:343–362, 1977.

111) E. Lesnaia. *Optimizing Safety Stock Placement in General Network Supply Chains*. PhD thesis, Massachusetts Institute of Technology, 2004.

112) F. K. Levy, G. L. Thompson, and J. D. Wiest. Introduction to the critical-path method. In J. F. Muth and G. L. Thompson, editors, *Industrial Scheduling*, chapter 20. Prentice-Hall, 1963. (関根智明 訳. インダストリアルスケジューリング. 竹内書店, 1966.)

113) S. Lin. Computer solutions of the traveling salesman problem. *Bell System Technical Journal*, 44:2245–2269, 1965.

114) S. Lin and W. Kernighan. An effective heuristic algorithm for the traveling salesman problem. *Operations Research*, 21:498–516, 1973.

115) K. Littlewood. Forecasting and control of passengers. In *AGIFORS Symposium Proceedings*, 95–128, 1972.

116) S. F. Love. A facilities in series inventory model with nested schedules. *Management Science*, 18:327–338, 1972.

117) T. Magnanti, Z.-J. Shen, J. Shu, D. Simchi-Levi, and C.-P. Teo. Inventory placement in acyclic supply chain networks. *Operations Research Letters*, 36:228–238, 2006.

118) T. L. Magnanti and R. T. Wong. Decomposition methods for facility location problems. In P. B. Mirchandani and R. L. Francis, editors, *Discrete Location Theory*, 209–262. John Wiley & Sons, 1990.

119) S. Mahajan and G. J. van Ryzin. Retail inventories and consumer choice. In S. Tayur, R. Ganeshan, and M. Magazine, editors, *Quantitative Methods in Supply Chain Management*, chapter 17. Kluwer Academic Press, 1998.

120) A. S. Manne and H. M. Markowitz. On the solution of discrete programming problems. *Econometrica*, 25:84–110, 1957.

121) W. L. Maxwell and J. A. Muckstadt. Establishing consistent and realistic reorder intervals in production and distribution systems. *Operations Research*, 33(6):1316–1341, 1985.

122) N. Metropolis, A. Rosenblut, M. Rosenblut, A. Teller, and E. Teller. Equation of state calculation by fast computing machines. *Journal of Chemical Physics*, 21:1087–1092, 1953.

123) Z. Michalewicz. *Genetic Algorithm + Data Structure = Evolution Programs*. Springer-Verlag, 1992.

124) A. J. Miller, G. L. Nemhauser, and M. W. P. Savelesbergh. On the polyhedral structure for a multi-item production planning model with setup times. Technical report, TLI White Papers and Reports, November 2000. http://tli.isye.gatech.edu/cgi-bin/whitepapers/papers.cfm.

125) A. J. Miller, G. L. Nemhauser, and M. W. P. Savelesbergh. Solving multi-item capacitated lot-sizing problems with setup times by branch-and-cut. Technical report, TLI White Papers and Reports, July 2000. http://tli.isye.gatech.edu/cgi-bin/whitepapers/papers.cfm.

126) C. E. Miller, A. W. Tucker, and R. A. Zemlin. Integer programming formulation of traveling salesman problems. *Journal of ACM*, 326–329, 1969.

127) P. B. Mirchandani and R. L. Francis. *Discrete Location Theory*. John Wiley & Sons, 1990.

128) J. A. Muckstadt and R. O. Roundy. Analysis of multistage production systems. In S. C. Graves, A. H. G. Rinnooy Kan, and P. H. Zipkin, editors, *Logistics of Production and Inventory*, volume 4 of *Handbooks in Operations Research and Management Science*, 59–131. Elsevier Science Publishers, 1993.

129) E. Nowicki and C. Smntnicki. On lower bounds on the minimum maximum lateness on one machine subject to release date. *Opsearch*, 24:106–110, 1987.

130) E. Nowicki and C. Smutnicki. A fast taboo search algorithm for the job shop problem. *Management Science*, 42(6):797–813, 1996.

131) I. Or. *Traveling salesman-type combinatorial problems and their relation to the logistics of blood banking*. Ph.D. thesis, Department of Industrial Engineering and Management Science, Northwestern University, Evanston, IL, 1976.

132) J. A. Osteryoung, D. E. McCarty, and W. J. Reinhart. Use of the EOQ model for inventory analysis. *Production & Inventory Management Journal*, 27(3):39–45, 1986.

133) C. H. Papadimitriou. Worst case and probabilistic analysis of a geometric location problem. *SIAM Journal on Computing*, 10:542–557, 1981.

134) Y. Pochet and M. Van Vyve. A general heuristic for production planning problems. *INFORMS Journal on Computing*, 16:316–327, 2004.

135) M. Queyranne and A. S. Schulz. Polyhedral approaches ot machine scheduling. Technical Report Report No 408, Fachbereich Mathematik, November 1994.

136) S. Reiter and G. Sherman. Discrete optimizing. *Journal of the Society for Industrial and Applied Mathematics*, 13:864–889, 1965.

137) R. Roundy. 98% effective integer ratio lot sizing for one warehause multi-retailer systems. *Management Science*, 31:1416–1430, 1985.

138) R. Sadykov and L. Wolsey. Integer programming and constraint programming in solving a multi-machine assignment scheduling problem with deadlines and release dates. *INFORMS Journal on Computing*, 18:209–217, 2006.

139) M. W. P. Savelsbergh, R. N. Uma, and J. Wein. An experimental study of LP-based approximation algorithms for scheduling problems. *Informs Journal on Computing*, 17:123–136, 2005.

140) H. E. Scarf. The optimality of (s, S) policies in the dynamic inventory problem. In K. A. Arrow, S. Karlin, and P. Suppes, editors, *Mathematical Methods in the Social Sciences*, 196–202. Stanford University Press, 1960.

141) J. F. Shapiro. On the connections among activity-based costing, mathematical programming models for analyzing strategic decisions, and the resource-based view of the firm. *European Journal of Operational Research*, 118:295–314, 1999.

142) Y. Sheffi. Combinatorial auctions in the procurement of transportation services. *Inter-

faces, 34(4):245–252, 2004.
143) Y. Sheffi. *The Resilient Enterprise: Overcoming Vulnerability for Competitive Advantage*. MIT Press, 2005.
144) D. Simchi-Levi, P. Kaminsky, and E. Simchi-Levi. *Designing and Managing the Supply Chain : Concepts, Strategies, and Cases*. McGraw-Hill, 1999.（久保幹雄 監修. サプライ・チェインの設計と管理. 朝倉書店, 2002.）
145) W. E. Smith. Various optimizer for single-stage production. *Naval Research Logistics Quarterly*, 59–66, 1956.
146) M. M. Solomon. Algorithms for the vehicle routing and scheduling problem with time window constraints. *Operations Research*, 35(2):254–265, 1987.
147) H. Stadtler. Improved rolling schedules for the dynamic single-level lot-sizing problem. *Management Science*, 40(2):318–326, 2000.
148) J. Swann. *Dynamic Pricing Models to Improve Supply Chain Performance*. PhD thesis, Northwestern University, 2001.
149) K. Talluri and G. van Ryzin. An analysis of bid-price controls for network revenue management. *Management Science*, 44:1577–1593, 1996.
150) K. Talluri and G. van Ryzin. A randomized linear programming method for computing network bid prices. *Transportation Science*, 33(2):207–216, 1999.
151) J. Thomas. Price-production decisions with deterministic demand. *Management Science*, 16(11):747–750, 1970.
152) M. van den Akker, C. A. J. Hurkens, and M. W. P. Savelsbergh. A time index formulation for single-machine scheduling problems. *Informs Journal on Computing*, 12:111–124, 2000.
153) W. van den Hauvel and A. P. M. Wagelmans. A polynomial time algorithm for a deterministic joint pricing and inventory model. *European Journal of Operational Research*, 170(2):463–480, 2006.
154) C. J. Vidal and M. Goetschalckx. A global supply chain with transfer pricing and transportation cost allocation. *European Journal of Operational Research*, 129:134–158, 2001.
155) C. Voudouris and E. Tsang. Guided local search. Technical report, Technical Report CSM-247, Department of Computer Science, University of Essex, 1995.
156) C. Voudouris and E. P. K. Tsang. Guided local search and its application to the traveling salesman problem. *European Journal of Operational Research*, 113(2):469–499, 1999.
157) H. M. Wagner and T. M. Whitin. Dynamic version of the economic lot sizing model. *Management Science*, 5:89–96, 1959.
158) A. Weber. *Über den Standort der Industrien*. Tübingen, 1909. Theory of the Location of Industries, translated by C. J. Friedrich, Chicago University Pres.
159) T. M. Whitin. Inventory control and price theory. *Management Science*, 2:61–68, 1955.
160) R. H. Wilson. A scientific routine for stock control. *Harvard Business Review*, 13:116–128, 1934.
161) M. Yagiura, T. Ibaraki, and F. Glover. A path relinking approach with ejection chains for the generalized assignment problem. *European Journal of Operational Reserch*, 169(2):548–569, 2006.
162) W. I. Zangwill. Minimum concave cost flows in certain networks. *Management Science*, 1:429–450, 1968.
163) P. H. Zipkin. *Foundations of Inventory Management*. McGraw-Hill, 1999.
164) 久保幹雄. ロジスティクス工学（経営科学のニューフロンティア 8）. 朝倉書店, 2001.
165) 久保幹雄, 田村明久, 松井知己編. 応用数理計画ハンドブック. 朝倉書店, 2002.
166) Kwan Mei-Gu（管 梅谷）. Graphic programming using odd or even points. *Chinese Mathematics*, 1:273–277, 1962.

索引

2 次割当問題 (quadratic assignment problem) 313
2 のべき乗方策 (power-of-two policy) 206
2 品種流定式化 (two commodity flow formulation) 445
3PL (third party logistics) 293

APS (advanced planning and scheduling) 170

Bellman 方程式 (Bellman's equation) 362
Benders の分解法 (Benders' decomposition method) 320
Big M 85

cent-dian 問題 (cent-dian problem) 312
Clarke–Wright 法 (Clarke–Wright method)
→ セービング法 453
CPLEX 78
CPM (critical path method) 398
Cross-opt 464
Cross-opt 近傍 (Cross-opt neighborhood) 464

Dantzig–Wolfe の分解法 (Dantzig–Wolfe decomposition method) 61, 64, 152
Dijkstra 法 (Dijkstra method) 142
display 43
don't look bit 465

EDD ルール (earliest due date rule) 416
EOQ 公式 (EOQ formula) 194
Euclid 距離 (Euclid(ean) distance) 310
Excel 253, 254

expand 41
Ford–Fulkerson 法 (Ford–Fulkerson method) 146
Ford 法 (Ford method) 141
FTL
→ 満載輸送 177

Gantt 図式 (Gantt's chart) 398
glpsol 43

Harris–Wilson のモデル (Harris–Willson's model)
→ 経済発注量モデル 191
Harris の公式 (Harris' formula) 194
Harris のモデル (Harris' model)
→ 経済発注量モデル 191

integer 30

Jackson ルール (Jackson's rule) 416

K-d 木 (K-d tree, K-dimensional tree) 454, 465
Kruskal 法 (Kruskal method) 139
K-凸性 (K-convexity) 281
k-パス不等式 (k-path inequality) 451

ℓ^1 ノルム (ℓ^1 norm) 311
ℓ^2 ノルム (ℓ^2 norm) 310
Lagrange 緩和 (Lagrangean relaxation) 114, 200, 316, 317
Lagrange 緩和問題 (Lagrangean relaxation problem) 47, 60

Lagrange 乗数 (Lagrangean multiplier) 114, 200
Lagrange 双対問題 (Lagrangean dual problem) 115, 317
lp_solve 78
LTL
→ 積み合わせ輸送 178

MAPLE 254
MATHEMATICA 254
maximize 40
midi-center 問題 (midi-center problem) 312
Miller–Tucker–Zemlin (MTZ) 制約 (Miller–Tucker–Zemlin constraint) 104
Miller–Tucker–Zemlin タイプの定式化 (Miller–Tucker–Zemlin type formulation) 451
minimize 30
MIP/CP アプローチ (MIP/CP approach) 425
model 43

NORMDIST 253
NORMSINV 254

option presolve 50
option solver 78

param 38
Pareto 最適解 (Pareto optimal solution) 475
PERT (program evaluation and review technique) 398
POS (point of sales) 17, 292
p-センター問題 (p-center problem) 309
p-メディアン問題 (p-median problem) 309

QR (quick response) 293

set 38
Silver–Meal ヒューリスティクス (Silver–Meal heuristics) 245
(S, ℓ) 不等式 ((S, ℓ) inequality) 234
solve 43
SPT ルール (shortest processing time rule) 415
(s, S) 方策 ((s, S) policy) 281
Steiner 木問題 (Steiner tree problem) 314
subject to 30, 41

var 30, 39

Wagner–Whitin モデル (Wagner–Whitin model) 226
Weber 問題 (Weber problem) 314
Weiszfeld の解法 (Weiszfeld's algorithm) 314
WSPT ルール (weighted shortest processing time rule) 99, 415

ア 行

アフィン結合 (affine combination) 93
アフィン独立 (affinely independent) 93
安全在庫 (safety inventory, safety stock) 187, 253, 329
安全在庫係数 (safety stock ratio) 254, 330
安定集合 (stable set) 90
安定集合多面体 (stable set polytope) 92
安定集合問題 (stable set problem) 90

一般化櫛不等式 (generalized comb inequality) 451
一般化割当法 (generalized assignment method) 461
一般化割当問題 (generalized assignment problem) 461
移転価格 (transfer price) 347
移動平均法 (moving average method) 286
入れ子上限コントロール方策 (nested limit control policy) 360, 368
入れ子方策 (nested policy) 208, 211

後向きの枝 (backward edge) 146, 149

索　引　　491

運賃クラス（fare class）　52, 361
運搬経路問題（vehicle routing problem）
　　→ 配送計画問題　428
運搬車（vehicle）　175, 429, 469
運搬車移動定式化（vehicle move
　　formulation）　448
運搬スケジューリング問題（vehicle
　　scheduling problem）　433, 466

エシェロン（echelon）　208
エシェロン基在庫レベル（echelon base stock
　　level）　266
エシェロン在庫（echelon inventory）　208,
　　244, 263, 265
エシェロン在庫費用（echelon inventory
　　cost）　209, 243, 266, 331
枝（edge, arc, link）　3, 134, 328
　　後向きの――（backward―）　146, 149
　　前向きの――（forward―）　146, 149
　　有向――（directed―）　135
枝上活動図式（activity-on-arc diagram）
　　400, 469
円形分割スキーム（circular partitioning
　　scheme）　460

凹（concave）　124
遅れなしスケジュール（nondelay schedule）
　　413
遅れなしスケジュール生成スキーム
　　（nondelay schedule generation
　　scheme）　414
押し出し型システム（push-based system）
　　307
オブジェクト指向（object oriented）　4, 6
オープンショップ（open shop）　385
オペレーショナルモデル（operational
　　model）　16, 432
オペレーション（operation）　384
重み（weight）　385

カ　行

解（solution）　34

回帰分析（regression analysis）　55
解析的情報技術（analytical information
　　technology）　17
解析的データ（analytical data）　17
解析的データベース（analytical database）
　　18
回送（deadhead）　478
階層（hierarchy）　10
回転（multiple use of vehicles）　437
怪物曲線（monster curve）
　　→ 空間充填曲線　458
下界（lower bound）　75
確率計画（stochastic programming）　65
　　リコースつき――（―with recourse）
　　→ リコースモデル　66
確率制約モデル（chance constrained
　　model）　69
カット（cut）　146
活動（activity）　8, 172, 383, 469
活動基準サプライ・チェイン抽象モデル
　　（activity based supply chain abstract
　　model）　172
活動水準（activity level）　174
カットセット制約（cutset constraint）　103,
　　156
完全情報の価値（value of perfect
　　information）　68
完全単模（totally unimodular）　130, 230
ガント・チャート（Gantt's chart）
　　→ Gantt 図式　398
完了時刻（completion time）　385
緩和固定法（relax and fix method）　246
緩和問題（relaxation problem）　76

期（period）　402
木（tree）　135
　　全域――（spanning―）　135
機械（machine）　383
機械後続点（machine-successor）　417
機械スケジューリング問題（machine
　　scheduling problem）　384
機械先行点（machine-predecessor）　417
機会費用（opportunity cost）　363

企業体資源計画（enterprise resource planning: ERP）　17, 20
基在庫（base stock）　329
基在庫レベル（base stock level）　255, 265
奇車輪（odd wheel）　95, 96
基準生産計画（master production planning）　20
機団割当問題（fleet assignment problem）　479
奇閉路制約（odd circuit constraint）　95
供給地点（supplier）　328
強制制約（forcing constraint）　80
強双対性（strong duality）　48
近傍（neighborhood）　416
　　Cross-opt——　464

空間充填曲線（spacefilling curve）　458
空間充填曲線法（spacfilling curve method）　458
区分的線形関数（piecewise linear function）　121
クラス（class）　6
クラスター先・ルート後法（cluster-first/route-second method）　459
グラフ（graph）　3, 134
　無向——（undirected—）　135
　有向——（directed—）　135
クリティカルパス（critical path）　401
クリティカルパス法（critical path method: CPM）　398
クロスドッキング地点（cross docking point）　327

経済発注量モデル（economic lot sizing model）　191
経済ロットスケジューリングモデル（economic lot scheduling model）　201
継承（inheritance）　7

工場（plant）　327
工場立地問題（plant location problem）　308

構築法（construction method）　453
行程（leg）　51, 361
後方交換（backward interchange）　418
顧客（customer）　326
顧客群（customer group）　13, 326
個別月間ブロック（personalized monthly block）　478
個別月間ブロック割当問題（monthly block assignment problem, crew assignment problem）　479
混合整数丸め（mixed integer rounding）　108, 228
混合整数丸め不等式（mixed integer rounding inequality）　108
コントロール方策（control policy）
　入れ子上限——（nested limit—）　360, 368
　等価確定——（certainty equivalent—）　368
　入札価格——（bid-price—）　367

サ 行

サイクル在庫（cycle inventory）　186, 329
在庫（inventory）
　安全——（safety—）　187, 253
　エシェロン——（echelon—）　263
　エシェロン——発注ポジション（echelon—ordering position）　266
　エシェロン——輸送ポジション（echelon—transit position）　266
　サイクル——（cycle—）　186
　正味——（net—）　264
　正味エシェロン——（echelon net—）　266
　注文中——（—on order）　264
　作り置き——（seasonal—）　187
　投機——（speculative—）　187
　パイプライン——（pipeline—）　186, 329
　——発注ポジション（—ordering position）　264
　輸送中——（transit—）　186, 264, 329
　——輸送ポジション（—transit position）　264

索引

ロットサイズ——(lot size—) 187
在庫・運搬経路問題(inventory vehicle routing problem) 293
在庫回転率(inventory turnover ratio) 329
在庫ゼロ発注性(zero inventory ordering property) 192
在庫保管比率(holding cost ratio) 296
最小 1-木(minimum spanning 1-tree) 118
最小カット問題(minimum cut problem) 146
最小木(minimum spanning tree) 138
最小木問題(minimum spanning tree problem) 137, 154
最小単位費用ヒューリスティクス(least-unit cost heuristics) 245
最小費用流問題(minimum cost flow problem) 148
最早開始時刻(earliest start time) 422
最早作業開始時刻(earliest service starting time) 430
最大フロー・最小カット定理(max-flow min-cut theorem) 147
最大流問題(maximum flow problem) 144
最短路問題(shortest path problem) 139
最遅作業開始時刻(latest service starting time) 430
最遅終了時刻(latest completion time) 423
最適解(optimal solution) 34
最適値(optimal value) 34
最短路(shortest path) 140
最適分割法(optimal partitioning method) 457
最適目的関数値(optimal objective function value) 34
作業開始時刻(service starting time) 430
作業時間(service time) 431
サービスレベル(service level) 254
サプライ・チェイン・オブジェクト(supply chain object) 8
三角不等式(triangle inequality) 430
残余ネットワーク(residual network)
→ 補助ネットワーク 145, 149
残余容量(residual capacity) 146

時刻表作成問題(timetabling problem) 479
時間枠制約(time window constraints) 430
時間枠つき配送計画問題(vehicle routing problem with time-window constraints) 430
時空間ネットワーク(time-space network) 469
資源(resource) 8, 383
次元(dimension) 93
資源拡張関数(resource extension function) 477
資源制約つきスケジューリング問題(resource constrained scheduling problem) 384, 397
資材必要量計画(material requirement planning: MRP) 17, 20, 170, 240, 284
——による神経過敏(——jitters) 284
次数(degree) 135
次数制約(degree constraint) 103
指数平滑法(exponential smoothing method) 257, 286
システム・ダイナミクス(system dynamics) 282
システムデザインモデル(system design model) 432
施設配置定式化(facility location formulation) 231
施設配置ヒューリスティクス(location based heuristics) 462
施設配置問題(facility location problem) 14, 79, 308
　容量制約つき——(capacitated—) 310
　容量制約なし——(uncapacitated—, simple—) 309
実行可能(feasible) 141
実行可能解(feasible solution) 34
実行可能フロー(feasible flow) 148, 150
実行不能(infeasible) 141
実ロジスティクス・オブジェクト(real logistics object) 5
始点(head) 135

494　　　　　　　　索　引

シナリオ(scnario)　65
弱双対性(weak duality)　48
車輪制約(wheel constraint)　96
収益管理(revenue management)　357
集合被覆問題(set covering problem)　441
集合分割定式化(set partitioning formulation)　438
集合分割問題(set partitioning problem)　439
終点(tail)　135
集約(aggregation)　10, 12
主・双対ヒューリスティクス(primal-dual heuristics)　320
出次数(outdegree)　135
出力テスト(output test)　424
出力否定テスト(output negation test)　423
主問題(master problem)　472
　制限つき——(restricted—)　63, 473
需要予測(demand forecasting)　283
巡回セールスマン問題(traveling salesman problem)　101, 102, 437
順序づけ(sequencing)　383
上界(upper bound)　75
償還請求権(recourse)
　→ リコース　66
小数多品種流問題(fractional multi-commodity flow problem)　152
状態タスク・ネットワーク表現(state task network representation)　171
情報技術(information technology: IT)　17
　解析的——(analytical—)　17
　処理的——(transactional—)　17
正味エシェロン在庫(echelon net inventory)　266
正味在庫(net inventory)　264
正味補充時間(net replenishment time)　296
乗務員勤務名簿問題(crew rostering problem, rostering problem)　479
乗務員ペアリング問題(crew paring problem)　479
ショップ(shop)　384
　オープン——(open—)　385
　ジョブ——(job—)　385
　フロー——(flow—)　385
ジョブ(job)　8, 383, 469
ジョブ後続点(job-successor)　417
ジョブショップ(job shop)　385
ジョブショップスケジューリング問題(job shop scheduling problem)　397
ジョブ先行点(job-predecessor)　417
処理時間(processing time)　384
処理の情報技術(transactional information technology)　17
処理的データ(transactional data)　17
処理的データベース(transactional database)　17
新聞売り子モデル(newsboy model)　255
真面(proper face)　94

スイープ法(sweep method)　460
酔歩(random walk)　257
スケジューリング(scheduling)　383
スケジューリングモデル(scheduling model)　185
スケジューリング問題(scheduling problem)
　機械——(machine—)　384
　資源制約つき——(resource constrained—)　384, 397
　ジョブショップ——(job shop—)　397
スケジュール生成スキーム(schedule generation scheme)　412
スケジュール発注(scheduled ordering, balanced ordering)　284, 291, 293
ストラテジックモデル(strategic model)　14, 432

正規分布(normal distribution)　253
　切断——(truncated—)　253
制限つき主問題(restricted master problem)　63, 473
制限つきLagrange緩和法(restricted Lagrangean relaxation method)　320
生産計画システム(production planning system)　21

生産スケジューリングシステム（production scheduling system）　22
生産ライン（production line）　327
整数計画（integer programming）　30
整数計画問題（integer programming problem）　74
整数多品種流問題（integer multi-commodity flow problem）　152
製品（product）　6, 325
製品群（product group）　13, 325
製品束（product bundle）　13
製品族（product family）　13
制約（constraint）　33
　奇閉路――（odd circuit―）　95
　車輪――（wheel―）　96
　非負――（non-negative―）　33
制約式（constraint）　33
制約論理（constraint programming）　425
切除平面（cut）　93
切除平面法（cutting plane method）　97
接続（incident）　135
切断正規分布（truncated normal distribution）　253
節約法（saving method）
　→セービング法　453
セービング法（saving method）　453
全域木（spanning tree）　135
線形（linear）　34
線形計画（linear programming）　31, 34
線形計画緩和問題（linear programming relaxation problem）　76
線形計画問題（linear programming problem）　34
線形結合（linear combination）　93
線形独立（linearly independent）　93
扇形分割スキーム（sectorial partitioning scheme）　460
先行順序関係（precedence relation）　385
全次元的（full dimensional）　93
センター問題（center problem）　309
前方交換（forward interchange）　418

増加可能パス（augmenting path）　146

総完了時刻（flow time）　386
倉庫（warehouse）　326
走査（scan）　142
総滞留時間（flow time）　386
双対上昇法（dual ascent method）　320
双対問題（dual problem）　44
挿入法（insertion method）　455
増分割引（incremental discount）　178, 203
相補性条件（complementary slackness condition）　49, 61
総量割引（all-units discount）　178, 203
即時決定（here and now）　66, 365
側面（facet）　93, 94
側面定義不等式（facet defining inequality）　94
租税回避地
　→タックス・ヘイブン　347

タ　行

待機決定（wait and see）　66, 366
待機決定モデル（wait and see model, adaptive model）　67
タクティカルモデル（tactical model）　15, 432
多重選択定式化（multiple choice formulation）　124
タスク（task）　8, 383, 469
タスク割当モデル（task assignment model）　185
多段階動的ロットサイズ決定問題（multi-stage dynamic lot sizing problem）　240
タックス・ヘイブン（tax haven）　347
妥当不等式（valid inequality）　93, 94, 223, 450
多品種ネットワーク（multi-commodity network）　5
多品種流定式化（multi-commodity flow formulation）　158, 442
多品種流問題（multi-commodity flow problem）　150
　小数――（fractional―）　152

整数——（integer—） 152
多品目容量制約つき動的ロットサイズ決定問題（multi-item capacitated dynamic lot sizing problem） 232
多面集合（polyhedron） 34, 92
多面体（polytope） 34, 91
　安定集合——（stable set—） 92
単一機械（single machine） 384
単一ソース条件（single source constraint） 182, 341
単純リコース（simple recourse） 365
単体法（simplex method） 31
端点（extreme point） 36
単品種流定式化（single commodity flow formulation） 157, 444

チェイン（chain） 3
遅延差別化（delayed differentiation, postponement） 305, 327, 348
着地（destination） 52, 158, 361
中国郵便配達人問題（Chinese postman problem） 436
抽象ロジスティクス・オブジェクト（abstract logistics object） 6
超過（excess） 113, 145
超平面（hyperplane） 34
直列機械（serial machine） 384
陳腐化資産（perishable asset） 357

作り置き在庫（seasonal inventory） 187
積み合わせ輸送（less-than-truckload: LTL） 178
強い定式化（strong formulation） 86, 226, 316

定式化（formulation）
　2 品種——（two commodity flow—） 445
　Miller–Tucker–Zemlin タイプの——（Miller–Tucker–Zemlin type—） 451
　運搬車移動——（vehicle move—） 448
　集合分割——（set partitioning—） 438
　多品種流——（multi-commodity flow—） 158, 442
　単品種流——（single commodity flow—） 157, 444
　強い——（strong—） 86, 226, 316
　弱い——（weak—） 86, 226
ディスパッチングルール（priority rule, dispatching rule） 415
デカップリング地点（decoupling point） 307
デポ（depot） 428
点（vertex, node, point） 3, 134, 328
点上活動図式（activity-on-node diagram） 398, 469

等価確定コントロール方策（certainty equivalent control policy） 368
投機在庫（speculative inventory） 187
統計的規模の経済（statistical economies of scale）
　→ リスク共同管理 306
到着時刻（arrival time） 430
動的価格づけ（dynamic pricing） 358
動的ロットサイズ決定問題（dynamic lot sizing problem） 230
　多段階——（multi-stage—） 240
　多品目容量制約つき——（multi-item capacitated—） 232
　容量制約つき——（capacitated—） 230
同期発注（synchronized ordering） 284, 291, 293
凸（convex） 120
凸結合（convex combination） 91
凸結合定式化（convex combination formulation） 123
凸包（convex hull） 91
トポロジカル・ソート（topological sort） 135, 299
貪欲アルゴリズム（greedy algorithm） 75, 139

ナ 行

内点法(interior point algorithm)　31
ナップサック問題(knapsack problem)　73

荷(load)　175
入札価格(bid price)　367
入札価格コントロール方策(bid-price control policy)　367
入札問題(bidline problem)　479
入次数(indegree)　135
入力・出力離接テスト(input-or-output test)　424
入力テスト(input test)　423
入力否定テスト(input negation test)　423
任務(duty)　478

ネットワーク(network)　3, 137
ネットワーク設計モデル(network design model)　183

納期(due date)　385
納期遅れ(tardiness)　385
納期外れ(lateness)　385

ハ 行

配送計画問題(vehicle routing problem)　428
　確率的――(probabilistic―, stochastic―)　433
　距離制約つき――(distance constrained―)　430
　三角不等式を満たす――(―satisfying triangle inequality)　430
　時間枠つき――(―with time window constraints)　430
　巡回セールスマン型――(traveling salesman type―)　435
　積載量制約つき――(capacitated―)　430
　ソフトな時間枠つき――(―with soft time-window constraints)　431, 433
　対称――(symmetric―)　430
　等質――(homogeneous―)　430
　等需要――(equal demand―)　430
　等需要でない――(unequal demand―)　430
　トレーラー型――(trailer type―)　434
　ハードな時間枠つき――(―with hard time-window constraints)　431
　非対称――(asymmetric―)　430
　非等質――(heterogeneous―)　430
パイプライン在庫(pipeline inventory)　186, 329
バックオーダー(back order)　196, 264, 266
パス(path)　135
パス変数(path variable)　473
発地(origin)　52, 157, 361
バッチ発注(batch ordering)　284
半空間(halfspace)　34
汎在庫モデル(generic inventory model)　186
汎スケジューリングモデル(generic scheduling model)　184
汎輸送モデル(generic transportation model)　174

非集約(disaggregation)　10
非常に大きな数
　→ Big M　85
引っ張り型システム(pull-based system)　307
引っ張りと押し出しの境界(pull-push boundary)　307
被覆(cover)　111, 113
被覆問題(covering problem)　311
非負制約(non-negative constraint)　33
被約費用(reduced cost)　47, 60
非劣解(non-inferior solution)　475
便(flight, trip)　468, 469, 478
品種(commodity)　5, 150, 158, 469
ビンパッキング問題(bin packing problem)　448
品目(item)　6, 13

物流必要量計画（distribution requirement planning: DRP）　17, 20
プロセッサ（processor）　383
部品展開表（bill of materials: BOM）　20, 170, 240, 274
部分巡回路除去制約（subtour elimination constraint）　103
部分問題（sub problem）　472
フロー（flow）　144
　実行可能——（feasible—）　148, 150
フロー時間（flow time）　386
フローショップ（flow shop）　385
フロー整合条件（flow conservation equation）　471
プロパティ（property）　6
フロー被覆不等式（flow cover inequality）　113
分割可能（preemptive）　385
分割不可能（nonpreemptive）　385
分枝価格法（branch and price method）　474
分枝限定法（branch and bound method）　74
分枝切除平面法（branch and cut method）　97
分配ルール（allocation rule）　274
分布関数（distribution function）　253
分離問題（separation problem）　224

ペアリング（paring, rotation）　478
平面（plane）　34
並列機械（parallel machine）　384
　一様——（uniform—）　384
　同一——（identical—）　384
　無相関——（unrelated—）　384
閉路（circuit）　135
閉路消去法（cycle canceling method）　150
閉路除去定式化（circuit elimination formulation）　155
変数（variable）　32
ベンダー管理在庫（vender managed inventory: VMI）　292

報酬管理（yield management）　357
保管スペース率（storage space ratio）　334
補充リード時間（replenishment lead time）　296
保証リード時間（guaranteed lead time, guaranteed service time）　296
補助ネットワーク（auxiliary network, residual network）　145, 149
ポテンシャル（potential）　140
ポテンシャル制約（Miller–Tucker–Zemlin constraint）　104
ボトルネックずらし法（shifting bottleneck method）　248

マ　行

毎日低価格（every day low price: EDLP）　293
前向きの枝（forward edge）　146, 149
待ち時間（waiting time）　431
丸め（rounding）　95
満載型輸送問題（full-truckload motor carrier problem）　434
満載輸送（full-truckload: FTL）　177
マンハッタン距離（Manhattan distance）　311

密度関数（density function）　253

向きづけ（orientation）　401
無向グラフ（undirected graph）　135
鞭効果（bullwhip effect）　282

メイクスパン（makespan）　386
メソッド（method）　6
メディアン問題（median problem）　309
面（face）　94

目的関数（objective function）　32
目標在庫レベル（target inventory level）　287
もしこうなったら分析（what if analysis）　16, 349

索　引　　　　　　　　　　　　　499

持ち上げ(lifting)　95, 111
持ち上げ関数(lifting function)　111
モデル(model)
　オペレーショナル——(operational—)　16, 432
　活動基準サプライ・チェイン抽象——(activity based supply chain abstract—)　172
　システムデザイン——(system design—)　432
　スケジューリング——(scheduling—)　185
　ストラテジック——(strategic—)　14, 432
　タクティカル——(tactical—)　15, 432
　タスク割当——(task assignment—)　185
　汎在庫——(generic inventory—)　186
　汎スケジューリング——(generic scheduling—)　184
　汎輸送——(generic transportation—)　174
　ロットサイズ決定——(lot sizing—)　185
　ロットスケジューリング——(lot scheduling—)　185
森(forest)　138

ヤ　行

優越関係(dominate relation)　475
優加法的(superadditive)　112
有向枝(directed edge, arc, link)　135
有向グラフ(directed graph)　135
有効スケジュール(active schedule)　413
有効スケジュール生成スキーム(active schedule generation scheme)　413
優先入札問題(preferential bidding problem)　480
優先ルール(priority rule, dispatching rule)　99, 415
優先ルール法(priority rule method, dispatching rule method)　416
　後方——(backward—)　416

　前方・後方——(forward-backward—)　416
　複数——(multi—)　416
郵便配達人問題(postman problem)　436
　田舎の——(rural—)　436
幽霊需要(phantom demand)　285
輸送計画システム(transportation planning system)　21
輸送中在庫(transit inventory)　186, 264, 329
輸送モード(transportation mode)　15

容量スケーリング法(capacity scaling method)　248
容量制約つき集積機配置問題(capacitated concentrator location problem)　182, 463
容量制約つき動的ロットサイズ決定問題(capacitated dynamic lot sizing problem)　230
予測システム(forecasting system)　23
弱い定式化(weak formulation)　86, 226

ラ　行

ランダムサンプリング法(random sampling method)　416
　悲観値基準偏重——(regret based biased—)　416
　偏重——(biased—)　416

リコース(recourse)　66
　単純——(simple—)　365
　——の価値(value of stochastic solution)　67
　——費用(— cost)　365
　——モデル(stochastic programming with —)　66
リスク共同管理(risk pooling)　306, 327, 348
離接枝(disjunctive arc)　400
離接グラフ(disjunctive graph)　400
離接制約(disjunctive constraint)　88

リード時間(lead time) 254, 283
　補充——(replenishment—) 296
　保証——(guaranteed—) 296
領域分割法(region partitioning method) 460
旅程(itinerary) 52, 361
リリース時刻(release time, ready time, release date) 385
臨界率(ctitical ratio) 198, 256
臨界路(critical path)
　→ クリティカルパス 401
隣接(adjacent) 135

累積定式化(incremental formulation) 127
ルート(route) 328
ルート先・クラスター後法
　(route-first/cluster-second method) 457

劣勾配(subgradient) 115, 318
劣勾配法(subgradient method) 116, 318
列生成法(column generation method) 64, 152, 473
連結(connected) 135
連結グラフ(connected graph) 135
連続被覆不等式(continuous cover inequality) 111

ロジスティクス・オブジェクト(logistics object) 5
　実——(real—) 5
　抽象——(abstract—) 6
ロジスティクス・ネットワーク(logistics network) 3
ロジスティクス・ネットワーク設計モデル(logistics network design model) 14, 323
ロジットモデル(logit model) 375
ロットサイズ決定モデル(lot sizing model) 185
ロットサイズ在庫(lot size inventory) 187, 329
ロットスケジューリングモデル(lot scheduling model) 185
ロバスト回帰(robust regression) 55
ロバスト計画(robust programming) 69
ローリング・ホライズン方式(rolling horizon method) 250, 361

ワ 行

割引(discount)
　増分——(incremental—) 178, 203
　総量——(all-units—) 178, 203

MEMO

著者略歴

久保 幹雄
(く ほ みき お)

1963 年　埼玉県に生まれる
1990 年　早稲田大学大学院博士後期課程修了
現　在　東京海洋大学海洋工学部流通情報工学科准教授
　　　　博士（工学）
　　　　http://kubomikio.com
主な著書　巡回セールスマン問題への招待（共著）（朝倉書店）
　　　　　組合せ最適化［短編集］（共著）（朝倉書店）
　　　　　組合せ最適化とアルゴリズム（共立出版）
　　　　　サプライ・チェインの設計と管理（監修）（朝倉書店）
　　　　　ロジスティクス工学（朝倉書店）
　　　　　応用数理計画ハンドブック（編著）（朝倉書店）
　　　　　実務家のためのサプライ・チェイン最適化入門（朝倉書店）
　　　　　マネージング・ザ・サプライ・チェイン（監修）（朝倉書店）
　　　　　ロジスティクスの数理（共立出版）

サプライ・チェイン最適化ハンドブック　　定価は外函に表示

2007 年 10 月 10 日　初版第 1 刷

著　者　久　保　幹　雄
発行者　朝　倉　邦　造
発行所　株式会社 朝　倉　書　店
　　　　東京都新宿区新小川町6-29
　　　　郵便番号　162-8707
　　　　電話　03(3260)0141
　　　　FAX　03(3260)0180
　　　　http://www.asakura.co.jp

〈検印省略〉

© 2007 〈無断複写・転載を禁ず〉　　中央印刷・渡辺製本

ISBN 978-4-254-27015-0　　C 3050　　Printed in Japan

G.L.ネムハウザー・A.H.G.リンヌイカン・
M.J.トッド編　前東大 伊理正夫・
中大 今野　浩・政策研究大学院大 刀根　薫監訳

最適化ハンドブック

12102-5　C3041　　　　Ａ５判　704頁　本体25000円

ORの中心的役割を果す「最適化」領域の最も重要な10のトピックスについて、世界的権威の研究者が著した。有限次元の最適化問題の理論と方法のほとんどすべてをカバーし、最先端の成果まで解説。研究者ならびにある特定の問題に対する最新の効率的解法を知りたい人々に最適の書である。〔内容〕無制約最適化／線形計画法／制約付き非線形計画法／ネットワークフロー／多面体組合せ論／整数計画／微分不可能最適化／確率計画法／大域的最適化／多基準意思決定

P.M.スワミダス編
前青学大 黒田　充・目白大 門田安弘・早大 森戸　晋監訳

生産管理大辞典

27007-5　C3550　　　　Ｂ５判　880頁　本体38000円

世界的な研究者・製造業者が一体となって造り上げた105用語からなる中項目大辞典。実際面を尊重し、定義・歴史的視点・戦略的視点・技術的視点・実施・効果・事例・結果・統括的知見につき平易に解説。950用語の小項目を補完収載。〔主な項目〕SCM／MRP／活動基準原価／環境問題／業績評価指標／グローバルな製造合理化／在庫フロー分析／資材計画／施設配置問題／JIT生産に対するかんばん制御／生産戦略／製品開発／総合的品質管理／段取り時間の短縮／プロジェクト管理／他

首都大 朝野熙彦著
シリーズ〈マーケティング・エンジニアリング〉1

マーケティング・リサーチ工学

29501-6　C3350　　　　Ａ５判　192頁　本体3500円

目的に適ったデータを得るために実験計画的に調査を行う手法を解説。〔内容〕リサーチ、調査の企画と準備／データ解析／集計処理／統計的推測／相関係数と中央値／ポジショニング分析／コンジョイント分析／マーケティング・ディシジョン

木島正明・中川慶一郎・生田目崇編著
シリーズ〈マーケティング・エンジニアリング〉2

マーケティング・データ解析
―Excel／Accessによる―

29502-3　C3350　　　　Ａ５判　192頁　本体3500円

実務家向けに、分析法を示し活用するための手段を解説〔内容〕固有値問題に帰着する分析手法／プロダクトマーケティングにおけるデータ分析／アカウントマーケティングにおけるデータ分析／顧客データの分析／インターネットマーケティング

首都大 朝野熙彦・KSP-SP 山中正彦著
シリーズ〈マーケティング・エンジニアリング〉4

新　製　品　開　発

29504-7　C3350　　　　Ａ５判　216頁　本体3500円

企業・事業の戦略と新製品開発との関連を工学的立場から詳述。〔内容〕序章／開発プロセスとME手法／領域の設定／アイデア創出支援手法／計量的評価／コンジョイント・スタディによる製品設計／評価技法／マーケティング計画の作成／他

早大 守口　剛著
シリーズ〈マーケティング・エンジニアリング〉6

プロモーション効果分析

29506-1　C3350　　　　Ａ５判　168頁　本体3200円

消費者の購買ならびに販売店の効率を刺激するマーケティング活動の基本的考え方から実際を詳述〔内容〕基本理解／測定の枠組み／データ／手法／利益視点とカテゴリー視点／データマイニング手法を利用した顧客別アプローチ方法の発見／課題

ビデオリサーチ 木戸　茂著
シリーズ〈マーケティング・エンジニアリング〉7

広告マネジメント

29507-8　C3350　　　　Ａ５判　192頁　本体3500円

効果の測定と効果モデルの構築を具体的な事例を用いながら概説。〔内容〕広告管理指標／広告媒体接触調査／立案システム／最適化問題／到達率推定モデル／ブランド価値形成／短期的効果／長期的成果／ブランド連想と広告評価の因果関係／他

立大 岡太彬訓・首都大 木島正明・早大 守口　剛編
経営科学のニューフロンティア6

マーケティングの数理モデル

27516-2　C3350　　　　Ａ５判　280頁　本体5200円

データに基づいた科学的・合理的手法を一挙公開〔内容〕確率分布と性質／次元の縮約とクラスター化／因果関係と構造を把握する統計手法／市場反応分析／最適化問題と非協力ゲーム競争市場構造分析／最適化モデル／競争的マーケティング戦略

政策研究大学院大 刀根　薫著
基礎数理講座1
数　理　計　画
11776-9　C3341　　　　　Ａ５判 240頁 本体4300円

理論と算法の緊密な関係につき，問題の特徴，問題の構造，構造に基づく算法，算法を用いた解の実行，といった流れで平易に解説。〔内容〕線形計画法／凸多面体と線形計画法／ネットワーク計画法／非線形計画法／組合せ計画法／包絡分析法

名大 柳浦睦憲・関学大 茨木俊秀著
経営科学のニューフロンティア2
組　合　せ　最　適　化
——メタ戦略を中心として——
27512-4　C3350　　　　　Ａ５判 244頁 本体4800円

組合せ最適化問題に対する近似解法の新しいパラダイムであるメタ戦略を詳解。〔内容〕組合せ最適化問題／近似解法の基本戦略／メタ戦略の基礎／メタ戦略の実現／高性能アルゴリズムの設計／手軽なツールとしてのメタ戦略／近似解法の理論

東工大 高橋幸雄・前東工大 森村英典著
経営科学のニューフロンティア7
混　雑　と　待　ち
27517-9　C3350　　　　　Ａ５判 240頁 本体3900円

〔内容〕概論／待ち行列アラカルト／交通における混雑アラカルト／滞留型混雑アラカルト／待ちと混雑の数理（ランダム到着とダンゴ運転，待ち行列モデルと利用率，待ち行列ネットワーク，流体モデルによる解析）／混雑と待ちへの対処

前青学大 黒田　充・東海大 村松健児編
経営科学のニューフロンティア11
生　産　ス　ケ　ジ　ュ　ー　リ　ン　グ
27521-6　C3350　　　　　Ａ５判 292頁 本体5400円

背景，概念，手法，モデル等を平易に解説。実践に役立つテーマも収載。〔内容〕問題の分類／手法の体系／シミュレーション／待ち行列網解析／ニューラルネット／グラフ理論／動的計画法／ラグランジュ乗数法／ラグランジュ緩和／各モデル他

京大 福島雅夫著
システム制御情報ライブラリー15
数　理　計　画　入　門
20975-4　C3350　　　　　Ａ５判 200頁 本体3600円

数理計画問題あるいは最適化問題はその数学的性質によりいくつかの問題に分類され体系的に研究されている。本書はその最も基本的な問題を具体例を通して解説。〔内容〕数理計画モデル／線形計画／ネットワーク計画／非線形計画／組合せ計画

京大 福島雅夫著
非　線　形　最　適　化　の　基　礎
28001-2　C3050　　　　　Ａ５判 260頁 本体4800円

コンピュータの飛躍的な発達で現実の問題解決の強力な手段として普及してきた非線形計画問題の最適化理論とその応用を多くの演習問題もまじえてていねいに解説。〔内容〕最適化問題とは／凸解析／最適性条件／双対性理論／均衡問題

静岡大 徳山博于・慶大 曹　徳弼・
キヤノンシステムソリューションズ 熊本和浩著
経営システム工学ライブラリー7
生　産　マ　ネ　ジ　メ　ン　ト
27537-7　C3350　　　　　Ａ５判 216頁 本体3600円

各種の管理方式や手法のみの解説でなく"経営"の視点を含めたテキスト。〔内容〕生産管理の歴史／製販サイクル／需要予測／在庫管理／生産計画／大型プロジェクトの管理／物流管理／サプライチェーンマネジメント／生産管理と情報通信技術

慶大 森　雅夫・中大 松井知己著
経営システム工学ライブラリー8
オ　ペ　レ　ー　シ　ョ　ン　ズ・リ　サ　ー　チ
27538-4　C3350　　　　　Ａ５判 272頁 本体4200円

多くの分析例に沿った解説が理解を助けるORの総合的入門書。〔内容〕ORの考え方／線形計画モデル／非線形計画モデル／整数計画モデル／動的計画モデル／マルコフモデル／待ち行列モデル／シミュレーション／選択行動のモデル／他

愛知工大 大野勝久・名工大 田村隆善・関大 森　健一・
大工大 中島健一著
生　産　管　理　シ　ス　テ　ム
27006-8　C3050　　　　　Ａ５判 196頁 本体3400円

QDCとCSの達成に不可欠な理論と技術の基本をわかりやすく解説した教科書。〔内容〕作業研究／工程分析・設計／スケジューリング／PERT・CPM／MRPシステム／JIT生産システム／工程・品質・設備管理／生産情報システム／他

東大 阿部　誠・筑波大 近藤文代著
シリーズ〈予測と発見の科学〉3
マ　ー　ケ　テ　ィ　ン　グ　の　科　学
——POSデータの解析——
12783-6　C3341　　　　　Ａ５判 216頁 本体3700円

膨大な量のPOSデータから何が得られるのか？マーケティングのための様々な統計手法を解説。〔内容〕POSデータと市場予測／POSデータの分析（クロスセクショナル／時系列）／スキャンパネルデータの分析（購買モデル／ブランド選択）／他

東京海洋大 久保幹雄・慶大 田村明久・中大 松井知己編

応用数理計画ハンドブック

27004-4　C3050　　　　A5判　1376頁　本体36000円

数理計画の気鋭の研究者が総力をもってまとめ上げた，世界にも類例がない大著。〔内容〕基礎理論／計算量の理論／多面体論／線形計画法／整数計画法／動的計画法／マトロイド理論／ネットワーク計画／近似解法／非線形計画法／大域的最適化問題／確率計画法／トピックス（パラメトリックサーチ，安定結婚問題，第K最適解，半正定値計画緩和，列挙問題）／多段階確率計画問題とその応用／運搬経路問題／枝巡回路問題／施設配置問題／ネットワークデザイン問題／スケジューリング

D.スミチ-レビ・P.カミンスキー・
E.スミチ-レビ著　東京海洋大 久保幹雄監修

サプライ・チェインの設計と管理
――コンセプト・戦略・事例――

27005-1　C3050　　　　A5判　408頁　本体6800円

米国IE協会のBook-of-the-Yearなど数々の賞に輝くテキスト。〔内容〕ロジスティクス・ネットワークの構成／在庫管理／情報の価値／物流戦略／戦略的提携／国際的なSCM／製品設計とSCM／顧客価値／情報技術／意思決定支援システム

D.スミチ-レビ他著　東京海洋大 久保幹雄監修
斉藤佳鶴子・構造計画研 斉藤 努訳

マネージング・ザ・サプライ・チェイン

27012-9　C3050　　　　A5判　176頁　本体3200円

システムの設計・制御・操作・管理での重要なモデル・解決法・洞察・概念につき，数学的記述を避け，ビジネスの場ですぐに使えるよう平易に記述。〔内容〕サプライ・チェインの統合／需要計画／外部委託／調達・供給契約／顧客価値

東京海洋大 久保幹雄著

実務家のための サプライ・チェイン最適化入門

27011-2　C3050　　　　A5判　136頁　本体2600円

著者らの開発した最適化のための意思決定支援システムを解説したもの。明示された具体例は，実際に「動く」実感をWebサイトで体験できる。安全在庫，スケジューリング，配送計画，収益管理，ロットサイズ等の最適化に携わる実務家向け

前青学大 黒田 充編著

サプライチェーン・マネジメント
――企業間連携の理論と実際――

27009-9　C3050　　　　A5判　216頁　本体3000円

SCMの考え方・理論から実際までを具体的に解説。〔内容〕全体最適／消費財流通変化／SCM在庫モデル／ITと業務改革／システム間連携技術／プランニング・スケジューリング統合技術／戦略的品質経営／アパレル流通／実例

D.J.バワーソクス他著
神奈川大 松浦春樹・専修大 島津 誠訳代表

サプライチェーン・ロジスティクス

27010-5　C3050　　　　A5判　292頁　本体4800円

SCMフレームワークとその実務，ITによる支援までを詳説した世界標準テキスト。〔内容〕リーン生産／顧客対応／市場流通戦略／調達製造戦略／オペレーション統合／情報ネットワーク／ERPと実行システム／APS／変革の方向性

東京海洋大 久保幹雄著
経営科学のニューフロンティア8

ロジスティクス工学

27518-6　C3350　　　　A5判　224頁　本体4500円

サプライ・チェインの本質的な理論から実践までを詳述。〔内容〕経済発注量モデル／鞭効果／確率的在庫モデル／安全在庫配置モデル／動的ロットサイズ決定モデル／配送計画モデル／運搬スケジューリングモデル／スケジューリングモデル／他

長岡技科大 中村和男・群馬大 富山慶典著
シリーズ〈現代人の数理〉13

選　択　の　数　理
――個人的選択と社会的選択――

12616-7　C3341　　　　A5判　168頁　本体3500円

〔内容〕選択の基礎／個人の選択（個人の選択場面と選択行動，確定的な選択行動，不確実な選択行動，あいまいな選択行動）／社会的選択（社会的選択問題と選択方式，二肢選択方式，多肢選択方式，マッチング方式）／今後に向けて／他

東京海洋大 久保幹雄・中大 松井知己著
シリーズ〈現代人の数理〉14

組合せ最適化［短編集］

12617-4　C3341　　　　A5判　200頁　本体3900円

解き方に焦点。〔内容〕オイラー閉路と中国郵便配達人問題／最短路問題／割当問題／クラス編成問題／ナップサック問題／スケジューリング問題／巡回セールスマン問題／メタヒューリスティック／最大クリーク問題／施設配置問題／他

上記価格（税別）は2007年9月現在